KB126058

원조와 개발

교훈과 미래 방향

Edited by Finn Tarp | *Editorial assistant Peter Hjertholm*

핀 타르프 외 지음 | 임을출 옮김

한울
아카데미

이 도서의 국립중앙도서관 출판시도서목록(CIP)은 e-CIP홈페이지(http://www.nl.go.kr/ecip)에서
이용하실 수 있습니다. (CIP제어번호: CIP2009001786)

Foreign Aid and Development

Lessons Learnt and Directions for the Future

Edited by
Finn Tarp

Editorial Assistant
Peter Hjertholm

Routledge
Taylor & Francis Group

LONDON AND NEW YORK

Foreign Aid and Development

Lessons Learnt and Directions for the Future

옮긴이의 글

우리는 참으로 복잡한 세계에 살고 있다. 지구인의 평범한 일상을 송두리째 흔들어놓고 있는 미국발 글로벌 금융위기는 외자와 수출에 의존해온 중동부 유럽 나라들의 자본주의 실험을 위태롭게 만들고 있으며, 특히 개발도상국의 빈곤 퇴치 노력에는 찬물을 끼얹고 있다. 여기에다가 보호무역주의의 확산, 기승을 부리는 초국가적 테러리즘, 기후변화, 신종 인플루엔자와 같은 전염병 등 통제가 쉽지 않은 글로벌 이슈들은 외부변화에 취약한 개도국 국민들의 삶의 질을 크게 떨어뜨리고 있다. 이런 국내외적 환경들이 개발원조의 중요성을 한층 더 부각시키고 있다.

때마침 출범한 미국의 오바마 정부는 대외정책의 기조로 '스마트 파워smart power'를 내세우고 있다. 이른바 국제정치의 세계에서 국경을 뛰어넘어 사람의 마음을 얻기 위한 파워를 강조하고 있는 셈이다. 특히 오바마 정부는 지구적 차원의 개발을 중시한다. 보다 나은 삶을 지향하는 개인의 욕구에 부응함으로써 미국의 영향력을 확대하려고 한다.

또한 교황 베네딕토 16세는 올 1월 1일 42번째 '세계 평화의 날'을 맞이하여 특별담화를 내고, 빈곤 퇴치와 평화 건설의 중요성을 역설했다. 담화는 "빈곤을 퇴치하는 것은 곧 평화를 건설하는 일이다"라는 한 문장으로 요약된다. 특히 "지나친 군비지출의 증가는 무기 경쟁을 가속화하고 저개발과 절망의 고립 지역을 만들어낼 위험이 있어서 역설적으로 불안과 긴장, 그리고 갈등을 불러일으킬 수 있다"고 경고하고 있다. 한국도 이런 흐름에 발맞춰 "2015년까지 새천년개발목표MDGs 달성에 대한 의지를 재확인하고, 금융위기에도 불구하고 기존의 공적개발원조ODA제공 공약을 변함없이 이행하겠다"고 밝히고 있다. 한국은 오는 2010년 경제협력개발기구OECD 개발원조위원회DAC에 정식 가입할 예정이다.

원조와 개발의 상호작용을 이해하는 것은 복잡한 국제경제현상과 정치, 그리고 글로벌 이슈를 보다 명확하게 이해하는 지름길이다. 그리고 우리가 언젠가는 직면하게 될 북한개발과 관련하여 어떤 접근이 바람직하고, 지금 무엇을 준비해야 하는가에 대한 영감을 제공해주면서 진지한 성찰을 하게끔 만든다. 저개발국가에 대한 개발목표, 우선순위, 전략과 계획, 선진 원조추진체계, 예산배정 등의 핵심문제와 관련해 시행착오를 최소화하면서 개발지원효과를 극대화할 수 있는 지침을 제공하는 내비게이션과도 같은 역할을 하고 있는 셈이다. 나아가 이 책이 제시한 미래원조의 방향과 교훈으로부터 한국 고유의 독창적 개발협력모델을 만드는 데 적지 않은 시사점을 얻을 수 있다.

이 책의 최대 장점은 수술실에서 날카로운 메스를 들고 지난 50년간 이뤄진 원조의 역할과 효과에 대해 해부하듯 무수한 시행착오들을 조금도 가감 없이 파헤치고 있는 점이다. 우선 이 책은 원조시스템이 지난 50년 동안 어떤 시행착오를 거쳐 어떻게 진화해왔는지에 대한 회고와 반성을 보여준다. 원조와 개발의 관계에 대한 정통 이론들을 자세히 소개하면서도 실제 원조집행과정에서 생긴 많은 실패사례들과 소수의 성공사례들을 체계적으로 분석하고 매우 구체적인 대안을 제시하고 있다. 지금까지 국내에 소개된 어떤 책도 이만큼 방대한 내용을 담고 있으면서, 통렬하고 속 시원하게 그러면서도 체계적·분석적으로 원조와 개발의 문제를 다룬 적은 없다. 일부 내용을 이해하는 데는 상당한 수준의 경제학적 식견을 필요로 하지만, 일반인도 쉽게 고개를 끄덕일 수 있는 상식적 설명과 분석도 적지 않게 펼쳐진다.

옮긴이는 2005년 초 미국 워싱턴 D.C.에 본부를 두고 있는 세계은행 전문가 면담을 위해 방문했을 때 현지 스텝들로부터 필독을 권유받고 처음으로 이 책을 접했다. 당시 이 책은 세계은행이 지정한 원조 및 개발 분야 전문가들이 반드시 읽어야 할 10대 필독서 가운데 하나였다. 그리고 지금도 미국 내 상당수 대학에서 기본 강의교재로 활용하고 있다.

처음에는 적지 않은 분량에 압도되어 번역서를 낼 생각도 하지 못하다가, 글로벌 이슈 특히 개발원조에 대한 사회적 관심도가 그 어느 때보다 높아지는 것을 목격하면서 다소 무모한(?) 용기를 내어 2007년 말부터 본격적인 번역작업에 착수했다. 솔직히 원서에 등장하는 많은 전문용어들 가운데 일부는 적절한 우리말로 옮기는 것이 쉽지 않았다. 즉, '매우 속을 썩이는 전문용어들'이 적지 않아 이종삼 선생(전 KOTRA 근무), 최창용 박사(미국 시러큐스대학교) 등 관련 분야 전문가의 윤문과 감수를 거쳐 정확도를 높이는 과정을 거쳤다. 또한 초벌번역과정에서 손희경(서울대 국제대학원) 등 몇몇 실력 있는 대학원생들의 도움을 받았다. 이 자리를 빌려 다시 한 번 이 모든 이들에게 고개 숙여 감사의 뜻을 전한다.

원조와 개발 분야의 시장은 앞으로 상당 기간 우리 모두의 블루오션이자 신성장동력으로서 주목을 받을 것이다. 따라서 이 책은 기본적으로 국내의 모든 독자를 두루 겨냥해 번역된 것이다. 정부 관료, 정치인, 학자 등을 비롯해 개발 원조를 전공하고 있는 학생들뿐만 아니라 국제정치경제와 글로벌 금융위기 등 국경을 뛰어넘는 다양한 이슈를 보다 심층적으로 이해하고, 실제 관련 분야에 종사하기를 희망하는 진취적이고 도전적인 모든 이들에게 감히 정독을 권한다. 아무쪼록 이 번역서가 한국이 빈곤문제 등 글로벌 이슈 해결에 적극 기여하는 글로벌 플레이어global player가 되는 데 조금이라도 기여할 수 있기를 기대해본다.

임을출
2009년 6월
삼청동 연구실에서

엮은이의 글

 먼저 이 책이 한국어로 번역되어 한국의 독자들이 글로벌 이슈인 원조와 개발문제를 보다 쉽게 이해하고, 함께 고민하며, 대안을 모색하는 데 도움을 줄 수 있게 되어 기쁘다. 더구나 글로벌 금융위기가 원조 세계에도 적지 않은 영향을 미치고 있는 시점에 한국어판이 나오게 되어 의미가 남다른 듯하다.

 원조는 국제사회에서 공적인 담론으로 크게 부상하고 있다. 그리고 개발원조는 개발도상국에서 성장, 빈곤, 불평등과 관련된 대부분의 핵심 정책 의제에 올라 있다. 이 책은 개발에서 해외원조의 역할과 효과성을 다루고 있다. 또한 수원국가들, 연구원들, 원조 기관들을 포함하는 원조 사회에서 해외원조와 관련된 이전의 경험에 대해 광범위하고 지속적으로 진행되는 평가 과정의 일부이기도 하다.

 제2차 세계대전은 세계경제의 진화에 주요한 변화를 가져왔으며, 원조에 대한 전후의 경험은 수많은 신생국의 등장과 초기 식민지체제의 붕괴의 맥락에서 파악해야 한다. 제2차 세계대전 이후 60년 동안 많은 것을 배웠고, 또한 세계의 많은 것이 변했다. 예를 들면 경제 및 정치제도, 이데올로기에 대한 동기부여, 세계경제로의 통합 정도 등이 그것이다. 특히 한국경제의 경이로운 발전과 변화야말로 이러한 변화를 잘 보여주는 대표적인 사례라고 할 수 있다.

 이 책은 현재 선진국에서 일어나는 실제 개발문제보다는 미래를 위한 도전과제와 교훈에 대해 더욱 많이 다루고 있다.

원조와 개발에 대한 논쟁이 난무하고 있는 것은 특별히 놀랄 만한 일이 아니라는 사실을 이 책을 통해 더 느낄 수 있다. 역사 속에서 대충 살펴보더라도 지난 30~50년 동안 개발은 복잡하고 다양한 과정을 거쳐왔음을 알 수 있다. 자원축적, 인구증가, 지식성장 및 생산기술 향상에 상호 연관된 변화가 있어왔고, 개발은 이와 같은 극적인 정치 · 경제 · 사회적 변화로 특징지어진 환경에서 운영되어왔다. 사회과학은 이러한 문제들과 정면에서 대처하기 위해 노력하는 과정에서 역사에 대한 해석에 의존해야 하며, 분석가는 지나치게 단순화하는 데에 따른 위험을 인식하고 있어야 한다.

단 하나의 원인을 가진 이론은 개발경제학에서 살아남을 수 없다. 이것은 단순한 정책제안은 복잡한 세계에서 종종 부적절하다는 것을 반영하는 것이며, 이런 제안들은 1960년대와 1970년대의 계획 전통 또는 1980년대의 자유시장 사상에서 나온 것이었다. 세부적인 평가는 오늘날 경험적인 증거를 갖고 진행하는 연구에는 권할 만하다. 해외원조에 대한 한국적 접근법이 어떠해야 하는지를 고민하는 한국의 독자들에게 이것은 중요한 교훈이 될 것이다.

다시 한 번 이 책의 모든 필자들과 한국어판 번역을 위해 애써 준 경남대 극동문제연구소의 임을출 박사에게 진심 어린 감사를 표하고 싶다.

이 책이 처음 발간되었을 때 그랬던 것처럼 2009년 오늘날에도 이 책의 내용이 매우 유용하다는 것을 수록된 각 논문들의 질이 입증할 것이다. 특히 일부 한국의 독자들은 원조의 역할을 검토한 더욱 최근의 연구들 대부분은 다소 비판적이었다는 것을 알 수 있을 것이다. 그러나 이 책의 필자들은 원조에 대해 다양한 관점에서 접근하고 있으며, 원조와 개발 관계의 복잡성에 대해 단기적으로 그리고 장기적으로 건설적인 자세로 맞서기 위해 노력하고 있다.

한국은 다가올 수년 내에 국제개발협력에서 주도적인 역할을 맡게 될 것이다. 한국은 지난 20세기 경제개발에서 가장 현저하게 성공한 나라 가운데 하나로서 지구상의 많은 저개발 빈곤국들에 제공할 수 있는 많은 것을 갖고 있다. 우리는 이 책이 한국의 원조와 개발 분야에서 일하고 있는 학자, 연구원, 정부 관료, 그리고 개발원조 전문가 및 NGO 실무자 들 사이에 널리 읽힐 수 있길 바란다.

핀 타르프
2009년 3월 27일
코펜하겐에서

이 책은 개발에서 원조가 맡는 역할과 효과성을 다루고 있다. 이를테면 수원국, 원조관련 조사연구원, 원조기관을 포함한 원조사회에서 원조와 관련된 과거의 폭넓은 경험들을 지속적으로 평가하는 작업의 일환이다. 최근 원조의 역할에 대한 대부분의 평가는 비판적이었다. 이 책은 다양한 관점으로 원조를 조망하고, 건설적인 방향으로 장단 기간에 걸친 원조와 개발관계의 복잡성을 파악하려 하였다.

제2차 세계대전은 세계경제의 발전에 중요한 변화를 불러왔고, 전후의 원조는 수많은 민족국가의 등장과 이전의 식민지 체제가 와해되는 상황에서 경험을 쌓아가야 했다. 전후 50여 년간 세계는 많은 것을 깨달았고, 특히 경제통합 이데올로기와 통합 정도가 심화됨에 따라 정치 경제 체제에 많은 변화가 있었으며, 이 기간 원조의 동기도 진화를 거듭했다. 따라서 새로운 세기로 진입하는 지금이야말로 바로 다음과 같은 주제를 중심으로 원조를 재평가할 적기라 할 것이다.

- 개발정책과 원조 제공에 관해 어떤 교훈을 배울 수 있는가?
- 21세기 세계가 직면한 핵심 개발문제는 무엇인가?
- 미래의 개발문제를 다룰 때 원조의 역할은 무엇인가?

지난 20세기 40~50년 동안 원조에 관한 연구논문들이 무수히 쏟아져 나왔으며, 이러한 움직임은 지난 수년 동안 더욱 증가하였다. 여기에는 몇 가지 이유가 있다.

- 원조와 관련한 냉전논리는 동유럽 중앙계획경제 국가들의 붕괴와 함께 사라졌으며, 1990년대 들어 몇몇 개발도상국으로의 민간자본 유입이 급증하였다. 지난 수년간 원조목적이 점차 확대되었고 각국 간의 정치적 제휴관계가 크게 변화했다.
- 성장과 개발과정, 적절한 개발전략과 개발정책, 그리고 원조계획과 전달에 관한 이해에 큰 변화가 있었다.
- 원조의 효과성에 관한 논쟁은 계속되어왔으나 최근의 연구들은 더 많은 데이터와 함께 더욱 폭넓고 정교한 경제학적 분석수단의 사용으로 많은 도움을 받았다.

원조에 관한 기존연구들은 광범위한 질적 다양성과 접근성으로 종종 특정기관의 목적과 필요에 부응해왔다. 이 책은 개발 원조를 편견 없이 체계적으로 개괄하려고 노력했으며, 더욱이 이 책의 집필자들은 자율성이 강한 학자와 원조집행자그룹으로 구성되어 있다. 그들 대부분이 경제학자들이지만 정치학자들도 포함되어 있다. 일부는 개발경제학에 관한 해박한 지식과 정책분석능력을 갖고 있으며 수 년 동안 원조활동에 종사해 왔다. 나머지는 참신한 사고와 전문적인 기술을 갖고 최근 이 분야에 뛰어든 사람들이다.

개개 집필자들이 일률적인 경제정책처방을 내리지 않았기 때문에 독자들은 각 장마다 해석과 강조의 차이를 발견할 것이며, 또한 기준미달의 생활수준을 가진 세계에 사는 10억이 넘는 가난한 사람들의 생활고를 개선시키는 방법에 관한 공통된 관심사에 주목할 것이다. 원조는 주로 공여국과 공여기관의 관점으로 접근하지만, 경제개발의 근본 목표는 다각적인 관점에서 수립된다.

이 책은 개발정책의 발전과 원조의 역할을 전반적으로 개관(槪觀)할 뿐 아니라 원조효과성에 관한 실증적인 새로운 증거들을 제시하고 있다. 이 새 증거들은 전통적인 기존지식의 핵심요소에 대해 이의를 제기하면서, 좀 더 균형잡힌 정책적 결론을 도출해낸다. 또한 복잡한 개혁과정을 필요로 하는 다양한 원조방식의 이용과 관련된 통찰력도 제시한다. 앞으로 경제개발(성장, 빈곤 감소 및 사회정의에 초점을 맞춰)을 촉진하기 위해 원조가 어떻게 기획되어야 하는지에 대한 평가가 이 책의 핵심 주제이다. 원조의 과거, 현재, 미래에 관한 이러한 검토는 바로 사회과학자들의 분석을 통해 가능해진다. 끝으로 이 책은 전 세계의 다양한 빈곤국들을 다루고 있으나 아프리카 개발문제에 특별히 초점을 맞추었음을 밝혀둔다.

14

이 책의 초기 개요는 1997년에 이루어졌다. 1997년 10월 코펜하겐대학 경제연구소에서 열린 1일 아이디어 구상회의에서 다양한 의견들이 구체적으로 나와 참석자들의 합의로 대강의 가이드라인을 도출할 수 있었다. 자문편집위원회도 구성되었다. 주요 멤버는 다음과 같다.

- 셔먼 로빈슨Sherman Robinson 교수: 미국 워싱턴 D.C. 소재 국제식량정책연구소IFPRI 무역 및 거시경제학 분과 위원장.
- 존 토이John Toye 교수: 영국 브라이턴 소재 서식스대학 개발학연구소 소속이며, 현재 유엔무역개발회의UNCTAD의 세계화와 개발전략GDS 분과 위원장.
- 하워드 화이트Howard White 박사: 영국 브라이턴 소재 서식스대학 개발학연구소 연구위원.

이들 경험 많은 세 명의 교수들이 시종일관 나를 도와주었다. 이번 작업을 위해 이 교수들이 쏟은 시간과 노력에 진심 어린 감사를 전한다. 집필과정에서 이메일을 통해 각 교수들과 의사소통을 원활하게 할 수 있었으나, 셔먼 로빈슨 교수는 지난 2년간 몇 차례 코펜하겐을 직접 방문하여 상호 교감을 깊게 해줌으로써 이 책이 햇빛을 볼 수 있게 하는 데 중추적인 역할을 하였다.

　1998년 코펜하겐에서 열린 두 번째 집필자 모임에서 각자의 초고제시와 토의가 있었고 그 후 전체 집필원고의 심사과정을 거쳤는데, 여기서 유익한 많은 논평과 제안이 뒤따랐다. 나는 이러한 역할을 충실히 해낸 여러 분들에게 깊은 감사를 드린다.

　이 책은 페테르 예르톨름Peter Hjertholm의 조직적 재능과 편집 기술이 없었다면 제대로 출간되지 못했을 것이다. 그는 이 책의 발간계획을 입안했으며, 개별 장을 검토하고 교정하는 등 힘들고 헌신적인 일에 많은 시간을 할애하였다. 또한 모든 자료를 추적하고 마지막 단계에서는 완성된 원고를 취합하는 데 중심적인 역할을 하였다. 페테르의 생산적인 협력과 우정에 깊은 감사를 표한다.

　스텐 아스무센Steen Asmuseen과 헨닝 타르프 예손Henning Tarp Jeson은 연구 보조 역할을 훌륭하게 수행했으며, 피베케 코브스테드Vibeke Kovsted는 조용하면서도 유기적인 방법으로 광범위한 행정 업무와 문제점들을 처리하였다. 그들의 모든 수고는 마땅히 상찬을 받아야 하며 나는 그들에게 많은 빚을 졌다.

　경제학연구소의 헨리크 한센Henrik Hansen, 라스무스 헬트베르Rasmus Heltberg, 엔스 코브스테드Jens Kovsted, 우페 닐센Uffe Nielsen에게 또한 감사를 표한다. 그들은 페테르 예르톨름과 마찬가지로 집필자 목록에 올라 있다. 그들은 나에게 많은 영감을 불러일으킨 빈번한 일상의 상호 작용을 통해 이 책에 또한 기여했다. 게다가 그들은 우리들의 작업환경을 전문적으로 자극을 받을 수 있고 즐길 수 있는 곳으로 만드는 데 성공하였다.

이 책을 준비하면서 우리는 가장 우선적으로 훌륭한 사무실과 회의실 그리고 컴퓨터와 같은 다른 시설에 접근할 수 있었다. 이러한 기반 시설의 편의를 제공해준 코펜하겐대학 경제학연구소에 감사말씀을 드린다. 또한 덴마크 개발연구위원회와 코펜하겐대학의 남북우선연구사업North/South Priority Research Initiatives의 재정적 지원에도 감사를 드린다. 남북 사업은 헬게르 베른트 한센Helger Vernt Hansen 교수의 지도로 운영되고 있으며, 그는 처음부터 끝까지 이 책 발간에 격려를 아끼지 않았다.

끝으로 모든 집필자에게 진심 어린 감사를 표한다. 그들과 같은 뛰어난 학자들과 함께 공동 연구를 수행할 수 있었던 것이 나에겐 큰 기쁨이자 영광이었다.

핀 타르프
코펜하겐
1999년 9월 1일

차례

표 차례

그림 차례

약어

AAWORD	Association of African Women for Research and Development
ABD	Aid Book Database
ACP	Africa, Caribbean and Pacific (countries)
AERC	African Economic Research Consortium
AFDB	African Development Bank
APEC	Asia-Pacific Economic Co-operation
ASDB	Asian Development Bank
BFWI	Bread for the World Institute
BIS	Bank for International Settlements
BMZ	Bundesministerium fur Wirtschaftliche Zusammenarbeit und Entwicklung (Federal Ministry for Economic Co-operation and Development, Germany)
CAP	Common Agricultural Policy (of the EU)
CARE	Center for American Relief in Europe
CCPDC	Carnegie Commission on Preventing Deadly Conflict
CDC	Commonwealth Development Corporation
CDI	Centre for Development of Industry
CDM	Clean Development Mechanism
CEC	Commission of the European Communities
CEEC	Central and Eastern European Countries
CERDI	Centre d'Etudes et de Recherches sur le D/eveloppement International (France)
CFA	Communaute/ Financie\re Africaine
CGAP	Consultative Group to Assist the Poorest
CGE	Computable General Equilibrium (models)
CIDA	Canadian International Development Agency
ClP	Commodity Import Programmes
CREDiT	Centre for Research in Economic Development and International Trade (UK)
CVF	Counter Value Funds
DAC	Development Assistance Committee
Danida	Danish International Development Assistance
DAWN	Development Alternatives with Women for a New Era
DERG	Development Economics Research Group (Denmark)
DFID	Department For International Development (United Kingdom)
DGIS	Directorate General for International Cooperation (The Netherlands)
DRC	Democratic Republic of Congo

EBRD	European Bank for Reconstruction and Development
EC	European commission
ECA	Economic Commission for Africa (of the UN)
ECDPM	European Centre for Development Policy Management
ECIP	European Community Investment Partners
EDA	Effective Development Aid
EDFI	European Development Finance Institutions
EIA	Environmental Impact Assessment
ER	Exchange Rate
ESAF	Enhanced Structural Adjustment Facility (of the IMF)
EU	European Union
Eurostep	European solidarity towards equal participation of people
EV	Equivalent Variation
FAC	Food Aid Convention
FAO	Food and Agriculture Organization (of the UN)
FDI	Federation of Danish Industries
Forex	Foreign Exchange
FSU	Former Soviet Union
GAD	Gender and Development
GATT	General Agreement on Tariffs and Trade
GDP	Gross Domestic Product
GDS	Globalization and Development Strategies (division of UNCTAD)
GEF	Global Environmental Facility
GHG	Greenhouse Gas
GNP	Gross National Product
G7	Group of Seven (industial countries)
HIPC	Heavily Indebted Poor Countries (debt relief initiative)
IBRD	International Bank for Reconstruction and Development
ICVA	International Council of Voluntary Agencies
IDA	International Development Agency (of the World Bank)
IDS	Institute of Development Studies (LJK)
IFC	International Finance Corporation (of the World Bank)
IFPRI	International Food Policy Research Institute (United States)
IFU	Industrialization Fund for Developing Countries (Denmark)
IIC	Inter-American Investment Corporation
ILO	International Labour Organization
IMAC	Institute for Management and Accounting

IMF	International Monetary Fund
INC	Canadian Industrial Co-operation
IRDP	Integrated Rural Development Project
IRR	Internal Rate of Return
ISS	Institute of Social Studies (The Netherlands)
IV	Instrumental Variable (estimation)
JI	Joint Implementation
JICA	Japan International Co-operation Agency
LIBOR	London Interbank Offered Rate
LIC	Low-Income Countries
LIRTA	Low-Income Country Regional Trade Agreements
LLDC	Least Developed Countries
LMIC	Lower Middle-Income Countries
MAI	Multilateral Agreement on Investment
MFA	Multi-Fibre Arrangement
MFI	Micro-Finance Institutions
NAFTA	North American Free Trade Agreement
NATCAP	National Technical Co-operation Action Programme
NATO	North Atlantic Treaty Organization
NDF	Nordic Development Fund
NGO	Non-Governmental Organization
NIC	Newly Industrialising Countries
NIS	Newly Independent States (of the former Soviet)
NOPEF	Nordic Project Export Fund
NORAD	Norwegian Agency for Development Co-operation)
ODA	Official Development Assistance
ODI	Overseas Development Institute (United Kingdom)
ODM	Overseas Development Ministry (United Kingdom)
OECD	Organisation for Economic Co-operation and Development
OEEC	Organisation for European Economic Co-operation
O&M	Operations and Maintenance
OOF	Other Official Flows
PA	Poverty Assessment
PC	performance contract
PE	Public Enterprise
PER	Public Expenditure Review
PFP	Policy Framework Paper

PIP	Public Investment Programme
PL	Public Law
PR	Poverty Reduction
PREM	Poverty and Gender Network
PSD	Private Sector Development
PSM	Public Sector Management
PTI	Poverty Targeted Intervention
QDA	Quick Disbursing Assistance
QR	Quantitative restrictions
R&D	Research and Development
RDI	Relief and Development Institute
REPA	Reciprocal Economic Partnership Arrangement
RTA	Regional Trade Agreements
SADC	Southern African Development Community
SAF	Structural Adjustment Facility (of the IMF)
SAL	Structural Adjustment Lending
SAM	Social Accounting Matrix
SAP	Structural Adjustment Programme
SBS	Sectoral Budget Support
SDP	Sector Development Programme
SECAL	Sectoral Adjustment Lending
SIDA	Swedish International Development Authority (from 1962 to 1 July 1995, then transformed to Sida)
Sida	Swedish International Development Co-operation Agency
SIP	Sector Investment Programme
SME	Small and Medium-Sized Enterprise
SOC	Social Overhead Capital
SOE	State-Owned Enterprise
SPA	Special Programme of Assistance for Africa
SUNFED	Special United Nations Fund for Development
TA	Technical Assistance
TC	Technical Co-operation
TCPFP	Technical Co-operation Policy Framework Paper
TFP	Total Factor Productivity
UAP	Untied Aid Performance
UK	United Kingdom
UN	United Nations

UNTAD	United Nations Confenrence on Trade and Development
UNDP	United Nations Development Programme
UNEP	United Nations Environment Programme
Unesco	United Nations Educational, Scientific and Cultural Organization
UNFPA	United Nations Population Fund
UNHCR	United Nations High Commissioner for Refugees
Unicef	United Nations Children's Fund
UNRRA	United Nations Relief and Rehabilitation Agency
UNSIA	United Nations System-Wide Special Initiative on Africa
UR	Uruguay Round
US	United States of America
USAID	United States Agency for International Developinent
USDA	United States Department of Agriculture
USSR	Union of Soviet Socialist Republics
VAT	Value Added Tax
WAD	Women and Development
WCED	World Commission on Energy and Development
WID	Women in Development
WIDER	World Institute for Development Economics Research
WFP	World Food Programme
WHO	World Healfh Organization
WTO	World Trade Organization
WWF	Worldwide Fund for Nature
WWI	World War I
WWII	World War II

원조와 개발: 요약과 개관

셔먼 로빈슨·핀 타르프

■개요와 배경

지난 수십 년 동안 세계경제는 복잡한 양상으로 발전해왔다. 정치와 제도
의 빈번하면서도 극적인 변화의 파고 속에서 자원축적, 인구증가, 지식성장,
생산기술의 진보 사이에 상호 연결된 변화가 이루어져왔다. 이 개괄에서는
이러한 주제들은 물론, 원조의 효과성과 역할에 대해 진행 중인 논쟁과 이
주제들과의 관계를 간략히 다루려 한다. 각 주제에 대한 더욱 심도 깊은 논
의는 이 책의 각 장에서 이루어질 것이다.

■역사적 성과

제2차 세계대전 이후의 경제발전은 실로 엄청났다. 선진국들은 전쟁의 상
처를 이겨내고 빠른 속도로 복구하여 전례 없는 규모로 발전해 갔다. 개발도
상국들 역시 평균적으로 발전했다고 할 수 있다. 세계은행은 '세계개발 보고
서World Development Report(World Bank: 1997a)'에서 133개국의 경제자료

를 공개했다. 이 보고서는 49개국을 저소득 국가로, 41개국을 중·저소득 국가로, 17개국을 중·고소득 국가로, 26개국을 고소득 국가로 분류했다. 전후 기간에 비교적 큰 순위 변동이 있었으며 중위권 국가의 다수와 고소득 국가의 일부가 매우 빈곤해지기 시작했다. 그러나 이 분포의 양극단은 그다지 변화가 없었다. 부유한 국가들은 상대적으로 계속 부를 유지하였고, 극빈 국가들은 빈곤에서 벗어나지 못하고 있다. 49개 저소득국의 대부분은 아프리카 국가이고, 다수는 아시아 국가, 드물게 라틴아메리카 국가들도 있다.

많은 개발성공사례가 있는 반면, 성공의 최대치와 최소치의 간격이 커지고 있다는 증거 역시 존재한다. 지지부진한 경제성장을 보이고 있는 국가의 대부분은 아프리카에 있다. 더욱이 빈곤인구와 영양부족인구가 지난 수십 년간 증가하고 있고, 세계인구의 10억 이상이 하루 1달러 미만으로 생계를 유지하고 있다. 빈곤국의 대부분이 아프리카 국가들인 반면 빈곤인구의 대부분은 아시아인들이다. 원조가 빈곤 감소를 위한 것이라는 점에서 아프리카와 아시아에 원조초점을 맞추는 데에는 분명한 명분이 있다. 그러나 아프리카의 근본적인 문제들과 장애물들이 더 다루기 힘들다는 점에서 이들 두 지역은 서로 매우 다르다.

경제상황 데이터를 대충 훑어보아도 지난 반세기 동안의 개발이 복잡다단한 과정이었음을 알 수 있다. 이 경험에서 교훈을 얻기 위해서는 지나친 단순화를 피해야 한다. 단일원인 이론은 제대로 적용되지 않았고, 간결한 정책추천은 종종 복잡한 현실에 부적절하였다. 경제 특히 개발경제에서 이론의 적용영역과 관련정책의 결론을 정의하는 것은 매우 중요한 문제이다. 문제의 핵심은 원조가 '제 기능을 하는지'에 있지 않고, 그것이 어떤 상황과 어떤 경제정책 환경 아래서 어떻게 이루어지는지에 있다. 이 책에 실린 논문들은 일반적으로 원조의 기능을 문제 삼기보다는 서로 다른 개발형태가 개발과 경제 환경의 각각의 다른 단계에서 어느 정도 더 적절하고 유효한지를 심도 있게 다루고 있다. 게다가 원조의 당위성은 1940년 이래 개발이론과 정치의 변화를 반영하면서 진화해왔다. 원조가 얼마나 제 기능을 하는지

어떻게 할당해야 하는지는 근본적인 목표에 따라 판가름될 일이다.

■과거 원조의 당위성

다수의 대안적인, 그렇다고 상호 배타적이라고는 할 수 없는 원조의 당위성이 수년간 분명하게 표출돼왔다.

- 이타주의: 인도주의가 세계의 빈곤과 불평등의 규모와 정도에 대한 우려를 반영하면서 분명히 많은 기부자들을 움직여왔다.
- 정치적 이데올로기, 대외정책, 상업적 이익: 냉전은 공산주의의 확산을 막기 위해 대(對)개발도상국 원조를 정당화하는 데 이용되었다. 이와 유사하게 사회주의 국가군에서도 사회주의 정치·경제 시스템을 촉진하고자 하는 열망에서 원조 붐이 일어났다. 상당수 공여국들은 이전 식민지를 원조했다. 그들은 원조규정을 이용하여 다양한 대외정책과 자국의 상업적 내지 민간부문의 이익을 추구했다. 예컨대 수출을 증대하는 방식으로 원조를 이용하기도 하고 그 형태를 정당화하기도 했다.
- 경제개발: 이 당위성은 그 자체가 목표가 되기도 하고, 빈곤경감, 민주주의 확산, 성차별, 사회개발, 그리고 시장경제의 확산(외국인 투자에 우호적인 환경조성을 포함하여)과 같은 또 다른 개발 목표의 실현을 위한 필요조건이 되기도 했다.

이러한 기준에서 보아 제2차 세계대전 이후의 개발경험은 실로 괄목할 만한 것이었다. 빈곤은 사라지지 않았지만 소득은 극적으로 성장했다. 냉전은 끝났다. 또한 경제개발과 연관된 목표가 점점 더 많이 달성되고 있는 것으로 보인다. 우경화와 좌경화의 권위주의 정부에서 민주주의 체제로 전환되어가고 있다는 고무적인 사례들이 많이 있다. 사회개발이 시작되고 해외무역과 투자에 지대한 역할을 하는 시장개방이 이루어지고 있다. 경제개발이 이 같은 사회·정치적 진보가 가능한 환경을 제공한다는 당초 논쟁을 유발했던 주장이 이제 힘을 얻고 있다.

원조를 통한 경제개발 주장은 개발과정에 관한 기본이론과 원조가 어떻게 그 과정을 촉진시킬 수 있는가에 대한 이론을 필요로 한다. 제1부에서 에릭 토르벡케Erick Thorbecke와 이르마 아델만Irma Adelman(제1장; 제2장)은 1940년대 이후의 경제개발이론의 진화를 추적하여 역사적인 시각과 전후의 시각 모두를 통해 정부역할에 대한 자신들의 관점을 제시하였다. 토르벡케는 '경제개발'이라는 용어가 이론상의 변화, 현존 정보시스템, 세계 경제 환경과 같은 다양한 문제와 어떻게 결합하는지를 설명하고 있다. 그의 로드맵은 개발목표, 개발이론, 전략과 정치, 그리고 원조의 잠재적 역할 사이의 상호관계를 명백히 보여준다. 그는 이 장에서 GNP성장으로 시작하여 시간이 흐름에 따라 추가되는 문제점들, 예컨대 국제수지, 고용, 소득분배, 빈곤, 안정화, 구조조정, 지속성, 세계 금융운용 등을 추적하고 있다. 개발의 관심사가 넓어질수록 원조계획은 자원동원과 같은 간단한 문제에서 더 다각적인 역할을 수행하는 쪽으로 초점이 바뀐다. 이 책 제2부는 대안적인 원조형태를 고찰하고 원조의 발전을 설명한다.

대부분의 원조는 정부 대 정부 베이스로 이루어진다. 아델만은 산업화에서 정부의 역할이 19세기와 20세기에 어떻게 바뀌었는지를 개괄적으로 설명한다. 그는 또한 현대 개발도상국들의 이데올로기 전망과 정부의 적절한 역할을 논하면서 정부는 개발과정에서 결정적이고 긍정적인 역할을 하고 있다고 주장한다. 원조가 정부의 활동과 정책을 뒷받침하는 한 양자는 밀접하게 연관될 수밖에 없다. 이 주제에 대해서는 원조조건을 포함한 적절한 원조계획과 그에 관련된 광범위한 문제점들과 함께 제3부, 제4부의 여러 장에서 논하고 있다.

■ 변화하는 경제 · 정치 환경

원조의 역사를 보면 한편에서는 경제원조의 규모와 그 성격 사이의 상호작용이, 다른 한편에서는 수원국이 당면한 환경의 변화와 도전이 있었다. 전후 시기에 유럽이 직면한 문제는 자본부족이었다. 이는 부분적으로 원조로 인해 기존체제에 새로이 많은 구성요소가 생성된 마셜플랜의 결과라고 할 수 있다. 페테르 예르톨름과 하워드 화이트(제3장)는 제도적인 개발을 논하면서 원조공여의 역사적 데이터를 제공하고 있으며, 레이먼드 F. 홉킨스Raymond F. Hopkins(19장)는 이러한 주제에 정치 · 경제적 시각을 덧붙이고 있다.

서유럽에서의 마셜플랜 성공 이후 원조 공여국의 관심은 개발도상국가로 향했다. 1990년대까지 원조공여가 실질적으로 증대하였는데 이는 1970~1990년 사이에 공여국들이 GNP 상승분을 비교적 일정하게 원조에 할당하였음을 의미한다. 그러나 1990년 이후 원조공여의 흐름은 GNP의 감소와 함께 확연히 줄어들었다. 이와 함께 양자간 원조와 대비하여 다자간 원조의 상대적 중요성, 유럽 원조의 중요도 상승, 원조에서 상업차관으로의 역할변화, 외국인 직접투자의 실질적인 증가, 외국인 투자와 원조에 비해 엄청난 성장을 보이는 단기 외환매매, 원조 대신 무역의 역할 증가로 변화하고 있다.

전체 원조공여 규모의 감소 원인으로는 다음 몇 가지를 들 수 있다.

- 공산주의 몰락과 냉전종식이 이념에 근거한 원조 지원을 퇴색시켰다. 국가안보를 위한 원조공여 동기는 일부 경우에 여전히 유효하지만(이스라엘, 이집트, 구유고슬라비아 지역), 대아시아 및 대아프리카 국가 원조는 이전보다 호소력이 없어졌다.
- 자유진영의 전통적인 개발원조 지원이 다른 관심사(특히 환경문제)와 다자간 및 양자간 공여기관들에 대한 불신으로 퇴색되고 있다. 이들 공여기관은 물론 WTO와 같이 더 최근에 생긴 기구들은 개발도상국의 값싼 노동력과 자원을 착취하여 선진국들의 상업적 이익을 대변하는 기구로,

또는 이기적이고 이윤추구에 급급한 관료집단으로 비치고 있다.
- 원조가 거시적 성장을 촉진하는 데 비효율적이라는 인식이 만연하고 있으며, 미시적 프로젝트에서의 많은 실패 비화가 원조 공여국들 사이에 '원조 피로감'을 유발하고 있다.
- 부당한 통치, 부패, '정실 자본주의' 사례들에 대한 인식이 높아감으로써 수원국의 원조사용에 대한 성실성과 신뢰도에 회의를 품게 되었다. 아시아 금융위기는 이런 문제들을 노출시켰고 아프리카 국가들의 민간자본 유치 취약성은 이 같은 우려를 반영하는 또 다른 증거이다.

인도주의적 원조에는 영향이 없다 하더라도 이러한 부정적 인식은 원조를 통한 경제개발이라는 근본원리에 심각한 걸림돌로 작용하고 있다. 이 책은 원조 논쟁을 통해 경제개발문제에 초점을 맞추고, 원조에 대한 일부 부정적인 시각, 과거 경험으로부터의 교훈, 앞으로의 성공적 원조 프로그램을 위한 필요조건에 대해 논의한다. 과거의 원조는 종종 비판의 대상이었지만, 이 책 집필자들은 미래엔 원조를 통한 경제개발이라는 근본원리가 유효하다는 점에 폭넓게 동의하는 방식으로 기술하고 있다.

■ 거시적 관점에서의 원조

경제개발에 대한 1950년대의 초기연구는 총성장과 자원동원에 초점을 맞추었다. 분석의 기본 틀은 성장과 전체투자를 연결한 해러드-도마Harrod-Domar 성장모델이다. 이 틀은 1960년대 체너리-스트라우트Chenery-Strout의 두 가지 갭 모델Two Gap Model이 외환억제를 추가하면서 확대되었다. 해러드-도마 성장모델은 거시적 차원의 원조효과성 분석을 위한 기본적인 경제패러다임의 핵심을 이룬다. 생산성장을 내재화하는 '신성장 이론'에 관한 최근의 연구는 패러다임을 확대하여 경험주의적 국가 연구의 분석기반을 제공한다. 이 모델과 그 영향력은 에릭 토르벡케(제1장), 폴 모슬리Paul Mosley와 마리온 에익하우트Marion Eeckhout(제5장), 페테르 예르톨름과 윗테 라우르센Jytte Laursen, 하워드 화이트(제15장)가 다루었다.

단순한 거시성장 모델에 근거하여 많은 국가들의 원조효과성에 관한 연구가 있었다. 근본적인 인과관계는 원조에서 저축, 투자, 성장으로 연결된다. '신성장이론'에서는 투자변수와 생산이 정책과 제도변수에 종속되어 있다고 본다. 이 연구에 근거한 '일반적 통념'은 다음과 같이 요약될 수 있다.

총성장을 위한 원조효과성의 결과는 복합적으로 나타난다. 어떤 연구는 통계적으로 중대한 연결고리를 찾아내기도 하고, 그렇지 않기도 한다. 원조와 총성장 사이에 확실한 관계가 없다는 것이 결론이었다. 이 결론으로 인해 '거시-미시 패러독스'가 생겨났고, 많은 연구에서 원조는 개개 사업에서는 유효한 것으로 결론 났다 하더라도 거시적 영향력은 없다는 주장에 무게가 실렸다. 번사이드Burnside와 달러Dollar는 원조는 효과가 있긴 하지만 거시정책 환경이 '올바를 때'에 한해서라고 결론을 내림으로써 이 역설을 '해결'했다(Burnside and Dollar, 1997). 이러한 결론은 적절한 개발정책에 관한 '워싱턴 컨센서스'의 관점을 지지하는 것이다. 헨리크 한센과 핀 타르프(제4장)는 국가연구보고서에 대한 해박한 검토를 통해 일반 통념상 다음과 같은 사항들을 보완해야 한다고 결론짓고 있다.

- 각종 연구에서 보고된 사실상 과거회귀적인 조사에 근거하여 그들은 원조와 총성장의 관계가 굳건하다는 경험적 증거가 있다고 결론을 내리고 있다. 일반 통념상 그들의 주장은 부정적이거나 대수롭지 않은 관계를 지나치게 강조하거나 곡해하는 연구에 근거하고 있다.
- 번사이드-달러의 미시-거시 역설의 '해결'은 통계적으로 취약하고, 최근의 다른 연구에 의해 부정되고 있으며, 확고해 보이지 않는다.
- 수원국의 정책 환경이 우호적일 때 한계 원조 이익이 더 높다는 증거가 있다.

- 원조와 성장 사이에 직접적인 관계가 없다는 점이 중요해 보이는데, 이는 기초적인 이론적 모델과 인과관계에 관한 연구가 더 필요하다는 의미다.

원조의 국가별 할당을 위한 기준으로 원조 유효지수를 이용하자는 문제로 계속 논쟁을 벌여왔다. '워싱턴 컨센서스'는 좋은 정책 환경을 갖춘 국가에 더 많은 원조가 제공되어야 한다고 보고 있다. 초기의 논의는 '한계생산성'이 가장 높은 국가에 원조를 할당해야 한다는 것이었다. 그러나 이러한 기준을 적용함으로써 인해 원조를 가장 필요로 하지 않는 국가에 많이 주게 된다는 인식이 생긴 지 오래다. 역으로, 원조가 가장 필요한 곳은 원조가 가장 유효하지 않은 곳일 것이다. 총생산의 관점에서 원조의 한계생산성을 극대화하는 것은 원조 할당만을 위한 기준은 아니다.

원조수원국 선택을 위한 보다 세련된 논쟁엔 분명히 이점이 있지만, 이것은 특정국가의 환경 내에서 원조, 성장, 빈곤 감소와 같은 개발대상 사이의 복잡한 관계에 대해 더 완벽히 이해할 것을 요구한다. 예를 들어 거시정책 환경이 '나쁜' 경우라면 구조조정 차관은 경제적 타당성을 갖지 못하며, 정책 개혁 역시 가능성이 희박하다. 반면에 비록 거시적 불균형이 지속되고 있을 때라도 영양결핍 아동들의 절박한 상황을 개선하기 위해 원조형태를 효율적으로 기획하는 것은 가능할 것이다. 장기간의 제도적 인적자원구축을 위한 원조 역시 같은 이유에서 가능하다.

■다차원적 관점으로 본 원조

자원동원, 총계지표, 매크로관계에 집중하는 거시적 시각을 넘어서면 또 다른 분석 틀이 필요하다. 이것은 보편화하기가 매우 어렵다. 매 상황마다 광범위한 목표, 방법, 사회경제적·정치적 변수와 제도들이 있고, 에릭 토르벡케가 제1장에서 자세히 논하고 있듯이 분석을 뒷받침할 더 세분화된 정보

시스템의 개발이 필요하다. 빈곤 감소, 불평등, 고용, 인간의 기초수요, 양성 평등, 거시적 안정성, 지속 가능성, 환경보호, 정치적 사회적 변화 등이 새로운 문제로 등장한다. 더욱이 국가마다 차이가 있는 세력구도와 압력관계를 고려할 때 과거사와 향후 원조의 잠재적 역할에 대한 정책분석과 평가는 더욱 민감한 사안이 된다. 이런 문제점 및 원조와 문제점 간의 관계를 분석하기 위해서는 모든 경제학적 분석방법은 물론 다른 사회과학까지 동원하여야 한다. 그러나 제2, 3, 4부의 대부분의 장에서는 더 넓은 틀의 분석을 통해 과거 경험으로부터 보편성과 교훈들을 도출하고 있다.

■ 원조 방식

그간 원조 관련 논문에서 프로젝트 대 프로그램 원조의 상대적 이점에 관해 지속적인 논쟁이 있어왔으나, 최근 들어 그 구분이 모호해지고 있다. 폴 모슬리와 마리온 에익하우트(제5장)는 프로젝트 단위의 원조예산이 1970년대 초 이후 급격히 줄어들었다고 보고하고 있다. 그 밖의 다양한 방법들, 예컨대 이행 조건부 프로그램원조(예컨대 구조조정차관), 민간부문 지원, NGO 지원, 긴급구호, 기술지원과 협력 등이 점차 중요해지고 있다. 올레 몰가르 안데르센Ole Molgard Andersen은 제7장에서 '부문별 프로그램 원조' 경향에 대해 자세히 논하고 있다. 이러한 추세는 어떤 한 부문에서 프로젝트 사이의 시너지 효과나 외부효과를 활용할 필요성이 있다는 인식을 반영한 것이다. 또한 어떤 경제권 내에서 한 부문 내의 그리고 각 부문 사이의 적절한 균형을 달성하는 것이 잠재적으로 원조 공여국들의 협조를 촉진할 수 있다. 원조 공여국들의 투자행위가 하나의 프로그램에서 어떻게 연계되는가를 이해하는 것은 수원국의 더욱 유효한 정책대화와 주인의식을 촉진할 수 있는 것이다. 안데르센은 부문 프로그램의 이중 주도권으로 인해 초래되는 잠재적 갈등을 포함하여 원조논쟁에서 종종 누락되곤 하는 중요한 문제점을 다루고 있다. 이것은 프로젝트를 운영하는 새로운 방법이자 프로그램원조를 구체화한 최신 방안이다.

기술협력은 사닝 아른트Channing Arndt가 제6장에서 자세히 설명했고, 이런 원조유형은 존 힐리John Healey와 토니 킬릭Tony Killick의 빈곤분석(제9장)과 엘리오트 J. 베르Elliot J. Berg의 공공부문개혁에 관한 경험검토(제12장)의 중요한 부분을 차지한다. 이 같은 프로그램들은 필요한 수준의 지식 인프라 달성에 성공한 개발도상국에서는 대체로 서서히 사라지고 있다. 이는 지식이전과 제도설립이 여전히 도전과제라고 할 수 있는 아프리카와 아시아의 저소득 국가에 해당하는 얘기는 아니다. 집필자들은 성공과 문제점이 뒤섞여 있었던 과거의 기술지원 프로그램들에 대해 논의하고 있다. 그들 모두 원조에 대한 비판이 타당하며 원조체제를 더 효율적으로 운영해야 한다는 주장을 하고 있다. 이 과정은 쉽고 빠르게 수정할 수 없는 장기적 노력이라는 것을 인정하면서 과거의 경험에 비추어 구체적인 개선 방법들을 제시하고 있다.

식량지원은 많은 저소득 국가들로 유입되는 모든 원조 중에 중요한 구성 요소이며, 뵤르그 콜딩Bjorg Colding과 페르 핀스트루프-안데르센Per Pinstrup-Andersen이 제8장에서 이 체계의 장단점에 대해 논하고 있다. 이 책의 초점이 경제개발에 맞춰져 있다는 전제 아래 그들은 식량원조 프로젝트와 프로그램에 집중하고 있으며 이것이 더 넓은 식량 확보전략의 유효한 요소가 될 수 있다고 주장한다. 그러나 식량원조가 현지 농업시장을 교란하여 가난한 농민에게 타격을 주는 형태로 운영되어서는 안 된다. 그들은 또한 식량원조 프로그램이 상승효과를 볼 수 없는 곳에서는 중단되어야 한다고 주장하는데, 이는 식량원조가 값비싼 형태의 자원이전이므로 비용대비 효과가 더 좋은 원조방법으로 대치되어야 한다는 이야기다. 구호와 개발을 어떻게 연결하는가 하는 문제는 토니 애디슨Tonny Addison(제17장)이 담당했다.

■빈곤, 성차별, 환경문제

　제3부의 3개의 장은 특별히 빈곤 감소의 근본적 목표와 점차 중요해지는 양성평등에 대한 이해, 그리고 개발의 환경적 측면을 다루고 있다. 빈곤문제, 수입의 분배문제, 기본생활충족은 1970년대 개발논의의 핵심이었다. 이러한 주제는 주요 관심사가 안정화, 국제 재정흐름 및 구조적응의 문제로 바뀌었던 1980년대에는 뒷방으로 물러났다가, 고루한 우려로 치부되어 밀려났던 주제들이 다시 유행했던 1990년대에 중요한 이슈로 재부상했다. 존 힐리와 토니 킬릭은 제9장에서 반부패 정책이 성공하기 힘들다는 점을 강조했다. 사회구조와 경제적 정치적 힘의 분배에 깊이 뿌리박힌 문제는 복잡한 지역 특수성을 가지고 있다.

　또한 원조 공여국이 해당 지역에 비교우위를 점하고 있다는 점은 명백하지 않으며, 수익분배의 전반적 기능과 규모에 단기적이고 지대한 영향을 미치는 원조 프로그램을 상상한다는 것은 사실상 어려운 것이라는 주장을 하고 있다. 그러나 교육, 보건, 영양, 사회적 안정망, 위생 등과 같은 장기적으로 빈곤을 완화하고 세대 간 수익이동을 증진할 수 있는 토대를 제공하는 프로그램에 초점을 맞춤으로써 빈곤 감소를 실질적으로 추구할 수 있는 방법들은 많다. 힐리와 킬릭은 결론에서 선택, 정책 환경, 협력수준의 문제들을 연결 짓고 있다. 이 부문에서 원조자원의 호환가능성을 고려하면, 공여국은 국내 소유권자와 원조 수원국들의 적극적인 협조 없이는 거의 아무것도 할 수 없음을 알 수 있다.

　개발경제에서 성차별 문제는 양성평등이라는 목표에서뿐 아니라 가계가 자원을 어떻게 운용하고 할당하는지 이해하는 데 중요한 분석 분야가 된다. 그러므로 분석 분야의 하나로서 성차별 분석은 원조 프로그램을 포함한 정책 개입이 가내의 수입, 식량, 여가의 분배에 어떻게 영향을 끼치는가를 분석하는 통합적인 분야가 되어야 한다. 리사 안 리셰이Lisa Ann Richey가 제10장에서 이 문제를 검토하였다. 그는 '여성문제'의 또 다른 형태와 여성에 대한 개발원조의 의미를 추적하고, 이런 문제에 집중하지 않는 '주류' 성차별 분석과정은 위험성을 안고 있다고 경고한다. 이 논문의 결론에서 그는 양성 평등을 위한 의제를 어떻게 실천 할 것인가에 대한 네 가지 일반적인 권고안을 내놓고 있다. 권고안은 태도의 변화를 위한 양성평등 공약, 지원강화를 위한 모니터링, 그리고 평가과정의 개선 필요성까지 말하고 있다.

1970년대 지구적 자원감소와 '맬서스' 인구증가 시나리오가 주목을 받으면서, 환경에 대한 관심이 개발논의에 포함되었다. 이후 두 가지 흐름이 생겼다. 첫 번째는 지구온난화, 생물다양성의 감소, 자원감소와 같은 지구적 외부영향의 문제, 두 번째는 토양소실, 물과 그 밖에 자연자원의 감소, 공해와 같은 국내적 외부영향의 문제이다. 이러한 문제는 라스무스 헬트베르 Rasmus Heltberg와 우페 닐센Uffe Nielsen이 제11장에서 논의했다. 이들은 첫 번째 외부영향은 개발 원조를 넘어서는 것으로서 환경변화에 대처하는 지구적 정책 대응이 필요하다고 주장한다.

지역적 환경문제는 정부개입을 필요로 하는 불완전한 시장과 외부영향에 연관된 것이다. 원조는 이러한 난관을 효과적으로 대처하는 데 필요한 지식과 자원이 부족한 개발도상국에서 중요한 역할을 담당한다. 과거에는 선진국들이 먼저 오염시키고 치웠지만, 이제는 높은 인구밀도와 취약한 자원구조를 가진 많은 개발도상국들이 이 외부영향을 가능한 한 빨리 처리해야 할 필요가 있다. 현대 산업화의 초기단계에는 가능하지 않았지만, 이제 우리는 환경 훼손의 효과와 이것을 처리할 수 있는 기술에 대한 지식을 가지고 있다. 원조는 이러한 지식을 전달해주는 데 긍정적인 역할을 할 수 있다.

■ 제도적, 체계적 개혁과 거시정책

정부와 시장제도의 진화는 개발과정의 총체다. 변화하는 요구와 우선순위에 적절히 대응하지 못한다면 제도적 변화는 개발과정에 오히려 방해가 될 수 있다. 이르마 아델만은 제2장에서 장기적 역사적 관점에서 정부제도의 진화를 논하고 있다. 반대로 엘리오트 베르는 제12장에서 1980년 이후의 공공부문 개혁의 주도권에 대해서 살펴보고 있다. 그는 개혁에서의 미흡한 성공이 개발과정을 방해한다고 주장한다. 특히 그는 원조의 대부분이 정부기구를 통해 들어오므로 공공부문 개혁은 원조를 유효하게 활용하기 위한 선결조건이라고 말한다. 그는 원조 지원을 받은 상당수 국가의 공공부문 개혁 대부분이 실패했다고 단정하면서 그 책임이 공여국과 수원국 모두에게 있다고 말한다.

민간부문에서도 제도개혁은 중요하다. 1980년대와 1990년대 개발논쟁의 주요 주제는 시장 메커니즘에의 의존도를 어떻게 높이느냐에 있었다. 마스 팍쥐 크라그Mads Vaczy Kragh, 요르헨 비르크 모르텐센Jorgen Birk Mortensen, 헨리크 샤움부르-물레르Henrik Schaumburg-Muller, 한스 페테르 슬렌테Hans Peter Slente는 제13장에서 민간 시장제도의 개발지원을 포함하여 민간산업 부문의 생산성과 경쟁성을 높일 수 있게 하는 개발주도권의 범위 — 과거에는 원조 공여국들이 전권을 쥐었던 — 에 대해서 논하고 있다. 이들은 여러 국가의 예를 들어 민간부문이 원활히 활동할 수 있는 환경을 촉진하는 민간부문개발 직접원조가 긍정적 역할을 하고 있다는 결론을 내린다.

아시아 금융위기 이후, 개발도상국들의 부적절한 금융체제 문제가 새로이 주목을 받았다. 옌스 코브스테드Jens Kovsted는 제14장에서 금융부문을 강화하기 위해 마련한 과거의 원조경험을 개관한다. 그는 제도개발, 정부규제 방식, 미시금융과 같은 새로운 제도의 육성과 같은 일련의 문제들을 고찰한다. 그는 거시경제와 사회의 안정성과 효과적인 금융시스템의 통합체계가 효율적 자원동원과 할당을 조장하여 성장을 촉진한다고 주장한다. 또한 세계 여러 자본시장의 세계화가 개발도상국의 금융체제에 압력으로 작용할 것이라고 덧붙인다.

금융부문의 제도적 성장은 개발도상국의 국내 자원동원 능력을 확대하는 데 중요한 부분이다. 이는 저축-투자 갭에서 저축 비율을 늘리게 한다. 세

가지 갭 모델three gap model에 따르면, 무역수지는 두 번째 갭으로, 정부예산 적자는 세 번째 갭으로 개발연구서에 소개된다. 페테르 예르톨름, 윗테 라우르센, 하워드 화이트는 제15장에서 이 세 가지 갭에 주목하여 원조의 역할을 고찰하며 또한 원조공여와, 저축, 자원 할당이 서로 뒤섞여버리는 잠재적 거시경제 문제에 대해 경고한다. 첫째, 그들은 원조증가에 따른 세수동원의 감소로 인해 정부적자가 늘어나는 잠재적인 도덕해이 문제를 거시적 차원에서 주목한다. 둘째, 원조는 수출 감소와 수입 증가를 유발하는 실질환율의 평가절상을 유도하는 이른바 '네덜란드병Dutch disease'을 일으킬 수 있다고 경고한다. 셋째, 원조지원이 정부지출 변화를 상쇄하고, 실질개발 지출 형태의 순수 효과를 제한한다는 전용성의 문제에 대해 논의한다. 넷째, 무상 대출 역시 결국 부채증가를 의미한다고 주장한다. 마지막으로 그들은 이 세 가지 자원 갭을 어떻게 메우느냐보다는 어떻게 차단하느냐에 대한 참고자료와 함께 미래 원조의 잠재적 역할에 대해 논한다.

■ 포괄적 이슈들

제4부의 각 장들은 이전 장들에서 나왔던 몇 가지 문제들을 다시 다루지만 다른 시각으로 접근한다. 또한 원조의 역할, 효과, 미래를 위해서는 중요하지만 분류가 쉽지 않은 특별한 문제들을 거론한다.

올리버 모리세이Oliver Morrissey는 제16장에서 더 자유로워진 세계 무역 환경의 맥락에 맞춰 원조를 논한다. 세계는 지금 2차 대전 이후 진행돼온 전 지구적 무역자유화의 연결선상에 있다. 많은 개발도상국에서는 1980년 이후 무역 전략이 국내적 시각에서 국제적 시각으로 극적으로 변화해왔고, 그 결과 국제무역의 역할이 대단히 중요해졌다. 무역의 비중이 엄청나게 커져 세계 무역량이 생산량보다 더 빠른 속도로 증가했다. 모리세이는 모든 국가가 무역증가로 똑같은 이익을 본 것은 아니며, 저소득 국가들이 자유화의 진행으로 심지어 손해를 입은 증거가 있다고 기술한다. 게다가 장기적으로 한 국가가 이익을 본다고 하더라도, 단기에서 중기까지의 기간에 극심한 적응비용이 든다는 것이다. 지구적 무역자유화에 덩달아 많은 개발도상국들이 지역 무역협정에 가입하고 있다. 이러한 진전은 특히 규모가 크고 선진화한 국가들에게 이익이라는 점을 경험적 증거로 알 수 있다(이를테면 NAFTA). 모리세이는 원조정책의 이러한 추세는 다음의 세 가지 의미를 함축하고 있다고 주장한다. (1)재정적 적응비용의 필요성, (2) 자유화과정에서 손해를 본 저소득 개발도상 국가를 원조가 보상한다는 주장, (3) 지역적 무역장벽의 지지(예컨대 남아프리카개발공동체).

긴급원조는 원조공여에서 중요한 요소이며, 이러한 원조를 진취적인 성장 지향 방식으로 제공받을 수 있게 하자는 의견이 늘어나고 있다. 역시 냉전 이후 세계는 지역단위의 무력분쟁으로 인해 긴급 상황이 벌어지고 있다. 토니 애디슨은 제17장에서 원조의 역할을 무력분쟁이 벌어지기 이전, 분쟁 중, 분쟁 이후로 나누어 논한다. 분쟁 중의 원조는 인도적 지원이라는 제한적인 역할을 하며, 전쟁에서 평화로의 진행을 돕는다. 그러나 전시환경에서 원조를 수행하는 것이 심각한 문제가 될 수 있다. 에디슨은 원조가 폭도들의 손에 넘어가면 분쟁이 더 복잡해질 수 있다고 밝히고 있다. 분쟁 후의 원조는 값비싼 재건과 재활의 노력에 매우 중요한 역할을 수행한다. 끝으로 에디슨은 지역이 위험에 처할 때 원조를 이용하여 갈등을 완화할 수 있는 가능성을 고찰한다. 그는 분쟁예방을 위해 원조를 사용할 수 있도록 대외 정책을 수립해야 한다고 주장한다. 이러한 원조는 사회적 긴장을 높이는 빈곤과 불평등의 감소와 분쟁해결을 위한 제도와 과정 지원에 초점을 맞추어야 한다.

대개 원조는 대부분이 극빈국인 아프리카에 집중해야 한다고 주장하지만, 사실 이 지역에 대한 과거의 경험은 실망스러운 것이었다. 라비 칸부르Ravi Kanbur는 제18장에서 원조조건과 아프리카 부채국의 현 관계에 문제가 있다고 보았다. 이러한 현상의 주요 원인은 이 지역 정부들과 공여국들 사이의 불건전한 관계에 있다. 칸부르는 냉전 종식과 아프리카 국가들의 민주화 진전이 원조효과성에 대한 미래의 가능성에 잠정적으로는 긍정적인 역할을 한다고 본다. 그는 (1)원조 공여국의 개입을 줄이고, 현지 정부의 특권을 존중해주어야 하며, (2) 공여국이 원조협정의 문구를 정의하고 강제하는 데 일관성이 있어야 하며, (3)부채탕감이 중요하고, 그리고 끝으로 (4) 비록 이러한 개혁이 원조를 줄인다 하더라도 공여국과 수원국의 관계를 재정립하는 것이 중요하다는 네 가지 요건을 들고 있다.

마지막으로 레이먼드 홉킨스는 제19장에서 원조 감소의 정치경제학적 이유로서 이미 논의한 냉전종식과 미흡한 원조수행과 함께 (1) 보호자-피보호자 관계의 소멸, (2) 공여국들의 인색한 예산, (3) 선진국 이익집단들의 인색한 자금지원, (4) 작은 정부와 사회보장지출의 감소를 추구하는 '신자유주의'적 사고방식의 계승 등을 추가로 들고 있다. 앞으로의 원조를 뒷받침할 가능성 있는 원천을 찾으면서 홉킨스는 다음의 세 가지 원조 목표가 국내외적인 제휴를 부분적으로 일치시키는 데 기여할 수 있다고 주장한다. 바로 국가를 튼튼하게 하고, 시장지배를 촉진시키며, 긴급 안전망을 구축하는 것이 그것이다. 그는 미래에 원조 지원을 유발할 중요한 조건으로 그것의 효과성에 대한 믿음을 꼽았다. 하지만 원조 수원국들은 정치학적 관점에서 우려할만한 이유들을 갖고 있다. 홉킨스는 많은 잠재적 원조 수원국들을 '세습적이고, 실체가 없고, 불화를 일삼으며, 준독립적이고, 마피아 같으며 부패한'이란 말로 묘사할 수 있는 '무정부주의적 국가'로 호칭한다. 이런 환경에서는 '정부실패'가 원조 성공에 가장 큰 위협이 된다. 원조를 가장 필요로 하는 국가들은 분명히 경제적이기보다는 정치적인 이유로 인해 원조가 효과를 거두지 못하고 있다.

■ 결론

2차 대전을 겪으면서 적절한 개발전략에 대한 일반적인 교훈을 얻었다.

성공과 실패 양쪽으로부터의 학습으로 개발이라는 의제가 크게 확산되었다. 많은 반대가 있긴 하지만, 성공하는 개발전략의 구성요소에 대한 주요 합의 사항은 다음과 같다.

- 법적 규제체제를 유지하면서 시장제도를 발전시킨다.
- 건전한 기능을 가진 정부기구.
- 중앙통제경제가 더 이상 대안이 될 수 없다는 점을 인식하여 시장질서에 의존.
- 일정한 수준의 사회적, 물리적 인프라를 구축하기 위한 투자(보건, 교육, 운송, 통신, 등).
- 안정된 거시경제 환경 유지.
- 일정한 수준의 자원 확보.
- 인센티브 시스템의 총체적 왜곡을 축소 또는 제거.
- 해외무역의 역할 증가(수입, 수출 모두).
- 해외 민간투자의 잠재적 역할(장기투자에 비해 단기투자, 직접투자에 비해 금융자산에 문제가 있다는 점을 감안하여).
- 선진국의 지식과 기술 이전.

개발도상국은 개발 잠재성에 영향을 미치는 초기 조건들이 매우 다양하다. 또한 성공에 이르는 길은 여러 갈래이므로 위에 예시한 조건들 가운데는 교환하거나 대치 가능한 것들도 있다. 하지만 이러한 교환조건엔 분명히 연속성이 없다. 초기효과이며 최소한의 필요요소다. 또한 여기엔 다른 요소들 간의 외부효과나 시너지효과도 있다. 이 요소들 사이의 적절한 균형과 시간에 따른 순서를 결정하는 것은 현대 개발경제학의 주요 주제였다.

1950년대 이후 원조는 개발의 성공과 실패를 좌우하는 문제였다. 뒤늦게나마 우리는 많은 실패가 원조유형이나 이행의 차이 때문이라기보다는 현재 개발전략으로는 부적절하다고 알려져 있는 것을 추구했기 때문이라는 것을 깨닫게 되었다. 원조 프로그램의 효과성을 평가할 때 원조과정의 실패와 전반적 개발전략의 실패를 구별하는 것은 매우 중요하다. 또 한편으로, 개발이 잘 되고 안 되고에 대한 현재의 지식 대부분이 원조 기구들의 연구에 기반을 둔다는 점을 알아야 한다.

성공한 것으로 알려진 개발전략에서 원조가 얼마나 큰 역할을 했는지를 알 수 있는 많은 사례들이 있다. 이런 의미에서 원조는 성공적이었고, 제대로 작용했으며, 평균적으로 성공한 사례들이 실패보다 많았다. 거꾸로 말하면, 적절한 전략을 지원하지 못했기 때문에 원조가 실패한 것이다.

원조실패의 두 가지 유형을 식별할 수 있는데, 첫째는 원조전략의 실패이다. 이 경우, 위에 열거한 성공하는 개발전략 요소를 지원하는 데 실패하고 있는 줄 알면서도 지원이 이루어진다. 한 가지 사례를 든다면, 가까운 미래에 결코 이루어지지 않을 거시적 제도개혁을 위해 차관으로 구조조정을 계속하는 경우다. 또 다른 사례는 수원국이 비생산적이거나 명백히 유해한 사용을 위해 원조자원을 쉽게 유용할 수 있는 환경에서 프로젝트나 프로그램을 위해 차관을 제공하는 경우다. 원조실패의 둘째 유형은 원조의 계획, 양식 또는 이행을 포함한 원조조달과 관련이 있다. 이 사례는 부적절한 기술을 이전하는 것(하얀 코끼리), 그리고 불충분한 교육을 받은 기술보조 인력에 의존하는 경우다. 이행조건을 강제하지 않는 것은 이행의 실패인 반면 부적절한 이행조건을 강제하는 것은 전략의 실패이다.

원조 프로그램에 성공하기 위해서는 하나 또는 그 이상의 바람직한 개발전략 요소들이 잘 계획한 원조방식과 효과적인 이행수단을 갖춘 적절한 원조전략과 조화를 이루어야 한다. 원조전략을 잘 수행하기 위해서는 변화를 방해하는 수원국의 정치·사회적 세력을 고려해야 한다. 개발전략 요소들에 우선순위를 매기는 것은 원조 그 자체의 문제라기보다는 개발 제약요소에 대한 판단과 관련이 있다. 적절한 원조 전략을 설계하는 것은 이러한 우선순위를 정하는 것뿐 아니라 원조체제를 통한 실현가능성을 고려하는 것이라는 의미다.

훌륭한 정책을 펴는 가난한 국가가 평범한 정책을 펴는 국가보다 더 많은 원조를 받아야 한다는 주장을 하곤 한다. 그러나 예를 들어 거시경제 경영을 개선하기 힘든 환경이라면, 설사 장기전망이 있다 하더라도 성공하는 개발 전략 중 다른 요소들을 지원하는 데 원조를 사용하는 것이 바람직하고 또 이행 가능한 법이다. 사실 가난한 국가에는 개발 우선순위에 따른 사회적 물리적 인프라와 제도개선을 위한 장기투자가 이루어져야 한다. 그러나 이러한 국가에서 빠른 개선을 기대할 수는 없다. 앞으로의 원조는 대부분 아프리카와 아시아에 있는 가장 가난한 국가에 집중해야 한다는 데에 대부분 동의한다. 이들 국가에서는 우선순위를 정하기가 매우 어렵고 잘 알려져 있지 않은 환경에서 원조프로그램을 기획해야 하며 이 때문에 원조는 위험부담을 안는다. 그러나 지난 20세기 50년간의 경험을 통해 우리는 배우고 성공하는 것에 자신감을 가져야 할 것이다.

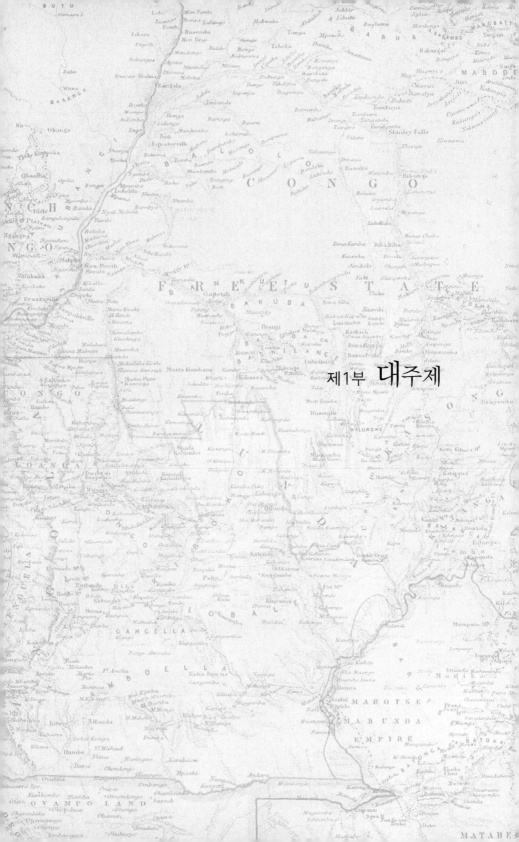

제1부 대주제

제1장

개발주의의 진화와 원조의 역할(1950~2000)

에릭 토르벡케

■ 머리말

제3세계의 경제개발과 사회개발은 제2차 세계대전 때까지만 해도 분명히 식민지배자들의 정책 목표가 아니었다. 이 같은 목표는 식민지 블록 내의 노동, 분배 및 무역패턴과 일치하지 않는 것이었다. 1940년대 후반과 1950년대에 식민지배체제가 종언을 고하고 독립물결이 이어지고 난 후에야 이러한 목표들에 대한 기대를 불러일으키는 변혁이 시작될 수 있었다. 따라서 제2차 세계대전의 끝은 개발도상국들에게 새로운 체제의 시작을 의미하였으며, 식민지 종주국과의 공생관계에서 자국중심 성장으로, 그리고 의존관계에서 자율적인 파트너 관계로 발전하였다. 또한 관련 학자들과 정책입안자들이 적절한 개발정책과 전략을 입안하기 위한 기초로서 성장과정을 더 잘 학습하고 이해하는 데 더 깊은 관심을 기울이기 시작하였다. 신생독립국가의 정책입안자들이 경제정책수립의 가이드라인으로 사용할 수 있도록 넓은 의미의 개발주의 개념이 마련되어야 했다.

개발전략 - 대체로 상호연관성과 일관성을 지닌 일련의 정책들 - 의 선정과 채택은 다음과 같은 세 가지 기본원칙에 근거한다. 즉 (1) 개발과정에 대한 그 시대의 지배적인 관점과 개념으로부터 파생된 유효한 개발목표, (2) 기존의 개발이론, 가설, 모델과 관련된 최신개념, (3) 현 상황의 진단과 성과측정에 이용할 수 있는 기본적인 데이터 시스템이 바로 그것이다. 〈그림 1-1〉은 (1)개발이론과 모델, (2)목적, (3) 데이터 체계와 성과 측정, (4) 개발정책과 전략의 네 가지 요소 사이에 존재하는 상호 연관성 및 상호 의존성을 보여주고 있다. 이 네 개의 상이한 요소는 〈그림1-1〉의 4개의 상자 안에 표시돼 있다. 어느 시점이나 시기든 4개의 요소로 구성된 상자들은 상호 연관성을 가진다. 그러므로 〈그림1-1〉에서 현황, 개발이론, 가설, 모델들을 포함한 표 아래의 왼쪽에 위치한 상자가 나타내는 최신 개념은 그 시대에 지배적인 개발목표와 서로 영향을 주고받는 관계이므로 두 개의 역방향의 화살표가 이 두 개의 상자를 이어주고 있음을 알 수 있다. 이와 유사하게 데이터 체계는 기존의 이론과 모델에서 파생되는 것으로 현재 유력한 개발가설을 실험하고 새로운 가설을 도출하는 데 이용된다. 마지막으로 개발 정책과 전략의 선택은 다른 세 가지 요소 - 표에서 세 개의 화살표가 가리키는 것과 같이 목표, 이론, 데이터 - 에 의해 공동으로 결정되고 영향을 받는다.[1)]

이번에는 원조의 역할과 기능이 영향을 받게 되는데, 이 네 부문의 각각이

---

1) 〈그림 1-1〉의 화살표가 나타내는 상관관계 외에 두 개의 추가적인 관계가 존재한다. 첫째는 개발이론과 가설, 개발모델 간의 상호관계이다. 모델은 전통적으로 이론적 가설에 기반하고 있으며, 이는 부분적인 특성이기도 하다. 다양한 가설을 하나의 일관된 틀로 취합함으로써 모델과 같이 최초의 가설 개선에 새로운 통찰력을 제공할 수 있다. 두 번째의 쌍방향 화살은 개발 목표와 데이터 체계를 연결하고 있다. 분명히 개발 목표의 선정은 필요한 데이터 체계의 종류를 미리 결정할 뿐만 아니라 영향을 받기도 한다. 이러한 상호 연관 관계의 구체적인 예는 〈그림 1-1〉의 개념 체제를 적용한 1950~2000년대의 각각의 사례에 자세하게 분석, 기술되어 있다.

〈그림 1-1〉 개발이론, 모델, 목표, 데이터 체계, 개발 정책과 전략, 원조의 역할과 교훈
　　　　　간의 주요 상호관계

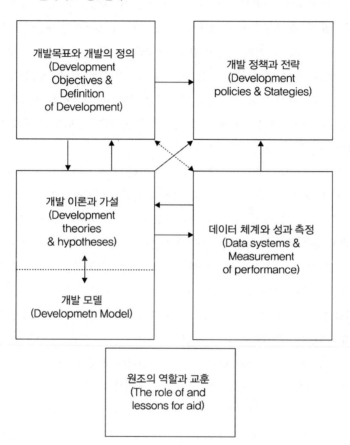

동 시대 최신 상태의 맥락으로 평가되어야 한다. 시기에 따라 달라지는 여러
국가의 다양한 전략변화에 관한 누적된 경험과 이러한 경험에서 도출한 결
론에 기초하여 개발과정을 더욱 심도 있고 체계적으로 이해함으로써 원조를
어떻게 하면 개발에 가장 잘 기여할 수 있게 하는지를 알아내는 데 도움이
될 것이다.

　동시에 원조 수원국의 사회경제적인 개발은 원조공여국의 많은 목표 중

하나일 뿐이며, 이는 다른 장에서 다룰 예정이다. 많은 원조 공여국이 원조 분배를 행할 때는 정치적, 상업적 목표가 중요한 역할을 한다. 비개발적인 목표가 원조분배에서 중요한 역할을 하지만 원조가 가져오는 개발이득 전체를 부정하는 것은 이러한 이득이 원조공여국의 개발동기에 의해 직접적으로 발생하였든, 또는 정치적으로 의도된 재원이전에 의한 부작용으로 일어난 간접적인 결과이든 간에 지나치게 냉소적인 태도이다. 더구나 원조의 상당 부분은 다변적인 채널을 통해 분배되는 것이므로 엄밀히 말해 정치적 이해 관계의 영향을 덜 받는다고 할 수 있다.

그러므로 이 첫 장에서는 원조의 개념이 지난 20세기 50여 년간의 개발이론과 전략이라는 큰 골격 안에서 제3세계의 발전에 역사적으로 어떤 기여를 해왔는지 살펴보고자 한다. 앞서 설명하고 〈그림 1-1〉에서 개관한 분석 틀은 지난 50년 동안 각 시기에 널리 유행했던 최신 개발이론을 평가하는 데 사용되며, 특히 10년 단위로 유행하던 개발 패러다임의 기능이 변화함에 따라 원조 역할의 개념이 어떻게 달라졌는지를 설명하는 데 사용한다.

위의 분석 틀을 실제 지난 50여 년간 존재했던 상황에 직접 대입함으로써 개발과정의 개념적 변화를 체계적으로 보여줄 수 있을 것이다. 이러한 시도는 1950년대에서 1990년대까지 매 10년마다 지배적이었던 상황을 대조하는 작업을 통해 수행되었다. 10년을 적절한 구분 시기로 잡은 것은 물론 임의선택이었으며, 지난 50년간의 각 시기에 대해서는 〈그림 1-1〉의 다섯 개의 상자 안에 어떤 내용이 들어가야 하는지 아직 고려 중에 있다.[2]

〈그림 1-2〉~〈그림 1-6〉은 매 10년간 서로 연관성을 맺고 있는 5개의 상자 항목과 적절하게 어울리는 중요한 요소를 확인하려고 시도한다. 어떤

---

[2] 특히 특정한 개념 및 이론적 기여는 일반통념의 일부가 되기 이전에 형성되었을 수 있다. 이러한 사례로, W.A. 루이스W.A. Lewis의 세미나 발표를 들 수 있는데(1954), 이를 통해 1950년대보다 1960년대에 개발 패러다임의 주요 구성 요소가 된 경제적 이원론 개념을 촉발하였다.

면에서는 목표, 이론, 모델, 데이터 체계와 가설, 전략 간의 상호 관계가 해당 시기에 널리 유행한 개발주의를 만들어냈다고 주장할 수 있다. 50년 간 각 시기에 유행한 개발주의에 대한 일련의 간략한 논의를 통해 개발이 론과 전략의 변화를 파악할 수 있으며 원조의 역할변화를 살펴볼 수 있을 것이다. 마지막 부분은 상기 내용을 요약하여 결론을 내리고 있다.

■ 1950년대의 개발주의

새로 독립한 저개발국가의 주요 정책목표는 경제성장이었다. 경제성장과 근대화 과정만으로도 양극화 현상과 그로 인한 관련소득 및 사회적 불평등 을 제거할 수 있으리라는 인식이 일반적이었다. 그 밖의 경제 및 사회적 목 표들은 만약 GNP성장에서 비롯된 것이 아니면 부차적인 것으로 간주했다. 개발목표 및 척도로서 GNP성장을 채택한 것은 분명히 1950년대의 최신 개 념과 직결된 것이다. 1950년대 개발 국가로 이끄는 데 공헌한 주요 이론은 어떤 부문의 총체적인 골격 안에서 이해됐으며 근대화 운동과 관련된 투자 의 역할을 강조하였다. 1950년대 개발경제학자들이 내세운 이론과 개념들을 살펴보면, 로젠슈타인-로당Rosenstein-Rodan의 대규모 추진big push(1943), 넉시Nurkse의 균형성장balanced growth(1953), 월트 로스토Walt Rostow의 지 속성장으로의 도약take-off into sustained growth(1956)과 레이번슈타인 Leibenstein의 핵심 최저효과 이론critical minimum effect thesis(1957) 등이다 (〈그림 1-2〉참고).

전체 틀과 더불어 이러한 개념들이 가지는 공통점은 성장과 개발을 동일 시하고 있으며, 저개발국의 성장을 대규모 분절적인 투자를 요하는, 본질적 으로 불연속적인 과정으로 인식하고 있다는 점이다. '대규모 추진' 이론은 사회간접 시설과 기간산업에서 규모의 경제의 중요성을 강조하였다. '도약' 이론은 해러드-도마의 동일 명제에 기초한 것으로 소득증가율이 인구증가율

〈그림 1-2〉 1950년대의 주요 상관관계

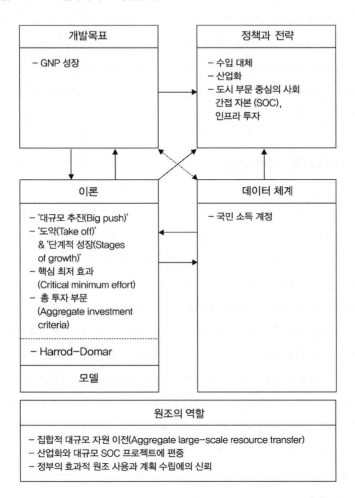

보다 높으려면(예컨대 1인당 소득 증가율이 플러스가 되려면), 널리 일반화되고 있는 자본-생산 비율을 고려할 때 GNP에 대비하여 투자의 최소한계선이 요구된다는 것이다. 그리고 '핵심 최저 효과 이론'은 유도된 소득 성장세가 소득 하락세를 누르기 위해서는 누적과정을 촉발할 수 있는 투자와 더불어 대규모 분절적 추가노력이 필요하다는 것이다. 마지막으로 넉시의 '균형 성장'

개념은 보완적인 생산 활동 전반을 동시에 강화하고 확대하는 수요 측면과 부합하는 외적경제를 강조하고 있는데, 이를 통해 시장규모의 확대를 꾀할 수 있다. 돌이켜보면 1950년대의 대규모 투자 강조는 1928~1940년에 소련이 실행하여 비교적 성공한 개발모델에 영향을 받은 것으로 보인다.

성장의 주요 동력으로서 투자가 핵심적인 역할을 해야 한다는 주장은 1950년대의 여러 투자 관련 자료에서 발견된다. 이러한 자료들은 (1) 칸Khan(1951)과 체너리Chenery(1953)의 사회적 한계생산social marginal production, (2) 갈렌슨Galenson과 레이번슈타인의 1인당 한계투자율the marginal per capita investment quotient(1955), (3) 엑스타인Eckstein의 한계성장기여율the marginal growth contribution(1957)에 주요한 기여를 하였다.

한동안 해러드-도마 식의 1부문 모델one-sector model을 분석 틀로 사용하는 것이 유행이었다. 그들이 가진 완전히 집합적이고 단순한 생산기능이 적어도 암암리에 인프라와 산업에의 투자를 강조하는 오직 요소투자만으로 이루어져 있었기 때문이다. 이러한 모델의 1부문, 1투입이라는 성격상 서로 상이한 요소 간의 결합과 대안적 투자배분에 의한 부문적 생산효과에 관해서는 어떠한 추정도 허용하지 않았다. 이는 여러 요소가 고정된 비율로만 투자와 결합될 수 있으리라 가정했기 때문이다. 한 부문에서 세계의 GNP는 투자율(GNP에서의 투자 몫)을 국제수지 균형과 일치될 수 있을 만큼 높은 비율로 증가시킴으로써 최대화할 수 있다. 농업생산의 결정요소에 대한 경험적 정보나 이론적 토대가 없는 경우, 일반적으로 근대적인 부문을 투자의 높은 생산성과 동일시함으로써 대규모 투자를 근대 산업부문과 사회간접자본 형성으로 유도하는 경향이 있었다. 이 경우 대개 전자에 혜택을 주었다.

집합적 모델 의존현상은 앞서 논의한 최신개념에 의해 미리 결정되었을 뿐 아니라 1950년대에 오로지 국가 소득계정만으로 이루어진 데이터 체계가 이용 가능한 데서 기인한 것이다. 투입-산출의 형태로 구성된 분리된 정보체계는 1960년대에야 개발도상국에 등장하였다.

1950년대에 널리 유행한 개발전략은 앞서 논의한 이론적 개념들에서 직접 비롯되었거나 그 논리적 흐름을 계승한 것이다. 산업화는 뒤처진 경제 전반을 끌어갈 수 있는 성장 동력으로 인식되었다. 공업부문은 전통적으로 '짓눌리고' 차별받는 부문으로 여겨지는 농업에 비해 역동적인 역할을 부여받았다. 더 구체적으로 말해 공업부문은 '지도적 부문'으로서 농업 종사 인구에게 고용기회의 대안을 제공할 것이며 식량과 원자재의 수요증가와 더불어 산업 투입요소를 농업에 제공하기 시작할 것으로 생각했다. 공업부문은 농업과는 대조적으로 투자의 높은 생산성과 동일시됨으로써 산업 활동과 사회간접자본에 대규모 투자가 이루어졌다.3) 산업성장을 촉진하기 위해 전통적인 농업으로부터 필요한 자본을 뽑아내야 했다.

농업에 비해 공업을 우선시하는 이러한 '공업화 우선전략'은 여러 형태로 나타났다. 첫째, 많은 국가에서 곡물 가격을 공산품 가격에 비해 인위적으로 낮게 책정하는 여러 가격정책으로 인해 농업에 비우호적인 국내 교역조건이 형성되었다. 이러한 가격정책을 시행한 한 가지 목적은 농업에서 자원을 끌어내면서 도시 노동자에게 값싼 식량을 제공하여 소득분배를 그들에게 유리한 방향으로 기울게 하려는 것이었다. 다른 차별조치로 공공자원(자본과 경상비 지출 모두를 포함하여)을 농업부문에 최소한으로 배정하고, 농업용 공공시설 건설과 농촌의 농경 외 활동을 장려하지 않았다. 인도와 파키스탄과 같은 일부 더 큰 개도국의 경우엔 별로 힘들이지 않고 외국 원조식량 – 주로 미국 공법 480조에 따라 – 을 이용할 수 있었는데, 이는 농산품 가격을 상대적으로 낮게 유지하는 데 일조를 한 추가요인이었다.4)

---

3) 여기서 다시 한 번 말하자면, 산업화에 대한 강조는 소련 모델의 상당한 영향을 받았다.

4) 공법 480조는 1954년 미국에서 통과된 농업무역개발 및 원조법Agricultural Trade Development and Assistance Act을 일컫는 것으로, 식량원조 프로그램의 기본 법률이다.

개발과정 초기에 공업화를 촉진하는 주요 수단 중 하나는 특히 일상 소비재와 내구 소비재의 수입대체였다. 극소수의 예외를 제외하고 제한적인 허가방식, 높은 보호관세, 복합적인 환율에서 다양한 회계 장치에 이르기까지 다양한 수입대체 정책이 개도국에서 속속 생겨나 급속히 확산되었다. 산업성장의 이러한 내부지향적 접근방안은 고도로 비효율적인 일련의 산업들이 육성되는 결과를 낳았다.

수입대체 위주의 생산 활동과 물리적 인프라에 의한 도시 근대화 부문의 투자 강조는 모든 관점에서 바람직하지 못한 것이었다고 결론을 내려서는 안 된다. 이 과정은 산업발전의 시작을 도왔으며 근대화가 필요한 부문의 성장에 기여하였다. 일부 경우에는 국제수지 압박에 잠정적인 구제수단을 제공하기도 하였다. 그러나 수출에 실질적이고 잠재적인 차별조치를 취함으로써 국제수지와 관련한 장기적인 수입 대체효과는 부정적인 결과를 낳을 수 있었다.

원조의 역할

1950년대 원조의 경제적 당위성은 개발도상국들이 충분한 저축률을 달성하여 성장을 자력으로 유지할 수 있도록 필요한 자본을 제공하는 일이었다. 원조의 역할은 근본적으로 투자증가를 통해 경제성장을 유도하는 자본의 공급원으로 인식되었다. 겨우 입에 풀칠을 하고 있는 가난한 나라의 가계에서 지속 가능한 성장률을 유발하기에 충분한 수준으로 저축률을 높이는 것은 거의 불가능하였다. 루탄Ruttan이 지적(1996)한 대로 개발도상국들은 대부분의 경우 민간투자를 유치할 수 있는 인적, 물적 자본이 부족하기 때문에 자본의 출처로서 원조를 대체할 수 있는 대안이 없어 보였다.

두 개의 상호 연관된 요인이 성장도구로서 원조를 더욱 매력적인 것으로 만들었다. 첫째, 정부가 거시적인 계획에 성공할 수 있다는 믿음인데, 이는 이 시기에 공식화 한 다수의 5개년 계획으로 증명되었다. 둘째, 해러드-도마 모델이 목표한 경제성장률을 달성하기 위해 필요한 원조의 정확한 규모를 간단하게 측정해냈다는 점이다. 돌이켜보면, 이러한 집합적인 계획구조와 공업화 우선 강조는 농업부문이 등한시되는 결과를 낳았다.

아무튼 1950년대의 원조의 개발 당위성이 무엇이든 간에, 미국과 아마도 서유럽의 원조 프로그램은 안보목적에 이미 도움이 된 것이 분명하다. 미국의 원조는 공산주의의 확산으로 제기되는 안보위협에 대응하기 위한 무기로서 고안된 것이었다(Ruttan, 1996: 70).

■ 1960년대의 개발주의

〈그림1-3〉은 1960년대에 널리 유행한 개발주의의 주요 구성요소를 보여준다. 개념상으로 1960년대의 10년은 경제의 이중성에 근거한 분석 틀이 우세했다. 1950년대의 개발주의는 근대 부문을 보완하는 경제가 퇴행 부분을 가지고 있음을 암암리에 인정한 반면 개발과정에서 그 두 부문의 호혜적 역할을 설명할 이중적인 틀은 갖지 못했다. 루이스Lewis가 1954년에 주장한 소박한 두 부문 모델two-sector model은 근대화 부문을 위한 '제한 없는 노동'과 '농업 잉여'의 잠재적 원천인 생계농업에 본질적으로 수동적인 역할을 계속 부여하였다. 농업 종사자들은 농업생산의 감소 없이, 동시에 자기들 몫의 식량(즉 자본)을 유지하거나 혹은 적어도 그 접근성을 유지하면서, 많은 인원이 생계농업에서 벗어날 수 있으리라고 추정하였다.

이중적인 경제모델이 더욱 복잡해짐에 따라 개발과정 동안 공업근대화와 농업부문 회귀화가 이행해야 하는 기능 간의 상호 연관성에 대한 인식도 점차 확대되었다(Fei and Randis, 1964). 회귀적 부문은 재원을 공업부문에 내어주어야 했고, 이젠 공업부문이 이를 흡수할 수 있어야 했다. 그러나 재원의 방출 또는 재원의 흡수 자체로는 경제개발을 이루기에는 불충분하였다. 이러한 적극적인 상호의존 인식은 이전의 공업화 우선 조치에서 진일보한 것

〈그림 1-3〉 1960년대의 핵심 상관관계

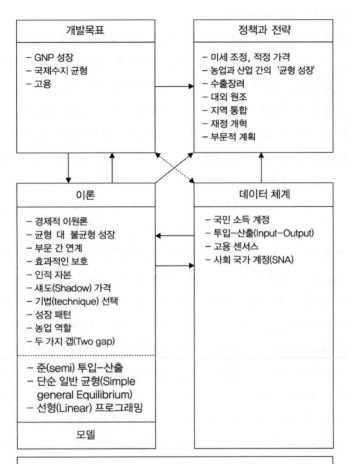

개발목표	정책과 전략
- GNP 성장 - 국제수지 균형 - 고용	- 미세 조정, 적정 가격 - 농업과 산업 간의 '균형 성장' - 수출장려 - 대외 원조 - 지역 통합 - 재정 개혁 - 부문적 계획

이론	데이터 체계
- 경제적 이원론 - 균형 대 불균형 성장 - 부문 간 연계 - 효과적인 보호 - 인적 자본 - 섀도(Shadow) 가격 - 기법(technique) 선택 - 성장 패턴 - 농업 역할 - 두 가지 갭(Two gap)	- 국민 소득 계정 - 투입-산출(Input-Output) - 고용 센서스 - 사회 국가 계정(SNA)
- 준(semi) 투입-산출 - 단순 일반 균형(Simple general Equilibrium) - 선형(Linear) 프로그래밍	
모델	

원조의 역할
- 두 가지 갭(Two gap) 모델은 분배 기준을 제공한다: 투자-저축 혹은 수입-수출 갭은 구속력을 지닐 수 있음 - '균형 성장'에 기여 - 부문(예: 농업과 교육)과 프로그램 차관의 시작 - 인적 자원 수립을 돕는 기술 지원(technical assistance)의 역할 개선

으로 이는 상기 개념구조가 두 부문 모두에서 더 이상 앞선다거나 뒤처진다고 인식되지 않기 때문이다.

경제개발에서 농업의 역할이 점점 강조되기 시작했다. 공업성장과 근대적 농업을 촉진하기 위해 생계농업을 재원 유입이 축소되어야 하는 수동적 부문으로 인식하기보다는, 1960년대 하반기에 들어가면서 근대 공업의 적극적이고 동등한 파트너가 됨으로써 농업이 재원공급자의 역할을 최고로 수행할 수 있다는 점이 분명해지기 시작했다. 구체적으로 말해 개발의 초기 단계에서 농업생산성 증가를 통해 농업에서 재원을 새로이 추출하여 근대부문에 대한 지원을 촉진하기 위해서는 공업으로부터 농업으로의 총체적 자원 흐름이 필수적이었다. 1950년대의 특징을 나타내는 것으로 보이는 대안적 접근방안 즉, 개발과정에서 농업을 지나칠 강도로 또는 너무 이른 시기에 위축시킨 문제점은 다음과 같은 말로 생생하게 표현되었다. '회귀적 농업의 거위는 황금알을 낳기 전에 굶어 죽을 것이다'(Thorbecke, 1969: 3).

'불균형' 대 '균형'성장은 1960년대 활발히 논의된 현안이었다. 본질적으로 균형성장이론(Nurkse, 1953)은 생산의 부문적 성장이 소득이 증가함에 따라 다양한 상품의 수요증가 편차와 일치해야 할 필요가 있다고 강조하였다. 반면에 불균형성장에서는 개발에 주요한 장애가 되는 민간 및 공공부문의 의사결정 능력부족이 확인되었다(Hirshman, 1958). 이러한 장애를 제거하기 위한 처방은 공백상태의 매력적인 물리적 환경을 만들어냄으로써 당장 생산활동 증대를 고무할 사회간접시설의 잠정적인 초과역량을 순차적으로 조성하는 일이다. 다른 대안으로는 수요에 앞서 당장 생산 활동을 증대함으로써 그 과정을 시작할 수 있는데, 이렇게 하면 보완적인 사회간접 프로젝트에 대한 수요를 창출하게 될 것이다.

균형성장이론과 불균형성장이론 간의 유사성은 그들에 대한 다른 처방보다 더 중요하다. 두 이론 모두 개발과정에서 상호 부문별로 연계하는 역할을 강조하였다. 하지만 어떤 의미에서 그들은 근대적 활동과 전통적 활동 사이의 기술과 조직형성에서의 본질적 차이점은 포착하지 않은 채 여러 부문으로 이중적인 경제구조를 확대하였다. 이는 적어도 부분적으로는 1960년대 개도국의 기존 투입-산출 표에서 이용 가능한 부문별 분리 유형에서 기인한 것이다. 다양한 하위산업부문을 제외하고는 부문별 분리 수준은 매우 높게 유지되었으며 농업과 서비스업 활동은 두 개 혹은 세 개 이상의 부문으로 갈라지는 경우가 좀처럼 발생하지 않았다. 이에 따라 근대적인 자본집약적 농업 혹은 서비스 활동으로부터 전통적인 노동집약적 활동을 구분하려는 시도는 투입-산출 표의 분류 기준으로는 달성할 수 없는 것이었다. 이러한 사례는 널리 유행하는 데이터 체계와 실제 개발계획 및 전략수립과 관련한 개념적 골격 사이에 존재하는 상호의존관계를 구체적으로 설명해주는 것이다. 이런 문제는 그 후에도 계속 논의되었다.

부문 간(투입-산출) 분석에 내포돼 있는 효과적인 보호이론이 1960년대 후반에 공헌한 것은 투입과 산출이 국제시장가격으로 설정된 경우의 수입대체의 정적인 효용가치를 명확히 측정한 점이다.

1960년대에 나타난 또 다른 중요한 연구의 기여는 부문 상호 간의 골격과 경제성장 유형에 관련된 것이다. 두 개의 상이한 접근방안은 경제개발 전 과정에 걸쳐 부문 상호 간의 생산 및 수요 골격의 변화를 깊이 통찰하게 했다. 첫 번째 접근 방안은 주로 사이먼 쿠즈네츠Simon Kuznets의 연구에 근거하고 있는데, 수많은 국가를 대상으로 한 신중하고 역사적인 분석 작업을 토대로 하고 있다(Kuznets, 1966). 두 번째 접근 방안은 홀리스 B. 체너리 Hollis B. Chenery가 주도한 것으로 국제적인 교차 부문적 분석에 기초하고 있다. 이 경우 성장과정 중에서 구조적인 현상을 도출하기 위한 회귀분석이 이용되었다(Chenery, 1960; Chenery and Taylor, 1968).

1960년대에 고안한 개발 모델은 (1) 두 가지 갭 모델, (2) 준투입-산출 모델, (3) 단순한 일반 균형모델의 세 종류로 나눌 수 있다. 첫 번째 유형은 원조의 역할을 거시 경제적 모델에 통합시키려는 시도를 하였다(Chenery and Strout, 1966). 이 모델의 기본논리는 두 가지 독립적인 제약들이 경제성장을 제한할 수 있다는 것이다. 기술과 저축에 관한 첫 번째 제약은 그것이 구속력을 가질 경우 투자제한 성장으로 설명된다. 그 대신 국제수지 제약이 효과적인 경우 교역 제한적인 성장이 이어질 것이다. 이는 불균형 유형 모델로서 개도국의 구조적 유연성이 제한성을 띠고 있으며, 투자-저축 갭 혹은 국제수지 적자가 어느 시점에 이르면 구속성을 띠게 될 것이라고 가정하고 있다.

다른 유형의 모델(앞의 두 번째와 세 번째)은 부문 상호 간의 투입-산출 구조에 기반하고 있다. 준투입-산출 기법은 얀 틴베르헨(Jan Tinbergen)이 주창한 것인데 그는 교역 가능한 식량을 생산하는 국제적인 부문과 교역 불가능한 상품을 생산하는 국내 부문을 구별하고 있다(Kuyvenhoven, 1978). 그러므로 성장과정 전반에 걸친 필요역량 확대는 적어도 비교역 부문에서는 측정될 수 있는 것이다. 1960년대에 등장한 일반적 균형모델은 일관적인 혹은 선형적인 프로그램 유형 중 하나였다. 이러한 모델의 주요 목적은 부문 상호 간의 연계와 경제성장과 관련한 대안적이고 부문적인 투자 배분효과에 더 많이 치중하기 위해서였다(Fox et al, 1972: ch.13; Manne, 1974).

1960년대 경제개발 개념의 핵심 목표는 여전히 GNP성장이었다. 특히 성장과 국제수지 간의 관계를 더욱 명확히 했다. 이 10년의 끝 무렵으로 갈수록 개도국의 비고용과 저고용 문제가 점점 심각해져, GNP성장 다음으로 고용이 독자적인 목표가 되었다. 개발개념에서 가장 주목할 만한 변화는 개념 상태의 기술에 대한 사전 검토를 통해 부문 상호 간의 구조와 개발과정의 생리를 더 잘 이해하게 된 점이다.

1960년대에 널리 유행하던 개발 정책과 전략은 개념적 기여, 개발 목표, 데이터 체계로부터 직접 도출된 것이다. 이러한 정책들은 몇 개의 범주로 나눠 아래와 같이 간략하게 고찰할 수 있다. 첫 번째 범주는 신고전적인 처방을 포함하고 있으며 '미세조정', '적정가격'의 표제로 나타낼 수 있다. 간단히 말해 '미세조정' 수단은 적정한 가격체계(상품, 세금, 보조금 비율 포함), 시장 불완전성 제거, 적정 환율, 통상 정책의 이용을 포함한다. 이러한 조치들을 통해 생산 활동과 투입-혼합input-mix 간의 더 적절한 산출-혼합output-mix

또는 기술선택을 통해 고용확대를 이룰 수 있을 것으로 기대했다.

두 번째 정책유형은 본질적으로 구조적인 것으로 분류될 수 있으며 부문 상호 간 연계의 중요성을 강조한다. 이들 정책은 경상 공공지출과 투자배분을 포괄함으로써 부문 간 균형성장(또는 일부 경우 불균형 성장) 과정의 달성을 목표로 한다. 더 구체적으로 말해 1960년 대 후반까지 개발과정에서 농업은 훨씬 더 적극적인 역할을 부여받았다. 덜 차별적인 가격정책과 더불어 해당 부문에 더 많은 공공자원을 제공하여 경제의 나머지 부문에 순 이전을 촉진할 생산성 및 산출물 증가를 이끌어낼 것으로 기대했다.

원조의 역할

두 갭 모델의 측면에서 보아 원조의 역할은 필요한 외환을 공급함으로써 해외저축 유입의 증가를 통해 저축부족 혹은 국제수지 경상계정의 적자를 제거하는 데 중요성이 있는 것으로 인식되었다. 돌이켜보면 원조가 위에서 언급한 두 가지 제약 중 어느 하나를 제거할 만한 역량을 갖추고 있다는 믿음은 대규모 국제수지 부담 때문이 아니라 시간이 흐름에 따라 누적된 심지어 양허적 조건의 대외부채도 상환해야 하는 필요성 때문이었다(제15장 참고). 점점 더 외환제약을 구속한 것은 수입대체 전략의 재평가와 지역 관세 보호구역과 공동시장이라는 이름의 연성적인 형태의 수출촉진 조치를 장려하게끔 만들었다. 개도국에서 이러한 지역통합 과정은 지금까지 그다지 성공적이지 못하고 정체상태인 것으로 소문나 있다.

루탄은 1960년대의 개발사조와 원조에서 발생한 두 가지 변화 흐름에 대해 이렇게 요약하고 있다.

첫 번째, 국내저축률과 외화획득 부족은 성장을 잠재적으로 제한하는 요인으로 드러났다. 공식적인 대응책은 프로그램 형태의 차관을 확대하여 저개발 국가의 외환적자를 메우는 것이었다. 1960년대의 두 번째 주안점은 이중경제 연구보고서의 출현에 영향을 받은 것으로 부문개발 연구에 초점을 맞추었으며, 1960년대 후반에는 농업부문 차관을 중요시하였다. 부문개발과정에 대한 인식이 확대됨에 따라 인적 자본투자의 중요성과 더불어 기술지원을 통해 자원의 희소성을 극복할 수 있는 정책수립의 중요성이 인식되기 시작하였다(Ruttan).

■ 1970년대의 개발주의

〈그림1-4〉는 1970년대 널리 유행한 주요 개발목표 및 이론, 데이터 출처와 정책을 요약하고 있다. 1970년대까지 여러 개발문제가 안고 있는 심각성과 더불어 GNP 중심의 개발전략이 여러 개도국에서 발생한 문제들에 성공적인 대응 방안이 되지 못함에 따라 경제 및 사회 개발의 전면적인 재점검이 이루어지게 되었다. 이 10년 동안에 더 이상 방치할 수 없었던 주요 개발문제들을 간략히 요약하면, (1) 다수의 개도국에서 미개발/저개발 현상이 증가하고 이에 대한 우려가 날로 고조된 점, (2) 각 개도국 내에서 소득분배가 불평등하게 이루어지거나, 적어도 2차 세계대전 직후의 불평등한 수준에 머무르는 경향이 나타난 점, (3) 최저소득이나 생활수준 이하에 해당하는 빈곤인구의 수가 대규모로 유지되거나 증가한 점, (4) 농촌에서 도시로의 이주가 지속/가속화됨으로써 도시인구의 과잉현상이 발생한 점, (5) 국제수지 압력의 증가, 대외부채와 부채상환 부담의 증가로 인해 대다수 개도국의 외부환경이 악화된 점 등을 들 수 있다. 이 같이 상호 긴밀한 연관성을 지닌 문제들이 발생한 결과 대부분의 개도국에서는 더 평등한 소득분배와 특히 절대빈곤의 축소가 총성장 목표보다 큰 비중으로 다루어졌다. 더욱이 절대빈곤의 축소는 주로 전통적인 부문의 생산고용 증가(혹은 실업률 감소)로 달성되어야 하는 것이었다.

〈그림 1-4〉 1970년대의 핵심 상관관계

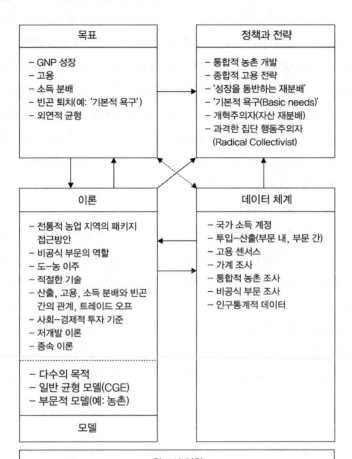

목표

- GNP 성장
- 고용
- 소득 분배
- 빈곤 퇴치(예: '기본적 욕구')
- 외연적 균형

정책과 전략

- 통합적 농촌 개발
- 종합적 고용 전략
- '성장을 동반하는 재분배'
- '기본적 욕구(Basic needs)'
- 개혁주의자(자산 재분배)
- 과격한 집단 행동주의자
  (Radical Collectivist)

이론

- 전통적 농업 지역의 패키지
  접근방안
- 비공식 부문의 역할
- 도-농 이주
- 적절한 기술
- 산출, 고용, 소득 분배와 빈곤
  간의 관계, 트레이드 오프
- 사회-경제적 투자 기준
- 저개발 이론
- 종속 이론

- 다수의 목적
- 일반 균형 모델(CGE)
- 부문적 모델(예: 농촌)

모델

데이터 체계

- 국가 소득 계정
- 투입-산출(부문 내, 부문 간)
- 고용 센서스
- 가계 조사
- 통합적 농촌 조사
- 비공식 부문 조사
- 인구통계적 데이터

원조의 역할

- '성장에 동반하는 재분배', '기본적 욕구'의 충족을 위한 프로그램 및 프로그램
  성 차관으로의 이동
- (정치적 목적에서 벗어난) 빈곤 감소가 원조 배분의 주요 기준이 되었음
- 통합적 농촌 개발 강조
- 원조의 다자화

1970년대 중반까지 GNP는 일반적으로 모든 목표를 망라하는 지배적인 목표였으나 마침내 보편적인 지위로 내려앉았다. 총성장이 경제, 사회 개발과 같은 의미를 지닌다거나 다른 모든 개발목적의 달성을 보장할 것이라는 가정은 세밀한 재검토 대상이 되었으며, 많은 국가에서 그 의미가 축소되었다.

성장과 빈곤 감소를 동시적인 목표로 가져야 하는 과정으로서 개발의 의미변화는 다수의 개념적, 경험적 연구업적에 영향을 주고 받았다. 첫째, 연구업적은 통합적 농촌과 농업개발이라는 항목 아래 이루어졌다. 미시-거시 경제 수준의 경험주의적 연구 전체는 전통적 농업에 발생한 변화과정의 생리와 역동성을 공동으로 설명하였다. 이러한 지식은 농촌지역의 단일 모델 전략에 당위성을 제공하였다.

1970년대에 등장한 두 번째 주요 개념은 '비공식 부문informal sector'이라는 개념이다. 이 개념은 간디가 전통적 면화산업을 강조한 것과 같이 오랜 기간 다양한 모습으로 존재해왔으나, 케냐의 ILO 보고서Kenya Report를 통해 더 일반적이고 공식적인 형태로 다시 출현하게 되었다(ILO, 1973). 비공식 부문의 역할에만 특별히 초점을 맞춘 ILO의 여러 사례 연구에 따르면 시장의 불완전성 또는 국가 및 도시의 부적절한 법규로 인해 비공식 부문의 역할은 비교적 효율적, 역동적이며 때로는 강한 차별의 대상이 되기도 한다는 결론을 내릴 수 있다. 이러한 연구들은 비공식 활동이 생산과 고용증가의 중요한 잠재적 원천을 의미한다고 주장한다.

1970년대에 부상한 세 번째 연구는 경제적, 인구 통계적 변수와 도농 이주의 결정요소 간에는 상호 의존성이 존재한다고 추론하고 있다. 주로 미시적 수준의 다양한 경험 사례들은 (1) 교육, 영양상태, 의료, (2) 다산, 영아사망률 등에 관한 것인데 궁극적으로는 출산율과 같은 변수들 간의 관계를 반영하고자 시도하였다. 이러한 연구에 의해 도출된 가설들은 인구성장과 경제개발 간의 복잡한 인과관계를 강조하였다.

도농이주의 결정요소와 관련하여 초기의 해리스-토다로Harris-Todaro 공식(1970)은 일련의 경험주의적 연구와 단순한 이주과정 모델을 만드는 계기가 되었다. 일반적으로 이주는 도시에서의 취업확률을 추산한 결과에 따른 도농 간 급여격차를 발생시키는 기능으로 설명되었다.

미시적 수준의 다소 평행적인 연구는 투자기준 중에서, 그리고 프로젝트의 평가와 선정에서, 고용과 소득분배와 같은 사회-경제적 목표들을 통합하려는 시도로 이루어진다(Little and Mirrlees, 1974).

개발경제학의 최신 연구에 대한 개관은 적어도 저개발과 종속이론에 관한 신마르크스주의적 연구보고서를 참고하지 않고는 완성될 수 없다. 이 이론들의 본질은 저개발이 세계무역과 권력체계 내에 본질적으로 내재해 있어 개도국은 뒤처지는 반면 원자재를 생산하는 변방 및 선진국들은 근대적 산업화의 중심에 선다는 것이다. 외국 자본(예컨대 다국적 기업)과 관련 있는 토착계층에 의한 신식민주의적 착취체제는 이전의 식민주의 체제를 대체한 것으로 인식하고 있다.

개발이론과 관련한 주요 연구의 검토과정을 마친 경우 몇 개의 용어만을 이용하여 1970년대에 등장한 모델의 특징을 설명할 수 있다. 이러한 모델의 특징은 부문적, 다부문적 수준에서 생산과 고용, 소득분배의 동시적 결정을 설명한다는 것이다. 이들 모델의 대부분은 이러한 변수들 간의 상호의존성을 완전하게 포착하지 못했다는 점에서 단편적이었다.

이용 가능한 데이터의 범위와 질적 측면은 1960년대와 비교했을 때 1970년대에는 상당히 개선되었다. 1970년대 중반이 지나면서 고용, 소득, 소비와 저축 패턴과 같은 변수들에 관한 설문조사 유형의 정보가 점차 이용 가능해졌다. 도시주민, 비공식 집단, 농촌가계와 같은 다양한 그룹을 대상으로 한 여러 설문조사는 다양한 사회·경제적 계층의 소비 및 저축 행위에 대한 가치 있는 정보를 제공하기 시작했다. 여러 개도국에서 최초로 주요 사회·경제적 집단별로 대략적인 소득 분배를 측정할 수 있게 되었다.

여기서는 1970년대를 특징짓는 변화하는 개발목표, 개념연구, 데이터 출처를 개관한 후, 새로 등장한 개발전략을 간략하게 기술하고 분석한다. 경제 및 사회 개발의 실현에 성장이 필요충분조건이라는 믿음에서 성장은 필요하나 성장만으로는 충분치 않다는 인식이 점차 확산되었다. 하나의 개발목표에서 다수의 개발 목표로 확대해나가는 과정의 첫 단계는 개발계획에 고용문제를 통합시키고, 프로젝트와 기술지원에 원조의 분배를 통합시키는 일이었다.

고용을 목표로 이용하는 데 적절한 유인책 중 하나가 표면상으로는 비교적 쉽게 측정 가능한 듯 보였다. 이는 GNP성장률이 이전에 단순한 개발 단계의 척도를 제공하였던 것과 같은 의미다. 실질적이고 근본적인 문제는 사회 모든 집단, 그 중에서 특히 최빈곤층과 빈민집단의 삶의 질을 향상시키는 일이었다.

이 10년간 부분적으로 공통분모를 가진 두 개의 분배 지향적 전략이 등장하였다. '성장에 따른 재분배redistribution with growth'와 '기본적 욕구basic needs'가 바로 그것이다. 전자는 본질적으로 점진적인 성질을 띠었는데, 자산과 요소의 기존 분배에 근거하여 빈곤층에게 혜택을 주는 프로젝트(주로 공공 프로젝트. 간혹 민간 프로젝트인 경우도 있을 수 있다)에 대한 투자 확대를 필요로 하였다(Chenery et al., 1974). 이 전략의 첫 단계는 복지기능을 총성장 자체로부터 빈곤 감소로 이동하는 것이었다. 세계은행이 선호했던 이 전략은 초기 자산축적과는 상관없이 추가로 형성된 자본의 재분배에 초점을 맞추었다. 빈곤층의 상당수가 농촌지역과 도시의 무허가 지역에 거주하므로 이 전략은 소규모 영세 농민과 토지를 소유하지 못한 노동자들의 생산성을 증가시키고 도시 무허가 지역의 소규모 제조업자(주로 자영업자와 같은)들의 효과성을 향상시키는 방향으로 나아가야 했다.

1970년대에 시작된 두 번째 대안적 전략은 기본적 욕구 전략으로서 ILO가 특별히 주창한 것이었다.[5] 이 전략은 공공투자와 같은 정책도구와 더불어

---

5) 기본적 욕구 개념과 빈곤 감소 계획은 그 기원이 ILO였다는 것과는 달리, 이미 1962년 인도의 정책 입안가인 피탐바르 판트Pitambar Pant에 의해 분명하게 표명되고 공식화된 것들이다(Pant, 1974 참고).

자산의 최초 소유권의 일부 재분배 — 특히 토지 개혁 — 와 구조적 변화를 수반하였다. ILO가 규정한 목표인 기본적 욕구는 (1) 적정식량, 주거지, 의복과 같은 가족의 개인소비에 필요한 일정한 최소 필요조건과, (2) 안전한 식수, 위생, 의료 및 교육시설과 같은 공동체를 대상으로 사회가 제공하는 필수적 서비스의 두 가지 요소를 포함한다.

세 번째 개발전략 유형은 신 마르크스주의적 저개발이론과 종속이론에서 비롯된 것으로 이미 앞서 언급한 것들이다. 이 접근은 성격상 급진적인 것으로 국가가 자산을 대규모로 재분배하며, 개인 재산권 유형의 대부분을 부정한다. 이는 자립, 토착기술 채택, 조직형태에 기반을 둔 중국 사례와 유사한 집단주의적 모델을 선호하는 접근방안이다.

원조의 역할

1969년 ILO가 시작한 세계고용 프로그램World Employment Programme은 원조의 1차적 목표가 고용 기회의 확대를 통한 빈곤층의 삶의 질 개선에 맞추어져야 한다는 전조가 되었다. 새로 태어나거나 더 큰 생산기회를 가질 세대는 빈곤층의 복지개선 수단으로 간주되었다.

ILO의 세계고용 프로그램과 세계은행의 후원으로 시작된 연구에 힘입어 인구 성장과 고용 및 적절한 노동집약적 기술 사이의 관계, 그리고 교육제도와 노동시장 및 고용과 소득분배, 무허가 도시지역, 개발과정에서 전통적 농업의 역할과 도농 이주의 결정 요소 사이의 관계와 같은 문제에 연구의 초점이 맞추어졌다.

연구노력의 결과가 크게 실용화되었으며 마침내 원조의 기능과 역할에 대한 전면적인 재점검으로 이어지게 되었다. 브라운(Brown, 1990: 115~6)은 이런 말을 하고 있다.

개발과 경제성장과의 관계가 더 이상 긴밀하다고 파악되지 않는 경우, 원조를 국내 및 외부 저축의 유일한 원천으로 생각해서는 안 된다. 빈곤과 일반적으로 국민의 복지에 더 많은 비중을 두기 위해서는 새로운 유형의 투자와 새로운 형태의 조정이 필요하다(Brown, 1990: 115~6).

세계 양대 공여기구donors인 세계은행과 미국 USAID는 빈곤 퇴치 프로그램에 대한 목소리를 높여갔다. 원조전략의 주요한 변화는 두 가지 형태를 취했다. 첫째, 전력, 수송, 통신으로부터 농업과 농촌개발, 주거, 교육, 의료를 포함하는 사회 서비스 대상 프로젝트로의 투자 전환(Brown, 1990), 둘째, 빈곤층에게 혜택을 줄 수 있는 직접적인 조정과 기술지원 프로젝트의 비중 확대가 그것이다. 직접적인 조정의 사례로는 영양실조 빈민들을 위한 식량 공급, 대중 예방접종 프로그램, 성인 문맹퇴치 캠페인, 소규모 영세농민들을 위한 신용공여를 들 수 있다.

그리하여 농촌지역에서 늘어난 원조는 통합 농촌개발 프로그램으로 만들어져 자본과 기술지원 프로젝트 패키지를 이루게 되었다. 통합 개발과정은 녹색혁명기술의 보급과 연계되어 있었기 때문에 더 큰 성공을 거둘 수 있었다. 성공의 핵심은 새로운 접근방안이 전통적 부문에 직접 혜택을 줄 수 있는 기술 활동과 대출에 집중되어 있었다는 점이다. 이 원조전략은 넓은 의미에서 단일모델의 농업개발전략을 따르는 것이었다(Johnston and Kilby, 1975). 후자는 농업 전반에 대한 노동집약적 기술의 광범위한 적용에 의거했다. 이른바 농업을 '기초부터' 점진적으로 현대화하자는 것이었다. 이 전략은 이론이야 어떻든 실제로는 농업의 전통적인 생계형 하위부문을 묵살하는 반면 근대적이며 상업적이고 대단위적인, 그리고 상대적으로 자본 집약적인 하위부문의 성장을 장려하는 이중모델 전략과는 대조적일 수 있다. 단일모델 정책 아래서 농업개발은 적절한 농업연구, 기술, 토지재분배, 농촌 인프라 제공, 농촌기관의 성장과 기타 방안들의 조합을 통해 대중전반에 비교적 고르게 분배되는 것을 원칙으로 한다.

두 사례(단일유형의 빈곤 퇴치 직접 조정과 통합적 농촌개발 패키지) 모두 이러한 정책을 지속하는 데 빈곤층의 참여와 개입이 필수적인 조건으로 간주되었다.

빈곤 감소를 지향하는 원조로 강조점이 이동하였다는 사실은 빈곤관련 차관의 비율이 1968~1970년대 5%에서, 1981~1983년 30%로 증가한 것으로 뒷받침된다. 또한 원조를 지급하는 비교적 새로운 방편 – 부문 차관sector loans(특히 농업과 교육을 대상으로) – 이 더 광범위하게 이용되었다.

■ 1980년대의 개발주의

대부분의 개도국에서 수십 년에 걸친 외자차입의 결과 국제수지악화와 적자예산 증가를 가져온 엄청난 외채상환부담이 높은 이자율과 채권국의 경기후퇴와 결합함으로써 1980년대 초반에 개발과 원조환경이 급격하게 변화하였다. 1982년의 멕시코 금융위기는 급속하게 다른 제3세계 지역으로 확산되었다. 부채위기는 적어도 한동안 국제금융제도의 생존에 의문을 제기할 만큼 그 파장이 컸다.

갑자기 외적(국제수지)균형과 내적(예산)균형의 달성이 경제성장과 빈곤감소로의 복귀에 필수적인 조건이면서 최우선 목표가 되었다. 부채위기는 1980년대를 '개발의 잃어버린 10년'으로 바꾸어놓았다. 개발과 빈곤 감소의 길로 돌아오기 이전에 제3세계는 자국의 질서를 세우고, 고통스런 안정화와 구조조정 정책을 실행하여야 했다.

개발과정이 일시적으로 중단되고 대부분의 선진국들이 구조조정문제에 매달렸음에도 불구하고 이 같은 상황이 개발이론의 변화에 어느 정도 기여했다(〈그림 1-5〉참고).

첫 번째 기여는 개발의 주요한 원동력인 인적자원의 역할에 대한 이해를 깊게 했다는 점이다. 이른바 내생적 성장학파(Lucas, 1988; Romer, 1990)는

〈그림 1-5〉 1980년대의 핵심 상관관계

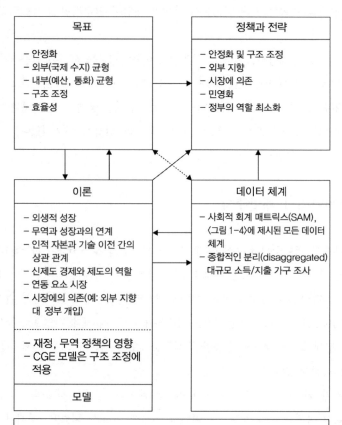

목표	정책과 전략
– 안정화 – 외부(국제 수지) 균형 – 내부(예산, 통화) 균형 – 구조 조정 – 효율성	– 안정화 및 구조 조정 – 외부 지향 – 시장에 의존 – 민영화 – 정부의 역할 최소화

이론	데이터 체계
– 외생적 성장 – 무역과 성장과의 연계 – 인적 자본과 기술 이전 간의 상관 관계 – 신제도 경제와 제도의 역할 – 연동 요소 시장 – 시장에의 의존(예: 외부 지향 대 정부 개입) ⋯⋯⋯⋯⋯⋯⋯⋯⋯⋯ – 재정, 무역 정책의 영향 – CGE 모델은 구조 조정에 적용 모델	– 사회적 회계 매트릭스(SAM), 〈그림 1-4〉에 제시된 모든 데이터 체계 – 종합적인 분리(disaggregated) 대규모 소득/지출 가구 조사

원조의 역할
– 과도한 부채로 인해, 원조의 순 흐름이 역전됨 – 주요 목표: 구조 조정, 안정화 – 프로그램 성 차관, 양허성 – 거시 경제에 초점– 빈곤 완화 목표의 포기 – 정부의 역할 최소화: 원조의 민영화 확대(NGO의 역할과 민간 부문 원조 증가)

부족한 인적자본이 산업화를 통해 이룰 수 있는 잠재적인 규모의 경제적 목표달성에 주요 장애로 작용한다는 것을 규명하였다. 사회적 생산 기능에서 미숙련 노동과 자본은 수익의 증가를 가져올 인적자본과 지식의 동의어로 과장된다. 인적자본이라는 이 새로운 개념은 본래 외생적 결정요인이던 기술발전을 부분적으로 내생적 요인으로 바꾸는 데 일조하였다. 진보는 (1) R&D에 대한 자원(인적자본을 포함한) 배분으로 촉진되는 계획적인 혁신과, (2) 어떤 기업이나 산업으로부터 다른 기업이나 산업으로의 노하우 전달과 적극적인 외부 영향을 통한 확산이라는 2개의 원천에서 생겨나는 것으로 가정하였다(Ray, 1998: ch.4). 인적자본과 노하우에 대한 개인과 기업의 투자가 수익과 외부영향의 증가를 전제로 하는 경우, 이는 후자가 인적자원에 대한 투자부족(인적자원 투자의 사회적 한계생산성이 민간 한계생산성보다 더 큰 경우)을 초래하여 충분한 투자이익을 거두지 못한다는 것을 의미한다. 아마도 시장이 인적자본을 불충분하게 생산하여 교육과 훈련에 대한 정부역할의 당위성을 제공하게 될지도 모른다.

양적으로도 수가 많고, 질적으로도 뛰어난 경험적 연구 - 시간을 초월하여 국제적으로 교차 부문적cross-sectional이면서 국가의 특징을 드러내는 성과분석에 의존하는 연구 - 를 바탕으로 하는 두 번째 기여는 무역과 성장 간의 연계에 이바지한 건전한 사례였다. 외부지향은 성장과 중요하고도 강력한 상관관계를 갖고 있었다. 무역자유화를 추진하고 권장한 국가들은 내부지향적인 전략을 추구한 국가들에 비해 더 빠른 속도로 성장하였다. 수출지향이 당연히 성장과 연계된다고 여기는 메커니즘은 제조업자들이 세계시장에서 경쟁에 성공하기 위해 필요한 최신기술의 이전을 토대로 한 것이다. 기업의 선진기술 채택은 '직접 하면서 배우고', '직접 보면서 배우는' 과정을 통해 노동자들과 엔지니어들의 인적자본을 증가시킴으로써 같은 산업군의 다른 기업, 나아가 다른 산업으로 확산하게 된다. 이런 의미에서 수출지향은 기술발전과 성장을 내재화시키고 촉진시키는 방안이다. 또한 개도국의 수출지향이 노동집약적 제조업에서 비교 우위를 수반하는 경우 이에 따른 성장이 빈곤을 크게 감소시키는 올바른 길이었음을 동아시아와 동남아의 사례들이 증명하고 있다.

1980년대에 나타난 세 번째 기여는 '신제도 경제new institutional economies와 집단행동'이란 표제로 분류될 수 있다(North, 1990; Williamson, 1991; Nabli and Nugent, 1989). 데 얀브리De Janvry 등(1993: 565)이 주목하였듯이 "주요 개발의 초점은 불완전한 시장상황에서 개인과 조직화한 집단의 전략적 행위에 맞추어져야 하였다. 불완전하고 비대칭적인 정보와 더 일반적인 의미에서 거래비용 이론은 그것을 낮출 수 있는 수단으로서 제도의 역할이 필요하다는 논리를 뒷받침해주는 것이다". 신제도의 골격은 적절한 제도와 게임법칙이 개발과 부패척결에 필수적이라는 사실을 개발 국가들에게 각인시키면서 기회주의적 행위를 줄이는 제도수립에 필요한 광범위한 가이드라인을 마련하게 하였다.

또 다른 기여는 특히 농촌 지역에서의 효율적인 비시장적 교환형태의 존재에 명확한 당위성을 부여하였다는 점이다. 이 같은 제도의 전형적인 사례로 농장 내 가정 사이의 거래(즉 공동경작과 연동성 거래), 농민들의 협동과 단체결성, 상호보증 네트워크와 비공식적 신용제도를 들 수 있다(Thorbecke, 1993). 이러한 비시장적 교환형태 – 바르드한Bardhan은 이를 '농민제도'라 불렀다(1989) – 는 동등한 가치의 상품, 요소 또는 서비스를 제공하는 대안적 시장유형에서 널리 통용되고 있는 것보다 낮은 거래비용이 발생하기 때문에 존재하는 것이다. 대부분의 경우 시장의 불완전성 또는 한계상황으로 인한 시장의 실패(대안 시장 유형이 존재하지 않고 거래 비용이 무한한 경우)는 비시장적 형태의 발생이 발단이 된다.

마지막으로 주목할 만한 기여는 '새로운 제도적 경제'라는 표제 아래 들어갈 수 있는 상호연계거래의 기여이다(Bardhan, 1989). '상호연계거래'란 두 개 이상의 독립적 교환이 동시에 이루어지는 거래이다(예컨대 지주가 소작인과 고정 임대 계약을 하면서 동시에 일정 이자율로 신용을 제공하는 데 동의한 경우). 더 일반적인 의미에서 이러한 거래유형은 노동, 신용, 토지를 대상으로 한 연동요소 시장으로 이어진다. 돌이켜보면 시장기능에 대한 신뢰 – 앞으로 계속 논의하겠지만 - 가 지배했던 이 10년 동안에 시장의 불완전성과 실패를 강조하는 것이 중요한 이론적 기여를 했다는 점은 아이러니가 아닐 수 없다.

1980년대 들어 일반 균형모델링에 대한 몇몇 중요한 연구 기여가 있었다 (Dervis et al., 1982). 이들 모델은 최초의 사회 경제적인 경제구조를 나타내는 기준연도 사회회계 모형Social Accounting Matrix(SAM)에 맞추어져 있는데, 사회-경제적 가족집단의 소득 분배에 관한 다양한 외생적 충격과 정책(예컨대 평가절하, 무역자유화, 재정개혁과 같은)의 영향을 조사하는 데 특히 유용한 것으로 드러났다.

산정 가능한 일반균형CGE 모델은 성장과 균형에 대한 구조조정 정책의 개별적 충격을 시험하는 중요한 도구가 되었다. 실제로 이들 모델은 조정 시나리오의 영향을 반대 조건인 비조정 또는 제한적 조정 시나리오와 비교할 수 있는 유일한 수단을 제공하였다. 가장 많이 적용된 CGE는 1990년대에 수립되었으므로 다음 장에서 이를 논의하기로 한다.

1980년대에는 개발의 다양한 측면과 가족복지에 관한 통계정보들이 급격히 늘어났다. 또한 분석가들과 정책 입안자들은 대다수 개도국의 통계기관에서 나온 더 정교하고 분해된 고용, 제조, 농업 및 인구통계조사와 국세조사, 대규모 가구소득 및 지출 조사 - 그리고 종종 세계은행이 고안하고 지원한 조사[예컨대 생계수준 측정 조사Living standard Measurement Survey(LSMS)] - 를 이용할 수 있게 되었다. 이에 따라 아마도 최초로 빈곤정도, 빈곤층 및 가구 간 소득 분배의 특징에 관한 신뢰할 수 있는 관찰 자료가 도출될 수 있었으며, 다양한 데이터 출처를 통합하여 많은 국가들의 SAM 수립에 이용할 수 있었다.

성장의 재분배와 기본욕구 충족에 집중하였던 1970년대의 개발전략은 조정전략으로 대체되었다. 아프리카, 라틴아메리카, 아시아 일부 국가가 직면한 부채위기와 대규모 대내외 불균형은 개발복귀에 조정이 필수조건(충분조건은 아니지만)이 되었음을 의미하였다.

제3세계 국가들은 주요 정책목표로서 국제수지 적자 감소정책(예컨대 평가절하정책)과 예산적자 축소정책으로 거시경제 안정화를 추구하였다. 안정화는 대내외적으로 총수요와 총공급 간의 불균형을 줄이거나 제거하는 것이었던 반면, 구조조정은 공급을 잠재수준 이하로 유지하는 구조적 경직성과 상대 가격 체계의 왜곡을 줄여나가는 데 필요했다. 전형적인 조정 패키지는 평가절하, 인위적 가격 왜곡 제거, 무역자유화와 부문차원의 제도적 변화와 같은 조치들로 구성되었다.

1980년대에 널리 유행한 조정전략의 보완요소에는 시장과 정부역할 최소화에 의존한 외부지향 정책이 포함되어 있었다. 외부지향 정책은 노동집약적 소비재의 산업화와 수출장려를 의미하였다. 따라서 수출경쟁력 확보를 위해서는 최고의 기술을 도입해야 했으며, 이는 앞서 기술한 인적자본, 이 기술을 이용하는 엔지니어와 노동자의 지식, 이에 따른 파급효과에 대한 투자와 같은 내생적 성장과정을 촉발했다.

서방(예컨대 레이건과 대처 정부)의 이데올로기 변화 영향으로 개도국들은 시장운용과 생산 활동은 물론 거의 모든 부문에서 정부의 역할을 최소화하는 과정을 이행하지 않을 수 없는 환경이 조성되었다.

1980년대의 광범위한 조정전략의 구성요소들 사이에 본질적인 모순과 갈등이 생겨났다. 조정정책 시행에 성공하기 위해서는 강력한 정부를 필요로 하였다. 마찬가지로 사회적 일출효과를 창출하고 민간부문의 교육투자 부족을 불식하기 위해 교육에 정부의 역할증가가 필요하다는 주장이 있었지만, 이는 투자의 긍정적인 외부효과를 파악하지 못한 것으로 '작은 정부' 목표에 반하는 것이었다.

주로 관세의 정량적 제한 제거, 감소, 조화를 통해 무역을 자유화하면서 동시에 국제수지 불균형을 줄여나가겠다는 안정화목표는 또 다른 갈등을 야기하였다. 후자의 조치는 항상 막대한 수입증가를 초래하여 국제수지의 균형회복을 더욱 어렵게 했다. 또한 다소 대립되는 조치들의 시행에 성공하기 위해서는 강력한 정부가 필요하였다.

원조의 역할

부채위기와 과다채무의 발생(제15장 참고)으로 원조의 역할과 개념이 근본적으로 변화하였다. 원조의 주요 목적은 (1) 제3세계 국가들이 그들의 공공및 민간 부채의 일부만을 상환하고 나머지는 지속적으로 유통할 수 있도록채권국들이 허용함으로써 불안정한 국제금융제도를 구할 수 있는 미봉책과, (2) 프로그램 차관에 이행조건을 부여함으로써 적정한 조정정책의 시행을장려하는 데 있었다. 미결재되고 있는 개도국의 부채(총 장기부채는 1980년대 말에 1조 달러로 추정되었다) 상환액이 너무 커져 양허자금의 유입이 위축되는 경향이 있었다. 이로 인해 자금의 순 흐름이 (개도국에서 선진국으로) 역전되었고, 그 총액이 1987~1989년 동안 연 150억 달러에 이르렀다(Brown, 1990: 132).

그럼에도 불구하고 부국들로부터 제공되는 다소 이기적인 원조의 흐름은일시적이나마 금융제도의 붕괴를 피하는 데 일조하였다. 이와는 대조적으로이행조건부 대출전략은 다음 장에서 더 자세하게 논하고 있는 바와 같이 양질의 정책을 '받아들일' 때에만 부분적으로 성공을 거두었다.

친시장 반정부 수사(修辭)로 특색을 이루었던 이 10년 동안에 원조 자체를없애고 민간자본 공여로 대체하자는 강력한 여론이 형성되었다. 그래서1980년대 후반 레이건 행정부는 "경제원조가 시장의 자유로운 운영을 왜곡하고 민간부문 개발을 저해한다"고 주장하는, 원조에 부정적인 의견을 제공하는 비평가를 양성하는 데 비옥한 환경을 조성하였다(Ruttan, 1996: 143). 분명히 개도국의 과다한 부채가 원조에의 의존중단을 요원하게 만들었다. 선진국의 공공 및 민간 채권자들은 너무 큰 위험을 안고 있었다. 더욱이 민간자본은 거시경제 균형이 조금이라도 회복되기 전까지는 라틴아메리카와아프리카 국가들로 흘러가지 않았다. 그 사이 많은 공여국들은 NGO와 민간부문을 지원함으로써 원조를 민영화하려는 시도를 하였다.

■ 1990년대 개발주의

1990년대 상반기에는 안정화와 조정이 여전히 주된 목표였다(〈그림 1-6〉 참고). 대부분의 라틴아메리카 국가(그리고 부채위기에 영향을 받은 일부 아시아 국가)는 고통스런 구조조정 과정을 겪은 뒤 다시 성장세로 돌아섰으나 전반적인 상황은 여전히 경기침체 국면을 보이고 있었다. 대개는 사하라 이남 아프리카 국가들과 동유럽의 대다수 체제전환 국가들의 부적절한 거버넌스 poor governance가 원인이었다. 부패를 줄이고, 사회주의 체제로부터 성공적인 전환을 촉진하며, 국가통제 경제를 시장경제 체제로 바꾸는 근본적이고 뿌리 깊은 제도적 변화들이 이루어져야만 동유럽 및 사하라 이남 아프리카 국가들의 성공적인 조정 및 개발 재개를 기대할 수 있다는 점이 국제 사회에서 점차 명백하게 드러나고 있었다. 동아시아 국가들의 '기적'의 근원을 이루는 제도와 정책들은 잠재적으로 추구할 만한 모델을 제공할 수 있었다.

1990년대 후반기의 아시아 금융위기는 동아시아와 동남아시아에 심각한 타격을 입혔으며, 이로 인해 장기간 지속되어오던 빈곤 감소세가 급격히 역전되었다. 동시에 구소련 공화국들의 사회 경제적 여건이 급격히 악화되어 의료, 영양, 교육의 개선, 정보 접근성 및 공공재와 의사결정에 참여할 수 있는 기회를 포함하여 넓은 의미에서의 빈곤 감소가 비록 최우선 목표는 아니었지만 개발원조의 주요 목표로 재부상하였다. 세계은행 총재는 이 무렵 여러 자리에서 이 같은 원조개념을 강력하고 분명한 어조로 표명하였다.

외환위기는 또한 구속 없는 자본과 무역자유화와 금융제도의 규제 철폐를 주장하는 워싱턴과 IMF 합의에 의문을 제기하는 결과를 가져왔다. 다수의 동아시아와 동남아시아 국가들은 중앙은행과 기타 기관들의 감독과 모니터링 기능을 약화시킨 은행부문과 자본흐름의 극단적인 규제 철폐로 여전히 고통을 겪고 있었다. 구시대적인 브레턴우즈 식의 규칙을 여전히 고수하고 있는 국제통화 및 금융제도는 대대적인 개혁과 더불어 현재의 환경에 부합하는 새로운 규칙을 마련할 필요가 있었다. 한편 타격을 받은 다수의 국가들은 임시변통으로 통제력을 되찾을 수 있었다.

1990년대의 개발이론은 일반적으로 기존 개념들을 확대해석하고 더 갈고 다듬는 개념상의 기여를 하였다. 1990년대에 논의된 가장 근본적인 사안은 개발에서 국가와 시장 각자의 적절한 역할이 무엇인가 하는 점이었다. 본질적으로 문제가 되는 것은 경제성장과 사회경제개발과정의 가속화에 가장 도움이 될 수 있는 적합한 제도를 파악하는 일이었다. 아시아 위기 발생 이전에 동아시아의 기적(World Bank, 1993a)을 이룬 국가들이 채택한 제도와 정책의 혼합물이 다른 개발도상국에 부분적으로 전수할 만한 포괄적인 모델을 제시하였다는 인식이 존재하였다. 그러나 금융위기는 동아시아의 기적이 결국 '신화'로 끝난 것이 아닌가라는 회의적인 평가를 내리게 했다.

아무튼 일부 동아시아 국가들처럼 산업성장을 촉진하기 위해 이전 수십 년 동안 정부의 처방에 의존해왔던(특히 한국의 경우) 자세는 의구심을 불러일으킴과 동시에 맹렬한 비난의 대상이 되었다. 일부 비평가들은 정부의 개입이 덜했다면 기존의 감탄할 만한 수준을 넘어서는 더 나은 성과를 이루었을 것이며, 그러한 산업정책이 성장에 기여했음에도 불구하고 제3세계의 다른 지역에서는 완전히 사라지고 있는 요소인 강력한 국가를 요구한다고 주장했다.

정부개입과 시장의존도 사이의 적절한 배합에 대한 논의가 여전히 활발히 진행되고 있는 반면, 신제도주의의 공공선택public choice 학파들은 국가가 어떠한 방법으로 개발결과에 긍정적 영향을 미칠 수 있는가를 규명하는 데 기여했다. 이러한 일은 첫째, 경제활동의 효과성에 이바지할 수 있는 거시적·미시적 유인환경을 제공하고, 둘째, 장기투자를 장려하는 제도적 인프라 — 지적 재산권, 평화, 법과 질서 및 원칙 — 를 제공하며, 셋째, 경제활동에 필요한 기초 교육, 의료보건, 인프라 공급을 보장함으로써 가능해질 수 있다(Commander et al., 1996).

기업가들의 입장에서 평가한 제도의 역할은 규칙제정의 예측성, 정치적 안정성과 인명 및 재산 범죄에 대한 인식, 사법집행의 신뢰도, 부패로부터의 자유와 같은 지표에 의해 좌우된다(Brunetti et al., 1997; Chhibber, 1998).

제도를 주로 외생적으로 주어진 것으로 간주하고, 정책이 특정한 제도적 상황 내에서 내생적으로 결정되는 경향이 있다고 주장하는 정치경제학의 새로운 접근방안을 채택하는 경우, 성공적인 개발과정에 따르는 전제조건으로서의 제도의 역할은 그 중요성이 커지게 된다(Persson and Tabellini, 1990). 그러므로 예컨대 중앙은행과 재정부가 독립성이 없다거나 느슨하게 운영되고 있다면, 통화나 재정 정책의 시행결과는 정치적 사회적 요소에 좌우될 것이다(혹은 사회의 다양한 정치 로비세력과 공공선택 형성에 영향을 미치는 정치세력에 의해 결정될 것이다).

90년대에 주목할 만한 가치를 지닌 두 가지 추가적인 공헌은 사회적 자본 social capital 개념이 생겨나고 성장의 원천(총요소생산성total factor productivity)에 관한 더 나은 이해와 오차에 관해 설명할 필요가 있게 되었다는 점이다. 사회적 자본은 인적자본human capital을 보완하는 개념으로 고안되었다. 만일 개인들이 사회적으로 배제되거나 배척받거나 제도적인 차별을 겪게 된다면 그들은 자신들의 진입이 금지된 네트워크의 지원에 의존할 수 없게 된다. 대신 단체조직의 회원자격을 가지게 되면 다양한 형태(예컨대 비공식적 신용 제공과 구직에 대한 조력)의 혜택을 받을 수 있다. 빈곤 가구의 사회적 자본 획득은 빈곤의 함정에서 탈출하게끔 도와주는 수단으로서 특히 중요하다.

1997년 이전 동아시아 국가들의 놀라운 성장은 성장원인의 규명, 해석, 평가에 대한 관심을 부활시켰다. 최근의 연구는 동아시아 국가들의 급성장은 효과성이 거의 개선되지 않은 자원축적에 의한 것으로, 그런 성장은 지속적일 수가 없다는 의견을 제시하며 동아시아 기적의 신비를 벗기는 경향이 있었다(Krugman, 1994; Kim and Lau, 1994; Young, 1995). 이 결론은 총요소 생산성TFP 성장 수치에서 비롯된 것으로 이용된 생산기능의 유형과 정확한 자본 및 노동 투입물의 측정에 상당히 좌우되는 것이다. 오차는 있겠지만 기술적인 진보에 기인한 것으로 여겨진다. 일부는 전형적인 TFP 계측이 기업 내의 조직개선 또는 레이번슈타인의 표현을 빌리자면 X-효과성 X-efficiency을 상당량 과소평가하고 있다고 주장한다.

〈그림 1-6〉 1990년대의 핵심 상관관계

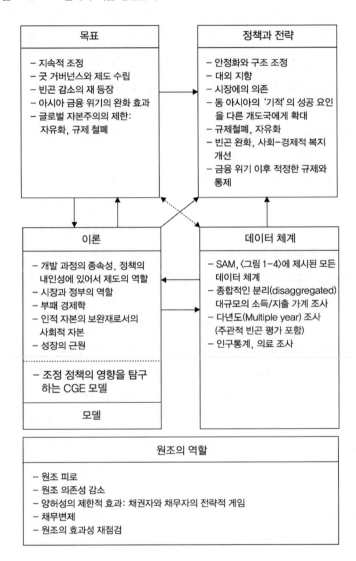

목표	정책과 전략

- 지속적 조정
- 굿 거버넌스와 제도 수립
- 빈곤 감소의 재 등장
- 아시아 금융 위기의 완화 효과
- 글로벌 자본주의의 제한:
  자유화, 규제 철폐
	- 안정화와 구조 조정
	- 대외 지향
	- 시장에의 의존
	- 동 아시아의 '기적'의 성공 요인
	  을 다른 개도국에게 확대
	- 규제철폐, 자유화
	- 빈곤 완화, 사회-경제적 복지
	  개선
	- 금융 위기 이후 적정한 규제와
	  통제

이론	데이터 체계

- 개발 과정의 종속성, 정책의
  내인성에 있어서 제도의 역할
- 시장과 정부의 역할
- 부패 경제학
- 인적 자본의 보완재로서의
  사회적 자본
- 성장의 근원
	- SAM, 〈그림 1-4〉에 제시된 모든
	  데이터 체계
	- 종합적인 분리(disaggregated)
	  대규모의 소득/지출 가계 조사
	- 다년도(Multiple year) 조사
	  (주관적 빈곤 평가 포함)
	- 인구통계, 의료 조사

- 조정 정책의 영향을 탐구 하는 CGE 모델	
모델	

원조의 역할
- 원조 피로 - 원조 의존성 감소 - 양허성의 제한적 효과: 채권자와 채무자의 전략적 게임 - 채무변제 - 원조의 효과성 재점검

1990년대에는 외생적 쇼크, 사회경제 제도, 특히 소득분배와 관련한 정책 변화의 영향을 실험하기 위해 사용했던 계산 가능한 일반균형CGE 모델에 대한 관심이 증가하였다. 이 모델에서 탐구한 핵심현안은 소득분배와 빈곤 조정정책의 영향에 관한 것이었다. 일반균형 모델은 반대사실에 입각한 비조정 프로그램에 대해 구조조정 프로그램의 효과성을 비교하는 것과 같은 대안적(반대사실에 입각한) 정책 시나리오의 영향을 비교하는 유일한 기법을 제공한다(예컨대 인도네시아에 대한 Thorbecke, 1991; 아프리카 대한 Sahn et al., 1996 참고).

1990년대의 특징은 이전에 수집했던 더 전통적인 데이터 출처(〈그림 1-6〉의 상자 참고) 외에 통계정보, 특히 사회·경제적 특징 및 가계복지와 관련된 통계정보의 확산이었다. 가계지출 조사에 근거한 대부분의 양적 빈곤평가뿐만 아니라 질적인 참여적 빈곤평가도 완료되었다. 더욱이 많은 개발도상국에서 인구통계와 건강검진이 가능해짐에 따라 가구소비에 관한 정보를 보완할 수 있는 의료, 영양상태, 자산 및 공공재와 서비스에의 접근성에 관한 정보를 제공할 수 있게 되었다. 또한 아마도 최초로 많은 국가들을 대상으로 한 여러 해에 걸친 조사와 패널 데이터의 이용이 가능해짐으로써 수시로 측정되는 생활수준과 복지를 비교할 수 있는 신뢰할 만한 기준이 마련되었다.

여러 가지 점에서 1990년대의 개발전략은 이전 10년간의 토대에 근거했으며 전략적 요소의 대부분을 물려받았다. 적어도 1990년대 상반기까지는 그러하였다. 그러나 10년의 세월이 흘렀기 때문에 1980년대의 구조조정 중심 전략은 특히 아시아 금융위기 이후 중요한 검토 대상이 되어 대대적인 변화를 선도했다.

사하라 이남 아프리카 지역의 대다수 국가들은 여전히 심각한 구조조정 문제에 직면해 있었다. 널리 논의된 현안 중 하나는 보완적 개혁조치 없이 구조조정 정책 자체만으로 — 더욱이 아프리카 같은 상황에서 — 지속적인 성장과 빈곤경감으로 도약하는 데 필요한 초기여건을 제공할 수 있는지 여부였다. 조정에 관한 두 개의 상충된 접근방안과 성과에 영향을 미치는 영향평가가 제시되었다. 세계은행이 내놓은 '정통적' 주장(1990년대 초에 제시했으나 점차 수정하였다)은 적절한 안정화 정책과 조정 패키지가 소기의 성과를 거두고 있다는 것이었다. 이러한 패키지를 시행한 국가들은 성장률과 다른 성과지표에서 전환점을 맞이하였다.

이와는 대조적으로 '이단적' 접근방안 — UN아동기금Unicef이 채택한 '인간적 얼굴을 한 조정'이라는 개념으로 가장 잘 표현되는 것(Cornial et al, 1987 참고) — 은 조정 필요성을 지지하면서도, 정통적 개혁이 광범위하게 단기적 안정화에 치중하고 있고, 거시적 불안정성과 경제침체의 주요 원인이 되는 아프리카 경제의 뿌리 깊은 경제적 취약성에 효과적으로 대응하지 못한다고 주장하였다. 따라서 주요한 구조적 변화와 제도적 변화는 조정정책을 보완하여 (산업화, 수출기반의 다각화, 인적자본 형성, 토지개혁과 같은) 구조적 변화를 유도하기 위해 필요한 것이다. 이러한 구조적 변화가 뒷받침되지 않는다면, 아프리카(그리고 유사한 초기여건을 가진 기타 개도국)의 지속 가능한 장기성장은 요원하게 된다.

조정정책이 장기성장과 빈곤경감에 미치는 영향에 대한 유니세프Unicef와 학자들의 이단적인 정밀 평가는 경험적 이유에서 적절히 규명되지 않는 경우에도 다자간 및 양자간 공여국이 구조조정의 사회적 측면에 더 많은 주의를 기울여야 할 필요가 있음을 깨닫게 해주었다. 그것은 인적자본과 물리적 인프라 투자에 더 큰 비중을 두는 것에서부터 소규모 영세 제조업자에게 이득이 되는 주요한 제도적 변화 — 특히 농업과 공업의 — 에 이르기까지 일련의 보완적인 개혁실행을 위한 유력한 사례가 되었다. 반면에 정통적 접근은 적절히 시행한 조정정책이 거시 경제적 균형 회복에 필수조건일 뿐 아니라 경제성장과 빈곤경감에 단기적으로 다소나마 공헌할 수도 있다는 점을 보여주는 설득력 있는 사례가 되었다.

1993년 세계은행은 동아시아의 기적에 관한 매우 영향력 있는 보고서(World Bank, 1993a)를 발간하였다. 이 보고서는 훌륭한 성과를 보여주고 있는 아시아경제의 성공요소를 분석하고 이러한 요소가 다른 개발도상국들에 잠재적으로 전수될 수 있는 것이라 주장하였다. 간단히 말해 이들 성공요소는 (1) 예산균형과 경쟁력 있는 환율을 겨냥한 건전한 거시 경제적 기초와 안정적인 제도, (2) 해외투자자들에게 중요한 요소인 불확실성을 제거하고 정책신뢰를 주는 기술주의적인 정부와 정치적 안정성, (3) 외부(수출) 지향성, (4) 시장의존성, (5) 경쟁competition 대신 기업 간의 '경합contest'을 이용하는 선별적인 정부의 개입조치와 같은 논쟁의 여지가 더 큰 산업정책, (6) 인적자본 확립에 더 많은 비율을 투자, (7) 높은 물질적 투자비율, (8) 역동적 비교 우위와 일관성을 가진 기술 확립 과정, (9) 순조로운 인구학적 천이(遷移)이다. 특히 수출을 장려하는 외부 지향성은 최신 기술습득 수단으로 갈채를 받았다. 이는 같은 산업군의 다른 기업들 사이에 나아가 다른 산업 사이에 외부효과와 인적자본의 입출 효과를 초래하는 '직접 하면서 배우고', '직접 보면서 배우는'(예컨대 역설계) 과정을 촉발시켰다.

동아시아의 기적은 형평성을 갖춘 지속 가능한 성장과정의 전제조건으로서, (1967년과 1997년 사이 인도네시아에서 발효된 대통령령의 균형예산과 같은) 건전한 제도의 본질적 중요성을 보여주는 신뢰할 만한 사례를 제공한다. 이로 인해 통제경제로부터 시장경제로의 순조로운 전환에 적절한 제도적 기여가 없었던 대부분의 동유럽 국가들과, 기존 제도가 취약한 대부분의 사하라 이남 아프리카 국가들은 제도적 틀의 구축을 위하여 상당한 인적비용을 지불해야 하는 뼈아픈 경험을 하였다.

1997년 대부분의 아시아와 동아시아 지역을 혼란에 빠뜨렸던 아시아 금융위기로 인해 무절제한 교역, 자본 자유화, 금융규제 철폐에 근거한 국제무역 및 금융제도의 전면적 재점검이 이루어졌다. 금융위기 이후 빈곤 발생 빈도의 대규모 증가는 개발도상국들이 개발의 최우선 목표로서 빈곤 감소와 취약 가정의 사회 경제적 복지 개선에 다시 한 번 주의를 기울이게 만들었다. 그래서 1990년대 말 세계은행은 투입보다 결과outcomes(즉 보건, 교육, 고용, 공공재와 서비스, 사회적 자본에의 접근성)로 평가될 수 있는 넓은 의미의 빈곤 감소가 우선적으로 추구해야 할 목표임을 분명히 명시하였다.

위기는 또한 해외에서 발생한 주요 충격으로부터 경제를 보호하는 정부의 역할을 재점검하게 했다(제2장 참고). 특히 해외로부터의 투기성 차관과 부패를 줄이기 위해 최소한의 규칙과 규제(예컨대 은행부문의 모니터링 및 감독기능 개선)를 준비하고, 금융제도를 강화하는 방향으로 나아갔다. 또한 위기이후 내재적 안정장치로 작용할 수 있는 제도적 안전망institutional safety net을 구축하였다.

원조의 역할

1990년대의 10년은 강력하면서 장기간 질질 끄는 '원조피로aid fatigue' 현상이 특징이었다. 이런 현상으로 인해 1992년 이후 공적개발원조ODA의 순지출액이 절대적인 감소세를 보였다. 공여국의 GNP 비율로 표시되는 수치가 1982년의 0.38%에서 1997년 0.22%로 감소한 것이 이를 증명한다. 민간공여는 순 ODA 지출액과 대비하여 그 비율이 1982~1992년 26%에서 1993~1997년 55%로 증가함으로써 ODA 지출이 주로 민간공여와 결합된 ODA 지출로 대체되었다. 동시에 원조의 부문별 구성은 생산부문에서 사회인프라와 서비스(예컨대 교육, 의료, 급수, 하수구설비)와 경제 인프라에 상당량을 지원하는 방향으로 바뀌었다.

이 같은 추세(자세한 내용은 제3장 참고)는 공여국과 수원국 모두 시장기능에 대한 강력한 신뢰와 농업, 공업과 같은 생산부문에 대한 정부의 개입에 회의적이었음을 반영하는 것이다. 원조피로는 또한 빈곤국에서 원조에 종속적인 관계를 형성하게 되며, 따라서 원조 수원국의 가계에 지급되는 복지급여로 인해 수원자들이 구직을 단념하게 되는 것과 유사한 부정적인 인센티브 효과가 나타날 것이라는 우려가 늘어났다.

1990년대에 활발히 논의된 관련 현안 중 하나는 이행조건conditionality의 효과성(제18장 참고)에 관한 것이었다. 우선 첫째로, 전용 가능성fungibility이 허용된다면 원조를 활용하여 원조 수원국들로부터 훌륭한 정책 또는 건전한 공공(경상 및 자본) 지출 프로그램을 '이끌어내는' 것이 과연 가능할까? 외부 원조를 정치 경제적 관점에서 볼 때 구조조정은 한편으로는 양자간 및 다자간 공여기관과 수원국 사이의 협상과정으로, 다른 한편으로는 채무국에 대한 통제과정으로 비칠 수 있다. 빌려주기와 빌리기를 할 때 주는 쪽과 받는 쪽 모두 유연한 규정을 따르는 기득권을 가지고 있다. 이는 수원국(특히 사하라 이남 아프리카)의 확고한 장기개발 전략과 근본적으로 일치하지 않는 종속적 관계를 조장하거나 지속시키는 경향이 있다. 원조를 연장하는 과정은 국제기구의 '관료주의적' 이해관계와 자국 정부의 '정치적' 이해관계가 부딪치는 전략게임이 될 수 있다. 라페이Lafay와 르카일롱Lecaillon이 지적하였듯이 "협상 참가자 각각이 경제적으로 효율적이면서 동시에 정치적으로 실현 가능한 원조이행조건을 결정하는 데 직접적인 이해관계를 가지고 있다"(1993: 13).

원조이행조건 논란은 국제적인 교차 부문적 데이터에 근거한 원조효과성에 대한 일련의 계량 경제학적 연구에 불을 지폈다. 이중 가장 영향력이 큰 번사이드Burnside와 달러Dollar의 연구(1997)는 성장개선 정책에 따라 이미 자구노력을 하고 있는 국가에 원조가 제공되는 경우에만 원조가 성장을 촉진하고 빈곤을 감소시킬 수 있는 강력한 도구가 될 수 있다고 결론지었다. 이와는 대조적으로 길로몽Guillaumont과 쇼베Chauvet는 원조의 효과성이 교역조건의 추세, 수출 불확실성의 범위, 기후적 쇼크와 같은 외생적(대부분 외부의) 환경 요소에 좌우된다는 사실을 밝혀낸다(1999). 그들의 연구는 환경이 악화될수록 원조 수요는 증가하고 생산성이 높아진다고 결론짓는다. 번사이드-달러와 본질적으로 같은 교차 부문적 데이터를 사용한 한센Hansen과 타르프Tarp는 관찰되지 않은 국가 특유의 고정효과country-specific fixed effects와 원조-성장 관계의 역동적 성격을 고려하면 번사이드-달러가 내렸던 결론은 도출되지 않을 것이라 주장하였다(1999). 원조 수원국들의 고유의 특성 – 이들 국가들이 채택한 정책 체계와는 별개로 – 은 원조효과성에 주요한 영향을 미친다.

아시아 지역의 금융위기로 인한 사회 경제적 혼란은 현재의 경제상황과는 더 이상 일치하지 않는 브레턴우즈 협정과 '워싱턴 컨센서스' 아래의 구시대적 국제금융 및 무역 제도에 근거한 원조의 역할과 맹목적으로 허용한 게임 법칙을 전면적으로 재점검하게 했다.

1997년 이후 인도네시아, 태국, 한국과 같은 나라에서는 빈곤발생 빈도가 빠르게 증가하였고 적절한 사회 안전망이 부족하였다. 이로 인해 원조 흐름을 빈곤 감소와 인간 복지 개선으로 다시 이동시켜야 하며, 원조를 글로벌 금융위기와 같은 외생적 충격에 대한 취약성을 경감하는 데 도움이 될 수원 국가의 제도수립에 이용하여야 한다는 강력한 당위성이 제공되었다. 국제금융 제도의 개혁에는 아직 이렇다 할 성과가 이루어지지 않고 있으나, IMF와 세계은행은 기존 관행들을 개정해야 할 필요성을 실감하고 있다. 대부분의 동아시아 국가들(1997~2000년)과 멕시코가 경제회복을 한 사실은 국제금융 제도의 구조가 애초에 위기가 발생하지 않도록 방지하기보다는 이미 발생한 위기를 극복하는 데 더 적합하다는 점을 보여주는 것이다.

원조를 빈곤 퇴치 수단으로 이용하려는 움직임으로의 복귀는 빈곤 경감의 최대화를 목적으로 원조분배의 기준을 정하고자 한 콜리에Collier와 달러의 최근 연구(1999)에 잘 나타나 있다.

■ 결론

이 장에서 시도한 지난 20세기 50년간의 원조와 개발에 대한 회고적인 평가로 우리는 (1)개발목적, (2) 개념적 틀과 모델, (3) 데이터 체계와 정보, (4) 전략, (5) 개발원조의 역할 사이에 서로 밀접한 관계가 있음을 알게 되었다. 각각의 시기를 지배했던 개발전략의 특성과 범위, 그리고 원조의 역할은 당시에 유행한 최신개념, 이용 가능한 데이터 체계, 일반적인 여건에 의해 주로 사전에 결정되었다. 그래서 예컨대 1950년대의 완전 총량적인(일부문적인) 모델one-sector model과 거의 배타적으로 국가수입계정national income account에 의존하는 데이터 시스템의 지배와 같은 매우 제한적인 분석 틀은 해당 개발전략이 단일부문 체계에 속하는 것으로 미리 예정되어 있었다. 이와는 대조적으로 1990년대의 다(多)부문적인 분석 틀의 경우 개발과정과 극단적으로 분리된 사회 경제적 데이터의 이용 가능성에 영향을 미치는 메커니즘(일부는 내부적 원인에 의한)과 요인에 대해 더 명확하게 이해함으로써 안정화와 성장을 동시에 도모하면서 빈곤 경감에 대한 전략stabilization-cum-growth-com-poverty-alleviation strategy 수립이 가능하였다.

원조의 역할에 대한 인식은 개발주의의 진화와 병행하여 변화의 과정을 겪었다. 1950년대 원조의 역할은 주로 높은 투자율을 통해 경제성장을 유발할 수 있는 자본의 원천으로 인식되었다. 수원국이 효과적인 계획 아래 원조를 효율적으로 이용할 수 있는 역량에 대한 믿음이 강했던 시기였다. 1960년대 원조의 역할은 '두 가지 갭' 모델의 관점에서 필요한 외환의 공급을 통해 국제수지 경상계정의 적자해소 또는 해외저축의 유입증가를 통한 저축의 비효과성 제거에 중요한 것으로 인식되었다. 1970년대 원조의 주요 역할은 주로 고용기회의 확대를 통해 빈곤층의 생활수준을 높이는 것이어야 한다는 중요한 변화가 있었다. 빈곤 경감을 주안점으로 삼기 위해서는 새로운 투자유형과 새로운 형태의 개입이 필요했다.

부채위기와 과다채무가 도래하였던 1980년대에는 원조의 역할과 인식이 크게 변화하였다. 원조의 주요 목적이 두 가지로 나누어졌다. 취약한 국제금융 제도의 붕괴를 막는 임시변통 방식과 프로그램 차관에 조건을 달아 제3세계의 조정 정책이 적절히 실행되도록 장려하는 것이었다. 이 시기엔 친시장적, 반정부적 수사학이 특징이었으며, 원조의 규모를 급격히 줄이고 이를 민간자본 공여로 대체해야 한다는 여론이 높아졌다.

마지막으로 1990년대는 '원조피로' 현상이 강력하고 지속적으로 나타난 시기로, 이러한 현상은 원조가 빈곤국가에서 원조에 종속적인 관계를 만들어낼 것이라는 우려에서 비롯된 것이다. 원조조건의 효과성 문제도 또한 활발히 논의되었다. 아시아 금융위기로 야기된 사회경제적 혼란으로 인해 당시 상황과는 더 이상 부합되지 않는 브레턴우즈협정과 '워싱턴 컨센서스' 체제하의 구시대적 국제금융과 무역제도에 근거한 원조의 역할과 맹목적으로 허용한 게임법칙에 대한 전면적인 재점검이 이루어지게 되었다.

특히 세계은행은 개발과 원조의 최우선 목표로 빈곤 경감과 인간의 복지 개선을 주도하였다.

제2장

경제개발과 정부의 역할

이르마 아델만

■ 머리말

제2차 세계대전 이후의 경제개발과정에서 경제학만큼 갑작스레 수많은 선도적 패러다임의 변화를 경험한 분야는 없다. 이러한 변화들은 개발담당 자들과 국제기구에 소속된 그들의 조언자들이 바라보는 정부의 역할에 상당한 시사점을 제공해왔다. 개발에서 정부가 수행해야 할 최적의 역할과 관련한 지배적 시각에는 세 가지 단계가 있었다.

주요 견인차 역할을 하는 정부

1940~1979년의 첫 개발 단계에서 정부는 주요한 기업가 역할을 했다. 이러한 시각의 학문적 근원은 마셜주의 이전의 고전학파 경제학자들과 제2차 세계대전 이후 그들의 직속 후계자들인 아서 루이스Arthur Lewis경, 파울 N. 로젠슈타인-로당Paul N. Rosenstein-Rodan, 레그나 럭시Ragnar Nurkse, 한스

W. 싱어Hans W. Singer, 라울 프레비쉬Raul Prebisch, 알베르트 O. 히르슈만 Albert O. Hirschman, 하비 레이번슈타인Harvey Leibenstein의 저술에서 찾을 수 있다. 그들은 경제개발을 주로 낮은 생산성에 전통적 기술을 이용하면서 수익이 줄고 있는 1차 산업에서 대부분 높은 생산성에 현대적이며 수익이 늘어나고 있는 공업 분야로 생산요소를 조직적으로 재분배할 필요가 있는 성장과정으로 간주하였다. 그러나 필수적인 재원배분에 기술적 · 제도적 장애물은 거의 존재하지 않는다고 가정했던 후기 신고전학파 개발경제학자들과는 달리, 고전학파 개발경제학자들은 기술적 · 제도적 제약이 자원재분배 과정을 저해한다고 가정하였다. 투자실패, 불충분한 인프라, 불투명한 전망, 시장의 격차는 개별 이익 극대화에 따른 부문 간의 원활한 자원이전을 방해하며, 고전주의적인 구조주의 경제발전 방안의 기초를 제공한다. 인프라와 '기간'산업 프로젝트와 같은 외부기술에 의존하는 경제는 민간 대행자들의 투자부족 현상을 초래할 수 있는 조정실패로 이어질 것이다.

고전학파 개발이론가들은 장기경제성장을 고도의 비선형 과정으로 인식하였다. 이 과정에는 다수의 안정적 균형이 존재한다는 특징이 있으며, 그중 하나는 저소득 단계의 함정low-income-level-trap이다. 그들은 개발도상국들이 저소득 단계의 함정에 빠졌다고 보았으며, 이러한 함정은 생산 및 인프라를 포함하는 물리적 자본의 보유 정도가 낮은 경우에 발생하며, 낮은 자본축적률과 맬서스 식의 인구성장에 의해 유지되는 것이다. 그들은 산업성장이 기술적 불가분성에 종속되며, 기술적 · 재정적 외부효과 발생의 원인이 된다고 주장하였다. 그러나 조정실패는 조정을 거친 동시적인 투자 프로그램으로 실현될 수 있는 투자보다는 다른 조건이 동일하다면 개별적 수익극대화에 기초한 투자를 통해 얻게 되는 체계적으로 더 낮은 수익 실현으로 귀결된다. 조정되지 않은 투자는 본질적으로 저소득과 규모에서 수익증가의 실현을 허용하지 않을 것이다. 이는 저축수준과 총수요, 그리고 맬서스 식 인구성장에 제약을 가할 것이며, 저소득과 저자본으로 시작한 경제를 '저소득 단계'의 함정에 빠뜨릴 것이다. 그러므로 정부는 조정되지 않은 저소득

'비장기성장'의 정적 균형으로부터 조정된 고소득 '동적 균형의 황금 성장'경로로 경제가 나아갈 수 있도록 역할을 다해야 할 필요가 있다. '동유럽 및 남동부 유럽의 산업화의 문제점Problems of Industrialization of Eastern and South-Eastern Europe'이라는 세미나 발표에서 로젠슈타인-로당은 외부 경제를 활용하고, 개발도상국들이 개인소득 증가가 없는 '저수준 균형 low-level-equilibrium' 성장의 함정으로부터 벗어나, 자력성장을 지속할 수 있는 '고수준 균형' 성장에 진입하기 위해서는 정부가 일련의 독립적인 투자에 재원을 지원해야 한다고 단언하였다(1943). 개발이란 단순히 시장의 힘만으로는 달성될 수 없는 것이다.

그러므로 정부는 구조 및 조정 실패를 치유하기 위해 적극적인 역할에 동참해야 한다. 이를테면 투자 장려금을 지급하고 투자 활동을 조정하며 이러한 행위로 인해 소폭의 물가 상승 압박이 있더라도 정부 예산을 이용하여 직접투자를 시행해야 한다. 일부 개발경제학자들은 동시적으로 시행한 투자 '대규모 추진push-up'은 투자에 의해 발생한 외부 경제를 최대화시키고 자력으로 유지 가능한 고성장을 유발할 것이라고 주장한다. 다른 학자들은 '균형 성장'이 투자 프로그램의 수입 필요성과 병목현상을 감소시키므로 투자의 한계효용을 높일 것이라고 주장하였다.

개발의 주요 견인차인 정부는 1950년대 후반에 부족한 기업가정신 entrepreneurship이 원조 제공과 정부지원의 투자프로젝트 수행에 심각한 흡수능력 장애를 일으켰다는 점을 알고는 보완하였다. 개발을 가속화시킬 산업 프로젝트를 수행할 의향과 여력이 있는 잠재적 실업가들이 충분치 않았으며, 특히 정부 지원정책이 야기한 인플레와 보호무역 환경에서 높은 수익률을 보장하는 돈벌이 위주의 수입 라이선스와 '비생산적인' 부동산 투자가 횡행할 때에는 더욱 그러하였다.

대부분의 고전학파 개발경제학자들은 민간 기업이 침체해 있을 때 정부는 기업적인 업무를 수행하면서 동시에 이러한 역할을 넘겨받을 의향이 있고 능력이 있는 민간 기업들을 지속적으로 육성해야 한다고 주장하였다. 정부는 직접적인 보조금 지급을 통해 민간 투자의 수익률을 인위적으로 높이거나, 민관합작투자에 참여하거나, 기업운영 교육프로그램에 보조금을 지급함으로써, 민간 기업의 육성을 촉진할 수 있다. 다른 학자들 가운데서도 히르슈만Hirschman은 민간투자가 불균형 성장을 통해 확실히 높은 수익을 창출해낼 수 있는 활동을 하게 함으로써 민간 기업가적 재능의 필요성을 가장 잘 이용해야 한다고 주장하였다.

몇몇 국제노동기구ILO 대표단이 개발도상국의 고용현황분석에 나섰던 1970년대 초에 '경제개발의 주요 견인차인 정부'에 대한 불만의 목소리가 처음으로 터져나왔다. 그들의 보고서에 따르면 높은 경제성장률과 산업화에도 불구하고 실질 실업률과 불완전 고용률이 매우 높아 도시 노동인구의 약 20%를 점했다. 산업화 과정이 진행되면서 실업률은 점점 더 높아져갔고, 다시 이 높은 실업률은 불평등한 경제성장 과정을 촉진하였다. 이를테면 정부가 후원하는 자본집약적인 개발과 상보적인 관계에 있는 자본가들(부자들)과 기술 보유자들(전문 직종과 행정관료 출신 중산층)은 점점 더 부유해진 반면, 미숙련 노동자들은 적절한 혜택을 누리지 못하였다. 근대 산업에 흡수된 숙련 및 준숙련 노동자들은 중산층이 되었고, 생산성이 낮은 부문(농업, 미숙련 서비스)과 전통적인 기술을 이용하는 소규모 기업에 종사하던 미숙련, 미취업 노동자들은 점차 뒤처져갔다.

이러한 경제개발 실패에 대한 여러 가지 직접적인 원인들이 제시되었다. 그러나 근본적으로 이런 모든 설명들은 정부가 후원하는 가속화된 개발과정으로 인해 기초적이며 상대적인 경제의 희소성을 반영하지 않아 발생된 잘못된 비교요소가격 때문이라는 주장에 근거한 것이다. 정부의 자본 보조금 지급조치로 인해 자본의 가격이 실제 희소성에 비해 저평가되었으며, 노동력의 가격은 실제 희소성과 자본에 비해 과대평가되었다. 이는 과도한 자본집약적인 기술도입으로 귀결되었다. 또한 도시 임금이 농촌의 1인당 실질소득을 훨씬 상회할 것이라는 기대에 기인한 지나치게 빠르게 이뤄진 이촌향도(移村向都)현상rural-urban migration은 도시 실업과 불완전 고용발생에 기여하였다. 이촌 현상은 원조를 이용한 곡물수입과 정부의 마케팅 위원회government marketing board를 통해 농업의 교역조건을 낮춤으로써 농업으로부터 공업부문으로 자원을 강제적으로 이전시켜 농촌소득을 떨어 뜨린 산업화 과정에서 비롯되었다. 상대적으로 높은 자본집약적인 개발이 유가 무엇이든 해법은 산업화에 대한 직·간접적으로 보조금 지급을 줄여 나가는 '가격 정상화'였다. 그리고 대규모 산업차관의 이자율을 상향조정하 고 자본 집약적 수입 대체 산업에 대한 관세보호 장벽을 낮추고 곡물 가격 을 올리는 일이었다.

고전학파 개발경제학자들은 한때 이러한 해석을 불충분하다고 인식하고 있었던 반면, '가격 정상화' 학설은 신고전주의 경제개발 학파의 주도권을 알리는 출발점이 되었다. '가격 정상화' 이론getting price right theory은 다양 한 형태의 정부개입을 주장하는 것이 아니라 정부의 개입은 오히려 생산성 을 감소시키므로 이를 삼가야 한다는 담론을 불러일으키는 계기가 되었다. 소득분배 학파는 정부가 경제개발에 직접적인 역할을 수행해야 한다는 주장 을 지속적으로 펼쳤으나, 자본 집약적인 '기간'산업에서 국내 생산 및 수출에 적합한 노동 집약적인 소비재 산업으로 개입의 초점을 바꿔야 할 필요가 있 다고 주장하였다. 그러나 실제로 이러한 변화는 '가격 정상화' 주장에 의해 실현되었다.

문제아로서의 정부

1979년에서 대개 1996년까지의 제2단계는 신고전학파의 '가격 정상화' 사조가 지속되었던 시기다. 경제개발 분야를 지배해 왔던 신고전학파 무역 이론가들(앤 O. 크루거Anne O. Krueger, 자그디쉬 N. 바그와티Jagdish N. Bhagwati)은 국제무역이 국내의 저조한 총수요를 대체하는 방안이 될 수 있 다고 강조하였다. 그들은 경제를 자율적이고 지속 가능한 성장으로 이끌기 위해 정부가 해야 할 일은 국제 상품무역에 드리워진 장벽들을 제거하는 것이라고 주장한다. 이러한 '무역 제일주의' 학파에 따르면 고도 경제성장을 위해서는 수출제일주의가 불가피할 것이다. 그렇게 되면 헥셔-올린 Heckscher-Ohlin 법칙과 결합된 비교우위가 나머지를 모두 떠맡게 될 것이다. 정부는 또한 국내요소로 인한 상품시장의 가격왜곡을 제거하여(가격 정상화) 부문 간 요소의 원활한 이동을 촉진하고 적절한 기술도입을 권장하여 자본축적 규모를 증가시켜야 한다. 이 같은 시각에서는 국내 및 국제적인 자유화 프로그램이 지속적인 경제성장과 구조적 변화를 유발하기에 충분할 것이다. 불충분한 총수요로 인해 경제가 저수준 균형 함정에 빠질 경우 국제무역이 국내 수요부족을 보완할 수 있다. 그러나 수송이나 전력과 같은 교역이 불가능한 중간투입 분야가 근대 제조업 부문의 효율적인 국내 생산에 필요하다는 사실을 인정하는 순간 경제를 저수준 균형 함정으로부터 구제하고, 국내 인프라 및 상호연관성 있는 산업투자 대상으로 정부가 지원해왔던 투자 프로그램을 대체하기 위해 국제 무역에 '대규모 추진big push'이 필요함을 인정해야 할 것이다.

'가격 정상화'와 '무역 제일주의' 학파'trade is enough' school가 주도한 경제개발에서 신고전주의 학파가 일으킨 반혁명의 정점에는 레이건-대처의 신자유주의neo-liberalism 시대에 맞서 생겨난 '사악한 정부' 학파'evil government' school가 있었다. 그들의 견해에 따르면, 정부는 저개발에 해결사가 되기보다는 문제아가 된다. 한편, 무역자유화가 개발을 유발하고 규모의 경제를 제공하고 산업의 국제적 경쟁력을 더욱 강화시킬 수 있기 때문에 정부의 개입은 필요치 않다. 같은 맥락에서 공공재를 포함한 상품과 서비스의 국내 시장 확대는 개발을 비용과 비교해 더욱 효과적이고 효율적으로 만들 것이다. 정부는 비대하며 부패하고, 시장 개입으로 생기는 경제적 특권을 취하기 위해 뇌물을 수수하며, 대체로 비생산적이며 어리석고 비경제적인 방식으로 시장의 인센티브를 왜곡하여 운영한다. 더욱이 규정, 세율, 보조금, 쿼터를 이용한 임의적인 시장개입은 민간 기업가들의 불법행위를 유발시키는데, 이것이 GNP의 많은 부분을 흡수하여 심각한 경제적 비효과성을 초래한다. 따라서 경제에서 정부의 역할축소는 더 신속하고 더 효율적인 개발로 이어질 것이다.

이런 상황을 감안하여 정부가 개발을 촉진하기 위해 취할 수 있는 최선의 조치는 정부의 경제적인 역할을 최소화하는 것이라고 주장하였다. 국내외의 상품 및 생산요소 시장의 자유화가 선택 범위에 속한다. 시장 확대와 시장 인센티브 원칙을 장려하는 법규를 통해 경제의 효과성을 개선할 수 있을 것이다. 이러한 법규들은 그 존재 자체만으로 국제기구의 재정적 지원을 받을 만한 경제적 미덕으로 간주될 것이다. 이러한 견해의 결론은 공공부문의 재원을 고갈시키는 것이 본질적으로 노력을 할 만한 일이 될 것이라는 점이다.

'사악한 정부' 시대는 세계경제가 전반적으로 침체기를 보였던 시기 중 하나였다. 이 시대의 특징은 일본, 유럽, 미국의 경기 후퇴recession였다. 선진국에서는 성장-촉진에서 물가상승 통제로의 정책적 변화가 있었으며, 세계무역 성장률이 둔화되었고, 개발도상국에서는 무역 제재가 증가하였다. 세계의 이자율이 상승하였고, 달러 대비 통화의 평가절하가 있었으며, 제2차 석유파동과 개발도상국의 심각한 부채위기debt crisis가 있었다. 이러한 모든 일들로 인해 개발도상국은 10년간 급격한 경제쇠퇴를 경험해야만 했다. 1980년대 개발도상국의 평균 경제성장률은 감소하거나 주춤하였고, 국제수지의 제약조건들이 점차 늘어났으며, 경제의 우선순위가 경제개발에서 주로 제한적 거시경제정책들을 통해 외부균형을 획득하는 것으로 이동하였다. 대부분의 개발도상국에서는 물가상승과 (외국으로의) 자본 도피, 낮은 투자율, 생활수준의 급격한 저하, 불평등 심화, 도시 및 농촌 지역에서 빈곤발생 빈도의 급격한 증가와 같은 현상들이 만연하였다. 중간 수준의 개발도상국들은 부채상환을 위해 전체 GDP 성장부분 이상의 자금을 매년 해외로 이전하였다. 그럼에도 불구하고 개발도상국의 부채는 지속적으로 증가하였는데, 이들 국가 중 3분의 2가 부채상환으로 충분한 경상계정흑자를 달성할 수 없었기 때문이었다(자세한 내용은 제15장 외채 참고).

멕시코, 터키, 브라질에서 발생한 부채상환 위기debt service crisis로 인해 선진국 금융기관들은 '모든 개발도상국'들을 대상으로 한 추가적인 차관 제공을 달가워하지 않게 되었다. 이 때문에 개발도상국들은 자신들의 경제적 생존을 미국 워싱턴에 있는 국제금융기구인 IMF와 세계은행에 전적으로 의존하게 되었다. 이러한 기구들은 이번에는 차관이행조건loan conditionality을 통해 자신들의 '사악한 정부' 철학을 개발도상국에 강요하는 기회로 이용하였다. '워싱턴 컨센서스'라고 일컫는 '시장화, 자유화, 긴축정책'의 배합이 이 시기 개발정책의 슬로건이 되었다. 그 결과 자본주의 발전의 핵심을 이루는 다수의 경제적·정치적 제도들이 개발도상국에서 생겨났다.

신고전학파 개발이론neoclassical development theory이 수많은 이론적 결함을 내포하고 있음에도 불구하고 어떻게 이 시기의 정책의제를 완전히 지배하게 되었는지 신기하다. 첫째, 신고전학파 개발경제학은 마셜주의적 신고전학파경제학이 성장이론, 즉 최상의 정적 자원분배이론으로 만들려는 의도가 애초에 없었다는 사실을 간과했다. 그러므로 완전한 개발이론이 되기 위해서는 자본축적론과 성장론에 의해 보완되어야 한다. 시장은 효율적으로 정적 자원배분을 할 수 있으며 성장과 자본축적을 위한 비효율적인 수단이 될 수도 있다. 이것이 실제로 고전학파 개발이론가들이 주장한 내용이다.

둘째, 신고전학파 개발이론 또한 신고전학파적 시장균형의 효과성을 보장하기 위해 필요한 신고전학파 경제학의 선결조건이 개발도상국에 적용될 수 없다는 사실을 간과하였다. 개발도상국에서는 생산요소의 이동이 순조롭지 않으며 시장기능이 완전하지도 원활하지도 않다. 또한 체계적인 정보와 완벽한 전망을 갖추고 있지 않다. 즉, 대부분의 개발도상국의 경우 신고전학파경제의 제도적 기반이 존재하지 않으며 하룻 밤 사이에 만들어질 수도 없는 것이다. 그러나 이러한 특성 중 어느 하나라도 부재하다면 시장 균형은 파레토 최적Pareto-optimal이 될 수 없으므로 정적인 효과성을 가지지 못하게 된다.

셋째, 시장균형은 최초의 부의 분배에 좌우된다. 부의 분배가 최적이 아닌 경우, 신고전학파 경제의 파레토 최적화는 심지어 정적인 사회복지조차 최대화시키지 못할 것이다.

넷째, 신고전학파 개발 옹호자들은 또한 차선이론을 간과하였다. 시장에 대한 모든 규제와 제약을 제거하는 것이 불가능하므로 모든 신고전주의적 가정이 유효하다고 가정하는 경우라도 시장에 추가적인 제약을 가하는 것이 시장 효과성을 감소시키기보다는 개선할 것이라는 의견은 일리 있는 것이라 할 수 있다. 마지막으로 '무역 제일주의' 이론에 대한 모든 반대의견은 또한 '사악한 정부' 개발이론에도 해당된다.

정부역할의 원상복귀

일부 세력이 힘을 합쳐 경제개발에서 정부가 할 수 있는 최선의 역할을 다시 평가하기 시작했다.

첫째, 경제학자와 정책입안자들은 1980년대 거의 모든 개발도상국의 경제성장 실적이 참담한 수준이라는 데 인식을 같이했다.

둘째, 개발도상국 대부분이 이런 저조한 실적에도 불구하고 정부가 적극적인 역할을 수행한 동아시아와 일부 남아시아 국가들의 성장은 현저하게 좋은 성과를 보였다. 1980년대의 국제환경은 비우호적이었으나 이들 국가들은 이전의 개발 여세를 유지할 수 있었으며, 일부 국가는 심지어 그 이상의 개선도 가능하였다. 아시아 국가들은 정부지출 억제와 긴축 거시경제정책, 그리고 수입과 급여 억제정책을 쓰는 대신 수출활성화로 자신들의 위기극복에 성공하였다. 이들 정부는 수입대체에서 수출장려 체제로 전환하였으며, 통화가치 하락을 통해 수입품을 국산품 소비로 대체하였고, 일련의 시장 친화적 제도와 정책개혁을 시행하였다. 또한 인프라와 인적자원에 대한 투자를 계속하였으며, 직간접적인 선택성 산업정책을 폈다.

셋째, OECD국가들 사이에서 성장률 둔화와 실업률 상승을 초래한 1980년대의 신자유주의적 사상에 반기를 들었는데, 그들은 더 적극적인 정부의 자세를 촉구하였다. 미국 정부는 공화당에서 민주당으로 대체되었고, 유럽의 보수당 정부 대부분도 노동당 정부로 교체되었으며, 항상 정부가 적극적인 경제적 역할을 수행해왔던 일본은 국제적인 영향력이 커졌다.

넷째, 1980년대에 시장개혁을 통한 개발도상국들의 엇갈린 성공으로 국제기구들은 성공적인 개혁, 더 나아가 시장 지향적인 개혁을 촉진하고 유지하기 위해서는 해당정부의 역량과 헌신이 뒷받침되어야 한다는 점을 인식하게 되었다. 그렇게 하지 않으면 개혁노력은 어려움을 겪을 것이며 본래의 계획에서 벗어나거나 개혁실행 후 실질적 또는 잠재적인 피해자들인 특별 이익단체들에 의해 좌지우지될 수 있다. 그래서 마침내 정부의 역할을 최소화하는 방식으로 더욱 효과적으로 만들어 '복잡한 문제'를 해결하는 식으로 변화하였다.

지금 '탈워싱턴 컨센서스' 학파post washington consensus school로 일컫는 '수정주의' 경제개발 학파revisionist school가 형성되고 있다. 이 학파는 정부-시장 간 상호작용의 배합을 역동적으로 변화시켜야 한다고 주장한다. 그렇게 되면 개발도상국 정부는 투자, 금융, 인적자원 형성, 기술습득, 제도수립, 정책추진, 제도개혁에 상당한 역할을 수행하게 된다. 그리고 이 학파는 정부가 비교적 정직하고 역량을 갖춘 관료 제도를 통해 개발정책을 수립하고, 정책실행 역량을 높일 수 있는 방안을 마련토록 하였다. 개발경제학은 비록 얼마간 더 우울해지고 현명해지긴 했지만, 정부가 경제개발에서 전략적인 역할을 수행해야 한다는 고전학파 개발경제학자들의 견해로 다시 돌아오고 있었다. 그러나 '탈워싱턴 컨센서스' 학파가 계속 존속할 수 있을지 여부는 아직 알 수 없다.

이제 개발도상국에서 정부가 수행해왔던 역할에 대해 상세히 살펴볼 차례다. 두 시기 즉 19세기 산업혁명의 확대, 그리고 제2차 세계대전 종전과 제1차 석유위기 사이의 경제개발 황금기의 개발도상국 발전에 초점을 맞출 것이다.

■ 경제사를 통해 본 정부역할

이 항목은 1988년에 발표된 모리스Morris와 아델만Adelman의 역사적인 '경제개발 비교 패턴Comparative Patterns of Economic Development'에 관한 체계적인 연구와 여기에서 언급된 다른 200여 개 남짓의 자료에 기초하고 있다. 당연히 이전 시기에 적용되는 역사적인 증거로부터 정책적 결론을 도출하기 위해서는 확실한 조건이 전제되어야 한다. 역사적인 경험은 당대의 개발에는 구체적인 처방이 될 수 없다. 이는 역사적으로 그리고 당시의 경제성장이 이루어지는 국제적 · 기술적 · 인구학적 · 정치적 맥락이 다르기 때문이다.

19세기에 정부는 산업혁명을 일으키는 것은 물론 이를 후발 유럽 국가들에게 확산시키는데 필요한 경제적 · 제도적 조건을 확립하는 중심적이고 적극적인 역할을 수행하였다. 세계 곳곳에서 정부는 재산권의 안전성을 높이고 민간계약 조건을 강화하여 기업가의 책임을 한정하는 법률을 공포함으로써 민간 거래의 위험도를 낮추었다. 예를 들어 영국에서 자본이동의 가장 효과적인 방법은 1830년 즈음 도입된 유한 책임을 지닌 특허 받은 합자회사를 이용하는 것이었다. 정부는 필요에 따라 관세를 부과/변경하고 통화정책을 결정하여 동기부여에 영향을 끼쳤다. 가장 강력하게 자유무역을 옹호한 빅토리아 시대의 영국과 전후의 미국이 자국의 경제개발 초기에는 강력하게 보호무역을 옹호하였다는 사실은 다소 역설적이다.

정부는 지역 간 · 부문 간 노동력 이동의 법적 장벽을 제거하고 이민법 제정과 해외투자 및 해외자본 유입을 위한 제반 여건을 조성함으로써 생산요소의 공급을 늘렸다. 정부는 교육에의 투자촉진과 필요한 경우 외국 숙련노동자의 국내유입을 통해 기술의 국내공급을 확대하였다. 정부는 투자은행 설립과 금융 중개인 구성, 필요한 경우 기업의 직접 금융을 장려함으로써 국내의 금융공급을 증가시켰다. 정부는 발전이 덜 된 유럽 국가로의 기술 수입을 촉진하였고, 산업혁명 선두국가로의 수출은 지체시켰다. 예를 들어 영국에서는 과거 기술수출을 법으로 금지하였으며, 기술자들이 이주하는 경우 국경에서 체포했다. 정부는 또한 민간투자에 외적 영향을 끼치는 원천이기도 하였다. 그들은 다양한 방법을 통해 수송 기간시설 건설을 장려하였다. 다양한 수송 수단을 위한 직접투자, 운하와 철도건설에 필요한 재원 제공, 유료도로와 같이 민간부문의 교통건설을 위한 많은 인센티브 제공이 그것이다.

1850년에서 1914년까지 23개 경제개발 국가의 다양한 측면에 대한 비교 정량분석에서 모리스와 아델만은 정부의 국내 경제적인 역할범위가 초기의 여건과 개발방향 설정에서 유사한 집단 내에 존재하는 범국가적 변수의 상당 부분을 설명하고 있음을 발견하였다(1988). 인프라와 산업에 대한 정부투자 범위의 국가별 차이는 국가 사이에 나타나는 산업화 패턴 변화의 50%를 설명해주며, 시장제도의 확대범위에서 국가별 차이점의 28%, 대외적 경제 의존 패턴에서 33%, 농업확대 패턴에서는 변화의 11%만을 설명해준다.

19세기 유럽에서 정부의 산업진흥 수준은 정확하지는 않지만 확실히 대영제국과 다른 해당 국가 사이에 차이가 나는 상관성을 갖고 있었다. 그러나 정부의 직접적인 경제적 역할이 최소한에 그쳤던 대영제국과 미국에서도 정부는 산업혁명 추진에 중추적인 역할을 수행하였다. 미국에선 1870년, 영국에선 1850년까지 시장에서의 모든 친근대적 제약사항을 배제하였으며 (미국의 노예제도와 같은) 국내 노동력 이동에의 주요 법적장벽을 제거하고 토지거래를 상업화하였다. 그들은 유한책임회사를 창설하고 해외 직접투자의 장애물을 없앴다. 그럼에도 자력재정은 대부분 산업자본의 지배적인 원천으로 남겨져 있었다. 영국과 미국 정부 모두 지역 간 수송체계에 상당한 투자를 하였으며, 운하와 철도 같은 다양한 교통수단의 개발을 위해 대규모 보조금을 지급하였다.

그러나 후발 국가들과는 달리 영국과 미국 정부는 산업과 농업에 극히 적은 액수의 직접투자를 하였다. 1850년 이전에 영국 정부는 상당한 관세보호 장벽과 차별적인 운송규칙을 이용하여 자국의 기업가들을 외부 경쟁으로부터 보호하였다. 더욱이 19세기 내내 영국은 내륙수송 개발과 해상운송 개선에서 그들이 수행한 역할을 통해 자국 식민지에 자유무역을 강요하고, 영국연방 국가들의 값싼 원자재와 식량 수출을 장려함으로써 해외무역을 지원하고 보호하였다. 영국정부는 식민지의 내륙수송(예컨대 인도 철도)에 투자함으로써 해외영토를 영국의 시장경쟁에 개방하였고, 식민지에 상당한 비율의 치안 및 행정 비용을 지불하고 또한 대규모 자본의 수출을 가능케 하는 자본시장capital market을 개발함으로써 해외의 영국 민간 벤처사업private British venture에 외부효과를 제공하였다.

정부의 역할은 이탈리아, 스페인, 일본, 러시아, 독일과 같이 뒤늦게 산업화에 뛰어든 국가에서 특별히 두드러졌다. 이들 국가는 1870년 이전까지 다소 후진적이었으나 충분한 행정역량은 갖추고 있었다. 이들 국가의 정부는 생산요소 및 상품시장에 현존하는 규제들을 제거하는 중요한 역할을 수행하고, 초기의 효과적인 정치통합의 부재와 심각한 경제 이중성에도 불구하고 도농 거래 네트워크의 경제적 통합을 지원하고 교육을 장려함으로써 서유럽 확장으로 제기된 군사적·정치적·경제적 난제들에 대처하였다. 그들의 노력은 산업화 및 수출성장과 긴밀하면서 체계적으로 연결되어 있었으나 성장 혜택의 배분과는 연관성이 없었다. 이는 이들이 농업 생산성과 농업 및 공업에서의 급여를 체계적으로 올리지 않거나 또는 총계와는 상관없이 1인당 소득을 늘리지 않았기 때문이다.

후발 국가follower countries 정부는 산업화를 촉진하기 위해 다양한 수단, 이를테면 일반적으로 특정한 목적을 가진 보조금, 관세, 인센티브, 독점적 권한 부여, 정량적 제한, 라이선싱, 세제 특권, 더 나아가 강제적인 노동 분배(Landes, 1998)와 같은 종류의 수단을 사용하였다. 영국의 산업화 성공에 위기를 느낀 이들 국가의 정부는 자국을 정치적으로 통합시키고, 내륙수송에 대한 투자를 늘리며, 그리고 국내시장을 발전시키기 위해 관세와 통행세를 철폐함으로써 국내시장의 규모를 확대하였다. 그들은 또한 제조업에 대한 불충분한 민간수요에 정부의 수요(러시아의 군복주문과 같은)를 추가하였다. 정부는 부족한 국내의 요소를 대체하고, 숙련 노동자와 금융의 공급을 확대하는 조치를 단행하였다. 숙련된 노동력 공급을 증가시키기 위해 교육에 투자하였으며, 선진국으로부터 숙련 기술자를 수입하고, 필요할 경우 노동력 이동에 관한 제약(노예제와 농노제)을 철폐하였다. 또한 미숙련 노동력의 유입에 유리한 이민법을 통과시켰다. 금융 산업에 필요한 은행에 자금을 제공할 수 없을 정도로 가난한 국가의 경우 정부가 나서서 금융 중개인 선정을 장려하였으며, 기업에 직접 투자하고 민간 기업가들과 함께 산업투자에 나섰다. 요컨대 후발 국가의 정부가 다방면의 기업 활동에 참여한 것은 영국의 군사적, 경제적, 정치적 위협을 감소시키기 위한 노력의 일환으로 그들의 산업혁명을 따라잡기 위해서였다. 그럼에도 불구하고 유럽 후발 국가들의 산업화와 시장 확대는 이중적이었다. 1890년 이전에는 공장이 희소했으며, 기계 산업은 일부 부문과 지역에 국한되어 있었다. 경제의 나머지 부분은 대체로 산업화의 손길을 거치지 않았다.

19세기 정부의 진흥활동은 산업혁명의 후발 국가들에 국한되지 않았다. 유럽인들이 정착한 넓은 영토의 해외 국가(아르헨티나, 브라질, 호주, 뉴질랜드)에서 정부는 시장운영과 관련한 제도적 제약으로부터 시장체제를 자유화하고 토지이전과 자본 흐름, 해외투자와 상품판매를 촉진하는 특별한 제도를 확립하는 다양한 단계를 통해 수출확대에 부정적 영향을 끼치는 제도적인 제약을 제거하였다. 토지가 풍부한 영국의 식민지 정부들은 국적이탈 자본, 기업 활동, 이민에 관한 제약들을 제거하였다. 이러한 조치들은 해외에서 장려하는 1차 상품 수출 확대와 궁극적으로는 적절한 산업화를 가져왔다. 전자와 후자 사이에는 상당한 시간차가 있었다. 그러나 자유로운 이민과 급속한 인구증가는 자국의 1인당 소득성장과 산업 및 농업 급여의 증가세를 둔화시켰으며, 빈곤 감소에 긍정적인 추세와는 대조적인 순환 패턴을 형성하였다.

당연히 그 때도 지금과 같이 경제와 사회에 미치는 정부의 영향은 그 성격상 정부가 누구의 이해를 대변하는가에 따라 좌우되었다. 유럽 후발 국가들의 경우 봉건 지주 엘리트들의 경제정책에 대한 영향력이 약화되고 나서야 영세농민을 대상으로 적절한 인센티브를 제공하는 토지제도가 마련되었고, 정부의 활동은 성장에서 오는 혜택을 더욱 널리 배분하는 방향으로 전환되었다. 이와 유사하게 해외 백인 이주자들의 토지가 풍부한 국가들에서는 대규모 지주의 정치적 지배가 감소한 시기에 이러한 이중성이 자취를 감추었다. 이 같은 상황에서 정부는 교육과 수송시설에 투자하였고, 토지정책을 변경하여 영세농민들이 도시의 수요를 충족시키는 데 도움이 되도록 했다. 예컨대 호주에서는 정치세력의 변화로 토지양도법land settlement law이 제정되어 1850년대와 1860년대에 농민의 시장접근성이 확대되었다.

이는 지주 엘리트들이 정치와 토지 소유권을 계속 독차지하고 성장혜택이 일부에게 고도로 편중되어 있던 아르헨티나와 브라질과는 전혀 대조적이다. 결국 정부의 인센티브가 어떤 종류의 경제적 개선으로 귀결되기 위해서는 식민지배 세력으로부터 특정 수준의 정치적, 경제적 자율권이 필요한 것이다. 의존도와 밀집도가 높은 식민지 소작농 국가(미얀마, 이집트, 인도)에서 식민정부 주도의 수송체계 건설과 외국인 주도의 수출확대는 자국의 경제혜택으로 연결되지 못했을 뿐만 아니라 회귀효과backwash effect로 이어졌다. 식민정부에 의한 고도의 시장 지향적인 제도추진은 농업 및 산업 급여의 하락을 초래하였다. 농업 생산성이 저조하고 불확실한 토지임차 제도와 더불어 토지 소유권이 편중되고 생산성 증가가 수반되지 않은 채 급속한 인구성장이 이루어지는 국가에서는 놀라운 결과가 아니었다.

19세기의 개발을 통해 우리는 모든 국가, 특히 산업혁명의 후발 주자들이 개발을 시작할 때 국가가 광범위한 역할을 수행하였다는 것을 알 수 있다. 국가는 직간접적이면서 일반적 혹은 특정 목표를 대상으로 하는 다양한 수단들을 이용하였다. 국가는 스스로 자금을 조달하여 이를 경제와 정치적 목적으로 개발하고자 하는 산업의 하위 부문에 투자하며, 후진적인 제도와 결여된 요소를 대체하고, 국내 공급을 증가시키는 작업을 통해 개발이 가장 더딘 신규 분야에 대부분 직접 개입하였다. 우리는 또한 이런 과정이 시간이 소요되며, 지속적인 의지를 필요로 하는 일임을 배웠다. 행정역량을 갖춘 국가들은 (외국의) 도움을 필요로 하였으며, 정책을 수립하고 개입 조치들을 마련하기 위해서는 어느 정도의 자율권이 요구된다는 사실을 알 수 있었다.

마지막으로 경제 분야에 대한 국가의 영향력은 국가를 지배하는 주체가 누구인가에 따라 좌우된다는 사실을 배웠다. 봉건 지주들이 주도권을 갖는 정부는 개발이 없는 제한적인 성장만을 달성할 수 있었다.

■ 제2차 세계대전 이후 개발도상국 정부의 역할 변화

1950년대와 1960년대는 19세기의 경제개발 황금기에 해당된다. 이 시기 경제개발의 경제 및 제도적 영향에 대한 체계적인 정량적 비교분석에서 아델만과 모리스는 1967년에 경제성장을 위한 핵심 제도와 중요 정책의 요체는 개발과정과 함께 체계적으로 변화해왔다는 사실을 발견하였다. 그들의 연구는 경제개발 과정이 고도로 비선형적이었으며 다면적이었음을 알려주고 있다. 경제적, 제도적 변화 사이의 상호작용 패턴은 제도적, 사회적, 경제적 초기 여건이 서로 달랐던 국가들 사이에서 크게 차이가 났다. 정부의 주요 기능과 활동은 산업화와 제도개발이 진행됨에 따라 변화하여야 한다는 것이 이 연구의 시사점이다. 변화해야 할 대상은 경제제도와 경제정책의 주요 취지뿐만이 아니다. 개발이 진행됨에 따라 정부의 주요 기능 또한 바뀌어야 한다. 그러므로 정부의 핵심적인 활동에 대한 논의를 개발 정도에 따라 세분화하고자 한다. 즉 최저 개발국(하위그룹), 개발정도가 가장 앞선 개발도상국(상위그룹)과 선진국가로 나눈다.

하위 그룹The low group

사회 · 경제개발 스펙트럼의 최하위에 위치한 국가군의 경제성장 과정은 원칙적으로 경제적, 사회적 변화라는 상호 연관된 과정을 수반한다. 1960년 최저개발 국가군의 대부분은 사하라 이남 아프리카 국가로 이루어져 있었으나, 아시아의 최저개발 국가들과 북아프리카의 리비아와 모로코도 포함되어 있었다. 이러한 국가들은 시장제도와 정치발전 수준이 최하위였으며, 개인적 충성과 자급자족적 농업경제 활동에서 사회성을 가진 부족이 지배적인 영향력을 행사한다는 특징을 보였다. 1960년대에 쿠즈네츠Kuznets는 경제와 사회 및 정치 발전의 측면에서 이 집단에 속하는 국가들을 14세기의 중부 유럽 국가들과 비교하였다(1958).

이러한 개발 하위그룹에 관한 아델만과 모리스의 통계결과(1967)를 보면, 이들 국가의 사회·경제적 개발수준에서 정부의 주요 과제는 사회적 자본 social capital의 확립이다. 정부는 중산층 출신의 전문가, 기업가, 행정 관료의 규모를 확대할 필요가 있으며, 중산층으로의 진입을 저해하는 사회적, 교육적 장애물을 제거하고, 근대화 전망 수준에서 증가하는 승자를 보호해야 한다. 특히 농업의 상업화, 자족농업 종사인구의 감소, 인적자원 개발에의 투자를 통해 근대화 전망을 증가시킬 수 있다. 인적자원의 질적 개선 수준을 나타내는 변수는 통계적으로 중요하지만, 국가별 경제성장률의 편차를 설명하는 요소와는 부차적인 연관성을 가지고 있다.[1]

1960년대에 이러한 개발 하위그룹 국가들의 성장 및 사회적 변화를 초래했던 주요 경제적 방안들은 근대적, 수출 지향적, 주요 부문 중심의 이중적 개발을 수반하였음을 보여준다. 주요 부문의 수출 발전은 이어서 농촌 지역의 사회 구조에 상당한 변화를 초래하였으며 시장경제의 확산을 촉진하였고 경제활동에 영향을 끼쳐왔던 전통적인 부족의 관습을 흔들어 그 위력을 감소시켰다.

산업화 추진이 국가별 성장률 차이를 설명하는 데 일정한 역할을 한 사실에도 불구하고 산업화는 경제성장을 전담한 주동력은 아니었다. 이러한 국가들의 산업 부문은 여전히 저개발 상태에 머물렀으며, 수공예 산업과 구시

---

1) 인적 자원의 질적 개선 정도를 나타내는 변수는 통계적으로 중요하지만, 국가별 경제성장률의 편차를 설명하는 요소와는 부차적인 연관성을 가지고 있다 (Adelman and Morris, 1967: tab.V.5).

대적 제도가 경제의 대부분을 차지하고 있었다. 1960년대 이 그룹에 속하는 국가들 중에서도 가장 발전된 국가들은 가장 높은 수준의 산업화를 달성하였다. 전력을 이용한 많은 소규모 공장과 외국 자본에 의한 근대적인 대규모 공장들이 다소 설립되었다. 더욱이 이러한 국가들의 대다수가 경제적 동력으로서, 수출 지향적 채취(추출) 산업 부문에 주로 의존하면서 탈산업화 deindustrialization라는 '네덜란드병Dutch disease'으로 인해 고통을 받았다.

이 그룹에 속하는 국가의 정부는 투자를 확대할 필요가 있다. 주로 수송 및 전력 체계의 물리적 인프라에 투자해야 한다. 이 그룹 중 가장 개발된 국가들이 보유한 물리적 간접 자본은 소규모로 상업화한 부문에는 적절하였으나 대부분의 지역에서는 지속적인 서비스를 제공하는 데 실패했다. 그들은 교육에도 투자를 해야 한다.

정부는 또한 핵심 경제제도, 금융 및 세제 마련에도 착수해야 하나 그들의 노력은 기초단계에 머물러 있다. 1960년대에 현지 금융기관들은 외국자본이 소유권을 가지거나 관리권을 가졌다. 식량농업 투자는 자체적으로 자본을 조달하거나 무질서한 금융시장을 통해 조달되었다. 국내 총저축률은 9% 이하였고, 요구불예금과 정기예금을 합친 비율은 GNP 대비 15% 이하였다. 세입은 외국자본이 소유하는 채취산업 부문에 과도하게 의존하고 있었으며, 세제기반이 극도로 한정되어 세금징수에 심각한 어려움을 겪고 있었다.

아델만과 모리스(1967)에 따르면 이러한 국가들이 성장과 개발에서 심각한 정치적 장애가 존재한다는 공통점을 가지고 있음에도 불구하고 경제성장에 끼친 정치적 영향력이 미미하였는데, 이는 1960년대 이들 국가의 정치적 특성이 거의 변화하지 않았기 때문이었다. 그러나 정부가 이러한 많은 기능들을 수행하기 위해서는 행정 효과성, 전문성, 관료의 정직성, 그리고 평균적인 수준을 넘어 더 헌신적으로 국가 발전에 이바지하겠다는 지도자의 의지가 요구된다.[2]

---

2) 행정 효과성과 지도부의 개발의지에서 개선정도를 나타내는 변수들은 통계적으

요컨대 가장 후진적인 개발도상국의 정부기능은 사회개발, 경제적, 정치적 제도수립이 대부분이다. 400년간의 원시자본주의 시기에 산업화주의자들은 부지런히 시장제도를 키워 왔다. 이런 국가들은 원시 산업화 단계와 농업기술 축적 및 자유시장경제화와 비교되는 과정을 거치지 않았다. 그러므로 이들 국가들은 시장의 인센티브에 강력하게 반응하는 데 필요한 제도적 변화를 받아들여야 한다. 이 단계는 주요상품의 수출확대에 중점을 둠으로써 성취할 수 있을 것이다. 그러기 위해서는 생산요소 이동과 무역에 관한 법적, 사회적 장벽을 제거하고 토착부족의 영향력을 감소시키고, 국내에서 자본을 조달하고 운영하는 신용기관credit institutions을 설립하고, 토지 및 노동력 거래의 상업화를 촉진할 수 있는 제도를 마련해야 한다. 또한 인프라와 교육에 투자해야 한다.

중위 그룹The intermediate group

다음으로 가장 개발된 경제체제 전환 국가들transitional economies의 경우를 들 수 있다. 이들은 1960년까지 사회적, 정치적, 경제적 제도개발의 중간 단계에 있었고, 전통적 관습과 제도를 공공연하게 흔들 수 있는 근대화 단계에 이르고 있었으나 자력으로 유지할 수 있는 경제개발의 도상에 올라서는 단계로 진척되지는 못하였다. 이들 국가들은 지리적 다양성을 가지고 있었다. 이 그룹에 속한 국가들은 북아프리카의 알제리, 튀니지, 중동의 이란, 이라크, 시리아, 요르단과 아시아의 스리랑카, 인도, 파키스탄, 미얀마, 태국, 인도네시아, 필리핀, 라틴아메리카의 볼리비아, 과테말라, 에콰도르, 온두라스, 수리남과 사하라 사막 이남 아프리카의 가나, 로디지아(지금의 짐바브웨), 남아프리카 공화국 등이었다. 이들은 또한 역사적, 문화적으로 가장 이질성

로 중요하지만, 국가별 경제성장률의 큰 편차를 설명하는 요소와는 부차적인 연관성을 가지고 있다 (Adelman and Morris, 1967: tab.V.5).

을 보이기도 하고, 고도의 사회적 긴장과 정치적 불안정을 야기하는 급속하고 불균형한 사회변화의 특성을 가지고 있었다. 1960년대 이들 국가의 정부는 대체로 비효율적이었으며 행정역량이 취약하였다.

아델만과 모리스의 통계(1967)는 비교적 제한된 수준의 산업화, 경제제도, 특히 금융 및 세제의 확립, 물리적 인프라에의 투자가 국가별 경제성장률이 차이가 나는 이유를 가장 잘 설명하는 요소였다고 결론짓고 있다. 사회구조변화가 경제성장률에 직접적이고 체계적으로 영향을 미친다는 증거는 더 이상 발견되지 않고 있다. 이는 근대화의 사회적 제약을 포함한 특정한 사회·경제적 발전형태가 동일한 경제체제 전환 국가라 하더라도 어느 그룹에 소속되느냐에 따라 달라지기 때문이다. 게다가 정치체제의 정확한 형태와 지도자의 경제발전 의지 중 어느 것도 체제 전환 그룹의 성장률에 영향을 미칠 수 있을 만큼 중요한 조직적인 역할을 수행하지는 못했다. 이들 국가들이 '나약'했고, 고도의 사회적 긴장과 정치적 불안정에 휩싸여 있었기 때문이었다.

개발의 중간 단계에 위치한 국가들은 산업화의 초기 진흥에 필요한 제도적, 물리적 여건과 정책 환경을 제공하는 데 전력을 기울여야 한다. 수송과 전력체계에 투자해야 하며 정부의 직접투자, 보조금 지급, 민간 투자 장려를 통해 국가의 투자율을 상승시켜야 한다. 근대산업의 개발을 옹호해야 하며 수공업이 아닌 동력을 이용하는 공장에서 다양한 소비재를 생산할 수 있게 촉진해야 하고, 천연자원 수출품의 국내가공을 장려해야 한다. 또한 총수출에서 제조상품의 비율을 증가시키도록 노력해야 한다.[3] 정부는 국내 제조기업들의 설립을 장려하고 교육 투자를 통해 기술 및 자본 수입을 대체할 방안을 강구해야 한다.[4] 민간저축을 장려하는 정책을 채택하고, 이러한 저

---

[3] 수출의 다변화와 1차상품 수출(대외 무역의 구조)을 나타내는 변수는 국가별 경제성장률의 큰 편차를 설명하는 요소와 중요한 상관관계를 가지고 있다 (Adelman and Morris, 1967: tab.Ⅵ.4).

[4] 인적자원의 개선정도를 측정하는 변수는 이러한 개발 수준의 국가별 경제성장

축을 민간금융기관으로 연결하고, 그리고 금융제도의 저축-투자 간 중개 역할의 효과성을 개선하는 방안들을 통해 국내 금융제도와 신용기관을 강화해야 한다. 인플레이션을 유발하는 금융에 지나치게 의존하지 않기 위해서는 GNP대비 정부 세입의 비율을 증가시키고, 간접적이 아닌 직접적인 교역관련 조세 의존도를 높임으로써 세제를 확립해야 한다. 정부는 농업의 생산성 증가를 통해 농업으로부터 산업으로 루이스 식 자원이전 프로세스Lewis-type process of transfer of resources를 진행하기 위해 필요한 여건들을 조성해야 한다. 자족적인 농업에 종사하는 인구비율을 감소시키고 상업화의 범위를 확대함으로써 경제적 인센티브에 농업이 더욱 민감하게 반응하도록 해야 한다.[5] 또한 기술, 경제조직의 유형, 도시와 농촌 거주자의 생활 방식, 대규모 국외자본이 운영하는 공장과 국내자본이 소유하고 운영하는 공장, 수출, 그리고 국내 소비재 생산 간에 존재하는 광범위한 지역적, 부문적 편차를 감소시킴으로써, 사회·경제적 이중성의 축소를 조장해야 한다.[6] 이 모든 것은 인프라와 교육에의 투자 형태뿐 아니라 대중매체를 통한 홍보를 통해 수반되어야 한다.[7]

룰의 편차를 설명하는 요소와 밀접한(그러나 부차적인) 상관관계를 가지고 있다(Adelman and Morris, 1967: tab.Ⅵ.1 and Ⅵ.4).

5) 자족농업 부문의 규모를 측정하는 변수는 이러한 개발 단계에서 나타나는 국가별 경제성장률의 편차를 설명하는 요소와 밀접한(그러나 부차적인) 상관관계를 가진다.

6) 사회-경제적 이중성의 범위를 측정하는 변수는 이러한 개발 단계에서 나타나는 국가별 경제성장률의 편차를 설명하는 요소와 밀접한(그러나 부차적인) 상관관계를 가진다.

7) 대중 매체의 범주를 측정하는 변수는 이러한 개발 단계에서 나타나는 국가별 경제성장률의 편차를 설명하는 요소와 밀접한(그러나 부차적인) 상관관계를 가진다.

상위 그룹The high group

이 그룹에 속한 국가들은 사회제도적, 경제적으로 발전된 국가들이다. 이들 국가의 대다수가 1960년까지 100여 년 이상 정치적 독립성을 지니고 있었으며, 사회적 성취social achievements(중산층 비율, 읽고 쓰는 능력, 2차 및 3차 교육 이수자 비율, 도시화, 대중매체 등의 성취도), 산업화 진행 정도, 경제개발과 사회제도의 범위에서 중위 그룹보다 훨씬 앞서 있었다. 이 그룹에 속하는 국가들은 라틴아메리카에서 가장 발전한 16개국, 중부 유럽에서 가장 앞선 6개국, 그리고 동아시아의 일본, 한국, 대만 3개국이다.

이 고도로 발전한 개발도상국에서 지도부의 경제개발 의지는 경제적으로 더 크거나 작은 성공을 거둔 개발도상국을 구별할 수 있는 주요한 정치적 변수였다. 실제로 이 변수 자체만으로도 국가별 경제성장률의 편차가 나타나는 이유의 77%를 설명할 수 있다. 지도부의 의지라는 변수는 라틴아메리카와 동아시아 국가들에서 대조적인 모습을 보인다. 전자는 더 적은 성공을 거두었으나 대체로 낮은 정치적 의지를 보였음에도 고도의 사회-제도적 개발과 고소득을 이미 달성한 반면, 후자는 지도자의 개발의지가 높았음에도 불구하고, 고도의 사회 개발을 달성하였으나 소득은 낮았다.[8] 일본, 한국, 싱가포르, 대만 정부가 신자유주의 국가 같은 경제적인 역할을 수행하였다는 견해에 부합하는 정확한 자료는 존재하지 않는다. 지도부의 의지는 국가가 역동적인 비교우위 조성에 긴요한 자율권 획득을 위해 필요하다. 이를 위해서는 정부의 직·간접적 산업 지원과 무역 및 상업 정책이 특정 부문으로 이동하여야 하는데, 이는 일부에게는 혜택을 다른 집단에게는 손해를 끼치게 된다.

연구 결과에 따르면 이 그룹 국가들의 사례처럼 일단 개발을 위한 사회적,

---

8) 아델만과 모리스의 데이터(1967)에서 제시한 기간인 1957~1967년에 예외적인 모습을 보였던 라틴아메리카 국가들은 멕시코, 베네수엘라, 브라질이었다.

인적 자원과 물리적 여건이 대체로 확립되면, 정부의 주요 역할은 농업 생산성 향상과 더불어 산업화를 추진하게 된다. 이러한 기능을 수행하기 위해서 정부는 아직도 유효한 자원집약적인 것에서 노동집약적인 제조업과 기술집약적인 산업으로, 그리고 고급인력과 자본집약적인 부문으로 비교 우위의 역동적인 변화를 촉진하는 산업정책 채택에 적극적으로 나서야 한다. 1960년대의 이러한 변화는 수공업제품이 아닌, 동력을 이용하는 공장에서 생산된 소비제품의 종류와 양을 증가시켰다. 처음에는 국내 소비용 제품들이 생산되었으나 시간이 경과하면서 일부는 수출되었고, 초기에는 주로 수출 대체용이었던 중간재들이 국내에서 생산되는 단계로 마침내 이동하였다. 1960년까지는 동아시아 국가들과 브라질만이 소비재를 수출하는 단계에 이르렀고, 이 둘 중 누구도 그 당시에 생산재를 수출하지는 않았다. 산업화의 핵심이 변화하는 과정은 적절한 국제무역 및 상업정책 변화, 정부의 투자, 이를 위한 정부의 인센티브 제공을 통해 이루어져야 한다. 일반적인 목표는 산업의 수출경쟁력 제고와 역동적인 민간부문 조성에 맞추어져야 할 것이다. 그러나 변화의 각 단계에서 초기 신생 산업 보호는 핵심 부문에 필요한 사항이나 이러한 보호 조치는 단계적으로 철회되어야 하며, 수출에 대한 인센티브와 압력으로 반드시 대체되어야 한다. 산업화를 지원하기 위해서는 도시 인구를 부양할 수 있을 정도로 식량 농업의 생산성이 향상되어야 한다. 농업 인프라와 농업 기술, 농산물 거래조건에 대한 정책적 투자를 해야만 비로소 국산품 수요를 높이는 데 필요한 농업소득 증가가 가능할 것이다.

이 단계는 또한 공공과 민간, 국내와 국외의 투자증가를 필요로 한다. 그러므로 이는 금융 및 세제의 더욱 빠른 개선과 개발을 가정하고 있다. 금융 제도의 추가적인 개발을 위해서는 금융 제재의 수위를 낮추어야 하고 국내 총저축률을 13%까지 상승시켜야 한다. 금융 중개기관의 역량개선을 통해 적절한 수준의 농업 및 산업 투자를 장기금융으로 제공하여야 한다. 세제개선은 세입확대를 필요로 한다. 해외 직접투자와 원조의 형태로 된 약간의 확장적 거시경제정책과 건전한 해외자본 유입 이상의 것에 의존하는 것은 피해야 한다. 나아가 개정 세제는 무역 관련 간접세보다는 직접세에 더 큰 비중을 두어야 한다. 그렇지 않으면 세제 징수는 궁극적인 국내 산업의 국제 경쟁력 개발이라는 요구와 상충되게 될 것이다.

선진국Developed countries

마지막으로 자본주의 제도가 성숙하고 성장과 투자, 저축 습관이 기업 및 가계 부문에 공고하게 자리 잡게 되면 정부의 정책개입범위는 줄여야 한다. 대체로 정부는 합리적인 경제 계산법과 자원의 전면적 이용, 경제와 정치의 경쟁 장려, 사회 안전망 제공, 시장 약자의 보호, 부정적인 사회 외부효과 억제, 자유롭게 이익을 극대화할 수 있는 환경과 안전을 위한 거시 경제적 정책 골격을 제공하는 것으로 스스로의 역할을 제한하여야 한다. 즉, 오직 마지막 단계에서 정부가 수행해야 할 적절한 역할은 신자유주의자(레이건-대처)들이 규정한 '워싱턴 컨센서스'로 변화해야 한다.

그러나 1960년대에 '상위'그룹에 속해 있었던 어떤 국가도 이 단계에 이르지 못했으며, 1990년대 최상위 개발그룹에 속한 신흥공업국NICS 일부만이 도달했다는 점을 강조하여야 한다. 더욱이 번지르르한 수사와는 대조적으로 심지어 미국과 유럽조차도 현재 순수한 신자유적인 정책들을 추진하지 않고 있는 실정이다. 예를 들어 클린턴 행정부는 하이테크와 서비스 경제로의 이동을 가속화하기 위한 적극적인 산업 정책을 추진했으며, 농업과 서비스 기술 수출을 위해 다른 국가들과 양자간 및 다자간 협상을 가졌고, 세계적인 기구에 참여함으로써 무역개입 정책을 펼쳐왔다. 또한 하이테크 산업에 필요한 인적자원을 제공하고, 인적자본의 소유권을 일반화하고, 인적자본 축적률을 상승시키기 위한 목적으로 인적자원 투자정책을 추진해왔다.

■공통적인 요소

이 항목은 19세기 유럽대륙의 경제발전과 제2차 세계대전 이후 개발도상국들의 발전에서 공통적으로 자명하게 나타나는 매우 일반적인 요소들을 함께 끌어내면서 시작하고자 한다(Morris and Adelman, 1989를 참고할 것). 이러한 공통요소는 정부가 경제개발을 위해 수행해야 하는 역할뿐 아니라, 개발을 지원하는 원조의 역할 변화와 이러한 노력들을 지원하는 데 필요한 국내 및 국제기구들과도 관계가 있다.

첫째, 경제역사는 물론 당대의 개발에 관한 해석은 자본주의적 경제성장을 위한 제도적 준비가 경제개발의 핵심이라고 시사하고 있다. 이것이 광범위한 경제성장을 촉진하는 기술발전과 수출확대를 가능케 하는 여건을 마련해주기 때문이다. 이것은 또한 정부가 제도개선에 앞장서야 한다고 시사한다.

산업혁명기의 유럽 국가들과 경제성장 황금기의 개발도상국들의 다양한 경험은 다음과 같은 점을 강조한다. 즉 19세기 말까지 전면적인 경제성장을 달성한 유럽 국가들은 유럽식의 이중적인 성장으로 산업화를 달성한 국가 또는 1950년대의 개발도상국 경우보다는 기술 변화에 더 적절한 제도들을 갖춘 채 출발하였다는 것이다(Morris and Adelman, 1989; Kuznets, 1958). 그들 유럽 국가들은 숙련된 노동력과 기업가, 사유재산을 보호하고 민간거래를 강화하며 국내 상품 및 노동시장을 자유화하는 조치들을 취했던 정부를 갖고 있었으며 자본주의적 이해에 대응하여 해당 산업(초기 산업화 국가들) 혹은 농업('균형 성장' 국가들)의 기술적 발전을 촉진할 수 있는 무역, 수송, 교육 정책을 채택했던 지도부를 포함하여 산업화 이전의 부문들을 이미 대규모로 보유하고 있었다.

이와 유사하게 1950년대에 제도적으로 가장 앞섰던 개발도상국들은 경제개발 황금기 동안 OECD 국가들의 수입수요에서 비롯된 성장 동력에서 가장 큰 혜택을 본 국가들이다. 이들은 차상위 중간 단계의 사회-제도 개발을 이룬 비산유국들과 비교했을 때 평균 경제성장률이 50%나 높게 나타났다

(Adelman and Morris, 1967). 게다가 1950년대에 제도적으로 가장 발전한 국가들의 압도적인 다수가 1973년까지 신흥공업국이나 선진국이 된 반면, 이들 보다 사회-제도적으로 덜 발전된 국가들은 신흥공업 국가가 되지 못했다. 마지막으로 금융 및 세제 개선은 당대의 개발도상국가들이 경제성장의 어느 단계에 도달해 있는지와는 상관없이 국가별 경제성장률이 다르게 나타나는 이유를 설명하는 데 중요한 요소였다.

둘째, 인프라, 인적자본 및 산업에서 전체적인 투자율과 정부투자 모두 역사적으로는 물론 시대적으로 개발에 중요한 역할을 하였다. 인적자본과 수송이 경제개발에 큰 차이가 나게 했다. 실제로 아델만과 모리스의 통계분석(1967)을 보면 2차 대전 이후와 1차 대전 이전 시기에 인력개발이 공업과 농업 모두에서 기술적 역동성을 가져오는 데 중요한 역할을 한 것으로 나타났다.

역사적으로 성인의 읽고 쓰는 능력비율이 50%가 넘지 않았던 국가들 중 어느 한 국가도 1914년 이전에 경제발전에 성공하지 못하였다. 또한 읽고 쓰는 능력비율은 19세기에 더 큰 성공을 거둔 개발도상국가와 그렇지 못한 국가들을 구별할 수 있는 가장 주요한 변수였다(Morris and Adelman, 1988: 211). 이와 유사하게 역사는 내륙 수송체계의 획기적인 발전은 심각한 수송병목현상을 겪고 있으면서 경제성장 잠재력을 제공하는 토지제도, 인적자원, 정치 구조를 가진 국가에서 농업을 향상시키는 데 필수적이었다는 점을 보여주고 있다(Morris and Adelman, 1988: ch.5). 국내교역에 수송투자 체계의 우선순위가 부여되어야만 식량 농업의 기술 개선이 일어날 수 있다. 결국 전반적인 투자율이 모든 국가의 역사 발전에 중요한 역할을 하는 것이다.

비슷한 경우로 1960년대의 국가별 인프라와 인적자본 확대의 차이는 국내 수송과 교육의 주요 병목현상이 있고 총투자율이 모든 개발 단계에서 중요성을 가지는 한, 개발도상국의 경제성장률 편차가 발생하는 이유를 설명하는 데 중요한 요소였다. 더구나 기적을 이룬 동아시아 국가들의 개발 또한 특별히 높은 수준의 인적자원 개발에서 득을 본 것이다. 일본 식민주의의 잔재로 인해 교육수준과 문맹률이 낮았던 한국과 대만의 경우 1960년대 중반 경에 이미 1인당 GNP수준에 대한 '체너리 표준Chenery norm'의 3배에 해당하는 경지에 도달하였다. 또한 한국은 대학입학률에서 영국을 앞질렀다. 동아시아의 경제기적국가들은 높은 인적자본 축적률과 경제성장률을 함께 이루어냈다. 사실 여러 학자들 가운데서 폴 크루그먼Paul Krugman은 1994년 지금까지 한국과 대만의 모든 경제성장은 대부분 특별히 높은 물질적, 인적자본의 축적 때문이었으며 소득증가에 대한 총요소생산성TFP의 기여도가 간과되어 왔다고 주장했다.

셋째, 정부가 정하는 무역정책, 국제무역, 결제제도는 경제성장의 핵심이다. 그렇다고 자유무역 정책이 산업화에 필요하다거나 최적이라는 의미는 아니다.

19세기 유럽과 일본에서는 관세가 일반적으로 산업화 정책의 기초였다. 이를테면 영국 외에는 그 어떤 국가에서도 일부 관세보호정책을 시행하지 않고는 초기 공장 중심의 산업화가 일어난 경우가 없었다. 그리고 데이비드 리카도David Ricardo의 곡물법 관련 논문에서 보듯이 심지어 영국에서도 산업화로 진입하는 시기에는 높은 관세보호 장벽이 존재하였다. 그러므로 제2차 세계대전 발발 이전에 산업화 성공에 관한 역사적 기록은 애덤 스미스 Adam Smith와 리카도보다는 프리드리히 리스트Friedrich List와 얄마르 샤흐트 Hjalmar Schacht가 경제개발을 추진하는 국가에서 상업정책을 마련하는 데 필요한 적절한 가이드라인을 제공하고 있다고 시사한다.

산업화 성공사례에 관한 올바른 해석에 따르면 자유무역보다는 수출지향 export orientation이 역사적으로는 물론 동아시아 국가들이 성공한 경제개발 정책의 핵심 요소다. 역사적으로 수출확대는 세계 도처의 경제성장을 체계적으로 가속화시켰다. 그러나 수출 증가는 농업이 적어도 적당한 생산성을 갖추고 있고, 근대화를 추진하는 정부가 제도적 여건을 기술개선에 적합하도록 변화시키며, 국내시장 개발에 유리하도록 수송과 교육투자를 수행한 경우에 한해 전면적인 경제성장으로 이어졌다. 초기에 산업혁명에 진입한 국가들을 제외한 유럽 국가들은 자유무역 정책을 채택하지 않았다. 그들은 오히려 관세와 정량적 통제로 산업화를 시작하였다(Morris and Adelman, 1988; ch.6).

이와 유사하게 한국과 대만은 수출주도의 경제성장을 추진하면서 동시에 수입대체산업 정책에 착수하였다. 그러나 라틴아메리카 국가들과는 달리 이들 두 국가는 선택성 산업정책을 수립하기 위해 관세와 효과적인 환율정책을 이용하기보다는 정량적인 통제수단을 이용하였다. 따라서 선별적으로 수입대체산업을 추진하면서도 수출에 대한 인센티브 유지가 가능하였다. 실제로 정량적 수입통제는 수출업자들에게 국내 시장에서 보호받을 수 있게 함으로써 수출중심 정책이 수출기업에게 이득이 되도록 한 메커니즘의 하나였다. 한국이 수출중심 성장을 한창 추진하고 있던 시기(1967~1973)에는 약 1만 5천 개의 상품이 수입금지 품목으로 지정되어 있었다. 대만의 경우 수입에 대한 정량적 통제는 상품의 종류뿐 아니라 원산지별로 구체화되었으며, 다른 개발도상국의 노동집약적인 제품은 외국 경쟁국들로부터 국내의 신생 소비재 제조업을 보호하기 위해 수입이 금지되었다. 제2차 수입대체 단계에서 중화학 공업으로 진입한 상기 2개국과 라틴아메리카 국가들의 동일한 수입대체 국면을 살펴보면, 동아시아의 중화학 산업은 시작 초기부터 그들이 생산한 많은 양의 상품을 수출하기로 예정되어 있었다는 점에서 이들 두 경우에는 중요한 차이점이 있다. 중화학 산업이 시작된 지 약 7년 후 보호정책이 철회됨에 따라 그들은 수출 경쟁력을 갖추어야만 했다.

무역과 결제제도의 경우 환율안정 시기는 금본위제도는 물론 황금시기인 브레턴우즈의 고정환율체제 아래서도 세계의 높은 경제성장과 항상 관련이 있었다. 이와는 달리 1914년에서 1950년까지의 대부분과 1973년 이후의 변동 환율 시기에는 평균적으로 높은 경제성장률과 관련이 있었던 반면, 보호주의 체제는 낮은 성장과 관련이 있었다.

넷째, 정부는 기술적 역동성technological dynamism과 산업정책 장려 그리고 공업 및 농업의 생산성 향상에 중요한 역할을 한다. 역사적으로 정부는 기술을 수입하고 다양한 산업을 재정적으로 지원하고 장려했으며 자국의 기업가들이 비교 우위의 사다리를 오를 수 있도록 유도하였다. 기술적 역동성은 산업혁명의 본질이었다. 새로이 축적했거나 이미 존재하는 자원이용의 생산성과 부문별 기술변화와 자원재분배를 통한 생산성 비율 상승은 개발도상국의 장기 경제성장의 핵심 요소였다. 에이버리 덴니슨Avery Dennison, 로버트 솔로Robert Solow, 폴 크루그먼 같은 경제학자들은 모두 최근에 고전적, 내재적 성장이론에서 언급한 바와 같이 TFP 성장과 GNP성장률 사이에 긴밀한 관계가 있음을 발견했다.

아델만과 모리스의 연구(1967)에 따르면 개발도상국의 농업생산성 향상 노력은 1960년대의 모든 개발단계에서 중요한 요소였다. 산업기술의 향상은 일단 기술변화에 대한 주요한 사회적 장벽과 인프라의 병목현상이 제거되면서 중요해졌다. 주요 산물의 가공에서 더 일반적으로는 소비제품으로 진전하여 마침내 중간재와 기계 산업으로 발전한 산업화는 모든 개발도상국의 주요 개발방편이었다.

다섯째, 위의 네 가지 특징을 살펴본 결과 정부의 경제정책, 특히 제도, 무역, 산업정책, 농업, 투자와 거시경제 운영과 관련된 정책이 중요했음을 알 수 있다. 앞의 두 항목에서 논의한 이러한 요지는 현재 노벨경제학상 대상으로 신성시되고 있는 '합리적' 기대 학파rational expectations school, 그리고 1980년대의 '사악한 정부'와 '워싱턴 컨센서스'라는 경제성장 학파가 없었다면 충분히 주목을 받을 만한 것이었다.

여섯째, 경제정책의 목적이 중요하다. 1950~1973년 OECD 국가들은 경제성장에 중점을 두어 이를 달성하였다. 마찬가지로 1973년 이후에는 경제안정화에 초점을 두었고, 경제성장과 고용시장을 의도적으로 희생하면서 목적달성에 성공했다. 같은 맥락에서 19세기에 자국의 산업화에 이로운 경제정책을 수립할 수 있을 만큼 정치적 자율권을 식민지 종주국으로부터 확립할수 있었던 호주, 캐나다, 뉴질랜드와 같은 개발도상국들은 성장의 추진력을 수출확대에서 광범위한 경제개발로 전환할 수 있었다. 이와는 대조적으로 식민지 종주국에 정치·경제적으로 의존하였던 인도와 미얀마 같은 국가들의 경우는 국내 경제정책에 대한 통제권을 가지지 못해 이중적이고, 고립되고 산발적인 성장만을 달성하였다(Morris and Adelman, 1988: ch.6).

일곱째, 제도와 정책의 순응성은 장기적인 경제개발을 지속하는 핵심사항이다. 아델만과 모리스의 역사적인 연구(1967)는 경제성장을 시작하는 데 좋은 정책과 제도가 대체로 성장의 지속에 적합하지 않다고 지적하고 있다. 예컨대 토지가 풍부한 비유럽 국가들의 경우 외국인이 지배하는 정치제도는 최초로 강력하게 수출 확대를 시작하는 시장중심 제도로 변화하는 데 튼튼한 원동력이 되었다. 그러나 수출과 성장에 훌륭했던 제도는 체계적인 농업개선은 물론 지속적인 생활수준 향상도 가져오지 못했다. 하지만 궁극적인 성공을 거두기 위해 국내 경제 제도는 광범위한 성장의 공유가 뒤따르고 국내 제조업 시장이 출현할 수 있도록 변화하여야 한다. 여기에는 정치적 변화도 동시에 필요하다. 초기에는 정치 안정성 확립과 시장개발을 촉진하는 법률제정에 대한 정치적 지지만으로도 급속한 초기 수출확대를 신속하게 추진하기에 충분했다. 그러나 정치제도가 성장하고 있는 국내 상업 및 산업 계층의 경제적 필요를 지원할 수 있게 변화하지 않는다면, 수출에서 초기동력을 장기적인 경제개발로 전환하기가 어려워질 것이다.

이와 유사한 경우로 유럽 국가로 되돌아 가 당초에 각국 정부와 국제적인 자원의 흐름은 경제성장에서 결여된 제도적 요건을 대신할 수 있었다. 처음에는 국내 제조상품에 대한 정부의 수요가 불충분한 내수시장을 훌륭하게 대신할 수 있었으며, 정부재정과 해외자본 유입이 불충분한 국내저축과 금융제도를 대신할 수 있었다. 또한 숙련 노동자와 기술도입은 부적격한 국내인적자원을 대체할 수 있었다. 그러나 일정한 시점을 지나면서 이러한 대체가 부적절하게 되었다. 개발을 유발하기 위해서는 경제제도가 자본, 기술 및 광범위한 국내시장을 제공할 수 있을 정도로 변화해야 한다.

더 구체적으로 말해 모리스와 아델만의 연구(1988: ch.5)에서 지적한 대로 국가의 경제개발에서 농업이 수행하는 중요한 기능은 개발이 진행됨에 따라 변화한다. 개발초기에 농업은 산업화에 필요한 자본을 제공하는 루이스 기능을 수행할 수 있어야 한다. 이 단계에서 농업제도는 농업 잉여분의 초기 동원과 그것을 산업부문으로 이전하는데 근본적으로 적합해야 한다. 예컨대 계약직 노동자들을 고용하여 경영하는 대규모 농장이 이 단계에선 가장 적합하였다. 그 이후의 농업은 성장하는 도시지역과 도시 제조업 시장에 필요한 식량을 공급할 수 있어야 한다. 이 후기 단계에서 농업의 제도적 구조, 거래조건에 관한 정책과 농업 인프라 투자가 식량농업의 생산성 개선을 위해 인센티브를 제공해야 하며, 농업 잉여분은 충분히 분배되어 대폭적인 농가소득 증가와 국내생산 제품에 대한 광범위한 수요를 창출할 수 있어야 한다. 이 단계에선 판매 가능한 잉여농산물을 공급하기에 충분한 생산성과 규모를 갖춘 토지 소유주의 직영 농장이 가장 적절했다.

모리스와 아델만의 연구(1988: ch.4; ch.8)에 따르면 국내 생산과 수출의 구성에서 계속 구조적 변화가 일어나게 하기 위해서는 국제무역에서도 개발정책의 변화가 필요하다. 이는 번갈아 가며 무역 체제의 역동적인 적응을 요구하는 것이다. 이를테면 수입 대체산업과 같은 산업을 시작하는 데 필요한 통상정책은 산업화를 지속시키는 데는 적합하지 않다. 수출중심 성장으로 전환하기 위해 생산효율의 범위를 개선하고 추진력을 제공해야 하는 시기에는 더욱 그러하다. 한국과 대만 모두 무역과 산업정책과 관련된 정부정책의 주요 골자가 급속하게 변화하였고, 때때로 어떤 특정한 정책 체제에서는 4년 정도의 짧은 시간이 소요되기도 하였다(Adelman, 1999).

경제제도와 주요 정책 취지뿐 아니라 정부가 수행하는 주요 기능 또한 개발의 진행과정에 따라 변화하여야 한다. 초기에 정부의 주요 역할은 사회개발과 경제적, 정치적 제도수립 그리고 인프라 건설이다. 유럽 후발 국가들의 정부는 산업혁명 초기 단계에 시장의 인센티브에 대한 대응책을 강화하기 위해 필요한 제도적 변화를 받아들였다. 이들 국가들은 이탈리아와 독일의 경우처럼 국가와 시장을 통합하였고, 러시아 농노해방의 경우처럼 무역과 생산요소 이동을 저해하는 법적 장벽들을 제거하였다. 또한 독일의 경우처럼 신용제도를 수립하고 공동합작 기업을 장려하였으며, 이탈리아와 스페인의 경우처럼 거래를 촉진하였다.

다음으로는 개발을 위한 제도적, 물리적 틀이 일단 짜이면 정부의 주요 기능은 농업의 생산성 향상과 더불어 산업화를 촉진하게 된다. 19세기와 20세기 양 세기 동안 정부는 역동적으로 변화하는 비교우위를 촉진하는 데 열성적이었다. 이는 산업화 다음 단계에 도달하기 위해 필요한 것이었다. 비교우위의 사다리를 오르는 데는 국제무역과 통상정책의 변화 그리고 정부 재정투입, 정부투자 및 정부 인센티브의 변화가 필요했다. 산업화의 각 국면에서 초기에는 핵심부문에 유치산업 보호조치infant-industry protection를 취할 필요가 있으나 이러한 유치산업 보호조치는 수출 경쟁력을 가진 산업구조를 만들어내기 위해 단계적으로 '반드시 철회되어야 하며' 수출 압력과 인센티브로 대체되어야 한다.

마지막으로 일단 자본주의 제도가 완전히 자리를 잡고, 기업가들이 투자 자세와 기술을 익히고, 가계 부문이 적절한 저축을 하고, 숙련된 노동력이 공급되는 경우에는 정부의 경제정책 규모가 축소되어야 한다. 그러나 앞서 지적하였듯이, 심지어 지금까지도 대부분의 신흥 산업 국가들은 이 단계에 도달하지 못하였다. 결론적으로 유럽과 동아시아의 개발 역사에서 볼 때 신자유주의적인 '워싱턴 컨센서스'가 1950년대, 1960년대, 1970년대 초기에 동아시아의 기적을 이룬 국가들에게 적용되었더라면 동아시아의 기적은 결코 존재하지 않았을 것이라는 점을 밝혀둔다.

■ 네 가지 추론

경제개발이 진행됨에 따라 정부 개발정책의 중요성, 정부의 정책선정 목표의 중요성 그리고 정책 환경을 변화시킬 필요성은 중요한 네 가지 추론에 이르게 된다.

첫 번째 추론은 경제성장의 장기적인 성공을 위해서는 상당한 수준의 자율권, 역량, 신뢰성을 갖춘 정부가 필요하다는 것이다. 이것은 훌륭한 경제정책을 채택하고 유지하기 위해서는 강력하고 권위적인 정부가 필요하다는 의미일까? 1950년대와 1960년대 황금기의 유럽 경제성장은 그렇지 않다는 점을 시사한다. 그러나 산업혁명 기간에 궁극적으로 성공을 거둔 유럽 후발국들의 경험을 살펴보면 강력한 지도자가 나와 제도변화를 이끌고 공격적인 산업 정책을 추진하였다. 이러한 사실은 경제발전을 시작하는 데는 강력한 정부가 필요하다는 사실을 암시하는 것이다. 아마 가장 중요한 사실로서 라틴아메리카 국가들의 관료적 독재주의에 관한 논문들에서 강조하고 있는 바와 같이 사회에 이미 기반을 굳히고 있는 경제 엘리트들이 가하는 압력에서 벗어날 수 있을 정도의 자율권을 갖춘 국가는 정책전환(예컨대 수입 대체에서 수출 중심의 경제성장) 또는 토지개혁과 같은 경제제도의 근본적 변화를 유발하기 위해 권위적인 정부가 필요한 것이다.

앞서 강조한 바와 같이 이러한 정책전환은 경제개발의 장기적인 성공에 필수적이다. 또한 정부의 비호를 받고 있는 수입대체산업의 업주들과 노동자 같은 일부 경제 기득권자들에겐 불가피하게 손상을 가하는 반면, 미래의 수출기업들과 종업원들과 같은 다른 집단에게는 잠재적인 이익을 약속하지만 이는 고통스런 구조조정을 통해 수출 경쟁력을 갖춘 이후에나 가능할 것이다. 대규모 정책변화에 대한 대중의 지지는 그러므로 새로운 정책이 효과를 거두기까지의 오랜 시간 동안에는 가능하지 않을 것이다. 라틴아메리카 국가들의 반복적인 무역자유화 노력의 실패와 최근 중부 유럽 일부 체제개혁 국가에서 공산당원이 국가 지도자로 선출되는 것은 이러한 점을 반영한다.

개발에 필요한 다양한 과제를 달성하기 위해 정부는 그들이 펴는 정책에서 경제적인 고려 사항들을 부각시켜야 한다. 또한 공공사업을 위한 소양과 전문성 제고, 행정업무의 효과성 향상을 통해 자체의 역량을 키워야 하며, 관료집단의 부패지수를 줄여야 한다. 특히 정부의 경제정책에 대한 전통적 지주 엘리트의 정치적 영향력을 감소시켜 개발의지를 결집하여야 한다.

정부가 실질적인 자주권, 역량, 신뢰를 갖는 것은 장기 경제성장의 성공에 필수적이다. 그러나 이러한 자주권은 대중의 참여와 민권을 억압해서는 얻을 수 없다. 정부가 국민을 위해 열성을 다한다는 인식을 받는 것을 전제로 그에 필요한 자주권은 애국독립투사나 전쟁영웅이 열광적인 국민지지로 정부를 이끄는 경우, 경제와 정치 리더십의 성공을 통해 정부가 일반적인 신뢰를 얻는 경우, 국민이 유교와 같은 지도자의 위계적 역할에 가치를 두는 경우, 또는 외부의 위협에서 국가를 구해낸 정부의 경우에 얻을 수 있다.

장기적인 경제개발에 대한 정부정책과 정책목표의 중요성에서 비롯된 두 번째 추론은 정부의 특성과 그것이 시민사회와 갖는 관계가 중요하다는 점을 강조한다. 역사적으로는 물론 최근에도 정부에 의해 대변되는 권력구조는 정책결정을 좌우한다. 한편으로는 '레이거노믹스'와 '대처로믹스'가 다른 한편으로는 '클린토노믹스'와 '블레어노믹스'가 서로 정책적인 대조를 보이는 것과 같이 정치사와 경제사는 밀접하게 연관되어 있다.

독일과 일본 같이 토지를 기반으로 하여 국가를 현대화하고 있었던 19세기 후반에 정치지도자들은 교육과 농업 확대 및 가족 소유 농장에 유리한 신용 정책에 투자하였다. 이러한 조치들은 농업기술 개선과 국내 산업시장의 개발을 가능케 하였다. 이와는 대조적으로 이탈리아와 러시아의 경우처럼 정치권력을 갖고 있던 대규모 부동산 소유주들이 현상유지를 고수하고 농업과 교육을 위해 거의 아무런 조치를 취하지 않은 탓에 성장은 이중적이었고 빈곤과 문맹이 사회에 만연하였다. 전면적인 경제개발에서 정부의 정치적 성격이 가지는 중요성은 개발 진행과정의 현저한 차이를 통해 확인되었다. 이는 19세기 유럽인들이 개척한 풍부한 토지를 가진 해외식민지들에서 자명하게 나타났다.

호주와 뉴질랜드에서는 전통적으로 지주 엘리트들이 정부정책에 휘둘러오던 영향력이 마침내 약화되어 영세농민에게 유리한 토지 양도법이 통과되었으며 궁극적으로 성장이 보편화되었다. 이와는 대조적으로 아르헨티나와 브라질에서는 전통적인 지주 엘리트들의 영향력이 역사 전반에서 굳건하게 유지되어 성장의 이득분배가 제한적이었다. 따라서 19세기의 경제사는 정치제도가 경제발전의 분배 성공에 중요하다는 점을 강력하게 뒷받침하고 있다.

정부의 정치적 성격의 중요성은 전후 개발도상국에서도 확인되고 있다. 아델만과 모리스의 연구(1967)에 따르면 지도부의 경제개발 의지leadership commitment는 높은 수준의 사회-제도적 발전을 이미 이룩한 국가군에서 더 큰 경제적 성공을 거둔 국가들과 적은 경제적 성공을 거둔 국가들을 구별케 해 주는 주요한 제도적 요소다. 지도부의 개발의지는 그 의지가 대체적인 수준이었던 대부분의 라틴아메리카 국가들과 그 의지가 높았던 동아시아 국가들에서 대조적인 모습을 보여주고 있다.

세 번째 추론은 정부의 정책과 정책목표의 중요성에서 비롯되는 것으로 자기들의 이익만을 도모하거나 단순히 잘못 판단한 경제정책 또는 제도를 채택하는 강력한 정부는 경제재앙을 불러일으킬 수 있다. 1970년대 중반 이후 대부분의 아프리카 국가의 산업과 구소련의 비방위산업 부문에서 나타난 미진한 성장이 이러한 점을 잘 보여주고 있다. 경제개발에 적극적이지 않은 정부가 좋지 않은 정책을 추진하는 강력한 정부보다 오히려 더 바람직했을 것이다.

그러나 이러한 것들이 유일한 대안은 아니다. 일본, 4마리의 작은 호랑이, 7마리의 기러기 대형(일본이라는 기러기가 선두에 서고 한국, 대만, 싱가포르, 홍콩은 가운데에, 태국, 인도네시아, 필리핀은 뒤에서 따라간다는 아시아 발전 이론—옮긴이), 그리고 1980년 이후의 중국의 경제발전 사례는 개발의지를 가진 정부와 훌륭한 경제정책의 결합이 가장 강력한 무기라는 점을 시사한다. 그들의 경험은 경제에 해박한 성장주의 관료 제도를 갖추고 기술주의의 영향을 받은 개발 국가는 장기적 경제 발전 성공의 핵심이라는 점을 뒷받침한다.

마지막으로 네 번째 추론은 정부가 자국의 개발과정에서 수행해야 하는 역할이 중대하고도 역동적으로 변화하는 데서 비롯되는 것으로, 이들 국가는 국내의 정치적 제약뿐 아니라 경제개발에 대한 국제적인 제약으로부터도 충분한 자율권을 확보하고 있어야 한다는 것이다.

제2차 세계대전 이후 지구적인 경제체제는 정부가 자국의 복지와 개발목표를 추구할 수 있도록 허용하면서 경제적 독립성을 증가시킬 수 있게 계획되었다. 전후 지구적인 경제체제의 설계자인 케인스경은 완전고용을 추구하기 위해서는 반주기적인 국내정책을 포용하고, 급여정책을 확립하며, 정부의 특정한 사회적 목표와 조화되는 빈곤 퇴치 정책을 보증하고, 경제성장률의 증가시기를 앞당기길 원하는 정부를 허용하는 지구적인 시스템이 마련되어야 하는 것으로 알고 있었다. 그는 또한 이러한 목표들을 추구하기 위해서는 세계경제의 안정이 필요하며, 세계무역의 규모 확대를 통해 이를 촉진할 수 있을 것으로 믿었다. 그가 고안한 조정 가능한 고정환율제 중 하나인 브레턴우즈 체제는 자국의 환율이 체계적으로 과소 혹은 과대평가되어 있는 경우 최후의 보루가 되는 대부자와 국제 중재자 역할을 수행하였다. 이 체제는 무역자유화를 강조하였으나 장단기적 국제 자본 흐름에 영향을 끼치는 장벽들을 공공연하게 장려하였다. 따라서 각국 정부는 성장에 적합한 거시 경제적 틀을 수립하는 데 자율성을 가질 수 있었다. 그들은 자국의 특정한 사회전통과 현 경제목표에 부합하는 환율, 재정, 무역적자, 국내 실업, 물가상승, 이자율, 급여 및 복지 정책의 특별한 결합을 선택할 수 있었다.

1947~1973년에(그리고 역사상 최초로) 글로벌 체제가 선진국은 물론 새로 독립한 저개발 국가에까지 필요한 수준의 경제적 자율권을 확대하였다. 글로벌 체제는 양자간 및 다자간 원조를 통해 불충분한 국내저축과 외화획득을 신장시킬 수 있는 국내 및 국제적 제도를 고안하고, 자유무역의 의무를 한동안 면제시켜줌으로써 과거 선진공업국들에게 허용한 것보다 훨씬 폭넓은 자율권을 저개발국들에게 안겨주었다. 그 결과 경제개발 황금기가 도래했다. 그 황금기는 선진국의 전면적 고용성장과 발전이 결합하고 정치적, 사회적, 경제적으로 더욱 전진한 개발도상국의 경제성장 및 구조적 변화로 구성되어 있었다. 그 결과 선진공업국가들의 클럽에 진입할 준비가 된 약 25개

의 준선진공업국들이 등장하였다.

이 같이 관대하고 자비로운 글로벌 경제체제는 1973년 제1차 석유파동으로 갑자기 붕괴되었다. 물론 이 체제붕괴의 씨앗은 그 이전에 뿌려진 것이다. 1960년대 말로 들어가면서 세계 무역체제의 유동성 수요가 달러 기반의 브레턴우즈 체제하에서는 더 이상 충족될 수 없게 되었다. 국제 준비통화(달러)의 공급은 증가하는 국제통상 수요를 감당할 수 없었다. 또한 선진공업국들의 생산성 증가세도 둔화되었으며, 국내 급여 지급수준이 생산성 증가율을 앞지르기 시작하였다. 물가상승 압력이 증가하고 있었으며, 일련의 석유 및 곡물가격 쇼크가 외부적 원인에 의해 가해지고 있었다. 브레턴우즈 체제는 붕괴되어 점진적으로 자본시장과 상품무역을 개방하는 탄력적인 환율 제도로 대체되었고, 각국 정부는 기존에 가지고 있던 경제적 자율권을 상실하게 되었다.

거시경제정책은 이제 조정될 필요가 있었다. 선진국의 경우 조정 co-ordination은 그들 사이의 국제협상을 통해 이루어진다. G7 선진공업국들 간의 정기적, 주기적 협상을 통해 국내 거시경제정책의 전반적인 진행에 대한 합의가 도출된다. 이들 선진국들은 거시경제의 안정성(예컨대 인플레 대처와 국제수지 균형 확보)의 강조 또는 완전고용 성장 추구 여부에 관해 공동으로 결정을 내린다. 단독으로 이를 해결하려는 반항적인 국가는 세계금융 시장에 의해 혹독한 학습대가를 치러야만 한다. 새로운 글로벌 체제 아래서 개발도상국가나 비교적 개방적인 자본시장을 갖고 있는 국가 또는 국제기관으로부터 경제적인 지원을 요하는 국가는 국제적으로 확립된 이자율과 환율을 수동적으로 수용해야 한다. 이는 수출을 장려하기 위해 명목적 의미에서든 국내 인플레이션 변경을 통해서든 전략적으로 자국통화를 평가절하할 수 없고, 국내투자에 보조금을 지급하거나 융자혜택을 주기 위해 적정수준 이상으로 정부예산의 균형을 깨뜨리거나 통화정책을 완화할 수 없다는 의미다. 그렇지 않은 경우 대규모 불균형을 야기하는 단기 자본 유출 및 유입을 경험하게 될 것이며, 이는 빠른 시일 내에 금융위기로 변질될 수 있고 실물

경제의 주기적인 진동으로 크게 확대될 수 있다. 1980년대의 라틴아메리카, 그리고 1990년대의 동아시아와 러시아는 이러한 주장의 타당성을 가장 잘 보여주었다.

그러므로 브레턴우즈 체제 이후의 지구적 결제체제에서는 개발도상국과 선진국 정부 모두 독자적인 경제정책 추진이 배제된다. 이들 국가들은 자국의 경상계정 수지와 균형을 이루지 않는 환율(예컨대, 국제적 경쟁력과의 일치에서 벗어나는 환율)은 설정할 수 없으며, 국가 위험 프리미엄을 위해 조정된 세계시장의 이자율 범위를 벗어나는 이자율을 책정할 수 없다. 금융시장의 세계화로 인해 정부는 독자적인 이자율과 환율 정책을 시행할 수 없게 된 것이다. 이자율에 대해서는 1990년대 한국의 사례처럼 국내저축의 가용성을 높이고 이를 금융체제로 연결시켜 물가상승을 해결하려는 목적에서 국내 이자율을 세계시장의 그것보다 훨씬 높은 수준으로 책정하는 경우 해외 민간부채 발생이라는 결과를 얻게 된다. 일본과 더 최근의 캐나다의 경우처럼 국내 이자율이 세계시장의 이자율보다 훨씬 낮은 수준으로 책정되면, 해외 채권과 증권에 대한 금융자산 투자 및 해외 실물투자와 같은 국내저축의 유출을 가져와 국내 경제성장률이 더 낮아지게 된다.

이와 비슷한 맥락으로 변동환율 체제 아래서의 단기 자본 시장의 세계화 또한 독자적인 환율 정책과 양립할 수 없다. 환율을 고정시키고자 하는 정책의 경우 특히 그러하다. 과대평가된 통화를 유지하려는 시도(1990년대 초반의 멕시코, 터키, 1990년대 후반의 한국)는 평가절하를 막기 위해 외국통화를 매도할 수 있도록 외환 보유고를 이용할 필요가 있다. 궁극적으로 외환 보유고가 고갈될 것이며 통화는 어쨌든 간에 빈번히 균형비율 아래로 평가 절하될 것이다. 저평가된 통화를 유지하려는 시도는(1990년대 일본의 사례와 같이) 통화유출에 대한 제약이 없는 경우 국내 투자와 성장에 부정적인 영향을 미치는 국내 통화유출을 초래하게 될 것이다. 그러므로 금융의 세계화는 정부가 국내 경제의 운영에 활용할 수 있는 정책적 지렛대에 근본적으로 심각한 제약을 가함으로써 국가에 위기를 발생시킬 우려가 있다. 따라서 새로운 국제 환경은 미래의 정부 역할과 원조의 미래 잠재성에 대해 중요한 함의를 갖고 있다.

경제개발에 정부역할이 중요하다는 견해에 따르면 현 지구적 금융제도에 의해 부과된 자율권의 손실은 실로 무서운 것이다. 위에서 분명하게 분석했듯이 성공하는 장기 경제개발과정에는 제도의 변화, 기술발전, 경제생산 측면의 구조변화 그리고 정부와 그 정책이 핵심적인 역할을 하는 국제무역 및 국내의 축적 패턴 사이에 체계적으로 변화하는 역동적인 상호 관계가 수반된다. 그러므로 경제개발이 장기적인 성공을 거두기 위해서는 상호 일관성을 지닐 수 있도록 모든 과정을 역동적으로 바꾸고 국내적인 변화의 주요 취지에 부합하면서 국제적 체계에 대응할 수 있도록 내재화되어야 한다. 정부가 근본적 역할 수행에 성공하려면 경제개발의 필요조건, 국내여건 및 국제환경의 변화에 따라 정책체계를 전환할 수 있는 충분한 자율권을 가져야 한다.

■ 결론

선진국이 되기를 바라는 개발도상국은 정책 자율권policy autonomy을 포기할 수 없다. 이 장에서 우리는 정부주도의 경제성장이 산업혁명시대는 물론 20세기에 들어와서도 개발을 시작하는 데 필수적이라는 사실을 배웠다. 더욱이 정부와 시민사회의 관계 특성이 개발과정을 통해 역동적으로 변화해야 한다. 그러나 현재의 글로벌 금융구조는 개발목표를 달성하려는 정부의 경제적 자율권에 심각한 제약을 가하고 있음을 또한 알 수 있었다. 그렇다면 브레턴우즈 체제 붕괴 이후 개발도상국 정부는 어떠한 일들을 하고 있는가? 그들은 세 가지 차원의 대안을 가지고 있다.

첫째, 개발도상국 정부는 그들이 보유하고 있는 수단에 주력할 수 있다. 특히 더 중립적인 간접적 구조변화 촉진수단에 대한 통제력을 상실한 그들은 경제개발을 달성할 수 있는 직접적이고 표적화한, 그리고 표적화하지 않은 수단들에 점점 더 의존할 수 있게 되었다. 더 구체적으로 말해 이들 국가들은 인프라 투자, 저렴한 곡물가격, 낮은 급여, 반노동조합 정책을 통해 산업에 위장된 보조금을 지급할 수 있다.9) 또한 감세 또는 특정 산업, 지역, 기업에 대한 독점권 부여 형태로 특정목표를 겨냥해 보조금을 지급할 수 있다. 그들은 교육투자 형태로 기술도입 유인과 면세기간을 통해 일반화한 외부효과를 창출해냄으로써 지역 및 해외 직접투자를 장려할 수 있으며 수출 임가공지역과 산업단지용으로 물질적, 그리고 적법한 인프라를 건설할 수 있다. 개발도상국 중에서도 개발 정도가 더 낮은 국가들은 GATT/WTO 규정에 따라 유치산업 보호조치를 취할 수 있는 자격을 여전히 보유하고 있으며, 비교 우위의 사다리를 오르기 위해 선별적인 관세를 이용할 수 있다. 마지막으로 한국, 메이지유신시대의 일본과 공산주의 국가인 중국의 사례처럼 교육 제도, 미디어 및 국내 캠페인을 통해 노동자와 기업자, 관료, 가정이 조국의 근대화에 기여하도록 동기를 부여함으로써 경제개발에 대한 국가적 결의를 창출해낼 수 있었다.

그러나 개발도상국들이 일제히(그리고 대등하게) 이 같은 직접적인 수단을 이용하여 얻을 수 있는 근대화의 진행 속도는 브레턴우즈 체제의 시기보다는 훨씬 더딜 것이다. 균형 잡힌 예산, 비교적 제한적인 통화 및 회계제도에 한정될 것이며, 목표한 노력의 일부는 경제적으로 부적절하며, 조급하고, 시기와 규모 설정이 잘못될 수 있으므로, 높은 비용을 지불해야 할 입장에 처할 수 있다. 1960년대와 1970년대의 개발기구들과 유사한, 산업정책 조정을 위한 국가기관 또한 필요하게 될 것이다. 이처럼 국가가 통제하는 자본주의적 접근방안은 따라서 국내의 정치-관료적 환경이 근대화에 적합하지 않고, 성실하지 않으며, 헌신적이지 않은 경우, 성공을 거둘 수 있는 기회가 그다지 많지 않을 것이다. 또한 경제성장에 도움이 되는 국제환경 역시 필요할 것이다.

---

9) 공공연한 직접적 보조금 지급은 GATT/WTO 협정에서는 불법이다.

"당신이 할 수 있는 것을 행하라"식의 접근방안은 가장 국가 통제적이고 개입적인 것으로 경제적, 정치적으로 준비되지 않은 국가와 경제에 부과되는 지나치게 자유로운 국제환경으로 인해 유발된 모순적인 생각이다.

둘째, 개발도상국들은 국제사회에 현재의 글로벌 금융제도에 개혁이 필요하다는 사실을 주지시키는 작업을 할 수 있다. 이 같은 그들의 노력은 OECD 국가들의 개발지향적인 국가적, 국제적 원조확정 로비과정에서 더욱 증폭될 수 있다. 국제적 원조확정은 세계적인 단기자본시장의 금융개혁을 옹호하는 개발도상국의 목소리를 더 키울 수 있을 것이다. 지난 15년여 동안 발생하였던 거의 70여 개의 금융위기에서 배웠듯이, 그리고 1974년에 토빈Tobin이 지적한 것처럼 국제 외환시장은 순간적으로 엄청난 양의 현금 거래가 가능할 정도로 과도하게 유연해졌고 항상 어떤 통화에 의해서 충격을 받을 수 있을 만큼 그 규모가 지나치게 커졌다.10) 그들은 지나치게 낙관적인 위험평가의 물결을 일으키며 과도한 수준의 차관을 제공하다가, 어떤 때는 지나치게 비관적인 위험평가로 새로운 차관의 중단뿐 아니라 대규모 외환 회수사태를 일으키는 등 도를 넘는 성향 또한 지니고 있다. 이들 국가는 이처럼 경기순환에 지나치게 영합하여 국내 및 국제적인 불황과 번영 모두를 증폭시키는 특성을 갖고 있다. 금융위기는 본질적으로 자본의 흐름에서 일어나는 거대한 진동에서 온다. 이 위기는 국내의 제도적 불완전성과 정책적 오류뿐 아니라 브레턴우즈 체제 붕괴 이후 경제적 독립성을 추구하는 정부의 자멸적인 정책노력에 대한 징벌이다. 국가의 규모 그리고 국내 금융제도의 투명성 및 책임성의 발전수준과 무관하게 어떤 국가도 통화의 공격으로부터 자유로울 수 없다. 실제로 20세기 말까지 발생한 70여 회 금

---

10) 국제결제은행BIS 통계에 따르면 1993~1995년의 외환 거래액은 하루 평균 13조 달러였으며, 1997년 까지 1일 외환거래 규모가 약 2조 달러 수준으로 증가하였다. 그뿐 아니라 이러한 거래의 40%가 이틀 만에(80%는 일주일 내에) 역전되었으며 따라서 투기성격이 짙었다고 할 수 있다. 1997년 1일 외환 거래 중 투기성 규모의 비율은 8천 억 달러였다.

융위기의 3분의 1은 선진국에서 발생한 것이었다.

그래서 개발도상국과 선진국 사이에는 단기 국제금융 시장이 개혁을 통해 유동성을 줄이고 대규모 투기성 단기 외환거래를 제한하는 것이 바람직하다는 공동의 합의가 형성되어 있다. 파괴적으로 들릴 수 있겠지만, 규제와 인센티브 제거 또는 기타 단기 자본 이동의 장애조성 등의 혼합이 경제성장과 경제개발에 우호적이고 강력한 지구적 환경을 조성하는 데 도움이 될지도 모르겠다.

셋째, 개발도상국은 경제적 독립성과 안정성 수호를 위해 국제 자본시장으로부터의 연계를 일방적으로 단절할 수 있다. 말레이시아와 러시아의 경우와 같이 자본계정에 관한 화폐 태환성을 완전히 제거할 수도 있다. 인도와 중국의 사례처럼 대안으로 자본계정의 태환을 자국의 경제 및 금융 제도가 충분히 성숙할 때까지 지연시킬 수도 있다. 아니면 칠레와 같이 일방적으로 차별적인 세제와 단기자본 유입에 대한 보다 높은 유보 요구조건들의 적용 및 외환차입에 대한 외환통제 등을 도입할 수 있다. 이러한 조치들은 단기 외환차입과 환율투기 비용을 증가시켜 국가의 자주성 수준을 더 크게 높일 것이다.

이러한 접근방안 중 어느 것도 상호 배타적이지 않다. 나의 견해로는 두 번째의 '금융제도 개혁' 방안이 가장 바람직하나 실행 시기 또한 가장 오래 걸릴 것이다. 반면에 개발을 원하는 개발도상국은 첫 번째 방안과 세 번째 방안을 혼합해 이용할 필요가 있을 것이다. 그러나 그들이 통화발행과 재정을 억제하지 않거나 첫 번째와 세 번째 방안 모두를 동시에 채택하지 않는다면 자국의 경제, 국민 및 국가에 파괴적인 결과를 초래하는 금융위기의 정기적 발생으로 계속 고통을 받게 될 것이다.

가까운 장래에 OECD 원조는 지구적 단기자본시장을 개혁하라는 개발도상국의 압력에 대해 그들의 의견을 수렴함으로써 그들의 경제개발에 최대한 기여할 수 있을 것이다. 단기금융시장 개혁이 이루어지지 않는 경우 원조 노력은 잇따른 금융위기로 완전히 수포로 돌아갈 것이다. 원조의 금융위기 방지 능력은 일단 위기가 시작되면 출혈을 막기 위해 반창고를 붙이는 효과와 같은 것이다. 원조확정으로 충당되는 연간 자본총액은 세계 외환시장에서 발생하는 '1일' 단기 투기성 거래규모의 8분의 1 수준밖에 되지 않는다.

제3장

역사적 관점에서 본 원조: 배경과 동향

페테르 예르톨름 · 하워드 화이트 [1)

■ 머리말

원조는 수십 억 달러에 이르는 자금을 매년 개발도상국으로 보내 많은 조직에서 많은 사람들을 고용하는 국제적인 사업이다.[2) 이 장에서는 원조가 19세기부터 제2차 세계대전 직후 설립된 기관들의 활동이 안정적으로 자리 잡는 시기를 거쳐(마셜 플랜의 성공적 실행을 포함하여), 1945년 이후 냉전과

---

1) 이 책의 필자들은 1998년 10월 9일~19일 코펜하겐 대학에서 열린 원조 도서 워크숍 참석자들, 폴 모슬리 씨 그리고 내부 교열담당자에게 이 장의 초고에 대해 유용한 조언을 해준 데 대해 감사한다. 예안-로우이스 크롤레아우 Jean-Louis Crolleau 씨와 OECD의 개발원조위원회 직원들에게 감사의 말씀을 전한다.

2) 정확히 얼마나 많은 인원이 원조사업에 직접 고용되어 있는지에 관한 수치는 존재하지 않는다. 세계에서 가장 큰 원조 기구 중 하나인 세계은행에는 수천 명이 소속되어 있고 기타 원조단체에서 고용한 40,000명 이상의 직원들이 아프리카에서 일하고 있는 것으로 추정된다.

독립 물결의 시기까지 여러 단계를 거치면서 어떻게 성장해 왔는지를 기술하고 있다. 이후 원조기구(1970년대에는 다자간 기구들이, 1980년에는 NGO들이 나타났다)와 원조의 종류(식량원조의 감소와 금융 프로그램 원조의 상승과 쇠퇴), 그리고 공여국의 이데올로기 관점(주로 파악된 정부의 역할)에 추가 변화가 일어났다. 이러한 변화들은 이 책의 여러 장에서 논의될 것이다. 제1장, 제2장과 함께 이 제3장은 원조의 역사와 더불어 원조의 특성과 시기별 변화 양상을 원조의 규모, 구성, 할당, 구속성, 금융지원조건의 측면에서 개관함으로써 분석 배경을 제시하고 있다.

■ 원조의 역사

이 장에서 우리는 수년간 많은 변화에도 불구하고 원조의 역사에 하나의 일관된 흐름이 있었다고 주장한다. 즉 원조 프로그램이 공여국의 정치적 · 상업적 이해라는 목적에 부합하는 방향으로 오용되었다는 점이다. 이는 원조가 개발을 위해 쓰이지 않았다거나 아무런 혜택을 가져오지 않았다고 말하는 것은 절대 아니다. 이 지적은 원조가 공여국의 근대주의자들의 이념적 태도에 의해 좌우된다는 얘기다. 이를테면 그들은 서방의 자유 민주주의라는 독특한 개념에 바탕을 둔 단 하나의 개발 모델이 존재한다고 믿는 경향이 있다. 이러한 점들을 설명하기 위해 우리는 원조의 역사를 연대기 순으로 살펴보고 주요한 문제점들을 찾아낼 것이다. 〈표 3-1〉은 도식으로 이를 보여주고 있다.

원조의 기원

원조의 기원은 적어도 19세기까지 거슬러 올라갈 수 있다.[3] 19세기 말 다른 시기에 미국의 원조 역사에서 발생한 두 사건은 긴급구호relief와

〈표 3-1〉 원조의 역사적 발전

	지배적 혹은 부상하는 기관	공여자의 이데올로기	공여의 초점	원조의 종류
1940 년대	마셜플랜, UN체제 (World Bank 포함)	계획입안	재건	마셜플랜은 대체로 프로그램성 원조였음
1950 년대	1956년부터 소련, 미국이 중요한 축으로 자리 잡음	반(反)공산주의, 국가가 주요 역할 수행	지역공동체 개발운동	식량원조 및 프로젝트성 원조
1960 년대	양자간 프로그램의 확립	1950년대, 국가는 생산 부문 지원	생산부문 (예: 녹색혁명지원), 그리고 인프라	양자간 공여기관이 기술지원 TA과 예산지원; 다자간 기구는 프로젝트지원
1970 년대	다자공여기관의 확대(특히 WB, IMF, 아랍의 재원지원을 받는 기구들)	생산부문에서 국가지원 지속, 기본적 욕구 충족지원	빈곤, 농경과 기본 욕구(사회부문)의 빈곤으로 인식됨.	식량원조의 쇠퇴, 수입 지원개시
1980 년대	1980년대 중반 이래로 NGO의 부상	시장원칙에 기반한 공여 조정(정부의 비중 축소)	거시경제개혁	금융 프로그램 원조, 부채 경감
1990 년대	동구권과 구소련 연방이 공여자에서 수원자로 변모; 상응하는 제도의 출현	20세기 말경에는 국가의 역할 복원	빈곤, 거버넌스 (환경과 양성평등)	20세기 말에는 부문sector 지원으로 이동

주석: 상기 내용들은 원조의 역사에서 나타난 주요 특성 혹은 주요한 변화들을 나타 내고 있다. 예외도 존재할 수 있음.

3) 이 장에선 원조 프로그램이 공여국의 정치적, 상업적 이익에 부합하는 방향으로 항상 이용되어왔다고 주장하고 있기 때문에 혹자는 '원조'의 근원을 중세나 고 대의 왕이나 통치자가 다른 사람들에게 하사하였던 선물에까지 더듬어 올라갈 수 있었을 것이다. 그러나 여기서 말하는 원조는 그와는 다른 개념으로 수원국 의 일반 대중에게 일반적인 혜택을 가져다주는 것이며 현재의 원조 인프라로 지속성이 유지될 수 있다.

지원assistance(1812 베네수엘라 국민의 구호를 위한 법1812 Act for the Relief of the Citizens of Venezuela에 의해 설명됨), 그리고 공여국의 상업적 또는 정치적 목적에 부응하려는 시도(1896년 초 미국은 의식적으로 자국의 잉여 식량생산을 해외시장 건설을 위해 사용하였다) 사이에 존재하는 원조 프로그램 내에서의 긴장관계를 단적으로 보여주는 사례라 할 수 있다.

동일한 갈등이 영국의 원조 초기역사에서도 분명히 드러난다. 1929년의 식민지 개발법Colonial Development Act은 인프라 조성을 위해 차관과 증여를 허용하였으나, 이는 명백히 영국 제조업에 필요한 원자재를 획득하는 데 그 목적이 있었다. 1940년의 식민지 개발 및 복지법Colonial Development and Welfare Act은 사회부문 활동에 관한 자금지원을 허용하는 프로그램을 확대하였다. 그럼에도 불구하고 전후 노동당 정부의 식량부 장관은 '어떠한 경우든 식민지 지역의 모든 1차 상품 개발은 해당 국가의 생존과 직결된 문제(Gupta, 1975: 320에서 인용)'라고 주장하였다. 한 노동당 의원은 영국이 미국의 영향에서 벗어나기 위해서는 각 식민지를 신속하게 개발할 필요가 있다고까지 하였다(ibid.: 321).[4]

제2차 세계대전 종전 이후 영국과 프랑스를 위시한 식민지배 세력들은 자국의 식민지에 지원을 계속했다. 이는 당시 국제 원조계획을 구성하는 세 가지 주요 특징 중 하나였다. 이러한 지원은 식민지기관이 탈 식민지기관이 된 이후에도 상당 기간 지속되었다. 일례로 '식민지개발청'은 1960년대 '영연방개발청'으로 그 명칭을 변경하였다. 아울러 원조 지원활동은 영국과 프랑스 당국의 경험에 근거하였다(지역 공동체 개발 운동 사례 참고).

제2차 세계대전 이후의 국제적인 활동이 오늘날의 원조기구 발전에 주요한 밑거름이 되었다. 실제로 일부단체들은 본래 전쟁결과에 대응코자 설립된 기관에서 발전한 것이었다. 구체적인 예를 들면 옥스팜Oxfam은

---

4) 하지만 굽타Gupta의 주장에 따르면 식민청과 의회의 노동당 의원들 중에는 이 러한 개발 드라이브를 저지하는 세력이 있었다(Gupta, 1975).

처음에 그리스의 난민들에게 식품을 조달하였으며, CARE는 원래 유럽의 미국인 구호센터Center for American Relief in Europe(후에 유럽에서 세계 전 지역으로 확대되었음)였고, 유엔 개발업무는 제2차 세계대전 중에(1943년)에 설립된 '유엔 구호재건기구UNRRA'에서 출발한 것이다. 또한 국제부흥개발 은행IBRD(현재 세계은행으로 통칭됨)은 전후재건을 위한 차관제공기관으로 시작하여 1950년에 개발도상국가(콜롬비아)에 최초로 차관을 제공하였다. 상기 기관들을 포함하여 마셜플랜의 성공은 국제사회의 관심을 개발도상국 문제로 돌리게 하는 원동력이 되었다.

전후 국제무대의 마지막 주요 특징은 최초의 독립물결이었다. 이로 인해 원조가 지속성을 갖게 되었다. 1955년에 열린 비동맹운동 1차 회의는 이러한 목소리에 귀를 기울이게 했고, 특히 유엔 무역개발회의UNCTAD를 비롯한 유엔의 다양한 기구들도 이와 뜻을 같이했다. 그러나 아래에 논의하는 바와 같이 원조 수원국들은 자신들의 존재가 원조의 존재 이유임에도 불구하고 공여국들의 원조정책에 영향을 미치려는 시도는 실패해 왔다.

빈곤에서 조정으로 또 다시 빈곤으로

1970년대에는 두 개의 모순되는 경향이 나타났다. 제1차 석유파동과 상품 가격 붕괴로 긴급지출원조Quick Disbursing Assistance(QDA)가 필요했으며 IMF가 이를 처음으로 이행하게 되었다. 다음에는 수입지원 원조import support aid가 등장하여 1980년에 세계은행의 구조조정 차관structural adjustment loans(프로그램 원조)이 시작되었다. 이러한 사실은 1970년대의 다자간 원조의 증가 현상을 설명할 수 있는 여러 이유 중 일부에 지나지 않는다. 그러나 같은 시기에 공여국들은 다시금 빈곤 문제에 더 많은 비중을 두겠다고 선언했다. 특히 맥나마라 총재 재임 시절의 세계은행이 두드러졌으며 양자간 원조 또한 같은 추세를 보였다. 영국은 1975년 「빈곤층에게 보다 많은 원조를」이라는 백서를 발간했고, 미국은 같은 해 '국제개발 및 식량원조법International Development and Food Assistance Act'을 제정함으로써 이러한 움직임에 동참하였다. 이 법안은 공법 480조에 근거한 원조의 75%는 1인당 소득이 300달러 이하인 국가에 전달해야 한다고 규정하고 있다.[5]

1970년대 후반에 빈곤문제가 크게 대두되었으나, 거의 같은 시기에 등장한 국제수지 문제와 1980년대 초반에 발생한 부채위기로 인해 이러한 갈등의 실마리가 원조 조정(부채 경감을 포함한 프로그램 원조)으로 풀리게 되었다. 따라서 조정차관의 증가는 '개발 위기Development Crisis'에 대한 해법이 아니었다. 비록 일부 아프리카 국가들이 침체에 빠지기 시작하였으나 일반적으로 그런 위기는 없었다. 오히려 그것은 개발도상국의 금융위기라는 부대적인 위기를 포함하는 국제수지와 채무문제에 대한 대처방안(비록 유일한 것은 아니지만)이었다. 따라서 이 경험은 어떻게 하면 원조 프로그램들이 다수 공여자의 필요와 이해에 시의 적절하게 대응할 수 있는가를 명확하게 보여주는 것이다.[6] 거시경제정책에 대한 초기의 초점 또한 세계은행과 IMF, 특히 전자에게 이전까지 누려보지 못했던 우위를 제공해 주었다(이러한 배경에서 '워싱턴 컨센서스'라는 표현이 생겨났다). 세계은행은 의심할 여지 없이 가장 중요한 개발기구로서 정책대화는 물론이고 최근에는 연구의제까지 주도하고 있다. 또한 서방의 경제위기와 정권교체로 인해 일부 공여국 – 역시 영국이 그 사례다 – 은 자신들의 상업적 목적을 위해 원조 프로그램을 이용하겠다는 의도를 더 공공연하게 드러냈다(자신들이 신봉하는 자유시장 원칙과

---

5) 공법480 식량원조는 농산물 무역 개발 및 지원법The Agricultural Trade Development and Assistance Act(농업, 무역과 개발원조법the Agricultural, Trade and Development Assistance Act과 혼동하지 말 것)을 일컫는 것으로 1954년에 통과되었으며 식량원조 프로그램의 시작이었다. 개발도상국의 필요에 대응한다는 선한 의도에서 시작한다고 공표하였으나, 동시에 그 이름과는 걸맞지 않게 미국의 농업생산 잉여분을 판매할 수 있는 새로운 시장개척이 본래의 목적이었다.

6) 1998년 동아시아 금융위기와 중앙아메리카의 자연 재해에 서구 국가들이 상이한 반응을 보인 것은 이러한 점을 잘 입증하고 있다.

이러한 입장 사이에 모순점이 있다는 사실을 인지하지 못한 것이 분명했다).

Unicef 보고서(Grant, 1990)인 '전 세계 아동 실태'와 역시 Unicef가 후원한 '인간의 얼굴을 한 조정'이라는 연구(Cornia et al., 1987)를 통해 빈곤종식에 관한 주장이 최초로 그리고 가장 효과적으로 제기되었다. 이 연구들은 조정 정책이 빈곤층을 고려하지 않았으므로 재입안과정을 거쳐야 한다고 주장했다.[7] 1980년대 후반까지 이러한 주장은 일부 영향력이 있었고 세계은행이 빈곤정책 마련에 착수했다(이 문제를 강조했던 Barber Conable 총재가 이를 지원했다). 1990년 '세계개발 보고서World Development Report(World Bank, 1990a)'의 '새로운 빈곤 의제New Poverty Agenda'로 정점을 이루었다. 이 보고서는 빈곤 문제가 원조공여기관의 의제로 재등장하게 된 출발점이 되었다 (그리고 많은 기관들이 그들의 전략을 세계은행의 그것에 맞춰 짰다). 따라서 이는 최초의 제안이 세계은행 외부에서 제기되었고 세계은행이 처음에 이를 거부했음에도 불구하고 어떻게 이 일을 '이어받게' 되었는지에 관한 사례를 제공한다.

탈냉전 시대와 원조 공여국 지배

냉전종식으로 원조에 큰 변화가 있을 것으로 예상했지만 실제로는 평소보다 더 작은(그리고 다른) 변화가 일어났다. 예컨대 바라마지 않던 평화의 결과로 원조예산이 증가하기는커녕 1990년대 전반기에 점차 감소하였다. 이때 주목할 만한 두 가지 변화가 발생했다. 첫째, 원조 공여국이었던 동구권과 구소련이 붕괴하여 원조 수원국으로 탈바꿈하였다. 둘째, 공여국들이 수원국의 거버넌스에 관심을 갖게 되었다. 비록 일괄 적용은 아니라도 냉전시기에 서방의 공여국들은 '우호적인 정권'(친서방 정권이면서 대다수 주민들은

---

7) '인간의 얼굴을 가진 구조조정'의 저자들은 구조조정이 필요함을 인정하였으나, 조정정책이 빈곤층에게 필연적으로 해를 끼쳤다는 주장은 하지 않았다.

그렇지 못한 경우)이면 기꺼이 지원을 아끼지 않았던 반면, 냉전종식 이후에는 공여국들이 수원국의 거버넌스에 근거하여 원조를 제공하거나 철회하고 있다. 과거에 전략적 중요성을 가졌던 국가들이 이제 더 이상 그 지위를 유지할 수 없게 됨에 따라 그들에 대한 원조 또한 줄어들게 되었다.

다른 한편으로 원조 프로그램은 놀랍게도 지속성을 유지해 왔다. 1990년대 초반에 원조 열정이 시들해지고 환경과 국제안보 같은 전 지구적인 현안에 대한 재원 지원으로 대체될 것이라는 논의들이 있었다. 실제로 그런 일은 일어나지 않았으며 그렇게 되리라고 가정할만한 확고한 이유도 없는 것 같다. 사하라 이남 아프리카 국가들과 남아시아 국가들 같은 세계 저소득 국가들은 이 책에서 언급한 원조효과성 문제가 계속 주요 쟁점(제4장 참고)이 되면서 앞으로 몇 년간은 원조를 받게 될 것이다. 이 책 제19장에서는 이러한 문제의 정치·경제적 측면들이 한층 더 심도 있게 다루어진다.

앞서 논했듯이 공여국들은 원조를 주도하려는 경향이 있었다. 이에 대한 사례는 많다. 1951년부터 유엔 유상원조 특별개발기금SUNFED을 마련하자는 캠페인이 있었으나 실현되지 않았다. 그 대신 공여국들은 세계은행 산하에 국제개발협회IDA를 설립하였다. 세계은행은 사실상 선진국들이 점유하고 있었으나 유엔은 1국가 1투표의 원칙을 적용하였다. OECD의 개발원조위원회DAC는 원조의 성과와 모니터링을 전담하는 원조조직으로, 개발도상국을 회원으로(심지어 옵서버로도) 받아들이지 않았다. 유엔 무역개발회의 UNCTAD는 DAC로부터 원조정책 조정권한을 인계받으려 수차례 시도했으나 결과가 좋지 않았다. 주요 국가 차원의 조정기구는 자문그룹(혹은 원탁회의)인데 여기서 공여국들이 보고서 및 최근의 관심사와 원조상황을 점검하여 수원국들에게 제시한다. 아프리카에서 원조조정 역할을 하는 기관인 '아프리카 지원 특별 프로그램SPA'에는 정작 아프리카를 대표하는 국가들이 포함돼 있지 않다. 이제 이렇게 해서는 안 된다. 마셜플랜은 공여국이 수원국들에 비해 특별한 지위를 갖지 않은 하나의 위원회(유럽경제협력기구OEEC: OECD의 전신)에 의해 실행되었다. 그랬는데도 불구하고 지금 공여국들은 개발도상국에서 시행하는 원조 프로그램의 지휘권을 양도하려 하지 않았다. 공여국들은 파트너십과 수원국의 주인의식이 필요하다는 논의를 점차 늘려가면서도 실제로는 수원국에게 제한된 역할 이상의 권한을 부여하길 꺼린다.

이러한 거리낌의 단면에는 자신들의 목적 실현을 위해 원조를 이용코자 하는 공여국들의 욕구가 존재하며, 다자간 기구를 이용해야 한다는 논의가 활발히 이루어지고 있음에도 양자간 원조가 지속적으로 이어지고 있는 현상도 이 때문이다. 그들의 목적이란 원조를 통해 수원국들에게 정치적, 상업적 영향력을 행사하여 자신들의 이해관계에 이용하겠다는 것이다. 그러므로 아래에 논하고 있듯이 공여국들은 개발이라는 명제만 염두에 두고 원조를 배분하는 것이 아니라는 점을 분명히 알 수 있다. 그러나 원조가 다른 목적으로 공여된다면 이는 1990년대 후반기에 일부 공여국들이 채택한 정책 일관성(혹은 지속성)이라는 개념에 반하는 것이다.

공여국들의 우월적 지위는 원조 프로그램의 근간이 되어왔던 근대주의적 개발 사고에 크게 영향을 끼치기도 하였다. 따라서 개발도상국이라면 반드시 열망해야 하는 이상적인 국가 개념 — 물론 시간이 흐르면서 변화하긴 하였으나, 근본적으로 서방 자유민주주의Western liberal democracy — 이 존재한다는 사실이 용인되어 왔다. 대안적인 개발모델을 탐색하는 국가에 대한 공여국의 지원은 거의 전무하였으며 심지어 장려조차 하지 않았다.

■ 원조의 전반적인 추세

원조 규모와 구성 요소

개발도상국에 대한 공적개발원조ODA의 전반적인 추세는 〈그림 3-1〉에서 살펴볼 수 있다.[8] 원조의 실질가치를 포함한 다양한 지표를 통해 볼 수 있는 두드러진 상승세는 1960년대 이후에 뚜렷해졌으며 1992년에 절정을 이룬다.

〈그림 3-1〉 DAC 소속 공여국의 순 ODA 지출액(1967~1997)

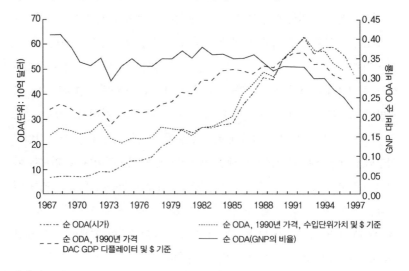

.... 순 ODA(시가)   순 ODA, 1990년 가격, 수입단위가치 및 $ 기준
_ _ _ 순 ODA, 1990년 가격   ——— 순 ODA(GNP의 비율)
        DAC GDP 디플레이터 및 $ 기준

출처: ABD(1999), German and Randel(1998: 6)

그러나 그 이후부터 원조규모가 감소세를 보인다. 1997년의 원조는 당시 시
장가격으로 479억 달러에 그쳤다. 이는 1992년(627억 달러)에 비하면 23.7%
가 감소한 것이다. 1997년의 실질적인 ODA 규모가 1984년의 그것보다 더
적었다.

---

8) 이 장에 제시한 데이터는 대부분이 Aid Book Database(ABD, 1999)에서 추출된 것이
   며 ABD는 예르톨름이 OECD/DAC의 자료에 근거하여 부록을 만들고 이를 모은 데
   이터 세트를 말한다. 코펜하겐대학 경제연구소의 개발경제 연구그룹DERG 웹사이트
   (www.econ.ku.dk/derg/pub.htm)와 예르톨름과 화이트의 보고서(2000)에서 ABD를
   이용할 수 있다. DAC는 ODA를 개발도상국에 제공하는 유상 및 무상 원조로 규정하
   고 있다. 구체적인 ODA의 범위는 (1) 공여국의 공공부문에 의해 이루어지고, (2) 수
   원국의 복지 향상과 경제개발 추진을 주요 목적으로 하며, (3) 양허자금 지원조건
   (유상원조의 경우, 증여비율이 적어도 25%를 충족시켜야 한다)이 부여된 범위를 포함
   한다. 이러한 금융 흐름 외에도 기술협력 또한 ODA에 포함된다. 주로 군사적 목적
   을 위한 무상원조, 유상원조, 신용제공은 양허성과는 상관없이 배제되었다.

앞서 기술했듯이 1990년대 원조규모의 역전은 냉전종식에 따른 것이었다. 선진국들은 에너지와 금융자산에 대한 새로운 이해관계와 문제점 및 책임 등으로 서로 경쟁했다. 공여국들은 또한 한 가지 추가요인이 자국 국가예산을 압박한다고 주장했다. OECD의 연구에 따르면(1997년 보고서) 가장 큰 규모의 재정적자가 발생한 DAC 회원국들(예컨대 스웨덴, 이탈리아, 핀란드)의 원조는 가장 빠른 속도로 감소한 반면, 재정적자규모가 가장 작았던 국가들(예컨대 노르웨이, 일본, 아일랜드)의 원조는 실제로 모두 증가하였다. 하지만 1997년까지 DAC 회원국들의 평균 예산 적자는 GDP의 4.3%였던 4년 전에 비해 1.3%로 줄어들었으나 원조규모는 계속 감소세를 보이고 있다(German and Randel, 1998).

앞서 거론한 이유들로 인해 다자간 원조의 비중은 1970년대의 23%에서 1990년대에는 거의 30%(〈표 3-2〉참고)까지 증가하였다.[9] 대표적인 다자간 공여기관의 사례로는 세계은행(개발도상국을 대상으로 한 재정개입과 정책자문 역할의 범위를 확대하였다)과 유엔의 여러 기구(특히 유엔개발계획UNDP)와 유럽공동체 위원회CEC를 들 수 있다. 이 외에도 무상원조의 비율이 증가하였다. 1991년부터 1996년까지 ODA의 75%가 무상원조 형태로 이루어졌는데, 이는 20여 년 전 고작 60% 남짓이었던 것과 대조적이다(〈표 3-3〉참고, 원조의 종류와 기타 원조 흐름에 대해 자세한 정보를 원하는 경우엔 ABD(1999) 참조).

자금흐름 가운데 ODA가 가지는 상대적 중요성은 시간이 지나면서 변화하였다. 1992년 이후 개발도상국으로의 ODA 흐름 감소는 민간자금private flows의 증가로 인해 상당 부분 보완되었다(ABD, 1999). 사실상 민간자금 유입의 급증은 개발도상국을 대상으로 한 자금흐름의 가장 중요한 출처가 되었음을 의미한다. 1987~1992년의 순지출 총액 평균은 60% 이상(그리고 1990년에는 70%로 절정을 이루었다)으로, ODA 비율은 꾸준히 감소하여

---

9) 사하라 이남 아프리카 지역의 다자간 원조 비율은 1994~1996년에 40% 이상으로 증가하였다(ABD 1999).

〈표 3-2〉 전체 공여국의 순 ODA 지출(종류별, 공여기관별 분류, 1973~1996) (단위: %)

	1973~1980년 평균 비율	1981~1990년 평균 비율	1993~1997년 평균 비율
ODA 종류			
무상 ODA	61.6	71.1	77.4
유상 ODA	38.4	28.9	22.6
합계	100.0	100.0	100.0
공여자 별 분류			
양자 ODA[a]	77.2	75.4	70.1
다자 ODA	22.8	24.6	29.9
o.w. IBRD, IDA	5.6	7.7	8.3
IMF(SAF, ESAF)	0.0	0.1	1.3
유엔 기구	7.5	8.6	9.6
CEC	3.4	4.4	7.2
기타	6.3	3.8	3.5
합계	100.0	100.0	100.0

출처: ABD(1999), 다자 ODA에 관한 자세한 데이터는 OECD(1998a)에서 직접 발췌.
주석: 추가로 제시된 데이터는 OECD의 DAC Online Database에서 발췌한 것이므로, 여기 제시된 데이터와 ABD(1999)에서 발췌한 데이터는 (다소) 다를 수 있음.
a) 아랍 공여국 포함.

1993~1997년의 3분의 1 내외였다(〈표 3-3〉참고). 이에 따라 순지출 중 민간 자금 흐름의 비율은 1987~1992년 평균 약 26%에서(1990년에는 12%에 그침) 1993~1997년에는 55% 이상으로 높아졌다.

그러나 지리적 요인과 소득수준을 고려한다면 사하라 이남 아프리카 지역의 사례(〈표 3-3〉)에서 보듯이 이전과는 뭔가 다른 그림이 나타난다. 개발도상국들이 으레 그러하듯 사하라 이남 아프리카 국가들의 순 ODA 흐름도 1992년에 절정을 이루다가 그 후 감소하였다. 그 시기 말에도 순지출액은 1987년 말보다 (미미하긴 했으나) 여전히 더 많았다. 그럼에도 민간 대부업자들과 투자자들이 사하라 이남 지역에 출자하기를 더 주저했기 때문에 ODA

〈표 3-3〉 전체 공공 및 민간 재원 흐름의 순지출액(종류별, 공여기관별 분류, 1987~1997)
(단위: %)

	1987~1992년 평균 비율	1993~1997년 평균 비율
개발 도상국		
공적 개발원조(ODA)	61.6	37.2
기타 공적 흐름(OOF)	6.6	4.5
민간 재원 흐름(Private Flows)	26.4	55.1
NGO의 무상 원조	5.4	3.2
합계	100.0	100.0

	1987~1992년 평균 비율	1993~1996년 평균 비율
사하라 이남 아프리카 국가		
공적 개발원조(ODA)	89.5	90.2
기타 공적 흐름(OOF)	11.7	2.4
민간 재원 흐름(Private Flows)	-1.2	7.5
NGO의 무상 원조	n.a.	n.a.
합계	100.0	100.0

출처: OECD(1999a).
비고: n.a., 집계 불가(not available).

흐름의 감소세는 민간자금 흐름의 증가로도 상쇄되지 않았다(ABD, 1999). 1987~1996년 기간 중 몇 년 동안의 민간자본 흐름은 사실상 부정적이었다. 그래서 사하라 이남 아프리카 지역(그리고 그 밖의 지역)에 있는 가장 가난한 개발도상국들에서 ODA는 가장 지배적인 자금출처가 되어왔다. 1987~1996년 순지출액의 90%가 ODA에서 나왔다.

국제 공여국들의 원조 규모 증대 노력은 〈그림 3-1〉과 〈그림 3-2〉에 잘 나타나 있는데, 순 ODA 지출은 공여국의 GNP 비율로 표현되어 있다. DAC 회원국들을 전체적으로 살펴보면 지난 30여 년간 이 비율은 절반 수준으로 감소하였으며, 1980년대 초반 이래 꾸준히 감소하고 있는 추세이다(1982년 0.38%에서 1997년 0.22%로 감소, 〈그림 3-1〉). 그러므로 유엔이 설정한 목표인

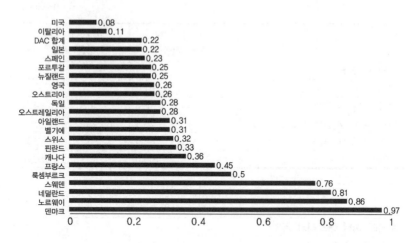

〈그림 3-2〉 공여국의 GDP에서 순 ODA 지출이 차지하는 비율(1997)

출처: OECD(1999a).

0.70%는 과거 어느 때보다 그 달성이 요원해 보인다. 〈그림 3-2〉는 1997년에 저조한 원조를 기록하는 배경이 된 개별적 원조 노력에 관해 보여주고 있다. 덴마크, 노르웨이, 네덜란드, 스웨덴 4개국만이 유엔이 설정한 0.70%를 달성하였다(또는 초과 달성하였다).[10]

원조의 구성과 배분

원조의 구성

〈표 3-4〉는 ODA 지원 약속 금액을 주요 부문별, 목적별로 제시하고 있다. 관찰 기간 동안 비교적 분명하게 분배상에 변화가 생겼다. 특히 1992년 이후 사회적 인프라와 서비스 관련(예컨대 교육, 의료, 급수, 하수구설비) 원조

---

10) 1996년에 이들 국가들(UN 지정 공여국)은 순 ODA 지출 총액의 거의 15% 이상을 제공하는 기여를 하였다.

〈표 3-4〉 1973~1997년, DAC 회원국들의 ODA 지원 약속(부문별, 목적별 분류, 1973~1980)

(단위: %)

	1973~1980년 평균 비율	1991~1996년 평균 비율	1981~1990년 평균 비율
사회적 인프라 및 서비스	20.8	25.0	26.2
경제적 인프라 및 서비스	13.9	18.7	21.8
생산 부문	22.0	19.7	12.0
멀티섹터(Cross-cutting)	2.2	3.0	4.7
상품 원조, 일반적 프로그램 원조	14.2	16.2	10.0
부채 관련 조치	3.7	4.3	8.8
긴급 구호	1.1	1.7	5.3
원조 국가의 행정 비용	n.a.	3.8[a]	4.3
NGO 지원	n.a.	2.2[a]	1.3
미분배/비세분화	22.1	7.1	5.7
총계	100.0	101.7	100.0

출처: ABD(1999).

주석: n.a., 집계 불가(not available).

　　a)평균 수치는 1984~1990년을 일컫는 것으로, 총합이 100%가 되지 않는 이유를 나타냄.

증가라는 분명한 변화가 있었는데, 이는 공여국들이 개발에 미칠 수 있는 인적자원의 역할을 강조했음을 반증하는 것이다. 최근 몇 년 동안 ODA의 4분의 1 이상이 이 부문에 제공되었다. 이와 유사하게 경제 인프라와 서비스(예컨대 에너지, 교통, 통신)를 대상으로 한 자금흐름에 관심이 늘어나고 있다 (1991~1997년까지 20% 이상 증가하였다).

　　농업과 공업(그리고 관련 활동) 같은 생산 부문뿐만 아니라 무역과 관광부문을 대상으로 하는 공여국의 직접적인 개입은 이와 반대로 1970~1980년대 이후 개발도상국에서 그 비율이 상당량 감소해왔다. 1991~1997년에는 단지 12%로 집계되었다. 생산 부문에서의 원조 역할 감소는 생산 부문에 대한 직접 지원에 반대하는 이념적 편향성이 1980년대에 확산된 현상에서 부분적인 설명을 구할 수 있을 것이다. 또한 적어도 형편이 나아진 개발도상국에서 이러한 감소세는 해외 직접투자나, 채권, 주식을 통한 민간 재원 조달의 중요성이 점차 강조되었다는 것과 관련이 있다(OECD, 1997). 프로그램 원조는

(식량원조 포함) 1970년대에 중요한 역할을 수행하였고, 1980년대에 조정 시기를 거쳤으며, 그 이후 그 비율이 상당량 감소하였다(1991~1997년에는 10%에 지나지 않았다). 마침내 원조 시장에서 비교적 새로운 방식이라고 할 수 있는 멀티섹터multi sector 원조와 (더 영속성 있는) 채무 경감이 차지하는 비율이 확대되어 1991~1997년 개발도상국에 대한 ODA 약속 금액이 각각 5%와 9%를 차지하였다.

원조의 배분

지역과 소득 집단에 따른 원조배분 추세는 〈표 3-5〉가 보여주고 있다(1999년 ABD 자료에 상세히 나와 있음). 이 데이터를 통해 몇 가지 핵심을 유추해 볼 수 있다. 첫째, 지리적 요소를 감안하여 사하라 이남 아프리카지역은 최우선 순위(이 지역 대다수 국가에는 소규모의 원조가 배정되었으나)로 1991~1996년 전체 ODA의 30% 이상이 배정되었는데, 이는 1973~1980년의 약 20%와 비교된다. 유엔이 지정한 공여국인 4개 국가(덴마크, 노르웨이, 네덜란드와 스웨덴)로부터 이들 지역에 제공되는 원조비율은 전통적으로 훨씬 높다. 1980년대의 평균 원조비율은 40%였는데 1991~1996년에는 약 36% 수준으로 감소하였다(ABD, 1999). 사하라 이남 아프리카지역에 원조의 최우선 순위가 부여되었다는 것은 적어도 1980년대 초반 이래 이 지역 수많은 국가들에 영향을 미쳤던 고질적인 경제 문제들과 더불어 공여국 측이 더 강력하게 강조한 '빈곤 퇴치 위주' 원조의 맥락에서 보아야 할 것이다.

한편 다른 많은 지역(예컨대 북아프리카, 중동, 남아시아 및 중앙아시아)에서는 원조 유입의 비율이 확연하게 줄어들었다. 이는 그들이 이전에 강대국의 분배 결정에 필요한 정치적, 전략적 중요성이 이전에 비해 줄어들었기 때문이다. 남아메리카와 극동아시아 지역에 대한 원조가 줄어든 것은 이들 지역에서 경제개발이 더욱 가시적으로 드러난 것 외에 대체재원(특히 민간 재원)에 대한 접근성이 개선되었기 때문이다. 다양한 소득집단 간의 배분을 살펴보면 공여국들은 1991~1996년 최저개발국가LLDCS와 기타 저소득 국가LICS, 더 낮은 중

<표 3-5> 전체 공여국의 순 ODA 지출 및 분배(지리적 요인, 소득 수준 기준, 1973~1996)

(단위: %)

	1973~1980년 평균 비율	1981~1990년 평균 비율	1991~1996년 평균 비율
지역별 분류			
북아프리카	12.7	7.8	7.3
사하라 이남 아프리카	19.8	28.4	30.0
남아메리카	3.7	3.5	4.5
중동	13.8	10.4	6.7
남부 및 중앙아시아	16.9	14.5	11.7
극동아시아	10.7	10.4	13.4
기타 지역[a]	22.3	25.1	26.4
유럽의 기타 지역	2.0	1.7	4.2
지역 총계	100.0	100.0	100.0
소득 집단별 분류			
LLDCs[b]	22.8	28.0	26.3
기타 저소득 국가[c]	18.4	19.5	24.0
Low middle income[d]	33.2	26.1	25.4
Upper middle income[e]	3.6	3.2	3.3
Higher Income[f]	6.1	5.7	4.0
비분배 집단	15.9	17.5	17.0
소득 총계	100.0	100.0	100.0

출처: ABD(1999).

주석: a) 유럽, 오세아니아, 중앙아메리카, 지리적으로 미분배 지역 포함
b) 최저 개발도상국(Least developed countries)
c) 1인당 GNP가 1995년 기준 $765 이상인 국가.
d) 1인당 GNP가 1995년 기준 $766보다 크고, $3,035보다 적은 국가.
e) 1인당 GNP가 1995년 기준 $3,036보다 크고, $9,385보다 적은 국가.
f) 1인당 GNP가 1995년 기준 $9,385 이상인 국가.

간소득 국가LMICS 들에게 동일한 비율의 원조 (전체 ODA의 4분의 1 수준)를 배분하였다. 그러나 유엔이 지정한 4개 공여국들은 1980년대 초반 이래로 LICS와 LMICS보다 LLDCS에 훨씬 더 큰 비율의 원조를 배분하였다(ABD, 1999).

지난 수년 동안 경제학자들은(정치학자들도 포함. 19장 참조) 공여국들의 원조와 그 결정 요인에서 나타나는 분배패턴을 규명하기 위해 다양한 시도

를 해 왔다. 이타적인 동기뿐 아니라 당연히 정치, 전략, 상업적 이해관계가 공여국들의 분배 동기와 결정에 일정부분 영향을 미친 것으로 드러났다.[11] 특히 분배 패턴의 세 가지 측면이 경제학자들의 주의를 사로잡았다. 하나는 원조가 수원국들 사이에서 적절히 배분되는가의 문제로 이를 판단하는 기준은 1인당 소득이 더 낮은 경우이다. 이때는 1인당 더 많은 원조를 제공해야 한다는 것이다. 이러한 유형의 분석은 기술적(혹은 평가적) 분석으로 지칭되며, 이외에도 공여국들의 원조성적을 규명하기 위해 많은 방법들이 조사보고서에 이용돼 왔다.[12] 일반적으로 북유럽의 공여국들은(특히 노르웨이) 그러한 성적평가 순위에서 상위를 차지하는 반면, 미국은 대체로 최하위 순위에 머물렀다.

두 번째 분석 유형은 원조의 성격을 설명하는 것이다. 공여국들의 원조배정 이유를 밝히는 것이다.[13] 정치경제학 관련 연구보고서에서 간혹 공통의 참고자료를 공유하는 이러한 연구들은 원조를 대개 일련의 정치적, 전략적, 경제적 목표는 물론 진정으로 인도주의적인 목적들을 달성하는 데 도움이 될 대외정책 수단으로 간주하는 경향이 있다. 기본 논조는 이러한 목적추구가 공여국들로 하여금 원조를 제공하도록 자극하여 목표성취(공여국 입장에서)에 도움이 되도록 하는 것이다. 동기 그 자체에 대한 정보가 항상 적시에 이용 가능한 것이 아니므로, 설명적 분석은 그러한 동기들을 실제 분배로 전환하는 의사결정 단계에 초점을 맞춘다. 원조배분의 결정 요소를 규명하기 위해 다수의 상이한 모델링 기법이 적용되어 왔는데, 대개 2개의 근본적으로 다른 일련의 요소를 포함하고 있다. 하나는 수원국의 개발 필요조건과 관련된 것이고, 다른 하나는 공여국의 정치, 전략, 경제적인 이해관계에 관련된 것이다. 이를 증명하는 자료들은 일반적인 패턴을 보여준다. 예컨대 미국

---

11) 원조 분배에 관한 글은 예르톨룸과 화이트(2000)를 참고할 것.

12) 최근 조사방법과 결과는 화이트와 맥길리브레이(1995)를 참고할 것.

13) 맥길리브레이와 화이트의 조사보고서(1993)에서 이런 방법이 채택되고 있음.

의 원조는 대부분이 전략적 고려사항에 의해, 일본의 원조는 상업적 목적에서, 그리고 네덜란드와 북유럽의 원조는 수원국의 필요사항에 의해 좌우된다는 것이다.

세 번째 분석 유형은 공여국가들의 원조 배분방법을 규정하는 규범적인 성격을 띠고 있다. 설명식 조사보고서의 평가적인 접근방안을 공유하고 있는 규범적 연구들은 공여국가들의 성과 관찰, 개발의 필요조건 또는 훌륭한 정책이라는 개념에 근거한 성과 사이의 격차를 지적함으로써 진일보하였다. 이러한 규범적인 결론에 도달하려는 시도를 보인 연구들(아직 그 수가 적으나) 중 하나는 맥길리브레이McGillivray와 화이트White가 개발한 수요 측면의 원조 분배 모델이다(1993b; 1993c). 이러한 연구들은 원조에 대한 수원국의 필요와 흡수 능력뿐 아니라, 공여국들의 정치적, 상업적 이해와 관련한 다양한 방안들을 포함한다. 국제사회에서 원조 공여국들 일부가 일반적으로 저조한 성과를 보여준다는 사실을 이 연구결과는 보여준다. 콜리에와 달러의 최근 연구(1999)는 다른 접근방안을 사용하고 있기는 하지만 세계은행이 평균 이상의 성과를 보여주었다는 점을 제외하고는 유사한 결론에 도달하였다.[14]

부대조건: 원조의 정량적 측면

원조는 네 가지 수단, 즉 지불payment, 조달procurement, 프로젝트projects, 정책policies — 이른바 4P — 에 구속되는 것이라고 할 수 있다. 구체적으로 말해 (1) ODA 차관은 수원국이 지원 받은 금액을 차관약정에 명시된 조건에 따라 이자와 함께 상환하는 것을 전제로 제공된다. (2) 무상 ODA와

---

14) 콜리에와 달러는 '훌륭한 정책good policy'이 수립되어 있는 경우 원조는 경제성장률 증가, 빈곤율 감소, 영아사망률 감소로 이어질 것이라는 주장을 입증하기 위해, 영아사망률과 우수한 정책지표의 조합을 분배분야에 사용하였다 (1999).

ODA 차관은 반드시 공여국으로부터 (물자) 조달을 해야 한다는 전제가 붙을 수 있으며, 부분적인 조건일 경우 공여국 내지 몇몇 특정한 개도국으로부터 조달할 수 있다. (3) 무상 ODA와 ODA 차관은 공여국 감독 하의 특정 개발 프로젝트로 지정될 수 있으며, (4) 프로그램 원조의 경우 공여국 경제와 관련된 정책을 수원국들이 얼마나 수용하는가에 따라 원조 약속이 이루어지거나 배분될 수 있다. 위의 4P 중 마지막 두 개(특정 프로젝트 지정과 정책이행조건Policy conditionality)의 P는 원조제공 때의 악조건으로 간주되지 않고 있음이 분명하다. 이와는 달리 첫 두 개의 P(지불과 조달)는 일반적으로 (개발 전문가들, 수원국 정부, 많은 단체의 직원들에 의해) 원조흐름에서 바람직하지 않은 사항으로 간주된다. 그러므로 여기서 우리는 (원조의 양여요소로 평가한) 금융지원조건의 추세와 DAC 공여국들의 ODA 조건에 관한 자료를 제시할 것이다.15)

금융지원 조건 Financial terms

DAC는 원조흐름의 양허성concessionality이 가능한 한 높게 유지되도록 계속 목표를 설정해왔다.16) 현재의 목표는 모든 개발도상국들에 대한 전체 ODA 실행 중 평균 증여비율을 적어도 84%로 명기하고 있다.17) 더욱이 각

---

15) 무상요소는 유상원조 지급약속 시 결부되는 자금지원조건의 양허성(즉 유연성)을 측정하는 지표로서 이자율, 만기기간(마지막 상환 일까지의 기간), 지급 유예 기간(원금의 첫 번째 상환 일까지의 기간)이 결합된 것이다. 증여비율은 대부자들이 미래에 상환하게 될 부채의 액면 가치와 유상 원조의 액면 가치의 비율로 표시된 무상 등가 사이의 차이를 계산하는 것이다. 무상 등가는 10%의 할인율을 이용하는 유상 원조의 현재 가치를 측정하는 것이다.

16) 화이트와 워스트맨의 보고서(1994)는 이러한 주도의 역사를 1960년대 후반부터 기록하고 있다.

17) DAC의 권고안은 최저 개발 국가LLDC의 원조에 많은 목표(규범)를 설정하고 있다. 각 공여국의 개별 수원국 대상 연간 ODA 약속 금액의 평균 증여비율은

〈표 3-6〉 양자간 ODA 약속 금액, 금융지원 조건 관련 데이터(DAC 공여국, 1973~1996)

(단위: %)

	1973~1980년 평균 비율	1981~1990년 평균 비율	1991~1996년 평균 비율
DAC 공여국			
ODA의 무상(증여) 비율[a]	33.9	55.0	48.7
ODA의 유상 비율	66.1	45.0	51.3
유상 ODA의 증여 비율	61.0	55.4	59.5
전체 ODA 중 증여 비율	74.3	80.0	79.1
유엔 지정 공여국[b]			
ODA의 무상 비율[a]	72.6	86.5	99.0
ODA의 유상 비율	27.4	13.5	1.0
유상 ODA의 증여 비율	67.1	62.6	43.7
전체 ODA의 증여 비율	91.0	95.1	99.5

출처: ABD(1999).

주석: a) 무상원조는 증여 비율 100%에 해당하는 무상 ODA, 자본 투자, 무상과 같은
차관(Grant-like Loan)을 의미.

b) 덴마크, 네덜란드, 노르웨이, 스웨덴.

공여국이 DAC의 권고사항을 지키기 위해서는 총원조실적이 'DAC의 평균치
를 크게 밑돌아서는' 안 될 것이다. 이러한 목표를 달성하도록 양허성을 늘
리기 위해 공여국들은 ODA 차관의 증여비율을 높이거나, 전체 ODA의 차관
비율을 줄일 수 있다. 〈표 3-6〉은 양자간 ODA 실행(대규모 공여국과 유엔
지정 공여국을 포함하는 전체 데이터, ABD(1999) 참고)에 대한 자금지원조건을
요약한 데이터를 제시하고 있다.

1970년대와 비교했을 때 ODA의 평균 증여비율은 1980년대에 80% 수준
으로 증가하였고, 1990년에는 소폭 감소하여 합의된 목표치인 84% 이하를
유지하였다. 이러한 결과는 ODA 차관의 증여비율이 현저하게 낮아진 결과
이며, 특히 1980년대에 그 비율이 상당히 증가했음에도 불구하고 완전히 회

최저 86%로 설정되어 있으며, LLDC 전체 집단 대상 증여비율은 최저 90%로
설정되어 있다.

복되지는 못하였다.[18] 이와는 달리 유엔 지정 공여국(덴마크, 노르웨이, 네덜란드, 스웨덴)의 증여비율은 증가하여 1970년대에 이미 DAC국가들의 목표치를 크게 상회하였으며, 1990년대에는 거의 100%에 이르렀다. 이러한 진전은 유상 ODA의 증여비율 증가 때문이 아니라(사실, 관찰 기간 동안 감소하였다) 1990년대 유상 원조의 비율이 전체 ODA의 단지 1% 수준으로 감소한 데 기인한 것이다.

원조의 구속성Aid tying

공여국정부는 종종 적절한 품질과 가격을 보장하는 조건으로 수원국이 원조자금으로 공여국 물자를 구매케 함으로써 원조의 국제수지 비용을 감소시키는 것이 정당하다고 생각하는 경향이 있다(DAC 보장조건은 10%의 '이윤'을 보탠 가격 즉, 세계시장가격 이상으로 인상한 가격을 허용하고 있다. 그러나 데이터에 따르면 실제로는 이보다 더 높은 이윤을 추구하고 있다). 만일 원조로 인해 직접적이고, 가시적인 이득이 공여국의 국가경제에 발생하는 경우 원조 프로그램에 대한 국민들과 의회의 지지를 얻기가 더 용이해진다는 인식이 일반적이다.[19] 그러나 경제학자들과 다자간 공여기관의 주장에 따르면 원조의 구속성은 경제왜곡의 잠재적 근원이며, 특히 공여국들이 자국의 수출촉진에 공공연히 관심을 가질 경우 그러하다.[20] 더욱이 구속성 원조는 경쟁력 개선,

---

18) DAC의 자금지원 조건에 대한 목표(증여비율 0.84)와 유엔의 ODA 목표액(공여국 GNP의 0.70%)을 결합하면 목표율은 0.59%(White and Woestman, 1994)로 산출된다. 유엔 지정 공여국들을 제외하고는 DAC 공여국들은 일반적으로 0.59%의 목표치를 달성한 적이 없다(ABD 1999를 참고할 것). 그러므로 ODA의 증여비율을 상당량 늘리는 준비를 해온 (그리고 실제로 이를 이행한) 공여국들은 원조의 규모를 감소시켜온 국가들임을 알 수 있다.

19) 정치적 당위성은 있으나 원조경제에 중요한 거시경제적인 이익을 가져오는지 여부는 대부분의 경우 비교적 적절한 수준의 이익만을 가져왔음을 고려할 때 확실치 않은 것이다(OECD 1985).

시장개입 축소, 보조금 철폐 같은 OECD/DAC가 명시한 목표와 조화를 이루기 어렵다. 이론적으로 원조 수원국들은 국제입찰의 장점을 살려 이득을 취할 수 있는 가장 적절하고 경쟁력 있는 물자 공급원을 자유로이 결정할 수 있는 선택권을 부여받아야 한다(OECD 1985). 따라서 공여국은 수원국에 대한 비구속성 원조의 가치가 더 높다는 사실을 (원칙적으로) 인정해야 하며 그래야만 경제적 왜곡이 감소될 수 있을 것이다(OECD 1992a).[21]

그럼에도 불구하고 〈표 3-7〉이 보여주듯이 ODA 흐름의 구속성은 많은 공여국들의 원조 노력에서 현저한 특징이 되고 있다. 비구속성 DAC 원조의 전체 비율이 1980년대 초 40~45%에서 1995~1996년 약 70%, 1997년에는 심지어 88%로 증가하였음에도 불구하고 수많은 공여국들은 DAC 권고사항을 확고하게 이행하려는 의도와 능력을 보여주지 못했으며 원조의 상당량을 구속성 원조로 유지하였다.[22] 예를 들어 1996년에는 공여국이 양자간 원조의 30% 이하만을 속박하는 경우에 '양호한 실적good performance'을 보인 국

---

20) 경제 왜곡 위험은 (1) 공여국의 특정한 수출이익에 부합하는 분야에 더 많은 수입이 이루어지는 프로젝트에 치우치는 현상, (2) 따라서 농업 개발 프로젝트와 같이 수입이 더 적게 이루어지는 품목과 관련되거나, 특히 자체적으로 비용을 조달하는 프로젝트는 기피하는 현상, (3) '상업적으로 관심을 불러일으키는' 개발도상국에 대한 편견, (4) 상업적으로 매력 있는 프로젝트와 관련된 원조 활동을 추구하는 경우 잠재적인 경쟁자가 될 수 있는 다른 공여국과는 협력을 주저하는 공여국 태도, (4) 수원국의 개발정책 대화에서 공여국의 신뢰도가 손상된 경우, (5) 다자간 기구를 통한 원조제공을 꺼리는 공여국의 태도에서 비롯될 수 있다(OECD 1985: 241~2).

21) 추정치는 다르나 구속성 원조의 수원국이 비경쟁적(그리고 과도한) 가격 산정의 결과로 인해 안게 되는 초과비용은 10~25%이며(Bhagwati 1967; Riddell 1987을 참고할 것), 이러한 비용은 구속성이 사라지면 없어질 것으로 예상된다.

22) OECD(1994)에 따르면 구속성 원조의 전반적인 감소는 구속성 프로젝트 원조의 감소보다는 프로그램 원조와 긴급구호 원조와 같은 비구속성 원조가 자연스레 늘어나게 된 결과이다.

〈표 3-7〉 양자간 ODA 약속 금액 중 비구속성 원조의 비율(DAC 회원국, 1981~1997)

(단위: %)

	1981	1985	1989	1993	1997
오스트리아	3.4	3.0	3.1	44.8	60.6
호주	60.0	53.4	10.4	41.9	63.1
벨기에	29.0	37.5	n.a.	n.a.	49.9
캐나다	18.0	42.3	41.4	61.9	33.4
덴마크	63.6	60.4	n.a.	n.a.	71.6
핀란드	84.9	80.9	20.8	59.0	76.8
프랑스	42.5	42.5	47.8	31.5	n.a.
독일	74.3	3.7	33.8	47.9	n.a.
아일랜드	n.a.	100.1	n.a.	n.a.	n.a.
이탈리아	71.6	16.6	9.1	43.1	45.6
일본	36.8	60.8	70.2	83.9	99.6
룩셈부르크	n.a.	n.a.	n.a.	n.a.	95.2
네덜란드	57.3	60.3	45.8	n.a.	90.0
뉴질랜드	36.4	78.0	n.a.	n.a.	n.a.
노르웨이	73.6	70.3	71.3	81.8	91.1
포르투갈	n.a.	n.a.	n.a.	63.8	99.1
스페인	n.a.	n.a.	n.a.	n.a.	n.a.
스웨덴	84.0	68.8	71.1	85.0	74.5
스위스	50.1	67.3	74.9	91.4	94.9
영국	20.5	27.6	24.0	35.2	71.7
미국	33.4	40.9	34.9	37.4	n.a.
DAC 공여국 합계	44.1	47.3	43.8	57.9	87.5

출처: OECD(1999a).
주석: n.a. 집계 불가.

가로 규정하였는데, 8개 공여국만이 이 조건을 충족하였고, 1997년에는 10
개국만이 충족하였다. 더구나 아주 최근에 와서야 '양호한 실적을 보인 국가
들'이 다수 나타났으며, 1980년대 내내 원조의 상당량이 구속성을 띠었다.[23]

23) 앞서 언급했던 '조건-규모 통합 실행'과 유사하게 DAC 회원국의 '실제 범위'는

그러나 (비)구속성 원조의 실행은 시간이 흐름에 따라 변화하기 마련이며 개별 공여국의 비구속성 원조 비율이 변동하는 경향이 있다(ABD 1999). 주요 지침은 차치하고라도 DAC 권고사항 이외에 지켜야 할 원칙들이 존재하는 경우가 있을 때 시대별로, 그리고 공여국별로 구속성의 변화를 설명하기는 결코 쉬운 일이 아니다. 많은 경우 원조 구속성의 변화는 자국 산업의 국제 경쟁력 변화와 밀접한 관련이 있다. 화이트White와 워스트맨Woestman이 제시(1994)한 대로 최근 몇 년간의 일본(경쟁적이고 구속성이 덜하다) 그리고 1980년대의 영국(덜 경쟁적이고 구속성이 강하다)이 좋은 본보기이다. 다른 경우 독일과 같이(국제적으로 경쟁적이나 상당한 구속성이 있다) 다른 요소들도 동시에 포함될 수 있다.[24]

도표의 조합: 원조 다이아몬드aid diamond

원조제공 시의 4가지 중요한 질적 측면(이른바 원조의 규모, 양허성, 빈곤퇴치지향, 구속성)을 '원조 다이아몬드'라고 불리는 하나의 표로 조합할 수 있다. 〈그림 3-3〉은 스웨덴과 미국의 사례(기타 DAC 공여국들의 다이아몬드는

양자간 원조 중 비 구속성 원조의 규모와 ODA/GNP 비율을 결합함으로써 측정할 수 있다. 이에 따라 비구속성 원조의 '수정된 규모'에 도달 할 수 있을 것이다. 이러한 결합된 데이터에 기초하여 예르톨름과 화이트(2000)는 공여국의 원조규모 확대 노력에 의해 '수정된' 성과와 UAP에 따라 공여국들의 순위를 비교하고 있다. 예를 들면 일본과 포르투갈의 UAP는 최상위이나 이들 국가의 경제 규모와 비교하면 많은 원조가 제공된 것이 아니므로 영향이 덜할 수 있다. 반면, 노르웨이와 네덜란드와 같은 공여국의 UAP는 평균 수준을 훨씬 상회하고 있으며, 이들 국가의 ODA/GNP 비율이 높음을 고려해볼 때 훨씬 두드러지는 성과라 할 수 있다. 전체 ODA/GNP의 거의 1%가 UAP인 덴마크 또한 상당히 좋은 성과를 보였다.

24) 경쟁력이 더 낮은 자국 산업이 공여국 정부의 원조와 구속성 정책에 어느 정도까지 영향을 미칠 수 있는가는 여기서 중요할 수 있다.

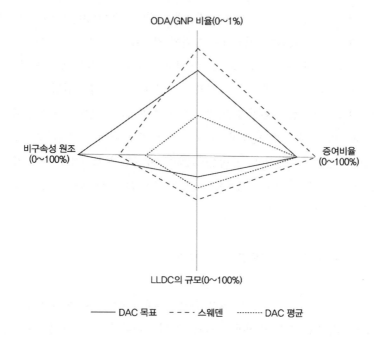

〈그림 3-3(a)〉 스웨덴의 원조 다이아몬드(1987)

출처: ABD(1999).

ABD 1999에 제시되어 있다)를 설명하고 있다. 원조 다이아몬드는 네 개의 축
으로 이루어져 있다. 네 개의 축은 (1) 공여국 GNP의 백분율로 측정된 원조
규모, (2) 증여비율, (3) LLDCS의 규모, (4) 비구속성 원조의 비율로 구성된
다. 원조제공의 질적 측면은 각 수치가 더 높아질수록 더 높게 나타난다.
그러므로 공여국의 원조 프로그램이 훌륭할수록 다이아몬드의 크기는 더욱
커진다. 각각의 도표는 공여국의 성과를 DAC의 평균 및 목표치와 조합하고
있다. (원조규모의 목표는 GNP의 0.70%이지만) 구속성의 경우 DAC 목표치는
존재하지 않으며 따라서 목표치는 100%에 맞춰진다. LLDC 대상 DAC의 원
조 목표치는 GNP의 0.15%이다. 우리는 이 수치를 공여국의 원조비율로 전
환하였다. 이러한 목표치를 달성하고자 이 수치를 공여국의 GNP 비율 대비

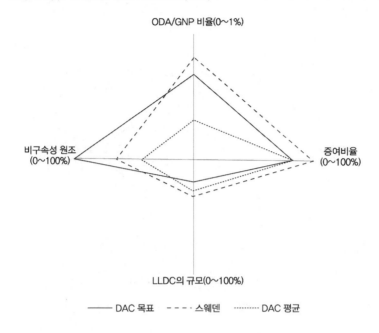

〈그림 3-3(b)〉 스웨덴의 원조 다이아몬드(1996)

ODA/GNP 비율(0~1%)

비구속성 원조
(0~100%)

증여비율
(0~100%)

LLDC의 규모(0~100%)

——— DAC 목표   - - - - 스웨덴   ·········· DAC 평균

출처: ABD(1999).

ODA로 나눔으로써 공여국의 LLDC 대상 원조 비율로 전환하였다. (1996년의 미국의 경우처럼) 공여국의 비율이 GNP의 0.15% 이하인 경우 원조의 100% 이상이 LLDC로 가야만 DAC의 목표치를 달성할 수 있다. 이러한 경우에 DAC의 목표 다이아몬드는 100%포인트에서 꼭대기를 잘라낸 피라미드 모양이 된다.

많은 사례를 통해 미국 원조의 질적 측면(말하자면 미국 원조의 '실제' 가치)이 시간의 변화에 따라 어떻게 감소하였는지를 분명히 알 수 있다. 이외에도 스웨덴의 원조제공이 질적인 측면에서 더 우수했음을 알 수 있다. 원조제공의 4가지 질적 측면의 각각에서(Hjertholm and White, 2000에서 처럼) 모든 국가들의 실행을 살펴보면 많은 국가들이 DAC에 의해 공동으로 설정된 권

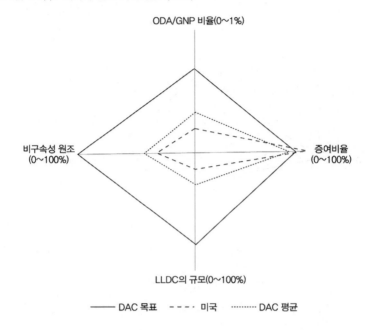

〈그림 3-3(c)〉 미국의 원조 다이아몬드(1987)

ODA/GNP 비율(0~1%)

비구속성 원조
(0~100%)

증여비율
(0~100%)

LLDC의 규모(0~100%)

——— DAC 목표   - - - - 미국   ·········· DAC 평균

출처: ABD(1999).

고사항과 목표치로부터 상당히 멀어졌다는 사실과 그 정도를 다이아몬드를 통해 확인할 수 있다. 따라서 원조의 증가와 그것의 개발효과를 논의할 때에는(제4장 참고) 일반적으로 공여국들의 원조전달 실행이 열악했음을 염두에 두는 것이 좋을 것이다.

원조 흐름의 네 가지 측면 전부를 정확히 파악하는 것은 공여국의 원조 노력이 경제성장 잠재력에 시사점을 주기 때문임을 기억해야 한다. 원조규모를 늘이려는 노력은(ODA/GNP 비율로 측정) 국내 재정수지 적자를 줄이거나 혹은 메우는 데서 그 가능성을 보여준다(제15장 참고). 원조의 양허성(증여비율로 측정)의 의의는 수원국의 미래 부채상환 부담을 결정하는 역할로부터 도출될 수 있으며, 이 요소는 거시경제 운용의 개발효과에 중요한 분기점

〈그림 3-3(d)〉 미국의 원조 다이아몬드(1996)

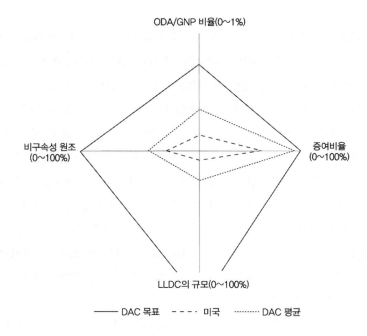

ODA/GNP 비율(0~1%)

비구속성 원조
(0~100%)

증여비율
(0~100%)

LLDC의 규모(0~100%)

―― DAC 목표 ‑ ‑ ‑ ‑ 미국 ……… DAC 평균

출처: ABD(1999).

이 된다. 최빈국에 대한 원조배분(LLDC 비율)을 통해 이들 국가들에 불균형
한 수요가 존재함을 관찰할 수 있고, 원조로 추진한 성장률이 높을수록 빈곤
층에게 불균형한 복지 혜택을 증가시킨다는 인식을 확인할 수 있다. 이것은
동일한 모습을 지닌 두 개의 당위성을 가지는 것이다. 마지막으로 비구속성
원조는 원조자금으로 구매한 수입의 비용효과를 증가시키는 하나의 방편으
로 인식되고 있다.

■ 결론

역사적으로 원조는 여러 가지 목적을 수행해왔다. 원조 흐름, 배분과 질적 측면은 원조규모가 작은 일부 공여국들이 수원국 집단의 개발수요에 주로(그러나 전부는 아닌) 관심을 갖게 해주었다. 이와는 대조적으로 비교적 규모가 큰 일부 공여국들의 원조는 외교 및 상업의 정책 수단으로 확고히 자리잡아 왔으며, 정치적·전략적·경제적 그리고 진정한 인도주의적 목적들을 달성하기 위해 계획돼 왔다. 이러한 주장은 원조의 역사적 궤적을 살펴본 이후에 나온 것이며 원조배분에 관한 경험적 연구 자료에 의해 뒷받침되었다. 실제로 공여국의 이익 추구는 공여국과 수원국의 관계에서 지속적으로 나타나고 있다. 한편 이러한 관계는 1950년대 이후 원조흐름의 유형과 목적, 구성, 규모에 많은 변화를 가져왔다. 이러한 특징이 그 자체 원조의 효과성을 저해할 수 있음에도 불구하고 공여국과 수원국의 목표 사이에 필연적인 대립을 가져오지는 않는 것으로 드러났다.

원조에서 일어난 최근의 변화 중 가장 주목할 대목은 상승세를 보이던 원조 규모가 1992년 이후 뚜렷한 반전을 보인 점이라 할 것이다. 일부 개발도상국들처럼 원조 감소가 민간자금 흐름의 증가로 상쇄될 수 있는 경우라면 이러한 감소세는 큰 문제가 되지 않을 것이다. 그러나 민간자금의 접근성이 떨어지는 저소득 국가의 경우엔 자국의 재원을 원조에 과도하게 의존해야 하는 상황이 지속되므로 상당한 문제가 발생할 수 있다. 의심할 여지없이 원조재원이 풍부해지기보다는 한정되고 있는 상황에서 특히 부채상환이 중요한 과제로 남아 있는 경우 공여국과 수원국의 협력이라는 기본적인 전제는 충족되기가 더욱 어려운 것이다. 확실히 이러한 측면이 이 책을 쓰게 된 동기 중 하나가 되었으며, 이 장에서 언급했던 많은 주제들은 다음 장에서 더욱 자세하게 다루어질 것이다.

제4장

원조효과성에 대한 논란

헨리크 한센 · 핀 타르프 1)

■ 머리말

　지난 30년간 원조 효과성에 대한 연구가 봇물을 이뤘다. 제1장에서 다룬 경제개발의 다양한 패러다임에 대해 연구하는 경제학자들 사이에서 이는 중요하고 늘 제기되는 주제이다. 원조가 제 기능을 하는지 않는지에 대한 문제는 서로 다른 방법론적, 이데올로기적 차원으로 다루어져왔다. 좀 더 구체적으로 말하자면 (1) 원조의 영향은 미시적, 거시적 경제 수준에서 평가되어왔

---

1) 셔먼 로빈슨은 이 논문의 초기 원고에 대해 포괄적인 논평을 하고 제언을 써 주었는데 고맙게도 모두 타당한 이야기였다. 그 해법이 채택되도록 도와준 여러 사람들 가운데서 이르마 아델만과 에릭 토르벡케와 함께 토의한 것과 동일한 내용이다. 게리 헬라이너Gerry Helleiner, 그리고 캘리포니아 대학교(버클리), 코넬 대학교, 국제식량정책연구소IFPRI 및 영국 리딩 대학교에서 있었던 네 차례의 세미나에 참석한 사람들로부터도 유용한 의견들이 나왔다. 스텐 아스무센, 헨닝 타르프 예손, 스렌 비켈스Sren Vikkels가 제공한 연구 지원에 감사한다.

으며, (2) 한 국가뿐이 아닌 여러 국가들의 사례 연구가 이뤄졌고, (3) 양적인 분석뿐 아니라 질적인 그리고 다양한 학문분야에 걸쳐 광범위한 조사가 이루어졌다. 이 장에서는 원조의 효과성을 연구한 논문을 검토하지는 않는다.[2] 그 대신 원조 옹호자들과 원조 반대론자들이 늘 거론하는 원조가 성장에 미치는 거시경제학적 영향을 다룰 것이다.

이 주제를 선택한 데에는 몇 가지 이유가 있다. 첫째, 기존 논문들은 다양한 연구에서 인과관계를 비교·평가하는 데 이용할 수 있는 튼튼한 분석적 틀이 결여되어 있다. 원조는 제3장에서 논한 것처럼 다양한 목적과 형태(제5장에서 다룸)로 행해진다. 분석적 차원에서 보자면 전통적인 성장이론과 새로운 성장모델을 이용하여 어떻게 원조가 다양한 채널을 통해 잠재적으로 경제성장에 영향을 줄 수 있는지를 설명할 수 있다. 예를 들면 카쌩Cassen 등은 개발프로젝트가 종종 상당한 경제 수익률을 가져왔다는 견해에 대해 상당량의 증거가 있다고 주장한다(1994). 다른 수많은 사례 연구들도 원조가 때때로 상당한 성공을 거뒀다는 세계은행 보고서(1998a)를 뒷받침하고 있다. 처음부터 원조는 효과성이 없다고 주장하는 것은 분석적 차원에서 옹호할 수도 경험적 차원에서 신뢰할 수도 없다. 좀 더 건설적인 출발이 되려면 뚜렷한 문제제기와 구체화된 경험적 가정이 필요하다. 원조가 거시경제학적 변수, 특히 저축, 투자, 성장에 미치는 영향은 구체적이고 실험이 가능한 명제를 포함한다. 어느 경우든 좀 더 광범위한 거시경제학적 환경에서 원조의 효과를 탐색하는 것이 가장 바람직하다(제15장 참조).

더욱이 원조효과성에 관한 연구논문에서 가장 강력한 패러독스 하나를 해결해야 할 필요가 있다. 이는 이미 많이 알려져 있는 것으로 미시경제와 거시경제 연구결과 사이에 모순이 존재한다는 견해이다. 1980년대 말까지의 연구보고서들을 보면 거시 경제적 측면보다 미시 경제적 측면에서 원조의

---

2) 이 논문보다 더 폭넓은 범위의 유용한 연구조사는 카쌩 외(1994)를 참고하기를 권한다.

효과성이 훨씬 낙관적이다. 그리하여 연구논문 검토자들은 논점을 일반화하기가 어렵고 매번 전통적으로 해오던 여러 국가에 걸친 경험에 의한 연구들이 통계적으로 중요한 통찰을 제공하지 못했다는 주장들을 제기하는 것이다. 미샤로폴로스Michalopoulos와 수카트메Sukhatme는 그런 경험적 증거들은 모호하다고 결론(1989)을 내리고, 화이트는 우리가 놀라울 정도로 원조의 거시 경제적 영향에 대해서 아는 것이 없다고 주장한다. 그는 원조와 성장에는 어떠한 관련성도 없다는 것이 확고한 결과라고 주장한다(1992b). 미시 경제적으로는 긍정적으로 평가받는 원조의 효과성이 거시 경제적으로는 어떤 긍정적 영향도 없어 보이는 것은 참으로 혼란스러운 일이 아닐 수 없다. 모슬리Mosley는 이를 '미시-거시 패러독스micro-macro paradox'라고 명명했다 (1987).

원조의 거시 경제적 효과성에 대한 증거가 없다는 인식은 일반적으로 적용된 계량경제학 방법론에 대한 비판에서 나온 것이다. 미샤로폴로스, 수카트메(1989) 그리고 화이트(1992a; 1992b)가 내린 결론은 특히 원조와 성장의 관련성에 대한 공통된 견해를 가지는 데 영향을 미쳤다. 하지만 이들 조사는 여러 국가들에 대한 분석에 수반되는 개념상 내지 계량경제학상의 그리고 데이터상의 난관에 봉착한다. 비록 이런 난관은 반드시 유념해야 하겠지만 경험적 결과들[예컨대 중요한 모수(母數)의 표시, 이들의 통계학적 중요성 및 정책적 영향]이 원조와 성장의 관계 분석에 중요한지, 또는 관련이 있는지를 규명하는 이번 연구에는 별다른 길잡이가 되지 못한다.

원조의 거시 경제적 영향에 대한 재검증이 필요한 이유는 또 있다. 분 Boone(1994; 1996), 번사이드 및 달러(1997)의 국가별 역행 이론에 이어 최근에 논란이 다시 한 번 불거졌다. 이들의 연구는 여러 곳에서 많이 언급되었다. 《이코노미스트》지는 다채로운 언어로 분의 연구를 인용하며 원조가 '하찮은 목적Down the rathole'에 이용되고 있음이 입증되었다고 보도했다. 번사이드와 달러의 연구결과 역시 이 잡지에서 '원조의 효과내기Making aid work'라는 제목으로 재조명했다. 원조가 제대로 효과를 내기 위해서는 낮은 인플레이션, 작은 규모의 예산적자, 무역개방 그리고 강력한 법치와 유능한 관료제도가 갖춰진 국가라야만 한다고 주석을 달았다.

이 개관에서 우리는 원조효과성에 대해 여러 국가를 대상으로 3세대에 걸친 경험을 연구대상으로 삼는다. 우리는 각 세대의 기반을 분석하고, 각각의 노력에 대해 자세한 조사를 하게 된다. 이러한 방법으로 우리는 기존의 연구논문들이 원조가 경제적 실행을 향상시킨다는 이론을 뒷받침하고 있다는 결론에 도달한다. 분석해야 할 미시-거시 패러독스는 존재하지 않는다. 심지어 건실하지 않은 정책 환경으로 인해 피해를 본 나라에서도 이런 패러독스는 없다.

원조효과성이 있고 없고는 경험적인 문제라는 것이 이 장의 기본명제이다. 해러드와 도마의 초기 주장에서 새로운 성장모델에 이르기까지의 학설은 경험적 관계를 설명하는 데 중요한 요소였다. 학설은 또한 원조가 어떻게 성장에 영향을 미치는지, 그리고 긍정적 영향을 미치게 하기 위해 요구되는 필요조건은 무엇인지를 인식하는 데 중요한 영향을 미친다. 그렇지만 바로 Barro와 살라-마르틴Sala-i-Martin 그리고 아기온Aghion과 호윗Howitt은 경제성장은 얽히고설킨 요소들의 상호작용과 그로 인한 영향에 달려 있다고 주장한다(Barro and Sala-i-Martin, 1995; Aghion and Howitt, 1998). 단순한 분석을 통해서는 이 과정이 완전히 나타나지 않는다. 함축적으로 이 이론은 원조의 거시경제학적 효과에도 똑같이 적용된다. 비록 이 이론은 순수주의자들에게는 실망스러울 수도 있겠지만 우리는 여러 국가에 걸친 경험적 조사를 통해 얻어진 결과에서 유용하고 중요한 정보를 얻을 수 있음을 보여주고자 한다. 이를 위해 일관성 있는 분석적 토대 위에서 연구가 행해질 것이다.

■ 원조, 저축 그리고 성장: 제1세대 연구

저개발 국가의 원조와 성장에 관한 초기 연구논문들을 보면, 원조가 외부자본으로 원조수원국의 자본을 증가시키는 요소로만 인식되고 있다. 로젠슈타인-로당Rosenstein-Rodan 같은 원조를 찬성하는 개발경제학자들은 원조라는 형식으로 들어오는 외국자본이 총저축과 투자를 증가시킬 것이라고 해석했다. 다시 말해 원조가 소비와 투자 이외의 국가소득의 구성요소로 여겨지진 않았다는 것이다. 그러므로 원조자원의 대체물은 고려되지 않았고 소비목적의 원조는 이런 유형의 거시경제학적 원조효과성 분석에서 제외되었다.

이러한 경험적 연구의 기반이 되는 이론체계는 저축과 투자를 통해 원조와 성장 사이의 인과관계를 보여주는 해러드-도마의 성장모델이다. 파파넥Papanek은 이 해러드-도마의 성장모델에 담겨 있는 매우 낙관적인 원조효과성에 대한 해결책을 신기할 정도로 순진한 생각이라고 단정했다(Papanek, 1972). 또한 그는 그리핀Griffin(1970)과 그리핀-에노스Enos(1970)가 1960년대 말에 발표한 주장에 대해서도 강력하게 반박했다. 그들은 원조에 대해 회의적인 시각을 갖고 있었고, '관련성은 적지만, 일반적인 경향에 비춰 해외로부터 자본유입이 클수록 수원국의 성장률이 낮아진다'고 주장했다(Griffin and Enos, 1970: 318). 원조가 발전을 늦추는 몇몇 이유들이 나열돼 있었지만 특히 주목을 끄는 것은 원조가 국내저축률의 하락을 가져온다는 것이었다. 라만Rahman은 이미 옛날에 이 현상을 관찰하였고(1968), 바이스코프Weisskopf가 이를 입증하였다(1972).

파파넥은 외국자본 유입의 긍정적 효과에 대해 지나치게 낙관적 시각을 갖는 것에 이의를 제기하는 측면에서 이른바 수정주의자들의 견해가 매우 유용하다는 점을 인정했다. 그러나 그는 또한 추가 단위의 외국자본이 투자에 미치는 영향이 1보다 작을 경우, 저축에 미치는 추가지원의 효과는 부정적일 것이라는 점을 지적했다. 뉴린Newlyn은 이를 좀 더 자세히 다듬었고(1973), 역행모수가 0에서 -1 사이일 때 이는 보통 종속변수(이 경우 국가자원은 성장을 촉진하는 투자에 이용된다)의 하락을 의미하더라도 원조와 저축의 관계에서는 나올 수 없는 설명이다. 오직 부정적인 모수 값이 1을 넘을 때만 원조가 투자를 위해 사용되는 총자본의 감소를 이끈다고 결론지을 수 있다. 뉴린은 대부분의 연구자들이 위와 같이 구별되는 특징을 밝히는 데 실패했다고 주장했다.

저축이 성장을 억제한다고만 추정하는 해러드-도마 성장모델은 아래에 더 설명하겠지만 1960년대 많은 영향을 끼친 체너리와 스트라우트의 두 가지 갭 모델에서 더 확대된 것이다. 수입능력(이른바 무역수지 적자)이 성장을 방해하는 잠재적 요소로 제기되었다. 이 두 가지 갭 모델에 따르면 수입과 저축 갭 중 어느 하나는 다른 시간대 다른 국가의 영향을 받는다. 외국자본의 유입은 이 둘의 갭을 동시에 채우기 때문에 결국 이 둘은 같아진다. 만약 예상되는 무역적자가 이 둘보다 크다면 실제저축은 잠재저축에 도달하지 못하게 되고, 만약 예상 저축 갭이 더 크다면 실제 수입량이 성장에 필요한 양보다 더 크게 될 것이다. 이 모델이 의미하는 것이 몇 가지 있다. 첫째, 추가로 이루어지는 원조가 어떤 영향을 주는지는 어떤 갭이 영향을 받는지에 달려 있다. 둘째, 저축이 영향을 받을 때 원조와 저축의 상관관계가 긍정적이라고 해도 이것은 무역이 영향을 받을 때에도 긍정적인 관계를 가진다는 의미는 아니다. 셋째, 무역적자가 영향을 받을 때 원조는 해러드-도마 원조이론에서 저축, 투자, 성장으로 우회하는 연결고리를 통해 성장에 직접적인 영향을 미치게 된다.

1960년대와 1970년대에는 이 이론에 대한 경험적 연구 대부분이 한 국가만을 대상으로 이루어졌다(예컨대 Chenery and Eckstein, 1970). 로빈슨은 여러 국가들을 대상으로 접근하였고 무역수지를 성장후퇴 요인으로 제기하였다. 그는 무역수지 변수가 굉장히 중요하고 외환은 성장에 한계적 요소로 작용한다고 밝힘으로써 두 가지 갭 모델 이론을 뒷받침하였다. 파파넥은 같은 주장을 하면서 두 가지 갭 모델 이론이 분석의 세밀함과 현실과의 관련성을 더욱 높여주었다고 주장했다(1972). 이들 제1세대의 경험적 연구에서 논의된 쟁점들은 1990년대까지 이어졌다. 이러한 해법을 이해하기 위해서는 분석의 기본골격을 알아둘 필요가 있다. 레온티에프Leontief 생산함수와 과잉 노동공급 가정이 해러드-도마 모델의 핵심을 이룬다. 어떤 것도 생산투입을 대체할 수 없고, 산출은 생산의 결핍요소인 자본과 선형 관계를 이룬다. 그러므로 자본축적이 성장의 열쇠가 되는 것이다. 이 모델에서 국내 및 해외저축(원조포함)이 성장에 영향을 미치는 유일한 방법은 실질적인 자본축적, 즉 투자이다. 자본 대 산출 비율 ν는 일정하고, 생산 성장률 'g_{Yt}'는 다음과 같이 주어진다.

$$(1) \quad g_{Yt} = \frac{\dot{Y_t}}{Y_t} = \nu \frac{\dot{K_t}}{Y_t}$$

Y_t는 당해 연도 생산 t, K_t는 자본 축적량, 점은 시간의 흐름을 나타낸다. 자본축적의 변화와 총투자의 관계를 I_t, 자본 δ이 일정한 비율로 가치하락을 한다고 할 때 다음과 같은 공식이 성립한다.

$$(2) \quad g_{Yt} = \nu \frac{I_t}{Y_t} - \delta = \nu i_t - \delta$$

자급자족 경제에서 투자율 i_t는 국내저축률 s_t로 대체할 수 있다. 개방경제에서 저축률과 투자의 관계는 다음과 같다.

$$(3) \quad I_t = S_t + F_t = St + A_t + F_{pt} + F_{ot}$$

F_t가 원조 A_t를 포함한 총외국 자원의 유입량을 F_{pt}, F_{ot}는 각각 민간과 다른 해외자원 유입을 나타낸다. 국내저축을 S_t라고 하면 다음과 같은 공식이 성립된다.

(4) $i_t = s_t + a_t + f_{pt} + f_{ot}$

$\partial f_{pt}/\partial a_t = \partial f_{ot}/\partial a_t = 0$이라면, 이는 곧 원조는 민간과 다른 해외자본 유입에 아무런 영향을 미치지 않는 것을 의미하고 원조가 투자에 미치는 한계적 영향은 다음과 같다.[3]

(5) $\dfrac{\partial i_t}{\partial a_t} = \dfrac{\partial s_t}{\partial a_t} + 1$

공식 (5)에서 보듯이 원조가 국내저축에 미치는 영향은 원조의 거시경제학적 효과를 평가할 수 있음을 보여준다. 원조와 저축의 관계는 다시 투자율에 영향을 미친다.

초기 경험적 문헌 연구로 돌아가면 다음의 단순한 공식이 원조와 저축의 관계를 분석하는 데 종종 사용되었음을 알 수 있다.

(6) $s_t = \alpha_0 + \alpha_1 a_t$

α_0는 한계저축이고 α_1은 원조유입(소득의 몫으로서)이 저축률에 미치는 영향을 나타낸다.[4] 더욱이 f_t는 a_t를 대신해 사용되었는데 이는 원조흐름에

---

3) 이 가정이 늘 정당화되지는 않는다. 원조는 긍정적이면서 동시에 부정적 방식으로 해외 민간 유동성과 서로 영향을 줄 수 있다. 늘어난 원조가 수원국에 더 큰 정치적 안정을 가져오는 신호로 해석된다면 민간 유동성은 증가할 것이다. 이와 반대로 더 많은 원조가 수원국에 경제적 어려움을 안겨주는 신호로 인식된다면 다른 종류의 해외자본 유입에 부정적 영향을 미칠 것이다.

4) 이 공식은 저축 수준이 소득과 원조 수준에 따르는, 즉 $S = \alpha_0 Y + \alpha_1 A$인 행위적 관계로 해석될 수 있으며, 소득($\alpha_0$)과 원조($\alpha_1$) 각각의 한계 효과는 다른 의견을 허용하는 (6)의 암묵적인 공식화에 있다. 원조가 완전한 대용품으로 다

관한 적절한 데이터가 부족했기 때문이다. 수준변수도 (비율 대신) 몇몇 사례에서만 사용되었고, Y_t는 비율에 내재적으로 존재하지 않고 명시적으로 포함되었다. 등식 (6)은 원조와 성장에 관한 토론에서 매우 중요한 역할을 한다. 예를 들어 화이트는 원조와 저축이 긍정적이거나 혹은 부정적 관계를 가진다는 것에는 전혀 동의하지 않았고 아마도 긍정적일 것이라고 주장한다 (1992b).

이제 다시 우리의 경험적 문헌연구로 돌아와서 우선 원조가 저축에 어떤 영향을 미치는지를 살펴보고(즉, 1세대 연구쟁점) 제 2세대 연구의 기초가 되는 다른 연구 모델을 살펴보겠다. 우리 연구는 1960년대 말에서 1998년 사이에 출간된 연구보고서에 나타난 131개국의 회귀분석자료를 포함한 광범위한 자료를 바탕으로 할 것이다.[5]

3가지 종속변수는 저축(S), 투자(I), 그리고 성장(G)이다. 설명변수는 자연적으로 원조의 유입이다. 하지만 초기의 원조의 효과성에 관한 연구 대부분에서 원조는 다른 해외자본 유입량에서 분리되어 별개로 다루어지지 않았다. 131개의 회귀분석자료 결과는 두 그룹으로 분류되었고 첫 번째 그룹 총 104개의 자료에서 설명변수는 명백히 확인된 원조측정(A)을 포함하고 있다. 대략 공적개발원조의 개발원조위원회DAC 개념과 비슷한 것이다. 남은 27개 자료에서는 원조가 해외자본유입 측정에서 분리되지 않았는데, 이들은 두 번째 그룹 (F) 으로 분류되었다. A 혹은 F가 각각 S, I, G에 미치는 영향을 보여주는 회귀분석 자료 수는 각각 41, 18, 72개로 분석되었

른 종류의 소득으로 받아들여지는 경우에는 (즉, 충분히 대체할 수 있는 경우) 저축에 대한 이들 두 한계 효과는 동일하다.

5) 여기서 조사된 131개 국가의 회귀분석들은 이 장 마지막 부록에 목록으로 수록한 29개의 논설, 논문, 서적에서 검증되었다. 연구 조사에 포함된 대부분의 서적과 논문은 하나의 실증적 추정 이상을 담고 있는 것으로서 경제실행에 대한 원조의 영향과 관련된 몇몇 의견을 대표한다. 131개 회귀분석의 목록과 분류에 대한 모든 세부사항들은 저자가 가지고 있다.

다. 마지막으로 우리는 종속변수와 설명변수의 사이의 관계를 상당히 긍정적(+), 관련 없음(0), 상당히 부정적(−)으로 분류해 기록하였다.[6]

이러한 조사방법에는 함정이 있다. 어떤 회귀분석자료는 다른 것보다 훨씬 의미가 있고 많은 저자들이 같은 실수를 했을 가능성이 있다. 하지만 우리의 분류에 따른 분석 방식은 에드워드 리머Edward Leamer의 '극한분석 extreme bounds analysis'(Leamer, 1985)을 따르고 있다. 이는 최근 살라-마르틴Sala-i-Martin의 성장 회귀분석(1997)에서 모수의 타당성에 관한 분석에 사용되었다. 극한분석과 우리 분석방식 사이의 중요한 차이점이라면 우리는 설명변수와 표본을 변형시키는 실험에 영향을 받지 않는다는 점이다. 이런 방식이 결과의 신뢰성을 더욱 높여줄 것으로 보인다. 어느 경우든 분류에 의한 분석방식은 지나치게 자료를 선별해낸다거나 가치를 판단하지 않고 경험적 원조효과성의 표본을 만드는 한 가지 방법이다. 이는 또한 연구논문이 진정 말하고자 하는 것에 대한 총체적 결론을 찾는 데 필요한 첫걸음이라 생각한다.

우리의 41개 원조-저축 후퇴 샘플에서는 공식 (6)보다 더 복잡한 수식이 분석에 사용되었고 공식을 이용하여 원조가 저축에 미치는 영향을 평가했다. 원조-저축의 관계에 대한 다양한 경험적 사례는 경제에서 근본적인 저축 행위에 관한 독특한 함의를 지니고 있고, 또한 경험에 바탕을 둔 원조-저축 연구 대부분은 이 같은 행동적인 함의가 일반적으로 알려지지도, 다루어지지도 않았다고 정당한 비판을 하고 있다.[7] 그럼에도 불구하고 그리핀과 에

---

6) 조사를 위한 준비 작업은 131개 국가의 회귀분석이 한 벌set의 자료로 정리된 일련의 교차제표를 포함시켰다. 다음과 같은 것, 즉 지역, 표본 기간, 분석적 방법에 대한 분류 일람표가 사용되었다. 이상적으로 말해, 소득 그룹에 의한 보충사례 만들기에서 생기는 어떤 영향을 동시에 연구하는 것이 바람직할 것이다. 이것은 출간된 자료에서 이용 가능한 것을 능가하는 정보가 확실한 결론에 도달할 필요가 있기 때문에 다음 연구를 위해 남겨두었다.

7) 저축 결정요소에 대한 이해가 단지 개발도상국들만의 문제가 아니라는 것을 여

노스의 연구(1970)를 포함하여 원조-저축 논의를 좀 더 잘 이해하기 위해 〈표 4-1〉(첫째 줄)이 다양한 연구결과를 잘 요약하여 보여주고 있다. 기본적인 귀무가설은 $\alpha_1 = 0$이다. 따라서 원조- 저축성과에 관한 이 개요는 회귀분석이 미샤로폴로스와 수카트메(1989), 화이트(1992a; 1992b)의 조사연구를 포함한 여러 연구논문에서 제시되고 논의된 전통적인 경로를 따르고 있다.

〈표 4-1〉을 보면 단 하나의 연구에서 α_1의 측정값이 0보다 훨씬 더 크게 나타나 있다. 그래서 원조가 국내저축에 미치는 영향이 긍정적이라는 주장은 다소 위험하다. 〈표 4-1〉 첫째 줄 데이터의 60% 이상이 원조-저축의 부정적 계수를 보여주고 있다. 이는 곧 원조가 1대1 식으로 총저축을 증가시킨다고 해석할 수 없다. 상당수의 경험적 근거들을 보면 원조의 거시경제학적 영향에 대해 지나치게 긍정적이었던 초기의 시각은 받아들이기 어렵다고 결론지을 수 있다.

또 다른 극단적 해석은 〈표 4-1〉 첫째 줄에 나타난 모수의 값이 음수로 나타났기 때문에 원조가 성장에 도리어 해가 된다고 결론짓는다. 이에 대한 반박으로 파파넥은 원조와 저축 사이에 음수 고리가 나타나게 되는 많은 이유를 제시했다(1972). 이는 계수가 음수의 값이냐 아니냐의 문제가 아닌, 0과 -1 사이 값이냐 아니냐의 문제이다. 공식 (5)는 파파넥과 뉴린의 주장이 옳았음을 보여준다. 공식 (6)으로 나온 원조-저축 관계에서 음수 값인 모수 α_1는 $\alpha_1 > -1$인 한 원조는 총투자에 긍정적인 영향을 미친다는 의미와 일치한다.[8] $\alpha_1 = -1$일 때 원조는 투자에 아무런 영향을 미치지 않으며

기서 상기해보는 것이 좋다. 브라우닝Browning과 루사디Lusardi는, 저축과 소비에 대한 수많은 실증 연구가 진행되고 출간되었음에도 '왜 사람들이 저축하는지'의 문제가 대부분 풀리지 않은 채로 남아 있는 이유를 미시 경제적 관점으로 주장하고 있다(1996). 맷슨Masson 등의 최근 연구(1998)는 거시 경제적 관점으로 이 문제에 접근하고 시계열(時系列)과 단면 자료 모두를 이용하여 가능한 저축결정 요소들을 연구한다. 흥미로운 결과들이 나오고 있지만 이질성을 특징으로 하고 있다.

$\alpha_1 < -1$일 때만 원조가 투자에 영향을 미친다. 따라서 성장에 해가 된다는 결론을 내릴 수 있다.

원조-저축 연구에서 투자에 대한 해석을 도출해 낼 때(이는 원조가 성장에 미치는 영향에 관심이 있다면 가장 궁극적인 문제이다), 귀무가설을 $\alpha_1 = -1$로 지정하는 것이 훨씬 논리적으로 보인다. 그리하여 우리는 이 가설을 증명하기 위해 41개 중 39개의 분석 자료에 대한 시험통계를 내보았다.[9] 〈표 4-1〉 둘째 줄에 나타나 있듯이 α_1값이 −1보다 현저히 낮게 나타난 자료는 하나뿐이다. 반대로 18개의 자료에서는 원조효과성이 −1보다 훨씬 높게 나타났고 20개에서는 −1보다 크게 다르지 않게 나타났다.

타당성 또한 문제이다. 신뢰한계가 일반적으로 매우 넓다. 이는 부분적으로 제1세대 연구 상당부분에서 관찰자료 수가 적음을 뜻한다. 예를 들어 6개 연구는 10개의 자유도를 가지고 있고 오직 4개 연구만이 100개 이상의 자유도를 가지고 있다. 또한 저축-투자 행동이 조사된 연구에서는 제대로 반영되지 않았다. 최종 결과는 −1과 0은 대부분의 경우에 α_1의 신뢰한계에 포함된다.

제1세대 연구에서도 몇 가지 믿을 만한 결론이 나왔다. 원조-저축-성장의 관계에 대한 어떤 극단적인 해석은 유효하지 않다는 것이다. 긍정적 효과를 뒷받침하는 증거는 없고, 단 하나의 연구에서만이 원조가 총저축을 낮춘다는 결론을 내고 있다. 이들 연구에서 발견되는 놀라운 증거는 원조가 비록 원조 유입량만큼은 아닐지라도 총저축의 증가를 가져온다는 것이다. 해러드-도마 모델을 근거로 한다면 원조가 성장을 낳는다.

---

8) 만약 $S = \alpha_0 Y + \alpha_1 A$이고 $Y = \beta_0 + \beta_1 A$을 시험적으로 가정한다면, 암묵적 투자 효과는 통상적으로 −1보다 적을 $\alpha_1 > -1 - \alpha_0 \beta_1$인 한 긍정적이다.

9) 두 회귀분석의 표준 오차에 대한 부족한 자료 때문에 대립 귀무가설에 적합한 검증통계량이 없다.

■ 원조, 투자 그리고 성장: 제2세대 연구

제2세대의 경험주의적 연구에서는 원조-저축의 관계로부터 원조-성장의 관계로 초점이 바뀐다. 투자를 매개로 하여 그 관계를 평가하기도 하고 공식을 통해 직접 도출해내기도 한다. 기본적인 구조상의 모델이 있는 한 연구 초점은 자본 축적에 모아져 해러드-도마 모델이나 단순히 솔로Solow 성장 모델과 일치하게 된다.

어떤 성장모델을 선택하든 투자는 성장에 가장 중요하고 직접적인 결정 요소라는 견해이다. 〈표 4-1〉에 나타난 18개국을 대상으로 한 원조-투자 연구에 내재된 가정은 만약 원조와 투자가 긍정적 관계임이 밝혀진다면 원조가 성장에 긍정적 기여를 한다고 결론지어도 정당한 것이다. 더욱이 회귀분석에서의 원조-투자관계의 세부내역이 우리의 연구 자료에서 다양하게 나타날지라도 기본 핵심은 투자를 원조에 관련짓는 행동공식을 포함한다.

파파넥은 원조의 효과성에 대한 논의의 초점은 원조-저축 관계에서 원조가 투자와 성장에 미치는 영향을 조사하는 것으로 옮겨가야 한다고 주장했다. 그래서 그는 하나의 모델을 제시하였다. 그 모델은 다양한 투자지원 요소 ― 국내저축, 원조 및 다른 해외자본 유입 ― 를 모두 별개로 분리하고 있다. 이는 원조-투자 연구에서 응용되었고, 추정되는 투자행위는 일반적으로 다음과 같이 표시된다.[10]

(7) $i_t = h(s_t, a_t, f_{pt}, f_{ot})$

상당수의 연구 분석에서 나타나는 원조-투자의 관계는 다음과 같은 결과에 기초한다. F가 아닌 A가 설명변수에 명시적으로 포함된다(〈표 4-1〉 셋

---

10) 공식 (4)가 회계등식인 반면에 공식 (7)은 여기에서 조사된 문헌 내의 가정에 따른 행동공식이라는 것을 주목하자.

째 줄). 이는 원조-저축 회귀분석 연구와는 정반대이고, 부분적으로 제2세대 원조-투자 연구는 해외뿐 아니라 국내 자본축적 요소도 행동공식의 개별 설명 요소로 보고 있음을 의미한다. 공식 (7)에서 나온 선형 회귀분석형태는 다음 공식에 의해 나온 것이다.

(8) $i_t = \gamma_0 + \gamma_1 s_t + \gamma_2 a_t + \gamma_3 f_{pt} + \gamma_4 f_{ot}$

여기서 모수는

(9) $\gamma_1 = \dfrac{\partial i}{\partial s}; \gamma_2 = \dfrac{\partial i}{\partial a}; \gamma_3 = \dfrac{\partial i}{\partial f_p}; \gamma_4 = \dfrac{\partial i}{\partial f_0}$

공식 (9)로 되돌아가 이런 행동분석학적 공식은 널리 사용되고 있고 이는 원조와 성장의 경험적 연구 결과를 어떻게 해석해야 하는지에 대해 매우 중요한 의미를 가지고 있다. 〈표 4-1〉 셋째 줄을 보면 원조가 투자에 매우 긍정적인 영향을 미친다는 점에 사실상 합의가 된 셈이다. 1970년대 이전 자료에 근거한 단 하나의 자료만이 별 상관관계가 없다고 보고 있다. 모든 다른 연구는 상당히 긍정적인 모수 값을 가지고 있다. 총체적으로 원조의 투자촉진 효과는 명백하다고 단언할 수 있다. 성장과의 연관성을 찾는 것은 별개의 문제이다.

제2세대 연구는 축소된 공식을 통해서 원조와 성장의 관계를 조사하였다. 지난 30년간 72개국에서 원조가 성장에 미치는 직접적인 영향에 대한 확인 가능 여부를 조사했다. 몇몇 회귀분석연구는 첫 출발점으로 공식 (2)와 비슷한 성장공식을 채택했지만 대부분 공식 (8)처럼 투자비율 i_t가 행동설명으로 대체되었다. 제2세대 원조-성장 회귀분석공식은 다음과 같다.

〈표 4-1〉 저축, 투자, 성장에 미치는 원조와 자원 흐름의 영향

종속변수	설명변수							
	원조흐름(A)				해외자원흐름(F)			
	$(-)$	(0)	$(+)$	총계[a]	$(-)$	(0)	$(+)$	총계
저축								
H_0: $\alpha = 0$	14	10	0	24	11	5	1	17
저축								
H_0: $\alpha_1 = -1$[b]	1	13	8	22	0	7	10	17
투자								
H_0: $\alpha_1 = 0$	0	1	15	16	0	0	2	2
성장								
H_0: $\alpha_1 = 0$	1	25	38	64	0	6	2	8

출처: 부록, 〈표 A.4-1〉의 (a)와 (b)에서 발췌
주석: 귀무가설 (H_0)은 양면적인 대안과는 반대로 5% 유의 수준에서 실험하였다.
　　a) 저축 열에 있는 $\alpha_1 = 0$과 $\alpha_1 = -1$에서 회귀분석의 총수는, 두 번의 회귀분석에서 나타난 표준오차로 인해 정보가 누락되었기 때문에 (24와 22)와는 같지 않다.
　　b) 이 열에서 (H_0)이 $\alpha_1 = 1$이므로 $(-)$, (0), $(+)$는 각각 $\alpha_1 < -1$, $\alpha_1 = -1$, $\alpha_1 > -1$을 뜻한다.

(10)　$g_{Yt} = \lambda_0 + \lambda_1 s_t + \lambda_2 a_t + \lambda_3 f_{pt} + \lambda_4 f_{ot}$

여기서 $\lambda_0 = \nu\gamma_0 - \delta$ 이고 $\lambda_i = \nu\gamma_i$ 이다.

이 축소된 공식은 다양한 대체 구조 모델과 맥을 같이한다. 파파넥 회귀분석의 기본전개는 해러드-도마 성장모델에 기초하고 있지만, 이 회귀분석 또한 생산투입에 대체를 허용하는 솔로 모델을 기반으로 할 때 적용할 수 있다. 이 경우엔 노동력, 기술, 특히 자본-산출 비율의 성장률이 시간이 지나도 일정하다는 예비가정을 할 수 있다. 이러한 가정은 안정된 국가에서 그리고 물질적 자본의 사용자 비용이 일정하고 해외에서 주어지는 바로Barro 등의 소규모

개방경제 모델(1995)에서 사용된다. 이런 기본 가정이 적용되지 않을 경우 모수에 대한 표준편차 값이 비록 편향되지는 않겠지만 증가해야할 것이다. 경험적 연구에서 이는 아주 작은 값이 상대적으로 높은 몫을 차지한다는 의미다.

만약 Y_i가 그에 상응하는 λ_i인 1이라는 수와 같다면 공식 (10)의 모수 값은 자본–산출 비율인 ν와 모두 같아야 한다. 하지만 축소된 형태로 공식 (8)을 해석할 때 한편으로는 총투자와 저축, 다른 한편으로는 원조와 외자 유입간의 행동적 관계는 1이라는 수와는 다른 수치가 나오게 된다. 이는 회귀분석계수가 서로 그리고 ν와 다를 수도 있음을 의미한다.

축소 형태의 회귀분석으로 원조효과성을 평가할 때 직접적인 이해관계의 모수는 λ_2이다. 많은 연구에서 이 모수 값이 매우 작게 나오는데 이것이 원조가 성장에 별다른 영향을 미치지 않는다는 결론을 끌어내게 했다. 하지만 이런 해석은 복합가설, 즉 (1) $\nu \neq 0$, (2) $\gamma_2 = 0$을 포함한다. 효과가 투자에 미치는 한계효과에 관한 (2)의 가정뿐 아니라 기본 모델사항도 원조효과성에 관한 결론에 영향을 미친다. 하지만 ν나 γ_2 어느 것도 추가적 가정 없이 회귀분석 모수에선 알아낼 수 없다. 자연스럽게 할 수 있는 선택이라면 γ_1이 0이 아니라는 것이다. 이는 $\nu > 0$이기만 하면 국내저축은 투자와 성장에 긍정적 영향을 미친다고 가정하는 것과 같으며, 원조가 축소된 형태의 회귀분석에서 성장에 아무런 영향을 미치지 않는다는 결론을 내리기 위한 최소한의 조건은 $\nu_1 \neq 0$과 $\lambda_2 = 0$이다.

〈표 4-1〉의 넷째 줄에서 보듯이 원조가 성장에 직접 악영향을 끼치고 있음을 보여주는 연구결과는 단 하나에 불과하다. 반면 남은 71개의 결과 중 40개는 긍정적인, 31개는 통계적으로 별다른 영향을 미치지 않는다는 것을 보여준다. 처음에는 증거가 잡다해 보일 수도 있다. 하지만 미미한 결과를 보여준 31개 연구결과를 다시 살펴보면 이들 중 12개는 회귀분석에 근거하고 있으며 이는 원조가 성장에 아무런 영향을 미치지 않는다(〈표 4-2〉)는 결론을 내기 위한 최소한의 요구사항을 충족시키지 않는다. 원조계수가 매우 작을 때 저축계수도 매우 작다.

〈표 4-2〉 파파넥 회귀분석에 따른 원조효과성 결과

	$\lambda_1 \neq 0$ $\lambda_2 \neq 0$	$\lambda_1 \neq 0$ $\lambda_2 = 0$	$\lambda_1 = 0$ $\lambda_2 = 0$	$\lambda_1 = 0$ $\lambda_2 \neq 0$
Papanek(1973)	4	1	0	0
Stoneman(1975)	9	0	1	1
Dowling and Hiemenz(1982)	1	0	0	1
Gupta and Islam(1983)	3	2	1	0
Singh(1985)	1	1	1	1
Mosley et al.(1987)	1	3	6	2
Mosley et al.(1992)	1	0	3	0
White(1992b)	2	1	0	1
Snyder(1993)	1	1	0	1
합계	23	9	12	7

주석: 〈표 4-1〉과 〈표 4-2〉는 여기에서 분석한 72개의 원조-성장에 대한 회귀분석 중에서 51개는 Papanek 회귀분석으로 간주할 수 있는 기능적인 양식을 갖고 있음을 보여준다. 또한 Papanek 회귀분석이 아닌 나머지 21개의 분석 중에서 무의한 결과가 10개라는 것을 알 수 있다.

원조효과성에 관한 연구 중 가장 많이 언급된 것들은 모슬리Mosley 등이 한 연구(1987; 1992)이다. 그들과 몇몇 다른 사람들의 분석에서는 원조가 성장을 촉진하는 것 같지 않으며 미시-거시 패러독스가 설명될 수 있다는 주장이 의심스럽다는 결론을 내리고 있다. 사실 이들 회귀분석의 상당수에서 저축계수는 매우 미미하게 나타났다. 이런 결과에서 나타나는 혼란이란 원조가 효과가 없다는 사실을 강조하기보다는 바로 저축이 효과가 없다는 것이다. 이는 기본구조 모델이 각각의 분석에 적절하였는가라는 문제를 제기한다.

$\lambda_1 \neq 0$이라는 가설이 세워진 32개 회귀분석 연구에서 23개는 매우 중요한 결과를, 9개는 미미한 결과를 보였다. 특히 축소된 형태의 공식의 단순성과 근거로 삼은 데이터의 질을 감안할 때 원조와 성장 사이의 중요한 고리를 찾아내는 일련의 연구는 인상적이다. 중요한 원조-성장 고리를 찾아낸 축소형태의 파파넥 유형의 회귀분석은 미미한 관계를 찾아낸 분석에 비해 일반

적으로 더 많은 관찰을 통해 얻어진 것이다.

원조가 저축을 증가시키지 않는다는 연구결과는 두 가지 갭 모델에서는 별 문제될 것이 없다. 경제가 외환에 의해 영향을 받는 두 가지 갭 모델에서는 원조, 저축, 그리고 성장 사이에 아무런 관련이 없을 것이다. 하지만 원조는 수출제약을 완화시켜줌으로써 성장을 촉진하는 데 매우 효과적이다. 이는 저축으로는 작동하지 않는 원조와 성장간의 직접적인 관련성을 보여주는 〈표 4-2〉의 4번째 칸 결과와 일치한다. 비슷한 논리로 두 가지 갭 모델 구조로는 원조가 성장 촉진에 효과가 없다고 결론짓기 위해 원조변수(〈표 4-2〉 2번째 칸 참조)에 무의미한 모수를 이용할 수 없다. 저축이 억제되어 원조가 성장에 미치는 직접적인 영향을 알 수 없는 경제에서는 그러한 결과가 나올 수 있을 것이다. 원조가 저축에 미치는 영향을 통해 간접적인 효과는 있을지도 모르지만 이는 회귀 공식에서는 나타나지 않는다. 진정 혼란스런 문제는 저축이나 원조의 모수 중 어느 것도 의미 있는 값이 나오지 않을 때(〈표 4-2〉 3번째 칸)다.

파파넥 접근 방식에 기초하지 않은 것으로 분류된 우리의 표본 가운데서 21개의 축소된 형태의 원조-성장 회귀 연구결과를 다시 살펴보면 10개 자료에 나타난 미미한 값은 자유도가 거의 없는 단순한 초기 회귀분석에서 나온 것이거나 원조가 아닌 총해외자본 유입이 검토된 자료에서 나온 것이다 (Griffin and Enos, 1970; Massekk et al., 1972; Voivodas, 1973; Bornschier et al., 1978; Mosley et al., 1987). 합당한 수치의 자유도를 가진 최근의 분석들은 긍정적이고 중요한 결과를 전하고 있다.

간단히 말해 제2세대 연구에서 우리는 어느 정도 분명한 결론을 이끌어낼 수 있다. 원조-투자의 관계는 긍정적이고, 제1세대의 원조-저축 연구에서 나온 전형적인 결과들과 일치한다. 더욱이 축소된 형태의 원조-성장 회귀연구 결과에 따르면 저축과 성장이 긍정적인 관계에 있을 땐 항상 원조와 성장의 관계도 긍정적이다. 이 축소형태의 모델은 표준 성장 모델에서 나타나는 원조-저축-투자-성장의 인과관계 연결고리와 일치한다.

■ 원조, 정책 그리고 성장: 제3세대 연구

지난 몇 년 사이에 새로운 제3세대 연구가 시작되었다. 초기연구와는 달리 4개 부문에서 새로운 지평을 열었다. 첫째, 상당히 오랜 기간 그리고 여러 국가의 패널 자료를 가지고 연구하였다. 이 자료에는 상당부분 개도국의 무역과 여타 경제활동이 담겨 있다. 둘째, 신성장이론이 지난 연구와는 다른 분석기반을 제공함으로써 독특한 방식으로 분석할 수 있게 해주었다. 경제정책과 제도적 환경부문 측정이 기존의 거시 경제적 변수와 더불어 축소된 형태의 성장 회귀분석에 포함되었다. 셋째, 원조와 다른 변수의 내인성(內因性)이 몇몇 연구에서 확실히 다루어졌다. 마지막으로 원조-성장 관계가 비선형(非線型)으로 분명하게 검토되었다. 물론 초기 연구 분석도 이 같은 문제들을 해결하였지만, 우리가 보기에 제 3세대 연구는 원조효과성에 관한 국경을 초월한 경험적 연구에 한 발짝 더 다가선 것 같다.[11]

분(1996)과 번사이드-달러(1997)의 연구가 특히 많은 관심을 끌었다. 이들의 연구는 다른 학자들, 예컨대 페이지오글루Feyzioglu 등(1998), 맥길리브레이-모리세이(1998) 및 치카타Tsikata(1998)의 논문에서 심도 있게 다시 검토되고 논의되었다. 분의 연구는 관련 문헌에서 '국외자'로 분류되어야 한다. 그는 원조는 투자와 성장에 아무런 영향을 미치지 않는다고 결론짓는다. 치카타는 이런 결론을 매우 놀랍다고 하였으며(1998), 앞서 우리가 검토했던 투자 관련 연구의 상당부분 특히, 페이지오글루 등(1998)과는 완전히 반대되는 결론이다. 분의 연구를 자세히 검토해보면, 그는 일체의 자료를 이용할 때 원조가 투자에 영향을 미친다는 결론을 아예 폐기하기로 작심하였음을 알 수 있다. 결론적으로 분은 원조를 내인화(內因化)하고

---

11) 실증적 검정에서 원조의 내인성을 인정할 때는 모슬리(1980)가 선구자라는 점을 주목하자. 그러나 초기 단계에서 이 문제를 열심히 다룰 때 그는 저축을 외인성으로 보았다.

〈표 4-3〉 최근 성장 회귀분석들의 비교

	Hadjimichael et al. (1995: tab.25)	Durberry et al. (1998: tab.3)	Burnside and Dollar (1997: tab.3)	Hansen and Tarp (1999: tab.7)
원조	0.098**(2.22)	0.101**(2.26)	-0.580(1.23)	0.983**(3.94)
원조^2	-0.002**(2.57)	-0.001**(2.01)	-	-1.870**(4.61)
원조×정책	-	-	0.320*(1.78)	-
민간투자	0.014(0.53)	-	-	-
정부투자	0.178**(3.43)	-	-	-
국내저축	-	0.064**(3.17)	-	-
민간 순유입	-	0.237**(3.80)	-	-
기타 유입	-	0.006(0.83)	-	-
인적 자본	0.161**(3.36)	-	-	-
인구 성장률	-0.890**(2.54)	-	-	-
교역조건	0.029**(1.99)	0.090**(3.29)	-	-
실질실효환율	-0.045**(2.94)	-	-	-
개방수준	-	-	1.460**(2.06)	0.027**(4.94)
인플레이션	-0.034*(1.94)	-0.001**(3.20)	-1.160**(2.06)	-0.011**(2.55)
예산적자	-0.168**(4.61)	-0.066**(2.00)	-0.080(0.01)	-
정부소비	-	-	-2.590(0.30)	-0.289**(2.88)
금융시장의 깊이	-	0.007(0.73)	0.019(1.14)	-0.073**(2.07)
제도의 질	-	-	0.690**(3.70)	-
초기 1인당 GDP	-	-	-0.950(1.11)	-0.056**(2.62)
샘플기간	1987~1992	1970~1993	1970~1993	1974~1993
국가/기간	31/6	58/4	56/6	56/5
관측치	186	238	267	264
R^2	0.4	0.32	0.38	0.53

주석: 원조와 성장의 계산법이 다르기 때문에(분수/백분율), 매개변수 추정치는 표 전반에서 직접적으로 비교되지 않았다. 그러나 원조의 효과성은 각각 처음의 두 개 세로줄과 마지막 두 개 세로줄에서 직접적으로 비교된다.
*과 **는 각각 10%와 5%의 유의성을 가리킨다.

있지만 그가 내린 결론은 왜 1인당 국민소득 성장률을 내인화하고 있지 않은지 의문을 불러일으킨다. 이런 이유 때문에 그리고 설명을 쉽게 하기 위해 우리는 번사이드-달러는 물론 하지미카엘Hadjimichael 등(1995), 더바리Durbarry 등(1998), 간센Gansen-타르프Tarp(1999)와 같은 최근의 다른 연구에 초점을 맞추기로 한다. 이 4개의 연구는 원조효과성에 대한 제3세대의 경험적 분석의 핵심을 이룬다.

개관

여기서 중점적으로 다루고 있는 제3세대 연구들은 각각 공통의 이론적 배경을 공유하고 있다. 비록 성장에 관한 특정 공식과 계량경제학적 기교가 서로 다르다 하더라도 이들은 분석적 관점에서 볼 때 상당히 많은 공통점을 갖고 있다. 우리는 앞으로 위의 4개 연구를 개관하면서 유사성보다는 차이점에 초점을 맞출 것이다. 〈표 4-3〉은 성장관련 수치에 포함된 몇몇 모수를 보여주고 있다. 종속변수는 모든 경우 연간 1인당 실질 GDP의 평균 성장률이다.

하지미카엘 등(1995)의 연구가 주로 다룬 부분은 사하라 이남 아프리카 지역에서의 거시경제정책, 외부요인 및 구조개혁이 이 지역의 성장, 저축, 투자에 미친 영향에 관한 것이다. 또한 이들은 지난 10년간의 성장, 저축, 투자에 관한 경험적 분석을 통해 얻은 통찰력으로 정부투자, 공공예산적자, 인플레이션과 같은 정책 변수들을 여기에 포함시켰다. 앞 세대의 연구와는 달리 그들의 연구에는 4가지 새로운 점이 있다. 첫째, 회귀분석에 해마다의 절편(截片)이 표본으로 포함되어 있다.[12] 둘째, 국가 전체의 이분산

---

12) 이러한 시간 가상은 매년 그 국가들 모두에게 공통적인 충격효과를 포착하기 위해 포함시켰으나 포함되어 있는 다른 변수들(다시 말해, 그 가상이 세계 비즈니스 주기를 참작하는 것)에 의해 포착되지는 않는다.

heteroskedasticity을 설명하기 위해 모수는 가중 최소 제곱법을 사용해 구한다. 셋째, 경제정책과 원조의 잠재적 내인성은 연간 원조를 포함한 대부분의 설명변수를 점점 줄임으로써 역점을 두어 다루게 된다. 넷째, 원조 제곱항을 회귀분석에 포함시켜 원조-성장 관계에서 있음직한 비선형 관계를 포착한다. 〈표 4-1〉첫째 줄에 나타난 결과는 1987년에서 1992년에 걸쳐 사하라 이남 아프리카 31개국을 분석한 것이다. 이들 국가의 경제적 성과가 좋지 못한 것은 경제정책이 일관되지 못한 데서 비롯된 것으로 주요 정책평가를 내렸지만 원조가 성장에 크게 영향을 준다는 사실은 인정되었다.

더바리 외 몇몇 학자들(〈표 4-3〉둘째 줄)의 연구(1998)를 보면 이들은 공식 (4)에서처럼 파파넥의 연구에 영향을 받아 투자분해법을 이용하지만 원조가 성장에 미치는 비선형적 영향을 고려하여 원조 제곱항을 포함시킨다. 이 방법은 파파넥의 투자 공식을 완벽하게 따르는 것은 아니지만 하지미카엘 등이나 더바리 등 같은 학자들은 원조-성장 관계에서 비선형 가능성은 결과를 통해서 확인되어야 한다고 주장한다. 이들 두 연구는 데이터 적용범위와 계산 기법에서 가장 큰 차이가 난다. 더바리 등은 1970~1993년까지 약 24년 동안 58개 개발도상국을 분석했다. 매 연간 데이터로 평균 6년씩 4회에 걸쳐 238개의 결과를 얻어냈다. 〈표 4-3〉에 나타난 결과는 복잡한 계산법으로 각 해당 기간에 다른 절편을 사용하는 시간개념이 포함되었다. 전국가 차원의 조사방법은 무작위 오차 방식을 사용하였다.[13] 여기서 나온 결론으로 원조가 많을수록 성장에 도움이 된다는 확고한 근거를 가질 수 있게 되었고 성장 효과와 관련해 최적의 원조분배도 가능한 것으로 밝혀졌다.

번사이드와 달러(〈표 4-3〉셋째 줄)는 다른 제3세대 연구와 마찬가지로 최신 신성장론의 경험적 근거를 바탕으로 연구하였다(1997). 이들은 경제정책 변수뿐 아니라 1990년대 중반 성장연구에서 나타난 몇 가지 제도적 정치적 변수들(예컨대 암살, 인종 분리운동, 제도의 특성)도 포함시켰다. 게다가 초기

---

13) 원조의 내인성은 이 연구에서 다루지 않는다.

단계의 실질 GDP를 포함시킴으로써 조건부 수렴효과도 얻어냈다. 하지만 이들의 연구에서 가장 새로운 것 - 그리고 논쟁의 가장 핵심이 되는 부분 - 은 원조와 경제정책 사이에 상호작용 항을 포함시킨 점이다. 아래에서 좀 더 다루겠지만 이는 원조와 성장간의 비선형적 관계를 설명하는 데 하지미카엘 등이나 더바리 등이 원조 제곱항을 사용한 것과는 또 다른 방식이다. 경제정책부분은 묶어서 하나의 경제정책 지표로 삼고 있는데 여기에는 인플레이션과 무역 개방 그리고 예산적자도 포함되어 있다. 원조와 정책의 상호작용 항은 성장과정에서 원조효과성이 양질의 경제정책을 가지고 있느냐와 직접 관련이 있는 것으로 해석하고 있다. 〈표 4-3〉에 나타난 결과는 56개국에 관한 자료와 267개 연구결과에서 나온 것이다. 1970년~1993년까지를 평균 4년씩 분할하여 6개 기간으로 나누었다. 원조의 내인성은 계기변수 절차를 이용하여 설명되고 있지만, 정책변수의 내인성은 시험해보았으나 거부된다. 하지미카엘 등과 더바리 등의 연구에서처럼 패널 데이터를 사용해 세계경제순환을 제거하고자 하였고 이를 위해 6개 기간 각각에 다른 절편을 포함시켰다.[14] 주요 결론은 원조와 정책간의 상호작용 항이 가지는 통계적 중요성과 관련이 있다. 이는 원조가 양질의 정책이 존재할 때 성장에 긍정적인 영향을 미친다는 주장을 할 때 사용된다.

〈표 4-3〉의 마지막 줄은 한센과 타르프의 연구(1999) 결과이다. 이들은 번사이드와 달러 연구에서와 같은 국가들을 분석하였고 같은 기본모델 공식을 사용하고 있다. 1973년부터 1993까지를 5개 기간으로 나누고 그 기간 동안의 56개국 관찰결과를 이용한다. 게다가 한센과 타르프는 간과해 온 국가 특유의 효과, 조건부 수렴, 원조와 정책의 내인성을 국가특유의 효과로 역동

---

14) 번사이드-달러의 연구와 다른 세 연구들과의 또 다른 차이점은 번사이드와 달러는 새로운 방식의 원조, 즉 효율적인 개발원조EDA(Chang et al. 1998 참조)를 이용한 점이다. 그러나 세계은행의 연구(1998a)는 표준원조 방식(공적개발원조, ODA)과 새로운 방식(EDA) 사이의 선택이 평가에 큰 차이가 없다고 말한다.

적인 패널 데이터 계산방식을 사용하여 설명하고 있다. 그들은 하지미카엘 등과 더바리 등이 사용한 제곱항을 포함시켜 원조의 비선형적 효과 모형을 만들어낸다. 원조와 원조 제곱항은 모두 성장률에 영향을 미치고, 또한 모든 다양한 정책 변수들에도 영향을 미친다. 결론은 원조는 열등한 정책 환경을 가진 국가에서조차도 성장에 긍정적인 영향을 미친다는 것이다.

비교 관점에서 나온 중요한 결과(〈표 4-3〉)는 하지미카엘 등, 더바리 등, 한센과 타르프 모두 원조 대 GDP 비율이 지나치게 높지 않는 한 원조가 성장에 중요한 영향을 미치고 있음을 발견했다는 점이다.[15] 반대로 번사이드와 달러는 원조효과는 국가의 경제정책에 좌우되고 좋은 정책 환경이 마련될 때만 성장에 긍정적인 영향을 미친다고 결론내리고 있다.

표본과 계산기교의 차이를 감안하면 원조효과성 조건에서의 결과는 하지미카엘 등과 더바리 등 한센과 타르프의 연구에서 매우 비슷하게 나타난다. 더욱이 원조-성장의 비선형 처리에 관해서라면 원조-성장의 비선형적 관계에 대한 번사이드-달러 연구와 다른 세 연구의 분명한 차이를 밝혀내는 것이 중요한 정책의 적절성을 찾는 길이다. 이 문제는 아래에서 다루기로 한다.

분석구조

원조와 성장 사이에 비선형 관계가 있다고 예상할 만한 이유는 많다. 하지미카엘 등은 사하라 이남 아프리카 국가들이 해외자원을 흡수할 능력이 지금껏 한정되어 있었던 것으로 추정한다.[16] 더바리 등 또한 흡수 능력에 대해

---

15) 하지미카엘 등과 한센-타르프의 연구에서는 늘어난 원조가 성장에 부정적 효과를 가지게 되는 전환점은 원조/GDP 비율이 약 25%일 때이다. 더바리 등의 연구에서 이 비율은 약 40%이다. 그러나 전환점의 실증적 확인은 대단히 신중하게 해석해야 한다.

언급하고 있는데 이들은 최적의 차용과 네덜란드병에 관한 최근 자료를 덧붙이고 있다. 흡수 능력의 제한요소에 관한 분석은 해러드-도마와 두 가지 갭 성장 모델에 근거하고 있다. 만약 이 구조에서 레온티에프 생산함수가 솔로Solow 성장모델처럼 코브-더글러스Cobb-Douglas 생산함수로 대체된다면 더 이상 고정된 흡수 능력 제한요소는 존재하지 않고 대신 원조 증가에 대한 한계수익의 감소가 있다. 한계수익 감소는 회귀분석에서 원조에 대한 2차다항식에 의해 경험적 작업으로 대략 계산할 수 있다. 하지만 일반적으로 2차방정식 조건과 상호작용은 회귀모델에서 반드시 매우 주의 깊게 평가되고 해석되어야 한다. 이들은 잘 알려지지 않은 함수형태의 2차방정식 근사치의 개별 값이다.

제곱항과 상호작용의 역할을 명시해주는 단순한 사례는 바로 부단한 인구 및 기술 성장률과 부단한 감가상각 비율이 일정한 솔로 성장 모델을 선형화시키는 것이다. 투자의 일부는 국내저축에서, 일부는 원조를 통해 조달된다고 가정하면 이 모델은 여러 가지 방식을 통해서 공식화 할 수 있다. 관찰해보면 1차와 2차 추정치는 대략 같은 수치인데 상호관계식에서만은 다르다.

집합효과를 가진 표준 솔로모델에서 1인당 수입증가는 맨큐Mankiw 등의 연구(1992)에 따라 로그 선형 관계로 표시할 수 있다.

(11) $g_{Yt} = \alpha_0 + \alpha_1 \log(i_t) - \rho \log(y_0)$

여기서 안정 상태로부터 첫 편차를 포착하기 위해 마지막 항을 포함시킨다. 투자는 공식(8)과 같은 유형이 될 수 있다(민간 외자 유입을 제로로 가정).

(12) $i_t = \gamma_0 + \gamma_1 s_t + \gamma_2 a_t$

---

16) 이 주장은 체너리와 스트라우트(1966) 및 후기 추종자들의 흡수능력 제한 분석에 바탕을 두고 있다.

이 성장 공식에 저축과 원조를 포함시키고 선형화하고 1차항 테일러 근사치를 사용하면 익숙한 원조-성장 관계식을 얻을 수 있다.

$$(13)\quad g_{yt} = \tilde{\alpha}_0 + \frac{\alpha_1 \gamma_1}{l} s_t + \frac{\alpha_1 \gamma_2}{l} a_t - \rho \log(y_0)$$

본질적으로 표본평균인 $l = \gamma_0 + \gamma_1 s + \gamma_2 a$는 팽창지표로 사용된다. 선형관계[공식 (13)]는 주로 최소 제곱 항이나 도구변수 추정량을 통해 산정된다.[17]

좀 더 정확한 이론 성장공식의 2차 테일러 근사치는 경험적 축소 형태로 나타난다. 여기엔 상호작용 항(벡터적)뿐 아니라 2차방정식항도 포함된다.

$$(14)\quad g_{yt} = \tilde{\alpha}_o + 2\frac{\alpha_1 \gamma_1}{l} s_t + 2\frac{\alpha_1 \gamma_2}{l} a_t - \frac{1}{2}\frac{\alpha_1 \gamma_1^2}{l^2} s_t^2$$
$$- \frac{1}{2}\frac{\alpha_1 \gamma_2^2}{l^2} a_t^2 - \frac{\alpha_1 \gamma_1 \gamma_2}{l^2} s_t a_t - \rho \log(y_0)$$

만약 저축과 원조가 다른 종류의 자본을 제공한다고 가정하면 성장공식은 각 투자 요소가 로그 선형 식으로 표현될 수 있다. 이런 경우 2차 테일러 근사치에는 어떠한 상호작용 항도 나타나지 않고 오로지 저축과 원조 제곱 항이 나타난다.

하지미카엘 외, 번사이드-달러 그리고 한센-타르프의 연구결과를 보면 저축률은 직접 회귀분석에 들어가지 않는다. 하지만 하지미카엘 등의 연구에서처럼 정부와 민간 투자에 의해 대체될 수 있고 번사이드-달러와 한센-타르

---

17) 이 사례는 왜 많은 연구가 저소득 및 중간소득 개발도상국에 대한 원조효과성에 큰 차이를 발견했는지 그에 관한 있음직한 이유를 설명해준다. 만약 테일러 확대가 실행된 평균투자율이 소득 수준과 상관관계에 있다면 공식 (13)의 회기계수들은 표본 의존적일 것이다.

프의 연구에서처럼 정책과 제도 변수에 의해 대체될 수 있다. 그런 경우에 공식 (14)에서 비선형 항은 정책과 원조의 제곱 항을 포함할 것이고 원조와 정책의 상호 작용인 성장 내역의 영향을 받는다.

〈표 4-3〉에서 볼 수 있듯이 모든 최근 연구에는 원조 제곱 항이나 정책-원조 상호관계 항, 예컨대 2차 팽창, 더 나은 근사치, 이론 성장관계 등이 포함되어 있다. 하지만 이 4개 연구 중 어느 것도 모든 2차 항을 포함하진 않는다. 그러므로 앞으로 2차 항의 상대적 중요성을 이해할 필요가 있다. 번사이드-달러 연구와 다른 세 연구 사이에서 논쟁중인 문제는 어떤 비선형 항의 결합이 통계적으로 바람직하냐이다. 어떤 경험적 모델에서든 상호관계 항과 제곱 항은 만약 모든 항이 초기에 포함되지 않는다면 각각 서로의 대리자 역할을 하게 될지도 모른다.

예컨대 번사이드-달러가 사용한 정책지수 같은 확률변수는 항상 두 개 항으로 나눌 수 있다. 하나는 원조와 완벽하게 상관관계를 이루고 있는 것이고, 다른 하나는 원조와 전혀 관계가 없는 것이다.

(15) policy = k aid + (policy/aid)

이는 단순히 회귀계수로서 정책지수와 원조간의 표본 공분산을 원조의 표본표준편차로 나눈 것이다. 나머지(정책/원조)는 원조와 상관관계가 없는 정책지수 부분이다. 이 공식을 이용해 원조와 정책간의 상호 관계식을 다음과 같이 다시 나타낼 수 있다.

(16) aid x policy = k aid^2 + aid x (policy/aid)

이는 회귀분석에서 상호관계 항이 상당히 중요할 수도 있다는 증거다. 비록 현실적으로 중요한 것은 원조-성장 관계에서 원조 제곱 항의 비선형일지라도 말이다. 원조를 정책의 함수로 보는 주장을 역으로 보면 원조 제곱 항은 원조-정책 간의 상호관계의 중요성 때문에 중요하다는 다른 옵션이 나온다. 그러므로 이들 4개 연구 결과를 비교 평가하는 것이 매우 중요하다. 이들 두 가능성이 경험적으로 뒷받침되고 있는지를 실험할 수 있기 때문이다.

2차 항 실험

〈표 4-4〉는 성장관계를 재평가한 결과이다. 여기에는 원조와 정책에서 2차 항 근사치에서 나온 모든 세 개 항이 다 포함되어 있다. 〈표 4-4〉에서 나타난 회귀는 한센과 타르프의 연구(1999)에서 사용된 것과 같은 표본을 기반으로 하고 있다. 이 표본 데이터는 번사이드-달러 데이터와는 조금 다르다.[18]

회귀 1과 2는 형태는 동일하고 번사이드-달러 성장공식을 나타낸다. 회귀 1에서 우리는 번사이드-달러가 밝힌 다섯 개의 이상 값은 제외한다.[19] 이상 값이 제외됐을 때 번사이드-달러 연구에서 나타난 것처럼 원조-정책 상호관계 항으로부터 성장에 미치는 중요한 효과를 발견할 수 있다. 하지만 이런 원조와 원조-정책 상호관계 항에 관한 결과가 얼마나 민감한지를 언급하는 것은 매우 힘든 일이다. 일단 이 다섯 개의 이상 값이 표본에 포함되면 상호관계 항은 그 중요성을 잃게 된다.[20]

---

18) 그들이 기꺼이 몇몇 자료를 제공했지만 번사이드-달러 자료 일체를 구할 수는 없어 출간된 다른 자료를 바탕으로 그 차이를 메웠다. 우리가 그들의 회귀분석을 복제할 수 없었는데도 그 자료 세트는 닫혀 있었다. 우리 자료 세트는 요청 시 이용할 수 있다.

19) 그들은 Nicaragua(1986~1999; 1990~1993), Gambia(1986~1999; 1990~1993), Guyana(1990~1993)이다.

20) 이 때문에 5개의 기록이 회귀분석 2의 이상 값으로 인식될 수 없다는 것을 주목해야 한다. 〈표 4-4〉의 모든 회귀분석들은 같은 극 오차기록을 갖는다. 10개의 오차들이 2 표준 오차 폭 밖에 있는 반면에 단 3개의 오차들만이 3 표준

<표 4-4> 원조와 정책의 폴리노미널 효과를 적용한 성장 회귀분석

회귀	1	2	3	4	5
원조	-0.018(0.40)	0.03(0.88)	0.166**(2.00)	0.165**(2.09)	0.182**(2.21)
원조×정책	0.085**(2.60)	-0.004(0.22)	-0.004(0.24)	-	-
원조²	-	-	-0.003** (2.22)	-0.004** (2.32)	-0.004** (2.26)
정책²	-	-	0.082(0.83)	-	-
개방수준	1.498**(2.60)	2.193**(4.13)	1.466(1.47)	2.07**(4.03)	2.13**(4.07)
인플레이션	-0.798(1.44)	-1.323** (2.91)	-1.338** (2.80)	-1.217** (2.17)	-0.979*(1.83)
예산적자	4.59(0.93)	7.339(1.59)	7.415(1.58)	7.73*(1.93)	8.70*(1.91)
정부소비	-0.488(0.10)	-2.095(0.44)	-3.832(0.80)	-3.014(0.65)	-1.439(0.29)
금융시장의 깊이	0.009(0.67)	0.016(1.22)	0.014(1.03)	0.013(1.01)	0.008(0.62)
제도의 질	0.73**(4.24)	0.614**(3.65)	0.675**(3.96)	0.677**(3.97)	0.718**(4.11)
초기 1인당 GDP	-0.312(0.54)	-0.302(0.54)	-0.136(0.24)	-0.137(0.24)	-0.146(0.25)
관측치	238	243	243	243	238
R^2	0.38	0.38	0.39	0.39	0.38

주석: 상수 더미와 시간 더미가 전체 회귀분석에 포함되었다. 회귀분석 1과 5는 Burnside와 Dollar의 보고서(1997)에서와 같이 다섯 개의 관측치를 배제하였다 Nicaragua(1986~1989; 1990~1993), Gambia(1986~1989; 1990~1993), Guyana (1990~1993). 괄호 안의 통계들은 heteroskedasticity consistent standard errors 를 근거로 한다. *과 **은 각각 10%와 5%의 유의성을 가리킨다.

회귀 3과 4는 모든 데이터를 사용하며, 회귀 3에서 나온 결과를 바탕으로 우리는 다양한 원조와 원조-정책 상호관계항의 중요성을 평가할 수 있다. 통계적으로는 정책 제곱 항과 상호관계 항 어떤 것도 중요하진 않다. 반대로 원조 제곱 항은 다른 항이 있건 없건 중요도 5%로 통계적으로 매우 귀중하다.

그 결과의 신뢰성에 대한 단순한 테스트의 일환으로 우리는 회귀 5에서 5개의 영향력 있는 관찰 자료를 배제하였다. 회귀 4와 5를 비교해 보면 알

오차 폭 밖에 있다. 번사이드와 달러가 배제한 5개의 기록은 이러한 세트들 중 어디에도 없다.

수 있듯이 이 관찰 자료는 일단 원조 제곱 항이 포함되면 모수 값에 아무런 영향도 미치지 않는다. 우리는 이를 원조 2차 다항식을 사용하여 원조와 성장간의 비선형 관계 모델을 선호하는 또 다른 이유로 제시한다.

마지막으로 원조의 내인성에 대한 결과의 민감성을 체크하기 위해 우리는 도구 변수치(iv)를 사용하여 〈표 4-4〉에서 회귀를 복제하였다. 부록에서 볼 수 있듯이 도구 변수치를 사용해도 전체 결론에는 아무런 변화를 주지 않는다.

요약

약간의 제3세대 연구는 새로운 성장이론new growth theory을 제시하고 있고 해러드-도마의 연구와 단순한 신고전적 성장모델을 바탕으로 하는 표준적인 제1, 2세대 분석을 넘어 축소된 형태의 공식을 사용한다. 원조-성장 문헌에서 이들 경험적 연구는 원조와 원조-정책 상호관계 항을 새로운 성장이론 회귀에 소개한다. 제2세대 연구모델로부터의 결과와 마찬가지로 단독으로든 정책변수와 결합을 통해서든 성장에 매우 중요한 효과가 있다. 비선형 효과는 통계적으로 그리고 경험적으로 매우 중요하다. 원조와 성장 간에 관련이 있다는 결론은 신뢰성이 있고 지난 연구결과와도 부합한다. 원조와 정책 간에 중요한 상관관계가 있다는 번사이드-달러의 연구 결과는 그 기초가 허약하다. 다른 연구들은 제곱 항을 통해 비선형적 관계를 발견하였는데, 이는 신뢰성이 있고 두 종류 효과를 함께 참작할 때 원조-정책 상호관계 효과보다 더 우위를 차지한다.

■ 결론

원조의 거시경제적 효과에 대해 오랜 기간 지속적으로 벌여온 논쟁에 관한 각국의 문헌 조사를 통해 우리가 내릴 수 있는 결론은 무엇인가? ≪이코노미스트≫지는 1999년 "원조와 이로 인한 좀 더 빠른 성장간의 관계를 밝혀내려는 수많은 연구가 실패하였다"는 문헌 조사결과를 밝히고 있다. 우리는 3세대에 걸친 경험적 연구모델, 즉 초기 해러드-도마 모델, 축소된 형태의 원조-성장 모델, 그리고 축소된 형태의 신성장이론 모델을 검토하였다. 거기서 우리는 원조는 총저축과 투자를 증가시키며 축소형태 모델에서 원조와 성장 사이에 긍정적 관계가 있다는 일정한 패턴의 결과를 얻어냈다. 이 긍정적인 원조-성장 관계는 모든 3세대 연구에서 나온 확고한 결론이다. 당연한 결과로서 여러 국가의 회귀에 대한 반론으로 주로 감지되는 원조의 비효과성을 이용하는 것은 옳은 일로 입증되지 않고 있다. 중요한 정보는 국가들 사이에 서로 엇비슷하게 널려 있으며, 여러 국가에 관한 연구를 하다보면 원조가 저축, 투자 그리고 성장과 서로 어떤 관계에 있는지 밝혀진다.

분명히 문제가 되는 것은 왜 다른 사람들의 연구에서는 원조-저축 관계에 관한 증빙이 혼합되어 있고 원조-성장 간의 긍정적 관계에 대한 증빙이 약하거나 아예 존재하지 않느냐이다. 각 세대별로 꽤 영향력을 가진 일부 학자들은 이들 관계에 대해 부정적인 주장을 해왔으며 그들의 주장이 이 문제에 대한 논쟁을 지배하는 경향이 있다. 우리는 회귀에 관한 제1, 2세대의 131개 연구를 조사하여 그것들을 공통적인 분석틀로 제3세대 연구와 비교한다. 우리는 각 세대별 원조-성장의 부정적 관계를 주장하는 연구는 분명히 소수에 불과하다는 것을 발견한다. 모든 연구를 그룹별로 고찰할 때 긍정적 관계를 뒷받침하는 증빙이 설득력이 있다. 미시-거시경제 사이의 패러독스는 존재하지 않는다. 원조의 유익성을 지적하는 미시 경제적 연구는 거시경제적 증거와 일치한다.

제3세대 연구는 초기의 경험적 연구를 뛰어넘어 원조효과성 증진을 위한 필요조건에 역점을 두어 다룬다. 번사이드와 달러는 지금까지 고르디오스의 매듭으로 알려진 이른바 거시적 기준에서 원조효과성이 없다는 인식에 대해 해명한다(1997). 이들은 원조는 효과성이 있으며 다만 좋은 정책 환경이 갖춰져야 한다고 주장한다. 이 흥미로운 결론은 ─ 포괄적으로 보면 개발에 대한 '워싱턴 컨센서스' 인식과 같은데 – 많은 이들에게 호소력이 있었다. 그들은 어떻게 하면 원조 공여국과 수원국이 과거의 잘못에서 교훈을 얻어 앞으로 원조효과성을 증진할 수 있는지 솔직한 태도로 그 방법을 제시하고 있는 것이다. 이 단순한 메시지는 매우 큰 영향을 끼쳤고 ≪이코노미스트≫지에서 크게 보도하기까지 했다.

그렇지만 번사이드-달러 연구의 근본이 데이터와 모델 특정화에 지나치게 신경을 많이 쓴 것으로 드러난다. 다섯 가지의 관찰결과(표본범위는 약 2%)에 따라 원조-정책 상호관계 항의 중대성이 결정된다. 더욱이 번사이드와 달러는 다른 3세대 연구자들과는 달리 그들의 경험적 평가에서 원조 제곱 항을 가진 어떤 회귀도 보고하지 않았다. 그들은 오직 원조-정책 상호관계 항을 포함시켜 원조-성장 관계의 다항식 효과를 잡아내고 있다. 이는 제곱 항이 예외가 아닌 규칙으로 나타나는 지금까지의 경험적 성장모델의 공통적 결과와 상반되는 것이다. 특정화 문제도 중대하다. 원조 제곱 항은 통계적으로 중요하고 신뢰성을 갖고 있는 반면 원조-정책 상호관계 항은 그렇지 않다.

이런 광범위한 문헌조사를 통해 끌어낼 수 있는 일반적 정책 교훈은 무엇일까? ≪이코노미스트≫지는 1999년에 이렇게 주장했다.

> 부국들은 특정한 용도를 미리 정하고 있든 않든 그들의 과분한 부조를 배분하는 방법에 좀 더 냉정해져야 한다. 긴급 구호는 다른 문제이다. 하지만 원조의 주류는 오직 건전한 경제 관리정책을 펴는 나라로만 흘러가야한다(The Economist, 1999).

원조가 오직 건실한 정책이 있는 환경에서만 효과가 있다는 극단적인 시각이 틀려 보일 수도 있지만 경제정책이 원조의 한계생산력에 영향을 미친다는 증거가 있다. 하지만 세상은 요지경이다. 원조가 최고의 효과를 내는 나라의 상당수는 원조를 가장 적게 필요로 하는 나라이다. 반면에 훌륭한 정책을 펴지 못하는 불운한 나라일수록 제대로 굴러가기 위해선 원조가 절실히 필요한 실정이다. 그들은 다른 형태의 원조가 필요할 수도 있다. 하지만 이런 현실세계의 딜레마는 아직 풀지 못한 숙제이다. 단일원인 설명이나 기계론적인 원조 분배는 신뢰성도 없고, 정책 입안자들에게 유용한 길잡이가 되지도 못한다.

제3세대 연구는 개발을 경제적 변수와 비경제적 변수 사이의 상호관계에 따른 복잡한 과정으로 인식한다. 지난 10년간 세계경제환경과 여러 국가의 경제시스템에 많은 변화가 있었다. 이런 환경 속에서 과거의 잣대로 미래를 평가하는 것은 특히 의심스러울 수밖에 없다. 왜냐하면 원조와 거시경제정책 및 정치경제 변수들 사이의 상호관계를 이해하는 데 기존방식으로는 한계가 있기 때문이다. 간단히 말해 원조효과성 평가에서 풀리지 않은 문제는 원조효과성이 있느냐 없느냐가 아니라, 어떻게 하면 다양한 국가별 환경 속에서 다양한 종류의 원조수단을 효과적으로 다룰 수 있느냐이며, 그리고 그것이 가능하냐이다.

부록

국가별 회귀분석 결과(외인적인 원조와 자원 흐름)와 함께 연구 목록과 분류는 본문〈표 4-1〉에 요약되어 있다. 아래 연구에서 확인한 131개의 회귀분석은 아래의 표 A.4-1의 (a)와 (b)에서 보는 것과 같이 분류된다.

[1] Ahmed, N. (1971) 'Haavelmo의 가설에 대한 주석', *Review of Economics and Statistics* 53(4): 413~414.

[2] Areskoug, K. (1969) 『외부의 공적 차입: 경제개발에서 그 역할』, 뉴욕, Praeger Publishers. Areskoug의 이후 연구(1973)에 동일한 결과가 포함되어 있고, 따라서 본래의 회귀분석은 다음 분석에서 활용된다.

[3] Bornschier, V., Chase-Dunn, C. and Rubinson, V. (1978) '해외 투자와 원조가 경제 성장 및 불평등에 미치는 효과에 대한 국가별 증거: 결과물에 대한 조사와 재분석', *American Journal of Sociology* 84(3): 651~683.

[4] Dowling, M. and Hiemenz, U. (1982) 『아시아 지역의 원조, 저축 및 성장』, Economic Office Report Series 3, 마닐라: 아시아 개발 은행.

[5] Durbarry, R., Gemmell, N. and Greenaway, D. (1998) '원조가 경제 성장에 미치는 효과에 대한 새로운 증거', Research Paper 98/8, Center for Research in Economic Development and International Trade, University of Nottingham.

[6] Feyzioglu, T., Swaroop, V and Zhu, M. (1998) '원조의 전용 가능성에 대한 패널 정보 분석', *World Bank Economic Review* 12(1): 29~58.

[7] Griffin, K.B. (1970) '해외자본, 국내저축 그리고 경제개발', *Bulletin of the Oxford University Institute of Economics & Statistics* 32(2): 99~112.

[8] Griffin, K.B. and Enos, J.L. (1970) '원조: 목표와 결과', *Economic Development and Cultural Change* 18(3): 313-27.

[9] Gupta, K.L. (1970) '해외자본과 국내저축: 국가별 정보와 함께 Haavelmo의 가설 실험: 논평', *Review of Economics and Statistics* 52(2): 214~216.

[10] Gupta, K.L. (1975) '개발 도상국의 해외자본 유입, 의존도 부담, 저축률: 동시 방정식 모형', Kyklos 28(2): 358~374.

[11] Gupta, K.L. and Islam, M.A. (1983) 『해외자본, 저축 그리고 성장 - 영역별 국제 연구』, Dordrecht: Reidel Publishing Company.

[12] Halevi, N. (1976) '개발 도상국의 수입 흑자의 투자와 소비에 대한 효과', *Economic Journal* 86(344): 853~858.

[13] Heller, P.S. (1975) '개발 도상국의 공공 재정 행위(Public Fiscal Behavior) 모형: 원조, 투자 그리고 세제', *American Economic Review* 65(3): 429~445.

[14] Khan, H.A and Hoshino, E. (1992) '원조가 저개발국 정부의 재정 행위에 미치는 영향', *World Development* 20(10): 1481~1488.

[15] Levy, V. (1987) '저수입 국가에서 양허성 원조가 투자율을 더 높이도록 유도하는가?', *Review of Economics and Statistics* 69(1): 152~156.

[16] Levy, V. (1988) '사하라 이남 아프리카 지역의 원조와 성장: 최근의 경험', *European Economic Review* 32(9): 1777~1795.

[17] Massell, B.F., Pearson, S.R. and Fitch, J.B. (1972) '외환과 경제개발: 선택된 라틴아메리카 국가들의 경험적 연구', *Review of Economics and Statistics* 54(2): 208~212.

[18] Mosley, P., Hudson, J. and Horrell, S. (1987) '저개발국의 원조, 공공 부문 그리고 시장', *Economic Journal* 97(387): 616~641.

[19] Mosley, P., Hudson, J. and Horrell, S. (1992) '저개발국의 원조, 공공 부문 그리고 시장: 범죄 현장(the Scene of the Crime)으로의 회귀', *Journal of International Development* 4(2), 139~150.

[20] Over, A.M. (1975) '동시 방정식 문제의 사례: 원조에 대한 주 목표와 결과', *Economic Development and Cultural Change* 23(4): 751~756.

[21] Papanek, G.F. (1973) '저개발국의 원조, 해외 사적 투자, 저축 그리고 성장', *Journal of Political Economy* 81(1): 120~130.

[22] Rahman, A. (1968) '해외자본과 국내저축: 국가별 정보와 함께 Haavelmo의 가설 실험', *Review of Economics and Statistics* 50(1): 137~138.

[23] Singh, R.D. (1985) '저개발국의 정부 개입, 해외 경제원조, 저축 그리고 성장: 최근의 몇몇 증거', *Kyklos* 38(2): 216~232.

[24] Snyder, D.W. (1990) '원조와 국내저축: 허위 상관인가?' *Economic Development and Cultural Change* 39(1): 175~181.

[25] Snyder, D.W. (1993) '작은 국가에 대한 공여국 편견: 원조와 경제 성장의 분석에 있어 간과한 요소', *Applied Economics* 25(4): 481~488.

[26] Stoneman, C. (1975) '해외자본과 경제 성장', *World Development* 3(1): 11~26.

[27] Voivodas, C.S. (1973) '수출, 해외자본 유입 그리고 경제 성장', *Journal of International Economics* 3(4): 337~349.

[28] Weisskopf, T.E. (1972) '저개발국에서 해외자본 유입이 국내저축에 미치는 영향', *Journal of International Economics* 2(1): 25~38.

[29] White, H. (1992b) '우리는 원조의 거시경제적 효과에 대해서 무엇을 알고 있는가? 원조효과성 논쟁의 개관', *Journal of International Development* 4(2), 121~137.

〈표 A.4-1(a)〉 〈표 4-1〉을 요약한 회귀분석 분류

종속변수	설명변수: 원조유입 (A)		
	(−)	(0)	(+)
저축[a] $H_0: \alpha_1 = 0$	9/5, 11/2, 21/1, 23/2, 24/1, 29/3	9/5, 23/2, 24/2, 29/1	
저축 $H_0: \alpha_1 = -1$ [a)b]	9/1	9/7, 11/1, 21/1, 23/3, 29/1	9/2, 24/3, 29/3
투자 $H_0: \alpha_1 = 0$		17/1	6/2, 12/1, 13/1, 14/1, 15/6, 16/4
성장 $H_0: \alpha_1 = 0$	18/1	7/2, 9/3, 17/1, 18/10, 19/3, 21/1, 23/2, 24/1, 26/1, 29/1	4/2, 5/5, 9/3, 11/2, 16/2, 18/2, 19/1, 21/4, 23/2, 24/2, 26/10, 29/3

주석: 귀무가설은 양면적인 대안과는 반대로 5% 유의 수준에서 실험하였다. 첫 번째 수(굵은 글씨)는 열거된 연구를 나타내는 것이고 두 번째 숫자 사선(/)다음는 통계 결과를 산출한 연구의 회귀 분석의 수를 가리킨다.
  a) 원조-저축에 대한 평가인 $\alpha_1 = 0$과 $\alpha_1 = -1$에서 회귀분석의 총수는, 두 번의 회귀분석에서 나타난 표준오차로 인해 정보가 누락되었기 때문에 (24와 22)와는 같지 않다.
  b) 이 열에서 (H_0)이 $\alpha_1 = -1$이므로 (−), (0), (+)는 각각 $\alpha_1 < -1$, $\alpha_1 = -1$, $\alpha_1 > -1$을 뜻한다.

〈표 A.4-1(b)〉 〈표 4-1〉을 요약한 회귀분석 분류(계속)

종속변수	설명변수: 해외자원유입 (F)		
	(−)	(0)	(+)
저축 $H_0: \alpha_1 = 0$	1/3, 8/1, 9/2, 11/1, 21/2, 22/1, 28/1	1/1, 8/1, 9/2, 10/1	20/1
저축 $H_0: \alpha_1 = -1$ [a]		1/3, 8/1, 9/2, 11/1	1/1, 8/1, 9/2, 10/1, 20/1, 21/2, 22/1, 28/1
투자 $H_0: \alpha_1 = 0$			2/1, 12/1
성장 $H_0: \alpha_1 = 0$			11/1, 21/1

주석: 〈표 A.4-1(a)〉 참고. a) 이 열에서 (H_0)이 $\alpha_1 = -1$이므로 (−), (0), (+)는 각각 $\alpha_1 < -1$, $\alpha_1 = -1$, $\alpha_1 > -1$을 뜻한다.

〈표 A.4-2〉 원조와 정책의 폴리노미널 효과에 따른 수단변수 성장 회귀분석

회귀	1	2	3	4	5
원조	0.142(0.25)	0.055(1.19)	0.236*(1.75)	0.230*(1.75)	0.265**(2.00)
원조×정책	0.079(1.161)	-0.014(0.55)	-0.012(0.42)	-	-
원조^2	-	-	-0.005*(1.70)	-0.005*(1.78)	-0.005*(1.81)
정책^2	-	-	0.078(0.77)	-	-
개방수준	1.500**(2.24)	2.183**(3.77)	1.439(1.33)	1.927**(3.83)	2.016**(3.86)
인플레이션	-0.799(1.41)	-1.372** (2.68)	-1.351** (2.55)	-1.168** (2.55)	-0.905*(1.70)
예산적자	4.81(0.89)	8.304*(1.73)	8.195*(1.67)	7.853*(1.92)	8.851*(1.86)
정부소비	-2.878(0.54)	-3.825(0.76)	-5.848(1.10)	-5.040(0.96)	-3.964(0.71)
금융시장의 깊이	0.014(0.95)	0.02(1.51)	0.016(1.14)	0.015(1.11)	0.011(0.75)
제도의 질	0.727**(4.21)	0.624**(3.81)	0.717**(4.02)	0.722**(4.08)	0.760**(4.17)
초기 1인당 GDP	-0.111(0.18)	-0.163(0.27)	0.041(0.06)	0.038*(0.06)	0.098(0.14)
관측치	226	231	231	231	226
R^2	0.39	0.39	0.40	0.39	0.39

주석: 사용된 수단들은, 무기 수입(lagged), 중앙아메리카 국가들의 더미변수, 프랑화 지역 국가들(아프리카)의 더미변수, 이집트의 더미 변수, log(인구), log(인구)^2, log(인구)×정책, log(유아 사망률), log(유아 사망률)^2, log(유아 사망률)×정책, log(유아 사망률)^2×정책, 원조(lagged), 원조^2(lagged), 원조×정책(lagged), 원조^2× 정책(lagged) 등이 있다. 〈표 4-4〉 참고

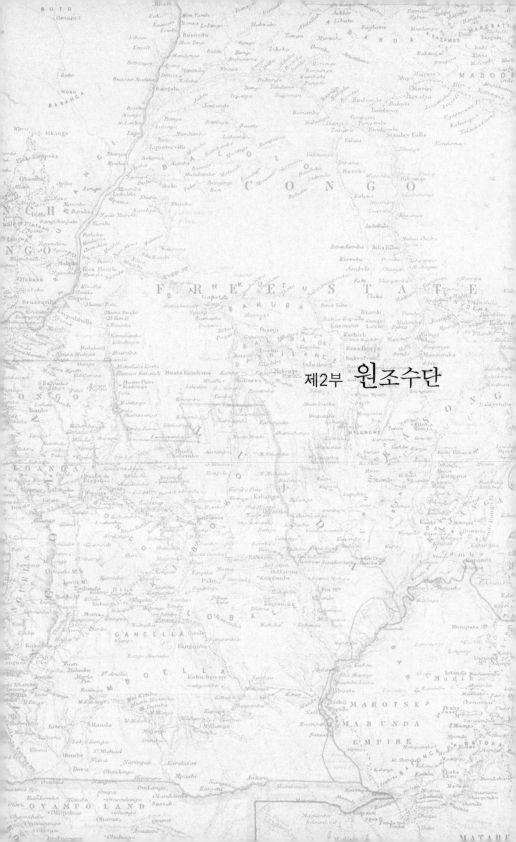

제2부 원조수단

제5장
프로젝트 원조에서 프로그램 원조까지

폴 모슬리 · 마리온 J. 에익하우트

■ 머리말

1980년대 이후 원조의 형태가 바뀌었다. 비록 1970년대 초반과 동일한 목적 – 동일한 재원(1998년 가격으로 약 500억 달러)으로 빈곤 감소에 초점을 둔 경제성장 촉진 – 을 위한 것이긴 하지만 이제 같은 목적을 달성하기 위해 매우 다양한 수단을 사용하고 있다. 〈표 5-1〉에서 보듯 원조예산 중 프로젝트 원조가 1970년대 초반부터 크게 줄어들었으며(어떤 때는 붕괴지경까지) 점점 다른 형태의 원조수단 예컨대 기술협력technical cooperation, 정책조건부 프로그램 원조policy-conditional programme aid, 민간부문 및 NGO 지원 그리고 긴급지원emergency assistance 등이 그 공백을 메워갔다.

이러한 변화는 이 시기에 경제개발의 역점부분(제1장 참조)이 바뀌었음을 의미한다. 오로지 자본부족을 주요 자원 갭으로 인식하는 사고에서 인적자본, 그리고 최종적으로는 사회적 자본결핍이 문제라는 사실을 인식하게 되었다. 또한 과거엔 개도국 정부가 시장실패를 보정할 능력이 있다는 섣부른

〈표 5-1〉 영국의 양자간 원조와 세계은행의 다자간 원조의 구조(1973~1996에서 선택연도)

	1973	1980	1983	1996
영국				
전체 원조실적(십억 $, 1996~1997 가격)	2.3	n.a.	1.8	1.7
전체에서 원조 방식이 차지하는 비율				
프로젝트 원조[a]	38.0	n.a.	17.0	8.0
프로그램 원조	0.0	n.a.	9.0	7.0
기술지원	33.0	n.a.	42.0	51.0
민간부문 원조	9.0	n.a.	8.0	15.0
긴급 구호	0.0	n.a.	2.0	9.0
기타[b]	20.0	n.a.	22.0	10.0
전체	100.0	n.a.	100.0	100.0
세계은행 그룹				
전체 원조실적(십억 $, 1996~1997 가격)	16.7	17.8	18.5	23.5
전체에서 원조 방식이 차지하는 비율				
프로젝트 원조[a]	n.a.	82.0	n.a.	48.0
프로그램 원조(조정 차관)	0.0	2.0	n.a.	23.0
민간부문(IFC 경유)[c]	n.a.	15.0	n.a.	27.0
기타	n.a.	1.0	n.a.	2.0
전체	n.a.	100.0	n.a.	100.0

출처: DFID(1999), Maxwell(1996), 세계은행, Annual Report(다양한 문제들).
주석: n.a. not available.
　　a) 여기서 프로젝트 원조는 수원국 정부에 제공된 원조를 가리킨다.
　　b) 부채 경감 포함.
　　c) IFC는 International Finance Corporation.

믿음이 있었지만 이제 그것이 완전히 환상임을 깨닫고 그러한 정부에 대해
정책이행조건을 내걸거나, 개발파트너로서 그들을 대체할 방안을 모색하는
것으로 바뀌었다. 과거엔 전쟁과 내부혼란이 개발과정에 부정적 영향을 미
치는 외부 요소로 치부되었지만, 지금은 이런 충돌을 예방하고 치유함으로
써 원조 공여국들이 개발을 다시 시작하는 기반을 마련해줄 수도 있다는 인
식이 생겨났다. 시작은 미약했지만 결과적으로 원조효과성이 증가하기 시작
했으며, 〈표 5-2〉에서 보듯이 원조에 대한 신뢰성도 개선되기 시작했다는
일부 증거가 있다. 아이러니한 것은 이러한 상황이 제3장에서 다루었던 것처

〈표 5-2〉 원조의 효과성에 대한 통계적 증거(회귀 분석의 종속 변수는 1인당 GDP성장이며 독립 변수는 GDP백분율에 따른 원조이다)[a]

국가표본	연구와 조사 기간				
	Mosley et al.(1987) 1960~1970	Mosley et al.(1987) 1970~1980	Boone (1996) 1970~1990	Mosley et al.(1987) 1980~1985	Mosley & Hudson (1998) 1985~1995
아프리카	-0.0104 (0.27)	-0.0889 (0.63)	–	-0.0890 (0.41)	–
아시아	0.0985 (1.31)	0.4630* (2.03)	–	0.6750* (2.49)	–
라틴 아메리카	0.0178 (0.06)	1.0100 (1.19)	–	1.9700 (1.51)	–
일반적인 개발 도상국	–	-0.0300 (0.32)	0.0000 (0.03)	0.0100 (0.07)	0.3800* (3.24)

주석: 학생의 통계량은 계수 아래의 괄호에 표시하였다. *는 5%의 유의 수준을 나타낸다.

a) 기타 독립 변수에는, 열거된 변수에 대한 인구 성장과 지역 더미dummy 변수를 추가한 분Boone(1996)의 연구에서는 제외된 다른 형식의 재정 흐름, 저축, 지식과 수출 성장이 포함된다.

럼 원조규모가 줄어들기 시작할 때 발생한 점이다.

하지만 원조는 그 바람에 순수성을 잃었다. 원조의 전반적인 영향력 문제를 너무 오랫동안 등한시함으로써 원조에 대한 공공 및 정부지원이 줄어들기 시작하여 지금은 다양한 새로운 수단들을 통해 손실의 복구를 모색하고 있다. 새로운 원조수단에는 1970년 이전에 이미 활용했던 식량원조 프로그램 지원(제3장에 식량원조에 대한 배경이 나와 있고, 제8장에서 상세히 다루고 있다) 외에 재정 프로그램 원조가 포함된다. 이 장에서는 1970년대 초반부터 계속되고 있는 원조수단 변화의 두 가지 요소 즉 프로젝트 원조는 줄어드는 반면, 정책에 기반을 둔 프로그램 원조는 증가하고 있는 현상을 다룬다. 전자가 줄어들었기 때문에 후자가 늘어났다고 주장할 수도 있다. 하지만 최빈국들이 계속 자본시장의 밑바닥에 있는 상황에서 프로젝트 원조는 적절한 장기 개발대책이 아니었다.

■ 프로젝트 원조의 성쇠

제2차 세계대전이후 원조가 현대적인 형태로 시작되었을 때 사람들은 빈곤과 저개발을 자본부족 탓으로 돌렸다. 1954년 아서 루이스 경은 "경제개발이론의 가장 중요한 문제는 과거에 국가수익의 4~5% 또는 그 이하를 저축하고 투자하는 국가들이 자발적 저축률이 훨씬 높은 경제로의 변신을 꾀하던 진행방식을 이해하는 것"이라고 하였다(Lewis, 1954: 155). 그리고 그 진행방식은 개도국 자본시장의 취약성과 불완전성 때문에 실행하기 어렵고 불확실한 것으로 여겨졌다. 저축 갭Saving gap 이론(후에 '외환 갭foreign-exchange gap 이론'으로, 다시 '두 가지 갭two-gap 이론'으로 발전하였다)은 곧 자본재 capital equipment 공급이라는 원조의 중요한 역할을 규정하였다. 개도국은 시장을 통한 자본조달이 어려운 실정이었으며 인프라 구축을 위한 자본조달일 경우 더욱 그러했다. 특히 민간은행들은 긴 회수기간 및 미래 수요패턴과 관련한 불확실성 때문에 개도국 지원을 꺼려했다. 이런 상황에서 자본재 공급이라는 원조의 새로운 역할 규정은 중요한 변화였다. 1970년대 중반이 지나면서 OECD 전체 원조의 52%(거의 3분의 2에 해당)가 프로젝트 원조였고 주로 인프라구축, 즉 도로, 철도, 수도 및 하수, 항만, 항공, 발전소, 통신시설 구축에 사용되었다(OECD, 1997).

이 같은 투자는 원조 공여의 입장에서 볼 때 효과가 바로 눈으로 보이고 자국의 과학기술을 이전한다는 점에서 기술적으로도 용이하다는 이점이 있었다. 따라서 원조 공여국 기업들의 관심을 끌 만한 매력적인 것이었다. 종종 이런 프로젝트는 원조 수원국 정부의 역할을 최소화하는 방식으로 기획되었다. 예컨대 중앙정부를 배제하기 위해 자금조달 능력을 가진 자율적인 프로젝트 기관을 만들거나, 프로젝트 범위를 유지보수가 포함된 설비에 한정시키고, 미래 어느 시점에서 그 기관이 관리를 맡는 방식으로 수행되었다. 이런 방식으로 '원조공여 구조의 맨 아래 단계'인 기술이전 문제가 제때에 별도 예산 없이 최소한으로 이행되었다. 이리하여 원조의 궁극적

영향뿐 아니라 정부의 소유권 및 지속가능성 문제는 논쟁 권역 외로 비켜나게 되었으며 이것이 나중에 광범위한 우려확산과 논쟁을 불러일으키게 되었다.

제2차 세계대전 이후 원조정책의 첫 번째 큰 변화는 1973년 세계은행-IMF 연례회의에서 빈곤 감소를 위해 세계은행이 나서야 한다고 주장한 로버트 맥나마라Robert McNamara 총재의 공약에 의해 촉발되었다. 그의 주장은 원조지출의 기획방법이 확대되는 중요한 계기가 되었다. 소액으로 나누어 원조금을 지불하는 것이 어렵다는 이유로 과거에 등한시되었던 영세농small-holder agriculture과 신용대부credit 문제가 열정적으로 논의되기 시작하였다. 도시 인프라구축 계획안은 저개발 지역으로 초점이 옮겨졌고, 빈민지역 개선계획으로 확산되었다. 의료 및 교육 부문의 원조가 도심지역에서 개발이 제일 낙후한 지역으로 대부분 옮겨졌다. 가장 야심적인 것으로는 1970년대 10년 사이에 종합농촌개발 프로젝트IRDP가 출현한 점이다. 이 프로젝트의 일련의 활동 – 인프라, 의료, 교육, 농업확대, 농촌재정확보 – 으로 농촌지역 가난의 저변에 서로 맞물려 있는 몇 가지 원인을 제거하기 위해 특정한 저개발 지역과 병행하여 농촌에 자금이 지원되었다. 몇몇 국가에서는 이 프로젝트가 뿌리를 내리는데 실패했지만 다른 지역, 특히 남아시아에서는 농촌개발조직과 심지어 정부의 분권화에도 장기적인 영향을 미쳤다.

1970년대 말까지 이런 프로젝트 원조형태가 대다수 공여국 금융자산의 전 분야에 걸쳐 확립되었으며 여기서 얻어지는 수익이 더할 나위 없이 훌륭했다. 〈표 5-3〉에 세계은행에서 발표한 자료가 적나라하게 제시되어 있다. 하지만 두 번째 오일쇼크가 발생하기 이 전 시기에도 현재의 '지속불가능'이라 불리는 몇 가지 징후가 있었다. 기본적으로 3가지 형태를 나타냈다. 우선, 옛 토목공사보다 더 복잡하고 정부 중심적인 새로운 형태의 프로젝트는 점점 늘어나는 공사지연과 수용력의 문제를 낳고 있었다. 이로 인해 원조예산 할당에 속도를 높이기가 어려웠으며 좀 더 유연한 원조지급 수단이 필요했

〈표 5-3〉 세계은행과 IFC 프로젝트의 경제정책과 평균 이익률(1968~1989)　　　(단위: %)

정책왜곡지수	모든 프로젝트	모든 공적 프로젝트	공적 농업 프로젝트	공적 산업 프로젝트	비교역적 영역에서 공적 프로젝트	모든 사적 프로젝트
무역 제한						
높다	13.2	13.6	12.1	n.a.	14.6	9.5
보통	13.0	15.4	15.4	n.a.	16.0	10.7
낮다	19.0	19.3	14.3	n.a.	24.3	17.1
외환 프리미엄						
높다	8.2	7.2	3.2	n.a.	11.5	n.a.
보통	14.4	14.9	11.9	13.7	17.2	10.3
낮다	17.7	18.0	16.6	16.6	19.3	15.2
실질 금리						
부정적	15.0	15.4	12.7	12.7	17.9	11.0
긍정적	17.3	17.5	17.0	17.8	17.9	15.6
재정 적자						
높다(8% 이상)	13.4	13.7	11.7	10.3	16.6	10.7
보통(4-8%)	14.8	15.1	12.2	21.0	16.8	12.2
낮다(4% 이하)	17.8	18.1	18.6	14.1	18.2	14.3

출처: 세계은행(1991a).
주석: n.a., not available.

다. 그 프로젝트의 혜택이 결국 가난한 이들에게 돌아가는 것인 만큼 문제가 되느냐고 반문할 수 있을 것이다. 하지만 위긴스Wiggins가 지적했듯이(1985) '금요일 저녁 7시에도 관리인들이 여전히 미결제 서류와 씨름하고 있다면 농촌의 가난한 이들에 대한 걱정은 매우 빠르게 증발해버리고 만다'.

둘째, 프로젝트의 성공은 프로젝트 내부요소 즉, 구조나 관리 능력이 아닌 외부요소와 특히 정책에 의해서 결정된다는 인식이 확산되고 있었다. 이는 〈표 5-3〉에 잘 나타나 있다. 이 표는 1968~1989년 동안 세계은행 프로젝트의 수익률을 요약해놓은 것이다. 기존의 공공부문뿐만 아니라 민간부문에서의 개발 프로젝트들(이들은 국제금융공사International Financial Cooperation (IFC)의 지원을 받았다)이 과대평가된 환율, 재정축소 그리고 높은 인플레이션 정책으로 인해 피해를 입고 있음을 보여준다.

셋째, 이것은 가장 문제가 되는 것으로 오직 프로젝트의 직접적인 영향
(〈표 5-3〉에 잘 나타나 있다)만을 평가했던 내부수익률internal rate of return
같은 평가방식은 원조효과성에 대해 부분적인 그리고 지나치게 긍정적인 인
식을 심어주었다. 〈표 5-2〉를 상기하면 알 수 있듯이 원조의 거시경제적 효
과를 보여주는 계량경제학적 수치가 있다. 이는 전반적으로 효과(성장에 대
한 원조회귀계수)가 있음을 보여주는 것으로 수치 0과는 조금 다른 뜻이다.
그리고 〈표 5-3〉에 나타난 미시 경제적 효과 수치는 프로젝트의 영향을 보
여주는 것이다. 이는 충족할 만한 개발척도가 없는 민간부문의 기준으로 보
아도 그 영향이 상당하다.[1]

이러한 이른바 '미시-거시 패러독스'를 해결하기 위해 우리는 〈표 5-3〉이
아닌 〈표 5-2〉에 나타난 원조의 간접적 효과를 눈여겨 봐야 한다. 우선 민간
부문에 미치는 원조의 연쇄효과(예를 들어 '네덜란드병', 외환상승과 식량원조로
인한 곡류가격 하락)와 둘째, 공공부문의 소비행태에 미치는 원조의 연쇄효과
다. 이는 부패가 없고 개발의지가 있는 원조수원 국가의 경우에는 효과가
미미할지도 모르지만 부패한 국가의 경우에는 원조로 인해 가능해진 소비력
을 정치력 보호를 위해 전용할지도 모른다.[2] 1980년대 이래 대부분의 아프
리카 국가에서 그랬듯 원조가 GNP 10% 이상을 차지하고 대부분의 공공소
비를 부담하는 곳에서는 이러한 도덕적 해이가 잠재적으로 매우 심각하다.
원조의 프로젝트 유형이 이들에 대항할 힘이 없기 때문이다. 그래서 '미시-
거시 패러독스와' 상관없이 원조효과성 증진이라는 목표는 원조를 위한 하나

---

1) 이 장과 다소 다른 관점을 가지고 원조의 효과성에 대한 경제 문헌의 종합적인
   평가를 보려면 제4장을 참고할 것.
2) 잘 알려진 것처럼 전환 또는 '전용 가능성'에 대한 잠재력은 Feyzioglu et
   al.(1998)에서 다루어졌는데, 그는 운송과 통신을 제외한(이유에 대해서는 명확
   히 밝혀지지 않음) 모든 영역에서 원래 의도한 대로 프로젝트를 활용하는 것을
   넘어 전용된 광범위한 증거를 발견했다. 전용 가능성에 대한 일반 토론에 대
   해서는 제15장을 참고할 것.

의 채널로서 프로젝트의 이용과 그것의 바람직성에 대해 의문을 제기한다.

비록 1980년대 대위기 이전에도 프로젝트 형태에 대한 이 모든 문제점들을 잘 인식하고 있었지만 위기와 이로 인한 채무불이행dept defaults이 원조 공여국들에게 원조이행조건을 내걸게 만들었다. 구체적으로 말해 그들은 정책변화를 가져올 수단이 필요했고 프로젝트 원조는 이를 행하지 못했다. 또한 이들은 1980년대 안정화 정책으로 인해 소모된 정부역량을 키울 수 있는 수단이 필요했다. 프로젝트 원조는 이것 또한 해내지 못했다. 기존의 공공부분 기능과 역량을 회복시키거나 대체할 프로젝트의 형태로 이루어져야만 가능한 일이었다.

결과적으로 공여국들은 1980년대 프로젝트 원조와 관련된 문제에 대한 대응으로 이를 고수하는 대신 끝내기로 하였다. 그 결과 금융 프로그램 원조 finacial programme aid(다음 항목에서 논의한다), 역량구축을 위한 기술지원 또는 정부가 아닌 민간부문이나 NGO 측이 실시하는 프로젝트를 선호하기 시작하였다. 1990년대 들어와 빈곤에 다시 초점이 맞춰지자 이들 비정부 기구들과 비개도국 정부들은 그것을 시행하는 데 더 큰 책임을 지게 되었다. 이는 소액금융 지원과 소기업 지원방식, 비정부 농촌 보건 및 교육 서비스, 기존 단체에 보조금 지급 등과 같은 방법을 통해서 이루어졌다. 이 때문에 1980년대 이전에 널리 유행한 정부에서 정부로의 자본재 이전방식(〈표 5-1〉)이 빠르게 사라져갔다.

■ 금융 프로그램 원조의 부상과 변화finacial programme aid

금융 프로그램 원조는 1980년대까지 크게 주목받지 못했다. 물론 거시경제적 안정화를 목적으로 국제금융기관이 자금을 지원하는 프로그램들이 존재는 했지만 특정한 자본투자프로젝트와는 관련이 없었다. 이것은 예비운용 또는 1975년 이후 1차 오일쇼크, 좀 더 일반적으로 말해 장기 상품가격 하락으로 인해 발생한 문제 해결을 위해 확대금융제도나 보상융자제도로서 IMF가 주로 상업적 조건으로 제공했다. 이 프로그램 운용에 붙는 조건은 본질적으로 총수요, 특히 공공지출과 같은 공공부문 수요, 그리고 중앙은행에 의한 신용창출과 같은 수요결정 요소의 디플레이션으로 구성되어 있었고 지금도 그러하다.

이 자금은 물론 시장이율로 제공되었다. 세계은행 및 양자간 원조 공여국들은 대체로 같은 목적을 달성하기 위해 계획한 그들 자신의 양허성 원조로 IMF 차관을 종종 보충해 넣었다. 하지만 이는 진지한 정책수단이었다기보다는 회기연도 말에 사용되지 않은 원조예산 잔액을 처리하는 수준 정도였다. 흥미로운 의문은 1980년대 초에 무엇이 원조 공여국들로 하여금 IMF역할을 흉내 내어 종종 IMF와는 상당히 다른 조건으로, 그리고 점점 증가하는 규모(〈표 5-1〉)로 그들 자신의 프로그램 원조를 제공하게 하였느냐는 점이다.

이에 대한 답은 공급과 수요 요소로 설명할 수 있다. 공급측면에서 보면 원조지출 프로젝트 형태가 낳은 많은 실패에서 볼 수 있듯이 프로젝트가 성공하기 위해서는 이를 뒷받침할 훌륭한 정책과 제도가 반드시 있어야 한다는 인식이 있었으나 2차 오일쇼크가 발생했을 때 더 빈곤한 어느 개도국도 이 조건을 충족하지 못했다. 수요측면에서 보면 1980~1985년까지 이어진 장기적 불황은 일련의 채무 불이행을 낳았고 이는 대부분의 은행 대출, 금융자산 투자와 직접투자의 회수로 이어졌다. 이 회수는 부국으로부터는 일시적으로, 빈곤 개도국으로부터는 영구적으로 이루어졌다. 이로 인해 공여국들에게 엄청난 요구가 빗발쳤는데 그러나 특정한 형태의 요구였다. 이를테면 부담이 되는 기존의 느린 지출 형태의 프로젝트 원조가 아닌 빠른 지출 형태의 국제수지 지원을 요구하였다. 이는 개발도상국들이 예기치 못한 긴급 상황에 대처하는 데 도움이 될 것이었다.

마침내 이 새로운 종류의 원조가 전면적으로 시행되기 시작하였다. 세계은행은 원조방식을 조정차관형태로 새로 바꾸었고, 보통 세계은행 운영과 연계하여 국제수지를 지원하는 양자간 공여기관들 그리고 심지어 IMF도 확대구조조정 지원제도Enhanced Structural Adjustment(ESAF) 형태로 새로운 방식을 도입하였다. 처음으로 IMF가 원조에 스스로 관여하게 된 것이다. 1990년대 중반에는 원조규모가 세계은행 대출의 3분의 1, 그리고 OECD 국가의 양자간 원조예산의 20%를 밑돌았다. 대개의 경우 정부개입 요소를 없애는 조건이 붙었다. 정부개입은 외환관리, 수입할당제, 농산물 과세, 공공기관 보조금 그리고 가격통제 등으로 이들이 시장의 원활한 기능을 방해한다고 여겨졌기 때문이다. 이 새로운 형태의 프로그램 원조가 알려지면서 신자유주의적 의제는 선진국에서는 자발적으로, 개도국에서는 구조조정이라는 수단을 통해 강제로 시행되었다. 이 조건을 내세우는 목적은 총공급곡선을 아래쪽으로, 그리고 오른쪽으로 옮기기 위해서이다. 만일 이렇게 되면, 이 새로운 방식으로 인해 인플레이션과 국제수지적자는 원칙적으로 현 생산량을 줄이지 않고도 조절할 수 있다는 점을 감안할 때, 기존의 수요곡선을 왼쪽으로 움직이는 수요 디플레이션 방식보다 더 인도적인 방법으로 안정을 약속할 수 있다.

구조조정차관은 공여국들이 5년 남짓 기간에 성취한 균형감각(프로그램 원조수단의 진부화를 의미하는)으로 1980년대 초 거시경제 위기를 해결하고자 단기간에 시행한 방식이다(Landell-Mills, 1981). 이 방식은 상대적으로 유연성이 있는 몇몇 중간소득 국가들(예컨대 한국, 칠레, 태국, 모리셔스)이 시행했지만 대부분이 그랬던 것은 아니다. 1990년대 초까지 몇몇 수원국들은 여러 가지 이유로 경제개혁 프로그램을 시행하지 않았다(즉 인도, 아르헨티나 그리고 구소련 연방의 체제전환 국가들이 그러했다). 그리고 1980년대 초반에 조정을 단행한 국가들도 여전히 20년 동안 조정프로그램에 머물러 있었다. 본질적으로 조정관련 프로그램 원조의 첫 국면에서 3가지 문제가 발생했으며, 이 가운데 어느 것도 예상한 것이 아니었다.

첫 번째는 '이행implementation' 문제였다. 첫 조정개혁 프로그램의 약 절반이 이행되지 않았다(Mosley et al., 1995a; Worla Bank, 1998, 1990b, 1992a,

1994a). 상당수 국가의 정부가 통제요소 제거에 대한 정치적 반대에 쉽게 굴복할 것이며, 그리고 조건부 프로그램 원조는 계속될 것임을 알고 있었기 때문이다. 또 다른 이유는 원조중단이 공여국들과 상업은행에 대한 국가채무 상환에 방해가 될 것이기 때문이다(Mosley et al., 1995a; Mosley, 1998).

두 번째는 '효과성' 문제였다. 조정 프로그램을 시행한 많은 국가들, 특히 아프리카 국가들에서 초기 경제개혁 프로그램에 대한 경제의 공급반응이 어떤 연관성도 없어 보일 정도로 미약했다.[3] 세 번째는 '조정의 사회적(그리고 정도는 덜하지만 환경에 대한) 부작용' 문제였다. 처음 두 가지 문제를 해결하고 효과적인 조정 프로그램을 시행한 상당수 국가들은 물론 그렇지 않은 국가들에서 빈곤과 인적 자본지수의 악화를 경험했다. 비록 이 문제가 해결되지 않고 있지만 많은 이들이 조정 프로그램의 핵심이었던 공공지출 축소와 재분배 때문인 것으로 인식하였다. 첫 단계 예비 대차대조표가 〈표 5-4〉에 나와 있다. 전체적으로 80여 원조수원국이 조정을 시행하지 않은 국가에 비해 확실히 무역실적이 개선되었고 투자는 악화되었으며, 그리고 성장과 빈곤 모두에 끼친 영향은 분명치 않다. 이는 원조공여 국가들에게 프로그램 원조수단을 더욱 발전시킬 필요가 있음을 설득하는 데 분명히 장애가 되었다.

프로그램 원조수단은 두 가지 형태로 발전되었다. 첫 번째는 '출구exit'였다. 예컨대 빈곤 구제뿐 아니라 직접 생산적인 투자를 위한 원조가 이제 정부(프로젝트나 프로그램 원조)를 통하지 않고 바로 민간부분으로 넘어갔다. NGO를 통해서(작은 규모의 시장에서) 또는 민간 기업에 대한 직접투자 형식으로(큰 규모의 시장에서) 원조가 이루어졌다. 이는 〈표 5-1〉에 나타나있다. 이런 방식으로 원조의 인센티브 구조에서 감지되는 결함들이 대결이 아닌 회피를 통해 해결되었다. 두 번째는 '발언권 또는 개혁'이었다. 1992년부터

---

3) 이것은 세계은행의 보고서 Adjustment in Africa(World Bank, 1994a)에서 다루어졌다. 우리가 이 경우에 대해 세계은행의 분석을 납득하지 못하는 이유는 모슬리Mosley 등(1995b)에서 알 수 있다.

〈표 5-4〉 세계은행 프로그램 대출의 효과 요약(1980~1996)

실적평가방법과 연구	실질 GDP 성장	실질 수출 성장	투자-GDP 비율	빈곤 격차
표 비교				
Mosley et al. (1995a: 6장)	중립	긍정적	긍정적	n.m.
세계은행(1988, 1990b, 1992a)	중립	긍정적	긍정적	n.m.
Sahn(1994), Demery and Squire(1996)	n.m	n.m.	n.m.	긍정적
Weeks(1997)	n.m.	n.m.	n.m.	부정적
복합적 회귀분석				
Mosley et al. (1995a: 7장)	(긍정적)	긍정적	부정적	n.m.
세계은행(1994a)[a]	긍정적	긍정적	부정적	n.m.
Mosley et al. (1995b)[a]	중립	긍정적	부정적	중립
CGE 또는 다중 시장모형				
Sahn(1994)[b]	n.m.	n.m.	n.m.	긍정적
Mosley et al. (1995a: 8장)[c]	긍정적	긍정적	중립	중립

출처: 명시된 대로, 원래 표 양식은 Mosley et al. (1995a: 〈표 8-8〉)에서 차용.
주석: n.m., not measured.
  a) 결과는 아프리카만 해당됨.
  b) 결과는 여러 나라에 해당됨.
  c) 결과는 모로코만 해당됨.

세계은행 프로그램 원조를 받는 모든 국가는 미시 경제적 시장왜곡 현상을 없애기 위해 구체적인 정책개혁을 시행해야만 했다. 그들은 또한 입증된 빈곤 퇴치전략도 이행해야 했다.

이 의제는 전체 스칸디나비아 국가들과 네덜란드 그리고 가장 최근에는 1997년 백서(DFID, 1997)를 낸 영국을 비롯한 여러 양자간 공여국들이 모방하여 시행했다. 이것은 부작용 문제뿐 아니라 이행문제 해결에 도움을 준다. 왜냐하면 만약 조정 프로그램으로 피해를 보는 빈국들이 그들이 받을 보상 때문에라도 여기에 동참하게 되면 이는 개혁을 가로막는 심각한 장애가 없어지는 것이기 때문이다. 러시아와 동유럽처럼 구조조정의 사회적 비용이 상당한 나라에서는 OECD 원조예산의 상당부분이 사회부문(의료, 교육, 사회 서비스) 사업에 쓰인다. 이는 조정 프로그램이 막 시작되었을 때는 인식조차 하지 못했던 여러 문제들을 해결하기 위해 구체적으로 계획된 사업이다.

금융프로그램 원조의 초기 기능은 자립하게 만드는 데 있지 않고 프로젝트 원조 이행을 지원하는 데 있었다. 특히 원조 프로젝트를 손상시킨 왜곡현상을 제거하는 데 있었다. 예를 들어 정부의 지나치게 낮은 옥수수 수매가격 또는 수출시장 부재로 타격을 입은 농업개발 프로젝트의 경우는 수매가격을 올리거나, 정부의 독점수매제도를 폐지하거나 환율을 변동시켜 구제받을 수 있게 하는 논리였다. 이 논리가 매력적인 점은 1992년에 세계은행을 대표하여 윌리 와펜한스Willi Wapenhans가 했던 것 같은 포괄적인 프로젝트 감사에서 '문제 프로젝트problem projects'의 비율이 거침없이 계속 증가해갔다는 점이다. 이 자료는 원조예산의 한정된 부분만을 커버한다는 점을 제외하고는 그 논리가 반드시 잘못이라는 의미는 아니다. 예컨대 이러한 '문제 프로젝트'들이 증가하는 것은 원조 공여국들이 실험적으로 새로운 방식(조정대출, NGO 지원, 구제책 등)을 시도했기 때문이다. 이들 새 방식은 효과가 나타나기까지 어느 정도 시간이 필요하다. 이른바 '학습곡선learning curve 효과'를 말한다. 이상적인 세계에서 공여국들은 역(逆)도덕적 해이로 피해를 볼 것이다. 그들은 문제가 있는 곳으로 끌려들어가 거기서 효율비용을 발생시킬지도 모른다. 하지만 이는 고작 한정된 위안을 줄 뿐이다. 비록 상황이 호전되고는 있지만 두 단계의 조정방식 이후에도 원조 지급방식에서 인센티브는 계속해서 문제가 되고 있다. 이 문제는 프로그램 원조에 나타나는 특이현상은 아니지만 여기서 다룰 작정이다. 왜냐하면 다양한 형태의 프로그램 운영을 통해서 그것들에 대한 구제책을 찾는 노력이 계속되고 있기 때문이다.

일반적인 도덕적 해이

만약 원조유입이 항상 그렇듯이 '결핍'(국제수지 적자, 저소득, 저투자 같은)을 나타내는 지표에 의존한다면 수원국은 계속 원조를 받기 위해 그 성과를 낮추어 원조가 필요한 상태를 유지하려할 것이다(Pedersen, 1996; Mosley,

1996; Mosley and Hudson, 1998). 그래서 1980년대에 '잃어버린 10년'을 겪으면서 공공투자 대부분과 GNP 10% 이상의 원조를 받은 아프리카 국가들은 경제적 성과를 올리려 하지 않고 계속 원조를 받으며 단기간의 손해를 감수하였다. 그 가운데서도 특히 중요한 사례는 과세taxation이다. 과세는 원조유입(Moore, 1997) 및 그로 인한 예산책정과 부정적인 관계에 있다. 공공지출의 특정부문을 원조로 메우는 한 수원 정부는 사용자 부과나 과세망 확대를 통해 자금을 조달하여 국고세입 증대를 모색하는 정치적 비용을 피할 수 있다.

부패의 특수한 도덕적 해이

구조조정은 정부 내 부패의 규모를 줄이기는 했지만 결코 뿌리 뽑지는 못했다. 제재와 허용이라는 장치는 부분적으로 폐지되었지만 모든 공공지출은 부정하게 배정되기 쉽다. 그리고 최빈국들에서 대부분의 공공지출은 원조로 충당된다. 세계은행은 최근 '세계개발 보고서'에서 부패와 관리 실패의 효율비용에 대한 관심을 표시했다. 대부분의 관리 실패는 초과이윤을 내기 위한 조치에서가 아닌 내전과 국제분쟁의 영향으로 발생한다.

부채 부담

수출로 벌어들이는 돈의 매우 큰 부분을 채무 원리금 상환에 충당해야 하는 국가는 조정노력 필요성을 별로 느끼지 못한다. 가설로는 조정을 통해 얻는 높은 수익은 채무자보다 채권자에게 더 이익이다. 실제로 더 많은 채무가 상환될수록 채무가 정치적 무기로 사용될 가능성은 더 적어진다. 채무문제는 제15장에서 좀 더 다루도록 하겠다.

조정 문제

프로젝트와 프로그램 수단 사이의 조정co-ordination 문제는 원칙적으로
발생하지 않아야 한다. 프로그램 원조에 붙는 조건은 모두 프로젝트 성과를
개선하는 기능을 갖고 있어야 하기 때문이다. 하지만 사실상 어떤 정책조건
을 선택할 것인가는 프로젝트의 필수조건이 아닌 정치적으로 가능한가에 따
라 결정될 수 있다. 동일한 원조기구의 프로젝트 담당자가 원하는 것과는
정반대의 조건이 강요되는 사례도 있다.[4]

위에 언급한 여러 가지 문제는 프로그램 원조 운영의 세 번째 물결을 일으
켰는데, 이는 대체로 수원국 정부와 공여국 정부의 연계기관 내에서 원조를
효과적으로 사용하게 하는 데 목적이 있었다. 이 세 번째 물결의 주요 특징
은 다음과 같다.

- 기능조정 문제에 대한 대응책으로 부문투자 프로그램SIP을 도입하였다.
  이는 기능조정악화 문제와 정기적으로 되풀이되는 지출 예산 부족문제
  를 동시에 처리하기 위해서이다. 상호 연관된 투자 패키지와 특정 부문
  (의료, 농업, 교육 등) 지원정책을 명시하여 행한다. 공여국과 수원국이
  동의한 예산에 따라 관련 프로그램 자금 지원에는 조건이 부여된다. 이
  는 프로그램과 프로젝트 대출의 통합이라고 할 수 있다. 왜냐하면 SIP에

---

4) 특히 감정적인 이행조건은 재정적인 이유로 세계은행과 IMF가 자주 삭감하기도
   하지만 불완전한 자본 시장에서 소규모의 농장과 소규모의 사업 기술을 개량하
   기 위한 프로젝트를 지원한 투입 보조금과 관련되어 있었다. 세계은행의 프로
   그램 원조를 통해 투입 보조금 감축이 활발히 추진되었던 말라위Malawi의 경
   우, 투입보조금 감소가 세계은행의 프로그램 대출직원에 의해 이뤄졌고, 국가적
   농촌개발프로그램에 대한 프로젝트 담당자로부터 반발을 가져왔다. 모슬리 등
   (1995a: 2권; 15장) 참조.

서는 부문 성장 자체가 당면한 프로젝트가 되기 때문이다. 이는 아프리카 국가들처럼 원조의존도가 높은 곳에서나 이뤄질 가능성이 있고, 실제로 시도하기도 했다. 그리고 일반적인 도덕적 해이 문제에서 다루었던 것처럼 아프리카에서는 어떤 면에서 원조자체가 어느 정도 예산상 절차에 걸림돌이 되었음을 인정하는 것이기도 하다. 초창기에는 1980년대 공공지출정책이 실패한 분야(예를 들면 잠비아의 의료 및 농업정책)에서 어느 정도 성공을 거두기도 했다. 하지만 무능한 행정부로 여겨질 수 있다는 위험이 SIP의 부담이 될 것이다. 부문투자 부분에서 무엇이 효과가 있고, 없는가에 관한 것은 이 장 부록에서 다룰 것이다. SIP로 해결이 되었어야 하는 공여국 조화 문제가 여전히 풀리지 않은 숙제로 남아 있음을 경고하고 있다. 제7장에서 역시 이 문제를 다루게 될 것이다.

- 부채문제에 대한 대책으로 프로그램 원조가 부채경감 이니셔티브, 그 중에서도 특히 과다채무빈국HIPC 이니셔티브 형태로 구체화되었다. 이를 통해 빈곤국들은 강력한 안정화와 조정 정책을 수용하고 그 대가로 상당량의 외채를 탕감받는다. 모잠비크는 가장 큰 수원국이 될 것이다. 모잠비크가 계획대로 한다면 80%의 부채를 탕감받게 된다. 앞으로 우간다 및 다른 아프리카 채무국들이 혜택을 받을 것으로 기대된다.

- 부패 문제에 대한 대책으로 통제 — 단순한 정책이 아닌 — 를 더 강화한 융자조건이 등장했다. 이제 원조를 받기 위해서는 특정한 정책수단의 개혁이 아닌 정치구조 자체의 개혁이 필요해졌다. 20세기 말경에는 양자간 공여국들이 이를 주로 아프리카 국가들에게만 적용했지만, 1997~1998년 동아시아 외환위기 때 명백히 드러난 관리 및 조정문제 해결에도 적용하자는 얘기가 나왔다. 정치구조 개혁에 가장 적절하게 개입하는 방법을 가리는 것은 쉬운 일이 아니다. 공여국들은 1992년 케냐에 다당제를 수립케 한 자신들의 노력을 매우 자랑스러워했다. 하지만 곧이어 그 곳에서 치러진 선거는 의구심을 불러일으켰고, 1997년 말에 보다 깨끗한 선거가 치러지긴 했어도 여당의 부패 문제는 여전히 남아 있었다. 공여국

들은 수원국 국내문제에 점점 더 개입하는 방안으로 마지막 보루인 초과
이윤rent-seeking 추구문제를 해결하고자 많은 시도를 하였다. 예를 들
어 1995년 마다가스카르에서 마지막 구조조정 지원제도ESAF 준비단계
에서 공여국이 내건 주요 이행조건은 라울 라벨로마나Raoul
Ravelomana 중앙은행총재를 파면하는 것이었다. 하지만 그런 정치적
압력은 보통 아프리카 소국가들에게만 가해졌다. 공여국들은 아마도 러
시아 중앙은행의 '지구상의 가장 악명 높은 총재' 재임용을 취소하길 바
라겠지만 실제로 그렇게 하도록 시도할 가능성은 별로 없다.

　결론적으로 비록 1981년 이래 많은 부분이 이행조건에 추가되었지만 아무
것도 성공한 것이 없다. 그래서 조건부 프로그램 원조는 이젠 환경보호, 양
성평등, 비무장화 그리고 분쟁예방과 같은 지금껏 언급하지 않은 일련의 부
차적인 문제를 비롯해 안정화, 빈국들의 성장, 그리고 훌륭한 통치를 가져다
줄 것으로 기대되고 있다. 하지만 이 모든 것의 결과는 아이러니하다. 프로
그램 원조는 개도국에서 시달리고 있는 담당부서 관리들의 부담을 줄여줌으
로써 프로젝트 원조를 개선시키는 것이 목적이었지만 오히려 부담을 증가시
키고 있다. 이 때문에 이 장에서 다루지 않는 원조예산의 또 다른 성장부문
인 기술지원(제6장에서 다룬다)에 대한 광범위한 기회(〈표 5-1〉)를 만들어내
고 있다. 문제의 핵심은 공식적인 용어로 말해 얀 틴베르헨의 법칙Jan
Tinbergen's rule이 지켜지지 않고 신속한 지출과 정책조건의 시행 ─ 프로그
램 원조의 한 가지 수단은 처음부터 두 목표를 달성하는 데 있었다 ─ 을 하지
못했다는 것이다. 이 두 목표에 수년간 많은 계획들이 추가된 결과 심각한
과부하 문제가 일어났다. 이런 상황에서 공여국들은 그들의 다양한 목표 중
에서 진지하게 시행해야 할 것을 선택해야 한다. 모든 목표를 다 달성하려다
모든 것을 다 잃는 바보짓을 피하기 위해서다.

■ 전망

모슬리-허드슨(1998)은 상황이 진정으로 나아지고 있는 예비 결과를 보여준다(〈표 5-1〉). 전체적으로는 별 성과가 없었던 원조의 점진적 효과가 대략 1980년대 중반 이래로 상당히 긍정적으로 나타나고 있는 것이다. 이들의 연구에 따르면 이 긍정적인 변화는 다음의 3가지 요인 사이에 적절히 배분되어 있다. (1) 정책개선이다. 이 장에서 다룬 프로젝트 원조에서 프로그램 원조로의 전환과 관련이 있다. (2) 기술지원으로의 전환(〈표 5-1〉)이다. 기술 및 다른 인적, 사회적 자본의 발전과 관련이 있다. (3) 원조의 전용가능 또는 전환이 어려워졌다. 이는 1980년대 빈곤국에서 국내조달이 가능했던 투자예산이 끊기면서 나타났다.[5] 이들 3가지 요인 중 세 번째는 한계에 다다랐음이 자명하고, 우리는 기술지원이 실질적으로 늘어날 가능성이 거의 없는 것으로 보고 있다. 이는 우리를 이 장의 가장 근본적인 질문으로 돌아가게 한다. 프로젝트와 프로그램 원조는 지금 제대로 균형을 이루고 있는가? 이 두 원조를 서로 바꿈으로써 원조효과성을 증진시킬 수 있는가? 아니면 둘 중 하나라도 확실한 효과를 볼 수 있는 것인가?

현재 책으로 나와 있으며 널리 인용되고 있는 번사이드-달러 분석(World Bank, 1998a)은 프로그램 원조로 전환을 하거나, 또는 (똑같지는 않더라도) 정통적 정책구조를 가진 국가들에게 도움이 되게끔 선택하는 것이 원조효과성 측면에서 수익을 가져올 것으로 보고 있다.[6] 이에 따르면 원조는 정책에 큰

---

5) 이 효과가 시간이 흐름에 따라 증가할 수 있다고 추측하는 이들도 있다. 왜냐하면 1995~1996년 최대 원조 수원국인 아프리카의 대다수 국가의 1인당 소득 증대가 상당히 긍정적으로 나타났기 때문이다.

6) 선택적 접근법은 영국 정부가 최근 『세계빈곤 퇴치Eliminating World Poverty』라는 제목으로 펴낸 국제개발에 대한 백서(DFID, 1997)에서 장려하고 있는 것이다. 백서의 내용은 영국 정부가 수용 가능한 정책 구조를 가진 국가들과 부문별 원조와 프로그램 원조를 동반하는 '파트너십'을 형성할 것을 약속한다는 것이다.

영향을 미치지 못하지만(이것이 이행조건에 대한 우리의 의아심을 더욱 크게 만든다) 낮은 인플레이션, 적은 예산적자 그리고 개방경제와 같이 정책구조가 건실한 경우 원조는 성장에 도움이 된다. 이러한 연구결과는 쓸모 있긴 하지만 불충분하다. 그 이유는 다음과 같다.

- 인플레이션과 예산적자는 분명히 서로 관련이 있기 때문에 이 조건들 중 하나는 제외될 수 있다.
- 시장개방에 대한 정의는 많고 그들 상호간에 연관성이 크지 않기 때문에 (Edwards, 1998) 어떤 기준에서는 시장개방을 위한 정책(수출보조금과 같은)이 다른 기준에서는 시장폐쇄 정책이 될 수 있다. 그래서 경제정책이 경쟁력 향상을 위한 것 ─ 색스와 워너의 표준 같은 ─ 인지를 측정할 필요가 있다. 특히 GDP의 무역 비율은 포함되지 않는다. 이는 정책효과보다는 국가 규모, 천연자원과 관련이 있기 때문이다.
- 이 분석은 성장의 질이나 원조정책의 다른 기준 ─ 빈곤 감소, 유아 사망률 감소, 환경 보호 ─ 을 만족시키는 능력은 포함하지 않는다. 이 공백은 현재 콜리에와 달러에 의해 채워지고 있다. 이들은 빈곤 퇴치에 원조자금을 더 많이 배정하고 훌륭한 경제정책을 시행하고 있는 국가들에게만 원조를 준다면 5천만 명이 빈곤선에서 벗어날 수 있다고 주장한다.
- 가장 중요한 것으로 이들의 연구 자료에 따르면 이른바 '훌륭한 정책 good policy'이라고 하는 것이 모든 국가에서 오직 이 세 가지 요소만을 의미한다는 것이다. 이는 사실이 아니다. 번사이드-달러의 요인 중 두 가지 ─ 인플레이션과 시장개방 ─ 는 저소득 국가보다는 중간소득 국가의 성장에 더 많은 영향을 미친다. 그리고 인플레이션은 아프리카에서 아무런 영향력도 발휘하지 않는다(Sarel, 1996; Mosley, 1998). 다른 요소들, 특히 실질 이자율, 보호에 중점을 둔 성장, 소득분배, 정책안정성 등은 대부분의 개도국 성장에 영향을 미친다. 이는 더 다양한 정책수단이 필요하다는 의미다.

프로그램 원조에 따르는 이행조건conditionality은 원조가 효과를 거두기 위해 계속 중요한 요건이 될 것으로 보는 것이 가장 올바른 추정인 것 같다. 하지만 '사후' 조건이어야 하고 프로젝트와 관련되어야 하고 경험에 근거해야하고 국가별로 다르게 주어져야 한다. '사후' 조건(필요한 정책이 시행된 후 원조가 이루어지는 것)은 불가능하진 않다 하더라도 이행을 피하기 더욱 어렵게 한다. 왜냐하면 원조자금을 받은 후 부패가 여전히 있을 수 있기 때문이다. 어떤 국가에 가장 적합한 이행조건은 해당 국가에서 원조가 효과를 나타내어 공여국들의 정책논의에 대한 신뢰도가 높아지는 경우일 것이다. 이렇게 되기 위해서는 위협에 의한 연역적 추리가 아닌 실제로 추천한 정책이 제 기능을 발휘한다는 경험적 증거가 수반되어야 한다. 종종 단순한 단기적 최대성장 추정치가 아닌 다른 조건들, 예컨대 빈곤 감소 혹은 내부갈등 예방이 제대로 시행되어야 할 필요가 있다(Cramer and Weeks, 1998). 이 같은 원칙의 중요하고 특별한 경우로서 만약 이를 통해 부문 투자 프로그램이나 하이브리드 차관 정책 같은 특정 프로젝트의 성공률이 높아지면 원조 공여국이 제시하는 이행조건은 신뢰성을 얻게 될 것이다. 끝으로 공여국 이행조건은 특별한 경우 위에 열거한 추가 정책 수단, 즉 스티글리츠Joseph E. Stiglitz가 1998년에 '워싱턴 컨센서스' 이후 대안으로 제시한 다양한 수단의 일부를 포함해야 할지도 모른다.

이행조건부 프로그램 원조는 이처럼 수정되어 많이 이용되었다. 최근 이 원조의 높아진 성과가 주기적으로 나타나는 국제금융위기 상태를 반영하고 있는 것은 아니다. 동시에 전통적인 프로젝트 원조수단이 이전에 보고된 시행의 어려움 때문에 쉽게 사라진 것도 아니다. 그 기능은 국가 간 그리고 빈곤국가들 내에서 자본 시장의 실패를 보완하는 데 있다. 불완전성이 존속하는 한 정확한 인식을 전제로 사회적으로 이익이 될 수 있는 원조재원을 이용한 프로젝트는 계속되어야 하지만 그렇게 되지 않고 있다. 물론 개도국의 자본시장 특히 저변의 소액금융시장에 공여국들이 투자하는 보조적인 경우도 있다(제14장에서 다룬다). 이런 경우는 널리 수용되어 시행되어 왔다.

일부 국가 - 방글라데시, 볼리비아, 인도네시아 - 에서는 돈이 되는 프로젝트라면 그 시행자가 가난하고 사업규모가 작아도 누구나 융자를 받을 수 있다. 하지만 대부분의 빈국(몇몇 부국에서도)에서는 그런 기반이 마련되어 있지 않다. 상황이 이러하다면 공여국 혹은 NGO를 후원자로 한 구식 프로젝트 원조를 계속해야 한다는 주장도 나올 것이다. 실질적인 원조규모가 감소하고 있기 때문에 이 같은 프로젝트 원조는 우선순위가 높은 영역 - 식량증산 연구, 소규모 재생에너지 생산, 영세 제조업부문, 기초적인 보건 및 교육부문 - 에 집중될 필요가 있다. 대출금 상환기한이 도래할 즈음 투자는 효과를 드러내고 원조 자금은 더 이상 필요하지 않게 될 것이다.

부문별 원조Sectoral assistance의 종류

대부분의 개발도상국들은 크게 보아 일종의 균형을 이루는 수준에 도달했기 때문에 그들의 경제에 구조적 간극이 나타나고 있는 것이다. 이들 중 상당수 국가에서 민간부문은 생산 증가에 의한 거시적 수준의 정책개선에 적절히 대응하지 않았다. 국가적 수준에서 이 침체를 분석한 바에 따르면 서비스의 공급과 수요 사이를 중재하는 시장과 제도가 합리적으로 기능하지 않을 경우 (즉, 저개발 또는 전혀 개발이 되지 않을 경우) 민간부문이 쉽게 생산을 늘릴 수 없다는 것이다. 일부 공여국들은 일반적으로 구조개혁 프로그램 이행에서 보인 만족스러운 진전에 초점을 맞춘 자금조달 프로그램 원조로 전환함으로써 제2세대 개혁 문제에 대응했다. 이 부록에서 우리는 부문별 지원이 전통적인 원조수단들보다 유리한 점이 있지만, 동시에 위험부담이 크다는 점을 강조한다. 더욱이 일시적인 유행에 불과한 이 같은 원조수단을 서둘러 폐기하지 않는다면 반드시 공여국들의 태도에 급격한 변화가 일어날 것이다.

■ 수원국 정부와 공여국의 역할

수원국 정부는 (제2장과 제12장에서 추가로 논하고 있는 바와 같이) 중도적인 입장에서 민간부문 개발private sector development에 도움이 되는 환경을 만드는 역할을 맡아야 한다. 그러기 위해선 NGO와 민간 관계자를 포함하여 그 부문의 모든 주요 참가자들을 고려한 명확한 우선순위를 바탕으로 한 현명한 부문 전략을 펴야 한다. 정부의 주요 과제는 서비스와 소득발생 기회에 대한 접근이 제한된 주주들에게 혜택이 효과적으로 돌아갈 수 있도록 부문별 우선 조치들을 개발하는 일이다. 이는 정부가 그 부문을 통제해야 한다거나 직접 지분을 가질 필요가 있다는 의미는 아니다. 그러나 정부는 설립 특권을 가진 유일한 기관이고, 모든 참가자들이 경제적 활동을 잘할 수 있도록 합법적인 환경(규제, 안보 등)을 강제로 만들어 주는 기관이다. 이는 정부가 우선순위에 포함되는 부문 각각을 위해 적절한 정책을 펼 필요가 있음을 의미한다. 정부가 주주 협의과정에, 즉 우선 조치와 부문별 정책 이행을 준비하는 일에 관여해야 함은 당연하다.

공여국은 현지 정부 예산에 이미 배정돼 있는 우선적인 프로그램의 확대에 필요한 자금을 지원하는 단순한 후원자 이상의 중요한 역할을 맡아야 한다. 아프리카가 눈에 띄게 상대적인 안정 상태를 유지하고 있는 이 시대에 현지 정부가 필요한 서비스 수준을 제공할 수단을 갖게 하기 위해서는 예산 적자 보조금에 대한 추세와는 상관없이 상당한 수준의 예산을 지원해줄 타당한 이유가 있어야 할 것이다. 종종 필요한 표준 서비스 수준이 특정 부문에 할당된 예산 자원보다 훨씬 높을 때가 있다. 이용할 수 있는 융자가 중기적인 성격을 갖고 있고 계획목적에 확실히 부합하는 한 표준 예산에 자금을 조달할 충분한 이유가 된다. 일부 경우에는 이 문제가 중기적인 조건 이상의 원조 의존성을 끝내는 수단으로서 예산 적자 감소(무상원조 이전의)라는 '적절한' 거시적 자세보다 우선시될 수 있다.

■ 새로운 원조수단의 개념과 상이한 영향

일부 공여국들은 새로운 원조수단의 범위를 확대하여 신규자금 조달요청에 부응해왔다. 불행히도 대부분 비슷하지만 아직은 크게 다른 이러한 방식들은 상당한 혼란을 야기했다. 이 항목에서는 새 원조수단의 종류를 소개하고 혼합적 방식의 자금 조달에 대한 유용한 경험들을 개략적으로 다룰 것이다.

〈그림 A.5-1〉 부문별 예산지원 일람

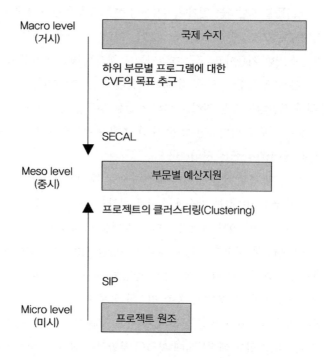

〈그림 A.5-1〉은 공여국의 개입 정도에 따라 차관 방식을 조정하는 사례를 정리해 보여준다. 개입 정도는 공여국이 현지 정부 정책에 갖는 신뢰 수준에 따라 달라진다. 신뢰수준이 높으면 요구조건이 적어지고, 신뢰수준이 낮으면 조건이 많아진다. 그러므로 부문별 조정차관Sectoral adjustment lending (SECAL)은 가장 적은 조건을, 부문별 예산지원Sectoral Budget Support(SBS)은 적절한 수의 조건을, 그리고 부문 투자 프로그램sector investment progamme(SIP)은 가장 많은 조건을 달며 대부분 공여국의 통제를 필요로 하게 된다.

그 범위는 다른 관점에서 보아 수단들이 다소 비슷하기 때문에 실제보다 훨씬 넓어 보인다. 예컨대 새로운 원조 수단들은 모두 부문 전략 체계화와 우선순위 프로그램 결정의 토대가 되는 '부문 간 포괄적 접근sector-wide approach(SWAP)'을 이용한다.

차이는 대부분 양자간 이행조건bilateral conditionality의 성격과 수준에 관한 것이다. 이러한 차이는 예산과 국제수지에 작용하는 재원조달 메커니즘에 중요한 역할을 한다. 그것은 또한 이 업무에 직접 관계하고 있는 공여국 정부 대리인들이 새로운 개념을 받아들이는 데도 영향을 미친다. 이들 관리자들은 일반적으로 프로젝트 자금의 신청을 제지할 수 있는 상당한 영향력을 갖고 있다. 그들은 '사전에' 협의한 폭넓은 조건의 프로그램 융자 합의 조건 내에서 '사전에' 합의한 예산자금을 신청하는 수원국 측의 신장된 자유를 매우 부정적으로 인식할 수 있다. 결국 방식이 자금의 전용 가능성에 영향을 미치는 것이다. 자금의 전용 가능성은 그 자금이 추적되지도 않고 표적화되지도 않을 때는 공여국이 관심을 가질 필요가 없을 것이다. 그러나 자금에 대한 엄격한 조건이 정해져 추적되고 보고될 때에는 총계와 전용 가능성이 중요한 문제가 된다(대체성에 대해서는 제15장을 참고할 것). 1980년대의 상품수입 프로그램commodity import programmes(CIP)이 그랬었다. 공여국은 프로그램을 통해 특정 부문에 대한 수입을 감독해야 한다고 생각했다.

■ 거시에서 중시 수준으로 그리고 그 반대로

대부분의 양자간 원조 공여국들은 원조가 어떤 형태로든 경제성장과 지속적인 빈곤 감소의 주요 장애를 극복하는 데 대부분 기여해야 한다고 인식하고 있다. 예를 들어 OECD의 전략연구논문(OECD, 1996a)에서 주장하고 있듯이 투자가 국내 순환자원에 앞서 진행되는 경우에는 순환 예산에 사용된 1달러는 투자에 사용된 1달러보다 더 큰 이익을 내며, 따라서 개발에 더 크게 기여하게 될 것이다.

일부 공여국들은 초점을 거시 수준에서 중시 수준으로 전환했고, 다른 일부 공여국들은 미시(프로젝트) 수준에서 중시 수준으로 전환했다. 아니면 달리 말해, 일부 공여국들은 국제수지 지원에서 예산지원으로 전환하는 반면, 다른 일부 공여국들은 '독립형태stand-alone'의 프로젝트에서 프로젝트 '무리 clustering'로 옮겨가고 있다. 최종 결과는 같지 않다. 어떤 부문의 지원은 그것에 대한 통제수준이 분명히 프로그램 원조의 범주를 벗어나 있기 때문에 프로그램 원조로서의 자격을 얻지 못하고 있다. 사실 어떤 경우에는 프로젝트 접근방식이 너무 깊이 뿌리를 내리고 있어 변화에 너무 많은 통제가 따르고 있다.

큰 스펙트럼 결과로 보아 공여국들이 전용 가능성에 대한 약정을 이용하여 이미 제의한 지원 자금으로 달성할 수 있는 성과에 관한 수원국과의 의논과 합의를 억제하고 있다. 미시적 전통을 가진 공여국들은 아무래도 지출에 대한 세밀한 통제가 필수적이라는 오랜 믿음을 버리길 어려워하는 경향이 있으며, 회계 오류로 충분히 밝혀졌는데도 불구하고 의미심장하게 진행될 수 있다.

■ 새로운 수단

다음에서 우리는 새로운 자금조달 양식modalities의 주요 특성을 설명한다. 부문별 조정차관SECAL은 양식의 모든 스펙트럼을 포함한다고 간단히 언급되고 있으나 더 이상은 논의되지 않고 있다.

부문별 예산지원Sectoral Budget Support(SBS)

정의

부문별 예산지원은 아무 조건 없이 외환을 제공할 수 있는 유일한 프로그램 원조 양식이며 여전히 빈곤경감에 목표를 두고 있다. 지원된 외환은 수원국 정부에 의해 예산에 포함된 현지 등가(等價)자금으로 매각된다. 예산 자금

조달에서 성과가 좋으면 정부는 그 돈을 수년에 걸쳐 그간 최우선시 해온 특정 부문 프로그램을 확대하는 데 사용한다. 일정 수준의 거시적 안정은 부문별 예산지원의 기획과 적절한 사용을 위한 필수조건이다.

핵심 요소

부문별 예산지원SBS의 핵심 요소는 부가성, 전용 가능성, 그리고 규범적인 장기 예산이다. 공여자금의 부가성은 가장 중요한 부분이며, 장기 자금 조달 공약으로 보장된다. 또한 이는 자금조달이 중기 지출 구조와 밀접하게 연계돼 있음을 의미한다. SBS의 목표치는 국가관리 정보체계에 따라 만든 실행 감시지표를 근거로 서로 합의하여 - 그리고 그에 한정하여 - 측정한다. 자금의 사용보고는 국가 재정 절차에 따른다. 어떤 경제 계획에서든지 일정한 수준의 거시적 안정이 필수적이다.

만약 SBS가 중점을 두는 곳이 이미 현지 정부가 어떤 방법으로든 여러 해 동안 확대를 계획하고 있는 프로그램이라면 정부는 수년 넘게 프로그램 확대의 관리권을 장악하는 데 별 어려움이 없을 것이다. 바꾸어 말해 프로그램의 우선순위가 더 앞설수록 공여자금의 전용 가능성이 더 분명해질 것이다. SBS 없이 예산에 반영되는 자금은 아마도 다른 비우선적인 곳에 바로 사용될 수 있을 것이다. 정부가 추가자금조달의 실질적인 몫을 떠맡을 때 부문별 예산의 어딘가에서 자금을 잘라내어 다른 비용으로 사용하기 위해 재조정한다면(해야 한다면) 공여국과의 협정에 '위배되어' 위험이 따른다. 그러므로 거시적 구조와의 모든 고리를 끊지 않는 조심성이 필요하다. 더 구체적으로 말해 전체적인 예산 우선순위를 조정하고(이른바 공공지출의 재검토를 통해) 우선순위에 대한 정책논의를 지속하는 것이 잠재적인 전용성의 유혹을 피하는 데 필요할 것이다.

어떤 부문이나 프로그램을 위해 있음직한 세 가지 시나리오가 있다. 즉, (1) 바람직한 예산 (2) 지속 가능한 예산 (3) 최소한의 예산이 그것이다. '바람직한 예산'은 예컨대 부문 전략 문건에 명시된 바람직한 수준의 서비스 조항에서부터 시작된다. 보통 정부 자원 – 무상원조를 포함하여 – 의 이용가능성은 이러한 필요에 크게 미치지 못하는 수준이다. '지속 가능한 예산'은 실제로 수년에 걸쳐 이용 가능한 자원 – 공여국과 정부자체 자금에서 나온 자원 – 이 뒷받침할 수 있는 지출 수준을 말한다. 이는 보통 일정 수준의 투자비용 회수를 포함한다. 겉보기엔 전혀 상반되는 요소처럼 보이지만 '최소한의 예산'은 가장 비용 효율적인 방법으로 수용 가능한 최소 수준의 서비스를 제공하는 데 필요한 자원을 커버한다. 하지만 이 예산은 여전히 유효자원을 초과할 수 있다. 사실, '최소한의 예산'을 현실화하는 것은 오히려 지나친 욕심이다. 부문별 전략을 위한 공여국과의 대화는 이러한 시나리오도 염두에 두어야 한다. 모든 부문에서 우선적으로 수행해야 할 것들은 또한 부문예산의 덮개 역할을 하는 거시 예산 책정을 위한 대화의 한 부분이 되어야 한다.

SBS로의 전환 가능성을 결정하는 데는 거시적 안정성 정도와 부문별 정책이행 능력 수준이 중요한 역할을 한다. 이런 문제는 아래에서 논의된다.

거시적 안정성

어떤 수원국의 거시경제와 사회적 성과에 대한 공여국의 평가는 주로 그 나라의 역사적 실적(여기엔 일부 진보적 시각 요소가 첨가된다)에 초점을 맞추며 경제개혁, 사회정책 지표 및 굿 거버넌스good governance에 나타난 진전이 고려된다. 예를 들어 네덜란드에서는 이런 분야에 대한 평가를 '거시적 행사macro exercise'라고 부르며 넓은 의미로 어떤 형태의 프로그램 원조제공을 결정하는 적절성 기준으로 삼는다. 부문별 지원을 고려할 때 같은 평가가 내려지지만, 부문별 원조가 바로 이런 분야들을 개선하는 데 목표를 두기 때문에 이때는 제반 조건이 덜 엄격해진다.

부문별 정책

어떤 프로그램에 대한 지원여부는 대부분 부문별 전략의 질과 이행계획에 따라 결정된다. 일부 문제점들은 더욱 철저하게 검토될 필요가 있는데, 이는 전략을 공식화하는 과정이 적절하다는 것을 분명히 하고 모든 핵심 이해관계자들의 전략지원을 확실히 하기 위해서다. 여기엔 다음 것들이 포함된다.

- 정부가 정책수립과 일관된 프로그램을 보장하는 데 필요한 우선 실행 과정을 전적으로 담당하고 있는가?
- 모든 이해관계자들이 NGO와 민간부문을 포함한 우선 실행 요소를 정하는 데 효과적으로 참여하고 있는가?
- 미시적 수준의 일반 가구들에 대한 거시수준 처방효과의 심층적 미시·거시 분석이 전략 대비의 주요 요소인가?

부문별 정책의 질은 SBS 또는 부문 개발 프로그램SDP의 경우와 같은 방법으로 평가된다. 공공부문과 그 부문의 다른 이해관계자들의 역할, 이해관계자와의 협의과정, 공공지출 우선요소와 그 부문을 위해 선택된 규범예산의 지속가능성 여부가 재검토된다.

세계은행 내에서 모두가 접근방식을 신뢰하는 것은 아니다. 예를 들어 평가단위는 빈곤 감소가 부문별 문제로 의미 있게 분석될 수 없어 전체적 접근방식이 필요하다고 주장한다. 전제조건들은 부문을 초월할 때가 있고 또한 부문 간 겹치는 성질이 있다. 그 사례엔 중기계획 역량medium-term planning capacity(그러한 구조로의 개발에 모든 정부 부서를 포함시키는)을 개선하기 위해 공공서비스 개혁(공공지출구조의 재검토를 포함하는 것과 관리품질을 개선하는 것)의 실행이나 또는 중기예산지출 구조체계의 구축이 포함된다.

부문 개발 프로그램Sector Development Programme(SDP)

유럽연합EU은 특정 부문을 위한 수입지원과 특정 예산지출의 자금 조달 방식을 혼합한 자체의 부문별 지원방식을 개발해왔다. 수입 판매에서 생긴 등가기금Counter Value Fund(CVF)는 지정된 계좌에 예치되었다가 적절한 지

<그림 A.5-2> 부문 간 포괄적 접근수단들

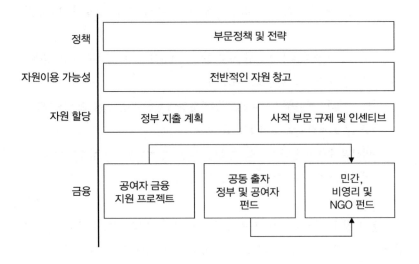

출영수증을 가진 정부에 공급된다. 유럽연합 사무국 간부들은 재정적 통제와 외부 회계 보고를 관장한다. 이는 SDP 자금이 이중으로, 즉 외환단계와 현지 CVF로 잡혀 있음을 의미한다.

유럽연합은 현재 이를 제약으로 인식하고 있으며 앞으로 그 규제를 완화할 계획이다. 그들은 수입상품에 대한 통제를 완화할 수 있기를 원하며, 그렇게 되기 위해서는 수입 제도가 자율화되고 투명해져야(자유시장가격으로 외환에 대한 동등한 접근성을 제공하는) 한다. 다른 방법들처럼 SDP는 지원을 원하는 부문별 정책의 질을 평가할 때 전 부문적 접근방식을 따른다.

■ 비교와 수단

카셀(Cassels, 1997)의 연구결과를 보여주는 〈그림 A.5-2〉는 부문 간 포괄적 접근방식 중 어떤 것을 택해야 할지를 설명해준다.

SIP는 투자자금 조달을 강조하고 공여국 절차의 조화를 달성하는 데 책임을 돌리는 공동이행절차를 요구한다. 소망대로 된다면, 공여국들은 특정 프로그램 구성요소를 위한 자금을 책정할 수 있다. 투자에 중점을 두게 되면 대다수 프로그램 확대에 대한 제약으로 인식되고 있는 순환지출의 핵심 역할을 의식적으로 묵살하게 된다. 투자상품들은 일반적으로 수입되기 때문에 종종 수입·조달 절차에 과도한 관심을 쏟게 되며, 더욱이 수입투자상품은 종종 예산 외의 상태에 있게 된다. 수입 통제가 (수입과 예산지출의) 이중 결합까지 야기할 수 있는 상황에서 SDP의 경우에 유사한 주장들이 적용된다.

SBS는 기대한 성과와 만족할 만한 재정보고 요청으로 맺은 일련의 협정을 근거로 한 부문 프로그램 자금을 조달한다. SBS는 정책 환경, 상호 이행조건, 장기적인 유연한 파트너십의 혜택, 그리고 수원국 정부 책임이라는 합당한 신뢰 수준에 의존한다. SBS는 그러한 조건들이 존재하는 곳에서 주요 진전을 보인다. 기준에 미치지 못하는 환경에서는 너무 멀리 나가기가 쉽다.

이 항목은 SIP와 SDP의 범위가 제한돼 있고, 너무 보수적이고 프로젝트 형식의 통제에 집중돼 있다는 점을 논하고 있다. SBS는 모든 환경 내에서 실용적이지는 않겠지만 공여국과 수원국의 신중한 제휴가 뒷받침될 때 훨씬 더 적합하고 유익해질 것이다.

■ 결론

부문 조정에 관한 사례 연구들은 각 프로그램이 국가별로 구체적이고 매우 다양하다는 것을 보여준다. 미리 알 수 있는 문제들을 피하기 위해서는 계통적으로 조직화되어야 한다. 모든 주요 참여국들을 끌어들이면 이 목적에 부합하는 중요한 길로 가게 될 것이다. SIP는 공여국 조화의 문제를 겪고 있다. 공여국들은 함께 개발하지 않은 공동전략을 받아들이는 데 반대한다. SBS는 각국 정부가 제시하는 증가된 주인의식을 따르며, 주요한 신뢰 수준을 더 잘 반영하고 있는 것 같다. 관련 정부는 선행투자에 관한 정책 협정과 사후 금융보고에 대한 의존을 실행 가능한 선택으로 만들고 있다. 하지만 관리역량이 능력 이상으로 확대되지 않는다면 계속 주의를 기울일 필요가 있다.

제6장

기술협력

사닝 아른트

■ 머리말

제2차 세계대전 이후 서유럽은 마셜플랜으로 알려진 대량의 공공자금 혜택을 입었다. 마셜플랜은 전쟁으로 초토화된 서유럽 경제회복을 가속화하는 데 크게 기여했다. 마셜플랜의 성공은 대규모 원조를 잘 활용하면 매우 빠른 경제성장이 실제로 가능하다는 낙관주의를 낳았다. 서유럽 경제가 다시 일어섬으로써 아프리카, 아시아, 남아메리카의 저개발 국가들로 관심이 옮겨갔다. 실제로 서유럽 재건에 참여한 여러 국제금융기구들, 그 가운데서도 특히 세계은행과 IMF가 이들 국가에 더 많은 관심을 갖기 시작했다.

1960년대 이래 마셜플랜과 비슷한 수많은 종류의 개발원조가 저개발 국가에 집중되었다(특히 수원국의 GDP에 비례하여 평가할 때 그러하다). 하지만 이같은 개발지원의 결과는 마셜플랜의 그것만큼 두드러지지 않았다. 수원국의 인적 및 제도적 역량 차이가 이처럼 다른 결과를 낳은 것이다. 비록 제2차 세계대전으로 서유럽은 물질적으로 초토화되었지만, 여전히 풍부한 인적 및 제도적 자본을 갖고 있었다. 재능 있는 국민들과 시장중심경제에 알맞게 잘 작동하는 제도적 구조를 가진 비옥한 토양에서 마셜플랜 하의 개발원조가 제대로 효과를 낸 것이다.

전후 유럽 상황과는 반대로 1960년대 저개발 국가의 인적자본human capital은 때때로 거의 믿기 어려울 정도로 전무했다(World Bank and fieldhouse, 1983). 저조한 인적자본 개발의 당연한 결과로서 고유의 제도적 역량이 매우 취약했다. 기존에 갖고 있었던 제도적 역량은 식민지배자들이 이미 선취한 상태였다. 독립은 종종 우선순위의 재조정을 의미했고, 따라서 기존 제도에 변화가 생겼다. 훈련받은 인력의 결핍과 불충분하고 부적절한 제도 아래서 초기 개발담당자들에겐 현지의 인적 및 제도적 역량을 키우기 위한 귀중한 노력이 필요했다. 이처럼 현지 역량을 키우기 위한 노력을 '기술지원' 또는 '기술협력TC'이라고 불렀으며 저개발국의 열렬한 환영을 받았다. 엘리오트 베르Elliot Berg는 이렇게 이야기한다.

기술지원 또는 기술협력은 자본투자에 없어서는 안 될 부속물로 생각되었다. 기술협력은 도로를 만들고 대학을 세우는 일을 도우는 데 필요했을 뿐 아니라 그것들을 유지, 보수하고 운영하는 능력을 키우는 일을 돕는 데도 필요했다(berg, 1993: 243).

OECD 자료에 따르면 1960년에서 1995년까지 기술협력 명목으로 모두 3천 억 달러가 지원되었지만 현지의 취약한 제도적 역량이 심각한 문제가 되었다. 이 장에서는 제도적 개발institutional development 또는 역량구축이라는 목표와 이를 달성하기 위한 수단인 기술협력을 중점적으로 다룰 예정이다.

■ 문제점: 현지의 취약한 제도적 역량

요원한 제도발전

취약한 현지 제도는 개발 저해요인의 핵심이다. 많은 저개발국들, 특히 사하라 이남 아프리카 국가들은 심지어 가장 기본적인 기능도 수행해낼 적절한 능력이 부족한 상태이다. 경제정책을 분석하고 수립하는 능력이 좋은 사례가 되겠다(최근 들어 이 부분에 개선이 있었으며 이 문제는 다음 항목에서 다룬다). 현지 역량구축에 대한 유엔개발계획의 최근 보고서는 이렇게 지적하고 있다. "많은 국가들이 적절한 정책을 세우고 그 정책을 실용적인 프로그램으로 변환시키는 문제를 중점적으로 다루는 능력이 부족하다"(UNDP, 1997a).

일관성이 없거나 부적절한 정책으로 인해 치러야 하는 대가는 매우 크다. 부적절한 정책수립은 종종 아프리카의 침체된 경제성과의 주요 설명요인으로 꼽힌다. 아프리카 국가들은 특히 경제정책을 분석하고 수립하는 능력이 취약하다(World Bank, 1981; Sachs and Warner, 1997). 빈약한 경제성과는 빈곤의 증가와 밀접한 관계가 있다(UNDP, 1997b). 더욱이 인적자본과 제도적 역량 부재가 경제성장에 걸림돌이 될 경우 이는 금융문제와 더불어 빈곤극복 프로그램을 개발하고 실행할 능력에도 심각한 문제를 일으킨다.

취약한 제도로 인해 곤궁해진 국가들은 원조자금을 당초의 목적인 인적, 제도적 역량을 강화하고 경제성장을 촉진시키는 데 효율적으로 사용하지 못한다.[1] 원조자금이 제대로 사용되지 못하거나 훨씬 적게 사용된다면 어떤 훌륭한 결과도 거둘 수 없음은 자명한 일이다. 세계은행에 따르면 자금사용

---

1) 예컨대 세계은행 그룹은 1993년에 사하라 이남 아프리카에 지원할 자금 140억 달러를 보유하고 있었으나(Jaycox, 1993), 당시 이 지역에 대한 전체차관금액은 연간 40억 달러에 불과했다.

의 일차적인 저해요인은 바로 수원국의 제도적 역량 취약이다. 이는 원조에서 자주 거론되는 패러독스를 잘 보여주고 있다. 이른바 원조자금이 가장 절실히 필요한 국가는 이를 효과적으로 흡수하는 능력이 가장 떨어지는 경향이 있다는 이야기다. 이는 제도적 환경이 열악한 곳에 원조 프로그램을 시행하기 위해 다양한 원조전략을 적용해본 결과에서 나온 것이다.

기존 역량과 기술협력의 역할

특히 저개발 국가에서는 제도적 역량 문제가 여전히 존재하지만, 거의 모든 국가에서 이 부문에 발전이 있었던 것으로 기록되어 있다. 다음은 1997년 인적 개발보고서Human Development Report 내용 중 일부이다.

> 1960년 이후 한 세대가 조금 넘는 기간에 개도국의 아동 사망률이 절반으로 줄었다. 영양실조 비율은 거의 3분의 1가량 줄었다. 초등학교 자퇴율도 2분의 1에서 4분의 1 이하로 줄었다. 깨끗한 물을 얻을 수 없는 농촌 지역 주민비율도 10분의 9에서 약 4분의 1로 줄었다. 이러한 진전은 세계 모든 지역에서 발견된다(UNDP, 1997b:2).

개도국들이 의료, 위생시설 개선 및 교육 서비스를 제공할 역량을 키우기 위해선 이러한 부문에서 큰 진전이 필요하다. 또한 에너지, 수송, 통신 인프라 그리고 이들 시스템의 관리 능력 개선이 필요하다. "원조는 효과가 있는가?"라는 제목의 카쌍 보고서는 기술협력 프로그램은 이러한 성과를 내는 데 '중요한 역할'을 했다고 주장하며 지금까지의 기술협력 효과에 대해 가장 긍정적인 평가를 내리고 있다. 엘리오트 베르가 감수한 더 비판적인 연구(사하라 이남 아프리카 지역에 초점을 맞춘 연구)조차도 상당한 성과를 지적하고 있다.

지난 30년간 사하라 이남 아프리카 지역에는 매우 실망스러운 점도 있었지만 상당한 제도적 발전이 있었고 이를 관리하는 역량 또한 발전하였다. 예컨대 이제 지방에서도 은행, 새로운 교육제도, 농업연구소, 발전소, 비행장, 군대, 대학이 운영되고 있다(berg, 1993: 14).

불행히도 이들 제도개선을 위한 기술협력 영향을 평가하는 데는 '주요한 역할', '상당한'과 같은 막연한 전문용어가 필요하다. 제도적 역량강화를 수량화하기는 매우 어렵다. 기술협력이 다른 요소와는 달리 정확히 '증진'에 어떤 역할을 했는지를 밝히는 것은 거의 불가능하다. 이런 점에서 공식적인 프로젝트 평가는 한계가 있다. 많은 프로젝트가 목적을 달성하지 못하여 실패로 평가받기는 했지만, 많은 개개인을 훈련시키는 효과는 있었다. 그들은 훗날 훌륭한 기능을 하는 제도의 핵심요원이 되었다. 이러한 점증적 효과를 평가하는 것은 (필자가 아는 바로는) 매우 어려운 일이기 때문에 실행된 적이 없다.

측정의 어려움에도 불구하고 제도발전을 위한 기술협력의 영향에 대해 분명히 효과가 있다는 평가가 나온 것 같다. 제도발전을 위한 기술협력은 결과가 확실하고, 측정가능하며, 상대적으로 논란의 여지가 없는 환경에서는 최상의 역할을 했다. 예를 들어 카쌍 보고서는 기상학을 '광범위한 기술협력의 영향력이 분명히 존재하는 분야'로 인용하고 있다(Cassen et al., 1994: 146). 기상예보를 전달하고, 허리케인을 추적하고, 민간항공에 기상 서비스를 제공하는 것은 기술적으로 어려움이 따르지만 필요한 데이터와 필수 결과물은 상대적으로 명확하고 기본적으로 논란이 있을 수 없다. 비슷한 논리로 초·중 교육제도의 발전을 평가하는 것은 어려운 일이긴 하지만 그 결과물, 즉 글자와 숫자를 아는 사람들의 수를 측정하긴 비교적 쉽고 딱히 논란의 여지가 없다.

목표가 특성이 없고, 잠재적으로 상충되거나 정치적으로 민감한 환경에서는 역량강화의 성공 기록은 훨씬 복합적이다. 경제정책을 분석하고 수립하는 것은 훌륭한 대학을 설립하는 것과 마찬가지로 이 복합적인 범주에 들어간다. 이분법은 융통성이 있다. 어떤 경우에는 수년, 수십 년간의 기술협력에 관한 자료수집과 같은 명확한 업무를 하는 수행기관도 기능을 잘 수행하지 못해 상당부분 외부 도움에 계속 의존한다. 또 다른 경우에는 복잡하고 형태가 불분명한 환경이라도 외부 도움보다 더 적은 자료를 가지고도 제대로 된 기능을 하는 기관도 있다. 일부 은행들이 이 부류에 속한다.

제도 필요성에 대한 기대

고유의 제도적 역량을 키우기 위한 원조노력이 부족하다는 일치된 의견이 종종 나오는 반면, 제 기능을 발휘하는 제도의 필요성은 점차 커지고 있다. 더욱이 필요성이 가장 크고 시급한 곳은 복잡하고, 잠재적으로 상충되며, 정치적으로 민감한 분야이다. 특히 개도국은 예측을 불허하는 세계경제와 관계를 맺어야만 한다. 얼마 전 '아시아 외환위기'와 이로 인한 금융대란이 좋은 사례이다. 아시아 위기로 초래된 구조조정은 매우 힘들고 미래를 예측하기 어려운 것이었다.[2)]

또한 글로벌경제와 관계를 맺는다는 것은 이에 부수되는 제도적, 분석적 필요성으로 인해 지구적(그리고 종종 지역적)인 통상협상에 참여한다는 의미다. 세계 및 지역 환경문제는 복잡하고 논쟁의 여지가 많은 협상문제를 제기한다. 더욱이 이 같은 환경문제는 시장에서 해결되지 않는다. 여기엔 유능한 공공기관과 책임지는 정부의 행동이 필요하다. 민간 분야에서는 빠른 기술발전, 짧은 상품수명, 변덕스런 소비자 요구(특히 개도국에 중요한 상품들, 예

---

2) 예컨대 1950~1990년에 태국과 인도네시아는 미국보다 더 높고 안정적인 GDP 성장률을 보였다(Arndt, 1996). 많은 예측들이 여러 모로 높이 평가받고 있는 기관들에 의해 나왔다. 세계은행의 국제경제 분석 및 전망 부서가 이러한 성장세는 극적으로 변화할 징조는 없다고 언급한 것도 한 사례이다.

컨대 의류, 장난감 및 전자제품)와 지구적인 경쟁이 기업 환경을 결정짓는다. 간단히 말해 공공 및 민간 분야 둘 다 유능하고 미래 지향적이며 융통성 있는 제도가 필요한 것이다.

세계은행이 발표한 1998년 세계개발 보고서World Development Report (World Bank, 1998b)는 개발을 위한 지식, 즉 복잡한 지구적인 환경에 효과적으로 참여하는 법을 직접 다루고 있다. 이 보고서는 인적자본, 지식기관 및 지식 네트워크(텔레커뮤니케이션 인프라 포함)를 개도국이 지녀야 할 필수 항목으로 지목한다. 그러나 세계은행과 다른 공여기관들이 '지식 사업'에서 효과적으로 일하기 위해서는 현지에 최근 지식을 흡수할 수 있는 고유의 제도가 존재해야 한다.

요컨대, 역량 있는 고유제도가 이전부터 분명히 필요했다. 더욱이 여러 이유로 제 기능을 발휘하는 제도의 가치도 계속 높아질 것이고, 갑작스런 충격에 잘 대처하기 위해 기계적 절차를 면밀한 제도적 대처로 전환하는 비용도 또한 증가할 것이다. 원조 공여국들도 제도적 역량강화에 목표를 두고 원조를 하고 있음이 분명하다. 어떤 형태로든 기술협력은 바람직한 제도적 역량강화를 위한 수단이 될 것이다.

■ 기술협력수단

공식적인 정의

기술협력은 명확하게 정의하긴 어렵지만 일단 보면 알게 되는 빈곤과 다소 비슷하다. 그래서 여러 공여기관들과 학자들은 기술협력을 다양하게 정의한다. 이 장에서는 기술협력의 흐름을 OECD 통계에 근거하고 있는 개발원조위원회DAC의 정의를 따르기로 한다. OECD DAC은 기술협력(또는 이른바 '독립적인free standing' 기술협력)을 다음과 같이 정의한다.

공여국의 재정지원으로 이뤄지는 활동의 첫째 목적은 지식, 기능, 기술적 노하우 또는 개도국 국민의 생산성 증진 즉, 지식자본 축적이나 기존 요소를 더 효과적으로 이용할 수 있는 그들의 역량강화이다(OECD, 1998a).

기술협력과 기술지원용어를 호환하여 사용하는 세계은행 같은 기구들과는 달리 OECD는 기술지원(투자와 관련된 기술협력)을 다음과 같이 다르게 정의하고 있다.

기술지원은 공여국의 재정지원으로 이뤄지며 그 목적은 수원국의 실질적인 주식자본 증가를 위한 프로젝트나 프로그램 시행을 계획하는 데 도움을 주는 것이다(OECD, 1998a).

OECD는 기술협력에 대한 지구적 통계를 관리하고 있기 때문에 기술협력과 기술지원의 구분은 중요하다. 원조 목적이 기술협력의 정의와 맥락을 같이 하더라도 투자프로젝트와 관련이 있는 기술지원은 OECD 통계에서 기술협력으로는 포함되지 않는다. 기술협력 통계는 투자프로젝트와는 관련이 없는 오직 순수 기술협력만을 포함한다.

기술협력과 제도구축 목표 사이의 연계가 점점 더 강조되고 있다. 따라서 1991년 OECD 발표에서는 이것을 다음과 같이 정의하며 제도구축 목표를 더욱 분명하게 설명했다.

기술협력은 개도국의 지식, 기능, 기술 노하우 및 국민 생산성을 개선하기 위해 계획한 원조활동을 모두 포함한다. 기술협력의 특별히 중요한 목적은 제도개발이다. 즉, 경제 그리고 좀 더 일반적으로는 사회의 효과적인 관리 및 운영을 통한 지속 가능한 발전을 위해 필수적인 많은 제도의 기능을 강화하고 개선하는 데 도움을 주기 위해서다(OECD, 1991).

비공식적인 정의

이런 공식적인 정의 이면에는 보다 실용적인 정의 또는 기본적인 기술협력 모델이 숨어 있다. 기술협력은 공여국의 금융지원을 받는 인력을 지원해 필요한 기술을 제공하고 현지인들을 교육시키는 일이다. 이 인력들은 보통 외국 전문가들로 한 국가에서 단기간 또는 장기간 근무한다. 이들은 대개 컴퓨터, 복사기, 자동차 같은 장비를 제공받는다. 게다가 대부분의 기술협력 프로젝트는 교육과정을 지원한다. 국내에서 짧은 교육과정을 제공하거나 현지 인력을 해외로 보내 기술협의를 하게 하고 대학에 진학시켜 고급기술 학위를 받게 한다.

기술협력 인력이 달성하고자 하는 목표는 다양하다. 어떤 경우에는 연구 수행이 가장 중요한 목표가 되고 어떤 경우에는 교육 프로그램을 받기 위해 해외에 나가 있는 현지 인력의 역할을 단순히 대신하기도 한다. 일부 기술협력 인력은 단지 현지인의 기술훈련을 담당한다. 마지막으로 제도적 개발을 촉진시키는 다소 불분명한 역할을 맡기도 한다.

매우 드문 사례이지만 당초 목표에 개의치 않고 음으로 양으로 현지인들에게 기술과 노하우를 전수하는 기술협력 인력technical cooperation personnel도 있다. 공식적인 교육 프로그램 이외에 지식 전수를 받기 위한 가장 좋은 방법은 외국전문가와 현지 카운터파트를 짝짓는 시스템을 만들어 함께 일하게 하는 것이다. 이런 협력과정을 통해서 서로의 모범을 배우게 된다.

■ 기술협력 규모

규모와 단서조항

전체 개발원조액 중 기술협력으로 사용되는 금액이 차지하는 비율은 수많

<표 6-1> 전체 ODA와 기술 협력의 평균 비중(지역별, 1970~1995)　　　　(단위: %)

	순 ODA의 비중		기술 협력의 비중	
	1970~1995	1993~1995	1970~1995	1993~1995
아시아	36.0	32.0	27.0	29.0
사하라 이남 아프리카	28.0	31.0	28.0	24.0
북아프리카	9.0	6.0	8.0	7.0
아메리카 대륙	9.0	10.0	13.0	16.0
CEEC/NIS[a]	5.0	13.0	4.0	13.0
기타	13.0	8.0	20.0	11.0
전체	100.0	100.0	100.0	100.0

출처: OECD(1998a).
주석: a) CEEC는 중앙 및 동부 유럽 국가이고 NIS는 구소련의 신흥 독립국가를 뜻한다.

은 관찰자들을 놀라게 할 정도로 높다. 전체 기술협력 지원금은 1995년에 180억 달러 이상으로 같은 해 전체 공적개발원조ODA의 약 31%를 차지한다. 1970년에서 1995년까지 이 지원금은 매년 ODA 전체의 평균 25%를 차지했다. 게다가 OECD는 기술지원과 기술협력을 따로 분류하기 때문에 이 수치는 기술협력의 실제 금액(그리고 ODA 전체 총액에서 대략 차지하는 부분) 보다 적다고 할 수 있다. UNDP는 1990년대 초에 투자 프로그램과 관련된 기술지원을 기술협력 수치에 더하면 전체기술협력규모는 10~20% 정도 더 늘 것으로 추산했다. 베르는 1993년 기술협력자금의 수치를 실제보다 두드러지게 낮추게 하는 세 가지 추가 원인을 (1) 구소련연방같은 비 OECD 국가들로부터의 기술협력 (2) NGO가 지원하는 기술협력 (3) 차관자금을 통한 기술협력이라고 지적하고 있다.

지역적 분포와 원조에서 차지하는 몫

〈표 6-1〉은 두 기간의 지역별 전체 ODA와 기술협력 지원의 분포를 보여준다. 1970년에서 1995년까지 아시아와 아프리카(북아프리카와 사하라 이남 아프리카)가 동일한 규모의 ODA를 받았다. 하지만 같은 기간에 사하라 이남

〈표 6-2〉순 ODA에서 기술 협력의 평균 비중(지역별, 1970~1995)　　　　　(단위: %)

	1970~1995	1993~1995
아시아	17.0	27.0
사하라 이남 아프리카	30.0	23.0
북아프리카	24.0	35.0
아메리카 대륙	34.0	44.0
CEEC/NIS a	n.a.	27.0
전체 ODA	25.0	30.0

출처: OECD(1998a).
주석: n.a., not available.
　　a) CEEC는 중앙 및 동부 유럽 국가이고 NIS는 구 소련의 신흥 독립국가를 뜻한다.

아프리카만은 아시아보다 더 많은 기술협력을 배정받았다. 이는 아시아보다
아프리카에 더 많은 기술협력이 지원되었음을 의미한다. 〈표 6-2〉에서는
ODA 기술협력 부분의 정확한 지원율이 지역별로 나타나있다. 1970년에서
1995년까지 아시아 무상기술협력 지원금은 이 지역에 지원된 ODA 중 겨우
17%에 해당한다. 반대로 사하라 이남 아프리카는 30%에 달한다. 이런 현상
은 사하라 이남 아프리카 지역에 기술협력이 남용되고 있다는 인상을 1980
년대 말에서 1990년대 초에 널리 심어주었다(제18장 참조).

기술협력자금 지원패턴 추세 조사

사실 사하라 이남 아프리카가 지금까지 ODA 가운데 가장 높은 비율의
무상 기술협력지원금을 받은 것은 아니다. 오히려 미주지역, 특히 남미가 더
많은 지원을 받았다. 더욱이 최근 자료를 보면 과거 평균과는 매우 다른 양
상이 나타난다. 1993~1995년까지 세계적으로 ODA의 전체기술협력지원금
은 과거 평균보다 더 큰 비중을 차지한다. 이런 추세는 사하라 이남 아프리
카를 제외하고 모든 지역에서 나타난다. 실제로 1993~1995년까지 사하라 이
남 아프리카는 다른 주요 수원지역(동남아시아는 제외한다. 이곳은 조금 줄어
들었다)보다 적은 기술협력 지원금을 받았다.

〈그림 6-1〉 지역별 ODA 비율로 보여주는 기술협력

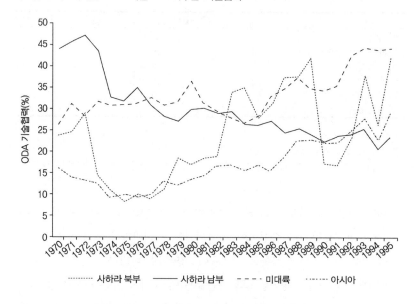

출처: OECD(1999a).

〈그림 6-1〉을 보면 ODA 중 기술협력이 차지하는 비중의 추세를 알 수
있다. 사하라 이남 아프리카 지역에서 초기에는 기술협력 수치가 높았지만
점점 낮아지는 추세를 보인다. 그럼에도 1980년대 말까지 이 지역에서
ODA 가운데 기술협력이 차지하는 비중은 아메리카 지역과 북아프리카 지
역보다 낮고 아시아지역과는 거의 비슷했다. 1980년대 말과 1990년대 초
사하라 이남 아프리카 지역에 지원되는 기술협력에 대해 신랄한 비판이 있
었고, 이로 인해 1990년대 초와 중반에 그 비중에 점점 낮아지게 된 것이다.
다른 지역에서 기술협력 비중이 높아지는 것은 설명하기 어렵다. 훌륭한
제도적 장치를 통해 얻게 되는 이점과 낙후된 제도로 인해 발생하는 비용이
적절한 설명거리가 될 수 있다. 시간이 흐르면서, 특히 1990년대 말에 이런
이점과 비용이 계속 증가한 것을 인정한다면, 원조 수원국과 공여국 모두

기술협력에 재원을 쏟으려 한 것은 당연하다. 원인이 무엇이든 사하라 이남 아프리카 지역에서는 원조 분배에서 기술협력 비중이 늘어나는 것을 반대한 것으로 나타난다. 게다가 ODA에서 기술협력 비중의 증대는 사하라 이남 아프리카를 제외한 지역에서는 기술협력에 대한 비판이 그다지 맞지 않았던 것으로 해석될 수 있다.3) 이제 이 비판에 대해 이야기해보자.

■ 기술협력에 대한 뿌리 깊은 의구심: 비판과 개혁조치

만연한 불만

1990년대 초반이 지나면서 기술협력에 대한 불만이 높아지기 시작했다. 많은 비판적인 보고서들이 출간되었는데, 그 중 두 보고서가 유명하다. 포스Forss는 1990년 북유럽국가들이 아프리카 3개국(케냐, 탄자니아, 잠비아)에 지원한 기술협력에, 뷰익Buyck은 1991년 전 세계를 대상으로 세계은행이 지원한 기술협력에 초점을 맞추고 있다. 이 두 보고서뿐 아니라 다른 여러 보고서들 때문에 기술협력이 원조수단으로 효과가 있는지에 대해 다시 생각하게 되었다.

예를 들어 다자간 원조 측면에서 보면 유엔개발계획UNDP은 기술협력 수원국들이 기술협력자원을 더 잘 운영하도록 도와주는 국가기술협력행동프로그램NATCAP이라는 작업에 착수했다. 이 프로그램의 일환으로 각 수원국은 기술협력정책구조보고서TCPFP를 작성해야 한다. 이들 보고서의 여러 풍부한 정보들 가운데 수원국에 지원한 기술협력 자원에 대한 그들의 생각을

---

3) 기술협력에 대한 모든 비판이 기술협력의 축소를 요구한 것은 아니다. 그들은 축소 대신 기술협력 흐름 내의 우선순위를 재조정하길 원했다. 하지만 필자가 알기로는 기술협력 규모를 늘려야 한다고 주장한 사람은 없었다.

엿볼 수 있다. 더욱이 UNDP는 기술협력에 대한 통합연구를 지원하였다. 이들 보고서는 이 장 앞 부분에서 언급한 『국제기술협력을 재고한다』라는 제목의 책으로 출간되었다. 세계은행은 1991년 특별 연구팀을 구성해 기술협력 활동의 영향에 대해 조사하였다. 양자간 원조 측면의 사례로서 독일정부는 (몇몇 다른 공여국들처럼) 유럽개발정책관리센터ECDPM를 지원하였다. 이러한 노력에서 나온 기술협력에 대한 비판은 다양한 출처에서 나온 수많은 보고서들과 상당부분 서로 일치했다. 기술협력이 제도적 역량강화 부분에서 큰 역할을 하지 못했다는 공감대가 형성된 것이다.

이들 보고서의 주요 의견 차이는 바로 실패의 경중에 집중되어 있다. 당시 세계은행 아프리카 지역 부총재이던 제이콕스Edward Jaycox같은 저명인사들은 기술협력이 역효과를 낸다는 주장까지 했다. 그는 "원조 공여국과 아프리카 정부는 아프리카 지역의 역량을 사실상 훼손하고 있다는 것이 나의 생각이다. 역량을 강화시키기 보다는 더 빠르게 훼손시키고 있다"(Jaycox, 1993: 1)고 말했다. 베르Berg는 그의 보고서에서 덜 신랄한 의견을 피력했다. 그는 기술협력이 역량구축에 별다른 도움이 되지는 않았지만, 그렇다고 해를 끼치지는 않았다고 주장했다. 아마도 국내적인 이유 때문에 수원국 보고서에서는 역량강화에 기술협력이 별다른 효과를 내지 못했음을 비판하지 않았고 불만 또한 크게 피력하지 않았던 것으로 보인다.

주요 비판 요소

대부분의 보고서에서 공통적으로 지적하는 기술협력에 대한 문제점이 몇 가지 있다. 종종 서로 연관되어 있는 다음 사항들이 여러 보고서에서 지적한 문제점들이다.

- 기술협력은 '공급중심'이다. 공여국들이 프로젝트를 계획하고, 설계하고, 실행한다. 이 과정에서 수원국들의 의견은 거의 반영되지 않는다. 그 결

과 수원국은 이 프로젝트에서 어떤 주도권도 가질 수가 없다. 동시에 공급중심 기술협력은 수원국의 입장에서는 중요성이 다소 떨어지는 분야를 지원하게 된다. 이 두 문제점이 프로젝트를 지속하는 데 가장 부정적인 요소이다.

- 기술협력 프로젝트는 제도 구축에 반하는 유형의 측정 가능한 결과를 '지나치게 강조한다.' 공여국은 그들의 프로젝트가 뭔가 보여주길 원한다. 기술협력 구성원들은 이런 측정할 수 있는 결과를 내놓도록 요구받는다. 이들의 채용도 대개 그런 특징에 맞춰 이뤄진다. 게다가 제도구축이라는 목적이 분명하게 나타나 있음에도 불구하고 기술협력 구성원들은 더 눈에 띄는, 예컨대 보고서 같은 결과물을 내는 데 중점을 두게 된다. 이런 결과물은 보통 프로젝트 주기를 훌쩍 뛰어넘어 관련 인사의 '사후' 실적평가의 주요 근거가 된다.

- 수원국의 기술협력 관리의 취약성이다. 앞서 말한 수원국의 관리 패러독스가 여기서 나타난다. 제도적 장치가 취약한 개도국들이 기술협력을 받는다. 하지만 그 같은 기술협력은 종종 그들 자신의 의제를 가진 공여국으로부터 지원되는데, 이들은 제한된 기한 내 측정 가능한 결과물을 내려는 강한 열망을 가지고 있다. 현지 행정구조가 취약하기 때문에 대개 복잡한 행정적 필수요건은 물론 공여국의 의제와 빡빡한 일정을 소화해내기 어렵기 마련이다. 이런 취약한 관리구조는 결국 프로젝트 목표를 향한 성과를 갉아 먹게 된다. 결과적으로 공여국은 종종 수원국의 기존 관리구조를 교묘하게 피할 방법을 찾는다. 이는 프로젝트 시행으로 강화하려던 제도적 역량을 오히려 훼손하게 된다. 특히 행정역량은 가장 취약하지만 원조는 상대적으로 가장 절실한 저개발국가에서 이런 일이 발생한다. 끝으로 공여국은 막중한 관리책임으로 인해 더 실력 있는 직원들을 필요로 한다. 종종 현지 정부로부터 유능한 행정가들을 데려오는데, 이는 다시 현지 역량에 방해가 된다.

- '훈련'에 별 중점을 두지 않는다. 훈련프로그램은 종종 역량강화의 주요

한 요소가 아닌 부차적인 것으로 여겨진다. 게다가 만약 현지직원이 해외로 연수를 가게 되면, 그는 다시 본국으로 돌아오지 않고 해외에 머무르려 한다.

- 장기간 상주하는 '기술고문expatriate adviser'들에게 지나치게 의존한다. 장기거주 기술고문들은 현지의 제도적 구조 안에서 일하는 것이 불편하다. 이들은 상대적으로 현지직원에 비해 급여가 높다. '기술고문'이라는 이들의 지위는 현지 행정 계급 체계 내에서 모호하기만 하다. 공여국이 급여를 지급하기 때문에 그들의 상사는 분명히 현지 행정부 바깥에 존재한다. 게다가 이들 고문들은 거의 무제한으로 사무실 소모품, 시설 그리고 차량을 쓸 수 있는 특권을 갖고 있다. 문화적 요인은 없어도 그들의 고소득, 낮은 책임, 특권은 현지 직원들의 사기를 약화시키고 분개하게 한다. 문화적 요인이 개입될 경우 이들 기술고문들과 현지 직원들 사이의 부정적 관계가 특히 심화된다.

- '전문가-현지파트너 모델expert-counterpart model'이 실패했다. 대부분의 경우 파견 전문가와 현지 파트너는 쉽게 짝을 지어 일하지 않는다. 예를 들어, 현지 전문가는 종종 교육으로 자리를 비우고 기술협력 인력은 현장에 머무른다. 심지어 같이 있을 때도 기술과 노하우를 주고받는 일은 거의 없다. 파견 전문가는 결과를 내놓기에 급급해 상대방 교육에 신경을 쓰지 않고, 또한 현지 전문가는 종종 파견 전문가를 지위가 낮은 사람으로 깔본다. 결과적으로 둘 다 상호관계에 어떤 중요성도 지니지 않는다. 이들 사이의 확실치 않은 위계질서가 문제를 더 복잡하게 만든다. 동등한 파트너십이란 개념은 파견 전문가들만이 누리는 고소득과 특권으로 인해 이미 무너져버렸다. 동시에 이들은 작업계획을 강요할 권한은 갖고 있지 않다. 그리고 현지 전문가들은 그들이 응당 받을 자격이 있는 교육을 요구할 권한을 갖고 있지 않다.

- 기술협력 시장에 많은 '왜곡'이 있다. 수원국은 기술협력을 대체로 무상으로 간주한다. 차관이 아닌 제공해야할 지원쯤으로 여긴다. 게다가 공

급중심의 기술협력은 수원국 입장에서는 기회비용이 전혀 발생하지 않는 것으로 여긴다. 원조자원이 유한한 상황에서 이는 잘못된 인식이다. 여하튼 기술협력에 기회비용이 전혀 없다는 인식이 주어지면, 수원국들이 정한 우선순위는 무의미해진다. 이로 인해 자원이 제대로, 필요한 곳에 할당되지 못한다. 다음은 두 가지 공통된 사례이다. (1) 현지에 상주하는 기술고문들은 일반적으로 장비와 일부 훈련계획과 한 묶음으로 오기 때문에 정식 기술협력 프로젝트는 처음에 컴퓨터 몇 대와 차량에 대한 접근을 허용받는 것으로 수용된다. (2) 기술협력은 이른바 '공짜'이기 때문에 현지 정부는 때때로 자격 있는 자국인보다 해외 전문가들의 고용을 더 선호한다. 이는 결국 예산낭비를 가져온다. 자국 기술자를 제쳐두고 해외 전문가를 채용하면 무려 20배 이상의 예산이 더 지출되는데도 이런 일이 벌어진다.

1980년대 말과 1990년대 초부터의 평가는 시대상을 반영하여 일반적으로 양성평등문제 다루기를 게을리 하였다. 그러나 향후 일반적으로 기술협력, 특히 기술협력 구성원의 취약사항 목록에 양성평등의식의 결여가 추가될 전망이다.

1990년대 초에 나타난 기술협력에 관한 비판은 기술협력 프로젝트가 현지 행정 구조를 전혀 고려하지 않은 채 확실치 않은 목표만을 추구해왔다는 것이다. 기술협력 수원국들은 제공된 자원을 거절할 이유가 없었지만, 프로젝트의 최종 형태와 목표에 대한 발언권은 거의 없었다(있다 한들 아주 적었다). 이런 상황에서 기술협력 프로젝트는 우선순위가 낮은 문제로 낙착되기 쉽다. 기술협력 자원은 너무 두드러지기 때문에(상주 기술고문들을 위한 급여로 지출되는 돈이 프로젝트에 소속된 전체 공무원 급여액수를 능가할 수 있다), 부족한 자원으로 광범위한 활동에 관여하는 현지 행정을 되레 혼란스럽게 할 수 있다.

기술협력 공여국은 눈에 보이는 결과를 원하기 때문에 전문가, 특히 상주 기술고문들의 현지파견에 너무 많은 자원을 낭비한다. 전문가-현지 파트너

모델의 근본적인 간극 때문에 기술이나 노하우의 전수가 거의 이루어지지 않는다. 게다가 특정 프로젝트에 대한 가시적인 성과를 얻기 위한 열망은 유능한 직원에 대한 추가급여 지급으로 이어진다. 이런 메커니즘이 현지 정부에서 나온 유능한 간부들의 관심을 끌게 되고 이는 결국 제도개선에 방해가 된다. 최악의 경우 기술협력은 현지 행정부를 혼란하게 하고, 현지 직원들의 사기를 떨어뜨리고, 우선순위 선정 같은 매우 중요한 역할을 하지 못하게 함으로써 결국 현지 역량을 더욱 취약하게 만든다.

개혁 조치

1993년경에 나타난 이 같은 문제점들은 개혁의 필요성을 강조하기에 모자람이 없었다. 이 개혁을 위한 제안은 다음과 같이 세 가지 주요 그룹으로 나눌 수 있다.

- 공여국은 기술협력 관리에 더 관심을 기울여야 한다.
- 수원국도 기술협력 관리에 더 관심을 기울여야 한다.
- 기술협력 시장의 주요 왜곡을 해결해야 한다(예컨대 수원국도 부담하게 하는 식으로).

대부분의 개혁을 위한 제안은 첫째 그룹에 속한 것들이다. 첫째 그룹에 속하는 개혁조치의 일부 목록에는 다음 것들이 포함된다.

- 기본 기술협력 프로젝트 구조가 더 잘 작동할 수 있게 하라. 제도적 역량 강화를 위한 목표는 예컨대 더 구체적인 참조 용어를 사용하고, 전문가를 고용할 때 제도개선 능력을 가진 사람들을 더 중용하고, 가시적 결과에 대한 집착을 줄이고, 프로젝트 준비에 더 심혈을 기울여 우선적으로 지원이 필요한 사항부터 해결해 나가야만 더 쉽게 달성할 수 있다. 또한

직원 교육을 중시하고, 파견 전문가와 현지 전문가의 끈끈한 유대관계도 쌓아야 한다. 보다 최근에는 기술협력 프로젝트의 설계와 인력선별 과정에서 개선된 양성평등의식이 이 목록에 추가되었다. 이는 양성평등문제와 양성평등 교육에 관한 연구들이 급속히 늘어남으로써 이 목록을 보강할 필요가 있었기 때문이다.

- 기본 기술협력 프로젝트 구조를 수정하라. 특히 장기 상주 기술고문이 아닌 단기 상주 인력을 더 많이 이용하라(방문이 필요할 경우 여러 차례 방문하면 되고 전자우편으로 소통하게 하면 된다). 그리고 기술훈련의 예산 비중을 늘려라. 또한 가능한 선진국과 개도국 사이의 유사한 제도를 '서로 쌍을 이루게' 하라.

- 기술협력을 포괄적으로 계획하라. 이 경우 공여국과 현지 정부가 함께 포괄적인 프로그램에 동의하는 모양새가 될 것이다(역시 이 책 제7장 참조). 그래야만 프로그램 내에서의 특정한 활동(프로젝트)이 특정한 공여국에 의해 행해질 것이다.

제안의 둘째 그룹에는 UNDP가 책임지고 있는 국가기술협력행동프로그램NATCAP의 노력이 가장 좋은 예다. 마지막 그룹은 수원국이 기술협력 지원을 받을 때 어느 정도 기회비용을 지불하게 하는 메커니즘을 고안하는 일이다. 개혁조치에 대해 더 자세한 얘기를 시작하기에 앞서 이에 대한 비판을 재점검해보자.

■ 의혹들에 대한 재고찰

두 가지 사실이 1980년대 말과 1990년대 초의 비판에 영향을 주었으며, 그리고 개혁조치 제안에 영향을 주었다. 첫째, 아시아 바깥에서는 1980년대에 그리고 아프리카의 경우엔 1990년대 초에 들어가면서 경제상황이 크게

제6장 기술협력 255

나빠졌다. 1980년대는 라틴아메리카 지역에 대해 '잃어버린 10년'이란 신조어가 만들어졌다. 사하라 이남 아프리카의 1980년대 경제상황은 거의 재앙수준이었다. 둘째, 1990년대 초에 세계는 적어도 미래의 노력에 모델이 될수 있는 성공한 기술협력 프로젝트가 전혀 없었던 것으로 인식하고 있었다. 베르가 감수한 책을 연구하는 팀의 멤버로서 필자는 기술협력 프로젝트의 성공사례를 찾는데 수개월을 보냈다. 아마도 그 당시의 분위기를 반영하듯, 단 한 건도 찾아내지 못했다.

이 두 가지 사실 모두가 변하였다. 1990년대 사하라 이남 아프리카와 라틴아메리카지역은 1980년대보다 경제 상황이 나아졌다. 이는 기술협력 프로젝트가 작동하는 공공, 민간 두 부문의 환경에 큰 의미를 지닌다.[4] 또한 약간의 기술협력 성공사례도 찾아볼 수 있게 되었다.

경제적, 행정적 환경의 역할

필연적으로 일어나게 된 경기침체/하강과 이에 따른 경제구조조정 기운이 본질적으로 제도발전이 어려웠던 저개발 국가에서 1980년대 내내 팽배하였다. 기술협력 프로젝트와 관련 있는 대부분의 인력들이 자리 잡고 있는 공공부문이 특히 새로운 제도를 개선하는 일에 열의를 보였다. 국가마다 고위직 직원이 가장 낮은 지위의 직원보다 겨우 조금 더 받을 정도로 급여수준이 낮고 매우 위축되어 있었다. 비교적 고위직 직원의 급여로도 제대로 생계를

---

4) 제12장에서 엘리오트 베르가 논한 바와 같이, 1990년대에 사하라 이남 아프리카의 공공부문 관리환경의 건전성에 대해 세계은행과 IMF가 수집한 지표들은 근본적으로 개선되고 있기보다는 정체 상태에 있음을 보여주었다. 이것은 1970년대와 1980년대에 일어난 관리환경의 급속한 붕괴에 비하면 진전이라고 할 수 있다. 더욱이 세계은행이 사용한 총금액이 우선지역에 더 많은 재원을 배정한 것으로 위장될 수 있었다. 공공부문에 강요한 불충분한 통계수치와 이행조건이 물을 더 흐리게 만들었다.

감당할 수 없는 지경이었다. 많은 국가에서 공공부문 직원들은 다른 여러 가지 직업을 따로 가져야만 했다. 낮은 월급수준에도 불구하고 부족한 예산 때문에 공무원급여가 공공부문 지출의 거의 대부분을 차지했다. 그 결과 연필이나 종이 같은 기본물품을 포함한 사무기기가 매우 부족했다.

이런 상황에서는 제도개선 노력을 아무리 잘 기획하고 시행한다 해도 성공 가능성이 낮을 수밖에 없다. 기술협력에 대부분 비판적인 것으로 크게 소문난 베르는 '최소한의 적절한 행정환경'(berg, 1993: 196)의 필요성과 그리고 많은 저개발 국가, 특히 사하라 이남 아프리카 국가들에 이런 환경이 부재하다는 것 둘 다를 알게 되었다. 이러한 공공부문의 열악성은 매우 중요한 논제이며 제12장에서 다룰 예정이다. 그렇지만 많은 기술협력 프로젝트가 시행되고 있는 경제적 및 행정적 환경의 악화와 제도개선을 위한 장치로서의 기술협력에 대한 높은 불만 사이의 상호관계가 매우 견고하여 기술협력에 대해 점점 높아가고 있는 일부 비판을 인정하지 않고 있다.

또한 최소한의 적절한 행정환경이 부재한 상황에서 악의를 가진 공여국과 기술협력 관련 인사들이 지나치게 가시적인 성과에 초점을 맞추는 것은 지양되어야 한다. 만약 제도개선이 실패할 가능성이 높은 경우, 가시적 성과, 특히 경제/행정적 환경의 악화를 막는 데 도움이 되는 성과에 집중하는 것은 일리가 있어 보인다. 그렇다고 성과에 따라 인센티브를 제공하는 기술협력 구조는 비판에서 벗어날 수는 없다. 그런 비판은 특히 환경이 열악할 때 더 과장될 수 있다.

끝으로 더욱 발전된 기술을 배우기 위해 해외로 파견되었지만 본국으로 돌아오지 않는 현지 직원과 관련한 사항도 경제/행정 환경의 열악성과 같은 맥락에서 바라보아야 한다. 해외에서 습득한 기술이 제대로 이용될 것 같지 않은 환경 때문에 돌아오지 않고 있는 이들을 탓할 수만은 없다. 더욱이 실제로 이런 '두뇌유출brain drain'의 정도가 지나치게 높은지 어떤지도 명확하지 않다. 가족과 문화의 강력한 동질감이 이들을 본국으로 돌아오게 만든다. 인도의 경우 두뇌유출은 심각할 정도는 아니고, 두뇌유출 때문에 개도국이 겪고 있는 인력손실은 매우 적은 것으로 나타났다. 또한 상당수의 사람들은 교육이 끝난 후 본국으로 영구 귀국한다(아마도 현지 경제/행정 상황이 개선됨에 따라 유입도 증가하는 듯하다).

성과형 기술협력과 부식형 기술협력

성과형 기술협력 즉, 가시적 성과 달성을 목적으로 하는 기술협력에 대한 신랄한 비판은 다소 역설적이다. 왜냐하면 성과형 기술협력 평가가 대부분 좋은 점수를 받고 있기 때문이다.[5] 복잡하고 불안정한 개도국 상황에서도 임무를 잘 수행하는 사람들이 있다. 성과형 기술협력을 중단하기 위해서는 결과가 의미가 없거나 (혹은 비용 효율적이지 못하거나), 결과 산출과정이 결국 제도 개선을 방해한다는 증거가 있어야 한다.

제도개선을 방해한다는 주장은 설득력이 있다. 이 주장에 따르면 기술협력은 기회비용이 없기 때문에 증가하는 것이고 동시에 기술협력은 부분적으로는 프로젝트 시행으로 인한 과도한 행정적 부담 때문에 역량을 부식시킨다. 하지만 이는 만약 기술협력 수원기관이 대부분의 행정적 부담을 지는 경우엔(실제로 대부분이 그렇게 한다) 타당하지 않은 비판이다. 수원기관은 기술협력 지원으로 인한 혜택과 그와 관련한 행정적 부담에 적절히 균형을 맞추고자 할 것이기 때문이다. 현실적으로 기술협력원조는 오래 지속되고 우선순위가 낮기 때문에 수원국에 부과되는 행정적 부담은 그다지 높지 않다. 기술협력 프로젝트는 완전히 중단되지는 않을지라도 관심 밖으로 밀려나거나 중요성이 줄어들 수 있다.[6] 상대적으로 쉽게 기술협력이 줄어들 수 있다

---

5) NATCAP 프로그램의 정책 골격에 대한 기록은 기술협력 실행측면에 더욱 비판적이다. 이것은 주로 관점상의 문제이다. 수원국들은 현지 인력과 해외 전문가들 사이의 엄청난 급여차로 인해 공여국들보다 더 거칠게 기술협력 인력의 일부를 똑 같이 무능력하고 나태하다고 비판할 수도 있다.

는 사실은 기술협력이 제도개선에 방해가 된다는 주장을 반박할 수 있다. 기술협력이 가치가 있을 수도 있고, 별 도움이 되지 않을 수도 있다. 하지만 그렇다고 해가 되지는 않는다.

성과형 기술협력의 가치가 매우 적었다거나 없었다는 사례를 찾기는 그다지 어렵지 않다. 아직 읽지 않은 보고서가 책장에 가득 쌓여 있는 것이 사실이다. 이는 상당히 긍정적 영향을 끼친 기술협력 프로젝트 사안의 경우에도 마찬가지다. 예를 들어 최근 사하라 사바나 지역의 농업연구(기술협력이 매우 필요한 부문이다)에 대한 결과가 나왔는데, 1980년대 말과 1990년대 초까지는 모두 매우 긍정적이었다. 이 과제를 연구한 사람들은 1980년대에 시행된 정책개혁이 더욱 발전된 기술을 도입하는 데 도움이 되는 환경을 만들었다고 주장한다. 농업연구는 상대적으로 수량화가 가능한 몇 안 되는 사례이다. 다른 기술협력 프로젝트는 수량화가 어렵다. 필자는 개인적인 경험을 통해 최근 큰 영향을 미쳤던 세 개의 기술협력 프로젝트를 잘 알고 있다. 즉, 모로코 민영화 프로젝트, 가나의 경제정책 입안(구조조정 이후)과 모잠비크의 국가계정 마무리작업이 그것인데 여기에 매우 중요한 요소인 기술협력 인력이 지원되었다.

한마디로 말해 많은 개도국엔 여전히 중요한 기술이 부족하며, 여러 정황으로 보아 성과형 기술협력이 이 간격을 메우고 있다. 비록 실패 사례도 많지만 성공사례 또한 적지 않으며 어떤 경우엔 상당히 높은 성과를 내고 있다. 결과적으로 여러 가지를 평가해볼 때, 기술협력이 공여국과 수원국이 필요로 하는 일정한 성과를 올리는 데 도움이 되고 있다.

---

6) 기술협력 프로젝트의 경우 급여를 보충하여 지불하는 것은 직원들이 더 큰 인센티브가 있는 곳으로 끌려가는 경향이 있어 그것을 묵살하기가 더욱 어렵기 때문이다. 확실히 여러 개발도상국의 관리자들은 급여보충, 자동차, 비품과 같이 기술협력 프로젝트로부터 그들이 원하는 이러한 요소들을 손에 넣고, 나머지 불필요한 요소들을 무시하는 데 성공했다. 어쨌든 그것은 급여보충이라는 귀찮은 문제로부터의 긴 도약이며, 실제로는 최소한의 적합성을 가진 행정환경의 문제에, 그리고 파괴력을 가지고 있는 기술협력에 복잡하게 얽혀 있는 것이다.

기술협력과 공여국 요구사항

기술협력은 또한 더욱 미묘하지만 매우 현실적인 공여국의 요구사항을 만족시킨다. 기술협력 인력은 현지 관리기관 내에서 '귀ears' 역할을 한다. 이들은 공여국에게 프로젝트 자금이 제대로 사용되고 있다는 사실을 확인 시킨다. 또한 문화장벽을 뛰어넘어 소통할 수 있는 연락책의 역할도 담당한다. 그들은 프로젝트 보고와 발표자료가 충족되게끔 보장한다. 공여국의 이런저런 필요는 이미 1970년대 중반부터 시작되었다(Tendler, 1975). 그들의 이런 뿌리 깊은 필요를 고려하지 않은 기술협력 개혁 제안은 성공할 가능성이 없다. 예를 들어 20여 년 전에 텐들러Tendler가 주장한 것과 같은 맥락으로, 베르는 공여국이 이행해야 할 제안된 많은 개혁조치들을 '관리 책임자들이 그들의 지위변경을 요구하는 것'에 비유하였다(1993).

개혁효과

예상대로, 개혁 조치들로 인한 효과는 현재까지는 그다지 크지 않다.[7] 비록 공식적인 평가는 불가능하지만 NATCAP의 노력은 목적달성에 역부족인 것으로 보인다. 이런 어려움을 보면 포괄적인 기술협력 프로그램의 전망은 다소 요원해 보인다. 공여국이 더 나은 프로젝트를 기획하고 전문가를 기용하게끔 하는 권고가 효과가 있었는지 말하기는 불가능하다. 하지만 UNDP와 OECD는 매우 회의적인 입장이다.[8] 베르가 주장(1993)한 대로 더 합리적인

---

7) 전체적인 수준에서 기술협력 형태의 점진적인 변화를 엄격히 따르게 되면 지식이 거의 생기지 않게 된다. 결과적으로 이 항목의 논의에 대한 경험적인 기반이 비교적 빈약하다. 그래서 가설적인 조건으로 논의를 해나가게 된다.

8) 몇몇 공여국들은 기술협력인력을 양성하기 위한 남녀 훈련 프로그램을 시작했다. 이 프로그램의 효과는 아직 미평가 상태다.

기술협력 시장을 구축하고자 하는 어떤 가시적인 움직임도 없었다.

진실은 오히려 그 반대다. 앞서 언급한 것처럼 전체 ODA 중 기술협력 자금 지원이 아프리카를 제외한 모든 나라에서 증가하고 있다. 끝으로 더 나은 프로젝트 계획과 전문가 기용이 제도개선 목표 달성을 위한 효과적인 수단으로서 오랫동안 많은 지지를 받아왔지만, 실행 사례가 몇 안 된다. 이는 이 둘의 관계성립에 장애가 존재하고 있음을 의미한다.

좀 더 긍정적인 부문을 보자. 말리의 경우, 장기 기술협력에서 단기 기술협력으로 초점 이동이 있었다(OECD, 1998b). 1991년에 2~5년간의 중기 기술협력이 1~2년간의 단기 기술협력으로 대체되었다. 말리의 경험은 다른 곳에서도 나타났다. 통계는 부족하다. 하지만 공여국의 공여기관, 대학, 컨설팅 회사들의 현재 인식은 해외 상주인력의 입지를 1970년대와 1980년대 초반보다 훨씬 더 맞추기 어렵다는 것이다. 그래서 적어도 한 가지 개혁제안, 즉 기술협력 인력부문에서 단기 프로젝트로의 전향이 공여국과 수원국 모두에게서 환영을 받았다.

두 가지 성공사례

비판에서 나온 개혁방안의 효과는 상대적으로 경미했다. 공여국과 수원국의 기술협력실행에 중요한 계기를 만들긴 했으나, 그와 동시에 앞으로의 행보를 이끌 만한 성공 모델의 부재를 드러냈다. 개혁방안은 제시될 수 있었지만 성공사례가 없었다. 경험적 증거와 앞으로 어떤 조치가 행해져야 하는지에 대한 모델이 부족했던 것이다. 현 시점에서는 앞으로의 방안을 제시할 수 있는 몇몇 성공사례를 들 수 있다. 우리는 모로코에서 시행한 몇 가지 전통적 방식의 제도적 역량구축 프로젝트와 '아프리카 경제연구 컨소시엄 Africa Economic Research Consortium(AERC)'의 더 비전통적인 성공사례를 살펴보기로 한다. 이 두 사례 모두 경제 분석과 정책 분야에서 나온 것이다.

모로코의 농업부 경제 분석 부서는 1985년도에 규모가 작고 상대적으로

업무가 모호한 기관으로 출발하여 1998년에는 유능하고 매우 영향력 있는 부서로 성장했다. 농업부에서 내놓는 경제 분석의 질이 의심할 나위 없이 크게 향상되었다. 하지만 이런 성장을 하기까지 거의 10년 반이라는 시간이 걸렸다. 30명 이상의 직원이 해외에서 고급 교육과정을 거쳤다. 이들이 해외에 나가 학위를 따고 있는 동안 해외전문가들이 파견되어 이들의 업무공백을 메웠고 코칭 역할을 담당하였다. 프로젝트 시행이 약 7년째 접어들면서 이 전문가들은 떠나고 기술협력 인력들이 현지 스태프와 특정 프로젝트 공동 작업을 위해 단기간 방문하였다. 농업부에서 장기간 근무했던 같은 기술협력 인력이 종종 단기 업무를 담당하였다.

다양한 외부 요소도 다음과 같이 프로젝트 성공에 기여하였다.

- 매우 쾌적한 행정 환경
- 경제 분석팀장의 일관되고 강력한 리더십(프로젝트 시행 기간 내내 동일 인물이 팀장을 맡았다)
- 농업부와 전체적으로는 모로코 정부 고위층의 강력한 지원
- 현지 대학에서 우수한 석사학위 프로그램(역시 기술협력기관의 지원을 받았다)으로 유능한 젊은 인력의 꾸준한 공급

국내경제 분석팀의 활약과 외국의 기술협력으로 제도적 역량과 영향력이 향상되었고 제도에 대한 신뢰가 높아졌다. 또한 기존 직원들의 용기를 북돋아 더 많은 노력을 하게 하였으며, 유능한 외부 인재들의 관심을 끌어 그들을 유치할 수 있게 하였다. 이 모든 것이 다시 제도적 역량강화로 이어졌다. 모로코 정부와 기술협력 공여국의 장기적인 공약을 통해 상대적으로 활기찬 근무환경을 유지할 수 있었다. 장기교육을 받기 위해 해외로 파견된 인력 모두가 모로코로 돌아왔고, 그들 중 약 90%가 현재도 농업부에서 일하고 있다.

모로코의 이런 성공사례가 위에서 요약한 기술협력에 대한 많은 비판을 모두 잠재울 수 없음을 염두에 둘 필요가 있다. 모로코 사례는 현지 정부의

끊임없는 지원과 제도개선에 집중할 필요성을 강조한다. 게다가 이것은 베르Berg가 1993년에 제의한 개혁방안과 의견일치 요소를 모두 포함하고 있다. 기술협력 프로젝트는 기술훈련을 추가적인 것이 아닌 중추적인 것으로 자리매김하고, 교육이 해외에서 이루어지는 동안 기술협력 인력이 그 빈자리를 메우도록 하였다. 그리고 단기 인력체제로 전환하여 우선 한 명의 상주 해외 기술고문이 조정역할을 하고 모든 관리를 현지의 단기 기술협력 인력에게 맡겼다.

제도개선의 두 번째 성공사례는 아프리카경제연구컨소시엄AERC이다. AERC에 대한 최근의 평가가 아주 긍정적이어서 실제로 사랑을 받고 있다 (Henderson and Loxely, 1997). 전 해에 이뤄진 AERC의 연구 프로그램에 대한 평가는 낙관적일 정도였다(Thorbecke, 1996). 사하라 이남 아프리카의 제도개선에 관해 1990년대 초에는 이 만큼의 긍정적인 평가를 받지 못했다. AERC의 주요 목적은 연구자금, 기술훈련 프로그램 및 연구결과의 지원에 의해 현지 역량을 강화시켜 사하라 이남 아프리카 국가들의 문제점을 독자적으로 연구하는 일이다.

AERC는 개별 연구자들과 선별된 대학을 지원하고 연구 결과의 검토, 토론, 출판을 위한 포럼을 개최한다. 이는 적어도 4가지 방향에서 과거 경제 및 정책입안 분야의 기술협력 노력과는 다르다. 첫째, AERC는 국가기관이 아닌 지역기관이다. 둘째, 경제 분석을 담당하는 특정 정부기관보다는 전문가, 즉 경제전문가들을 지원한다. 셋째, 정책과정에 직접 영향을 미치는 대신 은근히 간접적 영향을 끼치고자 한다. AERC는 경제지식이 향상되면 정책 또한 향상된다고 믿는다. 정책 입안자들을 워크숍에 초대하는 정도 외엔 경제정책에 어떤 간섭도 하려 하지 않는다. 넷째, 전적으로 단기 기술협력 인력 시스템에 의존한다. 아프리카인이 아닌 경제인도 AERC 워크숍에 참여할 수 있고 아프리카인, 비아프리카인 모두에게 공동연구를 할 수 있는 기회가 주어진다. 이런 공동노력은 자발적으로 형성되고 전문가-비전문가 모델은 존재하지 않는다.

이런 접근방식엔 많은 장점이 있다. 이 장점의 대부분은 제도개선을 위한 기술협력과 관련이 있는 지식구축knowledge-building 영역에서 반복될 수 있다. AERC의 조직과 활동은 지역적으로 널리 퍼져 있지만 주제별로 엄격하게 구분되어 있다. 지역적으로 널리 퍼져 있는 조직 때문에 연구자들과 기관들(대학)은 아프리카 전역에서 지원을 받는다. 한 국가나 지역에서 경제 또는 행정 조건이 악화되더라도 AERC 전체에는 크게 영향을 미치지 못한다. 또한 AERC는 한 기관을 선정하고 발전시키기보다는 더욱 많은 개인과 기관이 성장할 수 있는 기회를 제공한다. 더 나은 성과를 보이면 더 많은 지원을 한다. 이런 방법으로 재원은 가장 높은 성과를 보이는 개인과 기관으로 향하게 된다. 이 같은 메커니즘은 또한 개인과 기관 모두에게 노력하는 만큼의 보상이 주어진다는 인식을 심어준다. 만약 대학이 프로그램의 질을 향상시키면 AERC는 이에 대한 대가로 교육과 연구 프로그램에 더 많은 자금을 지원하고 AERC가 후원하는 학생들을 그 대학으로 보낸다.

동시에 인터넷접속, 이메일, 잦은 미팅과 결합된 엄격한 주제별 집중(경제학의 큰 부분은 제외) 방식은 상당히 복잡한 문제를 해결하는 데 필요한 많은 아이디어를 양산해낸다. 과학기술은 현재 공간 유포뿐 아니라 주제집중도 가능하게 한다. 이 방식은 지금까지 매우 성공적이었다. 1997년에 나온 평가는 "7년이 조금 넘는 기간에 AERC는 아프리카의 경제와 경제인의 상황을 완전히 바꿔놓았다"(Henderson and Loxley, 1997: 3)라고 주장하고 있다. 이 성과를 위해 매년 약 700만 달러의 예산이 소요되었다.

시행 10년이 채 안된 시점에서 AERC가 아프리카 국가들의 경제정책 입안 역량을 향상시켰다고 결론짓기는 아직 이를지도 모른다. 만약 AERC에 대한 원조공여국의 지원이 중단된다면, AERC는 기능이 완전히 마비되지는 않는다 하더라고 상당히 위축될 것이다. 지금까지 보고된 성과는 일시적인 것이었을 수 있다. 더욱이 앞으로 계속 발전하기 위해서는 외부 자금지원이 필수다. 또한 수많은 특수한 요인들이 이 컨소시엄의 성공과 관련되어 있다. 모로코의 경우처럼, 훌륭한 현지 리더십이 그 중 하나이다. 그럼에도 불구하고

AERC의 지금까지의 성과는 매우 인상적이다. 아프리카 안은 물론 바깥에서도 다른 중요한 전문 분야에 이런 AERC의 기본 접근방식을 적용해 볼 필요가 있다.

기술협력에 대한 최근 견해

AERC가 채택한 방식은 또한 제도역량구축에 대한 적절한 방식이 무엇인가하는 최근의 견해에 부합한다. 후쿠다-파르Fukuda-Parr는 주로 공공부문 제도에 집중되어있던 기술협력의 범위를 더 넓힐 필요가 있다고 주장한다 (1996). 또한 역량구축capacity building에서 역량활용capacity utilization으로 사고의 전환이 필요하다고 주장한다. 이런 전환은 필요하다. 왜냐하면 제도 개선 문제의 성격이 시간이 지남에 따라 변화하기 때문이다. 1970년대에 비해 개도국들은 이제 많은 제도와 전문가를 보유하고 있다. 이들 제도들은 제 기능을 하고 있지 못하고, 많은 전문가들이 제대로 일을 하지 못하거나 아예 일을 하지 않고 있다. 새로운 역량을 길러내기보다는 숨은 역량을 더 잘 활용할 수 있도록 하는 것이 더 중요한 문제로 부각되고 있다. AERC가 좋은 사례라고 하겠다. AERC는 공공부문을 넘어서 협력범위를 넓히고, 더 개선된 역량발휘를 위한 메커니즘이 될 수 있다.

그린들Grindle과 힐더브랜드Hilderbrand는 역량구축을 넘어서 역량활용의 중요성을 이렇게 주장한다(1995).

많은 나라의 공무원들이 매번 하는 불평이 있다. 자신들이 의미 있는 일을 하지 못하고, 자신들의 기술이 일을 하는 데 적절히 사용되지 않으며, 업무 수행이 경력 개발과는 동떨어져 있다는 불평이다. 이는 인적자원의 한계가 교육 그 자체와 연관된 문제라기보다는 이들에게 의미 있는 일을 제공하지 못하고, 효과적으로 그들의 기술을 사용하지 못하는 데서 기인할 가능성이 더 크다는 점을 시사한다(Grindle and Hilderbrand, 1995: 444).

AERC 설립 이전부터 경제전문가들은 똑같은 불만을 제기했다. 의심할 나위 없이 지금도 여전히 많은 이들이 그러하다. 그럼에도 불구하고 아프리카 경제전문가들에게 AERC는 업무환경 개선에 상당한 도움이 되고 있다. 이는 비용효과적인 방법으로 이루어졌다. 연구자들이 프로젝트를 수행하도록 소정의 자금을 지원하고, 의미 있는 작업을 하는 포럼 조직을 꾸려갔다.

■ 결론

1980년대 말과 1990년대 초에 나타난 기술협력에 대한 비판은 성과형 기술협력과 교육을 너무 비하하였고, 제도개선을 위해 기술협력이 할 수 있는 역량에 대해서도 지나치게 비관적이었다. 개도국에서 성과는 굉장히 중요한 요소일 수 있고, 기술협력이 종종 도움이 될 수 있다. 기술훈련 또한 중요한 요소이다. 전문가 없는 제도개선이란 뜬구름 잡는 격이다. 기술협력은 공식적인 프로그램을 지원하고, 지원금 또한 상당하다. 이것이 결국 전문가 양산을 성공하게 한다. 만약 기술훈련이 해외에서 이뤄질 경우, 이들 대다수가 다시 본국으로 돌아온다는 증거도 많다. 즉시 귀국하지 않는 사람들도 결국은 돌아온다. 해외에서 영구 거주하는 나머지 사람들 중 많은 이들은 본국과 계속 관계를 유지한다. 끝으로 기술훈련이 AERC 같은 역량 발휘 프로그램과 관련되어 이뤄질 경우, 훈련이 끝남과 동시에 돌아올 가능성이 더 크고, 더 효과적으로 일할 수 있게 한다.

제도개선과 관련하여 바람직하지 못한 경제/행정적 조건의 영향력을 원조수단인 기술협력의 결점으로부터 분리하는 것은 매우 어려운 일임이 입증되었다. 특히 남미와 사하라 이남 아프리카 지역에서 기술협력이 이뤄지는 환경이 비교적 개선된 사례를 보면 더욱 잘 이해할 수 있다. 앞서 얘기한 성공사례 외에 OECD는 최근 경제 및 사회적 정책 관리를 위한 제도역량 개선을 개발협력의 성과중 하나로 분류하였다(OECD, 1996a). 많은 이들이 원하듯

제도가 빠른 속도로 개선되고 있지도 않고, 선형적 방법으로 이뤄지고 있는 것도 아니지만 제도개선은 분명히 진척되고 있다.

이와 함께 일련의 일목요연하고 적절한 주장을 담은 비판이 이어진다. '더 나은 일을 하기 위한' 일반적인 권고라는 점에 이의를 제기하는 사람은 거의 없을 것이며 이는 더 이상 논의되지 않을 것이다. 또한 원조수원국의 관리개선이라는 원칙에 반대하는 이도 거의 없다. 하지만 이는 사실상 실제로 달성하기 어려운 것으로 판명되었고, 지금 이 시점에서 기껏해야 앞으로 나아갈 길이 희미하게 보여지고 있을 뿐이다. 결국 기술협력에 일종의 시장논리를 도입하자는 주장은 원조 공여국과 수원국 모두 고려하고 있는 것 같지 않다.

가장 실질적인 비판은 전문가-현지파트너 모델의 실패, 그리고 역량구축을 위해 파견된 기술고문들이 장기간 상주할 필요가 있느냐에 관한 것이다. 경험상으로 보아 전문가-현지파트너 모델은 전혀 제 기능을 하지 못했다. 기술협력 인력의 장기 상주에 관해서는 현지 관리조직 내에서 상주 파견 전문가에게 확실한 권한을 부여해야만 제도개선이란 목표를 더 잘 달성하게 될 것이다. 파견 전문가는 현지 인력(결국 파견 전문가가 돌아가면 그 자리를 메우게 된다)과 함께 상하계층을 이루며 여러 면에서 같은 방법(적어도 원칙적으로는)으로 일할 수 있어야 한다. 이런 방법으로 해야만 다른 기관에서처럼 얼마간의 학습효과를 기대할 수 있다.

상주파견 전문가에 대한 비판 또한 일리가 있어 보인다. 그간의 정황들을 보면, 이들은 일반적으로 제도개선에서 역할이 모호하다. 특히 많은 수가 투입될 땐 더욱 그러하다. 상주파견 전문가는 대체인력의 역할을 하고, 공여국의 다양한 요구를 수행하고 조정하기로 되어 있다. 하지만 이들은 제도개선을 촉진하는 데 특별히 도움이 되지는 않았다. 또한 몇 가지 비슷한 목표달성이라는 이름 아래 현지 관리부문과 동떨어져 일하게 될 가능성이 커 보인다. 비판자들이 제대로 집어냈듯이, 이는 역량구축에 도움이 되지 않는다. 단기간의 기술협력 즉, 베르의 주장처럼 1년에 몇 주씩 여러 번 방문하고 그 사이에는 이메일 등을 통해 접촉하는 방식이 훨씬 도움이 될 것이다. 하지만 이것이 효과를 보기 위해서는 장기간의 경험을 통해서 얻어지는 대인관계 및 관련국가에 대한 해박한 지식 같은 탄탄한 기반이 필요하다.

결국 제도개선은 장기적이며, 돈이 많이 들고, 쉽게 실패할 수 있는 작업이다. 이 세 가지 특징은 변하지 않는다. 제도개선은 또한 전반적인 개발 프로세스의 중요한 요소이다. 그러므로 기술협력은 앞으로 모든 ODA의 최소 4분의 1에서 3분의 1을 차지할 것으로 보인다. 정보기술, 세계화, 그에 수반한 전문가와 기관에 대한 수요가 ODA에서 기술협력부문의 증가를 부추길 것이다. 또한 개발에서 가장 어려운 목표 중 하나인 제도구축이 더욱 강조될 것이다.

많은 자금과 이해관계가 얽혀 있는 가운데 기술협력 재원을 가능한 현명하게 사용해야 함은 자명하다. 비록 제도개선을 위한 기술협력이 모두를 만족시킬 만한 결과를 낳지는 않았지만, 실제로 성과도 있었다. 성공사례는 실패도 앞으로 나아가야 할 길에 대한 정보를 제공한다. 기술훈련을 점점 더 강화시키고, 공공 및 민간부문에 모두 적용되는 역량활용개념을 더욱 확대시키는 것이 가야 할 바람직한 길이 될 것 같다.

제7장

부문 프로그램 원조Sector Programme Assistance

올레 몰가르 안데르센 1)

국가는 차도를 건너고 있는 인간과 같다. 목표는 적당한 시간 틀 내에 길을 건너는 것이다. 그러나 언제 멈추며, 언제 서둘러 건너야 할지 등 안전하게 길을 건너는 전략은 오로지 그 개인의 몫이어야 한다. 그렇지 않고 길을 건너면서 다른 사람들의 소리에 너무 정신을 팔다가는 사고가 날지도 모른다(1981년 12월, 우간다의 캄팔라에서 개최된 자문회의에서 요웨리 무세베니 대통령의 연설문 구절).

■ 머리말

일부 공여기관들에게 1980년대라는 구조조정structual adjustment 시대는, 특히 라틴아메리카와 사하라 이남 아프리카 지역에 대한 국제수지balance of payment 지원형태인 프로그램 원조가 원조예산에서 차지하는 비율이 점

---

1) 다니다Danida(덴마크 국제협력개발청)의 전 동료 라스무센Anders Serup Rasmussen, 올레 몰가르 안데르센 그리고 윗테 라우르센은 이 장 원고초안을 보고 매우 유용한 논평을 해주었다.

차 증가한 시기였다(제5장 참고). 외환부족사태가 심각해지면 지금까지 우위를 유지해 온 프로젝트 원조가 다소 의미를 잃게 된다. 지극히 중요한 수입과 일부 채무상환을 재정지원하거나 커버해주기 위해 외환공급 또는 수입지원으로 보충이 될 수 없다면 그렇다는 이야기다. 일부 공여국들은 프로그램 원조에 변화를 주기 위해 원조자금 사용에 대한 세부적인 통제와 '권리주장' 같은 일부 제한조건을 완화했다. 원조단체 사람들은 그러한 제약조건이 프로젝트와 연계된 원조를 통해, 그리고 공여국 국민들이 제공하는 인적지원을 통해 가장 잘 효과를 낼 수 있을 것으로 믿거나 또는 추정한다.[2]

원조단체 사람들의 순수한 견해로는 프로젝트 원조에서 프로그램 원조로 전환하려는 생각을 원조후원자의 입장에서 쉽게 받아들일 수 없다. 또한 강력한 상업적 이해관계, 그리고 국가 및 국제 원조 관료주의 안팎의 직업적 이해관계도 원조 프로그램의 총괄적인 통제완화에 불리하게 작용할 것이다. 원조재원의 직접 통제를 완화하는 것에 대한 일종의 보완역할을 하는 프로그램 원조는 우선 1980년대에 국제 원조단체를 대신하여 IMF와 세계은행 그리고 미국정부 사이에 합의한 이른바 '워싱턴 컨센서스'를 수원국 정부가 잘 따르고, '합리적인' 경제 및 기타 정책을 수행한다는 전제 아래 만들어졌다.

■같은 것에 다른 이름을?

원조 프로그램 구조 내에 이 같은 부분적인 조정이 일어나면서 특히 1970년대와 1980년대 초 사하라 이남 아프리카에 대한 프로젝트 원조에 원조의

---

2) 공여국 자금의 전용 가능성 때문에 이러한 믿음은 물론 대단한 오해이다. 원조의 전용 가능성과 개발 프로그램에 대한 그 효과를 전반적으로 보고 싶다면 세계은행(1998a: 3장) 참고. 전용 가능성은 또한 이 책 제15장에서도 언급하고 있다.

상당 부분을 낭비했다(제18장 참고). 수원국들이 공여국 정부와 국제 공여기관과 함께 이에 대한 책임을 공유했다는 사실을 원조 후원자들이 점차 알게 되었다. 이러한 경험에서 얻을 수 있는 근본적인 교훈은 수원국과 공여국 정부가 개발협력의 기획과 앞으로의 결과에 대해 책임을 공유해야 한다는 점이다(Lele, 1991). 이것은 또한 일련의 새로운 또는 다시 살아난 수많은 원조개념 또는 원조수사학, 이를테면 '주인의식', '파트너십', '참여', '제도', 그리고 '역량구축', '지속가능성', '원조조정' 등이 무엇인지를 말해주는 것이다. 또한 이 같은 개념들은 1990년대 전반기에 점차 '부문 간 포괄적 접근 sector-wide approach(SWAP)'으로 주목하게 된 구성 요소들이다. 이 접근방식에는 부문 투자 프로그램SIP, 부문 프로그램 지원(또는 원조), 부문별 예산지원SBS 그리고 부문 개발 프로그램SDP이 포함된다. 실제로 다른 프로그램들은 다른 공여기관들과 결합할 수 있다. 따라서 다양성이라는 말이 공여국의 부적절한 전문용어 사용을 다소 반영한다고는 해도 또한, 이는 다른 공여국들이 여러 가지 이유로 그들의 원조 프로그램에서 다른 측면들을 강조한다는 사실을 반영하고 있다(제5장 부록 참조). 앞으로 '부문 간 포괄적 접근'이라는 용어는 그런 현상을 일반적으로 설명하는 데 사용될 것이다.

원조에 대한 새로운 부문 간 포괄적 접근은 1970년대에 원조 프로젝트가 점점 많은 수의 개발 고립지역을 만들어냄으로서 프로젝트 해법에 대한 불만이 늘어가는 데 대한 반작용으로 볼 수 있다. 이것은 특히 사하라 이남 아프리카의 사례에서 발견되는데, 사회경제적 전망이 어두워지고 프로젝트가 지속적인 개발 영향력을 전혀 갖지 못하거나 다소 제한된 영향력을 가진 지역적 현실에서 공여국 프로젝트가 점차 고립되어 갔다. 부문 간 포괄적 접근을 수용하는 현상은 1990년대에 유엔을 배경으로 촉진되었다.[3]

---

3) 1996년 유엔 사무총장은 "아프리카에 대한 유엔 전 조직 특별구상UNSIA"을 제안했다. 그 목적은 유엔본부와 국가 차원에서 더욱 효과적인 조정을 통하여 브레턴우즈 협정의 영향력을 포함한 유엔원조의 영향력을 합리화·극대화하고자

부문 간 포괄적 접근은 개발협력에 대한 프로젝트 접근방식으로 인해 공여국 집단 내에 널리 퍼져 있는 불만에 대한 반작용이라는 점 외에 어느 정도까지는 정책을 기반으로 한 국제수지 원조의 변형으로 볼 수 있다. 국제수지 원조는 구조조정 시대에 일부 원조 프로그램에서 의미 있는 역할을 해왔다. 아프리카 특별원조 프로그램SPA에 따라 지원된 비교적 큰 규모의 국제수지 원조는 세계은행이 주선하였고, 대부분 OECD 양자협정 및 IMF로부터 자금을 지원받아 금융위기 기간 동안 국제수지 압박을 완화하는 데 크게 기여하였다(World Bank, 1997b).

1990년대 중반부터 이 목표를 달성하는 데에 한층 가까이 다가감으로써 SPA에서 주도적인 역할을 한 대표적인 공여국들은 국제수지 문제에서 거시경제문제와 예산정책을 포함하는 정부예산에 대한 프로그램 원조의 영향으로 그들의 관심을 옮겨갔다(World Bank, 1998c). 또한 단기적인 경제안정보다는 중장기적인 경제계획 입안 문제에 중점을 두는 점진적인 변화가 있었고, 공여국 프로그램의 통합문제를 중기적 예산편성과 계획절차로 변경하였다. 결과적으로 부문 프로그램에 대한 이 같은 명시적이고 함축적인 해법은 다른 출발점(예를 들어 종전에 우세했던 프로젝트 방식과 더욱 최근의 국제 수지 해법)으로부터 지속 가능한 개발 프로그램과 수원국 예산에 대한 조화롭고 통합된 지원 쪽으로 모아질 것이다.[4]

하는 데 있었다. 그 노력은 일부 부문 ─ 그 가운데 교육과 의료가 가장 중요했다 ─ 에 집중되었다. 국가 차원의 활동과 관련하여 공여국 조정은 아프리카 정부가 개발한 프로그램과 전략들을 지원하기 위해 제공해야 하는 것으로 인식했다. 초기 2년이 지난 후 일부 아프리카 국가들은 참여초청을 받게 되었고 심지어 주도적 위치에 초대받기도 했다. 특히 교육 영역 내에서는 일부 정부가 SIP 계획안을 진전시키고 있는 세계은행을 따라 부문별 전략들을 수립했다. 세계은행 외에도 유네스코와 Unicef 같은 다른 원조기구들이 이러한 전 부문 체계 내에서 교육을 위한 원조에 참여하였다.

4) SPA 노력(2000~2004)의 다음 단계에서 원조자금을 중기적 예산 편성에 통합하

■ OECD의 지침

많은 공여기관에서 1980년대 후반부터 시작한 후속 원조방식 채택이 새로운 OECD 개발지원 안내서에 반영되었다(OECD, 1992a). 이 안내서는 개발원조위원회DAC, 세계은행, IMF 그리고 UNDP의 회원 기관들 사이의 밀접한 협력과 협의의 결과였다. 프로그램 지원방침 항목에는 부문 프로그램 원조에 관해 다음과 같은 총괄적인 설명이 있다.

다수의 공여국들에게 상호연관 프로젝트원조, 기술지원, 부문투자 원조 및 프로그램 원조의 패키지를 포함한 부문원조sector assistance는 점점 더 중요해지고 있는 원조제공 방식이며, 회원국들은 더 큰 규모의 부문별 프로그램과 목표 및 정책을 위해 통합지원 맥락에서 그들의 원조를 기획하고 운영할 것이라는 데에 합의했다(OECD, 1992a: 67).

DAC 회원국들이 DAC 원칙을 승인했을 때 부문 프로그램 원조를 분명하고 확실하게 정의하려는 공식적인 시도는 없었다. 다만 그것이 특정부문에 배당되는 조건이라면 통상의 원조제공 방식 중 어떤 것도 포함할 수 있는 것으로서 '부문 원조'에 대한 언급은 있었다. 그러나 위 인용문이 시사하고 있듯이 DAC 회원국들은 수원국들이 '소유하는' 더 큰 규모의 부문 프로그램과 목표 및 정책에 대해 통합 지원을 하기로 합의했다. 이 합의 이후 5~6년 동안 DAC 상황 또는 그 밖에 부문 프로그램 원조에 대한 공식적인 보고서는 없었다. 그러나 부문원조를 제공하려는 의도에 부응하기 위해 노력하는 공여국의 수가 늘어나고 있는 징후는 있다. 이 주제에 대한 앞으로의 설명은 주로 출판되었거나 출판되지 않은 공여국의 보고서를 근거로 할 것이며, 그

기 위한 조정된 해법과 부문별 프로그램 지원의 조정 강화는 의제에 대한 두 가지 주요 항목이며 동시에 SPA 맥락에서 매우 야심찬 사업이 될 것이다.

들 모두가 이 책의 참고문헌에 수록되지는 않을 것이라는 사실을 유의해야 할 것이다. 이 단계에서 부문 간 포괄적 접근에 대해 이용 가능한 대부분의 증거서류는 원조 수원국에서 실제로 일어난 사실을 설명 또는 분석했다기보다는 규범적이거나 제안적인 성격을 갖고 있다. 대부분의 이용 가능한 증거 (예를 들면 Sida, 1995; Danida, 1998a) - 공여국 지침 안내서, 협력 합의, 기타 정보의 형태 - 는 거의 아프리카 프로그램들을 직간접으로 참고하고 있다.[5]

■ 세계은행의 시각: 부문 투자 프로그램

1980년대 초에 구조조정 프로그램을 기획한 사람들은 세계은행과 IMF 간 부직원들이었다. 세계은행은 이때부터 이 프로그램 수행에 관한 한 도전받지 않는 주도적인 원조기구가 되었다. 그러므로 세계은행(아프리카 지역) 간 부직원이 '더 큰 규모의 부문 프로그램' 지원을 위한 분명한 기획과 청사진 준비를 최초로 시도했다는 사실은 놀랄 일이 아니다(Harrold, 1995).

'부문 투자 프로그램'으로 명칭이 다소 잘못 붙여진 제안계획은 일부 조건이 충족되어야만 SIP로서 자격을 얻을 수 있도록 했다. 우선 적절한 거시경제적 및 부문정책 구조가 존재하거나 만들어져야 한다. 둘째, 프로그램은 범위에서 포괄적 부문(또는 적어도 하위 부문적)이어야 한다. 셋째, 정부가 이끌고 이해 관계자들과 협의하려는 의지가 있어야 한다. 넷째, 기술지원 축소를

---

5) 부문별 프로그램을 위한 원조준비 과정에 참여하는 간부직원과 공여국이 선임한 컨설턴트들을 위해 원조기구에 수많은 가이드라인, 매뉴얼, 핸드북, 직원 지침서 등을 비치하게 된다. 이들 자료의 대부분은 프로그램 준비와 운영이 수원국의 책임이라는 개념과는 반대된다. 앞으로 이 자료들과 주제는, 자신들의 선택에 따라 독자적인 외부 전문기술을 지원받더라도 자체의 국가 전문기술을 활용하여 개발 의제를 다룰 수 있는 수원국 정부의 권리와 권한과 관련한 공여국의 개입수준에 대한 지침이 될 것이다(Mkandawire, 1998).

용인하는 적절한 정부 실행능력이 존재해야 한다. 다섯째, 공통적인 실행계획을 이용하기 위한 공여국 간의 일치된 견해와 준비가 있어야 한다. 어쩌면 원조의 성공을 위한 기본적인 선행조건으로 널리 받아들이게 되었다는 사실을 반영하는 특별한 두 가지 염원으로 운영조건을 통합하도록 제안하는 것이 가장 중요한 일일지도 모른다. 하나는 공여국이 지원하는 (부문) 프로그램의 골격, 준비 및 실행에 대해 전적으로 '수원국이 책임지는recipient responsibility' 일이다. 다른 염원은 그러한 프로그램들에 공여국이 투입하는 자본과 기술에 대한 수원국의 효과적인 '조율coordination'이다. 이 두 가지 염원 모두 실행에 옮기는 것보다는 모두가 동의하는 성명서를 만드는 일이 더 쉽다. 과거의 경험을 통해 우리는 그 효과에 대해 많은 것을 알 수 있다. 이러한 상황과 관련된 수많은 문제들 중 일부는 다음에 다룰 것이다. 그러기 전에 SIP 제안에 대해 언급할 것이 더 있다.

첫째, SIP 설명에서 부문sector 개념에 대한 정의와 관련하여 세계은행의 청사진에는 "부문 경계를 어디에 설정해야 하는지에 대한 특별한 지침도 없고, '부문'의 보편적인 정의를 제공하는 것이 불가능하다"는 입장을 유지하고 있다(Harrold, 1995:6). 여러 경제 및 사회 부문에서 일반적인 분류는 그것이 주무부서의 권한과 일치할 때에도 항상 실행 가능한 해법이 아닐 수도 있다. 예를 들면, 농업분야는 한 부문으로 다루기에는 너무 크고 방만한 것으로 간주될 수 있다. 축산업과 농작물 프로그램 간의 구분이 더 적절할지도 모른다. 하위 부문으로 구분할 필요성은 운송과 교육 부문에도 똑같이 적용될 수 있다. 부문해법을 하위부문 프로그램으로 분리시키는 것을 모든 측면에서 부문해법을 분해하는 것으로 이해해서는 안 된다. 하위 부문은 종합적인 부문별 정책과 예산 체계 내에서 한정되고 분석된다는 사실이 중요하다. 부문 체계는 물론 모든 경제, 사회 부문을 포함하여 종합적인 정책과 자원 체계로 통합되어야 하고 결과적으로는 일관된 다년간의 거시경제적 개발계획을 주도하는 전반적인 지출예산 체계(소유 자원뿐 아니라 공여국 기여도를 포함하는 수치 포함)와 결합되어야 할 것이다.[6]

해로드Harrold가 제안(1995)했듯이 SIP에 대한 세계은행의 견해는 수원국이 프로그램에 대한 주도권을 갖는 데 역점을 두고 있다. 따라서 적어도 원칙상 출발점은 '스스로 만든' 장기비전일 것으로 추정된다. 개발목표와 우선순위를 설정하면 전략, 계획 및 예산을 공식화해야 할 것이다. 세계은행의 고객들인 대부분의 개발도상국에서 이른바 공공지출 검토PER와 중기적인 재정구조는 여러 부문을 위해 책정되는 지출예산의 총액과 구성을 일반적으로 규정짓는 중요한 도구가 되었다. 이론적으로 말해 전반적인 재정구조는 지출목표를 설정해야 할 뿐 아니라 과세, 대출금, 보조금에서 창출되는 공적 세입의 견적도 포함해야 한다. 거시적 및 중간적 계획과 예산을 바탕으로 상황에 따라 한 개 또는 여러 개의 SIP가 준비될 것이다.

특히 대의민주주의가 존재하는 나라에서(또는 형성 단계에 있는 나라에서) 중요한 문제는 계획과정에서의 의회 역할이다. 또한 다양한 이해 단체 – 예를 들면 농민, 기업가, 고용주 및 직장인 단체 – 들이 고문 노릇을 할 것으로 예상된다. SIP 프로그램 준비를 위해 직접 연루된 더 많은 이해관계자들이 그 과정에 참여해야 한다는 것이 세계은행의 열망이다. 다음과 같은 제안도 그런 뜻에서 나온 것이다.

이 과정에 특별히 성공하는 해법은 정부가 가장 편리해 보이는 기능적 또는 행정적 그룹나누기로 등급화된 다른 모습의 프로그램을 축으로 하여 실무그룹과 부문프로그램을 개발할 특별프로젝트 팀을 구성하는 일이다. 이 그룹들은 부문별 정책구조와 개발비용 지출 프로그램의 개발을 위임받게 되며, 중앙프로젝트 팀에서 준비한 전반적인 정책과 재원사용 지침에

6) 개발도상국에서 국가개발계획의 활용은 독립한 바로 다음 해에 세계은행에 의해 아프리카에서 추진되었다. 1970년대에 이 계획은 국내외에서 일어난 파괴적인 사건들로 인해 손상을 입었다. 오늘날 다소 느슨하고 더욱 진보적인 용어이며, 역사적으로 군대 어휘에서 흘러나온 '전략'이라는 말이 적어도 개발회의에서 이런 계획을 대체한 것으로 보인다.

따라 그 하위 부문에 필요한 예산이 수반된다(Harrold, 1995: 24).

이처럼 강력한 이해관계자들의 개입(일부 고도로 산업화한 국가의 부문별 기획실행에서 발견되는 것보다 더 강력한 개입)을 선호하는 주장은 다소 관념적이지만 이는 아마도 합리적인 전문기술관료들이 선도했을 것이다. 이해관계자들의 이러한 참여는 프로그램의 생존기회를 늘릴 것으로 보인다.

SIP 프로그램을 위한 다른 기본적인 전제조건은 부문 내에 효과적이고 명확한 태도를 가진 공여국의 조정 체계를 제공해야 한다는 것이다. 이것은 동일한 부문에 여러 원조 국가들이 개입돼 있을 때 특히 중요하다. 실제로 일부 국가에서는 20개 이상의 공여국들이 같은 부문에의 개입이 확인되었다. 이 공여국들 중 일부는 원조금액 측면에서 중요하고 다른 국가들은 대부분의 해외 NGO들의 경우와 같이 상대적으로 적은 기여도를 나타낼 수도 있다. 공여국의 조정이 시간 소모적이고 수원국 정부에게는 무거운 부담일 수 있기 때문에 모든 공여국들이 모든 부문의 원조조정 절차에 개입할 필요는 없다. 경험상 원조금액의 80~90%는 SIP 조정으로 처리되어야 할 것으로 보인다. 이상적인 방안으로는 수원국 정부가 공여국 조정에서 주도적이어야 하지만 이러한 이상을 언제나 달성할 수 있는 것이 아니기 때문에 그 정부와 함께 더 큰 규모의 공여국들 중 한 국가가 그것을 할 수 있을 것이다. 적절한 조정은 공여국들이 정부 또는 (최소한) 정부의 책임을 갖고 있는 기관이 기획한 것과 같은 프로그램에 참여해야 한다는 것을 의미한다. 이러한 책임은 "정부가 공여국들에게 '이 영역에서 우리 프로그램은 여기에 있다. 이행을 위해 당신들이 우리를 돕고 싶다면 크게 환영할 것이다. 뭔가 다른 것을 하고 싶다면 당신들은 이 분야에서는 환영받지 못할 것이다'라고 말할 수 있는 결단력이 필요하다"는 점에서 세계은행 SIP계획에서 특히 강조된다(Harrold, 1995: 13). 빈곤국 정부가 주요 원조국가에 대해 이런 거친 주장을 하기 위해서는 원조 자금을 제공받지 못할 수도 있다는 위험을 각오해야 한다. 따라서 이런 충돌은 통례적이기보다는 예외적인 경우이다.[7]

외부로부터 독립적인 전문가들의 지원을 받아 부문 프로그램을 기획하는 것이 수원국 정부의 일이긴 하지만, 결국 긴 협상을 거친 후에 특별한 SIP 프로그램을 지원할 것인지 말 것인지를 결정하는 것은 원조 공여국들이다. 프로젝트 원조와 마찬가지로 부문 프로그램의 채택 가능성은 경제적 효과성 문제 외 특별한 문제들을 분석하는 공동평가를 토대로 해야 한다. 이런 문제에는 공정성과 빈곤 퇴치에 대한 기대 효과, 양성 문제와 환경 등이 포함된다. 물론 중기적 그리고 나아가서 장기적 관점에서 기획된 부문 프로그램에 대한 예산상의 의미가 무엇인지를 평가하는 것은 신중해야 한다. 평가가 진행된 후에 정부가 수용할 것인지 여부와 공여국들이 그 프로그램을 지원할지 여부에 대해 최종 결정이 이루어져야 한다. 이러한 상황에서 원조 국가들의 결정은 프로그램의 비용효과적 측면에 대한 고려에 영향을 받을 뿐 아니라 환경 및 사회적 목표를 충족할 수 있을지에 대해서도 영향 받을 것이다. 다른 고려 사항들, 예를 들면 원조예산에서 지출을 줄여야 하는 우려와 같은 것이 궁극적으로 공여국의 결정에 영향을 미친다.

부문 간 포괄적 프로그램sector-wide programme 지원을 합의한 이후에는 실행준비를 위한 조정이 필요할 것이다. 공여국과 직접 관련된 공통으로 중요한 구성요소에는 투입량 조달, 회계와 회계 감사, 지출금, 모니터링과 평가 및 실적 척도 지표 등이 포함된다. 아래에서 다루어지겠지만 이 준비들은 공여국이 조정할 수 있는 단순한 문제가 아니다. 여기서 우리는 원조공여 국가들에게 가장 어려운 문제는 프로그램 이행을 위해 상당한 융통성을 필요로 한다는 점이다. 그 융통성은 대개 거시경제적 가정들 — 통합 프로그램 계획이 기반으로 하는 — 이 외부 또는 내부 충격 때문에 주요 변화를 겪을 때 효과적으로 발휘될 필요가 있다. 그 결과 부문별 지출예산은 새로운 환경

---

7) 에티오피아 정부는 '뭔가 다른 것이 행해져야 한다'고 주장한 공여국 사절단에게 자기들 나라로 되돌아가야 한다고 말할 정도로 자기들의 방식과 수단을 결정하는 데 주권을 내세우기로 소문나 있었다.

에 적합하도록 축소될 수도 있다. 거시경제적 상황의 갑작스러운 변화는 실제로 부문 프로그램이 진행되는 기간에 일어날 것으로 보인다.

한 예를 들면 이런 변화는 정규예산에 대해 정부의 예상 기여수준보다 더 높게 청구하게 하는 더 높아진 에너지 수입 가격의 영향일 수도 있다. 결과적으로 정부는 그 프로그램에 대한 재정적 의무를 충족하지 못할 수도 있다. 또 다른 예는 가뭄발생일 수도 있는데, 이때는 비상 수요를 충족하기 위해 정부의 재분배 또는 공여국의 자금을 필요로 할 수 있다. 그러나 어떤 이유이든, 다른 사례는 공공지출 예산의 조정을 필요로 하는 국제수지의 악화를 가져오게 될 것이다. 즉, 공여국들이 원조 금액을 증가시키거나 더 낮은 순위의 다른 프로그램에 대한 지원을 재분배하여 불충분한 지역에 대해 자금지원을 할 준비가 되어 있지 않다. 불행히도 공여기관들의 행정 절차는 수원국들의 예측 불가능한 경제적 현실에 대한 조정을 쉽게 허락하지 않는다. 결과적으로 프로그램을 조화롭게 실행하는 것은 혼란스러워질 수도 있고, 범위가 축소되거나 프로그램이 지연 또는 완전히 개편될 수도 있다.

■세계은행 청사진에 대한 공여국의 반응

세계은행은 SIP 청사진을 시작할 때 준비 중인 부문 프로그램 목록을 제시했다. 이 프로그램 중 일부는 꽤 진전된 단계에 있었고 앞으로 부문투자와 개선 프로그램에 대한 작업에 유익한 교훈도 제공했다. 공여국 단체 내에서의 SIP 청사진 발표는 SIP 접근의 실현가능성에 대한 세미나 토론으로 이루어졌다. 이 세미나엔 수원국 정부도 참석했다. 토론에서 도출된 결론 중에서 중요한 것은 다음과 같은 사항들이다(Jones, 1997).

우선 SIP를 확립하기 위한 초기 조건들이 종종 충족되지 못한다는 사실이 발견되었다. 이 조건을 충족하는 데에는 시간이 걸릴 것이기 때문에 SIP 자금 할당을 제대로 준비하지 못하고 있는 공여국들은 원조예산에서 안전한 지출을 보장하기 위해 타협해야 할 것이다. 전통적인 프로젝트 지원, 국제수지 원조, 부채삭감을 위해 지출 할 수도 있고 수원국 정부를 대신하여 부채를 떠안거나(예를 들면, 과다채무빈국HIPC의 부채탕감을 통해), 이 같은 원조전달 방식을 종합하여 지출해야 할 경우도 있다. 일부 공여국들은 엄격한 SIP 접근보다는 덜 야심적인 부문 프로그램 원조를 아직도 원한다. 그들에게 중요한 문제는 공여국과 수원국 정부 사이의 실질적인 파트너십을 기반으로, 그리고 SIP와 유사한 개념 체계 내에서 부문 접근을 더욱 촉진하기 위해 무엇을 할 수 있느냐 하는 점이다. 그 가능성은 수원국 측에 대한 강요에 의해 제한되고 있을 뿐 아니라, 동시에 중요한 것은 과거에 효과적인 원조 실행을 강요했던 것과 같은 공여국의 여러 가지 제약이다. 이어서 수원국과 공여국 양측의 효과적인 포괄적 부문 협력에 대한 일부 제약요인을 살펴볼 작정이다.

■ 주인의식ownership에서 주인의식ownership으로?

개발프로그램 기획에 대한 수원국 정부의 전적인 책임을 의미하는 '주인의식'은 공여국 사이에서 크게 부각되었다. 1980년대까지 수원국의 '주인의식'은 아마 모든 공식적인 공여국들에게는 당연한 것으로 간주되었을 것이다. 그러나 1980년대 구조조정 시기에는 공여국과 수원국 정부가 경제 및 사회 정책 측면에서 수원 정부의 주도권이 더 이상 당연한 것이 아니라는 사실을 점차 인식하게 되었다. 경제정책에 대한 아프리카 정부의 의사결정력은 기꺼이 IMF와 세계은행에 맡겨졌다.

1990년대 초반 경부터 생긴 적어도 원조 수사학에서 말하는 격렬한 변화의 연원은 식민지에서 해방된 직후시기로 거슬러 올라간다. 일부 비판자들의 견해에 따르면, 부분적으로 이것은 이전 식민지 국가들(특히 외채에 시달리는 사하라 이남 빈국들)이 반식민지 국가로 특징지을 수 있는 상태로 되돌아간 상황에 대한 반작용으로 볼 수 있을 것이다. 다른, 아마도 더 중요한 이유가 있었다. 반식민지 상태semi-colonial status란, 아프리카 국가들의 정부와 제도가 그들 고유의 문제를 적절히 관리할 수 있는 역량이 줄어들었다는 인식이 늘어난 데서 나온 것인데 이것은 이치에 닿지도 않는 말이다. 그런 풍조가 지금은 변화하고 있긴 해도, 제6장에서 강조했던 것처럼 부문 프로그램 상황을 포함하여 완벽한 주도권을 실행하기 위한 인적 역량을 개발하는 데는 시간이 필요할 것이다. 이 과정은 적어도 일부 공여국들이 '우리가 더 잘 알고 있다'는 문제성 있는 자세를 바꾸는 데 역시 시간이 걸릴 것이기 때문에 조금 지연될 수 있다. 공여국 관료들과 그들의 해외 대표 중 일부가 1980년대에 이런 자세를 가졌었다.

1990년대에 유엔기구로부터의 보고서를 포함한 각종 공식보고서가 다량의 기술협력과 이것이 유통되는 방식에 대한 철저한 조사를 권고하였다 (berg, 1993과 제6장 참고). 또한 공여국들 사이에서는 현지 주요 공공인력의 급여개선을 포함하여 바람직한 작업환경이 확립될 수 있다면 기술협력 인력들이 전수한 투입량 대부분을 현지 인력이 제공할 수 있다는 인식이 늘어나고 있다. 그러나 수원국 정부들이 공공 서비스의 효과성이 보장되는 수준으로 급여를 높이는 데는 수년이 걸릴 것이다. 따라서 당분간은 공여국의 재정지원이 필요하다. 실질적인 행정개혁 지원에서 일반 급여는 대부분의 경우 원조공여국 국민들에게 의지하는 기술협력 인력에 대한 지출에서 배정될 수 있다.[8] 탄자니아에 대한 연구보고서는 이 나라의 기술협력 인력에 대한 전체 공여국의 지출(외부의 단기자문을 위한 지출은 포함하지 않는다)이 탄자니아의 전체공무원 급여지출액을 크게 능가한다고 밝혔다(berg, 1993:14). 수원국 국민들이 외부로부터 고도의 기술을 가진 한정된 전문가의 지원으로 정부 기능에 대해 전적인 책임을 질 여건이 될 때까지는 개발 프로그램의 진정한

---

8) 볼리비아에서 원조단체는 1980년대 어떤 특정한 기간에 500명의 정부 고위직 월급을 지불하는 공동기금을 마련했다.

주도권을 갖기는 어려울 것으로 보인다. 당분간은 공여국들이 많은 비용을 지출하더라도 자신들이 제공한 자금에 대한 적절한 활용을 확실히 통제하려는 동기를 가지고 상당한 인력을 계속 투입해야 할 것이다.

■ 프로그램 준비에 대한 주인의식

주인의식은 특히 기획단계에서 중요하다. 이는 정치적인 의사결정과 가치판단이 연루되기 때문이다. 부문 프로그램에 대한 후속계획은 종종 전문인력 부족으로 방해를 받고 있으며, 부문별 계획 부서는 존재하지 않거나 매우 허약하다. 결과적으로 공여국들은 자원동원resource envelope뿐 아니라 정책 골격을 정하는 일을 도울 수 있는 유능한 전문가를 양성하는 과정을 지원해야 할 것이다. 여기에는 공여국 대표들이 부문별 당국자들에게 정책과 프로그램 기획을 채택하는 데 영향력을 행사하는 유혹을 받을 수 있으며, 결과적으로 현지정부가 전적으로 동의하지 않는 이행조건을 주장할 수 있는 위험이 수반된다. 그럼에도 불구하고 실질적으로 프로그램을 위한 재정지원을 얻을 수 있는 기회를 늘릴 수도 있기 때문에 공여국의 환심을 사기 위해 그들의 간섭을 허용할 수도 있다. 프로그램 준비를 위한 기술지원이 불가피하다 하더라도, 이것이 반드시 프로그램 기획이나 실행에 특별한 이해관계를 갖고 있는 특정 공여국에 의해 집행되어야 한다는 것을 의미하는 것은 아니다. 공여국들은 오히려 수원국 정부가 프로그램 준비를 도울 수 있는 독립적이고, 전문분야에 유능한 해외 기술고문들을 고용할 수 있는 전용자금을 마련하는 데 신경을 써야 한다. 단지 이를 실행한 후에 특별한 전문인력을 필요로 한다면 잠재적인 주요 원조 대표 국가들이 공동평가를 토대로 지원하고 합동평가를 하고 어떻게든 실행을 도와야 할 것이다. 그러나 위에서 말한 것처럼 공여국들로부터 재정지원을 필요로 한다면 가능한 많은 기능들을 현지 직원들이 수행해야 한다.

■공여국 조정과 프로그램 이행

앞서 말한 바와 같이 공여국 조정donor co-ordination은 실행 가능한 부문 간 포괄적 접근을 수립하기 위한 기본 전제조건이다. 효과적인 공여국 조정은 공동 지원 프로그램을 위해 (적어도) 주요 공여국 지원금의 공동출자를 가정한다. 프로그램 목표와 이행에 대해 현지 정부와 공여국들 사이에 상호이해의 중요성은 일부 국가들의 중앙정부 예산(그리고 부문별 예산)의 절반이 공여국으로부터 지원된다는 사실로 인해 높아진다. 더욱이 소규모 공여국들을 제외하더라도 그 수는 매우 많다. 앞서 말한 바와 같이 같은 부문에 너무 많은 공여국이 개입되어 있는 경우 원조자원으로부터 최대한의 이익을 얻기 위해 노력하는 현지 정부에 문제가 생길 수도 있다. 예를 들면 1980년대 중반 60개 공여기관들이 케냐에서 활동 중이었고, 비슷한 수의 기관들이 잠비아에서 활동 중이었다(van de Walle and Johnson, 1996). 이런 상황은 그 후 크게 변하지 않았고, 다른 몇몇 아프리카 국가들의 상황도 크게 다르지 않을 것이다. 있음 직한 예외로서 공여국이 유엔 전문기구들과 함께 다양한 부문에 독자적으로 개입하는 경우의 분산된 성격 또한 중요하다.[9] 그들은 임무에 따라 기술적으로 한 개 또는 두 개의 기술 부처와 협력하도록 제한되어 있다. 이러한 상황에서 공여국 개입을 조정하는 일은 제한적이고 산발적이며, 전문직원이 부족한 정부 해당부처는 매우 다른 경력을 가진 공여국으로부터 오는 다른 지원을 결코 쉽게 조정할 수 없다. 부문별 수준에 맞게 공여국과 현지 정부가 투입량을 조정하는 노력에 성공하면, 원조와 부문별 효율성sector efficiency에서 실질적인 이득을 얻을 수 있게 될 것이다.

다음으로는 프로그램 실행과 관련된 공여국 조정의 실질적인 의미에 대해 약간의 설명을 하고자 한다. 첫째, 별도의 관리기구로 구성된 관련 내각 부

---

9) 1990년대 중반 이후 다니다Danida는 덴마크가 장기협력협정을 맺은 20개국 각각의 3~4개 부문에 양자간 원조의 대부분을 집중하고 있다.

처에서 고위급 공무원의 주도 하에 총괄적으로 프로그램을 관리하게 될 것이다. 이것은 과거에 유사한 프로젝트 운영조직 – 현지 정부의 취약한 역량 문제를 우회하기 위해 공여국들이 설립해 운영한 조직 – 이 예외라기보다는 관례였던 때에 이루어진 상황과는 다를 것이다. 그러나 공여국에서 파견한 직원들 없이는 유사한 구조의 위험이 여전히 있을 것이며, 다른 부처 직원은 프로그램 관리를 원칙상 회피해야 하는 다른 부처 직무와는 별도의 것으로 바라볼지도 모른다.

둘째, 프로그램을 실행하는 동안 효과적인 공여국 조정으로 현지 정부가 투자하기로 합의한 자금을 프로그램 자금과 함께 공동의 '바구니'에 담아 공동으로 사용한다. 이 자금이 전반적인 국가 기획과 예산으로 책정되지 않은 부문별 프로그램이나 부문별 부처에 사용되어서는 안 된다. 오늘날 일부 국가에서는 공공원조 자금의 절반도 안 되는 금액만이 정부예산에 올바로 기록되고 있다(IMAC, 1996). 대부분의 자금이 프로젝트, 내각 부처, 지방정부 기관의 계좌, 또는 물리적인 자산이나 나라 밖(대개 공여국들로부터)에서 들어온 지원인력에게 전환되지 않고 정부계좌를 우회하고 있다. 설사 이 자금이 자금이전이나 물리적인 자산형태로 직접 프로젝트에 투입된다 하더라도 이것은 각 부처 배정내역에 따라 책정된 전체 정부예산의 집행을 방해한다. 이것은 정부 회계시스템의 각 지출계좌 차변에 기입되는 일련의 지출을 미리 배제하지도 않으며, 따라서 국가 회계감사를 면치 못하게 된다. 그러나 이런 독특한 부기는 표준 절차가 아니거나 최소한 과거에는 그렇지 않았다. 예를 들면 한 아프리카 국가에서 상당한 액수의 원조를 받았다면 그 금액의 약 30%만이 정부예산에서 예측된다. 이 경우 정부활동에 이용 가능한 전체 재원의 약 절반은 원조 자원이다. 이는 전체 재원의 30~40% 정도가 정부예산을 우회하고 있다는 의미다.

수원국 기록이 이처럼 불만족스러운 상태인 데는 여러 가지 이유가 있다. 그 중 일부는 재정부 또는 부문별 부처의 회계절차에 대한 예산편성과 예산통제의 느슨함 때문이다. 이것은 또한 공여국들이 현지 예산과 회계절차에 순응하는 인센티브가 부족하기 때문일 수도 있다. 또 다른 이유는 공여국 정부의 보고와 회계감사 요구 조건과의 호환성 부족일 수도 있다. 과거에는 이런 상황으로 인해 원조 수원국 정부가 불행히도 공여국의 회계조건에 따라야만 했다. 원조기구들 또한 이와 유사한 나름대로의 프로젝트 관리 및 통제 시스템을 구축했다. 수원국 예산에 적응하지 못하는 세 번째 이유는 많은 원조 취급업무가 물질적인 품목과 서비스로 이루어져 있고 그 비용이 드러나지 않아 관련 정부 계좌에 등록되지 않기 때문이다. 이러한 간극은 전반적이고 부문적인 예산 편성과 계획에 부정적인 영향을 미치는 것 외에 동일한 사업에 참여하고 있는 여러 파트너들로부터의 지원을 효과적으로 조정할 수 있는 가능성을 분명히 손상시킨다. 궁극적으로 이런 환경에서는 예산배정을 전반적으로 조정하고 자원 활용을 통제하는 역할을 수행하는 수원국 정부의 기회가 제한된다.

다행히도 국가 기획과 예산에 원조를 순응시키는 일과 관련된 일부 근본적인 취약성을 공여국과 수원국 정부가 점차 인식해 가고 있다. 부문 프로그램이 효과적이려면 중앙 및 지방 정부 조직의 예산편성과 회계역량이 개선되어야 한다. 이를 위한 공여국의 지원이 필수적이라는 사실에 대한 이해가 늘어나고 있는 것 같다. 또한 그 효과의 제고를 위한 조정 노력이 필요하고, 재정운영을 위한 역량 향상에 높은 우선순위가 주어져야 하며, 원조 구성요소가 부문 프로그램 속에 포함될 수도 있다는 인식이 늘어나고 있다. 의심할 여지 없이 '굿 거버넌스'라는 중요한 분야에서의 역량 구축에는 시간이 걸리는 법이며, 원조기구들뿐 아니라 현지 정부 내에서 과거의 경우보다 더 직업적인 관심을 기울일 필요가 있다. 그러나 역량 향상이 수원국들의 재정 운영을 개선하기 위해 필수적이지만 대부분의 공여국들이 현지 협력 파트너들에게 재정 및 기타 이전에 관한 적절한 정보를 체계적으로 공급하지 않는 문제를 풀 수는 없다.

공동실행 절차를 위한 또 다른 중요한 부문은 물자와 서비스의 구매, 특히 공동 입찰 절차이다. 적어도 원칙적으로 공여국은 수원국 법률에 규정되어 있는 입찰 절차를 수용해야 한다. 그것이 항상 가능한 것이 아닐 수도 있다. 원조기구들이 타협할 수 없는 고유의 규칙과 절차에 제약을 받기 때문이다. 물론 더 엄격한 제약은 지원물품이 공여국에서 구매하는 것으로 제한되어 있다는 점이다.

실행 활동의 조정을 위한 세 번째 부문은 공동검토joint reviewing와 모니터링monitoring이다. 수년간 여러 공여국이 지원하는 동일 프로젝트나 프로그램을 검토 또는 평가하는 수많은 모니터링 및 평가 대표단의 조정 부족에 대해 많은 비판이 있었다. 다양한 공여국들을 대신하여 그들과 동일한 또는 유사한 일을 하고 있는 대표단 활동에는 비용이 많이 든다. 그러나 더욱 심각한 것은 관리 및 전문인력 부족으로 연간 십 수차례 파견되는 방문 사절단으로 인한 수원국의 부담이다. 수원국은 많은 국가와 공여기관에서 오는 여러 부류의 사절단에게 편의를 제공하기 위해 많은 시간을 소비해야 한다. 프로그램 사절단은 개별적인 공여국의 필요에 부응하기 위해 일탈을 최소화해야 하지만, 하나의 공통된 위탁사항을 가지고 이치에 맞게 공동사업으로서 의무를 다할 수 있고 또한 다해야 한다. 두 개 이상의 원조기구와 연루되어 있는 방문 사절단에 대한 경험은 실질적으로 내부기능 조정을 포함하여 공여국 조정이 달성되기 어렵다는 사실을 증명해주었다.10)

최근 수년간 실적 지표performance indicators들이 많은 원조기구에서 점차 중요한 문제가 되고 있다. 공여국의 원조관리자, 재정당국, 각료 또는 의회 의원들을 납득시키기 위해 개별적인 원조 프로그램 실행에 관한 수많은 자료요구가 점차 늘어나고 있다. 그것은 또한 원조 프로젝트의 성취가 공여국들이 통제권을 덜 갖고 있는(또는 전혀 없는) 외생적 요인들에 의해 공여국에

---

10) 한 작은 서아프리카 국가에 8개 공여국이 참여한 합동원조사절단은 그다지 잘 활동하지 못했다. 왜냐하면 이 합동사절단도 참여하고 있는 큰 국제기구에서 온 다른 방문사절단을 접대하는 데에 현지 정부당국의 모든 인력이 동원되었기 때문이다.

서 믿고 있는 것보다 더 많은 영향을 받는다는 인식이 점점 늘어나고 있는 사실과 모순된다.[11] 이것은 고립된 외딴 프로젝트의 경우보다 문제가 적긴 하지만 부문 프로그램에도 적용된다. 이는 프로젝트에 외생적인 일부 주요 변수들이 부문 프로그램에 포함될 때 내생적이 될 수도 있기 때문이다. 예를 들면, 농업연구 프로젝트는 확장 서비스extension service가 취약하기 때문에 그 분야에서 실망스러운 결과를 보여주기도 한다. 확장 서비스를 즉시 개선할 수 있다면 농업연구 프로젝트의 영향력을 완전히 변경시킬 수 있다. 달리 말하면 농업연구 프로젝트의 결과는 잠재적인 확장 서비스 개선과 결합하는 것으로 보일 때에만 적절히 평가될 수 있다.

이런 이유들로 인해 원조기구 또는 후원자들이 다른 공여국 또는 수원국 정부가 기여하고 있는 것과는 별도로 부문 프로그램에 대한 그들의 특정한 기여실적을 평가해야 한다고 주장하는 것은 이치에 맞지 않다. 개별 공여국의 기여 결과를 평가해야 한다고 주장하는 것은 공동으로 합의한 부문별 목표에 역행한다는 측면에서 공여국들이 그들의 독자적인 기여도를 정당화한다는 사실을 함축하고 있는 부문 간 포괄적 접근의 전체 개념에 적합지 않은 것이다. 따라서 공여국과 수원국 정부가 국가 프로그램으로서 부문 프로그램을 받아들이려는 준비를 한다는 가정하에 성과 모니터링은 현존하거나 프로그램 일부(아니면 예컨대 국가 회계 시스템을 지원하는 다른 프로그램)로 설정되어 있는 국가 모니터링 시스템과 반드시 연관시켜 설명해야 한다.

성과 모니터링이 부문 프로그램에서 중요한 구성요소이기 때문에 부문별 성과를 모니터링하기 위한 체제는 프로그램 준비 시작단계부터 참여국들의 동의하에 구성되어야 한다. 이 체제에는 다음과 같은 3가지 주요 구성요소가

---

11) 원조 수원국을 방문하는 원조기구 대표들이 지방 당국이 관련 대사관이나 기관 대표들과 협력하여 준비한 잘 기획된 여행프로그램에 참여할 경우 그들의 고국이나 국제기구로부터의 원조가 수원국의 모든 곳에 최소한 그들이 방문한 모든 곳에 발자국을 남긴다는 인상을 쉽게 얻을 수 있을 것이다.

있다. 즉 (1) 예산(하위예산 포함)과 계좌(하위계좌 포함) (2) 국가 통계 시스템의 일부로서의 통계 지침 (3) 부문 내에서 그리고 프로그램 일부로서 제도적 및 구조적 개발을 따라갈 수 있는 보고 시스템이다. 체제가 확립되고 다양한 구성 요소들이 정해지면 공여국은 수행에 관한 부가적인 정보를 요구하는 것을 절제해야 한다. 따라서 논리구조log frame나 기타 공여국의 규정과 같은 특정 관리 수단은 합의된 모니터링 시스템을 활용하여 쉽게 입증될 수 없는 지표들은 포함하지 않는다.

■ 분권화 정부체제에서의 부문 원조

지난 10년 동안 많은 개발도상국에서 통치구조의 분권화가 일어났거나 현재 일어나고 있다. 분권화한 통치체제의 특징 중 하나는 지방정부 법률에 명시된 규정에 따라 공공 서비스를 결정하고 관리하는 분권화한 통치 자율권이다. 지방정부의 세입 창출 역량이 제한되어 있어 그들은 중앙 정부로부터 상당량의 재원을 이전받는다. 이 이전 중 일부는 교육과 의료, 기타 서비스의 국가적 최저 기준을 충족시키는 데 충당된다. 지역에서 창출하는 재원과 함께 충당되지 않은 정액보조금의 잔여분은 지방 정부가 국가의 최저 기준을 초과하여 제공할 수 있는 서비스를 결정할 수 있도록 약간의 여지를 제공한다.

분권화한 정부의 존재는 분권화한 포괄적 부문 프로그램의 실행을 복잡하게 할 수도 있다. 이는 해외원조기구들이 분권화한 지방정부와 상대해야 하는지, 그리고 어떻게 상대해야 하는지에 대한 문제가 제기되기 때문이다. 그러나 원조기구가 예산지원을 할 의향이 있다면 공여기관의 할당량이 그 부문에 대해 중앙에서 합의한 예산 수치 또는 원조기구가 감당하기로 합의한 부문예산의 일부를 초과하지 않는 한 재원 활용에 대한 결정이 지역에서 이루어지든 중앙에서 이루어지든 실질적으로 중요하지는 않다. 한 사례로 전국적인 건강 프로그램이 있다. 이것은 공여국이 최소한의 의료서비스 종합계획에 대한 자금을 지원하기로 합의한 것이었다. 만약 위의 경우와 같이 공여국이 특정 지역에서 합의한 부문 프로그램 활동을 지원하려 한다면 이것이 국가 프로그램 실행을 복잡하게 하는 일이 되어서는 안 될 것이다. 자금의 전용 가능성 때문에 공여국 할당량의 지역적 편중은 쉽게 중앙정부의 할당량으로 대체될 것이며, 다른 지역 또는 같은 지역이나 다른 지역의 다른 공공 서비스로 배정될 수 있을 것이다. 대안으로 예산적자를 메우거나 세금 감소 또는 채무 원리금 상환을 위해 '활용'될 수도 있을 것이다. 그럼에도 불구하고 특정 지역에 최소한의 국가기준을 초과하여 특정 공공 서비스에 공여국이 자금을 지원하기를 원하는 상황이 생길 수 있다. 그런 경우에도 국가적인 그리고 중앙 정부의 관점에서 본다면 공여국 지원금액과 동일하게 해당지역에 대한 정부보조금을 축소하는 것이 논리적이고 정당한 것으로 보일 수도 있다. 역사적으로 인도에서는 좋은 이유에서든 나쁜 이유에서든 공여국들의 선택에 따라 특정 주 정부가 관리할 수 있는 원조 자금을 지정한 일도 있었다.

■부문 간 포괄적 접근법SWAP과 '2020이니셔티브'

공여국들이 원조 프로그램에서 다른 개발목표를 강조하고 싶어 하고 특정 조건이나 이행조건을 주장한다면 부문 간 포괄적 접근 프로그램에 대한 협력이 복잡해질 수도 있다. 대부분의 사람들은 공여국들이 그들의 개발 비전을 수원국 정부의 그것에 가능한 한 많이 적응시켜야 한다는 사실에 원칙적으로 동의할 것이다. 특히 수원국 정부가 국민들의 필요와 사회적 선호를 정당하게 표현할 수 있도록 장려하여 그것이 국민의 뜻을 대변하는 것으로 가정될 수 있을 때 그러하다. 공여국 정부와 수원국 정부 모두 유엔 총회 결의로 채택된, 또는 예를 들어 국제노동기구ILO 회의에서 요약된 어떤 보편적인 경제적, 사회적 목표를 승인할 경우 다소 다른 상황이 나타날 수도 있다. 이런 상황에서는 부문 간 포괄적 접근이 동료집단으로부터 받는 사회적 압력을 통해 부문 프로그램에서 보편적으로 인정되는 목표의 포함을 보장하도록 파트너들에게 독특한 기회를 제공할 수 있다.12)

각종 사회문제를 다루기 위해 1990년대 상반기에 개최된 유엔 총회는 여러 안건에 대한 결의문을 채택했다. 이 결의문은 부문 프로그램을 기획하거나 심지어 전반적인 국가계획 수준에서도 고려될 수 있다. 또한 일부 국가에서 정부와 공여국 사이의 기본 협력문서가 되고 있는 정책골격보고서Policy Framework Paper(PFP)의 내용을 정의할 때도 참고할 수 있다.13) 최근 여러 번의 유엔총회에서 통과된 결의문을 실현하기 위해 행동에 나서려는 선의의 노력들은 일부 유엔기관들이 이른바 '2020이니셔티브'를 내놓은 1995년 코펜하겐에서 열린 '세계사회개발 정상회의Social Summit'에서 시작되었다. 이 제안에 따르면 개발도상국 정부들은 정부예산을 재조정하여 특정한 사회서비스 예산을 적어도 전체 예산의 20%를 넘도록 해야 한다. 동시에 원조 국가들은 원조 프로그램의 최소 20%를 사회 서비스로 돌려야 한다. 이 이니셔

---

12) 1995년 DAC 고위급 회담은 '새 글로벌 맥락에서의 개발 파트너십(OECD, 1996b 참고)'이라는 제목의 성명을 채택했다. 이 성명에선 상당한 양의 원조 수사학 외에도 2015년까지 개발도상국을 위해 달성해야 할 다양한 사회적 목표를 설정하고 있다. 이 성명을 지지하는 가장 열렬한 옹호자들 가운데는 자주 인용되는 GNP의 0.7% 목표에 크게 못 미치는 원조규모를 가진 DAC 정부들이 있다. 이 사실은 위 성명을 통해 개발도상국들로 하여금 국가계획에 이런 사회적 목표를 수용하도록 압력을 넣기 위해 만든 것으로 의심받게 한다. 공여국들이 이런 압력을 가해야 한다는 것은 OECD에서 이미 주장해왔다. 비록 선의를 가진 고위급 대표들이라 하더라도 이와는 별도로 OECD에서 합의한 것을 유엔 결의문과는 달리, 심지어 비도덕적으로 개발도상국 정부에게 압력을 행사할 수는 없다.

13) 과거에 이 문건은 워싱턴에서 작성되었다. 그리고 여전히 세계은행과 IMF의 일부 고객 국가들을 위한 것이고 브레턴우즈 기관들과의 관계에 한정되어 있다.

티브를 일부 국가들은 환영했지만, 많은 수원국들 사이에 분배되는 원조예산에 대한 제약 ─ 의도는 좋으나 ─ 을 관리하기가 너무 복잡할 수 있다고 주장하는 국가들도 존재했다.[14] 오직 운영상의 그리고 두드러진 반발은 20%라는 목표가 공여국과 정부 모두의 기여를 필요로 하는 국가예산에 적용되어야 한다는 것이다. 사실 이런 해법은 우리가 제7장에서 논의해온 바와 같이 개발협력에 대한 부문 간 포괄적 접근과 관련된 성실한 파트너십 문제의 핵심이다.

---

14) 결과적으로 2020 이니셔티브는 '관심 있는 선진국과 개발도상국 간의 상호 협정'을 기반으로 하는 옵션으로서 코펜하겐 선언과 행동 프로그램에서 채택되었다(UN, 1995a).

제8장

원조수단으로서의 식량원조: 과거, 현재 그리고 미래

뵤르그 콜딩 · 페르 핀스트루프-안데르센

■ 머리말

이 장의 목적은 식량원조의 역사를 설명하고 개발수단으로서 식량이용의 강점과 약점을 분석하며 앞으로의 새로운 '식량원조 체제food aid regime'를 제안하기 위한 것이다. 식량원조는 전통적으로 세 개의 범주로 분류된다. 프로그램, 프로젝트, 긴급원조emergency aid가 그것이다. 프로그램과 프로젝트 식량원조의 목표는 수원국의 경제 및 사회적 개발을 지원하고 준비, 실행, 평가라는 프로젝트의 전통적인 주기를 경험하도록 하기 위한 것이다. 반면에 긴급식량원조는 자연재해 및 인재에 대응한 단기적인 구제다. 목표는 비록 예방과 복구의 중요성이 식량원조 실천주의자들에 의해 점차 강조되고는 있지만 역시 생존이다. 이 장에서는 개발 식량원조development food aid에 초점을 맞출 것이다.

식량원조, 특히 프로그램 식량원조는 논란의 여지가 있는 원조 형태이고 개발자원으로서 효과성에 대해 과도한 비판의 대상이 되어왔다. 식량원조가 수원국 농업분야의 성장을 저해하는 효과는 식량원조 보고서에서 가장 널리 논의되고 있는 문제이다. 비평가들은 식량원조는 정부가 농업의 생산과 투자를 경시하게 하거나 차상위에 두게 할 수 있으며 또한 실제로 그것을 회피하지 않으면 정치적으로 정책개혁을 어렵게 한다고 주장한다. 식량원조는 소비자들의 선호도가 국내 물품에서 수입물품으로 바뀌도록 유도할 수도 있으며 경제 및 정치적 의존상태를 만들 수도 있고, 종종 필요보다는 정치적 이유로 제공되기도 한다. 장기적으로 빈곤층의 소득에는 거의 영향을 미치지 않고 정치적으로 힘 있는 사람들에게는 복지를 위한 기부형태를 취하기 때문에 그 이익이 의도된 수원자에게 불충분하게 돌아갈 수도 있다.

반면에 식량원조 옹호자들은 특히 프로젝트와 긴급식량원조가 빈곤층을 먹여 살리는 데에 중요한 역할을 하며, 비상시에 생명을 구할 수 있고 국가의 경제성장 및 나아가 사회평등을 이룰 수 있게 한다고 주장한다. 이 관점에 따르면 식량원조는 (1) 현재의 소비와 자본 축적을 위한 자원을 증가시키고, (2) 외환과 재정적 자원을 증대시키며, (3) 소득을 늘리고 빈곤층의 영양 및 건강상태와 교육수준을 개선하며, 배고픔과 가난을 즉각 완화함으로써 그들의 인적자원에 보탬이 될 수 있고, (4) 급여를 낮게 유지하여 노동집약적 발전을 도모함으로써 급여효용으로 공헌한다. 마지막으로 (5) 저소득층에 대한 정책개혁과 구조조정의 역효과를 개선하도록 돕는다.

식량원조에 찬성하는 그리고 반대하는 증거는 단정적이지 않고 대체로 질적인 것이다. 어떤 주어진 상황에서 식량원조가 개발을 촉진할지 또는 방해할지는 식량공여국의 목표와 식량원조를 가능하게 하는 조건에 크게 달려 있다. 그리고 수원국의 정책 환경과 제도적 역량이 개발 자원으로서 식량원조의 효과적인 활용에 이바지하느냐는 점 또한 중요하다. 20년 전에 만든 21개의 실험 보고서를 살펴보면 생산에 대해 가격이 성장을 저해하는 효과는 여러 정책 도구들을 적절히 결합시킴으로써 피할 수 있고, 대체로 피해 왔던 것 같다고 결론 내리고 있다(Maxwell and Singer, 1979). 가격 차별화를 시행하기 위해 지역별, 상품별, 또는 분배채널별로 시장을 분할하는 것과 빈곤충에게 우호적으로 수요를 확대하는 것은 그 같은 하나의 정책 도구이다. 더 최근의 조사에서는 12개의 아프리카 국가 중 8개 국가에서 부정적인 영향을 발견했고, 긴급 또는 개발 식량원조가 허술하게 취급되어 왔다는 부정적인 효과의 많은 사례가 있음을 밝혔다(Clay et al., 1996).

대부분의 관찰자들은 현금원조cash-aid(일부 합의한 목적에 사용할 수 있는 재정자원 형태의 원조)는 만약 유사한 조건으로 해당 금액을 이용할 수 있다면 식량원조보다 바람직하다는 데에 동의한다. 그러나 식량원조는 대부분의 주요 공여국에게는 전체적으로 또는 부분적으로 재정원조에 부가적인 형태였고, 선진국의 개별적이고 영향력 있는 후원자들에 의해 지원받아 왔다. 따라서 줄어드는 식량원조를 보충하기 위해 재정원조를 늘리는 일은 일어나지 않을 것이다.

식량원조 체제는 대체로 1980년대 말까지는 변화가 없었다. 1990년 이전에 식량원조에서 가장 중요한 발전은 식량원조 전달수량의 변화, 지리적 분배, 식량원조에 대한 유권자들의 지지였다. 그러나 1980년대 선진국의 경제위기 때문에 예산이 삭감되었고, 1990년대 초에 유럽과 북아메리카의 농업정책이 변화하였으며, 1993년 GATT 체제하의 농업협정에 서명함으로써 지난 10년간의 식량원조에 구조적 변화가 일어났다. 비용과 효과가 중요한 관심사가 되었다. 이러한 이유로 식량원조는 공적개발원조ODA의 모습으로서, 재정비용으로서, 자원양도로서 더 정밀한 심사를 받게 되었다. 문제는 공여국에서 수량을 더 늘리지 않고 잉여농산물 또한 줄어들었기 때문에 앞으로 식량원조의 역할이 어떻게 될까 하는 점이다. 이 장에서는 언급되지 않았지만 세계 식량의 생산, 수요, 무역, 가격과 원조에 영향을 미치는 여러 요소들이 있다. 여기에는 지역 무역블록의 출현, 기술적 변화에 따르는 잠재적인 힘, 기후변화와 인구증가는 물론 소득증가로 인한 개발도상국의 상업적 수요증가가 포함된다(Pinstrup-Andersen et al., 1997).

이 장은 다음과 같이 구성된다. 먼저 지난 25년간 식량원조 전달의 기원과 발전에 대해 검토할 것이다. 그리고 프로그램 및 프로젝트 식량원조의 강점과 약점을 분석하고 다른 개발수단에 비해 비용측면에서 효과적인 점을 논할 것이다. 다음 두 항목에서는 앞으로의 식량원조 수요와 공급에 영향을 미치는 요소들을 예측해볼 것이다. 마지막으로 새로운 식량원조 체제를 제안하고 다수의 정책 권고를 하는 것으로 결론을 맺을 것이다.

■ 식량원조의 기원과 규모

식량원조는 전체 ODA 비율로는 1972년 15%에서 1990년대 5% 이하로 급격히 떨어졌다. 세계 곡물 인도수량은 1960년대 중반에는 1,500만 톤 이상이었는데, 이것이 1970년대 초반의 세계 식량위기 기간에는 내내 580만 톤 이하로 줄어들었다. 1997년 590만 톤으로 수직 낙하하기 이전인 1992~1993년 아프리카에서는 식량위기 동안에 1,700만 톤으로 꾸준히 증가하였다. 1997년 곡물 인도수량은 1974년 세계 식량회의에서 책정한 연간 목표량 1,000만 톤의 40%에도 미치지 못했다. 1997~1998년의 풍작으로 곡물잉여량이 증가하였고, 러시아와 인도네시아의 식량 부족은 1998~1999년에 식량원조 수량을 증가시킬 것으로 예상된다.

제도화된 식량원조는 미국에서 특별한 정부 프로그램으로 이른바 'PL-480'이라는 이름으로 법제화되었던 1954년에 시작되었다.[1] 〈그림

---

1) 공법Public Law(PL) 480 식량원조 — 1954년 미국에서 제정한 농업무역개발 지원법(농업, 무역 및 개발 지원법과 혼동하지 말 것) 참고 — 에는 3개 항이 있다. 1990년 이전에는 모든 원조사업이 원조의 형태(차관 또는 보조금)에 따라 이 항목들이 정한대로 행해졌다. 1항은 '우호적인' 국가들에게 잉여 농산품을 무료로 제공하도록 하고 있으며, 2항은 기아와 기타 긴급한 구호 프로그램을 위해 양자간으로 식량 기부를 허용하며, 3항에서는 비영리 공여기관를 통한 식량 기부를 허용하고 있다. 1990년에는 당초 목표가 달성되었다고 보고 이 항목들을 수정했다.

<그림 8-1> 일부 공여국의 곡물원조 전달 추이(1972~1998)

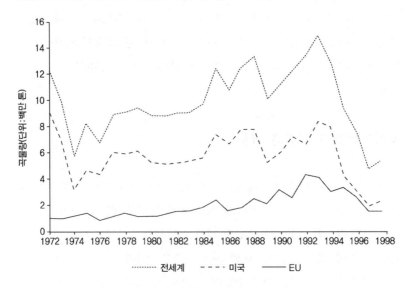

········ 전세계   - - - - 미국   ──── EU

출처: FAO.

8-1〉에서 설명하고 있듯이 미국 식량원조 프로그램의 주된 역할이 크게
감소했음에도 불구하고 곡물 식량원조의 세계적 경향은 주로 미국의 식량
출하 진전을 따랐다. 1980년대의 미국 곡물 원조는 1960년의 3분의 1 수준
이었다. 그럼에도 미국의 곡물 식량원조는 전 세계 곡물 식량원조의 2분의
1에서 3분의 2를 차지했는데, 이는 1960년대 중반의 95%에서 크게 감소한
것이다. 미국의 비중이 가장 낮았던 시기는 1974~1975년, 1980년대 초, 그
리고 1988~1989년이었다. 이렇게 감소한 이유는 높은 곡물가격과 빠듯한
국내공급과 관련이 있었다. 국제시장 수요가 커질 때 판매가 더 많아지고
원조수량은 줄어든다. 식량원조는 잉여곡물로 충당된다. 1990년대 들어 미
국의 원조가 전반적으로 줄어듦에 따라, 식량원조량은 1994년 800만 톤에
서 1997년 300만 톤으로 줄어들었다. 이것은 1970년대 세계 식량위기 동안
의 수준과 비슷하다. 현재 미국의 세계 식량원조량은 41%이지만 여전히

단일국가로서는 가장 큰 비중을 맡고 있는 지원 국가이다.

EU는 두 번째로 큰 곡물원조 지역이다. EU의 정규 식량지원 프로그램은 1967년 제1차 식량원조회의FAC의 조인에 따라 시작되었다.[2] 세계 식량원조량에서 EU가 차지하는 비율은 1965년에는 0.5%였지만, 1976년 14%로 떨어지기 전인 1974년에는 21%까지 올라갔다. 1970년대 중반부터 EU의 연간 곡물 식량원조 규모는 '공동체 활동 식량원조 프로그램CAFAP'이 세계에서 두 번째로 큰 식량원조의 근원으로 자리를 잡으면서(Clay et al., 1996) 세계의 추세를 따르게 되었다. 1984~1985년 아프리카의 식량생산부족에 발맞추어 세계곡물 원조규모는 사상 최대를 기록했다. 1989~1990년 식량원조의 확대와 더불어 EU가 세계 원조에서 차지하는 비율이 29%까지 치솟았다. 1994~1995년과 1995~1996년 미국의 식량원조수량이 줄어듦에 따라 EU가 맡은 비율이 35%까지 오르기도 했다. EU 내부에서 가장 두드러진 경향 중 하나는 CAFAP의 비율이 증가한 것이었다. 1970년대 초엔 이것의 비율이 EU 전체 곡물원조의 22%에 그쳤으나 1989~1994년에는 약 67%에 달했다. 반면에 개별적인 EU 회원국의 상대적인 기여율은 크게 변하지 않았다. 다른 주요 식량원조 국가로는 캐나다, 일본, 호주 등이 있는데 이들이 1970년대 초에 세계 식량원조에서 차지한 비율은 세 국가가 각각 맡은 비율이 상대적으로 변하기도 했지만 전체적으로 약 15%였다.

지구적으로 비(非)곡물 식재료, 예컨대 유제품, 유지 및 식용유, 두류제품, 설탕과 육류 등의 원조수량은 곡물에 비해 적은 규모를 차지했다. 비 곡물 원조는 1976년 47만 톤에서 1986년 99만 톤으로 꾸준히 증가했다. 1980년대

---

2) 이러한 정기총회는 식량 원조를 약속하는 회의였지만, 식량 원조를 처리하는 것에 대한 회의는 아니었다. 그들의 약속을 이행하는 방법은 개별적인 공여국들이 결정하도록 하였다. EU는 연간 130만 톤의 밀을 원조키로 약속했다. 이는 1967년 FAC 집계로 세계 전체 원조규모인 420만 톤의 30%에 해당하는 것이었다. EU는 FAC 기부를 둘로 나누었다. 공동체 활동 식량원조 프로그램과 각 회원국의 국가활동 프로그램이 그것이다.

후반에는 120만~140만 톤으로 치솟았다가 1997년에는 70만 톤으로 줄어들기도 했지만, 다시 1992~1993년에는 200만 톤에 달했다. 비곡물 원조의 가장 큰 공여국은 EU 국가였다.

미국 식량원조의 주요 목적은 시간에 구애받지 않는 식량의 지리적 분배에 반영되어 있다. 1950년대에 식량원조는 소련에 대한 폴란드와 유고슬라비아의 의존도를 약화시키기 위해 활용되었고 — 유럽지역은 전체 미국 식량원조의 약 51%(가격기준으로)를 받았다 — 한국과 대만 정부를 강화하기 위해 사용되었다. 1957년부터 1971년까지 인도는 미국의 식량지원을 가장 많이 받았는데, 이는 인도의 주요 식량 생산량이 부족했기 때문이었으며 정도는 덜했지만 남아시아에서 인도가 차지하는 전략적인 역할 때문이기도 했다. 1960년대 후반에는 아시아가 미국 식량원조의 3분의 2 이상을 받았다. 1973 회계연도까지 남부 베트남, 캄보디아, 한국이 미국의 '타이틀 I' PL-480 식량원조의 67%를 받았다.

1970년대 초반의 식량위기는 미국의 해외 식량정책을 최빈국 최저 빈곤층의 기본적인 욕구를 충족하는 데 중점을 두게 되는 계기가 되었다. 1975년 이 같은 원칙에 따라 PL-480이 광범위하게 재편되었다. 그 결과 미국 식량원조에서 아프리카가 차지하는 비율이 1950년대의 2%에서 1960년대에는 12%, 1970년대 31%, 1980년대 44%로 점차 증가하였고, 반면 아시아가 차지하는 비율은 1980년대 원조량의 28%로 떨어졌다.

이와 유사한 발전이 전 세계 식량원조량에서도 나타난다. 아시아가 차지하는 비중이 1970년대 중반 3분의 2에서 1980년대 초에는 3분의 1로 떨어졌다. 같은 기간에 아프리카가 차지하는 비율은 21%에서 약 50%로 증가했다. 라틴아메리카는 1970년대에는 4~6%의 비중을 차지했으나 1991~1992년을 마지막으로 지난 10년 동안 10~17%를 점유했다. 아프리카로 가는 식량원조량이 크게 증가한 것은 긴급원조의 수요가 크게 증가했기 때문으로 보인다.

1990년대 들어 식량원조의 패턴이 극적으로 변화했다. 전통적인 식량원조 수원국인 개발도상국보다는 구유고슬라비아나 소련으로 상당량의 원조가 지원되었다. 1993년에는 선진국들이 세계 식량원조 곡물 선적 양의 39%를 받았는데, 그중 구소련이 80% 이상을 받은 반면 아프리카가 받은 양은 지난 20년 동안 가장 낮은 비중을 차지했다(1993~1994년에 29%). 또한 동유럽과 구소련으로 가는 원조총액은 점차 감소하여 1997년에는 세계 원조총액의 13%를 차지했고, 아프리카에 대한 원조총액은 약 35%까지 회복했다. 1997년에도 여전히 아프리카의 남부 사하라 지역으로 가는 식량원조총량이 5년 연속 감소하여 약 230만 톤을 차지하였고, 1983년 이후 가장 낮은 수준이며 1992년 수준인 600만 톤의 62%를 차지했다.

세계 식량원조에서 다자간 및 3자 간(어떤 공여국이 제3국으로부터 온 원조를 제공하는 것) 식량원조가 차지하는 비중의 급격한 증가는 지난 10년 동안 나타난 두드러진 발전이라고 할 수 있다. 다자간 식량원조는 1972년 전체 식량원조의 12.9%를 차지했고, 1970년대 후반부터 1990년대 초반까지의 기간에 20~25% 증가했다. 미국이 양자간 식량원조를 중지한 덕분에 1996년에는 35%까지 급격히 증가했고, 1997년에는 41%를 차지했다. 3자 간 원조(다음에 더욱 상세히 논의한다)의 긍정적인 결과는 식량원조 기여도를 충족하기 위해 개발도상국으로부터 지원물품을 받는 양이 증가하였다는 점이다. 1997년에는 세계 식량원조의 20%가 개발도상국에서 조달되었고, 이는 1992년의 9.5%, 1988년의 6%와 비교된다.

세 가지 식량원조 범주의 상대적인 중요성은 시간에 따라 변화하였다. 1980년대 말까지는 프로그램 식량원조가 주류를 이루었다. 1990년에 전체 식량원조의 58.9%가 프로그램 식량원조였고, 20.3%는 비상 식량원조, 20.8%는 프로젝트 식량원조였다. 세계식량프로그램WFP이 최근 제시한 정보(1998)에 따르면 1996년까지 3년 연속 프로그램 식량원조가 세계 원조수량의 절반에도 미치지 못하면서 1996년 프로그램 식량원조의 비중은 41%까지 떨어졌다. 긴급식량원조와 프로젝트 식량원조는 각각 세계 식량원조수량의 35%와 24%를 차지하였다. 1997년 프로그램 식량원조량은 거의 반으로 떨어져 그 비중이 25%에 미치는 반면 긴급식량원조는 42%, 프로젝트 식량원조는 24%를 차지했다. 이것은 분명히 비표적적인 식량원조 개입으로부터 발전된 상황을 보여주고 있다.

이러한 변화는 부분적으로 일부 공여국들이 식량안보와 인적자원 개발을 증진시키기 위해서 긴급식량원조와 프로젝트 식량원조에 높은 우선순위를 부여하기 위해 내린 신중한 정책 결정이다. 그러나 또한 공여국들이 비상용으로 이미 예산에 편성해 놓은 자원을 재배정함으로써 예측치 못한 여러 인도주의적 위기와 복잡한 긴급상황에 대처해야 한다는 것을 절감했기 때문이기도 하다. 이것은 분명히 식량원조 프로젝트와 구제활동으로 구성되어 있는 WFP의 문서에 반영되어 있다. 지난 10년 동안 WFP 문서에서 구제활동의 비중은 1987년 전체지출의 25%에서 1996년 68%로 증가하였다.

긴급식량원조와 프로젝트 식량원조가 보조금을 기반으로 하여 제공된다면, 프로그램 식량원조는 차관을 기반으로 하여 양허적 조건으로 제공된다. 보조금으로 증여된 전체 식량원조의 비중은 1972년 61.7%에서 1990년대 약 80%로 증가했다. 미국은 양허적 조건의 차관으로 무료 식량원조를 꾸준히 제공해온 유일한 공여국이다.

■ 개발 식량원조

식량원조는 여러 경로를 통해 경제개발을 촉진한다. 첫째, 식량원조는 현재의 소비와 축적을 위해 사용할 수 있는 자원을 증가시킨다. 만약 돈으로 환산한다면 식량원조는 공공수입의 중요한 원천이 될 수 있다. 둘째, 대부분의 식량 상품이 국제적으로 통용되기 때문에 식량원조는 식량수입에 대한 외환지출을 줄임으로써 국제수지를 지원한다. 셋째, 식량원조는 식량의 국내적 이용 가능성을 증대시킨다(반드시 1대1 베이스는 아니지만). 넷째, 그것이 빈곤층을 대상으로 하는 한 빈곤을 감소시키고 식량수급 불안정을 완화시킬 수 있다. 빈곤층의 건강과 영양 상태를 개선함으로써 국가의 인적 자본과 미래 소득 역량을 증대시킨다. 다섯째, 성장촉진 정책과 성장에 유해한 정책의 개혁에 착수하는 것과 분명히 연계되어 있는 한, 식량원조는 개발을 증진시킬 수 있다. 문제는 동일한 목표를 성취하는 데 다른 개발수단보다 식량원조가 비용측면에서 더 효과적인지 아닌지, 또는 다른 조건에서는 어떨지 하는 점이다.

프로그램 식량원조

프로그램 식량원조는 주로 수원국 정부나 지역 시장에서 판매를 담당하는 정부 대리기관에게 직접 제공된다. 이것은 주로 국제수지 적자를 줄이고 공공부문 지출에 사용되는 현지정부 통화 발행을 위해 양자간 베이스로 지원된다. 수원국 정부의 농업분야와 빈곤, 식량안보, 영양에 대해 이 식량원조 유형이 미치는 영향력은 기본적으로 공급과 수요 상황 및 수원국의 경제정책에 달려 있으며 어떻게 식량이 분배되는지 그 과정에도 달려 있다. 식생활 양식과 수입 의존도에 대한 잠재적인 효과는 여기에서 다루지 않을 것이다.

식량원조가 수원국의 농업분야 성장을 저해하는 영향을 줄 수 있다는 주장은 수원국이 정부나 다른 기관의 개입 없이 공급과 수요에 의해 가격이 결정되는 폐쇄적인 시장경제 체제를 가지고 있다는 가정에 근거한 것이다. 이 경우 식량원조는 수요가 동시다발적으로 증가하지 않는 한 국내공급을 증가시키고 가격을 하락시키며 농가수입을 감소시켜 결과적으로 생산량을 떨어뜨릴 수 있다. 그럼에도 불구하고 자원 이전은 확실히 소비자의 복지를 상승시킨다(Srinivasan, 1989). 그러나 정부가 식량가격에 개입하지 않는 나라는 별로 없고, 또한 대부분의 나라들은 국제무역에 개방되어 있다. 소규모 개방경제에서는 국내가격이 국제가격에 의해 결정되거나 강한 영향을 받는다. 따라서 식량원조로 인한 국내공급의 증가는 정부의 개입 없이도 국내가격에 대해 제한적인 효과를 갖는다.

가격정상화를 저해하는 영향력은 주로 식량원조를 상업적 수입으로 대체하여 국내 식량이용 가능성의 증가를 제한하는 방법으로 회피해왔거나 시장

분할을 통해 수요를 효과적으로 증가시킴으로써 회피해왔다. 공여국들이 식량원조로 인한 그들의 상업적인 곡물판매 감소를 원치 않기 때문에 식량원조가 배정되기 전에 '통상적인 마케팅 조건'이 충족되어야 한다는 공통적인 이행조건 — 좀처럼 강요하지 않고 최근엔 전혀 강요하지 않는 — 이 붙는다. 평가보고서에 따르면 보통 전체 식량원조의 약 60~80%가 상업적 수입으로 대체되고 있다(von Braun and Huddleston, 1988; Saran and Konandreas, 1991). 바꿔 말해 식량원조를 받은 경우 수원국의 식량공급은 식량원조량의 20~40%만큼만 증가한다는 것이다. 이러한 대체를 통해 자원을 바꿀 수 있고 수원국 정부가 전반적인 정책과 우선순위를 유지하고자 하는 소망을 알 수 있다. 개발의 관점에서 본다면 상업적 식량 수입의 감소는 식량원조를 가장 잘 이용하는 경우가 될 것이다. 외환을 절약하여 필요한 다른 수입품을 사도록 재배정하고 국제수지 적자를 메우거나 대외부채를 갚을 수 있을 것이다. 이 모든 것들이 경제 및 사회개발을 뒷받침하는 데 중요한 역할을 할 수 있다.

국내시장에서 원조식량의 판매는 많은 수원국들에게 실질적인 세입원천이 되어 왔다. 저소득 국가들의 공공부문 세입의 대부분이 농업분야에서 나오기 때문에 원조식량의 판매를 통해 얻는 수익은 농업부문의 세금 부담을 줄이고 이 부문에 대한 투자를 늘리는 데 도움이 된다. 반면에 식량원조는 수원국 정부가 농업부문에 이익이 되는 투자와 정책변화를 미루는 구실이 될 수 있다. 식량원조가 최소한 식량필요분의 일부를 메워 불거질 식량문제를 해결할 수 있을 것이라는 기대 때문이다. 결과적으로 식량원조가 농업성장을 저해하는 효과는 가격보다는 정책을 통해 작동한다고 평가할 수 있다.

생산자가격과 소비자가격 및 농업생산에 식량원조가 미치는 영향은 수원국의 특별한 경제정책을 근거로 하여 평가해야 하며, 정부의 개입 없는 배타적인 시장경제에서 가격형성에 대한 신고전학파 경제분석을 근거로 평가해서는 안 된다.

돈으로 환산해 전달하는 프로그램 식량원조가 빈곤, 식량불안, 영양부족에 미치는 영향력은 식량에서 얻는 수익이 어떻게 분배되느냐에 달려 있다.

프로그램 식량원조 판매로 얻는 수익은 대부분 공공예산 세입으로 사용되거나 수익을 배분함으로써 활용되기 때문에 공공지출의 전반적인 우선순위에 달려 있다. 따라서 프로그램 식량원조는 종종 빈곤층의 식량안보에 간접적인 효과를 미칠 뿐이다.

대부분의 저소득 국가에서 식량유효수요는 실질적인 식량수요를 반영하지 않는다. 주요 이유는 외딴지역에서의 식량효과성과 마케팅을 제한하는 낮은 시장통합성 때문이며, 경제적 시장수요로 필요를 나타내 보일 수 없는 빈곤층의 구매력부족 때문이다. 지역, 상품, 분배채널로 시장을 분할하는 것은 가격차별과 외딴지역의 빈곤층들에게 우호적인 수요확대를 증진할 수 있는 매우 효과적인 정책 수단이 될 수 있으며, 그에 의해 식량원조의 가격건전화 저해 효과를 제한하고, 빈곤과 식량 불안에 미치는 효과를 증가시키게 된다. 예를 들면 일부 프로그램 식량원조는 보조금 가격으로 대상집단에 판매된다. 이 경우 식량원조의 혜택을 입을 수 있는 사람들은 이익의 한 몫을 얻게 되고 판매수익은 이익금의 잔여분으로 채워진다(〈표 8-1〉참고). 이러한 보조금은 오직 빈곤층만을 대상으로 할 수도 있고 않을 수도 있다 (Pinstrup-Andersen, 1988). 대상집단에 식량 현물로 직접 무상 지급하는 경우 (프로젝트 식량원조에서 가장 흔한 경우다) 그 집단은 아래에서 논의되는 것처럼 비록 자원이전의 가치가 수원국과 공여국에게 동일하지는 않을지라도 온전한 자원을 받게 된다.

식량원조를 제공하는 방법으로서는 현금으로 지급하거나 직접 현물로 전달하는 것 중 어느 것이 더 적절한지 일반적으로 말하기는 어렵다. 현금으로 지급하는 것은 국제수지나 예산지원이 식량원조의 목적이며 수원국과 공여국의 우선순위와 정책이 일치할 때에 적절하다. 식량원조를 현금으로 지급하는 것은 또한 현물전달이 식량원조의 효과적인 사용을 위해 필요한 행정 및 운송비와 같은 과외지출을 부담하기에 불충분하거나, 현물 구입가격이 너무 비싸거나, 원조대상으로 삼은 집단이 문화적으로 받아들이기 어렵거나 할 때 적절할 것 같다.

〈표 8-1〉 다른 가격과 시장 정책하에서 선택된 변수에 대한 식량원조의 의미

	수입품에 식량원조 받지 않음	수입품+식량원조	
		일반가격으로 개방시장에서 판매	일반 가격보다 낮은 제한적 판매 (농장 가격의 지원)
경제성장 저해 효과	0	+	0 또는 -
식량 소비	0	+	+
외환 저축	+	0 또는 -	0 또는 -
재정 자원	+	+	+ 또는 0

출처: von Braun and Huddleston(1988).
주석: 0(효과 없거나 적음), +(증대하는 효과), -(감소하는 효과)

　　프로그램 식량원조의 비용효과적인 특성은 그것을 공급하는 공여국의 비용을 가장 저렴한 대안 공급과 어떻게 비교하는가에 따라 측정된다. 공여국의 비용에는 지원품의 경제적 가치와 수원국 목적지까지 소요되는 운송비, 보관 및 처리비용이 포함된다. 식량지원품의 경제적 가치에 대한 평가는 간단하지 않다. 만약 공여국이 공개시장에서 지원식량을 구매한다면, 경제적 가치는 단순히 시장가격이다. 그러나 원조식량이 잉여농산물에서 온 것이라면, 식량원조의 경제적 가치는 현재의 세계시장 곡물가격, 농업보조 프로그램과 잉여 저장과 관련된 비용을 포함하여 공여국 정부의 전체 예산지출 또는 기회비용으로 결정된다. 분명히 가치의 선택은 식량원조의 비용효과적인 특성의 평가에 영향을 미칠 것이다.

　　최근 EU는 프로그램 식량원조의 비용효과에 관한 분석을 하면서 수원국 도착점까지 원조식량을 전달하는 데 드는 실제비용을 비교하였다. 이 실제비용은 공여국가의 원조예산으로 돌릴 수 있는 비용만을 포함하고 EU의 농업 예산으로부터 반환받을 수 있는 비용, 그리고 동시에 수원국이 시도한 동일상품에 대한 가상의 상업거래 견적비용을 제외한 것이다(Clay et al., 1996). 이 분석은 '공동체 활동' 식량원조community action food aid는 개별 회원국가의 평균 비용보다 상대적으로 효율적이었다는 결론을 내리고 있다.

회원국들의 프로그램 원조비용은 수원국에게 자금을 지원하고 그들이 직접 상업베이스로 곡물을 수입하는 대안적인 경우보다 평균 70%나 많았다. EU가 집행해 온 식량원조 비용은 상업베이스 곡물수입의 경우보다 10% 많았다. 원조기구들과 개별 공여국 활동 사이의 공급 비용효과성에 큰 변화가 있었다. 예를 들면 유럽시장에서 농산품구매를 필요로 하는 식량 원조활동은 전반적으로 수원국 특히 라틴아메리카 국가들이 마련한 상업베이스 수입 또는 삼각거래와 현지구매보다 비용측면에서 덜 효과적일 수 있다(물론 후자의 경우 종종 문제를 일으킨다). 밀가루, 쌀, 설탕거래는 특히 비효율적이다. 이 보고서는 또한 식량원조의 현금지급에서 얻는 수익은 평균 EU 공여국들의 재정비용보다 23% 낮다고 결론내리고 있다.

이러한 결과는 만약 대외구매와 상품선택에 더 융통성이 있거나, 식량현물지원 대신 일부 수원국 직접수입이나 예산지원으로 원조형태를 바꾼다면 실질적인 절약이 되거나 비슷한 수준의 지출로 더 많은 식량원조가 가능할 것임을 시사하고 있다. 그러나 식량원조는 다른 원조수단으로 바뀌지 않을지도 모른다. 만약 식량원조가 종결되면 수원국은 식량원조 금액과 동등한 액수의 재정원조를 받지 못할 수도 있고 국가들 사이의 분배가 변할 수도 있다.

프로젝트 식량원조

WFP는 가장 큰 프로젝트 식량원조기구이다. 식량원조 프로젝트의 일반적인 목적은 대상으로 삼은 집단의 빈곤 감소와 영양상태 개선에 있다. 대부분의 식량원조 프로젝트는 급식프로젝트, 그리고 공무원들이 전체적으로 또는 부분적으로 급여 대신 식량을 받고 근무하는 식량지급 근로프로젝트food-for-work-project를 말한다. 따라서 식량지급 근로프로젝트는 인프라개발이라는 특별한, 때로는 상반되는 목표를 성취하기 위한 것이다. 식량원조 물품은 일반적으로 외곽지역에 살고 있는 대상 단체에 현물로 제공된다. 프로젝트 식량원조는 제한적으로 비 식량프로젝트비용을 포함하거나 공여국이 현지시장에서 더 적절한 상품으로 교환하여 지급하기도 한다.

식량원조는 다른 형태의 개발수단에 비해 많은 이점을 갖고 있는 것으로 고 종종 평가된다(Katona-Apte, 1993). 이 가운데 세 가지만 여기서 간략히 이야기해 보자. 첫째, 여성들이 벌어들이는 수입으로 식량안보와 아이들 영양이 유지되는 경우가 남성의 수입으로 유지되는 경우보다 많다는 증거가 늘어나고 있다(Quisumbing et al., 1995). 식량은 현금에 비해 여성들이 통제하기 쉽기 때문에 식량현물로 받는 수입이 현금으로 받을 경우와 가치 면에서 동등하다면 영양개선이 훨씬 용이해진다고 볼 수 있다. 더욱이 식량 불안정과 영양부족은 가장이나 다른 성인남성보다 여성과 아이들에게 더 큰 영향을 미치며 이들은 수입이 줄고 생활수준이 낮아질 경우 가장 먼저 취약해지는 가족구성원이라 할 수 있다. 여성과 아이들을 겨냥한 식량원조는 따라서 당연한 빈곤완화정책이라 할 수 있다. 대안적으로 교육, 정보, 기술 및 생산자원에 대한 개선된 접근을 통해 여성의 지위를 향상시키기 위한 개발 노력은 생계유지수단을 넘어 그들의 상대적인 힘을 강화할 수 있게 해준다. 이것이 가정에서 여성과 아이들의 영양 상태에 대한 우선순위를 높여주어 결국 장기적으로 모든 가족 구성원에게 이익이 될 것이란 기대를 할 수 있다 (Pinstrup-Andersen et al., 1995b).

둘째, 식량공급이 부적절하거나 불안정할 때 그리고 시장이 비효율적일 때 개발활동을 지원하는 데는 식량이 현금보다 더욱 유용한 자원이 된다. 식량마케팅food marketing은 수년간 준 국영회사와 공공 마케팅위원회의 책임아래 진행되어 왔으며, 또한 가격정책을 포함하여 정치적 목적을 추구하기 위한 수단으로서 정부가 활용해 왔다. 증거를 통해 확실히 알 수 있듯이, 이러한 통제된 공공 마케팅시스템은 비용이 많이 들고 농업의 성장과 다양화 및 상업화를 지속적으로 추진하는 데 비효율적이다. 식량과 농업마케팅이 최근 수년간 많은 나라에서 자유로워졌지만 시장은 경제 인프라에 대한 부적절한 공공투자가 계속돼 왔기 때문에 여전히 매우 분열되어 있다. 식량이 부족한 일부지역에서는 식량원조가 단기적으로 취약계층에게 식량접근성을 증가시키는 유일한 방법이기도 하다.

셋째, 잘 조정된 마케팅시스템에서도 식량지급이 때때로 현금지급보다 선호되기도 한다. 대부분의 식량지급 근로프로젝트가 대다수 취약계층, 특히 여성을 대상으로 할 수 있고 유출을 막는 데에 더 효과적이라는 점을 보여주는 경험 때문이다. 이유는 조악하고 시장가치가 별로 없는 저급한 식량을 지급하는 것이 현금지급 때보다 예상치 않은 수원자들에게 유출되는 경우가 적기 때문이다.

그러나 식량지급은 비용이 많이 들고 종종 부적절한 품질일 경우가 있고, 관료적인 운영을 하며 수송측면에서 취급하기 어렵다고 주장하는 사람들도 있다. 또한 지원 대상으로 삼은 계층의 영양 상태와 복지를 개선하는 데에 식량원조가 결코 성공하지 못했다고 주장한다. 또한 식량원조가 현지 농산물가격과 농업수익에 미친 부정적인 효과도 언급했다.

급식 프로젝트의 영양학적 영향을 평가한 것을 보면, 식량원조는 때때로 필요로 하는 수원자들의 영양 상태를 개선하기 위한 배려가 충분하지 않다는 것을 알 수 있다. 식량보충과 같은 단 한 가지 배려로 눈에 띌 만한 효과가 나타나지 않는 것은 주로 영양에 영향을 미치는 보완적인 요인들을 확실하게 다루기 위한 프로젝트의 기획 및 실행이 부족했기 때문이다 (Pinstrup-Andersen et al.). 이들 요인에는 위생, 전염병, 영양에 대한 지식, 기초의료의 접근성과 품질 등이 포함된다. 개별적인 개입 사이에서 바꿔치기도 자주 일어난다. 예를 들면 프로젝트 식량원조에서 상당한 비중을 차지하고 있는 학교급식 프로젝트school feeding project이다. 이 프로젝트의 목표가 영양개선인데도 불구하고, 더 중요한 효과는 아이들의 사고력 개발과 학교 출석률에 있다는 이유를 댄다.

영양을 개선하기 위한 개입은 지역에 따라 달라질 수도 있다. 영양의 특성과 결정 요인, 적절한 영양섭취의 제약, 이를 제거하기 위한 기회, 그리고 가정, 공동체, 나라마다의 다양성 때문이다. 우리가 얻은 중요한 교훈은 목표와 선호도, 상대적인 능력, 결정에 대한 제한 요소, 특히 자원, 시간, 정보, 문화적 제한 등의 상황이 주어지면 가족 구성원은 합리적으로 행동한다는 점이다. 한편으로는 가족의 행동과 목표 사이의, 다른 한편으로는 프로젝트 기획과 이행 사이의 조화추구 실패가 프로젝트 실패의 주요 원인이다 (Pinstrup-Andersen et al., 1995b). 과거 경험을 보면 예정된 수원자들이 문제 확인, 배려의 기획 및 실행에 열심히 참여함으로써 성공 가능성을 크게 향상시킬 수 있었음을 알 수 있다.

빈곤과 영양결핍의 장기적이고 자활적인 경감을 보장하기 위해서는 빈곤층의 수익창출 역량을 강화하는 정책과 프로그램이 필요하다. 이러한 개입에는 고용창출, 교육 및 기술개발, 생산적인 자산접근성 향상, 노동 생산성을 증가시키기 위한 기술적 변화 등이 포함된다. 식량지급 근로프로젝트는 고용과 식량이 부족한 비수기에 혜택을 받지 못한 계층에게 고용기회를 제공하고 농촌 인프라 개선과 개발을 위한 노력과 기근방지에 계속 중요한 역할을 맡고 있다. 아프리카의 식량지급 근로프로젝트 14개에 대한 보고서에서 폰 브라운von Braun 등은 이 프로젝트는 빈곤층 가구의 수입을 증가시키고 식량안보를 개선할 수 있다고 결론 내렸다(1991). 그러나 14개 프로젝트의 효과는 주로 프로젝트를 관리하는 현지정부의 제도적 역량의 차이에 따라 상당히 다양하다. 오사퀘Osakwe도 인프라 재고의 증가는 식량지급 근로프로젝트가 농업분야에서 높은 노동 생산성을 유발하여 노동에 대한 수요를 증대시키기 때문이라고 논증하며 소규모 개방 경제에 대한 분석을 근거로 비슷한 결론에 도달했다(Osakwe, 1998).

고용기회가 많아지면 식량생산을 증가시키고 식량안보를 개선한다. 그러나 지역 인프라 개발이 빈곤과 식량 불안정 및 영양결핍을 완화하는 이유는 이 개발이 식량생산과 고용을 증가시킬 뿐 아니라, 다른 보완적인 요소, 이를테면 기초건강 서비스와 교육과 같은 사회 인프라 개발에서 도로개통과 시장이 필수적인 요소이기 때문이다.

프로젝트의 기획과 실행 그리고 수원국의 제도적 역량의 적절성 외에, 영양, 고용, 지역 인프라 개발에 대한 식량원조 프로젝트의 영향력은 그것의 목적과 활동이 정부의 전반적인 개발전략과의 일치여부에 달려 있다. 만약 일치하지 않는다면 수원국은 정부의 전반적인 목적과 우선순위를 반영하는 공공지출을 조정해야 할 것이다. 예컨대 WFP는 일부 수원국들이 학교급식 프로젝트를 위한 식량원조 규모만큼 교육에 대한 공공지출을 축소시킨다는 사실을 발견했다.

마찬가지로 합리적인 식량원조 수원국은 나라의 복지를 최대화할 수 있는 방식으로 다른 식량과 비 식량 소비용으로 받은 원조식량의 전체 또는 일부를 대체하려 할 것이다. 특히 원조로 받은 식량이 문화적으로 받아들일 수 없거나, 더 저렴하고 더 바람직한 다른 물품이 국내시장에서 이용 가능할 때 그러할 것이다. 원조대상 계층에 의한 식량원조의 이 같은 현금화는 영양, 식량 안보 및 빈곤에 대한 식량원조의 영향력을 반드시 감소시키지는 않는다. 에너지와 단백질 섭취량에 대한 순수 부가물은 식량원조에 포함된 것보다 많거나 적을 수도 있지만, 식량원조로 인해 생긴 구매력 증가에 따라 간접적으로 가능해진 수원국의 비식량 소비는 늘어난 식량소비만큼이나 수원국의 영양상태 개선에 중요할 수도 있다. 원조로 받은 식량을 팔거나 교환하는 데에 필요한 수원국들의 거래 비용은 현지시장이 효율적일 경우 낮게 책정될 것이지만, 문제는 그러한 상황에서 식량현물을 교환하는 것이 적절하냐는 점이다. 한편 지역시장이 비효율적이고, 특히 원조로 받은 식량이 그 지역 고유의 것이라면 그 가격이 올라가는 만큼 현금화하는 프로젝트 식량원조의 거래비용도 올라갈 것이다.

이른바 '알파가치alpha-value'인 프로젝트 식량원조의 비용효과성은 단위 인도가격에 따라 분배하여 수원국에 전달된 원조물품의 단위가격에 의해 결정된다. 원조대상으로 삼은 계층에게 전해지는 물품의 적절한 금전적 가치는 완전히 또는 부분적으로 대체될 것으로 보이는 현존하는 일상식량에 달려 있다(Reutlinger and Katona-Apte, 1987). 그 가격은 대체물품이 정상적으로 열린 시장에서 구매된다면 소매가격이 될 것이다. 만약 그 식량상품이 앞으로 식량할당상점에서 허용가격으로 획득한 식량으로 대체된다면 그 허용가격이 적절한 가격이 될 것이다. 만약 원조식량이 농가에 공급되고 시장성이 높은 잉여가치의 상품으로 대체된다면 그것의 적절한 가격은 그 농부가 추가이익을 남기고 팔 경우에 받는 가격이 될 것이다. 원조물품 인도의 단위 가격에는 앞서 말한 것처럼 공여국이 수원국의 도착점까지 감당하는 비용을 포함하며 추가로 프로젝트와 관련된 비용도 포함된다. 여기에는 대개 국내수송비, 보관비, 처리비, 현지 배급 및 감독에 대한 비용이 포함되며 이는 종종 공여국이 부담한다. 카토나 압테Katona-Apte에 따르면 수원국에 가는 가장 비싼 식량상품은 원조로 받은 식량이 일상식용품에서 다른 식량으로 대체됐을 때 제공되어야 한다(1986). 반면에 만약 원조식량이 일상적인 식용품에 추가적인 것이라면 가장 영양가가 높은 식량상품을 골라야 한다. 다시 말해 에너지 또는 영양성분이 상품의 인도가격에 의해 분배되어야 한다. 따라서 이러한 알파가치는 에너지 또는 영양가의 가장 저렴한 전달을 확인해 준다.

프로젝트 식량원조의 비용효과적인 특성에 대한 연구가 1980년대에 진행되었다(Fitzpatrick and Hansch, 1990 참조). 전체적인 분명한 패턴은 나타나지 않았다. 프로젝트 식량원조의 비용효과성은 크게 물품, 프로젝트, 지역, 국가에 따라 다양하다. 여러 연구에서 절대적인 알파가치는 이익과 비용이 각 연구에서 다르게 계산되고 있기 때문에 직접 비교가 되지 않는다. 그럼에도 이들 연구는 중요한 결론을 내고 있다. 일상 식용품을 구성하는 식량의 변화가 식량원조 프로젝트의 비용효과성을 현저하게 개선할 수 있다는 점이다. 예를 들면 WFP의 인도네시아에 대한 식량원조 패키지 연구를 보면 콩류의 알파가치는 0.04인 반면 쌀의 알파가치는 0.87에 달했다(Katona-Apte, 1986). 마찬가지로 로이트링거Reutlinger는 이집트에 대한 밀 원조의 알파가치가 식물성기름 원조의 효과성보다 3배나 낮은 0.25라는 것을 알았다(1984). 여러 연구에서 1 이상의 알파가치는 네팔, 볼리비아, 우간다, 인도에 원조한 식물성 기름에서 발견된다. 볼리비아와 보츠와나에서는 탈지분유에서, 볼리비아

에서는 밀가루에서, 가나에서는 쌀, 수단과 우간다에서는 설탕에 대해서 알
파가치가 나타났다(Fitzpatrick and Hansch, 1990). 다른 중요한 발견은 식량
원조 프로젝트의 목적이 어떤 상품 패키지가 가장 비용효율적인지를 결정한
다는 것이다. 4개의 대안적인 식량 패키지의 금전 그리고 영양 측면의 알파
가치를 비교하면 식량 패키지는 금전상에서는 매우 효과적이지만 에너지 또
는 기타 영양 측면에서는 낮게 나타난다(Katona-Apte, 1986).

이러한 발견은 영양문제와 수원국의 성격을 깊이 이해하는 것이 프로젝트
식량원조의 효과적인 사용을 위해 중요하다는 앞의 주장을 뒷받침한다. 각
프로젝트는 반드시 그 기획이 독창적이어야 하고, 결과적으로 그 평가는 사
례별로 특수해야 하며, 자원 활용의 효과성과 프로젝트의 개발목표 성취수
준을 고려해야 한다.

■ 미래의 식량원조 수요

국제식량정책연구소IFPRI가 조사한 2020년까지 식량의 수요, 공급, 교역
예측에 따르면 식량안보가 확보된 세상 － 모든 개인이 건강하고 생산적인 생
활을 영위하는 데에 필요한 식량을 언제든지 구할 수 있는 세상 － 은 여전히 올
것 같지 않다(Rosegrant et al., 1995; Pistrup-Andersen et al., 1997). IFPRI의
세계 식량 모델에서 가장 있음 직한 (즉 기준선) 시나리오에 따르면 6세 이하
의 어린이 1억 5천만 명 － 어린이 4명 중 1명 － 이 2020년에는 영양실조에
걸리는 것으로 되어 있는데, 이는 1993년의 33%에서 감소한 수치이다. 어린
이 영양실조는 그 수가 45% 증가하여 4천만에 이를 수 있는 사하라 이남
아프리카를 제외한 모든 주요 개발지역에서는 감소할 것으로 보인다. FAO
는 6억 8천만 명 또는 개발도상국 인구의 12%가 2010년에는 식량안보를 확
보하지 못할 것으로 예상하고 있다. 이는 1990~1992년보다 8억 4천만 명
줄어든 수치이다. 따라서 2010년까지 세계 식량공급이 세계인구보다 빠르게

증가한다 하더라도 사하라 이남 아프리카 지역에는 3명당 1명이 식량안보를 확보하지 못할 것이다. 이는 남아시아의 8명당 1명, 동아시아의 20명당 1명과 비교된다.

미국 농무부가 발간한 미래의 식량원조 수요에 대한 예상(USDA, 1995)은 2008년까지 3개의 시나리오를 보여준다. 이 예상은 66개의 저소득 국가에서 수집한 정보를 바탕으로 하고 있다. 식량원조 수요는 한 국가가 생산할 수 있는 곡물과 비식량 용도로 상업적으로 수입할 수 있는 재정역량을 합한 수치, 그리고 원조대상계층의 소비수준 사이의 간격을 메우기 위해 필요한 곡물수량으로 결정된다. 소비목표는 3개의 시나리오에 따라 달라진다. (1) 1인당 소비는 '현상유지 갭status quo gap' 속에서 1995~1997년 수준을 유지한다. (2) 평균소비는 '영양 갭' 속에서 최소한의 권고 영양조건을 충족한다. (3) 식량소비는 '분배 갭' 속에서 각 수입 5분위수를 영양조건에 이르게 한다. 현상유지 갭은 2008년 1천9백만 톤으로 80% 증가할 것으로 예상되는 반면, 영양 갭은 2천8백만 톤으로 61% 증가할 것으로 보인다. 결과적으로 만약 식량원조 이용도가 1997~1998년 수준에 머무른다면 1인당 소비를 유지하기 위해 필요한 양의 28%를 담당하고 2008년까지 영양 갭의 19%를 담당할 것이다. 분배 갭은 2008년까지 3천840만 톤으로 36% 증가할 것으로 보인다. 이 중 사하라 이남 아프리카가 79%를 차지한다.

이러한 예측은 저소득국가의 식량 생산성을 증가시키기 위해, 그리고 빈곤 퇴치, 광범위한 경제성장, 식량생산의 단위비용 절감을 통한 빈곤층의 식량접근성을 향상시키기 위해 농업투자 증가를 강력히 권고하고 있다.

■ 미래의 식량원조에 영향을 미치는 최근의 변화

세계 식량원조량은 1992~1993년 이후 급격하게 떨어졌다. 무엇보다도 미국의 식량원조량이 1997년에 280만 톤으로 67% 감소했기 때문이다. 다른 여러 요인도 이러한 급격한 감소를 뒷받침한다. 첫째, 미국 식량원조 프로그램은 항상 국내의 잉여농산물을 처리하는 것이 주된 동인이었다. EU와 캐나다의 식량원조 또한 농업정책 및 잉여농산물과 밀접하게 연관되어 있다. 1990년대에는 세계 곡물재고량이 북미와 유럽의 농업정책 변화로 감소했다. 1980년대의 경제위기로 인해 팽창한 재정적자를 줄이기 위해 농업보조 프로그램이 중지되었다. 1990년과 1996년의 미국 의회에 상정된 농업법안은 농부들이 시장의 힘에 의존하고 정부의 농산물 재고량 증가를 축소하도록 요구했다. 캐나다정부는 곡물운송 보조금지급을 중지하고 기타 곡물프로그램 지원수준을 줄였다. 이에 따라 1992~1995년에 농부들이 더 많은 이익을 낼 수 있는 다른 농산품종을 재배하는 바람에 곡물생산량이 감소했다. EU 각료이사회는 1992년에 지난 1962년에 시작한 공동농업정책common agricultural policy(CAP)을 대폭 개혁하기로 합의했다. 최저보장가격을 낮추고, 재고량을 줄이고 국내소비(주로 급식을 통해)를 늘리기 위해, 그리고 예산 지출을 줄이기 위해 토지특별지정구역 프로그램이 제정되었다. 어쨌든 GATT체제하의 농업협정 서명과 같은 외부압력과 내부 예산문제의 결합은 정책 변화를 야기했고, 결국 그 변화들은 식량원조의 대량 삭감을 초래했다.

북미와 유럽의 이러한 정책변화는 영구적으로 곡물재고량을 줄일 수도 있다. 이 지역 정부들이 더 이상 농업보조 프로그램으로 곡물의 대량재고를 지원할 필요가 없어졌기 때문이다. 국내에 잉여생산량이 없는 공여국 정부들은 1990년대에 그랬던 것처럼 국내외 시장에서 다른 판매자들과의 경쟁을 위해서는 완전 시장가격으로 식량원조분을 구매해야 할 것이다. 이것은 식량원조가 여전히 부가적인 것이냐 또는 이용 가능한 ODA를 위한 다른 원조수단들과 달리 대 달러로 경쟁하느냐는 문제를 제기한다.

둘째, 위와 같은 정책변화로 인한 세계 곡물생산량 감소, 아시아의 곡물생산침체, 기후악화, 사하라 이남 아프리카의 종족갈등, 낮은 재고량 등 모든 상황이 1990년대 중반의 곡물가격상승을 이끌었다(Pinstrup-Andersen and Garrett, 1996). 대부분의 지원 국가들이 상업적 가치에다 식량원조예산을 고정시켰기 때문에 식량원조물자의 가격상승을 초래하고 이것은 직접 식량원조 수량의 감소로 이어졌다.

셋째, 예산적자를 줄이기 위한 노력의 일환으로 원조가 1990년대에 급격히 감소했다. 1990~1991년과 1995~1996년에는 총원조액이 명목가격으로 약 30% 감소하여 410억 달러로 떨어졌다(제3장 참고). 국제원조를 위한 자원이 줄어들면서 많은 공여국들이 그들의 원조정책을 재검토하고 더 나은 효과성을 가진 개발수단을 검토하고 있다. 강력한 농업 로비가 없는 공여 국가에서 일부 개발활동 중 식량원조가 다른 원조수단에 비해 비교우위를 가질 수 있다는 점이 증명되지 않는 한 식량원조는 더욱 감소될 수도 있다.

농업분야는 ODA 삭감으로 큰 타격을 입었다. 개발도상국의 농업에 대한 원조가 1986년 190억 달러에서 1994년 100억 달러로 사실상 거의 절반으로 줄었다. 이것은 대다수 빈곤층이 농촌지역에서 살고 있고 직간접적으로 생계를 위해 농업에 종사하고 있기 때문에 특히 불행한 일이었다. 이 같은 진전은 개발도상국이 광범위하고 지속가능한 경제성장을 위해 노력할 수 있는 역량에, 그리고 그에 따라 미래 식량안보를 개선할 역량에 심각한 역효과를 미칠 것이다(Pinstrup-Andersen et al., 1995a).

1993년 12월에 완료되고 1999년 후반에 새로운 협상이 시작될 예정인 GATT 우루과이 라운드의 농업협정이 식량원조 필요성과 효과성에 어떤 영향을 미칠지 분명하지 않았다. 〈그림 8-2〉에서 볼 수 있듯이 유럽위원회는 유럽과 북아메리카에서 더 이상의 농업분야 개혁이 일어나지 않는다면 2001년경부터 곡물 잉여량이 급속히 증가할 것으로 전망하고 있다. 수출에 대한 보조금 지급이 협상 중에 있기 때문에 선의의 식량원조는 수출국의 잉여생산에 대한 유일한 출구가 될지도 모른다(Shaw and Singer, 1996). 반면 국내 재고량의 초과를 유발하는 기존의 국내 농업보조 정책이 사라질 수도 있기 때문에 농산물 시장의 완전한 자유화는 잉여생산물에 대한 처리 요인을 없앨 것이다.

더 있음 직한 결과는 개혁진행이 미래의 식량 잉여량을 줄일 것이라는

〈그림 8-2〉 EU-15개 국가의 총곡물 비축량(1994. 5~2005. 6)

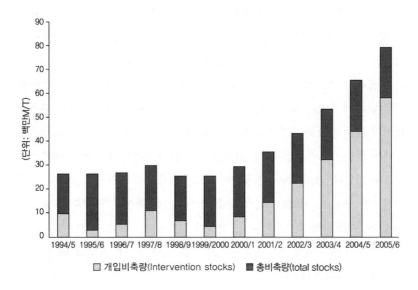

출처: EC(1997).

점이다. 과거에 이러한 현상들이 식량원조 수준을 결정했기 때문에 협상은
아마도 식량원조의 효과성을 감소시킬 것으로 보인다. 최근의 분석들은 식
량가격에 대한 협상의 영향력은 비록 제한적이긴 하지만 일부상품에 대해서
는 예정된 가격인하를 뒤집기에 충분할지도 모른다. 위에서 논의한 것처럼
예산이 고정되어 있을 경우 식량가격이 오르면 식량원조의 효과성은 낮아진
다. 이러한 해석은 원조곡물이 752만 톤에서 535만 톤으로 크게 하향 조정된
것을 보면 알 수 있다. 공여국들이 1995년 FAC 합의에 따라 최소한의 식량
원조를 공약했고, 실질적으로 식량원조량이 감소했기 때문이다(Matthews,
1998). 한편 식량가격 상승과 세계 재고량감소로 인한 식량가격 변동의 예상
증가치는 가장 빈곤한 식량수입 국가들에게 심각한 역효과를 줄 것으로 보
인다.

GATT 각료들은 GATT의 우루과이 라운드 실행이 개발도상국의 진정한 요구를 충족할 식량원조 이행에 나쁜 영향을 미쳐서는 안 된다는 점을 분명히 하기로 합의했으며, 선의의 식량원조 지속필요성을 강조했다. 그러나 이 합의는 그것을 어떻게 달성할지에 대해서는 분명한 결론을 내지 않았다. 계속 제공해야 할 식량원조의 수준에 대한 어떠한 암시도 없었으며, 그 수준이 지금 현재의 수요를 넘어서야 하는지, 현 상태를 뛰어넘어 영양학적 수준을 높이기 위한 수요를 포함해야 하는지, 어떤 비율로 식량원조에 보조금을 지급해야 하는지, 어느 정도까지 다자간 채널을 유지해야 하는지에 대해서도 언급이 없었다. 또 '마지막 법령Final Act'의 식량원조 규정에서도 무엇이 식량원조의 구성요소가 되는지, 그 공급의 신뢰도를 확신하기 위해 밟아야 하는 단계, 또는 식량원조의 수준을 정하여 검토하고, 그리고 원조를 가장 필요로 하는 국가들에게 공급을 보증하기 위해 어떤 적절한 토의를 해야 하는지 명확히 하지 않았다.

■앞으로의 식량원조 체제

식량원조 체제를 왜 빨리 재검토해야 하는가에 대한 몇 가지 이유가 있다. 특히 다음 4가지 이유가 중요하다. 첫째, 저소득 국가들을 위한 통합된 식량안보전략 수립의 필요성이 점점 분명해지고 있다. 이 전략에서 식량원조의 역할이 더 많이 논의되고 정제될 필요가 있다. 둘째, 원조가 지난 10년 동안 급격히 감소하였다. 특히 농업분야에서 그러하였으며, 앞으로 식량안보를 확보하기 위한 개발도상국들의 역량에 심각한 부작용을 끼칠 것으로 보인다. 전체적인 자원이동에 식량원조의 삭감이 미치는 특별한 부정적 영향이 충분히 고려되지 않았다. 셋째, 식량원조의 할당량이 감소한 것은 최근 북아메리카와 유럽에서의 정책변화로 지원 국가들의 잉여생산량이 줄어들었기 때문이다. 공여국들은 점차 국내시장 또는 제3국에서 식량원조분을 구매하고 있다. 만약 결과적으로 식량원조가 더 이상 추가적이지 않고 따라서 이용 가능한 희귀자원으로 다른 원조수단들과 경쟁해야 한다면 개발수단으로서 식량의 사용은 재고되어야 한다. 넷째, 식량가격과 식량원조 이용가능성에 대한 '농업협정'의 효과가 불확실하다는 점이다. 앞으로의 식량원조에 대해 WTO가 명확한 지침을 마련해야 할 것이다.

식량원조를 중지할 것인가 유지할 것인가?

이 장에선 두 가지 관련 문제를 중점적으로 다룬다. 첫째, 어떤 조건에서 식량원조가 계속 또는 중지되어야 하는지, 둘째, 만약 식량원조가 계속된다면 그 프로그램의 기획과 실행에 필요한 주요 변화는 무엇인가 하는 점이다.

만약 식량원조가 다음의 모든 기준을 충족한다면 프로그램 식량원조는 중지되어야 하고, 원조식량을 확보하고 운반하는 데 드는 전체 지원비용과 동일한, 제한 없는 현금원조로 대체되어야 한다.

- 식량원조는 다른 원조에 추가적인 것이 아니다. 그와는 반대로 달러 대 달러 베이스로 제한 없는 현금원조와 경쟁하는 것이다.
- 공여국에 대한 기회비용은 식량원조 상품의 세계시장가격과 같거나 그보 다 크다.
- 운송, 취급, 저장 및 행정비용을 포함하여 식량원조와 관련된 거래비용은 구속성이 없는 현금 원조와 관련된 거래비용과 같거나 그보다 크다.

이것은 물론 프로그램 식량원조가 종료된다는 극단적인 경우이다. 만약 위의 기준 중에 하나 또는 그 이상이 충족되지 않는다면, 그것이 적절한 개발개입인지 아닌지 특별한 프로그램 비용과 이익에 대한 더 많은 분석이 필요할 것이다. 예컨대 한정된 추가성은 계속된 식량원조의 구실이 될 수 없을 것이다. 위에서 논의한 바와 같이 일반적으로 프로그램 식량원조는 구속성 없는 현금이전과 비교했을 때 비용측면에서 효과적인 원조수단이 아니라는 것을 보여주는 증거가 있다. 그럼에도 불구하고 프로그램 식량원조가 추가적인 것이라면 공여국들은 알파가치가 비록 적더라도 수원국들이 식량이전에서 비롯되는 자원이전을 필요로 하기 때문에 프로그램 식량원조 제공을 계속하기 위해 용기를 내야 한다. 하지만 공여국들은 현지 농업과 식성에 대한 부작용을 피할 수 있도록 극히 주의해야 한다. 지역 농산물가격과 농업분야에 이익을 가져다줄 정책 및 공공투자의 효과에 대해 특별히 주의를 기울여야 한다.

식량원조는 다음의 것을 포함한 여러 이유로 추가적일 수도 있다.

- 공여국들에게 기회비용은 식량원조가 잉여재고의 출구가 되기 때문에 식량의 시장가치보다 적을 수도 있다.
- 식량원조는 구속성 없는 현금원조에 비해 특별한 후원자, 예를 들면 농업압력단체들, 공여국 정부, NGO들로부터 더욱 많은 지원을 받을 수 있다. 후원자들의 동기는 상업적이고 정치적인 사욕에서부터 이타주의까지 매우 다양하다.
- 공여국들은 프로그램 식량원조가 현금원조보다 수원국들의 식량분배와 정책결정에 영향을 미치는 더욱 효과적인 수단이라고 믿고 있다. 또한 공여국 국민들은 식량원조의 이익들이 현금원조보다는 빈곤층에게 다다를 확률이 더 크다고 생각한다.

프로그램 식량원조와 관련된 3가지 조건이 충족되고 수원국이 현재 식량원조를 이용한 프로젝트를 기획하고 실행하는 데에 필요한 인적자원은 물론 제도, 시장 및 물류 역량을 충분히 갖고 있다면 프로젝트 식량원조는 중지하고 구속성 없는 현금원조로 대체되어야 한다. 그러나 위에서 논의한 바와 같이 많은 개발도상국의 부적절한 경제인프라로 인해 낮은 시장통합, 매우 비효율적인 마케팅구조, 취약한 제도적 역량은 식량원조가 구속성 없는 현금원조보다 우월한 주요 이유에 들어간다.

식량이전과 같은 단일 개입은 수원국 국민들의 영양 상태에 거의 영향을 주지 못할 수도 있다. 왜냐하면 영양문제는 보통 상호 보완적으로 작용하는 여러 요소들에 의해 결정되기 때문이다. 식량원조만으로 영양문제를 해결할 수 없기 때문에 '식량원조 프로젝트'라는 개념은 이미 시대에 뒤처져 있어 폐기되어야 한다. 전통적인 식량원조 프로젝트를 대신할 수 있는 것은 예정된 수원국들의 특별한 필요와 제약에 초점을 맞춘 더 포괄적인 식량안보 해법이다.

식량안보 해법은 다음과 같은 단계로 이루어진다. (1) 식량 확보가 어려운 가구나 개인 확인, (2) 영양문제의 원인규명, (3) 제약을 없애기 위한 프로젝트활동 개발이 그것이다. 식량이전이 이 해법에 포함되는지 여부를 아는 것이 중요하다. 만약 식량이전이 포함된다면 농업개발을 지원하고 식량 확보가 어려운 가구의 구매력을 높이기 위한 노력뿐 아니라, 식량이전 프로젝트 시스템을 대체할 수 있는 현지의 소규모 사설식량 마케팅 구조를 개발하기 위한 노력이 수반되어야 한다. 역사적으로 식량원조분배는 현지의 식량마케팅구조를 무시해 왔다. 결과적으로 현지의 역량은 개발되지 않았고 프로젝트 기간 동안 식량원조의 의도된 수원자들에게 식량이 분배되지 않았다. 반대로 식량안보 접근은 영양문제의 징후뿐만 아니라 원인들을 해결할 수 있는 이점을 갖고 있다.

삼각거래와 현지구매

1980년대 이후 공여국들은 식량원조 조정 성과를 개선하기 위해 차츰 삼각거래와 현지구매를 활용해왔다(다음에 논의할 현금 거래 참고). 삼각거래 triangular transactions란 공여국이 어떤 개발도상국에 대한 식량원조로 활용하기 위해 다른 개발도상국에서 식량을 구매하는 것을 뜻하며, 현지구매local purchases는 공여국이 어떤 국가의 식량결핍 지역에 대한 식량원조로 활용하기 위해 같은 국가 내 잉여지역에서 식량을 구매하는 것을 말한다. 현금 거래의 경험과 관련된 문서 자료는 귀하다. 그러나 1980년대 후반 이후의 자료(RDI, 1987; Clay and Benson, 1990; Fitzpatrick and Hansch, 1990)에서는 특히 삼각거래가 비용측면에서 효과적인 것으로 나타났음을 알 수 있다. 예를 들면 수원국들의 식사 습관 및 관습과 일치하는 흰 옥수수, 흰 사탕수수, 기장과 같은 주요 산물은 쌍방 담보를 통해 국제시장에서 구매할 수 있는 품질이 낮은 곡물과 밀보다 현지에서 더 비싸게 팔린다.

여러 연구보고서는 상기 상품을 정기적으로 수출하는 국가로부터의 구매와 세계시장에 간헐적으로 공급하는 국가 또는 식량원조에 이용 가능한 잉여량을 갖고 있는 국가로부터의 구매를 구별하는 것이 매우 중요하다고 주장하고 있다. 정기적으로 수출하는 개발도상국에서 구매할 경우 비용효과성과 시의 적절성은 선진국의 그것과 유사한 반면, 간헐적으로 수출하는 개발도상국으로부터의 구매와 관련된 경험은 매우 복합적인데, 특히 전달과 공급의 확실성에서 더욱 그러하다.

삼각거래의 공식 목표에는 지역 무역과 현지의 생산력 강화가 포함된다. 그러나 이러한 삼각거래는 단기적인 경쟁 입찰을 거쳐야 하고 외부인력 및 장비를 이용하여 가장 효율적인 방식으로 외국으로 식량을 운송해야 하기 때문에 일반적으로 개발도상국에서의 식량구매는 매우 제한돼 있다. 앞으로 식량이전의 중요한 역할은 공여국과 수원국 양쪽에서 현금거래와 관련된 무역과 개발기회를 이용할 수 있게 된다는 점이다.

삼각거래가 공여국에 주는 잠재적인 이점, 그리고 수원국과 공여국 양국의 제도강화, 물질적 인프라, 마케팅 및 분배에 대한 보완적인 투자에 대한 강조는 지속적인 국내외 교역을 활성화시키고, 따라서 이들 두 나라의 장기적인 발전에 크게 기여할 것이다. 지역 간 교역기회를 강화함으로써 얻게 되는 또 다른 중요한 이익은 새로 정기적인 식량수출에 나선 국가들이 신속하게 그리고 효율적으로 그 지역의 비상시기에 식량을 공급할 수 있다는 점이다. 그러나 현금거래는 제한적인 수준에서 개발도상국 간의 교역을 증진시킬 수 있을 뿐이다. 교역을 지속가능하게 하는 데는 교역 당사국의 정책이 중요한 역할을 한다.

여기서 제안한 삼각거래는 분명히 전통적인 식량원조전달보다 더 복잡하다. 제3자 즉, 공급지역 또는 공급국가가 이익을 얻는 목적이 식량원조 운영에 도입될 것이기 때문이다. 공여국들은 장기적으로 식량원조의 혜택을 최대화하기 위해 그것을 받아들여야만 하고, 특히 식량공급국이 정기적으로 수출하는 국가가 아니라면 원조프로젝트에는 수원국의 구성요소는 물론 공여국의 구성 요소도 포함되어 있어야 한다. 게다가 비식량원조는 현금거래에 관련된 부가적인 업무량 때문에 전통적인 식량원조 프로젝트보다 지출이 더 커질 수 있다. 원조기구들은 대부분의 개발도상국에서 효율적으로 현금베이스 구매활동에 필요한 상당한 양의 정보를 얻기 위해 투자해야 할 것이다.

개발기구의 역할

식량원조와 현금거래의 실행을 위한 개발기구의 역할은 공여국과 수원국의 교역 및 마케팅 역량에 달려 있다. 식량은 가능한 기존의 현지 시장구조를 통해 유통되어야 한다. 수원국과 공여국의 식량분배구조가 불충분한 물리적 인프라, 부적절한 제도적 역량, 시장정보 또는 기타 필요한 서비스의 부족 때문에 분열되어 있고 비효율적이다. 하지만 민간 자유시장에서 식량분배구조의 기본적인 바탕이 구비돼 있다면 공여국들의 역할은 제도적 제약을 극복하고 경제 인프라를 개발하는 데 필요한 기술 및 재정지원을 준비하는 것이어야 한다. 이 경우 공여국들은 식량원조의 구매 및 취급에 직접 연루되지 않아도 된다. 그러나 무역과 마케팅 구조의 더 기본적인 요소들이 부적절하고 더 장기적인 조정이 불가피하다면, 현지 마케팅시스템이 갖추어질 때까지 개발기구가 유사한 시장들에서 식량을 조달하고 분배하는 것이 적절할 것이다.

노력의 중복과 모순되는 활동들을 피하기 위해서 하나의 조직이 앞으로의 정부 대 정부 간 식량원조 접근을 조정하고 새로운 식량안보 해법과 관련된 경험을 점검하고 문서화하는 일을 맡아야 할 것이다. WFP는 미래의 식량원조 활동에서 지도적 역할을 위해 선택된 조직이라 할 수 있을 것이다. 이 기구는 1970년 이후 식량원조 프로젝트의 대부분을 책임져 왔다. 현금구매에 관여한 가장 중요한 단일조직이었으며, 조달과 수송에서 실질적인 경험을 가진 국제적으로 매우 경쟁력 있는 조직이다. WFP는 프로젝트 활동을 스스로 이행하거나 관련 국가들의 지역 및 국제 NGO에 책임을 위임할 수 있었다. WFP가 조정자로서의 역할을 확실히 하고 식량원조를 유효하게 실행하기 위해서는 특히 재정지원 활동과 직원채용에서 근본적인 변화가 필요할 것이다. 현재 WFP의 정규 프로그램을 위한 대부분의 기부금은 공여국의 조달에 연계되어 있고, 전체 기부금의 3분의 1 이상은 공여국들에 의해 특정 프로젝트와 국가에 한정된다. 앞으로 공여국들은 WFP에게 현금 기부는 물론 이 기구가 필요로 하는 운영 및 행정을 위한 추가적인 재정지원을 해야 할 것이다. 또한 전문적이고 경험이 많은 전문가들이 추가로 채용되어야 한다. 왜냐하면 현금구매는 조달과 물류부분에 일정한 수준의 지식과 경험을 갖고 있는 직원을 필요로 하기 때문이다.

■ 결론 및 정책건의

위에서 제시한 고려 사항들을 바탕으로 다음과 같이 건의한다.

- 원조의 규모 및 구성에 대한 앞으로의 논의와 의사결정은 식량원조를 포함하여 모든 원조수단을 포함하라.
- 1990년대 식량원조 삭감규모에 해당하는 돈은 개발도상국들에 대한 전체적인 자원이전 감소(식량원조 삭감으로 인해)를 보상하는 재정원조예산에 추가되어야 한다.

- 앞으로 식량원조 감소는 그에 버금가는 재정지원을 늘림으로써 보상해야 된다.
- 추가적이지 않을 경우 프로그램 식량원조는 중단하고, 더 효과적인 개발 수단에 재분배되도록 자금을 제공하라.
- 식량안보를 개선하기 위해 더 강화된 방침을 장려하고 채택되어야 한다.
- '식량원조 프로젝트'라는 개념을 없애고 새로운 식량안보 접근을 추구하라. 새 접근은 의도된 수원국들의 수요와 제약에 초점을 맞추고 그들의 영양문제에 대한 지속가능한 해법을 찾는 데에 집중할 것이다. 식량원조는 이 해법에 포함되거나 포함되지 않을 수도 있다.
- 가난하고 식량 확보가 어려운 가구 및 개인의 식량에 대한 접근성을 지속적으로 개선하기 위해, 식량원조에는 지역의 효과적인 소규모 사설 식량 마케팅 구조를 개발하기 위한 노력이 수반되고 의도된 수원국들의 구매력을 높이기 위한 노력도 수반되어야 한다.
- 식량원조에 필요한 곡물은 가능한 상업베이스로 수입해야 한다. 정치적인 이유로 원조가 공여국 상품으로 제한된다면 외화의 융통이 가능해야 하고, 외화는 식량과 농업 투입량을 공여국으로부터 상업베이스로 수입할 수 있는 수원국들의 공공 또는 민간부문의 처분에 맡겨야 한다.
- 가능하다면 식량원조는 공여국들이 제도적 강화와 경제적 인프라 개발을 위해 기술 및 재정지원을 하는 그들의 역할을 제한하면서 기존의 민간 마케팅 구조를 통해 유통되어야 한다. 현지 마케팅 구조의 더 기본적인 장기적 재구성이 필요할 경우에만 공여국들은 식량조달과 분배에 직접 개입할 수 있고 그 기간은 현지 역량이 개선될 때까지 잠정적이어야 한다.
- 공여국들이 식량조달 및 분배에 책임을 질 경우, 3자 간 현금거래를 더 널리 활용하는 방안이 추구되어야 한다. 비용효과적인 면과 개발 관점에서 볼 때 식량원조 활동에서 개발도상국들이 현금 구매에 대체로 의존한다고 강력하게 주장하는 사람들도 있다.

- 3자 간 현금거래triangular cash transaction는 식량원조의 수원국뿐 아
  니라 식량을 판매하는 개발도상국(식량공급국)의 농촌경제개발에도 초
  점을 맞추어야 한다. 더욱이 이러한 거래는 제도와 인프라, 수원국과 중
  간공여국의 마케팅 및 분배를 강화함으로써 개발도상국 간에 활발하게
  추진될 앞으로의 국제교역을 위한 조건들을 개선하는 데에 초점을 맞추
  어야 한다.
- WFP는 앞으로의 정부 대 정부 간 식량원조를 조정하고 모니터하는 주요
  기관으로 지정되어야 한다. WFP가 이렇게 중요한 역할을 효과적으로
  수행하기 위해서는 앞으로 WFP에 대한 기부는 현금 또는 수입설비여야
  하고, 현금 거래와 관련된 추가적인 행정 및 인건비에 필요한 재정에 더
  많은 기부가 이루어져야 한다.

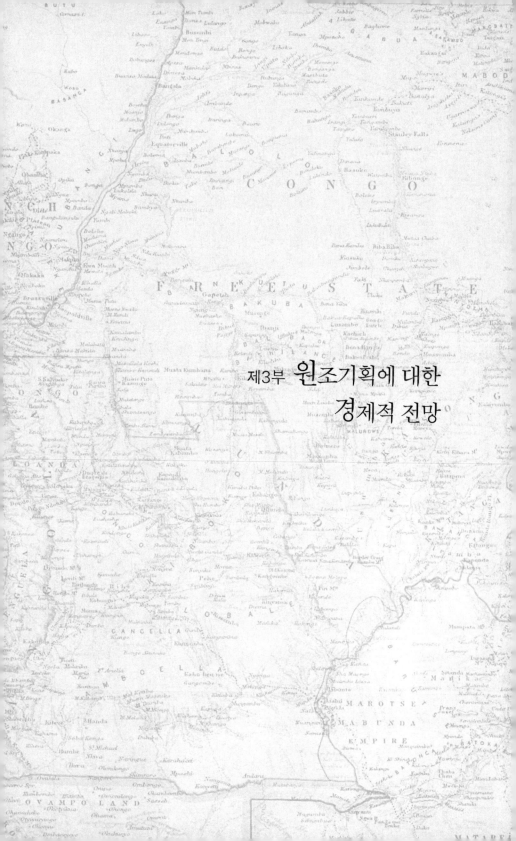

제3부 원조기획에 대한
경제적 전망

제9장
빈곤 감소를 위한 원조활용

존 힐리·토니 킬릭 [1)]

■ 머리말

이 장에서는 개발도상국의 빈곤에 대한 현 상황인식을 평가하면서 빈곤 감소PR를 위해 원조를 활용하려는 공여국들의 노력을 기술하고 분석할 것이다. 두 부분으로 나누어 빈곤의 특성과 이를 타개하기 위한 정책들의 효과성에 대한 인식상황을 간략히 검토하고 공여국들에 대한 잠재적인 관계를 알아볼 것이다. 또한 공여국들의 원조 목적과 성과를 기술하고 평가할 것이다. 공여국들이 과거에 행한 빈곤 감소 조정의 효과성에 대한 제한된 자료를 검토할 것이며, 마지막 부분에서 원조의 빈곤 감소 효과성을 높이기 위한 방안을 제시한다.

---

1) 이 책의 필자들은, 특히 빈곤 조사에 대한 자료준비 과정에서 가치 있는 연구 지원을 해준 해외개발연구소ODI의 로리 아스타나Roli Asthana 씨에게 감사를 표한다. 다른 부분들은 주로 세계은행과 유럽 공여국들이 발간한 자료와 7개 빈곤국의 지원 관리에 대한 주요 공동연구의 종합 보고서에서 나온 자료를 참고했다(Cox et al., 2000 참조)

■빈곤의 성격

원조개입이 빈곤 감소에 효과적으로 기여하기 위해서는 공여국들이 앞으로 역점을 두어 다루게 될 현안의 성격을 충분히 이해하고 있어야 한다. 이 항목은 개발도상국에 나타나는 빈곤의 성격과 원인에 대한 현재의 인식상황에 대해 우리가 알고 있는 바를 요약하여 제시한다. 이 중 일부는 매우 케케묵은 것이며 나머지는 아마도 좀 덜할 것이다.

빈곤은 다차원적이다

물질적인 결핍이 빈곤의 핵심이다. 물질적인 결핍에는 부족한 식량과 불충분한 영양 상태, 부적절한 의복과 주거시설, 그리고 기준에 미달되는 의료 및 교육접근을 야기하는 적은 수익과 낮은 소비수준이 포함된다. 또한 생산적 자산, 다시 말해 물질적(토지, 장비 및 기타 투입물), 인간적(교육, 훈련, 의료) 자산에 대한 불충분한 지배력도 포함된다. 취약성과 불안정도 빈곤의 특성이다. 이는 비상시emergencies에 대비하는 능력이 없어 악화된다. 이를테면 가뭄, 홍수 및 기타 자연재해에 대한 취약성, 가장의 질병 또는 죽음, 그리고 전쟁과 시민들의 동요와 같은 인적재해를 비롯하여 인플레이션 또는 시장붕괴와 같은 경제적 현상에 대한 취약성과 이로 인한 불안정이 여기에 속한다.

빈곤은 중요한 저(低)물질적인 모습 또한 갖고 있다. 이 모습 가운데는 예컨대 토지주인과 소작인, 채무자와 채권자, 노동자와 고용주, 남성과 여성 사이의 불공평한 관계에서 발생하는 의존상태가 있다. 그 이상의 상관적인 차원은 사회적 소외로 분류되는데, 정부의 공공 서비스와 기타 집단적인 공급 및 노동시장(낮은 유동성, 고용에 대한 낮은 안전성, 그리고 특히 높은 실업위기에서 오는)에 대한 열악한 접근성, 사회생활과 집단적인 의사결정 과정에서의 부족한 열등한 참여기회, 의사 결정력 부족과 같은 것을 들 수 있다.

그래서 이 같은 빈곤한 삶은 일반적으로 희망이 없고 소외되고 수동적이다. 끝으로 우리는 빈곤의 사회적 상대 특징을 기록해야 한다. 사람들은 적당한 최저한도를 구성함으로써 사회에서 말하는 웰빙 수준을 유지하지 못할 경우 빈곤층이란 말을 들을 수 있다. 따라서 빈곤은 개개의(또는 가족의) 사회적 지위와 관련이 있고, 그 사람의 자존심과도 관련이 있다. 빈곤의 '절대적인' 수치를 재는 것은 이런 사회적인 상황을 무시하기 때문에 부적절하다.

대안적인 개념화가 다른 추론을 만들어낸다

빈곤은 결핍의 다면적인 상태이며 사회 환경에서 완전히 분리될 수도 없다는 것에 대해 큰 반대가 없는 반면, 균형이 특히 수입 – 또는 소비 – 에 근거한 수치와 기타 지침들 사이처럼 그리고 주창자들에 의해 도출되는 실질적으로 다른 정책 결론으로 인한 절대적(객관적)이고 상대적(주관적인)인 개념화 사이처럼 깨질 것이라는 데 대해서는 상당한 반대의 목소리가 있다. 정의와 측정에 대한 문제는 정책 문제와 분리될 수 없다. 예를 들면 수입에 근거한 접근income-based approaches을 옹호하는 사람들은 경제성장을 촉진하는 정책의 간접적인 혜택에 대해 더 의존하는 경향이 있으며, 반면에 기본적인 필요를 강조하는 사람들은 더 직접적인 친 빈곤층 개입을 선호한다. 다른 접근은 성공적인 빈곤 감소정책 개입에 매우 민감하다. 따라서 이 해법은 수익 또는 소비에 근거한 빈곤계층의 '인원수' 측정(빈곤선 이하의 생활을 하는 인구의 비율을 기록)에 대해 불평을 하고 있다. 이 수치측정은 정책목적을 위해 대상으로 삼은 특정 그룹을 규정하는 데에 전혀 쓸모가 없으며, 인원수로 표시된 빈곤을 감소시키는 책무를 가진 기관들은 특히 극빈곤층의 어려운 상태를 간과하는 경향이 있다.

유사한 사례로 빈곤층으로 확인된 사람들은 분류에 사용된 정의에 따라 분명히 달라진다. 다양한 정의를 적용한 코트디부아르의 한 연구(Glewwe and van der Gaag, 1990)는 물질 및 기타 객관적인 지표와 일련의 동일한 데이터에 한정시켰으며, 비록 모든 정의에서 고정된 비율의 사람들이 빈곤층으로 분류되어 있음에도 불구하고 그들은 같은 사람들을 이중으로 선택하지 않았음을 알았다. 만약 여기에 사용된 정의의 범위가 의존성, 불안정, 사회적 소외에 관한 주관적인 지표를 포함하고 있었다면 불균형은 틀림없이 훨씬 더 커졌을 것이다. 이러한 가정은 1964년과 1984년 사이에 2개의 인도 마을에 대한 연구(Jodha, 1989)에서 유래된 '조다Jodha의 역설'에 의해 강화된다. 객관적인 수치로는 실질적인 수익이 지난 20년 동안 줄어들었으나 수익이 감소한 주민들에게 그들의 행복도(度)에 대해 물었을 때, 저임금 직장과 후원자 또는 지주에 대한 의존도가 감소했고 유동성이 개선되고 소비 방식이 나아져 상황이 개선되었다고 말했다.

그러나 차이의 정도를 지나치게 과장해서는 안 된다. 비록 물질적으로 차이가 있는 빈곤층을 확인했지만 반 데르 가그Glewwe-van der Gaag가 정의한 대부분의 사람들은 서로 밀접하게 연관되어 있다. 더 일반적으로 말해 자신의 소중한 부가적인 통찰력을 포기한 채 주관에 입각한 참여적 접근방법을 통한 빈곤 확인은 땅이나 교육 같은 모든 수입과 관련된 자산과 직업접근의 중요성을 강조하면서 가구 지출 조사를 통해 빈곤을 확인하는 방법과 일치하는 결과를 가져온다. 유사한 예로 수입에 근거한 빈곤선 수치의 국가 간 성적과 UNDP가 개발한 인적 빈곤 지표human poverty index — 역시 중요한 차이가 있긴 하지만, 특히 남아시아와 사하라 이남 아프리카에 대한 수입변수는 제외된(UNDP, 1997b) — 사이에 광범위한 상관관계가 있다.

빈곤은 외생적이다

'빈민'을 단일 범주로 묶어서 이야기하는 것은 항상 오해의 소지가 있다. 빈곤은 다양한 사회-경제적 그룹에 영향을 미치며 정책 수단은 이들 그룹에 각각 다르게 영향을 미치는 것으로 보인다. 도시 빈민과 시골 빈민 사이에도 중요한 차이점이 있다. 개발도상국에 살고 있는 대부분의 빈민은 시골 공동체에 살고 있지만 도시 빈민의 비율이 증가하고 있다. 도시 빈민은 근로 빈민과 실업 빈민으로 나누는 것이 좋다. 이와 유사하게 우리는 시골주민들을 토지를 갖고 있는 사람들과 없는 사람들로 나눌 수 있으며, 토지를 가진 사람들 가운데서도 시장용 작물을 생산하는 사람들과 식량을 생산하는 사람들로 나눌 수 있다. 식량을 생산하는 사람들은 다시 판매를 위해 잉여량을 생산하는 사람과 순수한 식량수입업자들로 나뉜다.

일시적인 빈곤과 영구적인 빈곤 사이에, 그리고 빈곤poverty과 궁핍 destitution 사이에는 두 개의 다른 중요한 차이점이 있다. 첫째, 빈곤으로 그리고 빈곤에 들락거리게 하는 실질적인 이동성에 대한 증거(주로 수익을 기준으로 한 방식에 근거한다)가 있다. 파키스탄에 관한 한 연구는 3년 연구 기간 동안 빈곤층으로(또는 비빈곤층으로) 남아 있는 가구가 거의 없음을 발견했다 (Alderman and Garcia, 1993). 디부아르의 한 연구는 상대적으로 높은 이동성을 발견했다(Grootaert and Kanbur, 1995). 영구적인 빈곤 발생률은 전체적인 빈곤 발생률보다 훨씬 낮은 것 같다. 반면에 빈곤과 궁핍(또는 빈곤층과 극빈층) 사이의 차이점은 개인 또는 가구가 기준 이하의 수준이긴 하지만 충분한 자원과 지속적인 방식으로 역할을 다하는 역량을 갖고 있는지에 따라 결정된다. 덜 혜택 받은 빈곤층보다 궁핍한 사람들을 지원하는 것이 훨씬 어렵다.

계속 반복되는 빈곤의 원인

앞서 말한 외생성에도 불구하고 빈곤이 계속 반복되는 원인들이 있다. 이것을 (1) 낮은 급여와 생산성, (2) 사회-정치적 요인들, (3) 불평등의 세 항목으로 나눌 수 있다. 수익과 생산성에 대해서는 평균수익의 증가가 빈곤동향에 주된 영향을 미치기 때문에 빈곤은 실질적으로 수익(따라서 생산성)부족과 상관관계에 있다. 특히 농업과 다른 농촌활동, 그리고 도시의 비공식 부문에서 그러하다. 빈곤층은 교육과 기타 경제 및 사회적 서비스에 대한 접근성이 불충분하기 때문에 현대적인 기술을 갖고 있는 경우가 드물다. 이러한 결과로 인해 빈곤층의 자산은 낮은 생산성을 갖고 있으며, 부분적으로 현대적인 생산과정에 참여할 수 있는 능력이 취약하고 공식부문의 신용에 대한 접근성이 거의 없다고 할 수 있다.

사회-정치적 요인 항목에 드는 경제적인 의존성은 빈곤을 영속화시키는 요인이다. 예컨대 빈곤층 가구에 실업자 또는 불완전고용자가 집중되어 있고, 유난히 가족규모가 크며, 이것이 과중한 아동의존을 초래하는 경우다. 정치적인 분열과 시민들의 투쟁은 다른 유력한 힘이다. 또한 권력의 문제도 있다. 빈곤층은 시장 장악력이 거의 없으며, 이것은 종종 비민주적인 정치구조와 한정된 정부의 책무와 결합하여, 취약한 정치권력을 초래하고 농업경시와 기타 친도시적 정책편견을 가져오고, 빈곤 퇴치 조치의 우선순위를 낮추게 한다. 게다가 정치적 전통은 종종 중도적이고 하향식이며 빈곤층을 지원하기 위해 계획한 프로그램이라도 빈곤층의 참여를 배제하는 경우가 많다.

불평등의 영향에 관해서는, 그 기점은 분명하다. 전체 국가수익에서 빈곤층이 차지하는 총액이 불평등의 정도를 상승시키는 기능을 하게 될 것이다. 불평등의 수치는 일반적으로 아프리카와 라틴아메리카 국가에서 주로 높은 수준으로 나타난다. 아시아에서는 더 복잡한 그림을 보여준다. 자본집약적인 성장방침이 공식부문의 허약한 고용성장과 상응하면서 빈곤을 영속화시킨다. 왜냐하면 고용에 대한 접근성은 수입의 직접적인 원천으로서 중요한 것이며, 또한 대부분의 가난한 농촌가구(여성이 가장인 경우가 많아)들이 수입을 증대시키기 위해 의존하는 방식인 도시 대 농촌 송금urban-to-rural remittances 기반으로서 가난한 사람들에게 매우 중요한 것이기 때문이다.

한 가구 안에서의 불평등도 주목해야 한다. 이 불평등은 여성들에게 자주 불리하게 작용한다. 생산적인 자원이나 가구수입에 대해 거의 권리를 갖지 못하고 과도한 집안일을 도맡아 해야 하는 여성들은 다른 가족 구성원들보다 더 낮은 소비수준을 갖고 있으며 더 큰 불안정과 의존성을 경험하고 종종 가구의 의사결정 참여에 후순위로 밀린다. 결과적으로 빈곤의 양성평등 측면이 현재 널리 특별한 관심의 대상이 되고 있다.

■ 공여국들은 무엇을 할 수 있는가?

대부분의 공여국들이 현재 지구상의 빈곤 퇴치에 나선 상황에서 비록 그 열정의 정도는 다양하겠지만, 그들은 이 목표를 달성하기 위해 어떤 정책을 펼 것이며 구체적으로 어떻게 개입해야 할까? 여기서 다시 다음과 같은 기존의 의견들을 들어보자.

경제성장 장려

외부의 자금과 기술 및 영향은 더 빠른 경제성장을 지원할 수 있다. 여기에는 거시경제적 관리에 필요한 개선된 정책을 위한, 그리고 '구조조정'으로 알려져온 것을 위한 노력이 포함된다. 원조의 흐름은 정책 환경이 알맞은 곳에서 가장 효과적으로 성장을 돕지만, 원조 그 자체가 정책의 질에 영향을 미치는 능력은 제한적이라는 증거가 있다.

성장만으로 충분치 않다는 점을 인식하라

빈곤에 대한 성장과 수익분배의 영향을 분석한 대부분의 국제계량경제학 연구들은 성장이 모든 것을 지배한다고 보고 있다. 경험법칙상 성장은 빈곤의 모든 변화 중 거의 절반을 '설명하고 있다'. 개선된 또는 불변의 수익분배와 성장이 연관되어 있든 없든 또는 불평등이 증가한다면, 일반적으로 성장은 빈곤 감소에 미치는 이익을 충분히 상쇄할 수 없다. 더욱이 성장은 정부의 세입 기반을 넓힘으로써 빈곤 감소 조치를 직접 실행할 수 있는 능력을 향상시킨다. 그러나 빈곤을 감소시키는 성장의 힘은 그것이 지리학적으로(도시 또는 농촌을 근거로 했는지에 따라) 그리고 부문별로(농업 대 공업, 노동집약적 대 자본집약적) 어디에서 발생하는지에 따라 전혀 다른 결과를 가져온다. 또한 성장은 초기의 불평등이 크고(아프리카와 라틴아메리카의 대다수 국가처럼), 잠재적인 성장률이 낮을 경우(특히 사하라 이남 아프리카처럼) 빈곤을 감소시키는 효과가 약화된다. 그러므로 아프리카(빈곤이 비례적으로 문제를 증가시키고 있는 유일한 지역)에서 성장이 가속화된다 해도 만족스러운 빈곤개선 효과를 거둘 것으로는 보이지 않는다(World Bank, 1996; Demery and Walton, 1998). 또한 성장이 빈곤의 비물질적인 측면을 줄이기 위해 필요한 어떤 역할도 하지 않는다는 점을 기억해야 한다.

빈곤을 줄이는 수단인 성장의 한계는 그것이 얼마나 더 노동집약적이고 친 빈곤적일 수 있는지에 대한 문제로 귀착된다. 이에 대한 정설에는 광범위한 거시경제적 불균형(특히 대다수 빈곤층이 그들 자신을 보호할 수 없는 급속한 인플레이션) 회피, 수출 성장(특히 강력한 빈곤 퇴치 반응을 일으킨다는 증거가 있다) 촉진, 그리고 빈곤층에게 큰 혜택을 줄 것으로 보이는 다른 부문, 특히 농촌지역의 개발 장려가 포함되며, 또한 요소시장의 효과성을 개선하기 위한 조치, 특히 노동 – 요소가격 의존성의 변화에 대한 고용의 민감성(이따금씩 가벼운)을 되살리기 위해 '구조적인' 조치를 수반하는 – 에 비해 자본의 가치를 떨어뜨리는 왜곡을 제거하는 조치가 포함된다.

바람직한 재분배 수단

빈곤을 줄이는 경제성장의 힘은 심각한 불평등에 직면하여 빈곤층을 위해 자산과 수익의 첫 재분배가 있을 경우, 그리고 성장이 더 나은 재분배 수단을 수반할 경우에 향상될 것이다. 그러나 이 같은 방법으로 달성할 수 있는 것에는 한계가 있다. 이들 한계는 어느 정도까지는 많은 개발도상국 정부의 세입 기반에 따라 달라진다. 왜냐하면 이들 정부가 이용할 수 있는 대부분의 직접적인 빈곤 감소 정책 수단 – 예를 들면, 교육, 건강, 이전지출 및 기타 사회서비스 제공 – 이 빈곤층 대다수에게 혜택을 주기 위해서는 대규모 자원을 필요로 하기 때문이다. 그러나 더 근본적 문제는 정부가 증세 정책을 통해 그리고 토지개혁과 같은 자산재분배asset redistribution 수단을 통해 할 수 있는 일을 정치적 제약으로 인해 실행하지 못하고 있는 점이다.

직·간접 수단을 혼합하라

이것은 주로 위의 두 제안을 따르고 있다. 성장 또는 생산 장려 정책은 간접적인 빈곤 감소 정책으로 간주될 수 있다. 재분배 정책은 분명히 직접적이다. 이미 아프리카와의 관계에서 시사한 바와 같이 성장촉진 정책만으로는 만족할 만한 빈곤개선을 이루지 못하기 때문에 역시 재분배 정책이 필요한 것이다. 실질적인 제약이 주어지면 재분배만으로는 원하는 결과를 얻기 어려운 다양한 환경이 있다. 가장 큰 희망은 성장의 '통화침투' 효과 trickle-down effect와 빈곤층의 자원, 생활안정, 권리신장을 향상시키기 위한 더 직접적인 해법 사이의 균형을 깨뜨리는 데에 있다.

공여기관의 개입

외부 공여기관들은 빈곤에 초점을 맞춰 일정한 범위 내에서 수원국의 정책에 개입할 수 있다. 이 개입의 목표는 확인된 빈곤층에게 직접적이고 배타적으로 이익을 주는 데 있다. 목표를 더 넓게 정한 프로그램들은 빈곤층에게 불균형한 몫의 이익을 제공하도록 기획될 수도 있다. 여기에는 빈곤 감소 측면에서 아직 널리 실험되지 않은 광범위한 해법이 포함된다. 공여기관들은 또한 일정한 개입을 통한 빈곤 감소 해결에서 혁신자로 행동할 수 있다. 그들은 위기를 다스릴 수 있는 더 많은 자산과 능력을 갖고 있기 때문에 모험적인 시범사업을 지원할 수 있다. 이들의 활동이 성공한다면 현지 정부당국이 '확대하고' 복제할 수 있는 해법과 활동방향이 될 수 있다. 또한 공여기관들은 빈곤층의 필요를 충족시킬 기획을 하고 이를 실행하기 위한 현지 제도 - 특히 중앙, 지역 및 지방의 행정체계 - 의 개선과 역량강화에 도움을 줄 수 있다. 그들은 또한 빈곤층의 필요에 대해 더욱 책임성 있고 민감하게 반응하는 정치

제도의 개혁에 기여할 수 있다. 한편 법과 관습의 변화는 여성이나 소수 인종 그룹과 같은 취약계층에 대한 소외와 차별의 정도를 줄일 수 있다.

직접적인 조처로 인한 혼합된 경험

국가가 제공하는 사회복지사업 수원자들을 확인하려고 시도된 연구들을 보면 대부분의 경우 부유층이 빈곤층보다 비교적 더 많은 혜택을 받고 있음을 알 수 있다. 이러한 혜택은 수익의 비율로 따져 부유층보다는 빈곤층에게 더욱 중요한 것이기 때문에 교육과 의료혜택은 여전히 평등주의적 경향이 있다 하더라도 빈곤층을 대상으로 하는 사회복지사업은 불충분한 경향이 있다.

고용창출 프로그램(공공사업 같은)은 순수한 임금고용 창출이 적고, 계약자와 같은 의도하지 않은 수원자들에게 공공자원이 흘러 들어가고 있으며, 극빈층과 여성을 소외시키는 경향 등 매우 빈약한 실적을 갖고 있다. 이 문제의 공통적인 요인은 수원자들의 참여가 부진한데다 프로그램 기획과 실행에 하향식 접근을 한다는 점이다. 공공사업 프로그램을 위한 식량배정도 이와 유사하게 부정적인 결론에 도달하게 된다(제8장에서 이미 논의했다).

빈곤층을 대상으로 한 소액대출 제도micro-credit institutions와 계획은 실질적인 혜택을 줄 수 있다. 소액대출 계획은 작은 수익, 작은 대출과 투자로부터 더 많은 수익, 더 많은 대출과 투자로 선순환을 일으키는 자본투입에 의해 농촌가구들이 빈곤으로부터 벗어날 수 있게 한다. 그래민은행 Grameen Bank의 경우처럼 잘 고안한 대출프로그램은 비록 수익을 낳을 대출이 '공평(가치중립적)'하지 않았고, 장기적으로 지속가능한 수익성장에 실패했음을 자인하긴 했지만 꽤 많은 가구들을 빈곤선 이상으로 이동시킴으로써 빈민들의 수익을 개선하는 데 성공했다. 이 프로그램은 '중상위' 빈곤 가구들에게는 대체로 유익한 것으로 보인다. 빈곤층은 재정투자 서비스 규정에 좀 더 종합적으로 접근할 필요가 있다. 재정부문 원조는 제14장에서 더 자세히 논할 것이다. 다른 사회 환경에서는 그래민은행처럼 프로젝트를 전환하는 것에 대해 역시 불신이 있다.

빈곤에 대한 다양한 안전망 수단safety-net instrument이 최근 수년간 활용되어 왔다. 특히 조정 프로그램의 부정적 효과를 줄이기 위한 시도, 표적을 정해 지급하는 보조금과 다양한 종류의 권리이전, 고용창출과 재훈련 계획, 빈민지역의 특별 인프라 개발 계획 등에서 그러했다. 그러나 이들이 큰 효과를 내지는 않았다. 소규모임에도 쓸모 있는 인프라를 만들어내긴 했지만 범위가 너무 좁고 목표가 빈약해 대체로 일부 빈곤층에게만 혜택을 주었다. 이들이 가진 또 다른 취약점은 빈곤층을 위한 안전망이 광범위한 프로그램 설정으로 자리 잡지 못하고 부가적인 성격이 있으며 안전망 설정의 목표들 사이에 그리고 그 안전망을 지원하기 위해 또는 조정정책으로 인해 손실을 보는 정치 권력층을 보상하기 위해 안전망 규정을 활용하는 사람들 사이에 종종 긴장이 있다는 점이다.

간단히 말해 직접적인 조처의 지나친 단순성이 일을 그르치고 있는 것이다. 이 조처들은 실질적인 혜택을 가져올 수 있고, 앞으로 분명히 더 나아질 여지가 있지만 너무 많은 기대를 해서는 안 될 것이다.

때때로 목표를 적절히 조절해야 한다

이른바 식량보조로 빈곤층의 복지향상을 꾀하는 공공서비스 당국자들은 포괄적인 지원을 할 것인지 아니면 한정된 빈곤층만을 대상으로 할 것인지를 선택해야 한다. 표적화 접근targeted approach을 위한 원칙을 뒷받침할 강력한 논거가 있다. 표적화를 할 땐 비교적 부유한 사람들에게 보편적인 혜택이 돌아가는 불균형한 분배경향을 막기 위해 정부의 방침과 안전장치 범위주위에 경계를 정한다.

그러나 중요하게 고려해야 할 일부 반대상황이 벌어질 수가 있다. 하나는 보조혜택을 받기 위해 수익을 허위로 신고하도록(또는 어떤 다른 특징으로 수익목표를 정하도록) 부적격자들을 부추김으로써, 그리고 적격자를 부적격자 목록에 등재하는 방식으로 그들의 소득개선을 어떻게든지 단념시킴으로써 표적화가 보조금의 인센티브를 왜곡시키는 경우다. 또 다른 하나는 표적화 계획의 관리비용이 잠재적으로 매우 높다는 점이다. 목표 그룹이 적을수록 수원자 1인당 집행 및 감시비용이 높아진다. 또한 앞서 논의한 것처럼 들쭉날쭉하는 빈곤층 가구들의 단기적인 유동성이 이따금씩 높아짐으로써 과제가 더욱 복잡해져 업무상 실행가능한 방식으로 보조대상 그룹을 정하는 데 실질적인 문제가 있다. 이 같은 일부 난제들에 대한 해법은 빈곤층에 대해 스스로 대상을 선정하도록 계획을 세우는 일이다. 예를 들면 식량 보조를 '하급'(그러나 영양가 있는) 재화로 제한한다든지, 고용창출 계획에 낮은 급여를 부여하는 방식이다.

정치적인 고려 또한 대상선정에 신중을 기하도록 촉구할지 모른다. 예컨대 빈곤층에 대한 혜택을 제한하는 것은 약간 덜 빈곤한 계층 – 정치적으로 영향력은 더 큰 계층 – 을 소원하게 만들 수도 있다. 이 계층을 식량보조 혜택에서 제외하는 것은 그들의 세금납부 의지를 꺾고, 빈곤 퇴치 정책의 실행을 왜곡하며, 식량공급 활동의 지속성을 서서히 해치는 등의 반발이 일어날 위험이 있다. 만약 이러한 반발이 커지면 최종적으로는 캄보디아, 스리랑카 및 기타 국가에서 일어났던 사례와 같이 실질적으로 빈곤층에 대한 공급을 감소시키게 될 것이다.

요컨대, 빈곤층에 물자를 지원하고 평등주의적 혜택을 주는 일은 바람직하지 않은 실질적이고 정치적인 효과를 고려하여 시행할 필요가 있다. 특정 상황에서 조심스런 균형은 배타성과 보편성 사이에서 깨지기 마련이다. 빈곤에 가장 큰 영향력을 갖는 정책들은 반드시 가장 좁은 목표를 정해야 할 필요는 없다. 이 균형을 깨는 데(정말로 대상선정이 가치가 있는지 없는지를 결정하는 데) 중요한 요소는 빈곤의 범위다. 만약 대부분이 빈곤층이라면 대상 선정을 분명히 할 수 있는 상황이 취약해질 것이다. 빈곤층이 엷을수록 특히 주요 대상이 영구적으로 빈곤하거나 궁핍한 사람들이라면 대상 선정을 분명히 할 수 있는 상황이 강화될 것이다. 이런 상황에서 정부가 처방대로 처리한 원조에 대한 정치적 저항에 단호하게 대응해야 할 것이다. 이것이 정부의 결단력이 강건함을 보여주는 일이다.

일부 조치는 두 배로 환영 받는다

일부 조치는 직·간접적으로(친성장적으로) 혜택을 주기 때문에 두 배로 환영 받는다. 여기에는 교육(특히 초등교육)과 훈련은 물론 예방의료 조치가 포함된다. 양질의 교육과 용이한 의료 접근성은 빈곤층이 그들의 소득획득 잠재력을 늘리고 갖가지 차원의 가난과 싸우는 데 가장 중요한 사항이다. 이에 대한 정부지출의 우선순위가 큰 중요성을 갖는다. 농업생산성 제고는 물론 농외 소득원 개발에 역점을 둔 농촌개발 정책은 가난한 소자작농과 토지가 없는 사람들에게 혜택을 주도록 수립될 필요가 있다. 이는 산출량 증가와 빈곤 감소 둘 다에 긍정적인 영향을 미친다.

일부 국가에서 더욱 집약적인 토지경작을 위해 일반적으로 불완전 고용상태의 가난한 노동력을 활용하는 방식인 토지개혁은 생산량도 증가시키고 빈곤층에게 이익도 주는 일거양득이 될 수 있다. 물론 그 결과는 국가 환경과 소유권의 변화가 어떻게 잘 관리되는지에 따라 크게 달라질 수는 있다. 거시경제 부문에서 자본집약적 성장을 유도해온 상대적 가격의 왜곡을 교정하는 조치는 매우 바람직하다. 직업에 접근하는 빈곤층에게 그 중요성을 지나치게 강조하기가 힘들기 때문이다.

다른 정부를 통한 활동

공여국들은 거의 항상 다른 정부를 통해 지원 사업을 관리해야 할 것이다. 주요 후보는 일반적으로 수원국 정부이다. 공여국들은 수원국 정부를 다루는 데 익숙해져 있고, 그들이 그렇게 해야만 한다는 사실은 중요하다. 수원국 정부를 통해 활동하는 것은 특히 빈곤 감소 과업이라는 정치적 현실에도 불구하고 현지 '주인의식'의 중요성 때문에 지원 사업에 성공하기 위해서는 바람직한 일이다. 그러므로 공여국들이 수원국 정부와 지원 분야에 대해 건설적인 정책대화를 갖는 것이 중요하다. 그러나 빈곤 감소 과업에서 수원국의 역할이 중요하기 때문에 만약 수원국 정부가 그 과업에 무관심하다면 – 잦은 상황은 아니지만 – 공여국이 성취할 수 있는 것에는 한계가 있다. 그리고 현지 정부가 실제로 적대적일 때는 아마도 효과적인 활동을 할 여지가 거의 없어질 것이다.

현지 중앙정부를 통해 활동하는 것이 그러나 유일한 가능성은 아니다. 공여국들은 지방 정치제도와 그 내부의 권력실체에 의존하여 지원사업과 더욱 근접해 있는 지방정부 기관을 통해 활동할 수 있다. 연방체제 내에는 특별한 영역이 있어야 한다. 이미 널리 실행돼온 또 다른 가능성은 자선 단체와 기타 NGO – 현지 NGO나 공여국의 NGO – 를 통한 활동이다. NGO들은 지원 문제로 빈곤층과 더욱 밀착해서 활동했기 때문에 그들과의 성공적인 접촉에서 수집한 입증된 자료를 가지고 있다. 그래서 그들은 프로그램의 기획 및 실행에서 참여적인 해법을 채택할 확률이 더 높고, 때로 공적 기관들보다 더 강한 빈곤 퇴치 동기를 갖고 있다. NGO들은 지원받지 못하는 정치적 환경을 가진 많은 나라에서 활약하는 방법을 제공해준다. 그러나 이러한 방식은 한계를 갖고 있다. 비록 현상유지에 반대하여 적극적으로 캠페인을 벌이는 NGO 단체들도 있긴 하지만, 대부분의 NGO들은 본질적으로 개량적이며, 그들이 역점을 두어 다루는 빈곤의 원인과 맞싸울 준비가 되어 있지 않은 매우 한정된 역량을 갖고 있다. 주로 공여기관과 민간자금의 이용가능성 때문에 존재하는 기회주의적인 NGO 단체들도 일부 있다. 그들은 민초의 신뢰와 다른 이점들을 감소시키고 있는 성격 변화 없이 NGO를 통해 대량의 원조자금을 다루기는 어려울 것이다. 따라서 NGO들은 어떤 호의적인 정부를 위해 만족할 만한 대리인 역할을 하지 않는다.

공여국들의 선택권에 대한 이러한 배경을 참고로 하여 우리는 이제 다양한 기부 국가들의 정책과 경험들을 점검해볼 것이다.

■ 1990년대 공여국들의 해법

빈곤 퇴치 목표의 부활

1970년대에 빈곤문제에 대한 관심이 고조된 이후 1980년대에는 거시경제 안정화에 열중하는 분위기가 되었고, 그 이후엔 경제효용성과 시장개혁에 관한 문제로 관심이 옮겨갔다. 1990년대는 빈곤 감소가 다시 주된 의제로 부활하는 것처럼 보였다. 매우 영향력이 큰 1990년 '세계개발 보고서' 덕분에 세계은행(1990a)이 빈곤이라는 주제를 선도하게 되었다. 세계은행의 3가지 '빈곤층을 위한 활동전략'은 다른 공여국들의 활동을 위한 표준이 되었다.

첫째 전략은 빈곤층이 더 널리 참여할 성장패턴을 만들어내는 노동 집약적 또는 광범위한 정책을 추구하는 것이었다. 특히 여기에 우호적인 것이 시장개혁이었다. 시장개혁이란 비숙련 노동력에 대한 차별을 제거하고 소규모 생산자(특히 여성)들에 대한 시장의 차별을 없애며 그들을 위한 인센티브를 개선하는 것이다. 둘째, 특히 빈곤층을 위해 인적개발에 투자함으로써 주로 초등교육과 의료, 예방의료, 영양 및 기타 기본 서비스에 대한 더 나은 접근성을 통해 그들의 생산성을 개선할 수 있는 자산을 창출하는 데 중점을 두었다. 셋째, 이러한 정책의 혜택을 받을 수 없는 사람들 특히 노년층과 장애인 그리고 일시적으로 충격이나 조정 수단에 의해 영향을 받는 사람들을 위해 안전망 장치가 있어야 했다.

현재 공여국가들(양자간 및 다자간) 사이에 빈곤 감소의 중요성에 대한 합의가 도출되고 있는가? 획기적인 일은 비록 공여국들 사이에 빈곤 감소에 대해 우선순위를 달리하고 있기는 하지만, 주요 공여국들이 OECD가 상정한 (1996a) 일부 하위 목표뿐 아니라 2015년까지 빈곤을 절반으로 줄이겠다는 국제적 목표에 대해 일반적인 공헌을 하고 있다는 점이다. 일부 국가들은 빈곤 감소를 무엇보다 중요한 목표로 삼고 있고, 다른 일부 국가들은 여러 목표 중 하나로 생각하고 있는 반면, 그 외의 국가들(프랑스, 이탈리아, 스페인)은 빈곤 감소를 위한 명백한 목표가 없다. 실제로 현재 모든 공여국들은 빈곤 감소를 위해 성차별과 양성평등 민감성의 중요성을 줄이는 데 그들의 공적인 의견을 부각시키고 있다.

현재 빈곤층을 위한 기초적인 의료, 교육, 식수, 위생과 같은 서비스의 중요성에 대한 인식이 커지고 있다. 일부 공여국들은 직접 또는 대출자금을 통해 재정지원을 할 뿐 아니라 기본 서비스를 위한 공공지출을 새로 적립하는 노력을 아끼지 않고 있다. 그리고 여러 공여국들이 자국 원조예산의 20%를 현재 빈곤층에게 불균형하게 혜택이 돌아가고 있는(UN, 1995a) 기본 서비스에 투자하겠다는 '1995 세계사회정상회의World Social Summit' 합의를 채택했다. 그러나 일부 국가들은 덜 빈곤한 계층에 주로 이익이 돌아가는 고등교육과 같은 제3차 서비스에 대한 더 높은 사용자 비용에 찬성하고, 빈곤층이 기본 서비스에 대해 사용자 비용을 지불해서는 안 된다는 원칙을 지지하고 있다. 그럼에도 불구하고 공여국들은 재분배 예산정책에, 심지어 공공 정책 보고서에 별로 큰 관심을 보이지 않고 있다. 극소수 공여국들만이 토지 또는 천연자원에 대한 보다 평등주의적 접근성 문제에 대처하고 있지만, 나라마다 초기의 불평등이 높을수록 성장에서 빈곤 감소로 가는 속도가 더욱 제한적이라는 증거가 늘어가고 있다.

현재 그들이 밝히고 있는 정책과는 대조적으로 빈곤 감소 영역에서 공여국들의 실제 기록은 어떠한가? 국가경영과 빈곤층에 대해 공여국들의 개입이 미치는 영향력에 대한 정보는 쉽게 입수할 수 없다. 우리는 유럽 국가에 대해서는 앞서 언급한 전 유럽 연구보고서(Cox et al., 2000)에 의지할 수 있지만, 다른 공여국들에 대해서는 독립적인 조사가 어렵고 한정된 공여국의 평가연구서가 부족하기 때문에 충분히 다룰 수가 없다. 따라서 다음 장에서는 세계은행이 제공한 정보에 근거하여 늘어나고 있는 EU 국가들의 공여기관에 주로 초점을 맞출 작정이다.

공여국들의 빈곤에 대한 이해

우선 세계은행을 예로 든다면 이 은행의 빈곤평가Poverty Assessment (PAS)는 공여국들이 국내에서 활용하는 빈곤에 대한 주요 정보원천이 되어 왔다. 지연되긴 했지만 1990년대에 여러 빈곤평가 보고서가 완료되고 그들의 질이 개선되었다. 직접 참여하여 분석 조사함으로써 빈곤층(특히 아프리카의 빈곤층)의 필요를 더 잘 이해할 수 있게 했고, 수입업체들이 공공지출로부터 이득을 본다는 새로운 정보도 입수되었다.

그러나 특히 사하라 이남 아프리카에 두드러진 취약성과 질적 변이성이 남아 있는데(John Toye and Jackson, 1996; Hammer et al, 1996), 이곳은 빈곤 문제를 다루기 위한 개념적인 구조가 문제가 되는 곳이다. 빈곤 측정에 대한 세계은행의 해법은 양적인 수익 접근에 지나치게 매달리고 있는 것으로 보인다. 빈곤층, 구성단위(특히 생계 활동)별 가구, 양성평등 관계 및 사회적 환경의 개별적인 성격을 충분히 고려하지 않고 있다. 자산분배에 대한 빈곤 평가의 적용 범위가 좁고 사회·경제 그룹과 빈곤 구조에 부적절하게 초점을 맞추고 있다. 빈곤에 영향을 미치는 구조적, 제도적 측면에 대한 인식부족으로 의미 있는 결론을 도출하지 못하고 있다. 더욱이 빈곤상태에 대한 서술과 정책제안 사이의 연계, 특히 미시적 그리고 거시적 조치 사이를 확립하는 연계가 매우 취약하다. 이에 대한 분석들은 역사적, 문화적 배경설명이 부족하며 구조적, 정치적 변화를 억제하는 정치역학을 충분히 인식하지 못했다고 비판받고 있다.

세계은행 해법의 한계가 어떻든 상관없이 유럽 공여국들은 빈곤을 개념화하고, 분석하고, 빈곤 퇴치 정책을 공식화하는 데 그리 멀리 나아가지 않았다. 이 목표를 달성하기 위해 현지 역량을 강화하는 일을 간간이 지원하겠지만 깊이 있는 분석을 거의 하지 않고 있다. 간혹 그들은 세계은행이 제공하는 정보를 활용한다.

빈곤 감소를 위한 공여국 전략

다시 세계은행 이야기로 시작한다. 1996년에 한 특별 조사단은 대부분의 사하라 이남 아프리카 국가들을 위한 '세계은행 국가원조전략'에 상당한 결점이 있음을 지적하였다. 거기에는 명확한 관점, 목표 또는 전략적 비전이 없었으며, 본질적으로 빈곤 감소를 강조하지도 않았고 빈곤층에 혜택을 줄 수 있는 특별 조치에 대한 강조도 없었다(World Bank, 1996a: 53). 이러한 비판이 다른 지역을 위한 원조의 경우에도 동등하게 적용될 수 있는지는 분명하지 않다. 또한 개별 분석가들은 세계은행의 아프리카 국가정책 및 프로그램 평가에 대해서도 비판적이다. 결론이 별로 없는 것은 빈곤에 대한 특정 부여에서 유래한 것으로 보인다. 빈곤 퇴치에 대한 내용 대부분은 초기의 빈곤 평가와 차관프로그램의 실행 사이에서 방황하고 있다. 세계은행 활동에 대한 비판은 주로 거시경제정책에 대한 집착, 노동 집약적 성장이 어떻게 성취될 수 있는지에 대한 명료성 부족, 제도 및 시장 구조에 대한 불충분한 관심, 그리고 지나치게 흩어진 공동체 지원망과 안정망을 강화하는 조치에 대한 관심부족에 초점을 맞추고 있다. 그러나 점차 세계은행과 '빈곤 및 양성평등 네트워크Poverty and Gender Network(PREM)'의 집행부는 빈곤국가 지원전략을 강화하기 위한 노력을 증가시켜 왔다.

국가적인 전략과 프로그래밍 수단을 활용하면서 세계적인 빈곤 감소 전략을 갖고 있는 유럽의 공여국들은 적절히 빈곤에 초점을 맞춘 공식화된 콘텐츠를 갖고 있지 못한 경우가 많다. 7개 빈곤국에서 활동하고 있는 7개의 주요 유럽 원조기구의 국가적 전략을 검토한 결과 다음과 같은 특징이 나타났다.

- 참여적 접근의 가치와 현지 주인의식을 지원하겠다는 본국의 성명과는 달리, 국가적 전략은 주로 공여국들에 의해 '하향식'으로 입안되었으며 수원국과의 의논도 거의 없었다.
- 공여국들은 빈곤 감소, 기타 개발 목표 및 (때때로 상충하는) 상업적 목

표들 사이에 좀처럼 분명한 우선순위를 정하지 않았다.
- 그들의 전략은 때때로 너무 모호해서 운영지침을 제공할 수 없었고, 실행
  성과 판단에 필요한 충분한 기준을 제공하지 않았다.
- 공여국의 조정과 그들의 빈곤 감소 목표 사이의 연계가 취약했다.
- 세계은행과의 협력은 있었으나 유럽 공여국들 사이에서 빈곤 감소에 대
  한 협력이 매우 제한적이었다(빈번하게 정보 교환도 없었다).
- 일부 공여국들은 임시 프로젝트ad hoc project 대신 부문 접근sector
  approach을 도입하였지만, 이런 방식이 실질적으로 또는 성공적으로 빈
  곤 감소 목표를 지향하고 있는지에 대해서는 한정된 증거 밖에 없다.

달리 말해 공여국의 공식입장과 수원국의 현실 사이에는 큰 간극이 있다. 그러나 변화가 나타나고 있다. 유럽위원회는 빈곤 감소 목표를 그들의 국가 프로그램과 어떻게 통합해야 하는지에 대한 지침을 배부하였고, 독일, 아일랜드, 스웨덴, 미국은 1998년 이래 빈곤 감소 목표와 국가 프로그램을 통합하기 위한 조치를 취하고 있다.

공여국 정부의 빈곤 관련 의견교환

여기에서 다시 수사와 현실 간에 큰 차이가 있음을 알 수 있다. 세계은행의 빈곤중심 조정활동Poverty focused adjustment operations은 빈곤층을 위한 수익창출 기회를 제한하는 왜곡과 규정을 없애고, 빈곤층에 우호적인 공공지출을 재분배하는 규정을 없애며, 빈곤에 대한 정보와 분석 작업을 후원하고 안전망을 지원하는 것으로 정의하고 있다. 이러한 기준에 근거하여 세계은행의 구조 및 부문별 조정 차관의 거의 절반이 빈곤 퇴치와 관련된 것이었다(1992~1993년 49건 중 24건, 1995년 27건 중 14건). 세계은행은 빈곤층에게 혜택을 줄 수 있는 사회 부문에서 지출을 높이거나 보호하려는 의도를 가진 조정활동 분야의 정책조항 비율을 증가시켰다(1988~1990년 18%에서 1992~1995년

42%로). 그러나 이러한 조건들은 예산 견적내역에 관한 관찰에 의해 정상적으로 추적되지만 그것이 반드시 실질적인 지출패턴을 반영하지는 않는다.

일부 예외가 있지만 유럽의 공여국들은 수원국 정부와 국가적 또는 거시적 수준에서 빈곤 정책에 대해 양자간 대화를 거의 하지 않는다. 또한 적절한 '단일 전략'에 대한 합의를 이끌어내기 위해 함께 작업하지도 않는다. 공여국들은 빈곤 퇴치 입장에 대한 국가적 공약이 강하지 않은 곳에서 정부의 조정자 수준, 예컨대 부처별 수준에서 빈곤 퇴치 협력을 모색했다. 자문 조직과 컨소시엄은 국가적 수준의 대화보다는 부문별 수준의 대화를 위한 보다 효과적인 수단임을 입증하였지만 빈곤층에 크게 초점을 맞춘 것은 아니었다. 이행조건이 빈곤 퇴치 정책 변화에 좀처럼 우호적으로 적용되지는 않았으며, 대부분의 공여국들은 그러한 전략의 주인의식이 앞으로 나아갈 유일한 길이라고 간주하고 있다. 이는 외부압력은 지원 파트너의 선택여부를 결정하는 그들의 기준을 통해서만 적용될 수 있으며 또한 현지 협의에 참여함으로써 적용될 수 있음을 뜻한다.

공여국의 빈곤 감소 포트폴리오

1992~1995년 동안 세계은행의 포트폴리오에 빈곤에 관심을 기울이는 쪽으로 약간의 변화가 있었다. '빈곤 감소 목표 조정Poverty targeted-interventions (PTIs)'을 위한 (연간) 원조 의무 비율이 전체적으로 18%에서 24%로 증가했지만 같은 기간에 IDA는 28%로 변화가 없었다. 대개 참여적이고 공동체에 기반한 빈곤구제를 목표로 하는 특별 기구로서의 조정은 여전히 제한적이었다(1995년 사하라 이남 아프리카에서 PTIs 24개 중 1개, 남아시아에서 8개 중 1개). 1993~1995년 동안 초등교육을 위한 지출 약정 비율이 증가한 한편, 여성과 소녀들을 대상으로 한 사회부문 조정 비율 또한 증가했다. 농업생산성 개선을 위해 빈곤층 농부들을 대상으로 한 자금지출 비율도 증가했다. 그러나 같은 기간 사하라 이남 아프리카에서의 프로그램 구성은 빈곤에 관심을

〈표 9-1〉 EU 주요 지원 국가들의 국가 금융자산에서 빈곤 감소 조정의 예상 비율(1997)

	직접적 빈곤 감소 대상	간접적 빈곤 감소 대상[a]	기타 조정	전체
인도	21.0	30.0	49.0	100.0
잠비아	3.0	23.0	74.0	100.0
짐바브웨	9.0	31.0	60.0	100.0

출처: Cox et al.(2000)
주석: a) '간접적'이라 함은 원조개입이 빈곤층들을 직접적 지원 대상으로 하지는 않지
만 빈곤층 수원자들이 상당히 감소된 것으로 예상하는 것이 정당한 경우에 대한
개입을 뜻한다.

기울이는 쪽으로 이동하지 않았다. 농업지원은 여전히 제한적이었고 농업이
대상이 된 적도 드물었으며 지역 수자원과 도로건설에 대한 지출은 더욱 감
소했다.

대부분의 유럽 공여국들은 특별히 빈곤에 초점을 맞춘 지원에 대한 정보
를 발표하지 않는다. 어떠한 원조기구도 개별적인 수원국들에 대한 그들의
운영방식을 밝히지 않는다. 그렇지만 이용 가능한 정보에 따르면 그들이 정
한 목표에도 불구하고 빈곤 감소를 위해 유럽 원조기구들이 맡은 역할은 미
미했다. 전체 양자간 원조 포트폴리오에서 특별히 빈곤에 초점을 맞춘 지원
비율을 측정해보면 그렇다는 이야기다. 1994~1995년 네덜란드의 비율은
19%였고, 직접 빈곤에 초점을 맞춘 영국의 프로젝트는 1995~1996년부터
1996~1997년까지 항목별 지출의 11%에 해당했다. 독일은 자립 프로젝트를
위한 기술협력을 하면서 주로 빈곤 감소에 초점을 맞추었다. 이에 대한 지출
비율은 1991년 8%에서 1995년 19%까지 증가했다. 이탈리아의 빈곤 중심
지출은 1995년 전체 무상원조의 7%에 그쳤다. 프랑스와 스페인도 높은 비율
로 지원하지는 않았다.

기초교육과 의료지원은 빈곤 퇴치를 위한 유용한 수단으로 이용될 수 있
다. 기초 교육에 대한 OECD의 양자간 공여기구의 기여도는 1990년엔 무시해
도 좋을 만했고, 심지어 1996년까지 전체 원조의 3%에도 미치지 못했다. 일

부 기구들은 상대적으로 높은 비율을 보여주고 있으나, 기초의료, 영양, 전염병 통제와 의료 교육에 대한 비율은 비슷한 상황이다(보통 3% 이하). 다자간 기구 중에서는 유일하게 세계은행의 IDA만이 최근 수년간 높은 기여도를 보여주고 있다(10% 이상). 전반적으로 지원노력들이 매우 불충분해 보인다.

빈곤구제 지원의 평균치에 대한 체계적인 정보는 거의 없지만 일부 나라의 사례에서 약간의 개념을 취할 수 있다(〈표 9-1〉 참고). 잠비아에서 유럽 공여국들은 빈곤 감소에 초점을 맞춘 지원 비율이 54%(핀란드)에서 5%(영국)까지 다양하게 나타났다. 하지만 우선순위를 높게 잡지는 않고 있다. 짐바브웨에서는 '간접적으로 대상화한' 조정의 가산점이 전체 평균을 40%로 끌어올렸고 공여국들 간에 상당한 변수가 있기는 하지만 극히 일부 프로젝트만이 직접 빈곤층을 대상으로 하고 있다. 인도에서는 더욱 강력한 빈곤 퇴치 움직임이 나타나고 있으며 시간이 흐름에 따라 그 경향이 더 강해지고 있다. 한 나라에서 여러 기관들 간 그리고 다른 국가들 간에 큰 변화가 나타나고 있다. 이는 그들 국가의 지원프로그램에서 빈곤 감소에 대한 비중이 늘어날 여지가 크다는 것을 의미한다.

공여국들의 빈곤 감소 실행 평가

공여국들의 활동은 현지에서의 목표설정, 참여, 성별 평등문제에 대한 최선의 실행과 어떤 관계를 갖고 있는가? 먼저 세계은행을 예로 든다면, 그들의 빈곤 감소 지원의 대부분은 빈곤층에게 매우 적게 이익을 주는 것으로 추정되는 곳에 기본 서비스를 제공하는 등 간접적인 목표를 대상으로 활동해왔다. 직접적 목표를 대상으로 한 경우는 상당히 적었다. 빈곤이 어느 정도 분리되어 있고, 지리적으로 집중되어 있고, 잘 알아듣는 나라에 적용되었으며, 그리고 예컨대 공공서비스를 받지 못하는 부족마을에 대한 사회적 서비스, 도시 빈민지역에서의 공중위생, 하수 및 상수도 개선을 위한 대상화 메커니즘을 활용할 역량을 갖고 있는 정부에 적용되어왔다. 대상화는 주로 장소를 근거로 하고 있는데, 빈곤층을 대상으로 하는 경우의 절반은 농업 및 농촌개발 프로젝트와 관련되어 있다.

참여적인 접근participatory approaches과 관련하여 세계은행(1996a: 28)에 따르면 1995년에 승인된 프로젝트의 약 40%는 직접 영향을 받을 사람들의 참여를 필요로 했다. 프로젝트의 추가 14%는 NGO나 기타 이해 단체의 참여를 필요로 했다. 카발로Carvalho와 화이트가 작성한 67개의 IDA 프로젝트에 대한 연구(1996)를 살펴보면 1990년대 초에 많은 세계은행 프로젝트가 구조적으로 프로젝트 기획과 실행에서 수원자들 또는 이해관계자들과의 연계를 추구했다는 것을 알 수 있다. 그러나 그들이 제공하는 정보에 따르면 건강한 가정을 위한 경제정책입안 및 영양 조정의 절반 이상이 참여적 접근을 활용했지만, 이 해법은 오직 소수의 초등 및 중등 교육 프로그램에만 활용되어 왔다. 확대 서비스를 위한 세계은행 프로젝트는 정부 계획보다 많은 비율의 여성 농부들에게 영향을 미친 것으로 판단된다(예컨대 잠비아).

유럽 공여국들에 대해서는 콕스Cox 등(2000)의 연구에서 독자적인 증거를 찾을 수 있다. 이 연구에서 검토를 위해 선택한 90개의 프로젝트와 프로그램들은 주로 공여국들 스스로 특별히 빈곤에 초점을 맞추었다고 간주하고 있는 것들이었다. 따라서 이것들은 무작위 표본은 아니었다. 이용 가능한 정보를 갖고 있는 프로젝트 가운데 38%가 빈곤층에게 혜택을 주기 위해 표적화하려는 특별한 노력을 하지 않았음이 드러났다. 프로젝트의 21%만이 빈곤층을 대상으로 하였고, 3분의 1이 대상화의 중간 단계에 있었다.

한 국가에서 직접적인 표적화와 더 넓은 기반을 갖고 있는 (지원)조정 사이의 균형을 결정짓는 것은 무엇일까? 세계은행은 좁게 표적화한 프로젝트는 거의 손을 대지 않았는데, 이는 그들의 빈곤 평가 또는 인력 투입과 연관 시간의 강도에 대한 관심에 편견이 있음을 드러내는 것일 수도 있다. 유럽의 양자간 공여국들은 이 문제에 대해 명확한 전략을 갖고 있지 않았다. 그들은 명확하게 규정된 빈민 그룹을 확인하는 일과 그러한 그룹에 초점을 맞추어 지원 조정을 기획하는 일 모두에 서툴렀다.

참여와 양성평등에 대한 민감성을 검토했을 때 유럽 지원 조정의 약 절반은 빈곤층이 중간 정도로 참여하였고, 5분의 1이 높은 수준의 참여도를 보여 준 것으로 나타났다. 특별히 중요한 신원확인과 기획 단계에서의 참여도는 실행단계에서 보다 약했다. 양성평등 이슈가 프로젝트 기획이나 실행에 어느 정도 영향을 미치는지 측정하는 것은 쉬운 일이 아니었다. 이 사례의 프로젝트 중 5분의 1은 양성평등에 관심을 두지 않았지만, 거의 3분의 2는 그렇지 않았다. 양성평등 문제는 시간이 지나면서 새로운 프로젝트에서 점점 더 윤곽을 드러냈다. 어떠한 개별 기관도 이 영역에서 선도자로 부상하지 않았다.

효과성과 영향

공여국들은 실제로 빈곤층의 복지에 얼마나 큰 영향을 미쳤는가? 그 증거를 찾기가 특히 어렵다. 이는 대부분의 공여국 모니터링체계와 평가 시스템이 지원의 분배 효과에 큰 관심을 갖고 있지 않기 때문이다. 세계은행은 1988~1990년에 승인된 IDA의 67개 빈곤 감소 프로젝트의 실행에 대한 평가를 실시했다. 세계은행의 프로젝트는 목표 달성과 실행 문제 극복이라는 측면에서 다른 프로젝트보다 나은 등급을 갖고 있다(World Bank, 1996a). 시범적인 빈곤 감소 프로젝트에 대한 여러 사례가 있는데, 그 중 인도에서 시행한 IDA의 범국가적 나병근절 프로그램이 있다. 이것은 비록 초기 단계이기는 하지만 빈곤층 사이에 유행한 전염병을 줄이는 데에 분명히 효과가 있음을 증명했다. 1995년의 프로그램들에 대한 최근의 평가는 프로그램이 진전되면서 빈곤을 감소시켰으나 그에 대한 도전과 비교했을 때 얻은 것은 그렇게 많지 않다(Morra and Thumm, 1997).

유럽의 공여기관들은 빈곤층을 위한 그들의 지원 효과에 대한 증거자료를 거의 갖고 있지 않다. 유럽의 비교연구 프로젝트에서 얻은 실증 자료에 따르면 빈곤 감소 원조프로젝트 가운데 거의 4분의 3은 빈곤층에게 약간의

〈표 9-2〉 빈곤 영향력의 특성(각 종류마다 관찰)   (단위: %)

| | 영향력의 규모 | | | 표본 |
	크다	중간	적다	(프로젝트 수)
전반적인 영향력	25.0	48.0	27.0	73
생계	24.0	36.0	40.0	72
자원	34.0	57.0	9.0	77
지식	31.0	49.0	20.0	71
권리[a]	15.0	51.0	33.0	72

출처: Cox et al.(2000)
주석: a) 수치는 반올림(rounding) 때문에 100.0을 추가하지 않음.

혜택을 주었고, 이들 중 4분의 1은 큰 효과가 있었다. 이러한 판단이 정확하
다면 공여국의 빈곤 감소 원조가 실패했다는 평가와는 거리가 멀어 보인다.
그러나 그 통계 숫자들은 개선을 위한 상당한 여지를 강조하고 있다. 비록
연구대상이 된 프로젝트들이 공여국들에 의해 빈곤 감소를 목표로 선택된
것이었지만, 그것의 4분의 3이 빈곤층의 복지에 미미한 영향을 준 것으로
여겨지고 있다.

지원효과에 대한 전체적인 판단에서 다른 요인들을 고려할 수 있다. 그들
의 생활이 개선되고 자원에 대한 접근성이 개선됨으로써 지식과 기술이 향
상되고, 그럼으로써 권리와 권한증대가 개선되어 빈곤층이 혜택을 받을 수
있는 범위가 바로 다른 요인들에 해당된다. 〈표 9-2〉는 70개 이상의 유럽
프로젝트에 대한 증거자료를 제시한다.

가장 큰 영향력을 미치는 것은 자원에 대한 빈곤층의 접근성 증가다. 모든
지원 사례의 90% 이상이 빈곤층의 자원 접근성에 어느 정도 기여했다. 또한
지원 프로젝트는 지식수준에 중대한 영향을 미친 것으로 평가되었다. 모든
지원 프로젝트의 거의 3분의 1이 지식과 기술 수준을 실질적으로 향상시킨
것으로 간주되며, 오직 5분의 1만 전혀 그런 기여가 없었다. 하지만 지원
프로젝트의 4분의 1 이하가 소득수준을 높히는 데에 큰 기여를 한 것으로
보이며, 5분의 2는 전혀 영향을 주지 않았던 것으로 보인다. 외부기관들이

민감한 지역에서의 경험에 얽매여 있는 어려운 점을 감안하면, 빈곤층의 권리개선 부문에서 기록이 가장 빈약했다는 것은 놀랄 일이 못된다. 지원 프로젝트의 절반이 어느 정도 기여를 한 것으로 판단되지만, 7개 프로젝트 중 1개만이 실질적으로 빈곤층의 권리 개선에 기여한 것으로 보인다.

영향력 정도에서 나타나는 이런 변수들은 무엇을 설명하는가? 국가들 간에 상당한 변수가 있기는 했지만 사례들은 국가적인 상황이 현저한 영향력을 갖고 있는지를 실험하기에는 충분치 않았다. 그러나 영향력은 참여적인 접근을 활용함으로써(〈표 9-3〉 참고) 표적화 등급과 결합되어 긍정적으로 나타났다. 기타 있음 직한 영향력이 체계적으로 확인되지 않은 것은 그 국가에서 공여국의 과거 경험 단계와 프로젝트의 형성 기간 부족 때문이었다.

일부 공여국들은 특별히 프로젝트 접근과 관련된 문제들 때문에 빈곤 감소 지원을 위해 부문 간 포괄적 해법으로 전환하기로 결정했다. 프로젝트의 문제에는 공여국 기술에 대한 과다한 요구, 공여국이 '참견하는' 경영 접근을 추구하는 경향, 그리고 바람직하지 않은 더 폭넓은 상황이 전개될 때 예산을 초과하는 지원과 지속 가능성의 어려움 등이 포함된다. 부문 간 포괄적 해법이 더 큰 국내 주인의식과 더 넓은 해법에 대한 여지를 제공하지만, 그것이 빈곤층에게 혜택을 주기 위해 기획되었다는 증거는 거의 없다. 인도에서 부문별 원조 조정을 위한 유럽 기관들의 지원은 현재까지 고무적인 것으로 나타났다. 여기에서 현지 주인의식은 중요하다. 아프리카에서 그 기록은 현재까지 훨씬 더 복합적이었다.

우리가 유럽 원조개입의 지속가능성을 살펴볼 때 대부분의 유럽 공여국들이 1990년대 중반까지 오직 원조개입의 지속가능성 자체에 관심을 갖고 있었다는 증거가 나타난다. 전체적으로 아프리카 국가에서 지속가능성은 낮아 보이지만 인도에서는 더욱 장려되고 있다. 프로젝트에 대한 외인성의 불리한 예산 상황에서 일부 문제가 불거졌다. 이 밖에 기획과 지나친 외적 경영에서의 타고난 취약성이 지속가능성을 제한했다.

간단히 말해 공여국들의 열망, 실행과 성과에 대해 전반적으로 살펴보면

<표 9-3> 직간접적인 대상화의 정도에 관련된 영향력 (단위:%)

영향력의 정도	빈곤 운영 방식		
	직접적	간접적[a]	기타
높다	73.3	16.1	7.7
중간	26.7	71.1	34.6
낮다	0.0	12.9	57.7
전체	100.0	100.0	100.0

출처: Cox et al.(2000)
주석: 72개의 관찰 대상 중에서 이용 불가능한 정보를 제외한 17개의 개입들
　　　a) 수치는 반올림(rounding) 때문에 100.0을 추가하지 않음.

우리가 상당한 증거자료를 갖고 있는 유럽 공여국들의 경우 빈곤 감소에 대해 그들이 내건 공약과 현지에서의 실질적인 실행 사이에는 큰 차이가 있다. 독일을 제외하고는 대부분이 빈곤의 개념화와 분석에 대해 거의 관심을 기울이지 않고, 특히 빈곤 감소 목표를 운영 지침으로 변형하고 국가원조전략으로 전환하는 데에 무력했다. 빈국에서의 원조 포트폴리오는 공여국과 수원국에 따라 다양하지만 미미한 빈곤 감소 내용을 갖고 있다. 그들의 주요 수단은 NGO 프로젝트에 대한 지원을 포함하여 특별한 목적을 위한 프로젝트의 연속이었다. 그들은 이런 특별한 지원방법으로 수원국의 참여와 양성평등 민감성에 대한 접근방법을 개선해왔다. 최선의 실행은 여전히 드물고 지속가능성에 관심을 갖고 있는 공여국이 거의 없음을 여러 증거가 보여주긴 했지만 개선해온 것은 사실이다. 더욱 긍정적인 것은 유럽 공여국들이 착수한 빈곤 감소 프로젝트 중 큰 부분이 주로 수입을 올릴 수 있는 자원에 대한 빈민들의 접근성을 개선함으로써 빈곤층에게 혜택을 가져왔다는 점이다. 그럼에도 불구하고 유럽 공여국들은 더 광범위한 빈곤 문제는 무시해 왔다. 그들이 빈곤 감소 전략과 정책에 대한 해법을 강구하지 않았고 수원국 정부들을 빈곤 문제에 대한 정책대화로 끌어들이는 데 시간이 걸렸기 때문이다. 빈곤 감소는 1997년쯤부터 협상과 실행에 더 큰 활력을 얻기 시작했다.[2]

■ 결론: 교훈과 권고

지금까지 서술한 광범위한 연구 자료와 경험을 토대로, 어떤 교훈과 권고를 이끌어내면 좋을까?

결론 중 가장 중요한 것은 빈곤 퇴치 활동이 효과적으로 성공하기가 어렵다는 점일 것이다. 문제가 복잡하고 지역 특유성을 갖고 있기 때문이다. 그 근원은 사회 조직과 경제적 및 정치적 권력의 분배에 깊이 박혀 있다. 효과적인 원조개입에 대한 수단과 기타 실질적인 제한이 많고, 빈곤층의 복지를 늘리기 위한 규정들이 덜 빈곤한 사람들에 의해 이용될 현저한 위험이 있다. 더욱이 외국의 원조기구들이 빈곤 감소 부문에 비교 우위를 갖고 있다는 점이 분명치 않다. 그들은 어떤 특정한 국가에서 현지상황과 원인을 충분히 알지 못할 위험이 있다. 그리고 현지의 사회·정치적 현실로부터 너무 동떨어지고, 그들의 조직이 너무 중앙 집중화되며, 하향식이고 또한 의무를 다하기에는 과업에 투입된 인적 자원이 너무 적다. 이러한 상황에서도 공여국 특유의 빈곤 감소 원조의 성공 비율이 그렇게 낮지만은 않다고 앞에서 언급했다. 공여국들은 빈곤 감소에서 손을 떼서는 안 되며 그들이 직면할지도 모르는 어려움과 필요에 현실적으로 대처해야 한다. 이런 노력의 구성요소

---

2) 이 장의 집필이 끝난 이후 빈곤 감소 정책과 모든 회원국들의 실행에 관한 OECD의 주요 연구서가 나왔다(OECD, 1999b). 이 연구서의 결론은 필자가 도출한 결론과 크게 다르지 않다. 그러나 이 연구서는 공여국들의 후속 작업을 유도하고 빈곤 감소를 위한 공여국 활동의 초점과 효용성을 강화시킬 수 있는 새로운 지침의 준비를 유도한다. 덧붙여 세계은행 활동평가 부서가 작성한 '세계은행의 국가 원조전략의 빈곤 감소 활동'에 대해서는 현재(1999) 검토 중에 있다. 결론은 아직 나오지 않았다. 잠정적 결론은 빈곤감소 전략들의 약 3분의 2가 '삼면적(三面的)인 1990 의제'의 모든 세 가지 요소를 다루고 있고, 그들의 전략 내용에 대한 '적절성' 등급은 만족스럽다고 시사하고 있다. 운영실적은 더욱 취약하다. 특히 그들의 빈곤 감소 운영 실행에 대한 모니터링 부분이 그렇다.

로서 다음과 같은 지침들이 제시될 수 있다.

- 어떠한 특정한 수원국에서도 공여국들은 퇴치하기를 원하는 빈곤의 특성
  에 대한 명확한 개념을 갖고 있어야 하며, 지원하기를 원하는 빈곤층의
  특성에 대해서도 명확히 알아야 한다. 여기서 그 문제와 '빈곤층'의 이질
  성에 대한 다면적인 특성을 상기해보자. 공여국은 빈곤이 만연한 국가
  빈곤 그룹 가운데서 선택을 해야 한다. 채택한 빈곤 감소 조치는 원조개
  입의 개념화와 선택 사이의 관계 때문에 빈곤 문제의 특성에 대한 선택
  된 관점과 일치해야 한다.
- 빈곤의 '원인'을 그냥 내버려둔 채 취한 조치들은 결국에는 대부분 효과
  적이지 않다. 정치적인 수준에서는 원인에 대한 조치를 실질적으로 지연
  시킨다.
- 대부분의 빈곤국 입장에서 빈곤 감소 효과를 성장에만 의지하는 것은
  충분치 않다. 원조는 경제적 효용성과 성장을 촉진하기 위한 것이기 때
  문에 아직도 '모든 우리의 원조는 빈곤 감소를 위한 것'이라고 주장하는
  공여국 관료들이 있다. 우리는 일찍이 특히 아프리카의 많은 사례에서
  개괄적인 성장은 빈곤 감소에 만족스러운 결과를 가져오지 못하는 것으
  로 보이며, 성장의 부문별 그리고 요소별 특성은 빈곤층의 복지에 결정
  적으로 중요한 영향력을 미친다고 보고했다. 이것은 기초교육과 의료서
  비스 제공, 소농 중심의 농촌개발정책, 비전통 제품의 수출증진과 같이
  '이중 축복을 받은' 지원 조정에 도움이 되는 도시개발, 높은 잠재력을
  가진 농업, 그리고 자본집중에 대해 편견을 가진 원조활동과는 거리가
  멀다는 것을 지적하고 있다.
- 특정한 '개입방식style of intervention'이 빈곤 감소의 성공 가능성에 중
  요한 역할을 한다. 연구보고서에서 오랫동안 지적된 바와 같이 원조의
  기획과 전달과정에서 대상 수원국을 실질적으로 고려하는 프로그램은
  기본적인 하향식 해법보다 훨씬 높은 성공 가능성을 갖고 있다. 이러한

추측은 유럽 공여국들의 경험에 대해 갖고 있는 우리의 증거자료를 통해 보강될 수 있다. 참여적 해법도 고유의 목적을 위해 바람직하며, 원조대상 그룹의 경제권 강화, 자신감 및 유용한 경험 쌓기에 이바지하고 있다. 이러한 원칙은 또한 바람직한 현지 주인의식과도 깊이 연관되어 있다.

- '모니터링과 평가'는 빈곤집단의 마음을 움직이기 어렵기 때문에 위험을 수반하게 된다. 효과적인 모니터링방식의 부재가 특별 계획의 부재를 초래하는 점을 고려하면 공여국의 원조개입은 그 성과가 모니터링되고 지속적으로 평가되게끔 자료 수집과 기타 조건들을 구체화하는 것이 중요하다.

더 중요한 교훈은 효과적인 빈곤 감소는 신중한 '정치적 관리'를 필요로 하지만 많은 국가들이 여기에 높은 우선순위를 부여하지 않는다는 점이다. 원조 표적화에 대한 논의에서 보았듯이 빈곤 감소 조치에 대해 강력한 정치적 저항이 일어날 수 있기 때문에 신중한 관리가 필요한 것이다. 이것은 국가가 그들의 빈곤 퇴치 목표에 단호한 결의를 갖고 그것을 촉진하기 위해 위험을 감수할 각오가 필요하다는 의미다. 불행히도 일부 국가들은 세계은행이 주장(1996a)하는 것처럼 이에 무관심하거나 때로는 적대적인 것으로 나타났다. 아프리카 국가들 가운데 명료하게 빈곤 감소에 높은 우선순위를 부여하고 있는 나라는 거의 없으며, 일부 예외가 있다면 1990년대 후반의 우간다와 모잠비크 정도이다. 여기서 공여국들이 얻을 수 있는 실질적인 교훈은 원조할 정부를 선택하는 '선택성selectivity'의 중요성이다.

선택성 문제를 고려할 때 우리는 원조 자원의 활용에서 전용가능성의 진실을 인식해야 한다. 이것은 중요한 고려사항으로 오랫동안 인식되어왔다. 세계은행이 이에 대한 증거자료들을 부지런히 축적해왔다(1998a: 4장). 이 보고서(66페이지)는 세금을 줄이거나 지출을 늘리는 것이나 소비나 개발비용 사이에서와 같이 특정한 부문에 대한 지출과 교차하여 '원조는 주로 전용이 가능하다'고 주장한다(전용 가능성에 대해서는 제15장 참고). 우리는 이 요소를 다른 요소들과 연계시킬 수 있다. 즉, 수원국 정부가 선호하지 않는 조치를 취하도록 권유하는 정책 조건의 실현 불가능성을 말한다(Killick, 1998a). 원조를 우선적인 부문과 연결시키려는 공여국의 노력에도 불구하고 수원국 정부는 그들이 선택한 개발원조를 통해 공급되는 여분의 자원을 활용할 수 있다. 때문에 원조가 만들어내는 차이점은 수원국 정부가 지원받는 외부자원에 어떻게 반응하느냐에 달려 있다. 주인의식을 말하는 것이다. 중요한 사실은 원조자금이 정부 전체 지출의 일부만을 충당한다는 점이다.

그럼에도 불구하고 정책 환경은 빈곤층의 복지에 광범위한 영향력을 미치고 있다. 그러므로 빈곤 감소라는 목표를 위해 최선을 다해 원조를 하려고 할 때 가장 중요한 것은 공여국들이 수원국을 선택할 때 빈곤 문제에 지대한 관심을 갖고 있고, 친빈곤층 정책을 펴기 위해 노심초사하며, 그리고 그렇게 할 수 있는 역량을 가진 국가를 택해야 한다는 점이다. 원조를 받고 있는 많은 국가들은 빈곤 퇴치에 높은 우선순위를 부여하는 것처럼 행동하지 않는다. 빈곤을 감소시킬 가장 큰 잠재력을 갖고 있는 부문(교육과 의료)으로 가야 할 국가지출이 왜곡되어 종종 중산층 수원자들을 위해 사용되고 있다. 따라서 수원국을 선정할 때는 빈곤층을 위해 원조자원을 배분하도록 하는 다양한 노력이 전제되어야 한다. 공여국들은 빈곤 감소에 우선순위를 두지 않는 국가에 대한 지원을 철회하려고 할까? 이 질문에 답하기 위해선 원조를 할당할 때 공여국들이 가지는 복합적인 동기에 대한 익히 알려진 문제부터 규명해야 할 것이다.

지원조건의 비효과성과 가능성과 관련해서도 빈곤 감소 목표에 공감하거나 적어도 반감을 갖지 않은 국가와의 정책대화가 중요하다는 점에 주의를 돌리게 하고 있다. 이에 대해 유럽 공여국들의 경험에서 판단한다면 빈곤 문제에 대한 양자간 대화에서 다루어야 할 부분이 많다고 할 수 있다. 원조 기구들은 항상 현지의 관리자라는 가장 중요한 책무를 전제로 각 수원국을 위한 빈곤 감소 전략의 구성요소를 발전시키기 위해 스스로 더 많은 분석을 할 필요가 있다. 이것은 분명히 상대방이 공감은 하고 있지만 실제적인 빈곤 감소 전략을 갖고 있지 않은 경우에 가장 중요하다. 이때는 수원국이 가능한 전략을 공식화하는 것을 돕기 위해 기술적 역량을 강화해야 하는데, 공여국들은 체계적으로 지원하지 못한 것으로 보인다.

공통적인 공약과 주인의식에 기초한 '협력' 관계 추구는 가능한 양자 사이가 아닌, 모든 기관들 사이에서 추진되어야 한다. 궁극적인 목적은 그들 사이에서 수원국을 위한 단일 전략에 합의하는 것이다. 이 같은 의견 교환은 국가적으로 초점을 맞출 수 있는(물론 높은 수준의 정치·사회적 연루를 포함하여) 제도적 메커니즘이 필요하다. 빈곤 감소 정책과 프로그램의 현지 주인의식이 관건인 반면, 지원조건의 활용은 더 일반적으로 공감 받을 수 없는 환경에서 국내 공약이 고립된 경우, 그리고 공여국의 견제력이 현지개혁세력을 지원해 국내 정책 결정자들 간의 균형을 뒤집을 수도 있는 경우에 효과적일 수 있다.

현지의 기록을 살펴보면 정보교환이라는 가장 기본적인 수준에서도 공여국들 사이의 의견 조정은 우선순위가 낮게 부여된다(UNDP와 같은 예외를 제외하고). 이것은 부분적으로 지역적 현실을 반영하고 영향을 미치는 경우에만 의미 있는 것으로 보이기 때문에, 그리고 기본적으로 이것이 국가 기반 활동이기 때문에 분권화와 권리이전에 대한 공여국의 수준과 관련이 있다. 많은 공여국들이 현지에 적은 수의 직원을 보내거나 전문가적 기술이 부족한 직원을 보내기 때문에 충분한 시간 또는 적절한 유형의 지식을 갖고 있지 않을 수도 있다.

보다 통일성 있는 원조자원의 활용은 합의 구축 수단으로서 공여국의 국가전략과 금융자산의 절차와 내용을 변경함으로써 더욱 효과적일 수 있다. 가능성 있는 개선책으로는 다음과 같은 것들이 있다.

- 공여기관 직원들은 빈곤에 대한 현지의 문화적, 역사적 맥락을 더 잘 이해할 필요가 있다. 공여기관은 그들 자신의 분석역량을 개선해야 하고 빈곤과 친빈곤층 정책에 대한 현지의 연구를 지원하기 위해 더욱 협력해

야 한다.

- 공여기관은 친빈곤층 전략의 공식화 및 실행과 모니터링을 위해 수원국 정부에 대해 더 많은 지원을 해야 한다.
- 공여기관은 빈곤 감소를 달성하기 위한 그들 자신의 국가 전략을 더욱 구체적으로 공식화하고, 광범위한 지역적 자문 절차를 통해 전략들을 도출하고 그것들을 빈곤 감소를 위한 운영 수단으로서 더욱 효과적으로 활용해야 한다.
- 공여기관의 기여는 정부 계획과 예산이 친빈곤층인 경우에 이를 보충하는 것이어야 한다.
- 공여기관 소속 국가의 전략은 프로그램 운영자들에게 그들의 금융자산과 모니터링 수행을 끌어내기 위해 명확한 운영 지침으로 제시되어야 한다.
- 빈곤 감소 지원은 일부 유럽 공여국들이 인도India에서 달성한 평균 50%에 가까운 몫을 차지함으로써 전체 양자간 포트폴리오의 더 근본적인 구성요소가 될 수 있다.

만약 빈곤 퇴치 목표에 높은 우선순위가 주어진다면 구조적인 조정 프로그램 계획은 수정되어야 한다. 물론 이것은 주로 경제적 적응을 도모하기 위해 계획된 것이지만 빈곤층에게 최소한의 비용으로 성취할 수 있는지를 확인할 의무가 있다. 비록 조정 프로그램의 빈곤 퇴치 효과가 종종 과장되기는 하지만, 이런 프로그램 중에 빈곤층의 이익을 위해 기획된 것은 거의 없으며(Killick, 1998b), 특히 IMF는 프로그램을 기획할 때 빈곤층 보호를 고려하지 않는다(Curto, 1998).

프로젝트 조정만으로는 빈곤 감소 문제를 해결할 수는 없다. 프로젝트의 영향력 규모에 대한 관심, 프로젝트의 지속가능성, 공여국들의 기술 및 인적 자원의 강도가 일부 기관들로 하여금 부문 간 포괄적 접근법을 검토하게 하였다(제7장 참고). 이러한 해법은 정부의 보건부나 공동체개발부와 같은 정선된 공공부문 기관들을 통해 실질적인 예산 자금 제공과 함께 정책 개혁과 제도적 지원을 병행할 수 있다. 특히 그것은 빈곤층을 포함한 고객들에게 서비스하기 위한 보완적인 정책 환경을 조성하도록 기획될 수 있으며, 이러한 방식으로 프로젝트보다 더 광범위한 잠재적 영향력을 갖게 할 수 있다.

그러나 이 해법은 공여국과 수원국 정부의 활동을 효과적으로 만들기 위한 상당한 변화를 필요로 한다. 첫째, 공여국들은 현지 주인의식 고취전략에 따라 움직일 필요가 있으며, 프로젝트를 위한 '실천적' 운영 방식을 따라야 할 것이다. 둘째, 부문별 해법은 다른 공여국들과의 조정을 통해 정기적 예산 자금을 포함한 예산지원 규정을 필요로 한다. 셋째, 공여국들은 동일한 빈곤 감소 목표를 공유하는 상대 정부와 유연성 있는 장기적 접근을 할 필요가 있다. 주요 도전은 중앙 행정개혁에 대한 관심이 빈곤층의 필요에 대한 민감성을 훼손하지 않고 초점을 맞출 것을 보장하는 일이다. 물론 공여국과 수원국 정부가 빈곤 감소 목표를 공유하지 않는 경우 전용 가능성이 프로젝트 또는 의미가 더 큰 부문별 접근 사이의 선택권을 빼앗는다.

이는 빈곤 감소에 초점을 맞춘 활동이 중심에 있도록 보장하기 위해서는 공여국 원조기구들의 강한 의식적 노력이 필요하다는 점을 상기시켜주고 있다. 비록 공여국들이 분명한 빈곤 감소 목표를 갖고 있다 해도 이 목표를 위에서부터 도출해 내는 경우는 많지 않아 보인다. 따라서 관리, 지침 및 인센티브를 위한 더 나은 시스템이 필요하다. 빈곤 감소 목표가 현장으로 전달되는 메커니즘이 강화될 필요가 있다. 세계은행이 보고(1996a)했듯이, 좋은 의도를 갖고 시작하는 것은 쉽지만 조정이 실행되면서 빈곤 감소라는 초점을 잃게 되기 쉽다. 공여국들이 공식적으로 빈곤 감소 목표를 채택하더라도 대부분이 미흡한 운영 지침과 부적절한 교육훈련을 제공하고 있으며, 빈곤 감소는 많은 프로그램 운영자들에게 모호한 목표로 남아 있고 사실상 복잡한 도전 과제가 되고 있다. 오직 세계은행과 독일 기관들만이 이러한 일반론에서 부분적으로 예외인 것 같다.

프로그램 운영자들과 직원들에게 의욕을 갖게 하는 자극의 부족 또는 적어도 의욕을 떨어뜨리게 만드는 동기들이 빈곤을 이해하고 빈곤 감소를 위한 지원을 효과적으로 기획하는 데 부정적 영향을 미치고 있다. 공여기관들은 종종 그 운영자들의 빈곤 감소 실적을 측정하는 기준이 부족하여, 빈곤에 대한 지원효과를 높이기 위해 더 진지한 노력을 경주하는 운영자들에게 적절한 보상을 주지 못하는 경우가 많다. 게다가 빈곤 감소를 위한 보다 효과적인 접근은 흔히 물리적 인프라 투자에 앞서 인식을 조성하고 제도개발과정에서 파생되는 이익을 얻는 주로 참여적인 것이다. 이런 접근들은 시간이 걸리는 일이기 때문에 국가 원조예산을 제때 사용하지 못한다. 즉, 원조기구들을 효과적으로 격려하지 못하고 있다.

제10장

양성평등과 원조

리사 안 리셰이

여성의 사회진출과 양성평등 달성은 인권의 문제이고 사회정의구현을 위한 조건이다. 그리고 여성의 문제로 따로 분리하여 보아서는 안 된다. 양성평등이야말로 지속적으로 공명정대하게 발전된 사회를 건설하는 유일한 길이다. 여성의 권리신장과 양성 간의 평등은 모든 인류의 정치, 사회, 경제, 문화 및 환경적 안보를 이루기 위한 전제 조건이다.

–대회 행동강령 (UN, 1995b: 19)

그러므로 선언에서 언급한 공약은 강령의 각 요소를 충족하는 특정 공약이라기보다는 강령의 전반적인 제안을 유효하게 실행하도록 하기 위한 일반적인 공약으로 구성되어 있다.……미국이 여러 사례에서 언급한 것처럼……행동강령에서 다루는 문제로 자금 지원을 늘리는 데에 동의할 수 없다.

-미국 대표단이 제출한 '유보와 설명을 위한 진술'(UN, 1995b: 173).

■ 머리말

이 책의 제1부에서 설명한 것처럼 원조가 가장 효과적인 곳은 원조를 가장 적게 필요로 하는 나라들이고, 원조를 가장 많이 필요로 하는 나라에서는 그것을 실행하여 '성공'을 거두는 일이 어려울지도 모른다. 양성평등은 원조 개입을 통해 결과를 얻기가 어려운 영역이고, 절차가 진행될 때 측정하기 쉽지 않은 영역이다. '크게 필요하나 진전은 적은 영역'(Longwe, 1991)인 양성평등과 개발은 원조의 중요한 측면이다. 많은 주류의 정책입안자들과 실행가들이 원조 수원국의 양성평등관계를 문화특성이나 개인적인 것으로 바라보도록 부추김으로써 양성평등 개입에 '성공하는' 사례가 드물며 따라서 원조의 범주를 넘어서는 경우가 많다. 그러나 구체적으로 개입을 가장 필요로 하는 곳이 바로 양성불평등 영역이다.

이 장에서는 원조의 새로운 목표 — '양성평등gender equality' — 와 이를 달성하기 위한 새로운 방법 — '양성평등 주류화gender mainstreaming' — 을 검토할 것이다. 양성평등과 개발을 역사적인 맥락에서 평가한 후에 왜 양성평등문제를 주류화하는 것이 개발 개입에 대한 문제가 될 수 있는지, 그리고 앞으로 원조에서 이것이 어떤 의미를 갖는지를 분석한다. 이 작업은 '우리 자신에게만 말하는 것을 중단하고' 정책결정과정 '내부'의 것으로 만들기 위해 경제학자 다이앤 엘슨Diane Elson 같은 페미니스트 개발이론가들의 요청 (1998)을 고려한 시도이다.[1]

---

1) '페미니스트'라는 용어는 대중적이고 학술적인 담론에서 논란의 여지가 있는 의미로 채택되었다. 페미니즘은 일부 독자들에게는 표어가 되고 다른 사람들에게는 걸림돌이 될 것이다. 그럼에도 불구하고 이 장과 관련된 특별한 — 광범위하고 혼합적인 — 시각을 포함시키기 위해 이 용어를 사용할 것이다. 페미니즘의 유형들에 대한 이론적인 논쟁을 일괄적으로 다루기 위해, 페미니스트들이 '남성과 여성 사이의 권력과 가치의 불균형을 인식'하고 '더 많은 균형을 촉진하기 위해 활동적인 여성을 고대한다'는 캐슬린 슈타우트의 말을 사용하였다(Staudt,

이 연구에서 필자는 사람들이 개발과정을 이해하는 방법의 한 요소로서, 그리고 개발 개입의 한 현장으로서 '양성평등' 문제를 추적할 작정이다.[2] 30년간의 학술적이고 정책지향적인 연구가 개발 분야에서 여성의 이익을 명확하게 규정하였다는 주장은 하지 않을 것이다. '여성 문제'의 공식화와는 다르게 역사적으로 그리고 이념적으로 검토하고 원조에 대한 여성의 의미를 살펴볼 작정이다. 양성평등 문제는 경제개발에서 중요하지만 역사적으로 경제 세력이 형성될 때의 여성의 역할을 고려하여 연구에 임했다.[3]

추측컨대 '성중립' 또는 '성장님' 정책이 중대한 성적 충격을 주고 있다는 인식이 정책개발과 실행에서 중요한 단계였다. 이러한 개입이 기존의 남녀 간 불평등을 어느 정도 악화시켰고, 이것이 페미니스트들이 관심을 갖게 만든 원인이었다. 그러나 전통적인 개발 계획자들과 실천가들의 더 큰 관심사는 양성불평등의 결과가 개발목표를 방해한다는 점이었다.

이 장에 소개된 첫 번째 인용문에서 제안한 것처럼 여성의 '평등'은 개발 분야에서 널리 인정되고 있는 목표였다.[4] 평등은 두 가지 의미를 갖고 있다.

1998:30).

2) 'sex'는 남성과 여성이라는 생물학적 존재를 일컫는 반면, 'gender'는 이러한 생물학적 상태에 대한 해석의 사회적 측면을 일컫는다. 성별gender은 문화적으로, 역사적으로 특수하게 이해된다. 따라서 둘 다 변화하고 있고 변할 수 있다. 그러나 여성과 남성을 기반으로 한 정보가 분해될 때는 주로 '남녀성별sex로 분리된' 용어를 활용하는데 이것이 '성별로 인한 차이점을 포착하길 기대하는 반면 주어진 상황에서 성별의 운용방식은 응답자의 남녀성별을 통해서 하기 때문에 보통 '남녀성별로 분해된' 데이터로 부르게 된 것이다(Pfannenschmidt et al., 1997: 7).

3) 원조와 관련된 정치적, 전략적, 경제적 및 인도주의적 대외 정책수단의 목표 중 여성 그리고(또는) 성별문제는 처음에는 인도주의적인 것으로 표현되었으나 지금은 경제적인 관심사로 간주된다.

4) 현대적인 개발 담론에서 활용되는 '평등'이라는 개념에 대한 비평은 루미스 Lummis(1993)를 참고하기 바란다.

첫째, 대우 측면에서의 공정성과 공평성, 둘째, 동일성, 적합성, 동질성의 개념이 그것이다. 공정성의 의미에서 평등은 '공평'이라는 용어를 사용함으로써 페미니스트 이론에서 구별되고 있다. 양성평등을 이루는 것은 절대적인 이분법, 즉 '평등'과 '상위'라는 두 가지 정반대의 개념을 통해 이해되고 있다. 프레이저Fraser는 양성평등을 여성을 남성처럼 대우하는 것으로, 반면에 '상위'는 여성이 남성과는 다르기 때문에 여성을 다르게 대우해야 함을 의미한다고 정의하고 있다(1997).5) 따라서 국제개발 분야에서 '양성평등' 개념의 일반적인 사용은 공정의 개념과 동등한 것이고, '평등'과 '상위'의 뜻을 다 갖고 있는 것이다. 이 장에서는 양성 공평의 목표를 참고하여 평등이라는 대중화된 말을 사용할 것이다.

머리말의 두 번째 인용문에서 제안했듯이 평등의 목표는 원조의 효과성에 대한 회의론이 늘어나는 상황에서, 그리고 그 실행을 위한 자원이 줄어들고 있는 상황에서 반드시 성취되어야 한다. 여기서 양성평등문제가 개념적으로 그리고 실질적으로 어떻게 해석되고 있는지를 이해하는 것이 중요하다. 양성평등이 여성운동의 전선에서 모든 개발기구의 토론과 문건으로 옮겨갔다는 것은 무엇을 뜻하는가? 페미니스트 활동가들이 줄곧 '옳았고' 양성평등의 중요성을 자각하는 것이 개발 공동체의 모든 부분에서 일어나고 있는가? 또는 그것이 시간의 흐름에 따라 뭔가 다른 것을 의미하게 되고 다른 환경으로 통합되고 있는가?

---

5) 프레이저는 다음과 같이 요약하고 있다. "'차별' 지지자들은 평등전략이 전형적으로 '표준으로서의 남성'을 전제로 하고 있으며, 이 때문에 여성이 불리한 처지에 놓이게 되고 모든 사람에게 왜곡된 기준을 강요한다는 점을 증명하는 데 성공하였다. 그러나 평등주의자들은 차별 접근은 대체로 근본적인 여성성 개념에 의존하고 있으며, 따라서 기존의 고정관념을 강화하고 여성을 기존의 성별구획 내에 속박하고 있다"고 설득력 있게 주장한다(Fraser, 1997:44).

■개발 기반으로서의 여성

여성과 개발문제에 대한 접근방식은 개발이론과 원조개입 내에서 꾸준히 변화해왔다. 이러한 개념적인 영역에서 '급작스런 반전'은 옛 접근방식의 성공과 실패 모두를 뜻한다. 개발 분야에서 활동하는 여성들의 역할에 대한 가설이 변화하고 있기 때문에 그들을 대상으로 계획한 원조개입도 새로운 견해에 따라 달라지고 있다. 그러나 원조에서 활용되던 전략이나 활용해왔던 목표들이 항상 일치하는 것은 아니며, 서로 간에 조화롭지 못한 경우도 있었다. 아래에서 여성들이 개발기반을 이루는 것으로 생각돼온 방식을 연대순으로 추적할 것이다. 이 장 끝에 있는 부록에서는 여성과 개발문제에 대한 정책적 해법을 요약하였으며 양성평등, 개발, 빈곤과 원조 간의 관계에 대한 근원적인 가설을 요약할 것이다.

개발 속의 여성Women in Development(WID)

'개발 속의 여성' 해법은 개발 장려에 목표를 둔 원조개입에 여성을 참여시키는 일과 관계가 있다. 아래 논의에서 '취약계층'의 일부 — 가장 초창기의 WID 연구 — 로서의 여성에 대한 초기연구를 분석할 것이다. 그리고 여성의 평등, 빈곤 퇴치, 개발과정에서의 효용성을 성취하기 위한 시도들을 살펴볼 것이다. 마지막으로 새로운 세대의 접근법을 이끈 WID에 대한 비판들을 간략히 요약할 것이다.

취약계층으로서의 여성에 대한 복지해법Welfare approach

역사적으로 여성들은 몸으로 때우는 '개발' 기반이었다. 식민지론에서 제3세계 여성들은 이국적인 것의 화신으로, 성적 대상으로, 그리고 후진 사회의 가장 후진적인 구성원으로 여겨졌다(de Groot, 1991; Mohanty, 1991도 참고). 파파트Parpart는 "식민지 시기에 선교사, 식민지 관료, 그리고 이주정착민들은 제3세계 여성들이 현대세계로 들어가는 것이 불가능하거나 또는 그런 의지가 없이 전통에 속박된 열등한 존재가 된 이유를 설명하는 데 뒤섞인 정보, 상상력, 독단적인 이기주의와 편견을 드러냈다"고 쓰고 있다(1995b: 257).

초기의 '개발' 기획자들은 이러한 가정들을 무비판적으로 받아들였고, 여성을 진보의 장애물로 간주하였으며, 실제로 여성의 생산력을 무시하기도 했다. 식민지에서 독립한 첫 20년 동안에 '개발'이 서방과 제3세계 사이의 관계를 정의하는 변수로 '식민주의'를 대체했으며, 이 기간에 구식민지 여성들은 개발원조개입의 기반으로 간주되지 않았다. 일단 남성들이 개발 필요성과 그에 대한 순응에 익숙해지자 서방식 정치·경제·사회적 조직이 형성되었고 여성들은 자연스레 그에 '따르게 되었다'(Afshar, 1991).

그러나 장애인이나 환자들처럼 빈곤층 여성들은 가족들을 돌보는 아내와 어머니라는 가설을 근거로 구원을 받는 취약계층의 구성원으로 간주되었다. 불비닉Bulvinic이 말한 '복지해법'(1983)은 가장 오래된 여성 개발 전략이었고, 여전히 많은 조직에서 정책을 입안하거나 실행할 때 근거로 삼고 있다.[6]

구호지원과 함께 여성을 위한 초기의 원조는 주로 가족계획으로 이루어졌다. 인구 '문제'에 대해 국제적인 합의가 이루어지고 제3세계 여성을 재생산자(생식력을 가진 사람)로 개념화하면서 원조의 상당한 비율이 피임(산아제한)이라는 형태와 결합되었다. 제3세계 여성의 생식력에 대한 원조국가들 대부분의 관심은 미국 해외정책의 이해관계 그리고 신맬서스주의(산아제한) 단체들의 한결같은 로비에 의해 강화되었다.[7] 산아제한은 제2차 세계대전이 끝

---

6) 복지해법은 19세기 유럽의 빈민구제법에 그 근원을 두고 있다. 이 법은 개인의 시장 참여는 사회적 필요를 충족시키기에 충분해야 하고, 사회 복지 기관들은 정상적인 공급 구조, 가족, 그리고 시장이 와해될 때만 필요해져야 한다는 개념을 기반으로 하였다(Wilensky and Lebaux, 1965; Hardiman and Midgley, 1982; Moser, 1989 인용).

7) 우리는 인구 문제의 역사를 자세하게 검토하지도 않은 채 복지해법이 제3세계 여성을 겨냥했으며 동시에 일부 미국 인구 학자들은 인구 '폭발'이 경제개발노

날 무렵 미국의 해외정책과 연계되었는데, 이것은 2차 대전 당시 추축국(독일-이탈리아-일본)이 자기들의 팽창주의 정책을 정당화하기 위해 인구과잉 lebensraum이라는 말을 사용함으로써 조성된(Sharpless, 1997) 공포에 대한 대응책이었다. 인구는 이제 그 해법으로서 가족계획과 함께 개발문제가 되었으며, 제3세계 여성들의 생식력을 약화시키는 조치를 강화하였다.

모제르Moser는 복지해법은 3개의 미심쩍은 가정에 근거해왔다고 한다(1989). 즉, (1) 여성은 개발의 참여자라기보다는 수동적인 수원자이며 (2) 모성은 여성의 역할 중 가장 중요한 것이고 (3) 자녀양육은 개발의 모든 측면에서 여성의 가장 효과적인 역할이라는 것이다. 모제르는 "본질적으로 복지 프로그램은 여성을 자원의 부족보다는 문제로 규정하고 그들의 '자연적인' 역할을 문제 삼기보다는 그들의 손에 가족 복지에 대한 해법을 맡기려 한다"고 결론내리고 있다(1989: 1809).

형평성 해법equity approach

'생식력이 있는' 여성을 다루는 방법상의 문제는 네덜란드 경제학자 보세뤼프Ester Boserup의 연구(1970)와 1970년대의 개발에 관한 논문들을 검토함으로써 논의할 수 있다. 보세뤼프는 경제성장 수준을 증진시키는 것으로 인정되고 있는 개발이 기존의 남녀 간 불평등을 심화시킴으로써 여성과 아동들에게 부정적인 결과를 초래할 수 있음을 '알았다'. 그녀의 책은 식민주의와 여성들의 위상 사이의 관계에 대한 통찰을 보여주고 있지만, 그 역시 남성과 여성들이 이룬 성과에 부여한 주요 평가들을 받아들임으로써 비판을 받았다(Scott, 1995).

보세뤼프의 책은 개발과정에서 노동자와 생산자로서 여성을 포함시켜 자유주의적 여권신장론자들의 요구들을 고무했다.[8] 카베에르Kabeer에 따르면

력을 위협한다고 서술하고 있음을 주목해야 한다(Hodgson and Watkins, 1997).

개발 분야에서의 여성WID은 '국제개발기구 내에서 공식적인 페미니즘의 첫 번째 물결'을 일으켰다고 한다(1997). 이 같은 해법의 지지자들은 여성이 개발에 기여하지 않았다고 생각하는 것은 무능한 평가라는 점을 정책 입안자들과 실행자들에게 알리기 위해 노력하였다. 편협한 관심 속에서 수십 년이 지난 후인 1970년대에 들어 제3세계 여성들에 대한 관심이 급증하게 된다. 이른바 유엔은 1975~1985년을 '여성들을 위한 10년'으로 선언하였다. 1975년은 '국제 여성의 해'였으며, 1973년에는 미국 의회에서 미국의 원조는 여성을 개발과정에 통합함으로써 개발도상국 여성의 지위를 개선하기 위해 노력해야 한다는 퍼시 수정안Percy Amendment이 등장했다.[9]

WID가 취한 정책 해법은 '복지'의 초기 개념에서 출발하였고, 불비닉의 형평성과 빈곤 퇴치로 성격을 규정한 새로운 접근(1983)으로 확대되었다. WID에 대한 독자적 전술인 형평성 접근은 개발과정에서 여성을 적극적인 참여자로 인식하고 있다. 형평성 접근은 공적 및 사적인 삶의 영역 ― 가정뿐 아니라 경제활동 ― 에서 남성과 여성 간의 불평등을 줄이는 데에 관심을 갖고 있다.

빈곤 퇴치 해법anti-poverty approach

빈곤 퇴치 해법은 남녀 간의 불평등을 줄이는 것에서 수입의 불평등을 줄이고 빈곤 퇴치에 목표를 두는 것으로 강조점이 옮겨간다. 이 전략은 개발기구들이 형평성 전략과 함께 두 개의 다른 문제에 대응하여 채택한 것이다. 첫째, 개발기구들과 개발도상국 정부는 '문화적' 관계에 연루되는 것을 계속 꺼려하고 있다. 둘째, 1970년대에 수익분배 또는 빈곤문제를 해결하려는 현

---

8) 자유주의적 페미니즘에 대한 종합적인 검토를 위해서는 통Tong(1989) 참고. 개발과 관련된 다른 페미니즘을 서술한 자료는 슈타우트(1998: 22~31) 참고.

9) WID는 1968년 스웨덴이 시작한 때로부터 1986년 독일이 시작할 때까지의 기간 동안 양자간 원조제도에 대한 길을 닦았다(Staudt, 1998: 182).

대화 이론이 분명히 실패한 것으로 공여국들에게 밝혀졌다(Moser, 1989). 빈곤 퇴치 해법은 1970년대의 개발 사고를 지배하게 된 '기본적 욕구basic needs' 전략과 부합했다(제1장 참고). 빈곤 퇴치는 저임금 가구 여성들의 생산성을 늘리는 데에 중점을 두고 있고, 여성들의 빈곤과 남성과의 불평등이 여성이 자본 및 토지를 소유할 수 있는 접근성을 떨어뜨리고, 노동 시장에서 성적 차별로 결부될 수 있다는 가정을 근거로 한다(Moser, 1989).

빈곤 퇴치 전략으로 실행되는 프로젝트 유형들은 소규모이며 수입 창출적인 경향이 있다. 이 프로젝트들은 여성이 이미 참여하고 있다고 가정되는 양성평등 특유의 활동을 장려하고 노동의 양성 분할이라는 기존의 개념에 도전하지 않는다. 이러한 프로젝트들은 여성의 시간이 탄력적이라고 가정하기 때문에 여성의 다른 활동으로부터 아이들과 노인 보호와 같은 걱정거리를 줄여주지 않는다. 더욱이 빈곤 퇴치 프로젝트는 종종 여성들의 생산 활동에서 생기는 수입은 부가적인 것이므로 남성들의 임금 노동보다 덜 중요하다는 개발기구들 사이의 일반적인 인식을 반영하고 있다.

효율성

1970년대 중반부터 경제위기에 대한 대응책으로서 효율성이 두 번째로 중요한 해법이 되었다. 이 해법은 "여성에 대한 강조에서 벗어나 제3세계 여성들의 경제적 참여가 증가하면 자동적으로 형평성도 증가할 것이라는 가정에 근거한 개발로 강조점을 이동시켰다"(Moser, 1989: 1813). 효율성 접근의 목표는 여성을 국가개발노력에 적절히 통합시킴으로써 이전에 활용되지 않았던 잠재적인 노동력 50%를 활용하고자 하는 데 있다. 그러나 이 과정에 대해 비평가들은 효율성 접근이 실제로 유급(그리고 전통적으로 남성) 경제에서 무급(그리고 현저하게 여성) 경제로 개발 비용을 이동시켰다고 주장하고 있다(Moser, 1989; Elson, 1995, 1998). 성을 무기로 한 구조조정 프로그램으로서 효율성 접근은 취약계층에 대한 구조조정 정책의 효과에 의지해왔다는 많은 비판을 받고 있다.[10] 그럼에도 불구하고 효율성은 원조에서 여성문제에 적용하는 가장 인기 있는 해법이 되었으며, 용어상의 변화에도 불구하고 여전히 많은 현대적인 해법의 기초를 제공하고 있다.

WID 해법에 대한 비판

'여성과 개발' 해법은 현대화 이론에 대한 일종의 숙녀 보조물ladies auxiliary이라는 비판을 받아왔다. 이 해법은 서양의 가치와 합리성을 강조하고, 자기민족 중심주의적 선형진보 개념을 신봉하며, 그들 자신의 고유의 조건에 책임을 지는 행동가인 개별적인 여성들을 대상으로 한다. 여성의 개발은 주로 평등의 문제가 아니라 경제적인 문제로 생각한다.

자켓Jaquette과 슈타우트Staudt는 이러한 상황에서 여성들은 주로 '위험한 상태에 있는 생식능력이 있는 사람들'로 간주되며, "미국 국제개발처가 '농촌의 대다수 빈곤층'에게 '공평한 성장'을 장려하고 '개발에 여성을 통합시킨다'는 1973년의 의회 요구에도 불구하고 실제로 여성들에게 영향을 끼친 것은 인구정책과 그와 관련된 산모/아동 의료 프로그램뿐"(1985: 236)이라고 주장한다.11) 따라서 '여성문제'가 소문날 정도로 확대되었음에도 불구하고 원조는 여전히 가장 먼저 제3세계 여성을 생식능력자로 대상화한다. 파파트Parpart와 마챈드Marchand는 WID에 대한 이전 비판들을 이렇게 요약했다. "일부 예외가 있기는 하지만 WID론은 남반부 개발도상국에선 여성문제에 대한 해외의 '해법'들을 합법화하는 반면, 일반적으로 차이점과 고유의 지식 및 지역 전문가의 기술을 무시하는 개발실행을 촉진해왔다"(1995: 18).

WID에 대한 수사학 아래 이루어진 많은 원조개입의 결함에도 불구하고 시몬스Simmons가 기술한 것처럼 그것은 "차별과 형평성 문제를 제기하기

---

10) 구조조정에 대한 성별 비평(Cagatay et al., 1995; Bourginon et al., 1991; Commonwealth Secretariat, 1989; Cornia et al., 1987) 참고.

11) 제인 자켓와 슈타우트는 1979년부터 1980년까지 USAID의 개발 사무소에서 여성관련 분야에 종사했다.

위한 여성들의 참된 노력이다"(1997: 246). 비슷한 예로 스탬프Stamp가 경고한 것(1990)처럼 우리는 모든 공여기관들을 획일적인 기관으로 간주하거나 그들의 원조개입이 동등하다고 간주해서는 안 되며 일부 유용한 연구가 WID 프로젝트에서 나왔음을 인식해야 할 것이다.

양성평등과 개발Gender and Development(GAD)

1970년대 후반 여성과 개발문제에 대한 새로운 접근이 원조의 예정된 수원국과 수원자들로 인해 생겨났다.[12] 이전의 해법과는 달리 '양성평등과 개발'에 대한 권능 부여가 사회 자체의 구조와 제도 내의 양성평등보다 우선시 됨으로써 이들 기존 제도가 극적인 방식으로 완전한 재구성을 모색하게 된다(Kabeer, 1997; Parpart, 1995b; Young, 1997 참고). 그러나 1990년대 말 GAD는 새로운 (여권신장) 옹호자들을 맞았고 앞서의 양성평등에 대한 비판자와 지지자 모두를 변화시켰다.

일부 여권신장론적 개발이론가들은 앞서 설명했던 대로 '양성평등'과 '개발' 모두를 동시에 해체하기 위해 이 해법을 사용한다. 이러한 범주 중 연구 또는 개입을 위한 합법적인 개념으로 남게 되는 범위가 현재 진행 중인 논의의 주제가 된다. 우리(말하고 있는 '우리'는 누구인가?)는 '여성'(어떤 여성?)에 대해 어떤 의미 있는 분별력을 가지고 말할 수 있는가? 최근 남반부 개발도상국에서 온 일부 학자들과 활동가들은 개발 논의에서 언어, 이원론적인 사

---

12) 여성과 개발WAD로 알려진 다른 해법이 WID의 대안으로서 GAD 이전에 있었다. 그러나 WAD는 일부 NGO에서 사용되었지만 그것이 부권 사회에 대한 급진적인 페미니스트적 비판과 짝을 이루어 마르크스의 구조적 비평에 근간을 두고 있었기 때문에 주류 개발기구에서는 채택되지 않았다(Visvanathan, 1997 참고). WAD는 남성이 지배하지 않는 소규모 여성전용 프로젝트를 요구한다. 이후의 해법에 대한 WAD의 기여는 여성이 항상 개발과정의 일부분이 되어야 한다고 인식하고 있었다. 그러므로 우리는 그들을 통합하려고 애쓰지 말고 개발에 대한 그들의 관계에 초점을 맞추어야 한다.

고, 식민지적 '잔재'의 재건에 초점을 맞추는 비판적 견해들을 통합하기 시작했다(Chowdhry, 1995). 이 학자들 중 대다수는 개발을 일반적으로 이해해왔던 것처럼 제3세계에서 악성개발의 사유가 된 넓은 범위의 현대화 프로젝트로 간주한다(ibid).

통합된 여성단체 구성원으로서의 여성과 서방적인 현대화로서의 개발이라는 본래 한정된 의미의 개념을 탐구하기 위한 강력한 추진력은 제3세계 여성들 자신으로부터 나왔다.[13] DAWN(새로운 시대를 위한 여성들과의 개발대안)이라는 기관 — 제3세계 연구원, 활동가 및 정책결정자 네트워크 — 에 따르면 서양의 여성 운동은 그들의 조국이 세계 경제의 충격으로부터 상대적으로 고립되었던 1960년대 후반과 1970년대 초반에 힘을 얻었고, 따라서 그들의 주요 관심사는 남성과의 동질성을 달성하는 것이었다. 개발도상국에서 빈곤층 여성들에게는(또는 부유한 국가에서 억압받는 계층에게는) "현행의 사회경제학적 구조 내에서 실업, 저임금, 열악한 작업환경과 인종주의로 고생하는 남성들과의 평등은 적절하거나 가치 있는 목표로 보이지 않았다"(Sen and Grown, 1987: 25). 따라서 양성평등이라는 개념은 남성과 여성의 개선된 생활과 분리할 수 없었다.

여성 자신과 남성과의 관계 사이의 차이 문제로 양성평등이라는 목표에 대한 관심을 미리 배제할 필요는 없다. 개발 분야에서 일하고 있는 대부분의 여권신장론자들은 메타Mehta가 "남녀 불평등에 도전하는 것은 문화의 전통

13) 1980년대 초반, '연구와 개발을 위한 아프리카 여성 연합AAWORD'은 개발 분야에서 서방 페미니즘의 역할에 대해 날카로운 비판을 쏟아냈다(AAWORD, 1982). 유사한 예로, DAWN은 WID 논쟁 속에서 분명한 '다른 목소리'의 표현으로 간주되는 '개발 페미니스트'에 대한 도전장을 발표했다(Sen and Grown, 1987). 그러나 허쉬만은 이 텍스트가 '광범위한' 운동 기반 및 개발에서 제일 중요한 물질적인 필요성을 내세우려는 시도로 여성의 삶을 문맥에서 떼어놓고 고찰하고 있는 '노동의 성별 분할'에 대한 초기의 WID 시각을 일정한 전제로 공유하고 있는 것에 대해 비판했다(1995).

과 금기를 간섭하는 것으로 간주되는 반면 부와 계급이라는 측면에서 불평등에 도전하는 것은 그렇게 간주되지 않는 이유가 무엇인가?"라고 질문하며 제기한 견해를 지지한다(1991: 286). 역사적으로 공여국들은 직접 문화적 변화에 영향을 끼치기를 꺼려왔다. 따라서 양성평등의 사회적 관계는 문화의 영역에 해당되는 것으로 생각했기 때문에 '양성평등 관계의 재고를 위한 강력한 주장'은 종종 "정당화되지 않은 '문화적 참견'"으로 간주되어 배제되기도 했다(Rathgeber, 1995: 207).[14]

페미니스트들 사이의 내부적인 비판에도 불구하고 그들 대부분은 여전히 양성평등을 노동 분야의 구조적 원칙으로 보고 있으며 "그 바람에 전반적으로 여성들에게 불이익을 가져다주고 있다"(Fraser, 1997: 201). 이 불이익의 명시는 경제구조 내에서 여성들의 지위와 관계가 없을 수도 있다. 그러나 세계화가 확대됨에 따라 우리는 경제 배열 원칙으로서 더욱 균일한 양성평등 구조를 보게 될 것이다. 이것은 우리에게 '여성'이 고도로 상황이 잘 설명되고 계층화된 조직을 구성할 때에도 양성평등을 정당한 원조문제로 다루도록 더 강력하게 요구할 수 있게 해준다. 일부 개발이론가들과 활동가들은 이러한 고찰을 원조의 개념화와 개입을 더 신중하게 하는 동기로 간주해왔다. 역사적이고 지리적인 상황에 놓여있는 여성들의 '진실'에 대한 한정된 자격은 적절한 개입을 위한 단계에 와있다.

양성평등과 개발은 다른 종류의 양성평등 요구와 이를 충족하기 위해 기획된 개입 사이의 구별을 일반화하였다. 모제르는 몰리뉴Molyneux의 연구(1985)에서 이론을 끌어내어, 여성의 '실질적인 양성평등 요구'와 그들의 '전략적인 양성평등 요구'를 구분한다(1989; 1993).[15] 실질적인 양성평등 요구는

---

14) 문화의 일부로서, 따라서 개발 권한 영역 외부에 있는 성별에 대한 구성을 더 자세히 보려면 파파트(1995b)와 스탬프(1990) 참고.

15) 라드클리프Radcliffe와 웨스트우드Westwood는 '실질적'이고 '전략적'인 것은 종 종 '사적'이고 '공적'인 개념과 결합되며, 여성들이 실질적인 이익에서부터 전략

여성과 남성들이 사회적으로 용인된 역할 내에서 그들 고유의 경험에서 나온 확인된 요구이다. 이러한 요구는 실질적인 것이며, 그리고 종종 적절한 주거, 식량, 물, 의료 및 고용과 같은 직접 감지되는 필요성에 대한 대응이기도 하다. 이러한 요구는 기존의 양성평등 관계에서 기인하지만, 이러한 양성평등관계에 아무런 문제도 제기하지 않고 충족된다.

반대로 '전략적인 양성평등 요구'는 남성에 대한 여성의 종속 분석으로 공식화되며 이러한 요구는 그들이 처해 있는 특정상황에 따라 변경될 것이다.16) 전략적인 양성평등 요구를 충족하기 위해서는 여성들의 지위를 개선하고 형평성을 도모하고 공적 및 사적 영역에서 여성에 대한 편견을 없애는 정책이 필요하다. 이것은 분명 현재의 양성평등에 대한 도전이다. 모제르는 전략적인 양성평등 요구는 풀뿌리여성 조직들의 '상향식' 투쟁에 의해 곧잘 도전을 받았기 때문에 원조 개입에서 다루기 어려운 문제였다고 주장한다. 그러나 모제르의 양성평등 훈련 전략은 여성의 전략적 및 실질적 요구에 대해 세심한 양성평등 계획을 세워 실행하는 기관들이 양성평등 관계를 고쳐 만드는 데 중요한 역할을 할 수 있게 될 것이다.

종종 '노동의 자웅 분할'이라고 부정확하게 언급되는 양성평등 역할은 현재 사회적으로 한정적이고 일시적인 것으로 인식되고 있어 변화의 여지가 있다.17) 모제르Moser는 여성의 '3중역할'이라는 개념을 일반화했다(1993).

적인 이익까지 추진해야 하는 위계질서의 관계를 제안하는 그러한 방식에서 보편적이고 직선적인 것으로 간주된다고 주장한다(1993). 마챈드(1995)는 그들이 실제 실행에서 끝까지 버티는 연속성에 대한 실질적인 필요와 전략적인 필요를 고려해야 한다고 주장한다.

16) 전략적인 남녀평등이 필요한 사례에는 가정 또는 시장에서 노동 분배의 경우 성별을 기반으로 한 차별, 대출금 또는 자산에 대한 접근성, 자녀 양육에 대한 선택의 자유, 여성에 대한 폭력을 근절하기 위한 적절한 조치 채택 등이 포함된다.

17) 비록 그들이 사람의 성별과 관련되어 있다고는 해도 자녀양육과 모유 수유 외

즉, (1) 노동력의 유지와 재생산을 보장하는 데 필요한 여성이 맡는 분만/양육의 책임과 가정에서의 책무로 구성되는 재생산적인 역할, (2) 현금 또는 현품(교환 가치를 가진 시장생산과 실질적인 사용자 가치는 물론 잠재적인 교환 가치를 가진 생계생산을 포함하여)을 얻기 위한 노동을 포함하는 생산적 역할, (3) 여성의 재생산 역할이 확대된 것으로 주로 공동체 수준에서 행하는 활동을 포함한 공동체 관리 역할이 그것이다. 공동체 관리는 부족한 자원의 공급 및 유지를 안전하게 지키는 자발적인 무급 노동이다(ibid).

여성들의 역할을 구분하는 것은 책임을 맡기고 우선순위를 바꾸는 데 대한, 그리고 새로운 기회로 여성들에게 맡겨지는 예기치 않은 부담에 대한 잠재력을 인식하는 중요한 단계이다. 그러나 이러한 명확한 부문들은 언제든 다른 부문에 대한 특정 부문의 등장을 결정하는 권력 관계를 무색하게 할 수도 있다. 이러한 부문들은 생산적이고 공동체를 운영하는 역할에서 여성들이 맡는 불공평한 부담에 아무런 문제도 제기하지 않는다. 또한 어떤 소중한 분류와 마찬가지로 여성들의 역할에 주어진 의미는 각각의 상황에서 충분히 비교되지 못할 수도 있다.

현대적인 사고와 실행으로 GAD 해법은 두 개의 다른 방향, 어쩌면 정반대 방향으로 나아가고 있다. 첫째, 그것은 단지 하나의 양성평등 또는 개발 안건을 동일시할 가능성을 근본적으로 다시 생각하기 위한 출발점으로 이용되고 있다. 둘째, GAD는 WID 해법의 오랜 개념화에 대한 새로운 언어상의 표현으로 활용되고 있지만, 여기엔 남성들이 어떻게 해서든 여성을 '현대성'으로 통합하는 데에 책임이 있다는 묘한 성격이 포함돼 있다. GAD의 새로운 의제가 원조에 대해 무엇을 의미하는지 해석하는 것은 원조기구들이 그들 자신의 조직 내에서는 물론 그들의 개발 파트너들의 조직 내에서 종종 상충되는 의제들과 직면해야 하는 처지에서 그들에겐 중대한 문제이다.[18]

에 이러한 활동 중 어떤 것도 실질적으로 사람의 성별과 관련되어 있는 것은 없다.

■ 원조에 양성평등문제와 개발이 미치는 영향

GAD 이행 주류화

양성평등문제는 1980년대에 공식적인 개발논의에서 처음으로 나타났고 GAD 해법은 1990년대 들어와서야 힘을 얻었다. 이 기간에 유엔과 관련 있는 일부 국제회의는 개발의 구성요소로서 양성평등의 제도화를 장려하고 강화했다. 여기에는 아동(1990), 환경(1992), 인권(1993), 인구(1994), 사회개발 (1995)에 대한 회의가 포함되며 가장 두드러진 것은 '여성에 관한 제4차 세계 회의: 평등, 개발과 평화를 위한 행동'(베이징 회의로 알려져 있다. UN, 1995b) 이었다.19) '평등 접근equality approach'으로 알려진 GAD의 일반화된 버전이 베이징 회의에서 나왔는데, 현재는 원조기구들이 널리 이용하는 해법이다.

자한Jahan이 만들어낸 용어인 '성 주류화gender mainstreaming'(1995)는 모든 단계의 정책 결정, 프로그램 기획과 이행에 양성평등 문제를 구체적으로 포함시키기 위해 정부와 민간개발기구 모두가 채택한 전략이다.20) 이 성 주류화는 (1) 파트너 국가(제도, 법, 정부 정책과 프로그램의 변화를 통해), (2) 개발 협력 프로그램(파트너 정부, 다자간 기관 또는 NGO와 함께), (3) 운영 절차와 구조의 변경을 통한 공여기관 자체(Schalkwyk et al., 1996)의 변화를 도모할 수 있다. 그러나 GAD가 개발의 성차별 철폐에 대한 제3세계 여성 조직과 그들의 학술적 지지자들로부터 이루어낸 변화는 순탄한 것은 아니었다.

---

18) 슈타우트(1997)와 고에즈(1997)는 다자간 공여기관에서 국가 및 NGO에 이르기까지 관료 체제 내에서 성별 재분배 정책을 도모하기 위한 제약과 기회들을 분석하고 있다.

19) 이 회의에서 제기된 성별 문제를 검토하려면 UNFPA(1998) 참고.

20) 원조 작업에서 GAD의 토대를 형성하는 3가지 주요 이론적 체계(Pfannenschmidt et al., 1997; World Bank, 1998f)는 (1) Harvard 체계(Overholt et al., 1985), (2) 모제르 방법론(Moser, 1993), (3) Longwe 체계(Longewe, 1991)이다.

자한은 이 성 주류화 전략의 두 가지 형태를 확인하고 있다(1995). (1) 기존 개발 부문 범위에 양성평등 문제를 추가하는 '인종차별 폐지론적 접근', (2) 개인차원으로서의 여성과 대립되는 것으로서 여성에 대한 의제가 개발의 주류로 인정받게 되는 '의제 설정' 접근이 그것이다. OECD 개발원조위원회DAC의 양성평등에 관한 특별조사위원회는 "의제설정 원조는 남녀 간의 평등을 뒷받침하는 가장 큰 잠재력을 갖고 있다'고 주장한다(OECD, 1998c: 26). 그러나 행적을 살펴보면 양성평등에 순응하는 것에 대한 의제 설정 원조는 실제로 활용되지 않고 있다. 여성문제를 다루고 있는 4개 공여국에 대한 자한의 후속사례 연구(1997)에서는 "그들은 의제설정을 향해 천천히 전진한다"고 결론짓고 있다. 용어는 WID에서 GAD로 전환한 반면, 의제설정은 원조를 양성평등 시각에서 전환할 수 있는 잠재력을 무시하고 아직도 주로 통합되고 있는 개인으로서의 여성에 관한 것이다.

GAD 해법은 단순히 여성들이 개발 사고에 통합되는 방식에 이의를 제기하는 것이 아니라 그것이 가져올 전체 구조에 대해 이의를 제기하는 것이다. 파파트는 "이 해법GAD은 학술적 개발논의에는 상당한 영향력을 갖고 있는 반면, 근본적인 사회적 변화를 고려하려는 의지는 회원국의 주권을 존중한 나머지 정부 대 정부 원조를 선호하는 대형 원조기구에 잘 먹혀들지 않는다"고 주장한다(1995b: 260)[21]. GAD라는 용어가 채택되었지만 실제로는 WID 접근이 근본적으로 우세한 결과가 되고 있는 것이다.

---

21) 개발 대안을 위한 GAD 추진은 개발 분야에서 일하고 있는 페미니스트들 사이에서도 보편적인 지원을 받지 못하고 있다. 예를 들면 Booth의 WHO에 대한 사례연구(1998)는 한편으로 지구주의 전략을 포용하는 'femocrats(페미니스트 전문 기술자)'의 일부에 대한 불만과 다른 한편으로 민족주의자 이데올로기에 깔려 있는 제도적 기준에 대한 불만 사이의 고리를 역설하고 있다.

점진적 변화를 위한 GAD의 잠재력

여성에서 양성평등으로 초점을 옮김으로써 GAD 해법은 개발실무자들의 활동무대를 제공하거나, 또는 엘슨Elson이 말한 것(1998)처럼 양성평등 문제에 대해 '소년들에게 이야기하는' 기회를 제공하고 있다. '약화되기까지 한' GAD 버전에 대한 일부 실용주의적 지지자들은 먼저 여성을 포함하고 나중에 양성평등 문제를 재고하는 것을 지지한다. 그들은 고든Gordon의 말(1996: 80)을 빌리자면, "경쟁하고 '개발과정에 통합하기' 위해 여성에게 권한을 위임하는 것은 여성에게 제도적 지위와 당국에 대한 접근성을 부여하는 것이며 이것은 여성이 자본주의와 가부장제에 도전하고 수정하고 또는 변화시킬 수 있는 유일한 방식"이라고 주장한다.

비슷한 예로 일부 GAD 동맹자들은 양성평등에 대한 관심이 개발 목표에 대한 중대한 재검토 없이도 기존의 원조방식을 개선할 수 있다고 주장한다. 그들은 양성평등에 대한 제도적 접근이 이러한 문제들을 개발기구의 예산과 활동 범주에 포함시킬 수 있다고 믿는 반면, 윤리 또는 공정성의 근원에 대한 호소는 그러지 못할 것으로 믿고 있다.

예를 들면 엘슨과 에버스Evers는 "성차별 감소는 그 자체가 권리의 목표일 뿐 아니라 지속가능하고 공평한 경제성장에도 기여한다"는 전제에서 출발하고 있다. 그리고 원조는 가격과 자원배분 패턴에서 양성평등에 근거한 왜곡을 줄이는 방식으로 제공될 수 있다고 제안한다(1996: 2). 또한 스탠딩 Standing은 기존 체계 내에 구체적인 양성평등 문제를 포함시킴으로써 의료분야 개혁에 양성평등 의미를 고려하는 체계를 제안한다(1997). 에버스와 엘슨과 마찬가지로 스탠딩은 신자유주의 정책과 여성에 대한 그 정책의 있음직한 영향력 사이의 대화에 관여하고 있다. 이러한 두 사례 모두 주류 조직의 제한된 매개변수 내에서 원조개입을 위한 장을 제시한다. 이러한 유형의 접근은 양성평등 목표에 관한 합의의 '최소 공통분모'에 대한 호소로 비난을 들을 수 있는 반면, 그것은 또한 양성평등 연구자들이 개발을 담당하는 관료

제도 내에서의 변화를 초래할 수 있는 방식을 대표할 수도 있다.[22]

　GAD가 양성평등 '변수'를 유발한 것에 대한 최근의 관심은 양성평등을 지원하는 것이 왜 경제적인 의미를 만들어내는지를 충분히 증명해주었다.[23] 그러나 다른 목적을 이루기 위한 수단으로 양성평등을 간접적으로 조장하는 것은 역효과를 일으킬 수 있다. 잭슨Jackson은 빈곤 의제를 진전시키기 위해 양성평등문제를 어떻게 활용하면 성의 불공정성 문제와 맞붙지 않게 되는지, 그리고 종종 정책에 대한 의도하지 않은 결과를 초래하는지를 보여주고 있다(1998). 또한 바덴Baden과 고에즈Goetz가 암시한 것(1997)처럼 수단이 되는 논의들은 불신을 받을 위험에 노출되며, 이들은 정보와 지식이 수집·분석되고 우선시되는 방식을 결정하는 제도자체의 성차별적 성격을 고려하지 않는다.

GAD는 남성들에게 유리한가?

　'양성평등'이 개발논의에서 '여성'을 대신할 때 그것은 양성평등 역할에 대한 검토를 처음 추진했던 페미니스트들이 바랐던 것과는 확연히 다른 방식으로 이용될 수 있다. 예를 들면 카베에르는 일부 학자들과 실천가들이 여성에서 양성평등으로 전환하는 WID 목표에 여성과 남성을 포함시키는 것으로 이해했다고 주장한다(1997). 카베에르는 방글라데시에서 개최된 양성평등 인식과 관련된 워크숍에서 여성 참가자 중 한 명이 그녀에게 "우리가 개발에

---

22) 필자의 목적은 개발이라는 부문에서 남녀평등에 대한 연구를 찾아내는 것이기 때문에, 그들이 '무시한' 이러한 접근을 의도적으로 비판하지 않았다. 원조 관료 체제와 그 내부의 개인들이 어떻게 여성들에게 권한을 위임하고, 위임할 수 없는지에 대한 다른 예들은 슈타우트의 연구(1997) 참고.

23) 예를 들면 스와미Swamy 등의 최근의 다국적인 연구(1999)는 사업과 정치 분야에서 여성의 역할을 늘리기 위해 기획된 정책들은 부패를 낮출 수 있는 효과성이 있다고 주장한다.

서의 여성문제를 아직 역점을 두어 다루지 않았을 때, 우리가 방글라데시에서 양성평등과 개발에 대한 준비를 하고 있다고 생각하십니까?' 라고 질문한 경우를 설명하고 있다(1997: xii).

이런 맥락에서 분석 단위로 여성을 배제하는 것은 개발에서 특권을 가진 공간을 남성들이 점유하는 상황을 초래한다. 개인으로서 남성을 포함시키는 것은 남성적인 것을 비판하는 것과는 다르다. 이 언어의 전환은 여성 특유의 불리한 점을 부인하고 '여성들에게 혜택을 주기 위해 특별히 예정된 조치들을 포기하기 위한 변명'으로 활용될 수 있다(Kabeer, 1997: xii).

예를 들면 수입 창출 활동이 포함된, 이전에는 전적으로 여성 프로젝트였던 탄자니아의 가족계획 프로젝트에 남성들이 참여하는 것이다(richey, 2000). 이 전환은 가족계획에 '남성의 개입' 정도가 늘어나는 것에 대한 공여국의 관심과 프로젝트 이권에 접근하고자 하는 현지 남성들의 욕구 둘 다를 만족시켰다. 이런 경우처럼 여성 프로젝트에 남성을 포함시키는 것은 이론상으로는 여성들의 건강 문제와 여성들의 권한신장에 대한 더 진보적인 개념에 그들을 노출시키는 것이 된다. 그러나 내가 다른 곳(ibid)에서 언급한 것처럼 여성 참가자들은 프로젝트 의제를 설정하고 부족한 자원을 둘러싸고 경쟁해야 할 때 양성평등 관계의 현지 위계질서 때문에 불이익을 받게 된다.

프로젝트에 명백히 규정돼 있는 목적은 여성들의 위상과 권한신장을 개선하는 것인 반면, 그 결과는 권력의 양성평등 관련 관계를 강화시키는 방식으로 남성들을 프로젝트에 통합시키고 있는 것이다. 이런 강력한 현지 이해관계 사이에서 불공평한 사례에 도전하지 않는 것이 프로젝트 승인을 얻어내는 데에 이롭다. 이러한 사례는 '대중의 참여'와 양성평등 모두를 증진시키는 일이 어렵다는 점을 말해주고 있다(ibid). 이 모든 것이 개발 프로젝트의 중요한 목표이며 다양한 개발 주창자들에 의해 포용될 수 있다고 해도 민초들 차원에서 실행할 때는 쉽게 균형을 잡을 수 없다. 니그하트 칸Nighat Khan은 많은 제3세계 여성들에 대한 전망을 이렇게 요약했다. "초점을 여성에서 여성과 남성으로, 그리고 결국에는 다시 남성으로 전환하기 위한 논의를 허용했다는 점에서 여성보다 양성평등에 대한 관심이 역효과를 초래했다"(Goetz, 1997:39).

양성평등은 주류화에서 사라진 것인가?

양성평등 주류화라는 새로운 수사학에서 양성평등 문제에 대한 제도적인 측면을 검토하는 것은 중요하다. 원조업무의 여러 분야에서 일하는 사람들은 그들의 업무에서 양성평등 관계의 역할에 대해 얼마나 잘 알고 있는가? 양성불평등을 바로잡으려는 제도적 약속은 실제로 얼마나 강력한 것인가? 고에즈Goetz가 공헌한 것(1997)과 같은 다양한 맥락의 연구를 보면 개발제도 자체는 그 고유의 구조와 정책에서 철저히 양성평등화되어 있다고 주장한다. 그러므로 정책, 프로그램, 프로젝트가 양성평등 필요성을 다루려 한다면 '제도적 권리를 획득'하는 일에 초점을 맞출 필요가 있다. 전통적으로 여성문제는 양성평등에 초점을 맞추고 경험을 중시하는 전문화 구성단위로 취급돼왔다. 그러나 이 양성평등 단위는 실행능력을 결여하고 있는 '문화적으로 양성평등과 관련된 권고라는 위압의 근원'(Wallace, 1998)인 상의하달방식으로 간주될 수 있다.

양성평등문제는 개인들이 그 문제를 선도할 때에만 실질적으로 실행될 수 있다. 래스게버Rathgeber의 연구(1995)에 따르면 원조기구 내에서 GAD를 실행하기 위한 절차는 그 기관 내의 진보적 성향의 개인들 노력 덕분에 이루어진다고 한다. '양성평등과 개발'은 양성평등훈련gender training의 수준에서 첫번째 자리를 차지해왔다(Parpart and Marchand, 1995). 이 훈련과정은 주로 자발적이고 대체로 반나절 동안 열리는 세미나에 양성평등 문제를 단기 노출시키는 것으로 짜여 있다.

북유럽 국가들의 더욱 '진보적인' 원조기구에서도 GAD는 제도적인 집행체계가 아니라 일부 개인의 기여도에 의존해야 한다. 덴마크 국제개발원조기구Danida의 대표가 이렇게 요약하여 말했다. "프로그램에 여성과 양성평등 문제가 없다면 여러분은 어떠한 부정적인 제재도 받지 않을 것이다. 그러나 지출이나 환경문제에 대해 적절히 보고하지 않는다면 제재를 받게 될 것이다."[24] 질서정연한 집행 장치의 결여, 그리고 설사 장치가 제대로 갖추어져 있다 해도 그 실행의 어려움 때문에 제도에 규정된 양성평등 정책의 근저에 있는 문제점에 대해 상충되는 대책이 나오고 있는 것이다.[25] 영국의 17개 NGO에 대한 연구에서 오직 4개 기구만이 시간, 직원, 자원을 할당하여 양성평등에 대한 인식을 그들의 정책과 절차에 통합시키고 있음이 드러났다 (Wallace, 1998).

Unicef가 양성평등 훈련 매뉴얼(USAID가 사용하려고 한 다양한 매뉴얼에 대한 설문 조사의 일부)을 검토한 것을 보면 GAD에 대한 경합적인 해석 사이에 불협화음이 있었음이 두드러지게 나타난다. 다음 글을 보자.

> 결점들. 여성의 평등과 권한신장을 국제 원조정책의 목표로 정하는 데에 불편해하는 사람들 또는 효과성을 최우선시하는 사람들은 이 매뉴얼에서 취하고 있는 접근을 싫어할 것이다(Pfannenschmidt et al., 1997:17).

원조정책의 목표로 '여성의 평등과 권한신장을 불편해하는 사람들'이 양성평등 훈련 또는 양성평등 분석의 실행책임을 맡고 있다는 사실은 아이러니하다. 개발 목표로 '효과성'을 우선하는 것과 '평등과 권한신장'을 우선하는 것 사이에 함축된 모순이 있다. 평등과 권한신장을 위해 실시하는 원조가 왜 선천적으로 비효율적일 것이며, 그 효과성은 어떤 기준으로 규정되는 것

---

24) 필자와의 인터뷰, 1999년 7월 15일.
25) 다른 공여국의 정보 제공자는 성이 주어진 개입법에서 중요한 정책 관심사라면 그 관심을 표현하기 위해 조직 내에서의 접촉을 활용한다고 설명했다. '만약 당신이 (순종을 강요하기 위해) 사람들 위에 군림하고 있다는 것을 그들이 안다면 당신은 그들과 일할 수 없을 거예요. 그러나 물론 당신은 성별과 관련된 무언가를 해야만 하지요'(저자와의 인터뷰, 1999년 8월 5일).

일까? 이 같은 반성을 지지하는 사람들 속에 '양성평등 실천가gender practitioner' 유형은 편의에 따라 '평등'과 '권한신장'을 이용한다. 이른바 그들은 국제원조 운동의 훌륭한 목표가 경제적 효과성이라는 더욱 중요한 목표에 기여할 때만 그 목표를 이용한다.[26]

양성평등의 중요성에 대한 GAD 합의의 한 가지 위험성은 그것이 이제 토론할 문제가 아니라는 점이다.[27] 따라서 그에 대한 반대 또는 다른 해석은 더 이상 합법적인 의견이 될 수 없다. 이것은 대화를 위한 기회를 제한하고 덜 직접적인 통로로 반대의견을 전하게 할지도 모른다. 예를 들면 양성평등 문제가 적절한 관심의 대상이 되지 않는 곳에서는 심지어 그것이 수사적으로 지원을 받는 동안에도 사람들은 수동적인 저항을 할 수도 있다. 방글라데시의 고에즈의 연구(1996)가 논증하고 있듯이 원조현장에서 일하는 사람들의 결정권은 GAD 정책을 실행하는 데 큰 역할을 하는가 하면, 또한 그들 고유의 편견은 양성평등 목표를 억제하는 데 기여하게 된다. 따라서 양성평등 문제를 민감하게 다루는 것은 개발현장의 모든 간부들에게 양성평등이 원조담당 관리들 사이에서 잊힌 것이 아니라는 점을 확신시켜주는 데 중요한 역할을 한다.

이론적으로 양성평등 주류화는 양성평등을 원조의 모든 측면으로 끌어들이고 있지만, 실제로 양성평등 문제는 '서민들의 비극'으로 고통을 당할 수도 있고, 이 의제는 모든 사람을 예정된 '양성평등 전문가gender specialist'가 됨

---

26) 비슷한 사례로 카르담Kardam과 세계은행 직원과의 인터뷰(1997)에서 WID가 경제적 생산성과 투자에 대한 수익과 연계될 때에만 성별 문제가 정당한 것으로 간주된다고 증명했다.

27) 개발 기구들이 남녀평등 정책을 채택하는 것은 모든 사람들이 수용해야만 하는 기준점을 설정하는 것이다. 따라서 실질적인 효과가 별로 없는 부분에까지 모두 포함해야 할 것이다. 월라스Wallace가 NGO에 대해 조사한 연구서(1998)는 빈틈없는 정책의 외관은 대립을 숨기기 위해, 그리고 성별 평등을 위한 공약의 결점을 숨기기 위해 활용될 수 있다고 밝히고 있다.

으로써 더 희석될 수도 있다. 한 가지 불안하게 하는 경향은 실무자들이 반 나절의 훈련세미나에만 참석하면 양성평등 문제에 대해 충분히 도통할 수 있다는 억측이다. 아무도 농장 시스템, 물 운영 또는 환경 붕괴에 대한 전문적 기술이 그렇게 쉽게 습득되리라고 믿지는 않을 것이다. 이것은 단기적인 양성평등 훈련의 결과를 이야기하는 것이 아니라 양성평등을 다루는 것이 다른 중대한 개발문제들을 다루는 것만큼이나 많은 시간과 기여도를 필요로 한다는 점을 이야기하는 것이다. 더욱이 원조기구 내의 일부 개인들, 원조 주최국 정부 및 협력 기관들은 여권신장이라는 목표를 불편해할지도 모른다. 원조기구들은 소속 직원들이 양성평등을 그들의 정책, 프로그램 그리고 프로젝트에 주류로 편입시킬 수 있는 위치에 있는지 여부를 고려해야 할 것이다.

정치는 양성평등 주류화에서 제외되는가?

양성평등 개념은 권력관계로부터 그것을 제거하는 기술적인 방식으로 활용될 수 있다(Baden and Goetz, 1997). 양성평등이라는 언어는 페미니스트 의제로부터 뺏어와 관료주의적 도구로 활용되고 있다. 잭슨Jackson은 "개발기구들이 페미니스트적 사고의 많은 요소와 양성평등 분석의 다양성을 동등하게 수용하지 않았다"고 주장한다(1998: 39). 양성평등은 개발 지침에서 연속적인 변수가 되었지만 이것이 운용되는 방식은 보통 GAD 활동가들과 학자들이 진전시킨 더 큰 범위의 양성평등에 관한 관심사와 유사점이 거의 없다.

GAD의 평등 수사학이 원조에 대한 주류 해법을 좌우해왔지만, 아직도 단일의 통합된 해법은 아니다.[28] 래스게버Rathgeber가 원조 프로젝트에서의

---

28) 단일 조직 내에서도 사용되는 용어나 성별 분석 목표에 대한 명확성이 부족한 경우가 종종 있다. 그리고 GAD의 항목에 해당하는 구성 요소들은 실질적으로 완벽하게 양립할 수 있는 것이 아니다. 예를 들면, 세계은행 내에서 성별 주류

GAD에 관해 고찰한 것(1995)을 보면 대부분의 개발개입 해법은 '본질적으로 분리주의적 성향'으로 드러나고 있고, 그것의 문제점은 이전의 해법에서 제외된 것으로 확인되고 있다. 그리고 이들 해법은 앞으로의 공여국 원조를 위한 현장으로서의 배경을 무시하고 있다. 래스게버는 개발개입의 패턴을 이렇게 기술한다(1995: 205). 즉, (1) 주로 거시적 시각으로 문제 확인, (2) 경제적으로 효율적인 문제 시정을 위한 접근 확인, (3) 문제에 대한 기술적 기반의 해법 실행이 그것이다. GAD는 WID가 개발에 '여성을 포함시키려고' 시도한 것(결국 실패했지만)처럼 '양성평등을 포함시키려는' 데 이용되고 있다. 바덴과 고에즈는 주류화하고 있는 의제가 공여국이 주도하는 것 때문에, 그리고 "목표에 대한 명확성 또는 방향보다는, 모든 수준에서 상세한 절차를 첫째 임무로 유도하면서 목적보다는 절차와 수단"에 초점을 맞추는 것 때문에 어떤 비판을 받아왔는지를 기술하고 있다(1997: 38).

남녀 불평등을 변화시키는 것은 본질적으로 정치적인 권력 관계를 바꾸는 문제이다. 더욱이 가장 널리 사용되는 해법인 경제적 효과성과 평등은 반드시 상승적인 목표가 아니다. 효과성 해법은 세계은행이 경제성장의 '주요' 목표로 성별 차이에 초점을 맞추는 것으로 정의되었지만, "이 해법은 남녀 불평등이 문제라고 함축적으로 가정하지 않기 때문에 모순적으로 보이지는 않는다"(World Bank, 1998f: 15~6). 성별불평등의 존재를 인식하지 않는 어떠한 해법도, 같은 보고서에서 주장하고 있듯이 주요 목표가 "성별에 근거한 불평등을 줄이고 따라서 더 큰 포괄과 사회 정의를 이루는" 해법과 양립할 수 없을 것이다(ibid).

'대립적이지 않은' 성별 해법을 조장시키는 것은 본질적으로 모순이다. 현재 널리 인정되고 있는 것처럼 만약 성별 관계가 투쟁을 위한 현장이고, 남

에 대한 분석을 보면 'sex', 'gender', 'gender roles', 'gender division of labour'와 같이 공통적으로 쓰이는 용어들이 기관 내에서 일관된 의미를 갖고 있지 않다고 한다(World Bank, 1998f).

녀 불평등이 사회적으로 한정된 남성과 여성 간의 불평등한 권력 관계에 기반을 둔 것이라면 이러한 권력균형을 변화시키는 어떠한 개입도 기존의 권력관계와 맞서야 할 것이다. 세계은행이 비대립적인 것으로 효과성을 언급한다면 불평등한 현 상태를 유지하는 데에 기득권을 가진 사람들에게 말하고 있는 것이다. 세계은행의 비대립적인 해법은 위계질서의 가장 아래쪽에 있는 사람들이 확실히 대립적임을 느낄 수 있는 그런 관계를 합법화하고 재생산하고 있다. 그러나 성별개입은 대부분 정치적인 산물을 결코 언급하지 않으며 좀처럼 정치적 활동을 촉진하기 위해 기획되지 않는다(Parpart, 1995a).

GAD는 개발로 간주하는 것을 바꿀 수 있는가?

GAD로부터의 통찰은 개발개입을 재검토하는 데에 이바지할 수 있다. 잭슨Jackson은 이렇게 주장한다.

실제로 양성평등 분석법의 주요 특징 중 하나는 양성평등의 정체성이 모든 사회적 생활을 본뜬 것이므로 그에 대한 인식은 성별 렌즈를 통해 '여성을 포함시키는 것'에 관한 것이 아니라, 개발 개념과 실행을 전체적으로 재검토하는 것이라는 주장이다. 이러한 통찰은 설명 와중에 놓친 것으로 보이는 많은 것들 중 하나이다(Jackson, 1998:43).

지속적으로 불평등한 맥락 안에서 양성평등 과정, 권력 및 관계를 검토하는 것은 '참여', '책임성' 및 '권한신장'을 새로이 강조하는 것으로 수렴된다. 이 같은 더 정치적인 문제들은 원조 정책을 위한 합리적인 관심사로 양성평등을 압도하고 있다. 개발개입은 성별 평등 목표를 반영하는 단계에서 재개념화될 수 있다. 이른바 성취해야 할 개발 목표가 무엇인지, 누가 개발할 것인지 그리고 그들이 어떤 절차를 이용할 것인지에 대한 재개념화이다. 이것은 모든 수준에서 답해야 할 관련 질문들이다.

이 과정에서 '전문가'의 역할이 재고되어야 한다. 파파트Parpart는 기획의 정규 절차가 의도적이든 아니든 현지인들의 전문기술에 대한 공식적인 개발 자격증명서에 특전을 주는 개발 기업 내에서 위계질서를 재현하고 있다고 주장한다(1995a). 여성들이 갖고 있는 기술은 공식적이면서 보통 서양식 교육을 통해 얻는 전문기술보다 현지에서 습득한 기술일 경우가 훨씬 많다. 전문가가 갖추는 중대한 기술과 자세는 권리신장을 위한 중요한 변수가 될 수 있다. 로랜드는 필요한 해법을 "각 개인과 그룹을 위한 철저한 존경, 겸손과 그리고 상호관계가 있는 학습에 대한 열의, 융통성, 권한신장 과정에 대한 기여도"를 포함하는 것으로 기술하고 있다(1997: 136). 양성평등은 개발 분야에서 접근성과 참여에 중요한 역할을 하지만 참여 또한 성별 평등을 촉진하고 있다. 프리슈무츠Frischmuth는 잠비아를 예로 들며, 성은 개발 분야의 참여적인 해법에서 본질적이어야 하지만 이를 위한 특별한 노력 없이 자동적으로 다루어지는 것은 아니라고 주장한다(1997).

권한신장과 참여와 같은 개발 목표들은 모니터링하기 어렵다.[29] 대부분의 공여기관들은 정기적인 모니터링과 평가를 위해 양적인 지표에 의존하고 있고, 질적인 지표는 좀처럼 사용하지 않는다. 예를 들면 덴마크 국제개발 원조기구Danida의 수석 사회정책 고문인 비르기트 마드센Birgit Madsen은 권한신장과 참여의 질적 과정을 측정하고 평가하기 위해 일련의 프로젝트 특화 지표를 개발했다. 그녀는 "질적 지표를 평가할 때 중요한 것은 전통적인 방법론적 의미에서의 타당성과 신뢰도가 아니라, 사회개발과 지속가능한 생계를 위한 참여와 권한신장에 대한 영향력임을 명심하는 것이 중요하다"고

---

29) 권한신장에 대해 정의를 내리고 모형을 만들고 평가하는 시도를 하고 있는데, 스테인Stein(1997)은 여성의 건강에 대한 권한신장을, 카를Karl(1995)은 여성의 참여와 의사 결정에 대해서, 아프샤르Afshar(1998)는 누가 누구에게 권한을 위임하는지에 대한 문제를 연구하고 있다.

말한다(Madsen, 1998: 6). 그러나 이러한 지표들은 프로젝트에서 실제로 활용된 적이 없고, 권한신장이나 지속가능성과 같은 어려운 개념들을 장기적으로 측정하는 것은 '지출 및 물리적, 가시적 표적과 같은 양적 목표'에 대한 정치적인 관심으로 인해 무색해졌다.[30] GAD 목표의 잠재적인 함정 중의 하나는 그것이 단기적이지 않고 측정하기 어렵다는 것이다(Wallace, 1998). 이런 종류의 목표들은 개발을 위한 기존의 체계에 포함될 수 없다. 따라서 GAD는 양적인 지표만으로는 측정하기 어려운 다른 종류의 목표와 절차를 반영하기 위해 개발 '성공'에 대한 재고를 필요로 한다.

GAD를 원조정책에 통합하기

태도를 바꾸는 것이 필요하지만 성별 평등을 이루는 데는 충분치 않다.[31] 최근 OECD 보고서는 성별과 원조에 대한 사고의 단편을 보여주고 있다. 공여국들은 "WID에서 성별 평등과 여성에 대한 권한신장에 초점을 맞추는 것은 원조의 전체적인 효과를 향상시키기 위한 수단"으로 인식하고 있다(OECD, 1998d).

양성평등의 이 같은 중요한 측면은 여성에게 권한을 위임함으로써 성취된다. 그러나 권한신장에 관한 많은 해석은 단순히 태도의 변화에만 주목하고 있다. 예를 들면 DAC의 정의는 이렇다. "여성에 대한 권한신장은 일반적으로 여성이 합법적으로 능력을 갖고 개인적으로 그리고 집단적으로 그들의 사회와 그들 고유의 삶을 형성하는 의사결정 과정에 효과적으로 참여해야

---

30) Danida의 비르기트 마드센이 필자에게 보낸 이메일, 1999년 7월 28일.

31) 남녀평등이 단순히 '빵과 버터' 문제에 초점을 맞추는 문제라고 주장하는 것이 아니다. GAD에 대한 엄격히 물질주의적인 해법은 계속 이러한 '필요'가 생기는 상황과 다시 연계되어야 한다. 그렇게 하는 것의 실패는 일단 이러한 기본적인 필요가 처리되면 다른 비경제적 필요들이 쉽게 제자리를 잡게 될 것이라는 순진한 가정으로 끝나게 될 것이다(Hirshman, 1995).

한다는 인식을 나타내는 것이다"(OECD, 1998d: 12). 권한신장이라는 개념은 파파트가 암시하고 있듯이 그 어휘에 대한 이해가 다를 때에도 모든 사람들이 절대적으로 동의하는 '모성애라는 용어', 즉 뭔가 편안하고 의심할 여지 없는 어떤 것이 되었다.[32]

그러나 세계에서 가장 부유한 국가들로부터 온 대표들이 제3세계 여성들에게 그들 고유의 삶과 사회에 효과적으로 참여할 수 있도록 허락하고 책임을 부여하고 있는 사실은 그 여성들이 개인적 또는 정치적 영역에서 겪고 있는 복잡성과 어려움에 대한 인식부족을 보여주는 것이다. 가장 두드러진 사례는 공여국들이 여성들에 대한 권한신장이라는 목표를 실현하거나 지연시킬 수 있는 OECD의 역할 일부를 무시한다는 점이다. 권한신장은 권력을 배분하는 문제이고 원조는 권력을 키울 수 있도록 자원을 끌어온다. 분명히 여성들에게 그들 스스로 권한을 가지라고 말하는 것은 무리다. 현실적인 환경이 지구적 그리고 가정적 수준에서 존재해야 하고 원조가 그런 환경을 가능케 할 수 있다.

1995년 OECD는 '양성평등을 개발과 개발원조 노력의 주요 목표임을 시인'하고 '적절한 제도적 및 재정적 개입이 결정적이며' '재정적 자원을 늘리는 것이 필수적'이라는 사실을 인식했다(OECD, 1998d: 부록 1). 그러나 DAC 회원국들과 다자간 공여기관들의 자원 흐름을 보면 제3장에서 기술한 것처럼 자금이 꾸준히 감소하고 있다. 부유한 국가들로부터의 원조자원이 감소하는 상황에서 제3세계 여성들의 권한이 신장될 수 있고 되어야만 한다는 OECD의 충고는 공허한 소리로 들릴 수 있다.

비슷한 사례로 5개 공여기관들의 원조자금 지원경향에 대한 연구보고서를 보면 원조에 대해 선언된 전략, 구조 및 연간 보고서가 종종 공적관계를 위한 수단과 더욱 관련이 있고 재정지원이 필요한 기관들의 우선순위를 반드시 반영한 것은 아니었다. "일람표는 다른 이야기를 하고 있는데도 불구하

---

32) 권한신장에 대해 비평적인 시각은 파파트 외(2000) 참고.

고 개발 보고서에는 모든 분야가 '성장한' 것"으로 기록돼 있다(Agarwal et al., 1999: 36). 이 연구보고서는 1995년 아시아 개발은행ADB이 5대 전략개발 목표 중 하나로 여성의 지위향상을 선언한 사례를 들고 있다. 그러나 1997년 까지 ADB는 양성평등과 개발을 우선 목표로 삼은 프로젝트를 단 한 군데에 서도 실시하지 않았다.

■ 결론

양성불평등은 마치 하찮은 고고학적인 문제 - 다소 먼 과거에 형성되었지 만 근본적으로 변화 없는 상태로 남아 있는 사회적 관계 - 인 것처럼 개념화되 고 있다. 양성불평등 의제는 한때 어떤 우연의 일치에 의해 날조되었으나, 이제 일단 '발견되어' 변화될 수 있는, '주어진 것'으로 취급되고 있다. 말하 자면 불평등은 잇따른 연구에 의해 '발견된' 것이다. 사회적 관계에 부합하는 행위자들이 역동적으로 살고 있어 이 같은 해법으로는 양성불평등을 계속 재생산하고 있는 현실을 인식할 수 없다. 보세뤼프Boserup의 연구에서 드러 난 가장 유용한 발견 중 하나는 원조 자체가 양성불평등을 악화시킬 수 있다 는 사실이다. 양성불평등은 권력의 불평등한 분배(자본적, 물리적, 사회적 또 는 기타의 불평등한 분배)를 기반으로 하고 있기 때문에 성별과 관련된 권력 관계와 상호작용하지 않고는 원조를 공급할 방법이 없다. 성별과 개발 해법 에 대한 통찰은 이러한 불평등에 대한 관심을 유도할 수 있고 대안적인 개입 - 특별하고 집중적이고, 장기적이며 지역적이고 지구적인 성별 실체에 대해 알 고 있는 개입 - 을 야기할 수 있다.

사실상 성별 관계는 원조에서 항상 중요했고, 심지어 개발기획자들이 주 목하지 않았을 때도 그러했다. 성별 문제는 다른 모든 개발현장과 상호작용 하고 현장에 존재하기 때문에 그 고유의 권리에 대한 특별한 재정적 기여가 필요하지 않을 것이라는 오해로 인해 어려움이 있었다. 성별문제를 기존 원조정책의 주요과제로 삼는 것은 여성을 개발 분야에 통합시키려던 초기의 노력을 어렵게 했던 것과 같은 장애물들로 인해 어려움을 겪었다. 성별에 관한 언어는 정책, 프로그램 및 프로젝트의 공통적인 일부가 되겠지만 원조의 성격은 근본적으로 변하지 않을 것이다.

현재 여성들의 충분한 참여가 없는 원조정책의 의제설정 구조와 개발에서 얻은 이익을 동등하게 배분할 때 여성을 제외시키는 일은 GAD 접근이 성별에 관한 시각을 과거와 같은 낡은 개발개념에다 두는 한 바뀌지 않을 것 같다. 필자가 이 장에서 철저하게 비판했던 것처럼 GAD는 주류 개발 구조의 외부에 머무르고 있지만 주류화 수단으로서의 GAD는 남녀평등이 관료주의적 기준과 프로젝트에 종속돼 있는 한 완전히 힘을 잃게 될 것이다. 그러나 GAD에 대한 일부 완고한 비판을 기존의 원조 체계 속으로 편입시키는 중도적인 입장은 양성불평등을 다루는 데에 긍정적인 기여를 할 수 있다. GAD의 도전은 공여기관 자체의 내부에서부터 서로 영향을 주는 현지 공동체에 이르기까지 권력의 불균형이 존재하는 곳을 인식하고, 그들에 반하는 자세로 자원을 동원하는 일이다.

만약 양성불평등이 광범위하고 특별한 재정적 공약을 통한 원조정책의 우선순위로 실현되지 않는다면 그것은 단순히 빈곤 감소나 환경 보호와 같은 다른 목표들과 경쟁하는 개발 목표에 지나지 않게 될 것이다. 공여국에서 현지 수원에 이르기까지 개발협력의 모든 수준에서 여성들이 불평등하게 참여해온 역사를 보아도 성별문제가 다른 개발 우선순위와 잘 경쟁할 수 있을 것으로 기대하기 어렵다. 실제로 양성평등에 대한 공여국의 우선순위들이 '여성들의 문제'를 다루기 위해 개최되는 국제회의의 수사학을 뛰어넘어 채택되지 않는 한 실제로 개발에 주류로 편입되는 '양성평등'이 아니라 단순히 '양성평등이라는 전문용어'로 남아 있을 것이다.

원조정책에서 GAD를 장려하기 위한 방향

GAD에서 배운 두 가지 교훈이 있다. 하나는 현지의 복합적인 요구에 응하기 위해서는 원조개입을 조정할 필요가 있다는 점이고, 다른 하나는 원조의 목표로서 차별받지 않는 여성단체가 없다는 사실이다. 그러나 대부분의 지원기구들이 거의 10년간 겪은 경험을 보면 실질적으로 성별 의제를 채택하는 데에 지속적인 어려움이 있음을 알 수 있다. 다음은 효과적인 GAD 실행의 기반을 형성할 수 있는 일반적인 방향을 요약한 것이다.

양성평등에 대한 공약

양성평등에 대한 공약이 공여기관 내부에서 평가되고 강화되어야 한다. 성별 문제는 이름뿐인 여성 또는 성별 프로젝트가 상징적인 의미로 포함되는 고립된 영역으로 분류되어 묵살되어서는 안 된다. 그러나 모든 원조정책 표준에서 적절한 훈련을 받지 않고 단지 피상적인 수준으로 주류화하는 것은 실질적인 비판을 무시한 채 GAD에 대한 수사만을 채택할 위험이 있다. 남녀평등 목표를 충족하는 것이 원조 정책의 중요한 부분이 되기 때문에 GAD에 대한 개별적인 헌신은 보상받아야 마땅하다.

범위와 방법 재검토

양성평등과 개발의 효과성은 단순히 개발에 '여성' 대신 '양성평등'을 포함시키는 것 이상의 능력이 필요하다. 원조기획과 실행에 수원국들을 많이 참여시키는 융통성을 발휘하는 장기적 개입은 양성평등을 도모하는 방향으로 개발과정을 전환시킬 것이다. 성 주류화는 개발의 엄격한 편견 속에서 양성평등이 다른 변수로 존재하는 곳으로 동화되어서는 안 된다.

모니터링과 평가 재설계

모니터링과 평가진행은 별개의 개입 대신 그 과정을 반영하기 위해 재설계되어야 한다. 이미 제시한 바와 같이 만약 GAD 목표가 이전 해법의 목표와 다르다면 이 목표를 충족하기 위해 사용된 체계는 다르게 이해되어야 한다. 양적, 질적 정보는 이런 변화를 검토하기 위해 필요하다. 양성평등에 대한 모니터링과 절차평가는 원조 참여자들의 주관적인 경험을 포함시키는 방향으로 재설계되어야 한다.

태도와 공약

태도변화를 위한 지원은 증가한 물질적 공약과 함께 이루어져야 한다. 양성평등 문제가 개발의 중요한 측면으로 간주된다면 원조 과정의 모든 부분에 연루되어 있는 여성과 남성에 대한 태도를 바꾸는 것이 필요하다. 그러나 태도 변화만으로는 충분하지 않다. 원조정책 개입을 위한 중요한 문제 중 가장 의미 있는 지침은 할당된 지원 자금의 규모이다. 남녀평등은 비용 면에서 효과적이고, 원조는 여성이 양성평등과 개발 모두의 수원자라는 사실을 확실히 하기 위해 실시되어야 한다.

양성평등과 원조에 대한 정책 해법

〈표 A.10-1〉 양성평등과 원조에 대한 WID 해법

정책 해법	성-개발관계	성 불균형을 초래하는 메카니즘	성-빈곤 상호작용	해외 원조의 역할
복지 (1950~1970: 현 제도 실제 활용)	아내와 엄마로서 출산에 대한 책임을 가진 여성	이 해법에서는 고려되지 않음	식량원조, 영양결핍조정, 가족계획 프로젝트의 대상이 되는 빈곤층 여성	원조의 하향식 공급을 통해 더 좋은 어머니로서 개발에 여성 투입
공정 (1975~1985)	성 차별로 인해 개발 과정에서 소외된 생산자로서의 여성	여성을 위한 정치적 및 경제적 자치권 부족; 가족과 생산 활동에서 여성과 남성의 불평등한 관계	빈곤을 대상으로 하는 개발 프로젝트가 빈곤층 여성에게까지 도달하지 않음. 따라서 빈곤 대상 조직에서 여성은 가장 혜택 받지 못함.	여성에게 남성과의 경제적 및 정치적 평등 부여하기 위한 직접적인 정부의 개입 정치; 하향 시 원조; 긍정적인 차별 정책; 가족에서부터 정부까지의 차별에 도전
빈곤퇴치 (1970년대: 일부 기관에서 현재도 활용)	불균형하게 빈곤하다는 이유로 개발 과정에서 소외된 생산자로서의 여성	땅과 자본에 대한 개인적 소유권에 대한 접근성, 생산 활동에의 성 차별과 같은 경제적 개발 부족	경제적 기회 또는 기존의 기회를 활용할 수 없는 무능함 때문에 여성들은 그들 자신 또는 그 가족을 빈곤에서 벗어날 수 있도록 하지 못함.	일하는 빈곤층, 비공식적인 영역을 대상으로 함, 저임금 총 여성을 위한 수입창출 선택권
효율성 (1980년대 이후, 외채 위기 이후: 일부 기관에서 현재도 활용)	여성과 남성 간의 공정성 증가로 인해 자동적으로 개발 과정에 여성의 참여 증가가(개발이 모든 남성에게 도움이 되는 가정)	교육 부족; 생산성 낮은 기술; 문화	개발을 위해 이용 가능한 인적 자원의 50%가 해(되)거나 충분히 활용되지 못함.	여성의 생산적인 잠재력을 활용하기 위한 더욱 효율적이고 효과적인 교육을 지원; 가계복지를 개선하기 위해 가장 효과적인 경로인 여성에 대한 투자

출처: OECD(1998d; Moser, 1989; Kabeer, 1997; World Bank, 1998f)

〈표 A.10-2〉 양성평등과 원조에 대한 GAD 해법

정책 해법	성-개발 관계	성 불균형을 조래하는 메커니즘	성-빈곤 상호작용	해외 원조의 역할
권한신장/자치권 (1975년부터: 공정성 해법이 실패했던 1980년대에 가속화됨)	여성에 대한 억압은 인종, 계층, 식민지 역사, 경제적 경제 결사에서의 지위에 따라 다르다. 따라서 여성은 다른 수준에서 일 제하 억압적인 구조에 도전해야 한다.	다른 사람들에 대한 우세함이라는 측면에서 확인된 권력과 그들이 자기 의존과 내부 세력을 늘리기 위한 여성의 역량이라는 측면에서 더 확인된 권력	빈곤은 세계적인 경제적 불평등, 인종주의, 성 차별주의와 관련되어 있다. 가계의 수입은 여성의 개인적인 빨이과 동등시되지 못한다.	인지도 상승과 함께 법직 및 저도적 변화, 정치적 동원, 교육, 여성의 기관에 대한 조접; 인종들의 의제 지원; 하향식 개발이 아닌 상향식 개발
평등 (여성에 대한 제4차 세계 회의 (1995)부터: 현재 가장 일반적인 해법)	여성과 남성 간의 불평등은 여성에 대한 여성의 손실이 아니라 전반적인 개발에 대한 손실이다.	불평등한 성 관계는 여성과 남성 간의 불평등을 재창출하고 강화한다.	빈곤층 여성들은 그들의 생활을 설명하고 사회-경제적 변화를 유발하기 위한 전략을 추구하기 위해서 모든 수준에서의 의사결정 과정에 참여하도록 권한을 위임받아야 한다.	성 관계에서의 불평등은 여성 자체만으로 보다는 목표 불평등은 개발의 모든 수준에서 성 불일치에 대한 관심으로 인해 좁어들 수 있다. 예를 들면, 성은 개발의 모든 부문에 '주류로 편입'될 수 있다.

출처: OECD(1998d; Moser, 1989; Kabeer, 1997; World Bank, 1998f)

제11장

원조, 개발, 환경

라스무스 헬트베르·우페 닐센 [1]

■ 머리말

맬서스와 리카도 이후 경제학은 성장과 천연자원 간의 관계를 자주 언급해왔다. 하지만 개발에 대한 환경경제학은 1980년대에 들어와 보편적인 목표로서 지속 가능한 개발을 도모했던 『우리의 공동 미래』(1987)에 대한 브룬틀란드 보고서Brundtland Report에 자극받고 나서야 주요 관심과 연구 분야가 되었다. 또한 1980년대에는 자원의 고갈에서 재생 자원의 감손과 관련된 문제로 관심사가 이동하였다. 환경의 지속가능성에 대한 논란은 환경을 위

---

1) 옌스 코브스테드, 아닐 마르칸뒤아Anil Markandya, 이르마 아델만, 사닝 아른트, 안네 올호프Anne Olhoff, 요르헨 비르크 모르텐센, 크리스티안 피리스 바크Christian Friis Bach, 요르겐 페테르 크리스덴센Jørgen Peter Christensen, 클라우스 포르트네르Claus Portner, 페테르 예르톨름, 핀 타르프, 그 외 코펜하겐 대학 경제연구소에서 개최한 원조에 관한 두 번의 워크숍에 참석한 익명의 비평가들과 참석자들로부터 논평이 있었다.

한 외부의 원조자금 지원뿐 아니라 환경에 대한 국제적인 관심사와 수사학에도 깊이 영향을 미쳤다.

환경에 대한 관심이 이렇게 고조된 것은 개발에 필요한 천연자원의 중요성에 대한 인식이 커졌을 뿐 아니라 기후변화를 포함한 지구환경의 악화에 대한 선진국들의 관심이 높아졌기 때문이다. 환경과 개발은 서로 연관되어 있으며, 환경악화는 개발의 장래를 위태롭게 한다(World Bank, 1992b; Dasgupta and Maler, 1995). 천연자원의 기반 붕괴는 농업, 어업 및 공업 생산성을 감소시키고 빈곤을 증가시키는 부정적인 악순환과 연계될 수 있다. 공기오염, 식수오염, 식량오염은 인류의 건강과 복지에 부정적인 영향을 미치고 지구환경의 오염은 기후를 변화시키고 생산력에 해를 끼친다.

빈약한 자원의 고갈에 대한 관심사(Dasgupta and Maler, 1995)로 인해 많은 공여국들이 가난한 농촌공동체의 생산성을 높이고 천연자원 관리방법을 향상시키기 위해 기술지원을 하였다. 또한 개발지원은 환경적 부작용을 상쇄할 수 있다고 인식되어 왔다(Reed and Sheng, 1998). 프로젝트와 부문 프로그램 원조를 위해 이 기술지원은 다른 단계의 프로젝트 주기에 대한 환경적 지침을 채택하도록 만들었다. 그러나 프로그램 원조의 경우 거시경제적 개혁과 환경 간의 연계가 복잡하고 잘 이해하기 어려우며, 환경적 관심사는 거시경제적 정책 결정에 잘 통합되지 못하고 있는 실정이다(Munasunghe et al., 1996).

환경을 위한 금융이전은 개발협력의 중요한 일부가 되고 있다. 여러 가지 이유로 인해 환경으로의 전환에 대한 중요성과 경향을 상세히 기록하기는 어렵다. 1990년 이전에는 환경을 위한 지출정보가 부족했고(Franz, 1996), 많은 프로젝트가 최근 수년간 '환경적'인 것으로 재분류되었으며, 정의가 달라지고, 많은 프로젝트들이 복합적인 목적을 갖고 있기 때문이다. 세계은행은 환경 분야에서 가장 큰 다자간 공여기관이다. 최근 수년간 세계은행 전체 차관의 1~4%는 주로 환경에 대한 것이었다. 1986~1997년에 전체 110억 6천만 달러의 차관이 62개국의 153개 환경프로젝트에 지급되었다(1997년 현재도 여전히 진행 중이다). 이 차관 중에서 60%는 오염 및 도시환경과 관련된 프로젝트에, 31%는 농촌 환경에, 그리고 8%는 제도적 역량구축에 배정되었다(World Bank, 1997c). 예를 들어 양자간 공여국 중 일본은 1992년 전체 공적개발원조(ODA)의 16.9%를 환경부문에 사용하였고, 노르웨이는 1991~1993년까지 ODA의 18%를 환경관련 활동에 할당하였다(Franz, 1996).

환경에 목적을 둔 원조와 다른 유형의 원조는 두 가지 중요한 성격을 통해 그 차이점을 알 수 있다. 첫째, 대부분의 환경문제는 국제적이거나 심지어 지구적이다. 지구의 대기, 대양, 생물학적 다양성과 같은 자원들은 '지구 공공재global public goods'이다. 여기에는 지구 자원을 지키기 위한 노력과 관련하여 무임승차하는 문제가 뒤따른다. 개별 국가들은 환경과 관련된 활동비에 대한 부담을 회피하려는 동기를 갖게 되지만 환경을 보호함으로써 얻게 되는 이익을 나누는 데에선 배제될 수 없다. 지구적 환경문제는 최근 수년간 공여국들이 직면하고 있는 새로운 도전 과제이다. 의심할 여지 없이 환경과 관련된 활동은 선진국 유권자들에게 인기가 있으며 공여국들은 환경과 관련된 활동을 하는 데에 비교 우위를 갖고 있기 때문이다. 그러나 누가 이 중요한 환경을 위한 지출을 할 것인가?

환경 관련 원조의 두 번째 성격은 부분적으로 첫 번째 성격과 관련이 있다. 공여국과 수원국 간의 우선순위가 전혀 다르다는 점이다. 선진국과 개발도상국은 환경적 목표와 다른 부문의 개발 필요성에서 일치하지 못하며, 다른 환경적 문제의 상대적인 우선순위에 대해 합의하지 못한다. 지구적인 환경문제가 개발도상국의 입장에서는 종종 가장 시급하지 않은 문제인 반면, 그래서 오히려 그들은 공여국들로부터 더 큰 관심의 대상이 된다.

이 두 가지 성격은 환경과 관련된 이전의 역할과 계획에 영향을 미치는 중요한 요소들이다. 따라서 이 장에서 되풀이될 주제는 환경원조의 정치경제학, 예컨대 공여국과 수원국의 다른 목표가 갖는 의미는 물론 지구적/지역적 환경 이분법의 중요성이 될 것이다. 이 장의 주요 목적은 환경원조의 개념을 일반적으로, 동시에 특정한 이전 메커니즘transfer mechanism과 전략에 관해 비판적으로 평가하고자 하는 것이다. 첫째, 이 분석을 체계화하기 위해 환경원조의 목표와 범위에 대한 전반적 논의뿐 아니라 환경적 이전의 분류법은 다음 항목에서 다루어질 것이다. 다음 장에서 이 논의는 지구적 환경[예컨대 지구환경기금Global Environmental Facilities(GEF)의 활동, 환경 대 채무 스와프(채무이행 대신 자연보호를 요구하는 일), 환경을 위한 차관조건]과 지역적 환경에 초점을 맞춘 친환경으로의 정책전환에 대한 지출을 위한 특정한 메커니즘과 전략에 대해 논할 것이다. 그 다음에는 일반적인 원조의 환경적 부작용과 관련된 주요 문제들을 검토하고, 결론은 마지막 장에서 내리게 될 것이다.

■ 환경관련이전의 목표와 범위

환경관련이전environmentally related transfers의 분류

이 장은 환경원조environment aid를 개념화하고 논의하는 데 그 목적이 있다. 첫째, 환경개선 자체를 주 목적으로 하는 이전과, 주된 목표를 경제개발로 하고 환경지속성을 제2의 또는 파생효과로서 여기는 이전 사이를 구분하는 것이 유익할 것이다. 이후에는 이전의 첫 번째 유형은 '환경원조'로, 두 번째 유형은 '지속 가능한 원조'로 칭하게 될 것이다. 둘째, 주요 범위를 지구적 환경(생물학적 다양성, 대기, 기후와 대양)으로 하는 이전과 천연자원 및 인간의 건강을 포함한 수원국의 환경을 대상으로 하는 이전을 구별하는 것이 중요하다. 이 두 가지의 목표와 범위를 구별하여 〈표 11-1〉에서처럼 정책이전을 분류할 수 있다.

〈표 11-1〉을 보면 수익 분배 조건에서 지역적 환경개선과 지구적 환경개선 사이에는 분명한 차이가 있다. 지역적 환경개선은 개발도상국 주민들에게 예컨대 더 깨끗하고 건강한 도시환경 또는 농업생산성을 지속 가능하게 하는 데에 필요한 천연자원의 보호를 통해 직접 그리고 즉각 이익을 준

〈표 11-1〉 목표와 범위에 따른, 환경과 관련된 이전의 분류

목표	환경	경제개발
용어	환경원조	지속가능한 원조
범위: 지구적 환경	다음 사항들을 통한 지구적 공동재(대기, 생물학적 다양성, 대양)의 개선에 대한 지원: 증가비용에 대한 자금 지원 환경 대 채무 스와프 환경적 조건 제한 CO_2 감소를 위한 공동 이행	깨끗하고 효율적인 에너지 기술의 이전
범위: 지역적 환경	다음을 위한 지원: 오염 통제 깨끗한 물과 공중 위생 폐기물 운영 환경적 역량구축	다음을 위한 지원: 개선된 토양과 식수 경영 지속 가능한 농촌개발 농업 조사 토지 개혁

다. 반대로 지구적 공동재화를 보존하는 데서 얻는 수익은 더욱 분산되어 있고, 불확실하고 간접적이고 장기적인 것이다. 예를 들면 생물학적 다양성 보존은 엄청난 과학적 불확실성을 갖고 있지만 이익은 다음 세대나 유전학 연구자들, 제약회사, 선진국의 환경보호를 지향하는 사람들에게 가게 된다.

다음에서 더욱 자세히 다루겠지만, 지구적 환경개선과 지역적 환경개선에 따른 이익 분배가 다르다는 것은 환경과 관련된 정책이전의 역할에서 중요한 의미를 갖는다. 지구적 환경의 경우 공여국들의 역할은 시장의 힘에 의해서도 개인적인 행위자나 수원자에 의해서도 포착되지 않는 전혀 다른 미래의 수익을 대표하고 표현하는 것이다. 그렇게 함으로써 공여국들은 세계적 집단행동의 제공자로서 중요하고 새로운 역할을 수행한다. 지역적 환경활동과 관련하여 공여국들의 역할은 '중계기'와 지식, 과학기술, 전문기술의 제공국으로서 더욱 익숙하다. 공여국들은 원조 프로젝트와 프로그램이 수원국의 환경붕괴에 기여하지 않을 때 새로운 요구사항에 직면한다. 따라서 대부분의 공여국들은 아래에 서술한 바와 같이 환경적 지침을 도입한다.

설명에 도움이 되기는 하겠지만, 〈표 11-1〉의 분류법이 항상 명쾌한 것은 아니며 환경과 관련된 이전의 모든 특징을 포함하는 것은 아니다. 첫째, 주어진 이전과 관련된 복합적인 목표와 범위가 있을 것이다. 예를 들면 삼림보호의 경우다. 이것은 생물학적 다양성(세계적 공동재화)을 보존하고 토양 및 수질운영을 개선하며 주변의 농업분야(지역적 자원)의 생물자원 이용가능성을 개선하는 것이다. 또한 깨끗한 물과 공중위생을 위한 원조는 지역적 환경을 개선하는 것으로서 건강과 근로자 생산성에 긍정적인 효과를 미친다. 지역적 환경목표와 지구적 환경목표 사이의 보완과 환경과 개발 간의 보완은 '윈-윈' 전략이라 말할 수 있는데, 이 장에서 주장하고 있듯이 공여국들이 전략적으로 활용할 수 있다. 둘째, 공여국들이 환경적 관심사 ― 지역적이든 지구적이든 간에 ― 로 자극받았을 때 수원국 정부가 이전을 받아들이는 동기는 매우 다를 수 있다.[2]

셋째, 〈표 11-1〉에서 다루지 않은 중요한 지역 국가 간 환경문제가 있다. 국경을 뛰어넘는 오염, 강물과 어업 경영에 대한 통제는 지역적 환경과 지구적 환경문제 사이의 중간적 사례를 보여준다(Maler, 1990). 지구적 공동재화와 관련된 지역적 환경문제는 한 나라에 의해서만 취급될 수 없다. 그러나 환경활동의 수익은 분산된 것이 아니고 따라서 지역적 환경문제는 개방적 접근상황이 아니다. 부가적인 지불 또는 어떤 보상의 형태를 수반하는 양자교섭이 해법을 찾는 데 활용될 수 있다.

환경과 관련된 이전이 수원국의 개발을 제한하는 엄격한 환경기준을 강요한다면, 이 이전은 '환경원조'(〈표 11-1〉에 있는)로 분류될 수 있을까? 싱어 Singer와 앤서리Ansari는 "수원국이 부담하는 비용이 개발과정에 대한 공여국의 기여도를 초과하는 '자원이전resource transfer'은 경제원조로 분류될 수

---

2) 일반적으로 수원국과 공여국의 이해관계는 이질적이다. 이 장에서 이해관계의 내적인 차이에 대해서는 자세히 다루지 않았지만 그 대신 '공여국'과 '수원국'(정부) 목표 사이의 갈등에 초점을 맞추었다.

없다"(1988: 173)고 강조한다. 원조에 대한 이러한 정의는 별 의미가 없을 수도 있다. 이전의 순수한 영향력을 연역적으로 평가하기는 어려운 것이다. 그러나 지구적 환경을 보호하기 위한 환경이전이 개발도상국에 순 비용을 부과하는지 여부에 대한 중요한 문제가 제기된다. 예를 들어 생물학적 다양성 보존의 경우 개발도상국들이 대부분의 비용, 주로 삼림 보존의 기회비용을 감당하지만 수익은 아주 적을 수도 있다. 총체적인 수준에서 본다면 환경이전이 순 사회적 비용을 강요할 가능성은 환경기준이 경제성장을 방해하지 않을까 두려워하는 개발도상국 정책입안자들에게 심각하게 다가갈 수 있다. 그들은 역사적으로 오늘날 부국들의 경제개발과 산업화가 대규모 오염, 삼림황폐화와 천연자원 고갈을 초래했으며, 따라서 자기들의 경제개발은 환경보다 우선순위가 높아야 한다고 주장한다. 하지만 더 나은 지역 환경 보호(개선된 천연자원 운영과 오염 통제)는 종종 사회적 순익을 가져올 수 있다.

그렇지만 〈표 11-1〉 왼쪽 칸의 이전을 '환경원조'로 분류하는 데에 대한 많은 논거가 있다. 첫째, 수원국 정부가 주어진 이전을 수용한다면 그것은 아마도 이전을 통해 실제로 순익이 따를 것으로 확신하기 때문일 것이다. 둘째, '환경원조'는 그 나름으로 환경에 대한 지원이라는 대안적인 시각이 있다. 하지만 이러한 시각은 '원조'를 같은 인류를 위한 이타주의와 순수한 이전을 위한 것으로 이해하는 시각과 조화를 이루지 못한다(Singer and Ansari, 1988). 어떤 환경적 중요성(예컨대 토양 보존 대 희귀종 보존)이 다루어져야 하며 어떤 조건에서 다루어져야 하는지에 대한 근본적인 의문이 제기된다. 셋째, 환경 관련 이전은 지속 가능한 개발 목표와 일치하는 '세대 간' 원조의 한 종류인 미래세대를 위한 이타주의로 간주될 수 있다. 세대 간 원조의 개념은 현존 사람들보다는 장래 사람들에게로의 이전을 수반하기 때문에 다소 특이하다. 더욱이 세대 간 이전 개념은 시제(時際) 공평성이 개선되는지 여부의 문제를 제기한다. 이러한 관점에서 미래세대가 현재보다 더 가난할 것 같지 않다면 세대 간 원조inter-generational assistance를 할 근본적 이유는 없다.

목표 차이

공여국과 수원국 간의 목표차이는 원조가 특정한 목적에 얽매일 때마다 생긴다. 그러나 이 차이는 환경문제에 얽매일 경우 더 크고 더 일반적이다. 개발의 초기 단계에서 국가는 소득과 수출이 의존하는 토양, 물, 삼림과 같은 천연자원 관리에 집중한다. 산업화가 진전됨에 따라 시민의 건강문제와 관련된 도시환경이 점점 더 관심의 대상이 된다. 상대적으로 부유한 나라들은 천연자원과 도시 환경에 계속 중점을 두면서 지구 환경문제를 중요시한다 (UNEP, 1997). 환경문제에 관한 한 공여국과 수원국의 우선순위가 다른 데는 많은 이유가 있다. 아래에 논의되는 이유들 중 어느 것에 의존하는 환경이전의 임무와 기획에 대한 함축된 의미는 어떤 특정한 상황에서 부각된다.

첫째, 환경에서의 우선순위는 종종 기초적인 경제적 동기에 의해 설명할 수 있다. 위에서 얘기한 바와 같이 환경보호에서 오는 수익과 비용 배분은 환경개선의 책임을 맡는 일에 선진국보다 개발도상국이 덜 열심이라는 사실과 종종 일치한다. 낮은 환경보호 수준은 개발도상국의 입장에서는 최적일 것이며, 환경과 노동 기준의 강요는 개발도상국이 노동과 천연자원에 갖는 비교우위를 훼손할 수 있다(Mohamad, 1995). 이런 유형의 우선순위 차이에도 불구하고 환경을 위한 노력은 지역적으로 발생한 비용에 대한 보상이 이루어지면 성공할 수 있을 것이다. 환경으로의 이전은 기존의 원조예산에 추가적이어야 한다는 개발도상국의 지속적인 요구는 이런 관점에서 이해되어야 한다. 환경원조는 재정지원을 다른 성장지향의 개발 목표로부터 전용하는 것으로 인식되고 있기 때문이다.

둘째, 공여국과 수원국의 근본적인 선호도 구조는 유사할 수 있지만, 개발도상국들은 공여국과 비교하여 우선순위는 여전히 다를 수 있다. 환경의 낮은 한계 효용성과 부의 높은 한계 효용성을 갖고 있는 복지 기능의 또 다른 구획에 있는 그들의 낮은 소득 때문이다. 개발도상국이 공여국보다 높은 재할인율을 가진다는 점에서 이것은 또한 환경개입environmental interventions

의 비용과 수익에 대해 다른 인식을 갖게 할 것이다. 이런 식으로 언젠가는 관심이 모이겠지만, 지금은 그렇지 않다. 이런 상황에서 일부 이행조건의 강요나 원조의 구속성aid tying은 환경적 목표를 이루는 데에 필요하지만, 부가적인 사항은 수원국에게 절대로 필요하다.

셋째, 환경상품과 쾌적한 시설에 대한 선호도는 예컨대 문화적인 이유로 국가마다 근본적으로 다를 수 있다. 많은 개발도상국의 여론주도층들에게 환경친화성은 공여국에서 유행하는 또 다른 취향 정도로 비칠 것임에 틀림 없다. 그들은 공여국들이 원조예산을 정당화하고 비호하기 위해 환경로비를 악용하여 긴급한 빈곤 문제와 기타 개발 필요성을 무시하고 그것을 다른 곳으로 빼돌리려 한다고 보는 것이다. 이전과 같이 환경보호를 위해 수원국이 부담하는 비용에 대한 보상이 필요한 것이다.

넷째, 개발 우선순위는 오염과 자원고갈의 장단기적인 결과와 비용에 대한 지식과 인식부족, 그런 상황을 개선하기 위한 적절한 기술부족, 개발도상국들의 지역적, 국가적 수준에서 환경관련 입법을 공식화하고 검토하고, 집행하기 위한 재정 자원 또는 행정능력 부족으로, 그리고 모든 생태학적 체계를 둘러싼 적지 않은 과학적 불확실성으로 인해 또한 달라질 수 있다. 환경원조의 역할은 이런 유형의 우선순위 차이에 직면할 때 수원국 정부와 상호 합의된 우선순위에 협력하고 지식, 전문기술 및 과학기술을 이전하기 위해, 그리고 환경행정의 역량구축을 지원하기 위해 전혀 논쟁적인 것이 되지 않고 인습적인 것이 된다. 그러나 수원국이 문화적 차이를 언급하는 분야에 지식 차이가 종종 일어남으로써 공여국들이 우선순위의 차이를 이해하는 경우가 있다는 것은 재미있는 사실이다.

다섯째, 대규모 환경파괴는 어떤 관점에서도 최선이 아니며 비이성적인 정책과 제도적 실패로 인해 야기되는 것으로 보인다. 비록 때로는 태만과 무지 때문이긴 하지만, 정부의 실책으로 야기되는 환경파괴는 종종 광업, 목재업, 목장경영, 어업 및 에너지와 같은 영향력 있는 자원 추출 산업분야의 로비 때문일 수도 있다. 농촌 지역의 빈곤층은 정부정책에 대해 영향력을 행사하지 못하고, 천연자원 고갈로 인해 피해를 입는다. 이 문제에 역점을 두어 다루기를 바라는 공여국들에게 이전에 대한 이행조건Conditionality 제시는 필수적이며, 수원국의 환경 그룹에 대한 전략적 지원이 그들의 환경 발언권을 강화하기 위해 보장되어야 한다.

실제로 공여국과 수원국의 우선순위가 앞에서 말한 한 개 이상의 이유로 다를 수 있기 때문에 우선순위의 어떤 차이에 대해 주된 이유를 밝히기는 어렵다. 그러나 우선순위의 모든 차이가 정보 부족 때문이 아니라는 것이 중요한 점이다. 따라서 환경에 대한 인식과 관심사를 전달하고 장기적인 환경보호 사상을 도모하려는 공여국의 명백히 정해진 부차적인 목표는 목표 그 자체로서 항상 정당화되는 것이 아니다. 여러 상황에서 수원국의 우선순위와 이해관계는 공여국들의 그것과는 다르기 마련이다.

다른 목표의 의미

목표의 차이는 전용 가능성, 인센티브, 부가성의 문제에 결정적으로 영향을 미친다. 제15장에서 이야기하고 있는 바와 같이, 전용 가능성은 지원 자금 프로젝트가 외부 자금조달 없이도 수원국에 의해 실행되었을 때 발생한다. 대부분의 환경관련 이전에 대한 전용 가능성은 공여국이 자금을 조달하는 환경프로그램과 프로젝트가 수원국의 최우선순위인 경우가 드물고 또 원조 없이는 실행되지 않을 것이기 때문에 중대한 문제는 아니다. 그 대신에 다른 목표들은 수원국이 환경 이전은 받아들일지도 모르지만 프로젝트를 지원하는 데에는 실패하거나, 또는 정책상에 합의된 변화를 이행하는 데 실패하거나, 다른 발의를 통해 환경적 노력을 방해할 수도 있는 인센티브 문제를 야기한다.

부가성additionality의 문제 ─ 예컨대 환경정책이전이 기존의 원조 분배에 추가된 것인지 여부 ─ 는 지구적인 범위에서 환경정책 개입문제를 일으킨다.[3] 여기서 원조는 개발도상국들이 지구적인 환경상품을 공급하는 데서 생기는 비용을 부분적으로 보상하는 역할을 한다. 지구적인 환경활동 대부분은 선진국들의 의무적인 지불을 통해 개발도상국들의 환경보호 노력을 지원하는 자금을 확보하는 국제회의에서 규정된다. 개발도상국들은 국제환경자금에 대한 공여국들의 기여가 기존 원조예산에 대해 부가적이어야 하며, 많은 OECD 국가들이 이 부가성의 필요성을 서류상으로 수용해왔다고 주장했다(OECD, 1992b). 실제로 환경정책을 이전한 개발도상국들은 기존의 (축소되고 있는) 원조예산을 초과하여 지원받는 경향이 있긴 하지만, 전체적으로 개발도상국에 대한 보상으로 간주될 수는 없었다. 최근 수년간 전체 원조가 축소(제3장 참고)되고 환경 이전에 대한 원조가 필시 전체적으로 부가적이지 못해 다른 목적의 원조를 밀어내는 경향이 있었다.[4]

환경 이전이 이권적인 것인지 아닌지도 또한 중요하다. 환경정책이전이 주로 차관이 아니라 무상으로 지원 받아야 한다는 합리적인 주장이 있을 수 있다. 그 이유는 직접 생산을 목적으로 하지 않는 환경, 사회, 의료 및 교육 분야와 같은 '부드러운 프로젝트soft project'는 최소한 단기적으로는 수원국의 수출 역량을 향상시키지 않기 때문이다. 따라서 이러한 부문에서 차관이 지원된 프로젝트는 차관을 갚기 위해 필요한 외환을 창출하지 못하기 때문에 부채 부담을 악화시킬 수 있다. 이러한 우려는 설사 표준 프로젝트 평가가 순수한 현재 가치를 긍정적인 것으로 밝히더라도 사실이다(Korten, 1994).

■ 지구적 환경이전을 위한 메커니즘

지구적 환경활동과 관련하여 공여국들이 개발도상국들에게 이전할 수 있

---

3) 수익이 국내에서 발생하는 지역 환경을 목표로 하는 환경정책이전의 경우 보상과 부가성 문제는 일어나지 않는다.

4) 예외는 덴마크이다. 덴마크의 환경원조예산은 다른 원조예산과 분리되어 있다.

는 메커니즘이 수없이 많다. 공여국과 수원국의 우선순위가 다르기 때문에 야기되는 인센티브의 문제들을 고려하여 모든 지구적 이전global transfer 메커니즘은 구속성 결제방식을 수반한다. 여기에서는 두 가지 중요한 이전 메커니즘, 즉 증가비용 메커니즘과 환경 대 채무 스와프가 자세히 다루어질 것이다. 따라서 메커니즘의 다른 형식들도 간략하게 소개될 것이다.

지구적 환경활동의 증가비용에 대한 금융지원

지구환경기금GEF은 주요 국제 환경문제를 집중적으로 다루는 프로젝트와 프로그램에 자금을 지원하는 임무를 가지고 1990년에 설립되었다. GEF의 4가지 주요 영역은 기후변화(온실가스 배출), 오존층 파괴, 생물학적 다양성 손실과 국제 해양자원 손실이다. GEF 활동의 기초가 되는 원칙은 생물학적 다양성 보존을 사례로 활용한 〈그림 11-1〉(World Bank, 1992b; Tisdell, 1991)에서 보여주고 있다. 간단하게 가정하여 세계는 풍부한 생물학적 다양성을 구비하고 있는 개발도상국과, 생물다양성이 적고 개발도상국의 생물학적 다양성이 예컨대 잠재적으로 제약 산업을 위해 가치가 있다고 생각하는 선진국으로 구성되어 있다.

〈그림 11-1〉에서 MC는 생물학적 다양성 보존과 같은 환경활동을 떠맡고 있는 개발도상국의 한계 비용을 나타내고, MB_d는 보존을 통해 개발도상국이 얻는 한계 수익을 나타내며, MB_i는 선진국이 얻는 보존수익, MB_w(MB_d와 MB_i의 합계)는 지구적 보존수익이다. 보존으로부터의 외적 영향을 개인이 받아들여 자기 것으로 할 수 없다는 가정하에 규제되지 않는 시장은 생물다양성 총액 a만큼 보존할 수 있는 반면, 보존의 한계 비용이 한계 수익과 같은 합리적인 개발도상국 정부는 총액 c만큼 보존하였다.

그러나 이것은 보존의 세계적 최적 수준인 h보다 낮은 것인데, 이는 한계적 세계 보존수익MB_w과 한계 보존비용이 같은 지점이다. 따라서 지구적 공동재화를 보호하기 위한 개발도상국들의 환경활동은 선진국에 긍정적인 외

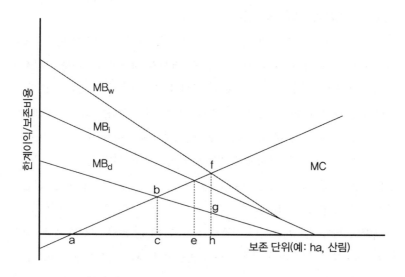

〈그림 11-1〉 생물학적 다양성 보존의 최적량

적 효과를 창출한다. 〈그림 11-1〉은 앞서 언급한 지구적 환경문제와 지역적 환경문제 간의 이분법을 강조하고 있다. 보존 수준을 c까지 올리는 것은 국가적 문제로 간주될 수 있는 반면, c 이상이 되면 기본적으로 국제적 도전이 된다. 그럼에도 불구하고 공여국들은 여전히 현지 프로젝트를 c 수준에 도달하도록 지원하는 데에 아직도 강력한 역할을 할 수 있으며(또한 하고 있으며) 거기엔 윈-윈 선택권이 더욱 널리 행해지고 있다.

지구환경기금은 수원국에게 손익평형을 이루는 활동에 필요한 금액에 상당하는 환경 보조금을 지급한다. 이 금액은 증가비용으로 알려져 있으며 〈그림 11-1〉을 참고하면 이해할 수 있을 것이다. 생물학적 다양성이 h만큼 보존되면 증가비용은 지역bfg이다. 즉, 개발도상국의 환경보존 노력에서 발생하는 순수 추가비용이다. 따라서 이론적으로 그 노력의 전체 순익은 선진국에게 생기고, 한편 개발도상국은 그것의 사전 실리를 고수하게 된다 (Heltberg, 1995). 실질적으로는 증가비용을 측정하기 위한 운영상의 정의와 방법을 개발하는 데에 상당한 어려움이 있다. 특히 환경적 기능이 비선형적이고 불확실하기 때문이다(Fairman, 1996).

개발도상국들의 관점에서 지구환경기금의 주요 이점은 그것이 보조금으로 이루어져 있다는 점이다. 이 보조금은 프로젝트의 지구적 구성부분이 개별적인 보조금에 의해 지원을 받는다는 의미에서 추가적이며, 그것은 다른 프로젝트 구성 부분에 대한 자금지원으로 공제되는 일이 없다. 그러나 GEF의 신탁기금으로 흘러가는 돈이 종종 기존 원조예산에서 나올 수 있다. 따라서 GEF의 자금지원은 전체적으로 본다면 추가적인 것은 아니다. GEF의 신탁기금은 주로 선진국들이 내는 기부금으로 충당된다. 1991~1994년에는 선진국들이 12억 달러를 기탁하였고, 1994~1997년에는 20억 달러를 기탁하였다.

개발도상국들은 그들이 더 긴급하다고 생각하는 토양 침식과 같은 지역 환경문제보다는 지구적 환경과 관련된 활동에만 자금을 지원하는 GEF의 임무를 비판해왔다. 절충안으로서 토지 침식활동의 증가비용은 GEF가 자금을 지원하되, 단 이 활동이 지구적으로 초점의 대상이 되는 4가지 영역 중 하나와 관련 있을 경우에만 지원하는 것으로 결정되었다(Fairman 1996). 그러므로 GEF가 지급하는 보조금의 대부분은 공여국의 우선순위를 반영한다. 더욱이 증가비용을 지급하는 것에만 맞춰 환경이전정책이 기획되기 때문에 수원국들은 순익이 전혀 없게 된다.

자연 대 채무 스와프 Dept-for-nature swaps

자연 대 채무 스와프(채무이행 대신 자연보호 요구)는 개발도상국이 채무이행 대신 특정한 환경활동 – 종종 생물다양성 보존을 위한 보호구역 설정 – 을 보증하는 공약을 필요로 한다. 1980년대 부채위기가 한창일 때에 NGO들은 채권시장에서 대폭적인 할인가격으로 개발도상국의 상업부채채권을 사들일 수 있었고, 그 부채는 채무국의 환경보존과 교환하는 형태로 탕감되었다. 따라서 개발도상국 정부는 그 부채 중 일부를 탕감 받고, 그 대신에 예산을 넘어서는 환경프로젝트에 직접 자금을 지원하거나 또는 프로젝트를 집행하는 지역 NGO의 이름으로 채권을 발행하게 된다(Jakobeit, 1996). 1987~1993년에 9억 8천300만 달러가 이 스와프를 위해 조달되었는데, 4천600만 달러는 NGO에서, 나머지는 독일과 미국 정부에서 제공했다. 약 11억 달러의 개발도상국 부채가 이러한 거래를 통해 탕감되었다(Franz, 1996; Jakobeit, 1996). 이런 탕감방식의 활용은 현재 라틴아메리카의 부채위기가 덜 심각해지면서 줄어들고 있다.

자연 대 채무 스와프에 담긴 주요 개념은 만약 상업부채 채권을 예컨대 액면가의 20%로 구매할 수 있다면 공여국이 환경을 위해 투자하는 1달러는 부채 5달러를 탕감하게 된다. 이러한 차입 자본 이용은 공여국들이 그들의 돈에 비해 더 많은 액수의 환경보존을 할 수 있기 때문에 은연중 공여국의 이익이 된다. 그러나 차입자본 이용은 부채에 상응하는 국내 통화 중 일부만이 보존 목적에 할당된다는 점에서 보통 수원국과 공유된다. 자연 대 채무 스와프가 보조금을 기반으로 한다는 사실과 함께, 이것은 고도의 함축적인 보조금 요소를 보장한다. 그러나 이러한 원조는 잠정적이며 수원국은 발행된 자금의 활용에 대해 제한된 수준의 자유를 갖는다. 수원국이 실질적으로 얻게 되는 이점은 자연보존을 위해 배정된 자금이 전적으로 국내통화로 지출되기 때문에 외환보유고에 대한 압력이 낮아진다는 점이다.[5] 공공자금이 공여국들이 지정한 목적에 따라 재분배된다는 점에서 일부 국내거래가 연루되고 정부의 다른 프로젝트들은 밀려난다. 물론 이것은 국제부채 감소에서 오는 이득과 대비하여 측정되어야 한다.

처음에 자연 대 채무 스와프는 세계자연보호기금Worldwide Fund for Nature(WWF)과 같은 환경 NGO에 의해 활용되었다.[6] 이것은 이러한 자연

---

5) 그러나 개발도상국이 그들의 부채를 초기에 지불하지 않는다면 자연 대 채무 스와프는 실질적으로 외환사정을 개선하지 않는다.

6) 세계자연보호기금은 이전에 세계야생생물보호기금으로 알려졌었다.

대 채무계획이 거의 전적으로 추가자금으로 구성되게 한다. 양자간 공여국들이 나중에 이 아이디어를 받아들였을 때 그들은 아마도 매우 낮은 등급의 추가자금을 적용했을 것이다. 공여국과 수원국 간의 선호도 차이는 자연 대 채무 스와프에 내재해 있는 것이지만 반드시 문제를 제기하지는 않는다. 실제로 목표를 달리함으로써 양측이 거래를 통해 더 나아질 수 있다. 공여국들은 그들 자신의 자연보호주의적 우선순위를 추구하는 반면 수원국은 부채탕감을 성취하는 것이다.

다른 메커니즘과 요약

앞에서 말한 메커니즘들은 지구적 환경정책이전 메커니즘에서 중요한 사례가 된다. 그러나 우리가 상세히 다룰 수 없는 수많은 다른 방식들이 있다. 예를 들면 오존층 파괴물질에 대한 몬트리올 의정서에 따른 환경정책이전(DeSombre and Kauffman, 1996), 정부 대 정부 지불을 필요로 하는 국제공원 협정(World Bank, 1992b), 이전 가능한 개발권, 개인들이 개발도상국의 자연보존구역 비개발non-development을 위해 지불할 수 있도록 제안한 계획 등이 있다(Panayotou, 1994). 더욱 확실한 사례는 1997년 교토 정상회담에서 나온 온실가스GHG 배출감소 메커니즘, 즉 공동실행JI과 청정개발 메커니즘clean development mechanism(CDM)이다. 이 메커니즘의 정확한 기획은 아직 완성되지 않았다. 여기서 공동실행에는 원칙적으로 원조의 요소나 무료조건이 없으며 청정개발 메커니즘은 결국 온실가스 감소에 참여함으로써 개발도상국들이 얻는 수익을 확보하기 위한 수단으로서 기획되었다는 사실을 언급하는 것으로 충분할 것이다. 또한 환경정책 개혁과 재정적 원조가 결합된 환경적 이행조건은 지구적(또한 지역적) 환경 목표에 대한 순응을 보장할 수 있는 중요한 메커니즘으로 증명되어왔다. 여기에는 수원국이 환경적 이행조건을 경제적 제약으로 인지한다 하더라도 필요로 하는 보조금 또는 차관으로부터의 수익은 조건제한에 따른 비용을 초과할 것이며, 그에 따라 비록 각기 다른 이유(환경 대 재정적 목표)가 있겠지만 양측 모두에게 매력적인 전체 패키지가 만들어질 것이다.

개발도상국들의 우선순위가 공여국의 그것과 크게 다르기 때문에 앞에서 말한 많은 지구적 환경 이전 메커니즘이 개발도상국 정책의 부정적인 환경 효과를 상쇄해주지만 엄격한 의미에서 이 국가들을 지원하지 않는 보완적인 계획이라는 사실은 분명하다. 이것이 온실가스 증가비용 메커니즘에서 가장 분명한 사례(또한 아마도 공동실행 메커니즘에서도)일 뿐 아니라, 어느 정도는 자연 대 채무 스와프를 위한 사례가 될 수도 있다. 따라서 이러한 메커니즘 들은 직접 수원국의 개발 절차에 기여하고 추가자금을 구성하는 원조로 간 주될 수 있을 것이다.

지역 환경 목표

지구적 환경과 비교하여 지역 환경을 개선함으로써 얻는 수익은 덜 분산 적이고 더 직접적이다. 수원국과 공여국의 우선순위는 지역 환경문제의 경 우 더욱 자주 일치한다. 더욱이 어떤 이유로 인해 우선순위가 다를 때도 개 발과 환경에 동시에 매진하는 개발노력이 되게끔 기획할 수 있다. 이것은 〈표 11-1〉에 나온 윈-윈 전략 개념인데 '환경원조'와 '지속 가능한 원조'로 이해할 수 있다.[7] 윈-윈 전략의 경우 환경 이전 메커니즘 기획이 지구적 환 경원조의 경우보다 더 수월하기 때문에 인센티브 문제가 덜 발생하게 된다. 이 장에서 주요 논점은 환경 이전 메커니즘보다는 윈-윈 전략에 대한 것이 될 것이다.

---

7) 윈-윈 수익의 다른 유형은 지구 환경에 대한 지역 환경활동의 확산효과로 인해 발생한다. 예를 들면 삼림보호는 지역 및 지구 환경 모두에 이익을 가져다준 다. 또한 더 깨끗하고 효율적인 에너지 자원은 지역적 공기오염, 지구적 온실 가스 방출 및 연료비용을 감소시킨다.

원-윈 전략의 한 방식은 빈곤과 환경파괴 사이의 악순환에 대한 개념을 기반으로 한다. 악순환 가설은 빈곤층이 그들이 의존하고 있는 천연자원 기반을 파괴할 수밖에 없다는 것이다. 이 가설에 따르면 빈곤완화는 자동적으로 더 나은 인센티브와 자원을 운영할 수 있는 능력을 통해 환경개선을 유도하게 된다. 악순환은 세 가지 요인에 의해 야기된다. 한 가지는 유동성(소유저축과 신용) 부족으로 인해 빈곤층이 환경보존 투자를 지원(예컨대 토질관리와 나무심기 등)하기 어려운 경우다. 두 번째 요소는 빈곤층의 우선순위가 장기적인 자원 경영보다는 단기적인 생계에 초점을 맞추고 있는 점이다. 유동성 부족과 단기적인 우선순위는 서로 결합하여 빈곤층의 재할인율을 높게 만든다(Holden et al., 1998). 마지막 요소는 높은 출산율로서 가족 노동력과 보험대체(가족의 장래를 보장하기 위한) 욕구에 의해 야기되는 것이다. 높은 출산율과 인구 성장은 가족과 국가에 빈곤을 고착시키며 환경 파괴에 기여할 수 있다.

원-윈 주장의 다른 유형은 국가 개발 수준의 환경적 영향력을 기반으로 한다. 중소득 국가들은 저소득 국가와 고소득 국가에 비해 더 열악한 오염 척도를 갖는 몇몇 증거가 있다. 이것은 이른바 환경 쿠즈네트Kuznet 곡선, 즉 GDP와 환경의 질 사이의 관계에 대한 U자 곡선에서 파악할 수 있다. 이 곡선은 삼림파괴, 도시대기 오염, 하천오염과 같은 환경지표에 대해 계량경제학적으로 평가되어왔다(Grossman and Krueger, 1995; Shafik and Bandyopadhyay, 1992; Cropper and Griffiths, 1994).

그러나 성장과 빈곤완화가 그 자체 환경 개선을 유도할 것이라는 것은 잘못된 생각이다. 개발개입은 시너지 효과가 분명하고 즉각적인 곳에 구체적이고 직접적인 원-윈 옵션에 목적을 두어야 한다. 이러한 옵션을 확인하기 위해서는 지역 자원에 대한 상세한 지식, 사람들의 자원 활용 및 운영 제도가 필요한 것이다.

공여국들이 지역 환경을 개선하고 원-윈 전략을 활용하기 위해 개발도상국들을 지원하는 방법에는 여러 가지가 있다. 우선, 공여국들은 천연자원을 보존하고 오염을 억제하거나 환경적으로 건강에 유해한 것을 줄이도록 돕는 프로젝트와 프로그램에 자금을 지원할 수 있다. 또 다른 가능성은 환경보존 능력 축적을 지원함으로써 지역 환경기관을 강화하는 것이다. 마지막으로 정부정책을 바꾸기 위해 환경이행조건을 강화하는 것이다.

원-윈 옵션의 사례에는 농촌지역의 수익창출과 소비완화에 대한 지원이 포함된다. 여기에는 나무심기와 개선된 자원관리, 산출량 증가를 위한 농업 기술의 지속적인 연구(농업생산성과 토양보존 개선), 지역주민들에게 환경보존에 따른 수익 배분(생태관광, 사냥 요금), 소유권 보장을 확대하기 위한 토지와 소유권법 개혁, 그리고 더 깨끗하고 효율적인 에너지 이전과 제조기술 등이 있다.

이처럼 공여국과 수원국이 이용 가능한 원-윈 정책에는 다양한 것이 있다. 그러나 원-윈 정책을 뒷받침하는 더 광범위한 지원에는 일부 치명적인 제약이 있다. 첫째, 공여국들의 상업적 및 군사적 이익이 이러한 옵션, 특히 물리적인 투자를 동반하지 않는 옵션의 경우에 항상 우호적인 것은 아니다. 즉, 인프라와 제조업 프로젝트는 공여국 제품의 구매에 연계될 수 있는데 이것은 환경 및 농촌개발 프로젝트와 함께일 경우 불가능하다. 둘째, 많은 공여기구들은 부족한 직원에 관리비용을 줄여야 하는 압박을 받고 있다. 소규모의 복잡한 농촌개발 겸 환경프로젝트는 인프라 같은 더 큰 프로젝트보다 더 많은 준비와 현장 관리 비용을 필요로 한다. 셋째, 개발도상국들의 행정이 갖고 있는 낮은 환경보존 역량이 협력을 저해한다.

그럼에도 불구하고 공여국들은 원-윈 옵션을 체계적으로 활용하기 위해 고안된 개입법과 관련된 중대한 경험을 했기 때문에, 일부 중요한 정책적 교훈을 배울 수 있을 것이다. 만약 원조가 친환경적 개발을 하기 위한 투쟁의 효과적인 구성요소가 된다면 원-윈 수익을 모색하는 작업이 필수적일 것이다.

■ 원조의 환경적 부작용

원조가 수원국의 환경에 해를 끼친 여러 사례가 있다. 여기서는 원조의 환경부작용을 다룰 것이며, 먼저 프로젝트 원조와 환경평가를 살펴보고, 이후에 프로그램 원조, 특히 구조조정 프로그램에 대해 살펴볼 것이다.

환경에 대한 프로젝트 원조의 영향

환경 NGO는 환경에 해를 끼치는 지원 프로젝트를 비판하는 데에 앞장서 왔다. 예를 들면 세계은행이 아마존 지역에 자금을 지원해온 프로젝트는 열 대우림을 파괴한다는 비난을 받아왔다(Mikesell and Williams, 1992). 핀란드 가 탄자니아의 우삼바라 우림과 가까운 지역에 제재소 건설을 지원해온 삼 림 프로젝트는 목재벌채 증가, 삼림파괴 및 생물다양성 손실 문제를 야기했 다(Larsen, 1989). 인도네시아에 대한 일본의 원조는 인도네시아가 일본에 오 염집약 상품을 수출하는 무역 방식을 장려함으로써 일본의 국내 환경 보존 에 도움이 되고 있다(Lee and Roland-Holst, 1997). 인도의 나르마다 강 지역 에 계획 중인 프로젝트와 같은 대형 댐 건설은 어마어마한 지역에 홍수가 들고, 많은 사람들을 추방시킴으로써 또한 논쟁의 대상이 되고 있다.8)

---

8) 대형 댐 건설만큼 개발 프로젝트의 환경 및 사회적 영향력에 대한 논의가 격렬 한 것은 어떤 경우에도 없다. 환경주의자들은 댐 프로젝트에 강력하게 반대하 고 있다. 저수지 건설로 인한 홍수는 이전의 거주자들을 해체하게 하고 농토손 실과 삼림 및 야생 서식지 손실을 유발한다. 재정착한 사람들은 때때로 토지, 재산 및 생계손실에 대해 적절한 보상을 받지 못한다. 세계은행은 1970년부터 1988년까지 400개 이상의 대규모 댐 공사 ─ 일부는 세계에서 가장 큰 것 중 하나(Mikesell and Williams, 1992) ─ 를 지원했는데, 1990년대 들어 그 수가 매년 약 4개씩 줄어들고 있다(World Bank, 1996b). 비판이 고조됨에 따라 세 계은행은 재정착, 원주민, 자연서식지, 댐 안전과 환경평가에 대한 수많은 지침

1980년대부터 공여국들은 점차 원조운영에 환경문제를 끼워 넣기 시작했다. 이것은 지역적 또는 지구적 환경을 해치고 중기적 개발계획을 위험에 빠뜨리거나, 자원에 의존하는 지역 주민들에게 불리한 영향을 미치는 개발 프로그램과 프로젝트를 피할 수 있게 한다. 공여국들은 환경적인 영향을 고려하여 제안된 프로젝트를 걸러낼 수 있는 환경지침을 채택하고 있다. 환경평가의 목표는 (1) 사회 및 환경에 악영향을 미칠 수 있는 프로젝트를 맡지 않도록 하고, (2) 프로젝트 기획과 실행에서 불리한 환경적 효과를 완화하고 최소화하도록 지원하며,9) (3) 재정적 측면에서 프로젝트 성공을 위해 중요한 환경적 효과를 밝히고 고려하는 것이다.

개발개입의 환경적 효과를 체계적으로 가리는 중요한 수단은 환경 영향력 평가EIA다. 가장 큰 환경 영향력을 갖고 있고 EIA가 가장 필요로 하는 프로

을 수립하여 모든 새로운 댐 프로젝트가 수용하게 했고, 기존의 지침들도 강화하였다(World Bank, 1996b). 중국의 댐 프로젝트와 같은 일부 대형 댐은 세계은행의 자금 지원과 환경평가 없이 추진되고 있다. 그러나 댐의 순수 환경적 영향은 환경주의자들이 인정하는 것보다 훨씬 애매하다. 일부 댐은 일단 조건 법적 서술이 참작된다면 환경 및 개발을 위해 순수한 개선이 이루어질 수도 있다. 따라서 수력을 위한 댐의 경우에는 대안으로 온실 가스, 스모그 및 기타 오염원을 방출하는 화력 발전소를 핑계 대기도 한다. 관개 프로젝트의 경우 조건법적 서술은 종종 '그럼 생산성이 낮은 천수답 농업을 지속하란 말이냐?' 또는 '그럼 필요한 물을 어디에다 저장하란 말이냐, 지하에 저장하란 말이냐?' 하는 격렬한 항변을 수반하게 될 것이다. 따라서 대형 댐에 대한 자금 지원을 전부 중단하는 것이 환경적으로 합리적인 것만은 아니다. 대신에 사회적 및 환경적 역효과는 추방된 사람들의 재정착 및 충분한 보상에 대한 적절한 관심을 통해, 그리고 프로젝트 기획 및 위치 변경을 통해 최소화되어야 할 것이다 (Goodland, 1996).

9) 생태계를 둘러싼 상당한 불확실성과 이에 영향을 미치는 어떤 개입을 고려하여, 실행 기간 동안 계속되는 환경에 대한 추적은 예측할 수 없는 사건들을 다루는 데 도움을 주기 위해서 대부분의 프로젝트에 대해 일상적이어야 한다.

젝트와 프로그램은 토지개간, 삼림, 목축, 대규모 댐, 인구재정착, 수질관리, 대규모 경작 및 대부분의 인프라 분야이다(Mikesell and Williams, 1992). 환경영향 평가는 가능한 한 그 영향력(물리적 측면에서)의 크기를 통계적으로 예측하여 오염, 천연자원, 인류의 건강에 대해 예상되는 긍정적 및 부정적 효과를 평가한다. 실제로 환경영향 평가를 하는 환경 팀은 당초의 프로젝트 계획을 지나치게 변경시키지 말도록 강요하기도 하고 정상 궤도에서 이탈하지 말도록 압력을 넣기도 한다(Adams, 1990). 마이크셀Mikesell과 윌리엄스 Williams(1992)는 어떤 다자간 개발은행도 계획 중인 프로젝트를 비우호적인 EIA의 직무수행 때문에 포기했다는 단적인 사례를 찾지 못하고 있다. 일부 공여국들은 기술적, 경제적 가능성과 동일한 프로젝트 규정, 계획 및 기획의 일부로서 환경 항목을 추가하도록 촉진함으로써 프로젝트 주기의 초기 단계에서 EIA를 활용하는 방향으로 움직였다.

비용 편익 구조는 환경적 경제 분석을 포함하게끔 확대될 수 있다. 이것은 다른 프로젝트와 비용과 수익을 명백하게 비교하는 환경적 효과를 준다. 이것은 EIA에서 확인된 주요 오염원, 천연자원의 영향력과 건강 효과에 대한 기회비용을 견적할 수 있게 규정하고 있다. 프로젝트 선택을 위한 합리적인 기준은 환경적 효과를 포함한 이후에 얻게 되는 가장 높은 사회적 순익을 주는 프로젝트를 선택하는 것이고, 긍정적인 사회적 순익을 주는 프로젝트만을 실행하는 것이다.

쾌적한 환경, 천연자원 및 인류의 건강에 대한 기회비용을 평가하는 데는 다양한 기법을 이용할 수 있다. 예를 들면 (1) 산출량과 수입에 대한 환경변화의 영향력, (2) 가상적인 완화 또는 예방비용, (3) 대체 비용(이전의 기준에 맞게 천연자원을 복구하는 데에 드는 비용), (4) 부수적인 평가 기술(지불하려는 의향 포함), (5) 쾌락적인 평가(주택과 토지 가치에 대해 유발된 변화) 등이 있다(Dixon et al., 1994). 개발도상국의 수많은 자원 파괴로 인해 농업, 어업, 임업, 관광업과 같은 분야의 생산과 수익에 즉각적인 손실이 생긴다. 이것은 평가기법을 선택하는 데에 영향을 미친다. 프로젝트의 환경적 영향력은 생산자 잉여금에서 발생된 변화에 따라 직접적으로 평가될 수 있기 때문이다. 그러한 직접적인 평가기법은 때때로 개발도상국에 대해 부정확하고 부적절한 평가로 인해 비판을 받기도 하는 가설적인 부수적 평가기법보다 이행하기에 더욱 건전하고 쉬울 수 있다(Diamond and Hausman, 1994). 예를 들면 해안 지역에 불리한 영향을 미치는 프로젝트의 사회적 비용은 가설적인 평가관행에 의지할 필요 없이 어획량과 관광에서 예상한 감소로부터 생산자 잉여금의 손실로 평가될 수 있다.

환경에 대한 프로그램 원조와 구조조정 영향

개발도상국의 환경과 천연자원에 대한 압력은 제한된 수의 개별적인 환경 프로젝트가 충분히 개선되기를 기대할 수 없을 정도로 거세다. 환경적으로 양호한 프로젝트는 자원파괴에 대한 인센티브를 창출하는 거시경제적 및 영역별 정책에 의해 쉽게 상쇄된다. 따라서 부채, 가격정책, 세금, 보조금, 무역정책과 토지소유권 등이 여러 가지 중요하고 복잡한 방식으로 환경에 영향을 미치는 것이다. 천연자원 또한 수출 자원과 농업생산 잠재력을 통해 거시경제학과 중요한 관계를 맺는다. 그러므로 더 친환경적인 개발을 하기 위해서는 거시경제학과 부문별 정책, 경제와 환경 제도 간의 복잡한 상호관계에 대해 관심을 기울일 필요가 있다(Pearce and Warford, 1993).

세계은행과 IMF의 구조조정 프로그램SAP은 환경문제에 충분히 관심을 가지지 않았던 부분에 대해 비판을 받아왔다(Reed, 1992; 1996). 세계은행은 SAP이 환경에 대해 많은 유익한 영향력을 가지고 있다는 입장을 유지하면서도, 의도하지 않은 환경적 역효과가 일어날 수 있으며 완화조치가 보장되어 있음을 인정함으로써 그러한 비판에 대응해왔다(Munasinghe et al., 1996). 그럼에도 불구하고 환경정책의 체계적 통합, 조정 프로그램과 거시경제적 정책의 목표는 아직 구체화되지 않고 있다.

구조조정은 긍정적이면서 부정적인 다양하고 복잡한 방식으로 환경에 영향을 미친다. 첫째, 경제자유화 프로그램은 종종 정책 유발 환경문제를 수정하는 데에 도움을 주기도 한다. 그들의 기회비용에 따라 물자와 서비스 가격을 올리는 것은 자원을 더욱 효율적이고 덜 소모적으로 활용할 수 있도록 한다. 예를 들면 많은 국가에서 에너지와 용수분야에서 정부의 보조금과 표준가보다 싼 가격정책이 과소비를 유도하고 폐기물 및 환경파괴를 야기하는 사실은 이러한 서비스가 중단됨으로써 대부분의 빈곤층이 불이익을 당한다는 점을 분명히 보여주고 있는 것이다(Meier et al., 1996). 따라서 조정기간 동안 수자원과 에너지 보조금의 삭감은 환경을 개선할 뿐 아니라 대지주들이 저렴한 용수와 전기의 최대 수원자이기 때문에 효과성과 형평성도 개선할 수 있다. 그러나 용수와 전기의 한계비용 평가제를 도입하는 것은 분배에 크게 영향을 미치며, 따라서 정치적으로 실행하기 어렵다. 마찬가지로 농약과 화학비료와 같은 농업투입물에 대한 보조금 감소는 남용과 빗물로 인한 지상오염을 줄일 수 있고, 과도하고 부적절한 사용으로 인류 건강에 해악을 끼치는 물질을 억제할 수 있다.

둘째, 통화의 평가절하와 가격규제 완화는 농작물 구성과 농촌 생산자들의 수입에서 중요한 의미를 갖는다. 환경적 성과는 환경에 영향을 받는 농작물의 생태학적 자산에 따라 크게 달라진다. 대부분의 수출 농산품은 좋은 토양 보존성을 갖고 있는 커피, 차, 과일과 같은 다년생 식물이며, 이러한 농작물로의 전환은 토양파괴를 줄일 수 있는 구조조정하에 외래지향성이 늘어남으로써 유발된다. 예컨대 땅콩과 같은 다른 수출 농산품은 토양을 피폐하게 한다. 수출 잠재력이 있는 천연자원 분야로 노동과 자본을 전환시키는 경우도 있다. 불충분한 경영과 부족한 재산권에 의해 조성된 이 전환은 토양, 삼림, 어업, 광업으로 인한 오염에 대한 더 큰 압력을 유발할 수 있다.

셋째, 재정개혁fiscal reform은 환경에 역효과를 줄 수 있다. 재정개혁을 진행하고 있는 많은 국가에서 공식 환경기관들은 환경법규의 양과 질의 급감으로 인해 그들의 예산이 불균형하게 줄어드는 것을 목격해왔다(Panayotou and Hupe, 1996). 용수공급, 폐기물 처리, 공공운송, 보호구역 운영 및 농업연구의 확대와 같은 환경 인프라 지출의 삭감은 환경에 대해 부정적인 효과를 갖는다(Reed, 1992). 넷째, 국제수지 균형 목표는 수출을 위한 목재, 어류, 광산자원의 추출 증가 - 결국 삼림파괴와 물고기 남획을 가져온다. - 를 유도한다. 다섯째, 빈곤은 빈곤과 관련된 환경침해를 유발할 수 있는 구조조정 프로그램SAP이 진행되는 동안 더욱 악화될 수 있다.

SAP의 환경적 효과는 경험적으로 평가하기 어렵다. 시도 중인 대부분의 작업은 역사실적 시나리오의 명시적인 모형작업에 기반을 둔 것이 아니며 결론은 취약한 경향이 있다(Reed, 1992; 1996 참고). 거시적 개혁은 일부 국가에서는 긍정적인 환경 효과를 가지며, 다른 국가에서는 부정적인 효과를 가진다. 몇몇 환경지침들은 개선될 수 있지만 반면 악화되기도 한다. 경제적 균형과 성장 회복을 목표로 하는 조정 프로그램이 환경문제를 다루는 데 실패하는 것에 대해 어느 범위까지 비난하는 것이 합리적일까? 분명한 것은 환경에 대한 지식과 관심이 오늘날과 비교했을 때 상당히 적었던 1980년대의 초기 개혁을 비난하는 것은 바람직하지 않다.

거시경제정책과 환경 간의 상호 작용은 매우 복잡하고 불분명하며 수많은 제도, 시장과 정책실패에 의해 결정된다. 비록 효과가 의심할 여지 없이 크고 중요할 수 있지만 거시경제학과 환경에 대한 현재의 지식은 환경적으로 거시경제적 개혁을 보호할 수 있는 단순한 운영 체계를 공식화하기에는 너무 제한되어 있다. 환경주의자들은 환경의 지속가능성은 거시경제적 개혁을 포함하여 모든 정책결정에 가장 중요한 경영의무여야 한다고 주장한다. 환경과 관련된 시장과 정부의 실패는 구조조정에서 전통적으로 언급되는 시장실패만큼이나 중요하다는 것이다. 그러나 실용적인 관점에서 보자면 조정차관은 이행조건 불이행에 이미 익숙해 있고, 추가적인 환경 조건은 수원국 정부가 그것을 공유하지 않는 한 제대로 달성되지 않을 것으로 보인다. 거시경제적 총계에 초점을 맞추면서, SAP은 환경에 관심을 기울여야만 하고 최소한의 고려요소로서 주요 환경적 효과를 다루어야 한다. 거시경제학 및 환경에 대한 더 많은 정책 연구가 보장되어야 한다.

■ 결론

'환경원조'가 말 그대로 환경에 대한 원조로 간주되어야 하는지, 세대 간 원조인지, 환경적 하위 목표를 통한 원조인지 또는 환경적 부작용과 결합된 원조로 간주되어야 하는지 불분명하다. 환경원조에 대한 정확하고 조작적인 정의가 바람직하다. 이에 대한 한 단계로서 분류법이 이 장에서 개발되었다. 지구적 및 지역적 환경을 대상으로 하는 이전뿐 아니라 개발과 환경의 목표들을 구분하였다. 분류법은 환경과 관련된 이전의 중요한 측면을 포착했고, '환경원조'와 '지속가능한 원조'를 구분하고 있다.

지구적 환경을 위한 이전, 그리고 또한 어느 정도까지는 직접적인 목표로서 환경과 함께하는 이전은 공여국과 수원국 간의 우선순위 차이로 인해 생긴 인센티브 문제에 더욱 민감해진다는 주장이 있었다. 일정한 지구적 이전은 '원조'로 분류되지 않는다. 긍정적인 개발 영향력을 가진 지역 환경에 목표를 두는 이전은 공여국과 수원국에게 공동으로 수용될 수 있다. 환경과 개발 목표 사이는 물론 지구적, 지역적 환경 목표 사이에서 체계적으로 개발되고 있는 윈-윈 전략은 인센티브 문제를 최소화할 뿐 아니라 정책이전의 영향력을 최대화할 수 있는 잠재력을 갖고 있다.

그러나 많은 개발도상국에서 자원파괴와 오염은 대세를 거스르는 정책, 급속한 인구성장, 그리고 대규모 해외자본 유입에 의해 쉽게 변하지 않는 사회적 및 제도적 조건에 의해 발생된다는 사실을 인식할 필요가 있다. 그 대신 원조 공여국, 수원국 정부, NGO 및 민간부문은 지속 가능한 장기 개발을 이룩하기 위해 협력할 필요가 있다.

앞으로 환경 이전의 역할은 어떤 것이어야 할까? 우리의 관점으로는 환경적 가치는 개발논쟁에서 그저 또 다른 일시적 '유행'이 아니라 지식과 태도의 지속적이고 중요한 변화를 반영하는 것이다. 환경적 성과는 빈곤완화와 경제성장을 위해 중요한 의미를 갖는다. 공여국들은 이를 무시하기도 한다. 환경의 지역적 및 지구적 목적 모두를 위한 환경원조는 앞으로도 유지되어야 한다. 서로 다른 목표가 가진 문제는 정책이전 메커니즘의 인센티브와 양립할 수 있는 기획을 통해서뿐 아니라 윈-윈 정책에 더욱 의지하여 다룰 필요가 있다. 지구적 환경을 목표로 노력하기 위해서는 이전에 대한 보상의 역할이 널리 인식되어야 하고 그러한 이전의 효과적인 부가성이 보장되어야 할 것이다.

원조예산이 정체되고 감소하는 상황에서 환경 이전이 다른 목적을 위한 원조를 뺏어갔다고 믿는 데는 이유가 있다. 지구적 공동재화를 위한 자금이 빈곤완화와 개발을 위한 자금에서 전용된다는 사실은 문제가 있다. 이에 대한 덴마크의 해법은 환경원조를 위해 별도의 예산구조를 GNP의 0.125%를 목표로 하여 부가적인 법law additional으로 규정해왔다. 이 같은 해법은 다른 공여국들이 본받을 가치가 있다.

제12장

원조와 실패한 개혁: 공공부문 관리 사례

엘리오트 J. 베르

■ 머리말

원조효과와 경제성장에 대한 최근 개념은 대부분이 원조 수원국의 정책 환경의 역할에 우선순위를 부여하고 있다. 그러나 정책에 대한 강조는 원조 효과와 성장의 기타 기본적 결정요소, 즉 행정적 또는 제도적 환경을 중심무 대에서 밀어냈다. 원조는 국가자원의 공공부문 관리가 비효율적이고 소모적 일 때, 공공 서비스가 거의 없고 잘 전달되지 못할 때, 무질서하게 예산을 세우고 투자 우선순위가 모호하며 행정 사무가 매우 난잡할 때, 정책 공식화 가 체계적이지 못할 때, 그리고 부패가 만연할 때 공평한 성장에 크게 기여 하지 못한다.

이러한 문제점들이 갖는 의미는 원조자금의 상당 부분이 공공부문 관리 public sector management(PSM)의 개혁을 위한 프로그램, 즉 주요 부처의 역 량강화, 공공기업public enterprise(PE)부문의 개혁(민영화 포함), 공공지출 운 영의 강화, 대민업무 개혁, 그리고 가장 최근에 간접적이지만 강력하게 공공

운영에 영향을 미치는 일반 관리조직 개선에 투입되었다는 점이다. PSM 개혁에 투자되는 전체 원조자금의 총액에 대한 추계는 존재하지 않는다. 문제의 일부는 여기에 관계하고 있는 공여기관들의 활동 대부분에 대한 자료가 입수되지 않고 있는 점이다. 또한 무엇을 계산해야 하는지가 모호하다는 점이다. 그러나 PSM 개혁 운동의 특성과 규모에 대한 부분적 의미는 세계은행의 대출자료에서 얻을 수 있다.

PSM 개혁을 위한 주요 수단은 세계은행의 구조조정 차관이다. 1970년대 후반부터 1990년대 초까지 세계은행은 245개의 구조조정 작업에 자금을 지원했고, 그 중 약 절반가량은 사하라 이남 아프리카로 배분되었다(Jayarajah and Branson, 1995). 99개의 구조조정 차관 중에서 90%는 공공기업 개혁부분이다(ibid).[1] 230개 이상의 차관(68개국에서)에는 민영화와 관련된 조치가 포함되어 있고, 이 중 절반은 아프리카에서 행해졌다(World Bank, 1994b).[2] 공공지출 개혁 작업(200개 이상의)은 83개국에 도입되었다(Huther et al., 1998).[3] 대민업무 개혁은 1991년 말 현재 88개국에 대한 차관으로 대상이 정해졌다. 이 중 3분의 2는 아프리카 국가였다(Nunberg, 1994).[4]

---

1) 여기에는 공기업을 더욱 활성화시키고 기업을 분할(민영화)하는 내용이 포함된다. 245개의 조정운영(부문별 조정차관, SECAL포함) 가운데에 3분의 2가 그런 요소를 갖고 있다. 약 60%는 사하라 이남 아프리카에서, 20%는 라틴아메리카에서 일어났다. 이들 조정차관의 약 1,500개 이행조건 중에서 20%는 기업분할과 관련되어 있고 절반은 PE 구조조정과 관련되어 있다.

2) 한 연구자료에 따르면 1988년부터 1995년까지 사하라 이남 아프리카에 대한 민영화 관련 신용대출이 모두 100억 달러에 달한다. 이 중 70억 달러는 세계은행에서, 30억 달러는 다른 공여기관에서 나온 것으로 추산되고 있다(White and Bhatia, 1998).

3) 이들 국가 중 52개국에서는 세계은행 차관에 더 나은 공공투자 프로그래밍과 일반 예산 절차의 능률화를 목적으로 한 조건이 포함되어 있다.

4) 눈베르(1994)는 1981년부터 1991년까지 탁월한 공무원 개혁 요소를 가진 90개의 세계은행 프로젝트를 확인했고, 이 중 55개는 아프리카 국가들을 위한 프로젝트였다.

세계은행의 분류에 따르면 PSM 프로그램에 대한 그들의 지출은 1995년과 1997년 사이에 매년 평균 10억 달러 이상이었거나, 또는 전체 세계은행 대출의 5.4%였다(World Bank, 1997c). 이는 1988~1992년보다 70%나 증가한 규모다. 실제 전체 규모와 비율은 훨씬 크다. 세계은행의 수치는 그들 자체의 노력을 줄여 말할 뿐 아니라 다른 공여기관들 – 그들 중 일부는 PSM에서 매우 활동적인데도 – 의 활동을 생략하기도 한다. 어쨌든 이용 가능한 수치는 공여기관들, 특히 세계은행이 PSM 개혁을 위해 실질적인 투자를 하였다는 사실을 명백히 보여준다.

이러한 개혁 프로그램의 효과는 정확하게 측정하기 어렵고 국가와 개혁유형 사이의 경험은 다양하다. 그러나 이 성공들이 받은 재원에 비해 대체로 매우 빈약했다는 견해에 반대하는 사람들을 찾기가 어렵다. 공기업부문은 규모가 크고 보통 비효율적이다. 예산은 여전히 공공자원의 분배를 위한 비효율적인 수단이 되고 있다. 공공 서비스 제공은 불충분한 재정 관리와 취약한 대민업무로 인해 계속 어려움을 겪고 있다.

PSM 개혁에 대한 결과 또는 더 자세히 말해 성과의 부족과 관련된 이러한 일반적인 결론은 이 장의 다음 항목에서 상세히 다룰 것이다. 이것은 특정한 PSM 영역 예컨대 공공기업 개혁 프로그램, 대민업무 개혁 그리고 공공지출 운영의 효과성을 개선하기 위한 노력에 대한 평가와 관련된 연구 결과 및 결론을 편집한 것이다.

세 번째 항목에서는 PSM 개혁의 실패를 설명하면서 공여국의 역할을 고찰한다. 개혁에 관한 연구 보고서에서 종종 무시되는 원조효과성 문제의 측면을 다루는 일이다. 또한 정부 기여도의 부족, 부적합한 경제 및 이념적 환경, 정치적 장애물, 기술상의 어려움, 숙련된 실무자 부족(Shirley and Nellis, 1991; World Bank, 1995 참고)과 같은 요소들로 인한 실패(또는 느린 실행)를 설명하고자 하는 것이다. 이것은 당연히 해야 할 일들이다. 그러나 개혁실패와 관련된 원조 공여기관들donors의 기여도에 대해 더 다룰 필요가 있다.[5] 결국 대부분 개혁 중인 국가에서 PSM 개혁을 이해하고, 정의하고, 실행하고, 옹호하는 것은 공여기관(특히 세계은행)들이다. 개혁을 홍보하는 재능은 결과를 설명하는 데에 일부 중요한 요소임에 틀림없다.

이 부문에서 공여기관의 개혁 지도력수준이 낮았다는 것이 세 번째 항목의 주요 주제다. 공여기관들이 PSM 개혁을 조건부 정책 차관의 일부로 도입한 결과 빈약한 실행역량이라는 두 가지 부실한 개혁 역량이 드러났다. 물론 공여기관의 역량부족이 전체 이야기는 아니다. 그것이 이 이야기의 주요 부분이 아닐 수도 있다. 개혁 실행 지연에 기여하는 다른 요인들도 중요하며, 그리고 인정되고 있다. 그러나 이 장의 목적은 개혁 보고서에서 신중히 다루어져왔던 공여기관의 역할을 강조하는 데 있다. 대부분의 내용은 다수의 공여기관 직원들 사이에 잘 알려져 있다. 이 개요는 공여기관들의 자체 평가에 크게 의존하고 있다. 공여기관이 제공한 자료(특히 세계은행 보고서)에서 개혁부문의 불충분한 실적을 보여준다는 사실을 그들 스스로가 인식하고 있다는 데에 대해 감사를 표한다.

주된 관심사는 저소득 국가들 특히 아프리카에서의 경험이다. 프로젝트 수와 시도된 개혁의 외연 측면에서 공여기관 대부분의 PSM 개혁운동이 일어난 곳이다. 또한 이들 국가들이 PSM 개혁 프로그램과 관련한 오랜 경험을 갖고 있기 때문에 이에 대해 더욱 잘 알고 있는 곳이기도 하다. 더욱이 인도와 아마도 중국을 제외하고는 국가경제 관리능력의 취약성이 이들 국가의 공평한 성장에 특히 치명적인 장애가 되고 있다. 저소득 국가의 경험은 아래에서 다룰 것이다.

대부분의 강력한 개혁 활동이 저소득 국가에서 일어났다고 할 수 있지만 원조의 규모는 그렇게 크지 않았다. 오히려 세계은행 PSM 지출에서 가장 큰 비율을 차지한 곳은 라틴아메리카와 동유럽 및 중앙아시아의 체제전환 국가들transition economies이었다.6) 아프리카에 대한 집중은 최근 수년간 다

---

5) 두드러진 예외는 공여기관의 역할에 특별한 주의를 기울이고 있는 세계은행이다(1995: 259~61).

소 변화를 보여왔으며, 구조조정 작업이 줄어들었고, 체제전환 국가들이 공여국들의 더 큰 관심사가 되고 있다.[7]

이 장의 분석과 결론은 이 같은 맥락에서 이해해야 한다. PSM 개혁 실패는 중소득 국가와 체제전환 국가에서 저소득 국가보다는 덜 일반화되고 있는 것으로 보인다. 이것은 다음에서 볼 수 있듯이 기존의 평가에서 많은 일반화가 가능하지만, 일반화하는 데는 어느 정도 신중성도 필요함을 보여주는 것이다. 두 번째 경고는 더욱 의미심장할지도 모르겠다. 검토되고 있는 일부 해법과 수단들은 지금껏 중단해왔거나 1990년대 중반 이후 크게 수정돼 온 것들이다. 예를 들면 공공투자 프로그램화Public Investment Programming와 대민업무 개혁 civil service reform에 대한 사례가 그러하다. 그러나 실제로 얼마나 많은 변화가 일어났는지, 그리고 어떤 경우에 분석 대부분이 관련이 있는지는 분명치 않다.

■ 실패의 기록

긍정적인 성과가 소수에 불과하다는 증거는 최근의 평가와 구체적인 개혁 연구에 충분히 나와 있다. 여기서는 개혁의 세 가지 주요 대상 즉, (1) 공공기업 부문, (2) 공무원, (3) 공공지출 관리가 검토된다.

---

6) 세계은행의 분류에 따르면 1995~1997년 동안 PSM 지출의 절반은 라틴아메리카에 4분의 1 이상은 유럽과 중앙아시아의 체제전환국에 할당되었고, 약 12%만이 아프리카에 할당되었다. 이는 1988~1992에 비해 약 20% 감소한 것이다 (World Bank, 1997c).

7) 구조조정 작업은 1990년대 중반에 전체 세계은행 그룹 차관에서 차지하는 비율이 15%까지 떨어졌다. 1997년에는 전체 차관액수(200억 달러)가 다소 떨어졌지만 구조조정 작업은 20%까지 올라갔다. 그러나 1997년 사하라 이남 아프리카에서는 매우 적은 재정지원으로 단 14개의 구조조정 작업이 있었다. 이것은 1980년대 후반의 30개와 대조된다(World Bank, 1997c).

공공기업 개혁public enterprise reform

개혁의 주요 목적은 국영기업state-owned enterprise(SOE)이 더욱 효율적이고 효과적으로 물자와 서비스를 공급하도록 하고, 국가예산으로 지출하는 보조금을 줄이자는 것이었다. 이에 필요한 수단으로는 구조조정에 대한 자금지원, 잉여인력 축소, 기업목표 명시와 실적계약을 통한 정부와의 관계 명시, 관리강화 및 관리 인센티브 개선, 사전 정부통제 대신 사후대체 등이 있다. 기업분할(민영화 또는 회사정리)은 주요 요소이다. 20년간 추진해 온 국영기업 개혁과 그것의 영역축소 작업의 결과는 아무리 생각해도 빈약하기 짝이 없다.

1993년 IMF가 만든 한 연구는 '강화된 구조조정 기금Enhanced Structural Adjstment Facility(ESAF)'을 받고 있는 19개국의 경험을 분석했다. 이 연구는 "오직 몇몇 국가, 즉 볼리비아, 잠비아, 가이아나, 세네갈, 스리랑카, 토고만이 공기업 개혁에서 의미 있는 진전사례를 보여준다"고 결론을 내리고 있다 (Schadler et al., 1993: 14).[8]

1994년 세계은행은 사하라 이남 아프리카의 조정차관을 집중 검토한 보고서를 발간했다(World Bank, 1994a). 이 보고서는 국영기업들에 대한 재정적 통제가 초보적인 상태에 머물고 있다고 했다. 심지어 전략기업들도 독립적인 회계사들의 감사를 거의 받지 않았다. 29개국 중 4개국(짐바브웨, 말라위, 잠비아, 부룬디)에서만이 매년 여러 회사들이 회계 감사를 받았는데, 감사보고서 발표는 지연되는 경우가 비일비재했다. 공기업에 대출한 외부자금에 대한 회계는 상환과 연체를 추적해본 결과 체계적이지 못했다. 일반적인 평가는 일부 고무적인 사례들이 있긴 하지만 공기업 개혁의 성공사례가 거의 없다는 것이다. 복구된 공기업 중에 의미 있고 지속적인 개선을 보여준 경우

---

8) '오직 일부 국가만이 국영기업 개혁에 성공했다'고 언급한 세계은행(1995: 2) 참조 바람.

가 거의 없으며, 대부분은 2차, 3차에 걸쳐 복구가 시도되고 있다. 아프리카의 사례가 비전형적이라는 사실은 최근의 다른 세계적인 평가결과에 의해 밝혀졌다. 그것은 프로젝트 완료 보고서를 검토하면서 규명된 것으로 공기업 개혁 프로그램의 이행은 오직 5개국(아르헨티나, 칠레, 페루, 잠비아, 필리핀)에서만 만족스러웠으며 20개국에서는 빈약했다는 내용이다(Datta-Mitra, 1997).[9]

공기업 개혁 프로그램에서 중요요소인 민영화privatisation는 저소득 국가에서는 제한적이고 순조롭지 않은 진전을 보여주었다. 공여기관에 의한 구조조정이 특별히 아프리카에서 집중되었기 때문에 아프리카에서의 민영화 기록은 특별한 의미가 있다. 세계은행 보고서(White and Bhatia, 1998)는 국영기업 숫자가 3분의 1로 줄어드는 많은 변화 — 1996년 말까지 2,600개 — 가 일어나고 있음을 보여준다. 그러나 이 지역 국가들 중 4분의 3은 공기업을 거의 매각하지 않았으며 성공적인 민영화의 경제적 비중은 제한적이다. 1996년 현재 민영화 활동은 10개국에 집중되어 있고 더 적은 수의 나라에서만 효과를 보고 있다.[10]

세계은행 보고서인 '비즈니스에서의 관료(World Bank, 1995)'는 적어도 1990년대 초반까지 공기업 개혁부문에서 제한적으로 진행된 두드러진 일반적 사례를 제시하고 있다. 이 보고서는 40개 개발도상국에 대한 구조개혁 성과를 취합하였는데, 1970년대 후반부터 1990년대 초반까지 공기업 부문이 거의 축소된 흔적이 없음을 보여준다. GDP에서 공기업 부문 비중이 변하지 않았고 중소득 국가middle-income countries에서는 오히려 증가하였다. 유급 일자리에서 공기업이 차지하는 비율 또한 증가하였고, 특히 아프리카에서

---

9) 그 후 같은 보고서에서는 다소 다른(더 초라한) 수치가 보고되었다. (27개국 중) 25개국에서 (공공기업) 개혁실행이 불충분하거나 부족했다고 언급했다(ibid: 37).

10) 10개의 주요 민영화 추진국가 중에서 잠비아, 가나, 모잠비크, 베냉이 절차 및 성과의 효과성 측면에서 좋은 점수를 얻었다.

그러했다.[11] 더욱이 1985년 이후에는 저소득 국가의 공기업들이 국내대출에서 더 큰 비중을 차지했다. 직접적인 예산 보조가 감소하고 은행대출이라는 간접적 보조금을 제공하면서 증가한 것이다.

공무원 개혁 civil service reform

공무원 개혁 프로그램은 특히 집중적으로 연구되었다. 주요 목표는 더 나은 정보를 창출하고 인사관리 기관을 강화하는 동시에, 고용감소, 총급여 축소, 실질급여 인상과 '감압decompression(예컨대 고위직 급여를 비숙련 직원 급여보다 인상시킴)'을 통한 더 나은 인센티브 구조 창출 등이다. 사실상 모든 평가는 이러한 목표들이 아주 극소수의 국가에서만 충족되어왔다는 데 동의하고 있다.

세계은행 보고서인 '아프리카의 구조조정(1994a)'에서는 조정중인 국가에서 급여체계에 대해 효과적으로 통제하는 국가가 거의 없었으며, 6개국 외에는 모두 중대한 문제점을 갖고 있었음을 보여주었다. 일부 국가만이 구조조정을 시작한 이후 5% 이상의 공무원을 감축했다. 더욱이 인력감축은 주로 재정적인 효과를 가져오지 않았다. 인력 감축은 불균형적으로 저급여 직원들을 대상으로 하였고 급여축소가 지속되고 있었기 때문이다.

1994년 현재의 아프리카의 경험결과는 세계은행의 다른 종합평가에서 요약되어 있다(Nunberg, 1994: 147ff). 이 평가서는 고용과 관련하여 3개국에서 일부 반전된 경우가 있기는 했지만 '자료수집이 가능한 14개국 중 7개국은

---

11) GDP에서 PE 부문이 차지하는 비율은 전체 사례 국가의 11%를 조금 넘으며, 저소득 국가에서는 14%를 조금 넘는다. 전체적으로 10%에 머무른 유급고용의 부문 비중이, 저소득 국가에서는 15%에서 16%로 아프리카에서는 19%에서 22%로 증가하였다. 약간의 긍정적인 변화가 있었다. 거의 10년 동안 긍정적이기는 했지만 정부 투자 비중이 감소하였고, PE 부문에서 정부로 가는 순수 재정이전이 감소하였다.

정부 고용을 축소시킬 수 있었다'고 결론 내리고 있다. 비용억제와 관련하여 오직 4개국에서만 절대적 의미에서 급여가 줄어들었다. 절반의 국가에서는 그 시기에 GDP 대비 급여비율이 상승하였고, 비급여 비용에 대한 급여 비율은 개선되지 않았다. 감압과 관련하여, 급여구조는 13개국 중 10개국에서 더욱 축소되었다.

가장 최근의 평가는 IMF에서 나왔다(Lienert and Modi, 1997). 이 분석은 1986년부터 1996년까지 32개국을 망라하고 있다. 명목 급여와 관련하여, 1993년까지 GDP 대비 공무원 평균 급여비율에는 변화가 없었다. 약간의 감소는 1993년 이후에 발생하였다. 1996년 비율은 6%였고, 그것은 10년 전보다 1% 낮은 수치이다. 대부분의 감소는 CFA 국가에서 발생하였고, 이것은 1994년 1월의 평가절하 이후의 일이다.

연구에 따르면 인센티브 구조가 10년(1986~1996) 동안 거의 개선이 이루어지지 않았음을 보여주고 있다. 행정 관료의 실질급여는 우간다를 제외한 20개국에서 평균 매년 2%까지 계속 떨어졌다. '이용 가능한 사례에서 실질급여가 감소한 국가의 급여구조에 바람직한 변화가 거의 없었음을 보여주고 있다'(ibid.: 28~9). 일부 극소수 국가에서만 급여감압이 있었다. 많은 국가에서 급여격차가 축소되었다. 공공부문과 민간부문 간의 급여격차는 개선되지 않았다. CFA 국가에서 1994년의 화폐 평가절하는 민간부문 직원들에게 유리한 쪽으로 급여격차가 커지는 결과를 낳았다.

마지막으로 고용은 19개국 중 3분의 1이 감소되는 결과를 보였다. 6개국(베냉, 중앙아프리카 공화국, 기니, 마다가스카르, 말리, 우간다)에서 행정 관료의 수가 10% 이상 줄어들었다. 우간다는 '규모를 줄인 국가' 중 으뜸이었지만, 탄자니아와 시에라리온에서도 꽤 줄어들었다.

세계은행의 탁월한 공무원개혁 전문가인 바바라 눈베르Barbara Nunberg는 최근 요약한 결론에서 다음과 같이 알기 쉽게 요약하고 있다.[12]

---

12) 비슷한 결론을 찾으려면 디아Dia(1993)와 클릿고르Klitgaard(1997) 참고.

현재 세계은행이 지원하는 공무원 개혁은 정부가 지속적인 성과를 달성할 수 있게 하기 위한 역량 개발 지원으로 큰 효과를 보고 있는가? 최근 15년 동안 공무원 개혁의 실행경험에 비추어 볼 때 그 답은 일부 드문 성공과 의미 있는 학습에도 불구하고 아마도 '아니다'일 것이다. 우리는 우리의 프로젝트가 효과성을 두드러지게 높였다거나(예컨대 근본적인 공공업무를 수행하기 위한 정부의 역량 강화를 통해서), 또는 효과성을 자극(예컨대 성과에 걸맞게 정부의 비용과 규모를 축소시킴으로써)했다는 사실에 대해 확신할 수 없다. 공무원 급여와 고용 개혁은 오직 한정된 성취만 보여주었으며, 특히 아프리카에서 정부의 능력과 관리역량에 문제가 있었음을 알 수 있다(Nunberg, 1997: 5).

공공지출 관리|public expenditure management

1986년과 1991년 사이에 세계은행은 구조조정 및 기술지원 차관에서 81개의 재정관리 활동을 진행했다(Shirley and Nellis, 1991).[13] 가장 빈번하게 개입한 부문은 공공투자개혁 과정이다. 세계은행은 정부가 공공투자 프로그램 Public Investment Programmes(PIP)을 지속(통상 3년)하게끔 격려해왔다. 그 목적은 투자활동에 관한 더 나은 지식을 창출하고 개발예산을 포괄적인 것으로 만들며, 투자선택 절차를 개선하고 우선적인 프로젝트에 국가 자원을 집중시키고(즉, 너무 많은 프로젝트에 개발 예산을 지나치게 분산시키는 관행을 바꾸고), 그리고 PIP에서 현재의 대충자금과 미래의 정기적인 비용이 적절히 조달될 수 있도록 '실질적인 규모'의 투자 프로그램 채택을 장려하는 데 있었다.

---

13) 세계은행 프로젝트에 따르면, 공여기관의 주요 공공지출 관리활동은 공공투자 프로그램(운영의 28%), 세무행정(22%), 예산운영(29%)에서 이루어졌다. 나머지 부문은 회계/감사, 부채관리 및 조달이었다. 이 중 46개는 사하라 이남 아프리카 지역이었고, 19개는 라틴아메리카, 9개는 유럽, 중동 및 북아프리카, 7개는 아시아였다. 지리적 배분은 1990년대 내내 바뀌었다.

세계은행은 PIP를 도입하면서 거의 동시에 구조조정 차관에 조건을 붙여 현지정부로 하여금 세계은행의 검토를 위한 투자프로그램을 제출하도록 요구했다. 이것은 세계은행이 편성한 공공지출 검토Public Expenditure Review(PER), 즉 모든 공공지출 조사라는 광범위한 관행으로 발전하였다. 투자는 전반적인 공공지출로부터 고립될 수 없다는 것이 이론적 근거였다. 1990년대 초부터 중기지출 프로그램이 강조되거나 이후의 예산집행이 향상되었다. 포괄적인 부문별 투자프로그램은 1995년 이후에 두드러졌다. 공공지출 관리개혁 노력에 대한 평가는 공공기업 운영에 대한 평가보다 그 수가 적었다. 그러나 현존하는 평가는 그 효과성과 영향력에 대한 엄격한 판단을 요구한다.

1979년부터 1994년까지 86개국에 대한 250개의 구조조정 차관을 검토한 재정개혁에 대한 세계은행의 주요 보고서에서는 긍정적인 성과가 별로 없다(Datta-Mitra, 1997). 예산 적자를 줄이는 부분 - 이 개혁 프로그램의 주요 목적 중 하나 - 에 대해 보고서에서는 "저임금 조정대상자, 상당한 부채를 가진 조정대상자, 주요 수출업자들은 전혀 개선되지 않았다"고 기록하고 있다. 보고서는 계속해서 "임금 및 보조금과는 동떨어져 있고 비급여 운영과 유지 non-wage operations and maintenance(O&M)에 대한 현재의 지출을 구조조정하는 데 제한적으로 성공해왔으며, 공공 일자리를 줄이려는 노력은 전반적으로 일시적이거나 소극적이었다"고 평가하였다. 또한 "예산 처리 개혁에 대한 기록이 불충분하며 전체 소요 예산을 검토함으로써 O&M에 필요한 견적을 정제하기로 계획하였으나 실제로 그렇게 한 국가들이 거의 없다"고 밝히고 있다.[14]

아프리카 국가들의 구조조정에 대해 1994년 세계은행이 발표한 종합 연구 보고서에는 다수의 적절한 관찰결과가 포함되어 있다(World Bank, 1994a). 보고서는 공공투자 관리에 대해 1993년 말 현재 29개 조정 국가 중 18개국

---

14) 97개 사업운영의 종료심사와 회계감사 보고서는 예산 절차와 공기업 개혁, 그리고 현 지출의 감소나 재조정이 불충분했다고 지적했다.

이 투자 프로그램에서 프로젝트를 위한 효과적인 모니터링 시스템을 실시하지 않았다고 지적하고 있다. 예산처리와 배분은 여전히 불충분했다. 핵심 프로그램을 보호함으로써 우선순위가 높은 프로젝트에 전력을 경주하려는 시도는 오직 부분적으로 효과를 보았다.

케냐와 세네갈의 경험은 예산개혁의 어려움과 개혁노력의 영향력이 제한적이었음을 여실히 보여준다. 공공투자 프로그램(PIP)에 기초한 개혁은 이 두 국가에서 거의 진전이 없었다. 지식성취 목적도 지체되고 있다. 총프로젝트비용은 한도를 뛰어넘었고, 다른 요인들 가운데서 원조 프로젝트 협정에의 접근이 쉽지 않아 곤란에 빠졌다(케냐 농림부는 56개 프로젝트 중에서 단지 12개만 협정을 맺을 수 있었다). PIP 도입은 예산을 더욱 포괄적인 것으로 만드는데, 여기엔 대외적으로 자금지원을 받는 프로젝트가 포함되지만 모든 프로젝트가 포함되는 것은 아니다. 핵심 공여기관들에 의한 효과적인 평가는 여전히 드물다. 기능적으로 쓸모 있는 우선사항이 부족한 상태이며, 숙련된 직원이 드물고, 프로젝트는 너무 많으며, PIP 준비를 지나치게 서두르고 있고, 그것의 준비·실행·모니터링에 대한 책임이 분산되어 있다.

예산에 대한 강조는 더 강력한 예산 규율을 필요로 했으며, '흰 코끼리' (유지하는 데 비용이 많이 드는 물건, 처치 곤란한 애물단지)는 그 숫자가 더 줄어들었다. 그러나 프로젝트를 정규 예산으로 실행하기보다 PIP로 하는 것이 더 쉽기 때문에 우선순위가 낮은 많은 프로젝트는 PIP로 가는 그들만의 방식을 찾고 있다. 더욱이 이것은 정기적인 프로젝트에 심한 부담을 주고 있다. 케냐의 경우에는 전체 PIP 중 35%가 그러했다. 정기적인 예산 책정은 여전히 신뢰를 받지 못하고 있어, 일반적으로 재정계획을 위해 쓸모가 없다. 핵심 프로젝트 개념은 프로젝트의 정의를 다시 조정하는 문제를 야기하고 있고, 다른 책략들은 그 효과성이 심하게 희석된 채 채택되고 있다. 다른 저소득 국가를 우연히 관찰한 결과 상대적으로 강력한 행정 시스템을 갖고 있는 케냐와 세네갈에서 일어난 진전이 그나마도 평균보다 낫다는 결론을 얻었다.

공공지출 검토Public Expenditure Review(PER)는 공여기관의 또 다른 주요 개혁 수단이다. 또한 이것은 비프로젝트 개혁수단이기도 하다. 초기에 세계은행에 의해서만 시행되었으나 이후 다른 공여기관도 참여하게 되었다. 수원국 정부의 전반적인 공공지출 수준과 구성, 부문 내 그리고 부문 간 분배, PIP, 예산정책 및 제도에 대한 검토가 이루어졌다. PER은 투자프로그램 검토에 따른 후속 조치로서 PIP 도입과 연계하여 시행되었다. PER의 기본 원칙은 공공투자 지출은 전체 지출 중 빙산의 일각이라는 것이며, 지출개혁은 PIP 외부에서 일어나는 모든 공공지출을 고려해야만 한다는 것이다.

PER은 1990년대에 공공지출 개혁 무기로 그 입지가 튼튼해지긴 했지만 그 자체가 긴 역사를 가지고 있다 그 횟수는 1980년대에 연간 12회에서 1990년대에는 연간 18회로까지 늘었다(Pradhan, 1996). 1987년에서 1993년까지 총 113회의 재조사가 이루어졌다. 1993년 7월과 1998년 2월 사이에 100회 이상의 재조사가 완료되었다. PER에 대한 아주 적극적인 평가보고서는 최근에 완성되었다(World Bank, 1998d). 이 평가보고서는 PER이 세계은행의 견해, 정책, 프로그램 또는 IMF에 큰 영향을 미치지 못했다고 결론지었다. 더 중요한 것은 PER이 완성된 PER 평가보고서 사본을 받은 적이 없는 다른 지원 참여 기관들에게 큰 영향을 주지 못한 것으로 판명된 경우가 많았다는 점이다. 따라서 전반적인 원조 조정에 대한 효과는 분간하기 어렵다. 또한 무엇보다 중요한 것은 일부 영어를 사용하는 아프리카 국가를 제외하고는 저소득 채무국들의 정책에 대한 PER의 효과가 무시할 정도였다는 점이다.

평가보고서는 PER이 점점 다양해지고, 더 좋아지고 있으며 더욱 개선할 수 있는 변화를 건의하고 있다고 했다. 그러나 공공지출 관리를 강화하는 측면에서 PER의 성과는 참담했다는 주요 결론에서 벗어나지는 못한다.

■PSM 개혁 실패에 대한 공여기관(국)의 책임

세 가지 요인이 PSM(공공부문 관리) 개혁의 빈약한 실적을 설명해준다. 첫째, 원조와 크게 상관없는 개혁에 대한 내부 장애물이다. 둘째, 공여기관(국)과 간접으로 관련된, 원조에 따르는 일반적인 결과이다. 셋째, 직접 원조와 관련된 공여기관 개혁자들의 역량부족이다. 이 중 마지막 요인은 이 장의 나머지 부분에서 다룰 것이다. 여기서는 간략하게 첫 두 요인을 다루고자 한다.

많은 내생적인 요인들이 PSM 개혁 노력의 제한적인 성공을 설명하는 데 도움을 준다.[15] 첫째, 가장 중요한 것 중 하나는 어느 국가에서나 행정 시스템을 개혁하는 일에는 큰 어려움이 따른다는 점이고, 저소득 국가에서는 특히 어렵다는 점이다. 이 어려움에는 정치적 취약성, 인종의 다양성, 심한 빈곤과 고용감소 조치에 대한 강한 반감, 손상된 행정 제도, 허약한 실행능력에 유래하는 기능장애에 빠진 공무원, 제시된 개혁이 실제로 그들 나라를 위해 적합한지에 대한 엘리트들 간의 미지근한 지적 및 정치적 신념, 적합하지 않은 경제적 환경이 포함된다. 이러한 요인들의 비중은 나라들마다 그리고 PSM 개혁의 방식에 따라 다르지만, 일반적으로 무시할 수 없다.

둘째, 많은 원조 관행들이 현지의 제도적 역량을 부식시켰고, 따라서 간접적으로 또는 일반적인 방식으로 PSM 개혁에 나쁘게 작용하였다. 이런 현상은 원조에 크게 의존하는 빈곤국에서 가장 잘 나타나는데, 특히 GDP에서 원조의 비율이 높은 아프리카에서 자주 볼 수 있다. 아프리카 국가들의 3분의 2가 GDP에서 차지하는 원조비율이 10% 이상이다..

이처럼 능력 및 개혁을 서서히 해치는 효과의 대부분은 원조 실행가들에게 이미 널리 알려져 있으며, 원조 참고 자료에 명시되어 있다(예컨대 Sida,

---

15) 공기업 개혁에 대해서는 Shirley and Nellis(1991), World Bank(1995), White and Bhatia(1998) 참고. 행정 사무 개혁에 대해서는 Dia(1993), Lindauer and Nunberg(1994), Klitgaard(1997) 참고.

1996; berg, 1997). 원조 관리는 현지 관료들의 마음을 빼앗아 그들의 관심을 밖으로 돌린다. 예산 제약이 완화되고 원조의 유입은 주저하는 정부들이 어려운 결정을 미루도록 허용한다. 현지의 정책발의권은 사라지는 경향이 있다. 현지 관료들은 중요한 것은 공여기관(국)들이 생각하고 원하는 것이라는 점을 알고 있으며, 따라서 기술 관료들은 소극적이고 정치인들은 '책임을 회피하려고 한다'. 인센티브 구조는 여러 차원에서 왜곡되고 있다. 공여기관 직원들은 그들의 직무와 프로젝트를 위해 고용 및 급여 관행을 이중 급여구조로 만들 필요가 있다. 또한 일반적으로 꼭 필요하기 마련인 엄격한 조치와 계획들은 원조의 존재가 귀중한 곳에서 문젯거리가 된다. 이러한 점은 지출 관리에서 정기적인 비용 문제와 연관 지어 다음에 다루게 될 것이다.

개혁성과를 설명하는 데는 이 두 요인 ─ 행정개혁과 구조 변화의 생태적 어려움, 일반 행정에 대한 동요 효과와 원조로 인해 야기되는 개혁 수용 인센티브 ─ 이 중심이 된다. 그러나 이 장에서 초점은 PSM 개혁실패의 세 번째 원인, 즉 개혁이 원조 공여기관(국)의 후원을 받고 있었다는 사실에 맞춰져 있다.

대부분의 빈곤국에서 PSM 개혁은 원조국가에서 수입한 것이다. 역사적으로 유례가 없을 정도로 많은 외국인들이 유입되었고, 심지어 그들에게 강요당했으며, 주권을 가진 정부가 스스로 조직하고 스스로 자금을 지출하려는 방식을 바꾸기 위해 개혁이라는 것을 들이밀고 있는 것이다. 공여기관들은 개혁을 정교하게 추진하고, 이에 자금을 지원하며 실행하는 데에 큰 역할을 한다. 공여기관들의 개입은 수많은 긍정적인 효과를 가지고 있다. 개혁을 진행하는 방법, 훈련과 실행을 위한 기술적인 도움 및 자금에 대한 아이디어를 제공한다. 공여기관들의 추진력과 유인이 없었다면, 많은 나라에서 개혁은 전혀 착수되지 않았거나 장기간 지연되었을 것이다. 그러나 공여기관들의 후원은 단점도 가지고 있었다. 그것은 두 가지 방식으로 개혁실패에 직접 그리고 크게 기여해왔다. 첫째, PSM 개혁은 구조조정 프로그램의 일부로서 이행조건conditionality을 달고 도입되었다. 이것은 개혁에 대한 현지 주인의식ownership을 침해하고 다른 개혁을 약화시키는 효과를 가지고 있다. 둘째,

공여기관들은 PSM 개혁의 불완전한 설계자이며 실행자로 판명되었다. 개혁 실패에 대한 이러한 각 요인들을 다음에서 차례로 다룬다.

구조조정 관계의 부정적인 효과

저소득 국가에서 대부분의 PSM 개혁은 일반적인 구조조정 프로그램의 일부인 조정차관으로, 부문별 조정차관으로, 또는 독립적인 기술지원과 연계된 상태로 포장되어 들어왔다. 이들 원조 프로그램들은 각각 이행조건을 달고 들어왔다. 대부분의 조정차관이 도입된 절차는 현지 주인의식과 책임이 최소한이 될 것이란 점을 실질적으로 보장하고 있다. 그것은 또한 최적이하의 개혁에 만족하게 했으며, 개혁 신뢰성을 감소시킨 게임놀이로 이끌었다.

PSM 개혁 수단들은 공여기관 본부에서 정교하게 만들어졌고, 일반적으로 현지에서 만들어 이용한 것은 거의 없었다. 현지 정부는 심각한 자금압박 때문에 보통 이러한 일방적인 개혁 프로그램들을 받아들였다. 현지 정부 지도자들은 공여기관들이 들이미는 개혁을 전혀 믿지 않거나 반쯤만 믿었다. 개혁에 대한 현지 주민들의 지지를 끌어낼 가능성도 거의 없었다. 개혁 프로그램의 기본 원리와 내용에 대한 공개 토론회가 거의 없었고, 조정차관의 특정한 이행조건은 일반대중에게 널리 알려지지 않았을 뿐더러, 심지어 웬만한 고위 관료들도 모르고 있는 경우도 있었다. 거의 모든 사람들은 이러한 조건부 개혁 프로그램이 브레턴우즈 협정에 의해 강요되었다고 보고 있다. 이런 상황에서 진정한 주인의식을 조성하는 일반적이고 개방적인 대화를 갖기는 어렵다.16)

---

16) 1994년 우간다 방문 기간 동안 필자는 개혁문제, 특히 민영화 문제를 논의하기 위해 의회의 경제위원회 의원들과 만났다. 의원들은 그 정책에 대한 토론은 필요가 없다고 말했다. 의원들이 행정부 각료들에게 질문했을 때, 그들은 별 의미도 없는 대답을 들었다. 행정부 각료들이 민영화 정책에 전혀 영향력이 없었기 때문이다. 이런 문제들을 공여기관과 협의했고, 정책 차관 업무에 통합되

세계은행이 1994년 조사한 민영화 지원에 대한 보고서에는 민영화 프로젝트 운영책임자들(세계은행 직원)에 대한 설문조사가 포함되어 있다. 운영책임자들은 민영화를 위한 당사국들의 동기에 대한 설문 순위를 매기도록 요청 받았다. 세 번째 높은 순위를 차지한 설문은 "국제 공여기관들을 만족시키기 위해서"였다(World Bank, 1994b: 16). 사실은 수많은 응답자들이 이 설문을 첫 번째 순위에 올려놓았다. 보고서의 저자는 간단하게 이렇게 말하고 있다. "외부에서 강요된 민영화 프로그램은 충분한 현지지원 부족으로 인해 실패할 확률이 높다는 사실을 분명히 보여주는 것이다"(ibid).

PSM 개혁이 조정차관에 편입됨으로써 또한 프로그램 우선순위와 수단의 선택이 구체화되었다. 공무원 개혁으로 임금억제가 프로그램의 지배적인 풍조가 되었는데, 이는 프로그램이 재정개혁과 거시경제적 안정화와 연계되어 있었기 때문이다. 많은 개혁론자들이 더 철저한 개혁과 그것의 지속가능성을 위해서는 더 강력한 직원 관리 시스템과 효과성에 기초한 직원감축 같은 다른 요인들이 우선시돼야 한다는 사실을 알고 있음에도 그러했다.

성공의 판단 기준 역시 구조조정 환경에 의해 정해졌다. 평가자들은 PSM 계획을 지나치게 '너그러운' 절차를 가진 이행조건을 담고 있다고 종종 비난했다. 그래서 프로그램 입안자들은 더 '자세하게 추적할 수 있는', 이른바 정량의 조건들을 찾게 되었다. 공기업과 현지 정부는 일정한 수의 실적 계약 performance contract에 서명해야 했고, 또한 현지 정부는 특정한 수의 기업들(혹은 그 후, 일정한 비율의 국가자산)을 매각해야 했다. '예산안 편성자들'은 일부 PIP 프로젝트에 대한 수익률을 평가해야만 했고 구체적으로 최저한도 수익률 이하로 떨어지는 프로젝트는 거절해야만 했다. 급여와 고용 상한제는 공무원 개혁 프로젝트와 프로그램의 기본 특징이 되었다.

었다. 의원들은 개입하지 않았다. 더욱이 그들은 논쟁점과 문제점을 찾아낼 수 없었다. 관료나 외국인들은 경제위원회 의원들 앞에서 늘 현행 프로그램의 옹호자인 것처럼 말했다.

이러한 수치화된 이행조건들quantified conditionalities은 형식상 현지 정부의 동의를 필요로 했으며, 마지못해 또는 기계적으로 실행하게 만들었다. 공기업 경영진과 현지 정부 간의 실행계약은 관례에 따라 서명되었지만 양측 모두 그들의 약속을 이행하지 않았다. 예컨대 PIP 프로젝트의 80%에 대한 수익률을 분석하는 세네갈에서의 요구조건은 10% 미만으로 된 수익률을 요청하고 거절하는 기계적인 분석으로 이끌었다. 운영기관들에 의해(또는 공여기관들에 의해) 집계된 프로젝트비용과 산출 데이터는 그 내용의 한결같은 지나친 낙관론에도 불구하고 사실상 문제없이 핵심부서 심사위원들의 승인을 받았다. 또한 수익률 상한 10%를 충족하지 못한 프로젝트는 빈번하게 '사회적인' 이유로, 또는 정부가 채택한 많은 우선순위 중 하나를 충족하기 때문에 승인된다. 재정/기획부 평가원들은 수익률 계산에 바쁜 나머지 신청한 프로젝트가 실제로 이치에 닿는지 알아볼 시간이(그리고 인센티브가) 거의 없었다. 같은 맥락에서 활동 부서로 하여금 '핵심적' 또는 우선순위가 높은 소수의 프로젝트만 지정하도록 요구한 (케냐에서의 경우처럼) 이행조건은 소규모 프로젝트들로 하여금 이행조건을 충족시키되, 목적달성은 이루지 못하는 보다 큰 규모의 프로젝트들로 키우도록 유도했다.

PSM 개혁 수단으로 이용되는 이행조건을 가진 조정 차관의 결함은 전통적인 프로젝트 틀의 취약점 때문에 생긴 것이다. 이행조건이 없는 고전적인 프로젝트는 PSM 개혁과는 부합되지 않는 부적절한 매개체다(Nuadet, 출판 예정). 이러한 종류의 개혁은 시작과 끝이 명확하지 않은 경우가 많다. 그 산출물도 쉽게 측정하기 어렵고 모니터링이 어렵다. 프로젝트 기획의 청사진 방식도 일치하지 않는다. 그 목적은 장기적이고 특정하지 않다. 또한 실제로 반발이 일어나기도 한다. 보통 기술지원과 함께 공식적인 프로젝트 심사체계를 서둘러 가동하는 것은 프로젝트 질을 높이기 위한 효과적이고 지속적인 과정을 발전시키는 것과는 거리가 멀다. 결국 일정한 구조조정 환경에서 우선권은 더 단기적이고 정량적이며 모니터링 가능한 수단 및 목적에 주어졌다. 제도적인 발전이나 역량 축적 목적은 무시되었다.

구조조정 수단에 PSM 개혁을 포함시키는 것은 서로 관계가 있는 두 가지 다른 반개혁 효과를 내었다. 공통문제 해결에 진지하게 노력하기보다는 게임을 하도록 고무되었다. 또한 개혁노력의 신뢰성을 훼손했다. 구조조정 프로그램의 당사자 중 누구도 그것이 실패하기를 원하지 않는다. 원조지급중지는 책임을 지고 있는 공여기관 직원과 그들이 몸담고 있는 조직에 대한 개인적 패배라고 할 수 있다. 그것은 현지 정부 관료들도 마찬가지이다. 조정차관 프로그램은 많은 공여기관들과 IMF가 참여하는 자원 간극 좁히기 운동resource-gap-closing exercises의 일부였기(아직도 일부이기) 때문에, 그것을 실행하지 않는다고 해서 처벌(가능한 모든 원조의 중단)하는 것은 너무 가혹한 일이었다. 세계은행은 가장 열악한 두 세계를 상대로 운영하였다. 그들은 선의의 의지와 주인의식을 희생해가며 가혹해 보이는 조건을 협상하였으나 큰 압력을 행사할 수는 없었다. 세계은행은 트렌치 발행으로 여러 번의 지연이 있었음에도 불구하고 조정차관을 취소한 사례는 1990년 중반까지 드물었다. 그런 일을 피하기 위해 공여기관들은 이행조건에 대한 '형식상의' 순종을 받아들였다.17)

그러한 배합이 조정 자금의 유입을 유지시켰다. 그러나 또한 구체적인 개혁의 신뢰도를 떨어뜨린 제재 없는 분위기를 조성하는 데 기여했고, 일반적

---

17) 1980년대 후반 세네갈의 사례가 설명하고 있다. 세네갈의 3차 구조조정 차관에서 2차 트렌치 발행 조건 중 하나는 정부가 1987년 9월까지 10개 공기업의 매각 비율을 제시하는 것이었다. 그러나 그 날짜까지 이루어진 것은 하나도 없었다. 정부는 10개 기업을 매각 중이라고 지역 언론에 발표함으로써 그 조건을 충족하겠다는 제안을 했다. 그러나 작성해 온 관련서류(회계감사, 자산평가 등)로 보아 매각을 위해 준비된 것은 아무것도 없었다. 문제의 기업들의 민영화 결정이 정부 내에서 충분히 검토되지 않았다. 그 후 두 개의 최대 기업을 공기업 리스트에서 지우는 것으로 낙착되었다. 어떤 경우에도 세계은행은 매각의향 발표를 매각을 위해 내놓은 것으로, 따라서 트렌치 발행에 대한 조건을 충족하는 것으로 받아들였다.

으로 관대한 예산억제를 지속시키는 데 기여했다. 세계은행은 계약 불이행에 대한 처벌을 줄임으로써 정책결정자들로 하여금 개혁 이행의 비용과 수익을 불이행하는 방향으로 계산하도록 유도했다.

개혁의 잘못된 선택 또는 적용

임무를 수행하기가 굉장히 어렵고 개혁에 대한 내적 장애가 만만찮은 점을 감안한다 해도, 공여기관들이 PSM 개혁을 기획하고 이행하는 데에 대체로 초라한 실적을 거뒀다는 비판을 피하기는 어려울 것이다. 개발도상국들의 개혁역사는 공여기관들이 지원을 중단한 후에 작업을 중단하거나, 작동을 멈춘 접근과 수단에 의존한 사례들과 함께 잘못된 출발로 점철되어 있다.

수원국들의 특성에 맞추려는 노력이 부족했기 때문에 일부 공여기관들의 주도가 처음부터 불운해질 수밖에 없었다고 주장할 수도 있다. 그러나 좋지 않게 끝난 대부분의 개혁 프로그램이 본래 좋지 않은 아이디어를 바탕으로 한 것은 아니었다. 근본적인 개념적 결함 때문에 실패한 것이 아니라, 실행과 실행 후 환경의 방해물을 예측하지 못했거나 적응하는 데에 실패했기 때문이었다. 일반적인 문제는 공여기관이 수원국 특유의 조건에 적절하게 프로그램을 순응시키는 데 실패한 것이었다. 주요 공여기관들의 취약점은 유연성 부족, 실행 중 드러나는 난관에 대한 느린 대응, 저급여 국가의 환경이라는 특성에 프로그램을 순응시키지 못한 무능함 등이었다.

여기서 세 가지 사례, 즉 (1) 공공기업 개혁에서 실행계약 신뢰, (2) 투자계획 개혁을 위한 PIP 활용, (3) 예산개혁을 위한 공공지출 검토PER 의지에 대한 내용을 기술할 작정이다.

실적 계약performance contracting

실적 계약은 공공부문에 잔존하고 있는 공기업의 실적을 개선시키기 위한 세계은행의 주요 수단이었다. 근본 개념은 믿을 수 없을 정도로 단순하다.

(소유자로서) 정부와 기업 경영자들의 권리와 의무는 해석이 명확해야 하고 문서화되어 있어야 한다. 목적은 대화를 늘리기 위한 것이며, 불분명하거나 갈등을 일으키는 공기업 목표에 대한 문제점을 제거하고, 감독기관의 간섭을 줄이며, 기업의 다양한 이해관계자들로부터 오는 불평을 막기 위한 것이다. 공기업 관리는 생산, 가격책정 및 고용의 명시적인 목표를 충족하기 위해서다. 정부는 측면에서 연체금 청산, 외상값 지불, 합의한 보조금 배분, 일정한 수준의 투자지원, 세금 구제 및 기타 특혜 부여를 공약한다.

세계은행은 1980년대 초 세네갈에서 이러한 합의를 도출해냈다. 1990년까지 이것은 공기업개혁의 구성요소로서 구조조정 운영의 기준이 되어 왔다. 이 같은 합의는 1980년대 중반까지 10개국에 소개되었고, 10년 후엔 주로 아시아와 아프리카 32개국에서 약 600차례 이루어졌다(Cisse, 1994).[18] 이 수단의 효과성에 대한 평가는 그리 오래 걸리지 않았다. 세네갈 경험에 대한 1988년의 평가는 실망스러운 것이었다. 협상은 합의에 이르는 데 자주 실패했고, 오랜 시간이 걸렸으며, 관리개선을 위한 인센티브가 포함되지 않았고, 정부는 그들의 약속을 지키는 데 자주 실패했다(Nellis, 1988).[19]

세계은행 연구보고서(1995)는 기존 실적 계약PC을 개괄한 더 집중적인 조사결과를 포함하고 있다. 보고서 작성자들은 실행목표가 설정된 방식, 정보흐름의 효과성, 인센티브에 관한 규정 또는 정부의 기여가 거의 없었음을 발견했다. 전반적인 결론은 실적 계약이 별 효과가 없었고, 이익보다는 더 많은 손해를 초래할 수도 있다는 것이었다. 더 최근에 나온 이와 유사한 보고서는 만약 우리가 사례로 든 계약들이 자연독점과 함께 세계적으로 활용

---

18) 중국과의 계약은 100,000개에서 450,000개 이상으로 다양하게 추산된다.

19) 비판은 셜리Shirley와 넬리스Nellis(1991)에서 더 찾아볼 수 있다. 1994년의 세계은행 보고서인 '아프리카에서의 구조조정'은 한 문장으로 해법을 간단히 정리했다. '눈에 띄는 몇 개의 예외와 함께, 국가 소유로 남아 있는 기업들의 효과성을 높이기 위한 실행계약과 다른 시도들은 실패했다.'(World Bank, 1994a: 103)

되는 실적 계약을 대표하는 것이라면, 이론적이지도 않고 경험적이지도 않게 정당한 것으로 규정하고 있는 실행에 상당한 시간과 노력이 소진되고 있음이 분명하다는 점을 설득력 있게 주장하고 있다(Shirley and Xu, 1997).[20]

실적 계약에 대해 세계은행 분석가들은 처음부터 그들의 미흡한 성과에 대한 주요 원인으로 '헌신의 부족lack of commitment'을 꼽았다. 세계은행 보고서(1995) 필자들은 이 전통을 따르고 있다.[21] 수원국 정부들은 원조와 관련된 책무를 이행하는 데 정치적으로 너무 많은 대가를 치러야 하기 때문에 실적 계약에 따른 그들의 의무를 어겨왔다. 이것은 확실히 실패원인 중 하나이지만 그것만으로 실패가 모두 해명되는 것은 아니다. 수원국 정부들은 또한 많은 사례에서 공여기관의 이행조건을 지키겠다고 실적 계약에 서명해왔지만 적절한 제재가 없었기 때문에 위반해왔다.[22] 비용과 수익의 저울이 뒷걸음질에 유리한 쪽으로 기울어진 것이다.

---

20) 한 귀중한 유엔 연구보고서(Bennett, 1994)는 그 결론이 다소 느슨하긴 하지만, 내용의 요지와 첨부된 사례 연구로 보아 왜 한국이 두드러지는 성공사례로 묘사되었는지 알기 어렵다. 그러나 세계은행(1995)은 실적 계약에 대한 열망이 그곳에서 희미해지고 있다고 말하고 있다. 유엔 보고서는 파키스탄과 잠비아에 대해서는 좋은 평가를 내렸지만, 인도의 경험은 실망스럽고, 방글라데시의 경우는 인상적이지 않고, 다른 두 개의 아프리카 사례는 비효율적이라고 밝히고 있다.

21) '위임문제를 최선을 다해 적절히 다루는 우리의 사례에서는 계약실패가 실적 개선의 분명한 실패에 대한 가장 중요한 설명이 될 수 있을 것이다'(World Bank, 1995: 128). 넬리스는 '정부의 지불실패가 문제'라고 주장하고 있다(1988: 49).

22) 하나의 사례가 있다. 구조조정 차관에서 3차 트렌치 발행 조건은 정부가 서명한 실적 계약에서 동의한 대로 공기업에 대한 재정적 의무를 충족하는 것이었다. 정부는 이용 가능한 예산 자원에서 관련 총액을 조달할 수 없었다. 그 대신 3차 트렌치 발행 마감일 전에 합의하에 약속한 금액을 일방적으로 줄여 지불했으며 그 의무를 충족했다고 발표했다. 세계은행은 이에 동의했고 구조조정 자금을 제공했다. 이러한 사례는 자연히 실적협의의 중요성에 대한 냉소주의를 조장했다.

더 근본적인 실패 이유들이 있었다. 일부는 세계은행보고서(1995)에 기록돼 있다. 이를테면 정보 불균형 상황에서 기회주의적 관리자들이 설정한 목표들이 너무 낮고 너무 많았다. 정부협상가들과 모니터링요원들의 상대적인 취약성과 낮은 위상, 주요 결정에 대한 지속적인 정부 통제에 직면한 관리자들의 제한된 자율권, 그리고 관리자들이 거둔 좋은 실적이 그들의 경력에 거의 영향을 미치지 않고, 경력이 정치적으로 결정되었다. 실적 계약이 이러한 특성을 가진 환경에서 제대로 작동할 것이라고 생각하는 것은 비현실적일지도 모른다. 이런 요인들이 이 같은 환경에서 실패공식을 만들고 있고, 실적 계약 해법이 저소득 국가에는 적합하지 않다는 점을 분명히 해야 할 것이다.

실적 계약 수단의 더 근본적인 결함, 다시 말해 공여국들을 돌아서게 만든 결함을 제대로 인식해야 한다. 실적 계약의 근본적인 전제는 수원국 정부가 교섭 합의의 틀 안에서 재정적으로 공기업에 위임하는 것이 적절하고 바람직하다는 것이다. 그러나 전적인 위임은 주로 현금경영을 기반으로 하고, 예산 구조가 갖추어지지 않은 국가에서는 적절하지 않다. 신규 자금에 대한 지출기관의 요구는 늘 이용 가능한 한도를 초과하기 마련이다. 예산 집행자들은 관례대로 지출기관들이 요구하는 금액의 일부 비율만 예산에 책정한다. 더욱이 지출기관들은 보통 책정된 예산보다 적게 배분 받는다. 그리고 과도한 급여비중을 고려하면, 자본지출 요구는 특히 취약해진다. 실적 계약으로 야기되는 위임은 예산처리에서 정부의 다른 위임과 같이 취급된다. 현금 운영에 위임을 요구하면 당연히 거절한다.

설사 적절한 것이라 해도, 확실한 위임은 바람직하지 않을 것이다. 많은 공기업들이 투자프로젝트를 개발하는 것이 기술적으로 더 쉬우며, 대부분의 정부 부서보다 컨설턴트에게 더 쉽게 다가갈 수 있다. 실적 계약이 진행 중일 때 공기업 경영자들은 프로젝트 제안을 제한할 하등의 동기를 갖지 않게 된다. 반대로 그들은 협상 목적을 위해 그것을 이용하고, 풍족한 원조환경에서 자금 지원은 항상 가능해진다. 여럿 중에서 우선순위가 높은 필요를 골라

내야 하는 심사절차는 중앙정부보다 공기업 채널에서 더 취약하다. 공기업이 '속해 있는' 정부의 감독부서들은 공기업의 지출요구를 손질하는 데 관심이 없으며, 그 요구는 대개 문제없이 재정부로 이송된다. 실적 계약과 그리고 그 이면의 세계은행 이행조건이 (위임에 의해) 제어됨으로써 공기업의 투자제안은 다른 운영기관의 제안보다 더 나은 승인기회를 가질 수 있다. 실적 계약에서 이루어진 정부의 위임이 실제로 이루어진다면 공공지출의 질이 떨어지는 결과가 예상된다.[23] 저소득 국가에서 공기업 개혁의 주요 수단으로 실적 계약을 선택한 것은 분명히 실수였다.

공공투자 프로그램화 Public Investment Programming(PIP)

돌고 도는(보통 3년 주기) 공공투자 프로그램은 세계은행이 투자기획과 실적을 개선하기 위해 선택한 수단이었다. 평가 결과에 대한 초기의 개요와 케냐와 세네갈의 사례보고서에 따르면 PIP의 효과성이 제한적이었다. PIP는 사람들의 눈 밖에 났다. 세계은행의 예산 개혁 전문가들은 PIP에 대한 개념 평가에서 매우 가혹했다. 그들은 가장 훌륭한 PIP 실적에 대한 성명에서 PIP 해법은 사실상 터무니없는 아이디어였다며 그 문제점을 조목조목 밝히고 있다(World Bank, 1998e: 2권).[24]

---

23) 다른 개념적 결함은 실적 계약 접근방법에 있다. 국영기업이 갖고 있는 많은 문제점들은 복잡한 실적 계약 없이 기업 차원에서 다루어질 수 있다. 그리고 일부 문제점들은 부문별 수준의 관심이 필요한데, 이는 국영기업 다른 관계자들이 당사자가 되어야 함을 의미한다. 예컨대 이는 도시 운송기업의 경우 분명해진다.

24) '공공지출 운영편람(World Bank, 1998e: 2장)'은 다른 문제들 중에서 PIP 내부 프로젝트가 경제적 수익률에 의해 평가될 수 없음을 지적하고 있으며, 내부 수익률은 부문들 간에 비교 불가능하고 많은 프로젝트의 경우 계산하기 어렵다고 말하고 있다. 만약 그것이 가능하다면 빈곤국 중에서 모든 프로젝트를 감당할 역량을 갖고 있는 국가는 거의 없을 것이며, 정기적인 비용에 대해 충분한 관심을 기울이지 않을 것이고, 가장 기본적으로 PIP는 이중 예산 집행을 장려하며,

대부분의 비판은 정곡을 찌르고 있다. 그러나 PIP의 초라한 실적의 일부분은 그들의 불충분한 실행에 원인이 있다. PIP의 큰 잠재력을 살리려면 시간을 들여 프로젝트 제안에 대한 더 신중한 평가를 해야 하는데 그렇게 하지 못했다. 포괄성과 모든 프로젝트를 포용하려는 자세, 그리고 형식적인 수익률 계산에 지나치게 중점을 두었다. 프로젝트 심사과정의 실질적인 개선에 지나치게 소홀했다. '핵심적인 것'으로 비호했던 높은 우선권을 가진 개발에 대한 지출이 중단될 수 있다는 인식은 공여기관들의 실행능력을 넘어선 것이었고 정치현실과는 너무 동떨어진 것이었다. 그리고 마침내 지나치게 많은 시간과 에너지를 주기적인 비용의 수렁에 낭비했다.

시간이 지나면서 공공투자 프로그램은 향후 예산편성과의 관련성이 점점 더 깊어지게 되었다. 예산집행 기관들은 현재 진행 중이거나 준비 중인 프로젝트의 향후 운영비를 더욱 정확하게 계상하도록 강요받거나, 회유 받거나, 간청 받았다. 서식이 다시 마련되고 수정되는 등 예산집행기관의 대응이 재빨리 이루어졌다. 필요한 운영 및 유지비용이 이용 가능해졌기 때문에 투자 프로그램이 더 현실적으로 될(더 작아질) 것이며 완성된 프로젝트들이 더 잘 작동할 것이라는 희망이 있었다. 그러나 그렇게 되지 않았다.

케냐와 세네갈의 경우가 말해주듯이, 그리고 다른 경험들이 이를 확인해 주듯이 정기비용 사용견적서가 예산 실행이나 검토 대상이 된 적이 없었다. 이는 부분적으로 그것들이 개념상의 문제이기 때문이다. 직원 수준, 급여, 생산성에 대해 어떤 가설을 사용해야 하는가? 운영비를 증액시키지 않고 단지 낡은 물리적 시설을 대체하는 프로젝트가 어떨까? 어떤 수준의 유지보수, 어떤 수준 및 형식의 서비스나 물자 생산이 바람직한가? 자본 대체 비용은 계산해야 할까?

'이중예산은 기획, 정책 및 예산 집행과 관련된 실패, 그리고 빈약한 예산상의 결과에서 단일로는 가장 중요한 실패 요인이 될 것이다'. 개발 예산은 비교적 적은 장애요소를 갖고 있기 때문에 운영 기관들은 덜 합리적인 프로젝트를 투입하거나 PIP에 많은 O&M비용을 포함시킨다.

예산집행기관들은 PIP를 준비하는 과정에서 이러한 질문에 대한 운영 지침을 거의 갖고 있지 않았다. 부처관료들은 그런 지침이 있다고 해도 여전히 어떻게 이를 적용해야 하는지 모른다. 이것은 서식들이 겉치레로 또는 바람직하지 않게, 그리고 종종 믿을 수 없는 숫자로 채워져 작성되는 이유가 된다. 모든 견적은 자본 프로젝트에 자금을 지원하는 공여기관들을 겁주어 내쫓지 않기 위해 편향되어 있으며 일반적으로 너무 낮게 책정되어 있었다.25) 이런 환경에서 편성되는 정기비용 예산수치는 중요한 지출계획에 제대로 사용될 리가 없다.

상황이 이렇게 된 데에는 또 다른 이유가 있다. 정부 집행부서들은 그들의 이해관계에 반하는 행동을 하라는 요구를 받고 있다. 이는 그들이 가장 많은 프로젝트를 축적할 수 있게 하기 위해서다. 이런 상황은 정규예산에서는 더 이상 볼 수 없는 비용을 관리하는 데 필요한 직원, 활동, 특권 및 자금을 요구한다. 정기적인 비용을 산출하는 데 필요한 개념상의 명확한 기준이 있다고 해도 집행기관 지도부는 그것이 프로젝트 승인을 위협할 경우 정직한 견적을 제출하지 않을 것이다. 만약 국제 공여기관들이 보조금 또는 보조금과 유사한 형태로 투자프로젝트를 지원하려고 한다면, 빈곤국가의 정책입안자들은 미래에 있음 직한 세입부족 때문에 그것들을 거절하는 어리석은 짓을 할 수도 있다. 미래는 불확실하다. 경제가 더 나아지거나 원조 유입이 더 풍성해질 수도 있다. 어떤 경우에도 공여기관들은 완성된 프로젝트 운영비의 전체 또는 일부를 책임져야 할 입장이 될 것이다. 보조금 형태가 아닌 재정지원에 대한 앞으로의 상환에 대해선 개연적이긴 하지만, 채무 경감이

---

25) 예산 환경의 특성으로 인해 견적에 대한 편견이 생긴다. 만약 심각한 중기적 지출 계획 또는 향후 예산이 없다면, 견적은 항상 공여기관 또는 가끔은 재무부를 놀라게 하지 않기 위해 항상 낮게 책정된다. 드문 경우이지만 그러한 계획 또는 예산이 존재하고, 그것이 믿을 만하다면, 부처 관료들이 앞으로의 자원을 더 많이 요구하는 노력에 높은 가치를 부여할 수도 있다. 향후 예산안의 삭감 가능성은 이 경우 견적을 과장하도록 부추긴다.

항상 가능하다. 만약 경제관료와 정치인들이 실제로 미래의 국가세입으로 뒷받침할 수 있는 수준으로 프로젝트를 줄여서 운용하는 원칙을 지킨다면, 총공공투자는 절제된 프로젝트가 원조총액의 축소를 의미하는 것이 아니라는 공여기관의 믿을 만한 약속이 있지 않는 한 줄어들 것이다.

따라서 합리적인 관료와 정치행동가들은 '가능할 때 장미꽃 봉오리를 따라(기회를 놓치지 마라)'는 규칙을 따른다고 해서 잘못을 저지른다고 할 수는 없다. 그들이 정기적인 비용이 드는 게임을 벌인다고 해서 비난받을 수는 없다. 지출기관의 차원에서 같은 방향으로 작용하는 다른 요인, 특히 새로운 활동과 새로운 자금을 위해 기관 내 경쟁이 있다.

상식적으로 알 수 있음에도 불구하고 공여기관이 계속 강경하게 정기적인 비용의 계산 필요성을 강조한 것은 실수였다. 그것이 중기적 지출계획의 정확성에 대한 기대의 감소를 의미했다 할지라도, 대안적인 평가방법으로 해도 충분했을 것이다. 다른 절차개혁 우선순위들은 더 큰 관심의 대상이 되고 있다. 이를테면 더욱 개략적이고, 준비된 평가 방법을 활용하고, 평가대상 프로젝트 수를 줄이며, 공여기관들과 수원국 기술부서들과의 대화를 향상시키고, 조달과 애로사항 제거 절차를 강화시키며, 그리고 정부자원의 연간분배 결정절차를 개선시키는 것들이다.

공공지출 검토Public Expenditure Review(PER)

PSM 개혁의 모든 수단 중에서 공공지출 검토는 맨 처음 선택한 수단이 아니었다. 수원국 정부는 공공지출에 대한 공여기관의 조사를 회계 감사로 간주했다. 조사과정에서 공여기관의 과도한 참견에 당황했다. 공여기관들은 비생산적인 것으로, 그리고 낮은 우선순위로 간주한 활동들에서 많은 내밀한 지출을 조사하였다.

이런 조사가 금융지원에 대한 새로운 이행조건을 찾으려는 공여기관의 활동이라는 데는 어떤 오해도 있을 수 없다. 이 조사활동이 현지 주인의식과 전혀 모순되지 않는다는 점이 당연시되고 있다. 이것이 오랫동안 큰 골칫거리가 된 것 같지는 않다. 1987년부터 1993년까지 113개의 PER 중에서 단 3차례(방글라데시, 인도, 인도네시아에서) 현지 정부의 참견이 있었다. 공여기관들은 PER 목표(기술적 조언과 공공재정에 대한 독립적 평가)는 조정이 가능하다는 것을 믿고 있으며, 따라서 PER은 주인의식 부족과 과도한 개입성에도 불구하고 효과적인 수단이 될 수 있을 것으로 믿고 있다.

그들이 잘못되었다는 사실은 세계은행이 처음으로 공식 평가한 내용에서 밝혀진 PER의 미미한 영향력에서 분명해졌다(World Bank, 1998d). 잘못되었다는 서술은 아직 흔들리지 않고 있다. PER은 최종수요자의 필요를 충족하지 못한다고 세계은행 보고서는 밝히고 있다. PER은 종종 서비스 공급자로서 공공부문 실적, 정부의 부가적인 경비, 세금경비와 같은 결정적으로 중요한 부문을 간과하기도 한다. 그것의 규정이 독단적인 경우도 있고, 제안이 판에 박힌 말잔치일 경우도 있다. 대부분의 제안과 분석이 매우 일반적이기 때문에 어떤 국가에도 적용할 수 있다. 제도적인 문제들은 PER의 관심을 끌지 못한다.

세계은행이 낸 평가보고서는 PER은 극소수의 예외를 제외하고는 현지주인의식을 확보하지 못했다. 현지정부는 PER을 '원조자금 지원을 받기 위한 전제조건 그 이상의 아무것도 아니다'고 본다. PER 보고서는 현지 정부에 널리 배포되지 않았다. 작성에 너무 긴 시간이 걸리는 바람에 예산 주기와 일치하지 않는다. 또한 너무 많은 제안을 담고 있고, 좀처럼 우선순위를 매기지 않으며, 왜 정부 프로그램들이 다른 결과를 얻게 되었는지 언급하지도 않은 채 기존의 실패한 정부 프로그램과 비교하기도 한다.

이 같은 결론은 '아프리카를 위한 특별 지원 프로그램SPA'의 후원을 받은 초기 평가서(van der Windt, 1995)의 결론들을 확인해주고 있다.[26] 이 평가서에서는 PER이 공여국 금융지원과 구조조정 대출을 위한 이행조건을 만들기

---

26) 보고서에는 9개국, 즉 부르키나파소, 코트디부아르, 가나, 말리, 모잠비크, 세네갈, 탄자니아, 우간다, 잠비아에 대한 방문을 포함하고 있다.

위해 대외적으로 추진된 관행이라고 믿는 많은 지역 정부 관료들의 인식을 언급하고 있다. 또한 PER의 절차가 국제화 또는 주인의식 개발과는 부합되지 않음을 지적하고 있다. 세계은행은 재검토 의제를 설정했다. 현안보고서들은 수원국 정부와의 토론(또는 작업에 동참하기를 희망하는 양자간 공여기관들과의 토론)을 허용하기에는 너무 적은 시간을 할애하여 기안되었다. 백서의 위상은 정부들에게(또는 다른 지원 참여 기관에게도) 명확하지 않았다. 보고서 준비는 전부 세계은행이 맡았다(가나는 예외). PER의 내용은 검토 과정에 직접적으로 연루된 인사들을 제외하고는 거의 몰랐다. 역량축적의 파급효과는 대수롭지 않았다. 현지 정부 관료들은 PER의 제안에 대한 후속 조치가 효과가 없었다고 언급했다.

■ 결론

두 개의 주요 논거가 제시되었다. 저소득 국가에서 지난 15~20년 동안 PSM을 개혁하기 위한 공여기관들의 실질적인 노력은 분명히 실패했다고 지적할 수 있다. 이에 대한 책임은 개혁자로서의 공여기관의 결함으로 돌릴 수밖에 없다.

갖가지 반론이 있을 수 있다. 임무의 방대함과 새로움을 감안하여 그리고 성공으로 가는 길에 많은 환경적 장애가 있기 때문에 실수와 느린 진척을 예상해야 된다고 말할 수도 있을 것이다. 이것은 분명히 옳다. 그러나 원조와 관련 없는 요인들 때문에 PSM 개혁이 매우 미흡한 실적을 거뒀다. 이 실적은 공여기관의 독창성, 적합성 또는 융통성이 거의 없었음을 말해준다. 일반적으로 공여기관들은 취약한 행정제도를 갖고 있는 저소득 국가의 환경에 프로그램과 실행을 순응시키는 데 실패했다. 실행문제에 대한 그들의 반응은 일반적으로 부적절한 것으로 나타났다. 이런 의미에서 그들은 PSM 개혁에서 인상적이지 못한 기획자며 실행자였다.

세계은행에 지나치게 눈치를 본다는 지적과 이 분석이 일반적인 공여기관의 경험을 대표할 수 없다는 데에 대해 반론이 있을 수 있다. 초라한 공여기관들의 실적에 대한 사례가 주로 세계은행의 경험을 통해 선택된 것은 사실이다. 그러나 세계은행은 PSM 개혁추진의 주력 기관이면서 주요 기획자, 자본공여기관, 실행기관이자 평가기관이다. 그리고 세계은행의 기록은 보고서로 잘 정리되어 있다. 풍부한 많은 사례들을 다른 공여기관의 경험에서도 추려낼 수 있다. 역량구축 영향을 감소시켰던 기술지원의 과실에 대해서는 아주 많은 자료가 있다(제6장 참고). UNDP의 주요 활동인 '국가기술협력행동프로그램NATCAP'은 원조관리 조직을 제공하려는 의도를 갖고 있었으며, 일부 유용한 정보를 창출하기는 했지만 진단/분석 연구에서의 제안들이 영향력을 갖게 할 수는 없었다(즉, Williams, 1991; World Bank, 1991b).[27] 그 프로그램은 사라졌다. 잘못된 시작과 실패한 계획들은 다른 공여기관들의 PSM 개혁에서 많이 발견할 수 있었다.

끝으로 이 장에서의 비판이 이제 적절하지 않다는 주장은 반박의 여지가 있다. 그것은 1990년대 중반 이후 포기되거나 대폭 개정되었던 첫 세대개혁들과 관련이 있다. 사실 그동안 많은 변화가 있었다. 민영화의 속도가 빨라졌다. 이른바 중기지출 프레임워크Midium Term Expenditure -Framework가 예산개혁의 중심으로서 PIP를 대체했다. PER은 점점 다양한 수단이 되어 갔다. 공무원 개혁 해법은 확대되었다. '새로운 공공관리New Public Management'의 방향에서 행정개혁에 대한 논의들이 많다.

그러나 이러한 새로운 개념이 저소득 국가에서 실제로 얼마나 실행될 수 있을지는 분명하지 않다. '오랜' 개혁 중 일부는 정체되어 있는 것으로 보인다. 설사 그것이 소용없는 짓이라 해도 1차 PSM 개혁의 결과 분석은 유용하

---

27) 지금은 분명 누락되었지만, 모든 프로젝트를 포함하는 부문별 프로그램에 대해 UNDP의 후원을 받아 만들어진 '포괄적인 국가 프로그램'을 목표로 하는 발의가 있었다.

다. 그 결과의 특성과 결점을 이해하는 것이 앞으로의 성공을 위한 전망을 개선하는 데에 도움이 될 것이다.

마지막 질문이 남아 있다. PSM 개혁의 기획과 실행에서 공여기관들, 특히 세계은행의 초라한 실적을 어떤 조직적 요인으로 설명하겠는가? 이 복잡한 질문에 대해 여기서는 단지 약간의 개략적인 관찰결과를 내놓을 수 있다. 한 가지 요인은 이미 잘 알려진 세계은행의 조직 성향이다. 세계은행은 주인의식에 대한 관심이나 현지의 역량 배양과 같은 더 유연한 과정상의 문제보다는 분석하는 일에 더 큰 비중을 두어 왔다. 세계은행의 재정개혁 프로그램에 대한 최근 평가가 그런 점을 잘 드러내고 있다(Datta-Mitra, 1997). 세계은행은 이 프로그램들의 미흡한 성과에 대해 부적절한 지식과 서투른 기술지원 때문인 것처럼 거의 전적으로 분석상의 결점들에 비난을 퍼부었다. 그러나 과정상의 결함이 아마도 더욱 중요했을 것인데도 그것은 무시되었다. '주인의식'이라는 말은 이 보고서에서 단 한 번도 언급되지 않았다. 더욱이 현지참여, 주인의식, 권한부여에 대해 권고한 흔적은 거의 없다. 그들은 세계은행의 더 큰 개입을 의미하는 개혁범위의 확대와 원조지원에 대한 더 심화된 분석이 필요하다고 주장하고 있다.

세계은행 간부들이 제도적 문제를 불편해하는 것도 이와 관련이 있다. 저소득 국가에서 개혁활동을 할 때는 제도적 결함에 대한 인식이 항상 충만해 있어야 한다. 그러나 국가 특유의 제도적 제약에 대한 민감성은 세계은행 운영의 강점이 될 수 없었다. 예를 들면 민영화 부문에 종사하는 세계은행 직원의 3분의 1은 1994년 설문에 대한 답변에서 세계은행 운영의 최대 약점은 국가 특유의 필요에 프로그램을 순응시키지 못한 무능이었다고 답했다 (World Bank, 1994b). PER에 대한 1998년의 평가보고서(World Bank, 1998d)에서는 제도적 문제를 무시한 것이 주요 실패 요인이었다고 밝히고 있다. 또한 아프리카의 PER은 이 지역의 직원들 사이에 제도에 대한 민감성이 훨씬 높은 수준이었음에도 불구하고 다른 지역에서보다 제도적 제약 문제에 대한 인식이 부족했음을 보여준다.

초라한 실적에 대한 또 다른 요인은 당장 끝장을 보려는 해법에 의지하려는 타고난 성향이다. 지극히 어렵고 복잡한 문제를 풀기 위한 적절한 해법을 개발하는 데에 필요한 시간 또는 특별한 기술과 경험이 거의 없다. 그들은 이용 가능한 것, 이를테면 '모범 사례들' 또는 다른 국가들이 하고 있는 것들에 의존한다.

그리고 세계은행 내부의 불충분한 커뮤니케이션과 학습실패가 있다. PSM 개혁을 위한 많은 수단과 접근방법이 갖고 있는 취약성은 초기에 이미 나타났다. 실적 계약의 부족한 성과는 1989년 초에 두드러졌고, 그 후에도 반복해서 드러났다. 그러나 금융지원 이행조건의 핵심을 구조조정과 공기업 개혁에 두면서 이들 계약에 대한 서명은 계속되었다. 세계은행 보고서(1995)가 통렬하게 비판했음에도 불구하고 여전히 그러고 있다. 1996년 (기니에서) 공기업 개혁을 위한 차관지원을 철회한 주요 이유 중 하나는 실적 계약에 대한 이행조건을 충족하는 데에 실패했기 때문이다.

그것은 PIP도 마찬가지다. 일부 부문 전문가들은 1980년대 PIP 실행이 이루어졌을 때 이중예산집행과 기타 결함위험성에 대해 경고했다. 그러나 PIP 추진은 인기가 있어, 세계은행은 공공투자 검토와, 그 이후 PER로 이를 보완했다. 세계은행이 펴낸 '공공지출관리 편람Public Expenditure management Handbook(1998e)'에는 지독한 개념으로 서술되어 있지만, 많은 국가들이 세계은행의 도움을 받거나 또는 스스로 PIP를 계속 만들어내고 있다.

세계은행 내부에서는 왜 이런 메시지들이 천천히 회람되는 것일까? 수평적인 커뮤니케이션 부족이 그 원인 중 하나일 것이다. 부족한 수직적인 커뮤니케이션도 원인이 될 것이다. 세계은행 내부 감독은 늘 허술하며 때때로 마지못해 그리고 형식적으로 이루어진다. 상향식으로 전해지는 메시지는 피상적이거나 모호하다. 대부분의 정보는 프로젝트 등급을 요약한 내용에 포함되어 있다. 이는 제도적 발전 또는 역량구축 효과와 관련해서는 거의 조망하지 않는다. 세계은행의 제도적 불안정도 의심할 여지 없이 한 가지 요인이 된다. 1990년대 재편 이후 부서장과 국장 등 사업 책임자들이 자주 바뀌었다.

따라서 PSM 개혁에 대한 관리보고서에는 일반적으로 솔직하고 날카로운 평가가 드물다. 그들의 메시지는 불충분하게 전달되고, 빈번한 직원교체가 이들 메시지의 영향력을 심각하게 희석시킨다. 학습은 느리고 조정역량은 약화되었다.

일을 복잡하게 만드는 요인은 세계은행 직원들에게 곧잘 나타나는 지나친 자신감인 것 같다. 과욕이 만연하다. 제도적 결함이 지적되고 있으며, 기술 지원과 관련해서는 근본적으로 건전한 수단이 부풀려지고 더욱 복잡해져서 저소득 국가의 실행능력 이상으로 그들을 압박한다. 하나의 사례(여기서는 언급되지 않았다)는 포괄적 부문투자 프로그램이다. PIP는 아마도 또 다른 사례가 될 것이다.

세계은행 구조에서 일어나는 최근의 변화는 이러한 조직적 문제에 관심을 기울이게 한다. 그리고 조직행위들이 세계은행의 제도 발전을 위해 좀 더 일반적으로 검토된다면 공공부문 관리개혁의 선구자로서 세계은행의 성과가 크게 개선될 것이다.

제13장

원조와 민간부문 개발

마스 팍쥐 크라그 · 요르헨 비르크 모르텐센 ·
헨리크 사움부르-물레르 · 한스 페테르 슬렌테

■ 머리말

구조조정 이후

1980년대에 경제위기로 타격받은 많은 개발도상국들은 구조조정 프로그램structural adjustment programmes(SAP)을 도입했다. 이 프로그램은 규제완화, 자유화, 민영화를 통해 경제효과성 제고를 도모한다. 현재 민간부문은 경제성장의 핵심동력으로 인식되고 있다.

이들 구조조정 프로그램은 당초 기대한 민간부문에서의 공급반응을 불러일으키지 못해 실망을 안겨주었다. 그래서 자유경쟁시장 육성 과정의 다음 단계로서 각국 정부는 민간기업 친화적인 환경을 조성하기 위해 더 직접적인 방안을 마련하는 데 집중하였다. 이러한 방안들을 '제2세대 개혁second generation reform'이라 불렀다(Camdessuss, 1997).

개발도상국의 민간부문에서 더 두드러진 역할을 하는 원조는 변화과정을 지원하고 성장 동력이 되는 민간부문을 장기적으로 지원하기 위하여 새로운 형태를 갖추게 되었다. 최근 몇 년 동안 민간부문에 대한 원조는 기업단위, 산업단위 그리고 거시경제단위로 훨씬 광범위해졌다.

민간부문 원조증가를 설명할 수 있는 몇 가지 근거가 있다(제1장 참고). 첫째, 국가의 역할을 재정의하게 된 것이다. 많은 국가들이 시장경제로 전환함으로써 국가의 역할이 생산과 판매에 직접 관여하는 것에서 안정적인 거시경제적 환경과 기업 활동에 적합한 구조를 조성하고 관리하는 역할로 재정의되었다(제2장 참조). 원조는 이러한 정책적 변화에 편의를 도모해준다.

둘째, 민간부문 구조조정 프로그램의 느린 공급반응은 경쟁과 그에 따른 민간고용을 촉진하는 더 적극적인 수단이 된다. 구조조정 프로그램만으로는 생산성을 충분히 증진시킬 수 없다. 즉, 생산성 증진은 미시, 거시적인 측면의 산업정책으로 다루어야 한다.

셋째, 민간부문의 발전 장애물이 무엇인지 밝혀졌다는 점이다. 다시 말해 부적절한 법과 규제, 미성숙한 금융시장(제14장 참고) 그리고 시장경제에서 필요로 하는 기술의 부족이 그것이다.

넷째, 민간부문이 성장함에 따라 불완전한 시장과 외적영향은 민간부문개발Private Sector Development(PSD)원조의 역할을 점점 더 가시적으로 선호하게 된다. 정보부족과 높은 거래비용은 이 PSD 원조로 다룰 수 있다. 마찬가지로 환경파괴, 실업 그리고 불균등한 분배도 역시 이 PSD 원조 프로그램으로 처리할 수 있게 된다. 이러한 부정적인 외적영향에 역점을 두어 다루는 통제 및 규제 시스템은 대부분의 경우 경제 전체에 이득을 준다(Ridell, 1987).

다섯째, 제15장에서도 다루었듯이 대다수 개발도상국의 경우 저축 갭을 메우는 과제를 안고 있다. 현재로서는 주된 문제점이 공공저축이 아닌 민간부문 저축이다. 공적개발원조(ODA)의 감소와 민간자금유동성 증가는 어떻게 원조가 민간자금유동성의 촉매제가 될 수 있을지에 대한 다양한 논의와 실험을 촉발시켰다.

여섯째, 원조의 효과성에 대한 논의가 계속되고 있으며(제4장 참고), 공여기관들은 PSD 원조를 새롭고 가능성이 큰 성장위주의 원조수단을 시험해보는 한 방법으로 생각하고 있다.

정의

민간부문 개발은 개발도상국과 공여기관들 사이에서 인기 있는 용어가 되었다. 그런데 이 용어가 실제로 의미하는 바는 무엇일까? OECD에 따르면 PSD의 개념과 범위는 다음과 같다.

> 공여기관들은 '민간부문'과 관련해, 민간 소유권은 중요한 요소이고 시장과 경쟁이 생산을 결정하며 민간의 주도와 위험부담이 경제활동을 가능하게 하는 경제의 기본 구성원리라고 정의한다. 이러한 민간부문 원리는 농업, 공업 및 서비스(공공서비스를 포함한)를 비롯한 모든 경제 활동에 적용될 수 있다. 공여기관들은 경제의 효과성과 사회복지를 향상시키기 위해 PSD를 지원한다. 공여기관들은 PSD가 근본적으로 인간과 관련된 것이라는 데에 동의한다. 다시 말해 PSD는 인간의 생산 잠재력을 이끌어내어 이용하고, 인간의 욕구와 필요를 만족시키고, 인간에게 자유와 안전을 동시에 보장하는 다원적인 사회를 건설하는데 사용된다(OECD, 1995).

이러한 정의는 분명히 광의의 PSD 개념이다. 전통적인 원조와의 가장 큰 차이점은 PSD 원조의 수혜를 받는 대상이 생산적인 민간부문, 즉 기업과 기업가들이라는 것이다. 그러나 민간부문의 성장과 효과성의 증대는 결국 국민 모두에게 그 혜택이 돌아간다. 노동자들은 고용기회의 증대와 급여상승으로 혜택을 누리고 소비자들은 향상된 상품의 질과 상품가격의 하락으로 혜택을 받는다.

이 장은 농업을 제외한 산업부문에 초점을 맞춘다. 그러나 이 장의 몇몇 연구결과는 민간 농업부문에도 적용될 수 있고, 이 장에서 소개될 제도 대부분은 예컨대 영세기업가들을 위한 신용수단으로 농업부문에서도 유용하다 (제14장 참고). 이 장에서는 먼저 PSD원조와 관련된 사례들에 대해 알아보고 다음 항목에서 관련 개념과 분석적 접근방법에 대해 알아본다. 그런 다음에 민간부문원조 방법과 사례들에 대한 평가가 다뤄질 것이다. 마지막으로 미래의 PSD원조에 대한 전망이 제시된다.

■ 민간부문개발PSD 원조의 개념과 특징

민간부문에 원조를 제공하는 이론적 근거는 무엇인가? 우선 PSD 원조는 개발도상국들의 국내 산업정책을 보완하고 경제적 변화를 원활하게 하며 기업성장에 대한 제약을 완화할 수 있다. 그리고 기업의 경쟁력을 결정짓는 요인들을 강화시킨다.

민간부문 원조와 그 잠재력을 평가하기 위해서는 적절한 분석 틀이 필요하다. PSD 문제는 여러 수준, 즉 (1) 거시(경제), (2) 부문(산업), (3) 미시(기업) 수준으로 검토할 수 있다. 거시경제 원리를 이용하여 개발도상국들에게 정책 조언을 할 때, 대부분의 경우 제공되는 해결책은 구조조정 프로그램SAP이다. SAP이 단행된 이후 개발도상국들은 대부분의 경우 자국의 제조업 경쟁력이 해외 제조업의 그것에 훨씬 미치지 못한다는 사실을 발견한다. 또한 글로벌 무역자유화는 이전에 개발도상국의 해외수출에 유리하게 작용하도록, 양자 또는 다자간 협정에서 거시적 측면의 해법으로 제시되었던 무역협정이나 관련조항들을 빠르게 손상시켰다. 이 장에서 우리는 민간부문의 효과성과 경쟁력을 향상시키기 위해 단행되는 구조조정과 안정화 작업이 어떤 결과를 낳는지를 알아볼 것이다. 이후에 제시될 분석적 틀은 모델을 제시하지는 않겠지만 공여기관들과 수원국 정부가 PSD 원조를 조정하는 다양한 방식에 대한 논리적 설명을 가능하게 할 것이다.

부문(산업) 수준의 개입들

이론상으로 '산업조직'은 '구조-행위-실적structure-conduct-performance' 패러다임의 신고전학파적 확대이며, 이는 시장구조가 기업행위와 시장의 실적에 얼마나 영향을 미치는지를 말해주고 있는 것이다(이를테면 Ferguson and Feguson, 1988). 산업의 원동력은 '진화론' 학파에 뿌리를 두고 있으며, 그 범위는 유동적이고 그 동인은 '절차적인 합리성'(신고전학파 이론의 완전한 합리성과 전달 가설에 대립하는 것으로서)을 드러내는 것으로 추정된다. 이 분석학파는 주로 기술의 혁신과 발명 및 전파에 초점을 맞추어왔다.

산업조직과 산업원동력을 단일 시스템으로 통합한 포터(Michael Eugene Porter, 1990)는 특정국가 특정산업부문의 경쟁력을 조직화하는 또 다른 방법을 제시한다. 포터는 '왜 특정한 국가들이 산업기반 구축에 성공하는가?'라는 질문에 답하는 형식으로 성장요인들을 분석한다. 이러한 분석틀은 엄격한 의미에서 이론은 아니지만 다양한 이론을 활용하여 산업부문을 분석하는 틀 또는 '점검표'가 된다. 그는 경쟁력 요인은 한 산업 부문 내의 4가지 결정요소 사이의 상관관계에서 찾을 수 있다고 주장한다.

첫째, '요소조건factor conditions'이다. 여기에는 인적자원, 물적 자본, 지식자원, 금융자산과 인프라가 포함된다. 교육, 연구, 기술이전, 신용제도에 대한 모든 지원은 이러한 요소들을 향상시키는 데 기여한다. 원조 제공자들에게 인프라는 당연한 투자 대상이다.

둘째, '수요조건demand conditions'은 성장에 필수적이다. 무역이 성장하고 있음에도 불구하고 대다수 국가의 기업들에게 내수시장은 일반적으로 매우 중요한 요소이다. 지역 무역블록을 결성함으로써 내수시장을 확대하려는 노력은 기업들에게 최소한의 효율적인 생산 규모를 확보하게 해준다. 수요조건의 향상은 수출을 통해 기업들을 더 넓은 시장과 연결해줄 수도 있다. 특히 구조조정 프로그램들은 무역을 자유화하고 수출을 강화하는 데 초점을 맞춰왔다.

셋째, '관련 산업부문related sectors'은 수평적인 그리고 수직적 연계를 의미한다. 하청업자들과의 효율적인 연계는 생산의 질과 비용에 영향을 미친다. 산업부문 내에서 기술, 교육 등의 협력은 긍정적인 연계효과를 양산한다. 이러한 부문 내 협력을 '클러스터clusters'라 부른다. 원조는 기술교환과 공통서비스를 공유할 수 있게 함으로써 관련 연계, 네트워크 그리고 연관사업의 성립을 도울 수 있다.

넷째, '전략, 구조, 경쟁strategy, structure and competition'은 기업과 개인의 행위와 관련되어 있다. 기업 경쟁력을 강화하기 위해서는 기업 사이의 경쟁이 필수적이다. 경쟁만이 기업들로 하여금 그들의 요소조건을 향상시키는 데에 특화하고 투자하도록 유도한다. 정부는 국내기업들이 경쟁할 수 있도록 적절한 법을 제정하여 통제해야 한다. 구조조정 프로그램들은 경쟁적인 환경조성 필요성을 강조해왔다. 더욱이 제도적인 차원에서 원조는 민간부문개발이 가능한 환경을 조성할 수 있다.

각 산업 부문에 따라 위의 네 가지 결정요소의 상대적 중요성이 달라질 것이다. 같은 클러스터 내에 있는 기업들은 동일한 결정요소로 그 특징이 정해진다. 즉, 같은 시장과 생산요소를 공유하게 되는 것이다. 결정요소의 질을 높이면 클러스터 전체에 긍정적인 영향을 미치지만 같은 경제권 내에 있는 다른 클러스터에 반드시 그런 것은 아니다. 클러스터 내의 기업들이 공유하고 있는 다른 특징은 결정요소의 역학인데, 이것은 시간 경과에 따른 결정 요소들 간의 상호작용 및 기업과 정부가 그 요소들을 향상시키는 방식에 따라 결정된다. 현지정부는 공여기관의 도움을 받아 하나 이상의 결정요소를 목표로 하는 정책설정을 통해 경쟁력에 영향을 미칠 수 있다. 원조방식을 논의할 다음 항목에서는 민간부문개발원조가 이 결정 요소들에 어떤 영향을 미치는지를 알아보고 그 효과를 평가해볼 것이다.

미시(기업) 수준의 개입들

신고전학파의 이론에서 기업은 합리적으로 설명할 수 있는 전망을 가진 생산기능으로 간주될 뿐이다. 미시수준의 이론은 기업이 어떻게 형성되어 설립되고 운영되는지를 설명하고 기업을 통찰함으로써 연루된 여러 주체들에 대한 분석을 가능하게 하고, 그들의 각기 다른 이해관계, 재원, 불확실성, 위험평가, 불균형한 정보수준을 인식하게 한다.

진화론evolutionary theory적인 이론은 혁신을 통한 기업 내의 역동적인 진화와 경쟁력 형성에 초점을 맞춘다. 합리적 기대에 의한 행위라는 신고전학파 가설은 절차적 합리성으로 대체되는데, 여기서 기업은 최적화보다는 일련의 절차로 설명된다. 넬슨Nelson과 윈터Winter는 진화론적인 이론에 근거하여 기업의 능력 개념을 소개하였다. 롤Lall은 기업 내의 관리, 조직, 기술, 마케팅 그리고 금융관련 능력에 대해 분석하였다. 낮은 기술발전 수준에서 핵심역량은 설비선택, 품질관리, 공정 및 생산 기술, 기초산업기술, 효율적인 투입을 의미한다.

기업의 중요한 모습은 어떻게 새로운 기술을 습득하고 개발하는지에 대한 학습 메커니즘이다. 이것은 기술이전technology transfer에 대한 중요한 시사점을 갖고 있다. 전통적인 신고전학파 이론은 기술을 '기업이 아무 어려움 없이 선택할 수 있는 다양한 기법들'(Knudsen, 1991)로 보았다. 이와는 대조적으로 진화론적인 이론은 구체적으로 새로운 기술의 습득과 적응에 대해 논한다. 기술선택은 재량적인 것이 아니라 기업 내에서 적용하고 증식시키는 과정으로 인식된다(Evenson and Westphal, 1995).

기업이 자체 능력 없이는 그들의 기술을 향상시킬 수 없기 때문에 진화론적 이론은 교육과 훈련의 긍정적인 효과를 재차 강조한다. 또한 이 이론은 기업들이 종종 다른 기업들(클러스터)과 협력하여 발전하는 것을 중시한다. 따라서 민간부문 원조는 연계와 네트워크를 향상시키는 것에 목표를 둘 수도 있다.

전통적인 경제사회학에서의 네트워크 이론network theory과 최근의 다른 경영이론들도 이와 유사하게 기업들이 네트워크 관계의 협력으로 향상하고 갱신할 수 있다는 점을 강조한다(Grabher, 1993). 많은 학자들이 이탈리아의 산업발전에 자극을 받아 성공하는 산업협력 연구에 매진해왔다(Swedberg, 1993). 진화론적 이론 가설을 공유하는 네트워크 이론은 융통성 있는 전문화와 신뢰와 같은 유용한 개념들을 내놓고 있다. 이는 기업 간의 협력뿐만 아니라 정부가 설립한 주요한 지원·감독 기관들과 기업 간의 관계를 이해하는 데도 유용하다.

문제점

다음에서 검토하겠지만 원조를 민간부문으로 확대하는 데에는 몇 가지 문제점이 수반된다. 민간부문 개발원조를 계획하고 평가할 때 이런 문제점이 반드시 고려되어야 한다. 예를 들어 개별기업들을 지원할 때는 시장의 왜곡이 쉽게 발생할 수 있다. 왜곡을 최소화하기 위해서는 법률상의 요구를 능가하는 환경이나 직업위생 등 기업의 핵심사업 이외의 활동을 지원함으로써 가능하다.

정부가 아닌 기업과 협력할 때에는 누가 자금을 관리하느냐가 또한 문제가 될 수 있다. 대체로 정부는 수직적인 의사결정 구조를 갖고 있다. 예컨대 보건복지부로부터 지역 단위의 병원까지 이어지는 관계가 그러하다. 반면에 민간부문은 이보다는 관리하기가 어려운 특징을 갖고 있다. 이 문제를 해결하기 위해서는 간단한 분배 과정과 적절한 통제 메커니즘을 설정해야 한다.

정부나 공여기관들이 사회적 이익에 목표를 두는 것과는 달리 민간 기업들은 이윤을 극대화하는 데 목적을 둔 인센티브를 갖고 있다. 따라서 그들의 행동에 영향을 미치기 위해서는 시장 지향적인 메커니즘과 인센티브 구조가 필요하다. 그러므로 원조는 사회개발 목표와 기업 목표가 조화를 이룰 때에만 제공되어야 한다. 이것을 보장하기 위한 최소한의 필요조건은 경쟁적인 시장이다. 기업 내의 다른 사회적 목표는 기업이 이익 극대화를 통해 선택한 수준 이상의 훈련 및 환경투자로 얻을 수 있는 직접적인 인센티브를 통해 추구될 수 있다.

공여기관 조정donor co-ordination은 민간부문에서보다는 공공부문에서 더 수월하다. 공공부문을 통해 원조를 제공할 때에는 한 산업부문의 종합계획이 한 정부부처에 배정될 수 있고, 각 공여기관들이 그 계획에 표시된 과업의 일부를 담당할 수 있다. 그러나 민간부문에는 종합계획이라는 것이 존재하지 않고, 존재해서도 안 된다. 민간부문의 경쟁적이고 분권적인 특성상 공여기관과의 자연스러운 협력은 쉽지 않다. 이러한 협력의 부재는 노력을 중복시킬 수 있고 따라서 자원의 분배효율을 떨어뜨린다. 때로는 다수의 공여기관들이 경쟁적으로 기업들을 지원하고, 동일한 기업그룹들을 위해 자문과 훈련 및 신용을 제공한다.

지대(地代)추구 행위는 민간부문에서도 발생한다. 비효율적인 기업과 민간기관들은 원조에 의해서만 생존할 수 있게 되며, 이런 기관과 기업들에 대한 지속적인 자금 유입은 효율적인 기업들로 하여금 원조 없이 이들과 경쟁하는 것을 어렵게 한다. 따라서 수원기업들은 일차적인 기업목표를 달성하려고 노력하기보다는 후원자들을 만족시키는 데 더 많은 시간을 보낼 수도 있다.

마지막으로 공공 서비스 종사자들의 부정부패는 민영화 프로그램을 통해 억제될 수 있다. 반면에 불법적인 청탁을 받고 선호하는 투자자에게 공기업을 매각한다면, 민영화 과정에서 '뜻밖의 횡재'가 발생할 수도 있다. 그럼에도 불구하고, 공여기관의 민영화 프로그램 지원은 그 과정의 질을 높이고 가능한 투명하게 진행될 수 있게 하는 데 목표를 두고 있다.

이 같은 문제들은 PSD 원조를 계획하고 평가할 때 반드시 확인해야 한다. 많은 경우 공공단체든 민간단체든 민간 기업에 대한 서비스 제공자들은 종종 이른바 말하는 '지정선택a choice of placing'이 될 수 있다. 이 선택을 할 때는 앞서 언급한 사안들이 고려되어야 하며, 이는 다음의 민간부문 개발원조에 대한 비판적 검토의 일부가 될 것이다.

〈그림 13-1〉 PSD 원조의 경로

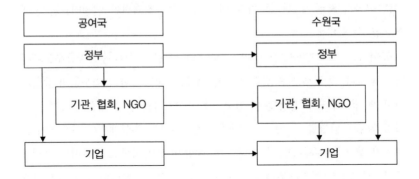

PSD 원조의 경로

PSD 원조의 일차적인 수원자는 기업이다. 원조 조정은 거시경제적으로, 산업 부문별로 또는 기업 수준으로 이루어질 수 있으며 원조자금은 전통적인 원조 방식과는 다른 경로로 전달될 수 있다. 이러한 관점에서 PSD 원조는 NGO에 대한 원조와 비슷하다. 민간부문에 대한 원조 자금의 흐름은 공여기관에서 기업으로 조달되는 동안 다양한 형태를 취할 수 있다. 원조의 수원자들을 다음과 같은 항목으로 요약할 수 있다. (1) 직업훈련, 확대 서비스, 정책개혁을 위한 지역 공공 기관, (2) 전문경영자들을 조직화하고 지원하고 교육하는 은행, 기업협회, 풀뿌리시민단체 등 지역 민간기관, (3) 투자와 훈련을 직접 필요로 하는 지역 기업, (4) 프로젝트 관리와 지역 사업체에 기술지원을 하는 공여국가의 공여기관과 협회 그리고 NGO, (5) 지역기업과 직접 협력관계를 맺어 기술이전, 노하우 전수, 투자를 하는 공여국가의 기업 등이다. PSD 원조의 다양한 경로는 다음에 제시될 것이다.

정부 대 정부 대 기업으로 이어지는 흐름이 원조 경로의 한 가지 사례이다. 여기서는 먼저 현지 정부가 원조를 받고, 그것을 민간부문 개발용으로 전환한다. 이런 지원은 다음과 같이 다른 네 부문, 즉 (1) 정치적 부문(정책),

(2) 민간부문 규제, (3) 민간 기업 지원, (4) 시장경제의 부정적 측면을 완화하기 위해 사용될 수 있다. 이 경우에 민간부문에 중요성을 두고 있기는 하지만, 정부가 중요한 역할을 한다는 점을 간과해서는 안 된다. 결과적으로 현지정부의 시장경제 운영에 도움을 주는 것이 민간부문에 대한 일종의 원조가 될 수 있음을 알아야 한다.

■PSD 원조의 수단

민간기업 분야 개발을 지원하는 데는 거시, 산업 그리고 개별기업 수준의 여러 수단이 있다. 다음에서 이 같은 몇 가지 수단을 각 공여기관이 어떻게 다르게 활용하는지, 그 효과가 무엇인지에 대해 논의한다. 원조는 크게 4가지 범주로 분류할 수 있다. (1) 투자 지원 프로그램, (2) 환경 지원 프로그램, (3) 민영화와 상업화 프로그램, (4) 사업 협력 프로그램이 그것이다. 이제 하나씩 알아보도록 하자.

투자 지원 프로그램Investment support programme

목적

1970년대 후반에 몇몇 유럽 국가들은 자국의 원조 일부를 개발도상국의 민간부문 투자를 촉진하기 위하여 벤처캐피털 자금으로 전환했다. 이 자금은 대부분의 경우 공여국과 수원국 기업 간의 공동 벤처사업 투자에 이용된다. 원조자금을 벤처캐피털로 전환하는 이유는 대부분의 개발도상국에서 특히 외화로 표시된 투기자본이 제한되기 때문이다. 이론적으로 투자 지원 프로그램은 두 가지 갭 모델에 기반을 두고 있다. 즉, 국내저축 또는 외환이 경제성장에 제약으로 작용하는 것이다(제4장과 1제5장 참조).

자본유입의 직접적인 효과 외에도 공여기관들은 공여국에서 민간 기업들을 통해 훈련이나 새로운 기술과 기계를 소개하는 형태로 상당한 수준의 기술 이전을 상정한다. 이런 과정에서 실현된 생산요소의 향상은 직접적인 자금유입 효과와 맞먹는 것으로 추정된다.[1]

마지막으로 공여국과 수원국 기업 간의 교류로 현지의 외환수입이 증가할 것으로 예상된다. 이것은 자회사와 모회사의 무역으로 이루어지거나, 또는 새로운 시장에 자회사의 상품을 모회사가 홍보하여 시장개척을 가능하게 함으로써 이루어진다. 벤처캐피털로 이전된 자금은 경화로 대출을 받거나, 주식자본을 취득할 수 있게 하는 대안은행 역할을 함으로써 빈약한 재정 인프라와 높은 이자로 개발도상국의 수많은 기업들이 직면하고 있는 자금난을 완화시켜줄 것이다.

투자지원 자금이 이루는 개발측면의 성과는 고도성장 이외에 고용기회 증대와 빈곤 감소이다. 하지만 일부 투자지원 자금이 공여국 기업들의 국제화를 돕는 데 사용된다고 주장할 수도 있다. 자금조달기관은 (1) 투자수익과 (2) 수원국의 경제성장이라는 두 가지 목표를 가지고 있다. 국영 벤처 자금이 가지고 있는 또 다른 목표는 국내기업들의 국제화를 돕는 일이다.

방법과 구상

벤처캐피털로 전환된 자금은 엄격하게 말해서 원조 자금이라고 할 수는 없다. 그러나 대부분의 벤처캐피털 기관들이 전통적인 투자자들보다는 높은 위험을 부담하려 한다는 사실 때문에 금융시장이 비효율적이거나 실재하지 않는 수원국에서 금융시장의 외부성externalities을 해소하는 데 도움이 되는 '간접적인' 지원 요소가 존재한다고 할 수 있다(제14장 참고). 국제 및 국내 벤처 자금은 이 외부성을 불식하기 위해 이러한 대출이나 주식(그리고 유사

---

1) 그로드Groth가 주장(1990)했듯이 이것은 '솔로Solow의 결과'와 일치한다. 즉, 저축증가는 성장에 단지 최소한도의 영향을 주는 반면, 생산성 증가는 성장률에 큰 영향을 준다.

주식) 또는 보증의 형태로 제공되었다. 몇몇 경우에 보조금은 그 기금과 관련된 훈련 프로그램이나 환경시설 설치의 형태로 제공되었다. 일부 공여기관들은 또한 기술의 타당성 조사와 연구에 자금을 지원하기도 한다. 이때는 준비 단계보다는 실행 단계에서 지원을 하는 경향이 있었다(FDI, 1992).

몇몇 유럽 국가들은 국가적인 차원에서 개발도상국의 민간 기업들에게 대출과 주식의 형태로 장기적인 금융 지원을 제공하는 벤처 기금을 설립했다. 대출은 일반적으로 외화로 제공되고 리보(런던의 은행 간 거래 금리)에 위험 프리미엄을 얹은 준시장 수준의 금리로 제공되었다. 반면에 주식매입자금은 시장가격으로 주식을 산 이후 4~7년 동안 위험을 부담하는 형태로 제공되었다. 1990년대 중반 이후 유럽개발자금 조달기관European Development Finance Institutions(EDFI)에 속해 있는 유럽 공여국 자금은 주로 아시아와 라틴아메리카의 개발도상국의 프로젝트에 대한 투자와 총지원 금액을 크게 늘렸다. 그러나 아프리카에 대한 원조는 뒤처지고 있었다(EDFI, 1998).[2]

가장 중요한 다자적 벤처자금은 세계은행 산하의 국제금융공사IFC에서 나온다. IFC는 개발도상국의 민간부문 프로젝트를 위한 차관 및 주식 자금 지원을 하는 가장 큰 다자간 기관이다. 정책적인 측면에서 IFC는 개발도상국에서 정부를 지원하여 해외와 국내 민간 투자를 촉진할 수 있는 환경을 만들 수 있다. IFC의 금융자산에는 성장률이 높고 높은 구매력을 가진 브라질, 중국, 인도와 같은 나라들이 우선순위에 있기 때문에 최근 아시아와 라틴아메리카에서 IFC의 활동이 크게 확대되었다.

일부 지역 개발은행regional development bank들도 벤처기금을 만들었다.[3] 그들은 전형적으로 합작투자회사에 차관과 주식지분을 제공한다. 더욱

---

2) 유럽 개발자금 조달기관EDFI의 기금은 덴마크, 스웨덴, 영국, 스페인, 오스트리아, 네덜란드, 독일, 프랑스, 벨기에, 이탈리아가 기탁한 벤처 펀드이다. DEFI 회원국들은 OECD/DAC에 포함된 모든 독자적인 개발도상국가에 투자할 수 있다. 단지 1999년 현재 1인당 국민소득이 5,445달러를 넘지 않은 국가에 한해서다.

이 그들은 합작회사 설립과 관련된 실행가능성 연구와 훈련활동도 지원한
다. 이 벤처기금은 IFC보다는 작은 규모의 프로젝트에 투자하는 것이 일반적
이다. 1990년대 후반 들어 개발도상국과 관련된 벤처캐피털자금이 급속히
증가했다. 이들 자금 대부분 공여기관들, 국립 벤처기금, 지역 개발은행과
개인 투자자로부터 지원받는다.[4]

경험

이 같은 투자 지원 수단이 공여기관들 사이에 널리 유행했다. 이 수단은
초기에 개발도상국에서 민간부문에 대한 금융상품으로 주로 활용되었다. 대
부분의 투자자금이 수원국의 사회개발과 기술이전에 대한 수요와 결부되어
있지만, 대부분의 '원조'는 OECD 개발원조위원회DAC의 정의에 따르면 원조
로 인정될 수 없다.

많은 경우, 특히 아시아에서 투자 지원 프로그램은 투자수익 측면에서는
매우 성공적이었다. 1999년에 덴마크의 개발도상국산업화기금IFU은 아프리
카, 아시아, 라틴아메리카의 모든 투자에 대한 내부수익률IRR을 조사했다.
그 결과 아프리카의 IRR은 부정적이었으며, 아시아에서는 긍정적, 그리고 라
틴아메리카에서는 조심스럽게 긍정적이었다(IFU, 1999). IFC 역시 동일한 형
태의 분석을 하여 거의 유사한 결과를 얻었다(IFC, 1998).

그러나 넓은 의미에서 개발목표들이 달성되었는지는 미지수이다. 특히 이

---

3) 여기엔 아시아개발은행ASDB, 아프리카개발은행AFDB, 범 아메리카 투자공사IIC,
그리고 EU가 포함된다. 이들 모두는 한 개 이상의 지역 벤처펀드를 지원하고
있다(상세한 것은 ASDB, 1998; AFDB, 1988; IIC, 1998을 참조할 것). 북유럽에
는 북유럽개발펀드NDF와 북유럽프로젝트 수출펀드NOPEF가 유사한 목적으로
설립되었다.

4) 예컨대 런던에 있는 영연방 개발공사는 영연방 개발도상국(CDC, 1998)을 망라
하는 지역 벤처캐피탈 펀드의 설립전략을 갖고 있다. IFU는 유사한 펀드에 투
자했다(IFU, 1998).

기금들은 더 '가벼운' 문제에는 직접 개입하려 하지 않는다. 많은 벤처 기금들은 투자에 따른 경제적 이득에만 집중함으로써 공여기관들과는 거리를 두려 한다. 그러나 많은 기금들은 환경이나 기술훈련 같은 좀 더 가벼운 문제를 지원하는 유사 기금에 관심을 보이고 있다. 최근에는 민간투자에 대한 자본, 기술훈련, 환경, 기술이전 등의 문제를 복합적으로 지원하는 것이 좀 더 강조되고 있다. 이러한 형태의 원조는 다음에서 언급될 파트너십 프로그램partnership programmes에 의해 가능해진다.

벤처기금이 안고 있는 두 번째 문제는 개발도상국의 금융제도를 통해 불공정한 경쟁을 야기할 수 있다는 점이다. 그렇게 되면 벤처기금으로 얻는 경험들이 지역사회에 정착되지 못한다. 이것이 개발도상국 내에 기반을 두고 있는 지역 및 국가기금을 관련 지역자금으로 지원해야 한다고 주장하는 주요 근거 중 하나이다. 세 번째 문제는 개발도상국 내 기업들은 항상 외환위험을 안고 있다는 점이다. 이것의 최근 사례는 아시아 금융위기인데, 많은 기업들이 사실상 과다 외화차입으로 인해 파산했다.

1990년대 후반 들어 새로 생긴 공여기관의 수와 이에 유입된 자금 총액이 빠르게 증가했다. 이것은 개발도상국과 선진국 기업들의 벤처자금에 대한 수요가 증가했다는 것을 의미하며, 생산의 큰 부분이 민간부문에서 이루어진다는 사실을 반영한다. 카쌍Cassen은 1970년데 초부터 이런 현상이 발생했다고 주장한다(Cassen et al., 1994). 전체성장은 달성하였지만 지역적 격차가 여전히 확연하다.

환경 지원 프로그램Enabling environment support programmes

목적

대부분의 사람들은 기업친화적인 환경을 조성하는 것이 바람직하다는 데 동의한다. 과연 기업친화적인 환경이란 무엇일까? 이 주제로 다뤄질 내용들은 우리가 일반적으로 '산업정책' 또는 '기업정책'이라고 부른다. 규칙, 규제,

정보, 금융 인프라, 물적 인프라, R&D, 교육, 기술훈련 등과 관련이 있는 기업친화적인 환경은 기업 바깥에서 만들어진 것이지만 기업 내의 활동에 영향을 미치는 요소들로 이루어져 있다.

기업친화적인 환경은 원칙적으로는 거시경제단위 또는 산업 단위에서 결정되므로 개별기업과는 별로 상관없는 문제여서 이 장에서 논의된 다른 지원 방법과는 차별성을 가진다. 이러한 거시경제단위 또는 산업 단위에서의 개입은 대부분의 경우 모든 기업에게 해당되기 때문에 기업 간의 불공정한 경쟁을 야기하지 않는다.

구조조정 프로그램은 자유화와 규제완화를 통해 모든 기업들이 경쟁할 수 있는 기업친화적인 환경을 조성하는 데 기여했다. 또한 이 프로그램들은 안정된 거시경제를 구축하는 데 도움이 되었다. 이 개혁을 '제1세대 개혁'이라고 일컫는다. '제2세대 개혁'은 더 구체적으로 특정 경제활동이나 산업부문에 초점을 두고 있다(Camdessus, 1997). 이 개혁에는 일종의 자연스런 진행과정이 존재한다. 즉, 전체적인 거시경제의 안정이 전제되지 않으면, 다른 모든 개혁들은 제대로 작동하지 않는 것이다.

양자간 공여기관들에게는 민간 기업이 활동하는 환경을 지원하는 전통이 있다. 이 같은 지원의 상당부분은 중소기업 부문에 집중되었는데, 주로 신용 프로그램과 직업훈련 지원 형태로 이루어졌다. 기업친화적인 환경을 위한 지원은 공공부문이나 민간부문(기업, 기업협회 또는 다른 단체) 또는 양자의 협력으로 가능해질 수 있다. 계획경제에서 시장경제로 이행하는 과정에서 많은 공공기관들이 폐쇄되고 새로운 것으로 대체될 것이다. 아니면 기관의 목표를 바꾸고 서비스를 개선해야 할 것이다. 따라서 제2세대 개혁은 '작은 정부'보다는 '더 나은 정부'를 추구한다(Camdessus, 1997). 기업과 관련된 분야에서의 입법제도, 공공 서비스와 행정을 개선하기 위해 행정기관을 목표로 프로그램을 실행할 수도 있다.

시장경제에서 민간단체들은 새로운 역할을 갖게 되며 이들에 대한 후원은 이들이 역할을 더 잘 이해하고 수행할 수 있도록 도울 수 있다. 이러한 단체에는 사업협회, 민간기업 지원조직, 시장기관, 수출, 투자, 교육, 연구, 기술의 발전을 목표로 하는 단체가 포함되어 있다.

방법과 구상

세계은행은 기업친화적인 환경을 조성하고 민간부문개발PSD에 더 광범위한 프로그램 접근을 시도하는 가장 큰 기구다. 1989년 이후 10년 동안 많은 양자간 공여기관들이 이 같은 민간부문 지원 범주 내에서 프로그램과 프로젝트를 개발했다.

세계은행은 각국이 민간기업의 경쟁력을 키우고 생산성을 증진시키기 위해 개혁과 전략을 계획하고 실행하는 일을 돕는 기업환경 단체를 PSD 부서 내에 만들었다. 이 단체는 다음과 같이 4가지 상호보완작용을 한다. (1) 시장체제를 위한 제도와 정책, (2) 정부와 민간의 협력 구축, (3) 수출 증대와 외부 연계, (4) 기술훈련과 기술접근.

세계은행은 때때로 PSD의 장애요인을 진단하고 정책 및 규제 작업과 투자 주도를 포함한 지원활동 계획을 위한 기반을 형성하는 민간부문 평가 연구를 실시한다. 다른 몇몇 공여기관들도 역시 기업환경에 대한 자신들의 지원기반을 구축하기 위해 그에 대해 전반전인 분석을 동일한 방법으로 시행하지만, 많은 기관들은 자기들이 담당하는 프로젝트에 적은 규모의 보조금을 지급하면서 임시방편적인 방법으로 기업친화적인 환경을 지원하고 있다. 아시아개발은행ADB을 비롯한 다른 지역 개발은행들도 기업환경을 지원하는 정책과 전략을 가지고 있지만, 이런 은행들은 대부분 개별적인 기업이나 산업을 지원하는 민간부문 지원 프로그램을 실시하고 있다.

초기 단계에서 독일 공여기관들은 독일기업협회와 개발도상국 기업단체들과의 자매결연을 통해 지원하는 전통을 만들었다. 이것은 많은 개발도상국의 상공회의소와 다른 부문 기관들에게 많은 혜택을 주었다. 이들 기관들에 대한 지원은 제도 구축보다는 상업 활동 촉진을 목표로 하였다. EU는 2000년에 개최한 로메 총회 결의에 따라 국가단위, 지역단위의 기업단체들을 지원했다(CEC, 1996). 여타 공여기관들 역시 전환기에 있는 국가들의 기업가들에게 힘을 실어주기 위하여 기업협회들을 지원하고 있고, 다시 이들 협회가 회원기업들에게 정책조언과 사업네트워크 확충과 같은 기업 서비스를 제공하고 있다.

국가 수출 진흥기관들은 수출을 확대하고 다변화하는 노력의 대가로 많은 지원을 받는다. 그 지원은 진흥기관들로 하여금 무역규정, 수출신용대부, 수출증진, 세미나, 시장정보 수집과 분배 업무에 대처하는 능력을 기를 수 있게 한다. 특히 개발도상국에서 무역규정은 최우선적인 사안이다. 왜냐하면 그들의 기업들이 바로 보호무역제도에 의존하여 성장해왔으며, 이제 WTO 아래서의 자유무역제도로 도전을 받고 있기 때문이다.

공여기관들은 기술 매니지먼트 훈련을 담당하는 정부당국이나 민간단체를 통해 직업교육Vocational education과 훈련을 지원한다. 시장경제의 도입으로 중상위 관리자들에게 마케팅과 최신 관리기법과 같은 새로운 개념들을 가르쳐야 한다. 경제개방으로 질 좋은 생산품과 경쟁력 있는 노동력이 새로이 필수불가결한 요소가 되며, 이것은 직업교육과 훈련의 필요성을 증대시킨다. 환경문제와 직장위생 문제 역시 공여기관들이 관심을 갖는 분야다.

하청계약Sub-contracting과 기업들 간의 연계가 크게 장려된다. 기존 경제체제 아래서는 내수시장이 보호받고 민간 기업들에게 부적절한 인센티브가 부여되기 때문에 수직적 병합이 높은 수준까지 진행되어 소수의 대기업(종전의 준 국영기업)과 작고 비공식적인 기업 집단들이 생겨나게 된다. 즉, '중간이 텅 비게 되어' 산업발전에 악영향을 미친다. 따라서 하청계약은 대기업들의 효과성을 증대시킬 수 있고 중소기업 제품에 대한 수요를 증대시킬 수 있다. 하청계약은 중소기업들이 기술과 관리 측면에서 발전할 수 있는 가능성을 열어준다. 그들이 대기업의 하청계약자가 되기 위해서는 제품 품질을 일정한 수준으로 높일 수 있는 기술축적이 필요하기 때문이다. 이 같은 수요 중심 프로그램은 중소기업에게 서비스를 제공하는 가장 효율적인 방법이다 (Humphrey and Schmitz, 1995).[5]

일부 공여기관들은 일관성 있는 프로그램을 개발하려고 노력하고 있지만, 아직도 대부분은 민간부문 지원에 무계획적인 접근을 시도한다. 덴마크는 탄자니아에서 다음과 같은 구성요소를 포함한 부문 프로그램을 통해 기업부문을 지원하고 있다. (1) 신용기관: 은행, 벤처 캐피털, 마이크로 크레디트(영세민 자활을 돕기 위한 무담보 소액대출), (2) 직업훈련: 공적업무이지만 민간에서 자금지원, (3) 기업제휴 강화: 산업별 협회와 노동조합, (4) 산업자원부의 능력 배양.

경험

공여기관들의 기업친화적인 환경조성에 대한 지원이 얼마나 효과적이었는지에 대해서는 극소수의 평가보고서만 있다. 많은 아시아 국가에서는 민간부문 개발이 매우 적극적인 정부의 산업정책과 공여기관들의 지원으로 많은 성과를 거뒀다. 반면 정부의 역량이 부족한 대다수 아프리카 국가에서는 어떤 효과가 있었는지 결론을 내리기가 쉽지 않다. 금융기관을 포함한 아프리카 국가들의 주요 경제관련 기관들은 여전히 취약한 상태이다.

직업훈련과 기업지원 서비스 내의 전통적인 지원 프로그램 대부분은 의심할 여지 없이 긍정적인 영향을 미쳐왔다. 비교적 성공한 사례 하나는 1970년대에 인도에서 시작한 덴마크 국제개발기구Danida의 연장실tool room 프로젝트이다. 그러나 기업친화적인 환경 조성을 위한 초기 노력들 - 직업훈련학교와 신용기관 설립 - 은 그다지 성공적이지 못했다. 그 원인 중 하나는 기업들이 지원계획에 참여하지 않았기 때문에 지원 프로그램이 민간기업의 필요를 충족시키지 못한 점이다. 결과적으로 지원활동은 수요견인이 아닌

---

5) USAID와 NORAD는 짐바브웨에서 실행 대리기관인 짐바브웨 산업동맹과 함께 그러한 사업연계 프로그램에 지원하고 있다. 중소기업에 대한 유사한 사업권고 서비스 프로그램, 즉 '사업성장 센터'는 가나 산업협회를 통해 가나의 UNDP로부터 지원을 받았다.

공급견인에 의해 진행되었다. 이것이 바로 민간부문과의 대화와 연계가 강화되어야 하는 이유이다. 또한 기업친화적인 환경을 만들기 위한 긍정적인 노력들이 거시경제 악화로 실패한 경우도 있다. 여기서 얻은 중요한 교훈은 거시경제가 전반적으로 안정되지 않으면 제2세대 개혁은 밑 빠진 독에 물붓기가 된다는 것이다.

기업친화적인 환경을 조성하기 위한 지원과정에서 공여기관들의 협력이 분명히 부족하다. 따라서 이는 지역 기업들과 사업 지원 단체들이 중복된 노력을 하고 지대를 추구하는 행위를 야기한다. 때로는 지대추구 경쟁이 같은 서비스 분야에서 활동하는 정부기관과 민간 기관 사이에도 발생한다. 하청계약 정책이나 기업가에 대한 교육 등 대다수의 지원활동은 경제적인 인센티브가 없기 때문에 보조금이 필요하다. 몇 개의 공급자들이 그 보조금을 받기 위해 경쟁하게 된다. 경쟁은 유익하지만 동시에 지원 노력과 자금이 별개의 시스템을 만드느라 낭비될 수 있다.

민영화와 상업화 프로그램Privatization and Commercialization Programmes

내용과 목적

민영화와 상업화의 목표는 효과성을 증진하고 민간 경제활동에 도움이 되는 서비스를 육성하기 위한 공공부문 구조개혁이다. 민영화는 재정지출 감소와 효과성 증진을 위해 공기업을 민간 기업으로 전환하는 것을 말한다. 민영화 작업은 종종 세계은행과의 조정협정의 일부였다. 민영화는 자연독점이 없는 곳에 민간부문이 공공부문보다 효율적으로 운영되기 때문에 공기업의 민간 기업 전환은 경제적인 이익을 낳을 것이라는 논리로 설명된다(Nellis and Kikeri, 1998).

민영화의 또 다른 중요한 이익은 손실을 초래하는 공기업으로 인해 낭비되는 정부지출을 줄일 수 있다는 점이다. 세계은행에 따르면 1970년대에 모든 개발도상국의 공기업 적자는 평균 4% 이상이었고, 1980년대 들어 그 규모가 더 커졌다(Gillis et al., 1996).

　상업화(또는 공기업 개혁)는 공기업의 상업 활동을 강화하기 위한 공공개혁 과정의 일부이다. 민간부문으로의 소유권 이전은 불필요하지만, 정치와 경영을 분리시키고 좀 더 엄격한 예산을 적용하는 등 시장조건을 부가하면 공기업을 더 효율적으로 만들 수 있다는 주장이 제기되었다(예컨대 FDI, 1992). 최근 몇 해 들어 공여기관들은 민영화와 상업화 프로그램이 개발도상국들의 발전을 촉진할 수 있다는 데 완전히 의견일치가 되었다. 특히 민영화는 '워싱턴 컨센서스'의 10개 표제 중 하나로 중요하게 간주되었다. 그러나 윌리엄슨은 수원국들은 공여국들보다는 민영화를 원치 않는다고 이야기한다(1993).

　누군가 기업의 효과성은 소유구조보다는 공정하고 자유로운 경쟁이 존재하느냐의 여부에 달려 있다고 주장할 수 있다. 만약 공기업들이 시장원칙으로 운영된다면 그들의 소유구조를 바꾸는 데에서 얻는 효과는 없을 것이다. 이런 입장에서 보면 상업화는 민영화 못지않게 좋은 것이다. 그러나 현실적으로 공기업의 운영에서 정치적 이해관계를 완전히 배제하는 것은 거의 불가능하다.

방법과 구상

　세계은행은 민영화 프로그램을 준비하고 지원하는 가장 주도적인 기관이다. 그들은 민영화를 권고하고 민영화에 수반되는 비용을 커버하는 차관을 제공하고, 민영화된 기업의 구조조정을 돕기 위한 투자차관 또한 제공한다. 세계은행은 또한 정부가 민영화를 촉진하는 법적 체계를 만들도록 지원하고, 민영화한 기업이 새로운 환경에 적응하도록 지원하고, 그리고 금융부문이 새 민영화 기업들을 적절히 다루도록 지원함으로써, 민영화 이후의 국면 역시 돕고 있다.

　많은 양자간 공여기관들은 다양한 방법으로 민영화와 상업화를 지원해왔다. 전통적으로 원조는 종종 공공인프라와 시설확충에 집중함으로써 수원국들이 민영화 또는 적어도 상업화에 대해 적절히 준비할 수 있게 했다. 또한 공여기관들은 민영화 과정의 지출과 부채를 해결하는 데 기여하기도 했다. 부채의 출자전환은 원조자금에 의해 촉진되었고, 때때로 공여기관들은 민영화 융자 자금을 제공했다. 양자간 공여기관들은 USAID가 이집트에서 민영화를 위한 환경조성과 그 과정에 필요한 기술 및 자본을 지원한 것처럼 민영화 과정에서 직접 정부를 지원하기도 한다. USAID 프로그램은 이집트 기업을 관련 미국기업과 연결시켜주는 활동도 했다.

경험

민영화 노력은 개발도상국의 모든 산업 분야에서 시행되었다. 민영화는 종종 경제 개혁 프로그램의 일부로 실시되기 때문에 민영화가 단독으로 경제에 미치는 영향을 측정하기는 매우 어렵다. 총생산과 고용수준에 대한 영향을 수량화하기는 어려우나, 기업 단위에서의 효용성 증진은 보고된 바가 있다(Hjerhom, 1997b 참고). 따라서 민영화가 개발도상국들이나 관련 국가에 미치는 전반적인 영향을 일반화하는 것은 무리이다. 그러나 이러한 노력이 아프리카에 비해 경제적인 유연성이 더 크고 투자 자금을 비롯한 기업친화적인 환경이 조성돼 있는 아시아에서 더 큰 성과를 거두었다는 점은 확실하다. 게다가 통신사업 같은 상업적으로 더 매력적인 부문은 예컨대 상수도와 하수도 사업과 같은 부문보다 민영화를 추진하기가 더 용이하다.

대부분의 아프리카 국가에서는 공기업이 많은 산업 부문에서 우위를 점하고 있어 공공재정에 큰 부담이 되어왔다. 그러나 민영화 프로그램이 지지부진했고 단지 소수의 공기업만이 민영화되었다(World Bank, 1993b). 종종 민영화 절차가 장황했고 적절한 구매자를 찾기도 어려웠다(van de Valle, 1989). 이런 상황이 발생하게 된 원인 중 일부는 대부분의 공기업들이 큰 손실을 내고 있었고, 상업적으로 매력이 없는 기업들이었기 때문이다(Larsson, 1994). 민영화 과정에서 공통적으로 발생하는 문제점은 새로운 소유자가 이전 기업의 부채와 노동자들에 대한 부담을 떠안게 된다는 점이다. 또한 미래의 기업 경영에 대한 정책이나 조건들이 불확실했기 때문에 민간 투자자들이 입찰을 꺼렸다.

대부분의 경우 정치인과 공무원 및 공기업 종업원들이 민영화에 광범위하게 저항해왔다. 공무원들은 노동자와 소비자의 이익을 핑계로 반대했다. 그들이 반대하는 또 다른 이유는 특권상실에 대한 우려 또는 심지어 리베이트와 부패로 생기는 수입 감소 때문이다(van de Valle, 1989). 마지막으로 철도와 같은 자연독점 공기업을 민영화하는 것은 법률과 감독과 규제가 완전히 정착되어 있지 않으면 오히려 비효과성을 야기할 수 있다. 공여기관들은 이를 위한 메커니즘, 독점금지법, 상업법정 등의 설립을 도와왔다.

일반적으로 구조조정 프로그램은 5년이나 그 이상의 기간을 두고 실행된다(Corbo and Fischer, 1995). 그리고 민영화는 프로그램 과업 중 진행과정이 가장 느린 축에 속한다.

민영화 경험 사례의 경우, 가장 좋은 자료는 동유럽에서의 민영화에 대한 분석이다. 동유럽의 결과를 보면, 민영화는 효과성 증대와 높은 성장률 달성에 기여하는 반면, 실업과 빈곤을 양산한다(Gillset al., 1996). 이 같은 경험사례들은 민영화 프로그램의 기획과 그것을 뒷받침하는 법적 행정적 개혁에는 공여기관, 특히 세계은행이 반드시 필요하다는 점을 일깨워주었다. 많은 민영화 과정들이 느리게 진행되었지만 이들 기관의 지원이 없었다면 더 느리고 더 불투명했을 것이다.

기업 파트너십 프로그램Business Partnership Programmes

목적

전통적인 투자프로젝트가 투자를 이용하여 현지 기업을 단련시키기보다는 공여국 기업들의 수출에 더 초점을 맞추고 있다는 비판을 받아왔다. 기업 파트너십 프로그램의 개념은 공여국이 단지 공급자이기보다는 더 영속적인 기반 위에서 공여국으로부터 협력기업에 영향을 끼치게 하여 그들의 지식과 기술을 수원국 파트너에게 전수하게 하는 데 목적을 두고 있다. 이 파트너십 경영에서 공여국의 목표는 자본, 기술 및 노하우, 경영기술 또는 해외시장 접근을 수원국 기업에게 제공하는 것일 수 있다. 대부분의 파트너십 프로그램들은 다음 5가지 특징 중 일부로 프로젝트를 지원하게 된다. 즉 (1) 직업 창출 또는 보호, (2) 생산과 생산성의 증가, (3) 수출 촉진, (4) 더 높은 환경적 직업적 위생기준 도입, (5) 여성의 삶의 질 개선이 그것이다.

이 같은 종류의 프로그램들은 개개 회사들에 역점을 두고 회사의 능력에 걸맞은 미시 수준으로 영향을 미치게 된다. 이것이 회사 노동자와 경영자의 기술수준을 높이고 자본을 제공하며 공여국 시장 접근을 가능하게 한다.

방법과 구상

많은 공여기관들은 기업과 기업 간 프로그램에 몰두해왔다. 가장 포괄적인 프로그램 중 하나는 덴마크의 민간부문 개발 프로그램인데, 1993년 시작되어 현재 아프리카와 아시아 6개국에서 진행되고 있다. 이 프로그램의 목표는 시작 단계에 있거나 상업적 협력의 첫 번째 완성 단계에 있는 개개 기업들을 지원하는 데 있다.

바람직한 지원이 되기 위해서는 상호협력이 장기적이고 상업적으로 실행될 수 있어야 하고 양국 기업 모두 상업적 위험을 감수해야 한다. 이러한 조건은 양국 기업이 프로젝트에 최선을 다하겠다는 것을 보증하는 의미가 된다. 프로젝트는 가능성 검토와 사업계획을 문서화해야 한다. 협력방식은 조인트벤처, 합의제 운영방식 또는 판매만이 아니라 생산까지 고려한 장기적으로 상호 구속력을 가지는 합의 중 어느 것도 될 수 있다. 이 프로그램은 제조와 서비스 부문을 가진 어떤 규모의 회사들도 지원할 수 있다.

민간부문 개발 프로그램은 협력의 초기 국면에서 공동 투자하는데, 여기에는 다음 5가지가 포함된다. (1) 잠재적 협력자 사이의 상호 교섭 방문, (2) 기술적, 상업적, 재정적으로 실행 가능한지에 대한 상세한 검토, (3) 수원국 회사 근로자들과 관리자 훈련, (4) 환경적, 직업적 위생수준을 국가표준 이상으로 측정될 수 있게 투자, (5) 신용시장의 불완전성을 극복하기 위한, 그리고 현지 파트너가 조인트벤처에 투자하기 위한 대부가 그것들이다.

공여기관은 사업에 적극적으로 참여하지 않고, 협력 사업에 참여하는 두 회사에게 상업적 리스크와 인센티브를 그대로 남겨놓고 초기국면 이후에 완전히 철수한다. 남은 두 회사는 프로젝트가 성공하면 이익을 얻고 실패하면 손실을 보는 상황에 처하게 된다. 이 프로그램은 대부분의 구성요소에 대한 공동투자만을 준비한다. 기업들 자체의 선행투자는 그들의 진지한 참여를 공여기관에게 확신시켜주는 구실을 한다. 이 프로그램의 또 다른 중요한 면은 분권화되어 있다는 점인데, 이는 적극적으로 비즈니스 아이디어를 개발하진 않지만 수원국과 덴마크 기업에서 만든 아이디어를 따른다는 의미이다.

'노르웨이 기업접촉기금Norwegian Enterprise Contact Facility(NECF)'은 기술협력, 특허권 협약, 조인트벤처 등으로 이어질 수 있는 노르웨이, 인도, 스리랑카 기업들 사이의 접촉을 지원하고 있다. 주요 지원 대상은 양국의 중소기업이다. 단지 노르웨이 기업들이 우세한 위치를 점하는 부문만 지원받을 자격을 얻게 된다. 상호방문과 예비연구 비용은 NORAD를 통해 지원된다.

'캐나다 산업협력Canadian Industrial co-operation(CNC)' 프로그램은 종합적인 '캐나다 파트너십 브랜치'의 일부 사업으로서 개발도상국의 민간부문 개발을 돕고 있는 캐나다의 기업, 대학, 전문 협회, 지방자치단체와 NGO의 활동을 지원한다. 이 프로그램은 개발도상국에서 캐나다 회사가 지원하고 주도하여 조인트벤처 사업을 펼칠 때 비용분담 조건으로 자국회사를 지원한다(OECD, 1995).

EU는 로메 합의로 결성된 '산업발전센터Center for Development of Industry(CDI)'에 자금을 지원한다. CDI는 그들 자체의 타당성 조사와 사업계획에 따라 아프리카, 카리브, 태평양ACP 국가의 기업들을 지원할 수 있다. 이 프로그램은 이들 지역 기업들이 EU의 기업과 연계를 맺을 때 여분으로 이들 기업들을 후원할 수 있다. '유럽공동체 투자파트너European Community

Investment Partners(ECIP)'는 EU 기업들과 ACP 그룹 이외의 개발도상국 기업들 사이의 조인트벤처 결성도 지원하고 있다. ECIP는 타당성 조사에 필요한 자금을 지원하고, 차관과 주식지분을 조인트벤처 회사에 제공한다. 나아가 ECIP는 중소기업들의 조인트벤처 결성과 관련된 기술훈련 활동을 지원한다.

일련의 더 느슨한 다른 파트너십 프로그램이 있다. 이들 프로그램은 일반적으로 공여국 기업의 기술지원으로 현지 기술경쟁력 축적에 목적을 두고 있다. 이 지원은 '하드웨어'나 '소프트웨어' 훈련이 될 수도 있다. 이런 유형의 프로그램은 상대국가의 상업적 위험이 너무 높아(또는 잠재적으로 낮아) 공여국 기업들이 그 위험을 감수해가며 프로그램에 참여하려 하지 않을 때 사용될 수 있다(Pedersen, 1994).

경험

기업협력 프로그램은 아직은 상대적으로 생소한 것이기 때문에 상업적인 성공이나 개발목표 달성에 대한 자료들이 적다. 현존하는 평가 보고서의 몇몇 주요 부분들을 아래에 제시한다.

- "기업협력 프로그램은 직장창출과 개별소득, 수출가득 및 세수를 통해 빈곤을 경감할 수 있다"(Danida, 1995).
- "이 프로그램은 민간자본의 효과적인 촉매제가 될 수 있다. 덴마크 PSD 프로그램이 지원한 협력사업의 총투자액은 공여국 원조액의 3~4배에 이른다."
- "이 프로그램의 성공은 전체 거시경제 상태와 매력적인 사업기회의 존재 여부에 따라 달라진다. 1980년대 탄자니아의 불운한 거시경제 상황은 '스위스 자매산업 프로그램을 망쳐놓았다"(Olsen, 1995).
- "여러 나라 기업들이 사업협력 프로그램에 대해 진정한 관심을 나타냈다. 마케팅, 간단한 규칙, 유연성은 진지한 민간 기업이 적절한 자질을 갖게 하는 필수적인 요소이다."

- "공여국 기업들을 적극적인 사업 파트너로 갖는 것은 그들의 노하우를 전수받는 데 그들을 공급자 역할로 두는 전통적인 방법보다 더 효율적이다. 성공비율은 기업 규모와 기업의 이전 국제경험으로 증가한다"(Danida, 1995).
- "양 기업의 최고위층에서 협력하면 성공한다는 것을 보증하는 사업 아이디어에 대한 진정한 관심이 있어야 한다."

시장왜곡과 지대추구 행위와 같은 문제는 평가의 대상이 되지 않았다. 두 문제 모두 일어나고 있는 것은 분명하지만, 이 프로그램은 기업 자체의 참여와 위험감수를 원칙으로 하고 있으며 이것이 근본적으로 사업 아이디어가 건전하다는 것을 보증하는 것이다. 일부 정착된 파트너십은 외부의 지원 없이도 파트너십이 가능하다는 것을 보여주고 있다. 그러나 이런 형태의 프로그램은 이런 프로그램 없이는 관심을 끌지 못하는 대상 국가에 관심을 갖게 해 준다는 것이 일반적인 생각이다. 협력 프로그램의 존재는 아마 이 프로그램이 없을 경우 다른 곳에 투자하거나 자국에만 투자하거나 하는 일부 기업들에게 특정 국가에 투자하도록 납득시키는 역할을 할 것이다.

■ 결론과 전망

PSD 원조는 1990년대에 많은 나라에서 구조조정을 하고 이념 변화가 일어남으로써 크게 증가하였다. 그러나 이는 여전히 전체 원조의 매우 작은 부분에 해당될 뿐이다. 이것은 사람들을 매우 당혹케 하는데, 왜냐하면 오늘날 개발도상국의 개발활동을 살펴볼 때, 민간부문이 큰 비중을 차지하고 있기 때문이다. 한 가지 이유는 '민간부문 원조'만이 민간부문을 목표로 하지 않는다는 점이다. 농업프로그램과 같은 많은 활동들 또한 대부분 민간부문을 목표로 하고 있다.

PSD 원조의 수준이 기대한 것보다 낮은 한 가지 이유는 원조의 전반적인 감소로 인해 대형 인프라 프로젝트의 원조에서 빈곤 감소, 효율적인 공공서비스 제공, 훌륭한 정부통치를 위한 제도개혁에 직접 초점을 맞추는 원조로 재조정되었기 때문일 것이다(World Bank, 1998a). PSD 원조가 왜 여전히 제한적인가에 대한 또 다른 이유는 많은 개발도상국에서 민간부문이 차지하는 정도는 작고 발달되지 않았으며, 그리고 한정된 흡수력으로 인해 막대한 원조자금 유입이 기본적인 인센티브 구조와 취약한 시장을 왜곡시켜 해를 끼칠 수 있기 때문이다.

　개발도상국들은 점점 더 시장경제 원리에 초점을 맞추고 있기 때문에 여기에 도움이 되는 원조를 필요로 하고 있다. 이러한 요구에 맞추어 더 많은 공여기관들이 민간부문 개발 범위 내에서 그들의 전략, 프로그램 및 프로젝트를 정성 들여 만들고 있다. 대부분의 원조가 여전히 공공부문으로 향하고 있지만, 앞으로는 민간부문 원조가 증가하게 될 것이라는 게 필자의 예상이다. 1990년대에는 많은 새로운 PSD 원조수단이 민간부문을 고무할 수 있는 새로운 유연한 방편을 찾기 위해 나타났다. 여기서 성공하는 것이 미래 원조의 주류가 될 것으로 보인다.

　실질적으로 PSD 원조는 다른 종류의 원조와 많은 공통점을 갖고 있다. 공여국은 전통적인 원조와 비슷한 수단을 이용해야만 하고, 똑같은 사전대책을 마련해야 했다. 다른 종류의 원조와 같이 그 효과는 수원국의 사회구조와 수용력에 따라 달라진다. 예를 들어 일반적으로 아시아가 아프리카보다 PSD 원조를 더 생산적으로 이용하는 것도 이 때문이다.

　PSD 원조의 반대론자들은 종종 이 원조가 민간부문 성장 외의 다른 목표들을 등한시하는 데 초점을 맞춘다. 이 장은 이런 점이 PSD 원조 프로그램의 대부분에 해당되는 것이 아니란 점을 지적하였다. 비록 실행된 평가는 거의 없지만, 그들 중 대부분은 예컨대 빈곤과 환경에 대한 목표가 이 원조를 통해 충족된다는 결론을 내리고 있다.

　오늘날의 문제는 민간부문 개발이 공여국 원조에 의해 강화되어야 하는 데 있는 것이 아니라, 어떻게 민간부문 개발이 적절한 방식으로 행해질 수 있는가, 어떻게 민간 저축을 증가시키고 원조를 통해 투자를 이끌어내며, 어떻게 기업 성장을 통해 사회적 목표를 성취할 것이며, 어떻게 기업을 지원하여 시장왜곡을 피할 것이며, 어떻게 사업부문을 규제하고 대화할 것인가에 있다.

제14장

금융부문 원조Financial Sector Aid

옌스 코브스테드 1)

■ 머리말

일반적으로 사회적, 거시경제적 안정성과 효율적인 자원분배가 결합하면 경제성장을 촉진하는 것으로 인식되고 있다. 하지만 이 성장조건을 확고히 굳히기 위해 채택한 전략과 수단들은 시간이 지나면서 변화하였다. 최근 몇 년 사이에 금융부문은 시장에 기초하여 비용효율이 높은 효율적 자원분배의 촉진제로 간주되어왔다. 따라서 국제공여기관들은 금융부문 지원과 금융부문 개혁에 점점 더 큰 관심을 나타냈다. 금융부문에 부여된 중추적인 역할은 다음과 같이 다섯 가지로 추정할 수 있다.

첫째, 공적개발원조ODA의 상대적이고 절대적인 규모가 1990년대의 국제 민간자본 흐름에 비해 크게 줄어들었다(제3장 참조). 이는 공여기관들로 하

---

1) Rasmus Heltberg 등 여러 전문가들과 코펜하겐 대학에서 개최된 세미나 참석자 들의 유익한 코멘트에 대해 감사를 드린다.

여금 민간자본 흐름에 대한 원조의 역할을 재검토하도록 자극했다. 원조가 민간자본 흐름의 보완물이나 대용물로 사용되어야 할까? 그리고 공여기관들은 민간자본 흐름에 영향을 미치려고 해야 할까?

둘째, 금융자율화는 금융부문에 대한 공여기관의 지원 필요성을 증대시켜 왔다. 부분적으로 이것은 자율화한 금융체계가 여러 가지 점에서 중앙 집중적인 체계보다는 규제와 감독기관을 더 많이 요구하고 있기 때문이다(Gelb and Honohan, 1991). 그리고 부분적으로 금융자율화는 특히 지방 금융시장에 대한 정부의 개입 수준을 축소시켰다. 정부 관여의 축소는 기업이나 비공식적인 금융부문도 행동에 나설 인센티브나 능력을 갖지 못하기 때문에 채워지지 않은 공백상태를 만들었다(Aryeetey, 1996; Ghate, 1992).

셋째, 국제적인 금융 위기와 특히 최근의 동아시아 금융위기는 공여기관만이 아니라 거의 대부분의 정부와 국제금융기구들의 관심을 집중시켰다. 1980년대 초부터 많은 개발도상국들은 투자와 소비수준 감소, 근본적으로 건전한 회사들의 도산으로 인한 심각한 금융위기와 사회적 불안을 경험하였다. 금융부문 원조의 전반적인 목표는 구조적 실패를 최소화하는 동시에 국내 및 국제금융시장의 과도한 휘발성과 전염성으로부터 경제를 보호하면서, 금융부문을 발전시키고 강화시키는 데 있는 것으로 인식되고 있다.

넷째, 경제적 사고의 변화는 공여국들이 경제발전에 대한 금융부문의 역할에 관심을 갖게 만들었다. 금융부문 발전과 경제성장 사이의 관계에 대한 경험적인 분석은 이들 사이에 적극적인 상관관계를 확립시켰다. 게다가 이전의 통화성장 모델의 발생과 비교해보았을 때, 최근에 개발된 이론적인 모델은 금융부문과 금융매개에 실질적인 중요성을 부여하고 있다. 포괄적인 불확실성, 불균형한 정보, 거래비용, 규모의 경제는 내생 금융기관과 금융부문을 모델링하는 데 합리성을 제공하고, 지속적으로 경제성장 수준을 끌어올리는 금융매개에 대한 기대를 갖게 한다. 따라서 안정적이고 효율적인 금융부문은 펀드와 벤처자본을 동원하고 투자계획을 확인하고, 그리고 위험을 분산시켜 민간부문을 지원해야 한다.

다섯째, 두세 가지 갭 모델은 국내저축 부족이 경제성장을 저해할 수 있음을 확인시켜 준다(제15장 참조). 만약 이러한 상황이 되면 원조는 직접적인 자금 이전을 통해 저축 갭을 채우거나, 저축 운용을 강화하기 위해 국내 금융부문의 발전을 모색할 수 있다.

이 장에서는 금융부문 원조와 개혁의 영향에 대한 경험적 증거를 제시하기보다는 금융부문 원조의 논점, 원칙 및 문제들을 검토한다. 분석은 다음과 같이 진행될 것이다. 즉, 다음에서 금융부문에(그리고 금융부문을 통해) 제공하는 원조에 대한 과거의 원칙과 방법을 간단하게 검토하고, 국가 금융체계와 금융시장 제도의 발전을 지원하는 최근의 원조는 두 개의 별도 항목으로 나누어 분석한다. 이미 널리 알려진 소액금융제도에 대한 지원 가능성을 제시한 후, 결론은 마지막 항목에서 다룬다.

■과거의 금융부문 원조

역사적으로 제2차 세계대전에서 1980년까지 금융부문에 지원된 원조의 상당부분은 목적이 아닌 수단으로 인식되었다. 이는 금융부문을 다른 부문에 도움을 주고 보충하는 것으로 여기는 일반적인 인식을 반영하는 것이다. 이 개념은 공여기관에게 생산부문에 대한 자금 채널로서 상업은행, 신용협동조합 및 개발금융기관의 이용을 정당화하였다. 금융부문의 발전은 거의 관심을 끌지 못했고, 주목을 끈 것은 생산부문의 자주적 발전이었다. 이는 금융부문을 일개 투입자본 공급기관으로 축소시켰다.

금융부문에서 공여기관이 주도한 전반적인 지원활동은 종종 그 내용이 빈약했다. 빈곤국에 신용차관을 제공하려는 공여국(기관)의 공식 의도는 수원국의 부유한 개인들이 그들의 정치 커넥션, 지방권력 그리고 담보 접근성을 이용하여 자금을 차지해버렸기 때문에 실패했다. 더욱이 공여기관의 개입은 금융서비스의 범위와 가격을 전형적으로 수요주도형이 아닌 공급주도형으로 이끌었다. 보조금이 포함된 대출 금리와 고율의 인플레이션이 결합됨으로써 실질 이자율을 마이너스가 되게 했다. 이것이 기초적인 금융회계자료와 금융관리능력의 결핍과 겹쳐 차관을 갚으려는 채무국의 동기를 훼손했다. 게다가 개별 기관들이 차관의 배분에 거의 영향력(설사 있다 해도)을 발휘하지 못했으며, 이들 차관을 그들의 경제적 생존을 위해 활용하지도 못했다. 따라서 채무연체를 예삿일로 생각하게 되었으며 고의적인 채무불이행과 은행파산이 만연했다. 그 결과 금융기관들이 지속적으로 공여기관 자금에 의존하게 되었으며, 재정적으로 자립 가능한 금융기관 만들기의 지지부진으로 인해 새로운 사태가 벌어지고, 공여기관들과 금융기관 또는 둘 다의 목표가 불일치하게 되었다(Argyle, 1983; Garson, 1996).

1980년대의 세계적인 부채위기와 연관된 갑작스러운 해외차관의 축소, 1980년대 초의 교역조건 악화, 그리고 국제 이자율 상승은 개발도상국의 금융부문에 커다란(그리고 악화된) 문제점을 안겨줬다. 이는 금융부문에 대한 공여기관의 전략변경을 촉진시켰다. 이러한 전략변경에 대한 철학적인 기초는 매키넌 쇼의 금융자율화 패러다임McKinnon-Shaw paradigm of financial liberalization이었다. 결과적으로 보조금이 지급된 이자율과 지정된 신용차관에 대한 공여기관의 지원이 폐지되었다.[2] 전반적인 금융부문에 초점을 맞추고 있는 체계적인 시각은 1980년대에 소개된 구조조정 차관structural adjustment lending(SAL) 프로그램으로 보강되고 제자리를 잡게 되었다(제5장 참조).

출발은 더뎠지만 많은 금융부문 조정차관 프로그램과 금융부문에 연계된 이행조건부 차관이 1990년대에 빠르게 증가했다. 1995년에는 금융부문 연계 조건부 차관이 구조조정차관에서 전체 조건부 차관의 거의 3분의 1에 달했다(Jayarajah and Branson, 1995). 금융부문 개혁에서 3가지 주된 요인을 다음

---

2) 최근의 규제완화 경향에도 불구하고 대부분의 개발도상국 정부들은 아직도 금리와 더 낮은 등급의 신용대부에 제한을 가하고 있다(World Bank, 1989).

과 같이 정의할 수 있다. 첫째, 대부분의 개발도상국에서 은행이 금융체제를 지배하고 있기 때문에, 지불능력과 은행의 금융 관리를 강화하기 위한 방책이 이따금씩 감독과 규제기관을 강화하고 개선하는 조치와 함께 자주 동원된다. 둘째, 이자율과 신용차관 할당에 대한 규제를 서서히 폐지한다. 셋째, 현 자본시장의 효과성을 개선하기 위해, 그리고 새로운 금융시장을 창출하기 위해 노력하는 모습이 나타나고 있다.

금융자율화 정책은 (1) 개발도상국의 비공식 금융시장의 중요성을 깨닫지 못하고, (2) 시장실패의 만연, (3) 어떠한 상황에서 정부가 개입해야만 상황을 개선할 수 있는지를 알지 못해 호된 비난의 대상이 되어왔다(Fry, 1995). 그러나 금융자율화 지지자들과 비판론자들 사이의 거리는 거시경제의 불안정성 문제와 재정적자에 빠지고 있는 금융부문 개혁을 다루는 문제가 더 중요해짐에 따라 줄어들었다. 현재 금융개혁은 하룻밤 사이에 해결할 문제가 아니라는 인식이 널리 퍼져 있다. 공여기관과 국내 공공기관들은 금융기관을 구조조정하고 규제구조를 개선하고, 인적자원을 늘리기 위해 계속 노력해야 한다.[3] 금융자율화는 그 자체를 목적으로 인식하기보다는 효율적으로 계속 이용할 수 있는 금융기관과 금융시장을 만들기 위한 일종의 수단으로 받아들이고 있다.

최근 멕시코에서 금융시장이 동요하고 있다. 개발도상국의 글로벌 금융체제로의 통합수준과 비교하여 아르헨티나와 동아시아는 금융자율화 과정이 너무 빨리 진행된 것이 아닌가 하는 의구심을 야기하였다. 우리는 이러한 맥락에서 금융부문 원조에 대한 공여기관의 시각이 시간이 지남에 따라 지역적·제도적 수준에서 국제적 수준으로 단계적으로 확대돼가고 있는 점에 주목해야 한다.

---

3) 금융개혁의 자세한 성격과 시기는 물론 다른 개혁과 조정 프로그램과의 상호작용에 관한 해박한 연구보고서가 있다(Geelb and Honohan, 1991; Jayarajah and Branson, 1995; Zank, 1990).

■ 금융시장 규제제도에 대한 지원

다음의 분석은 금융시장을 '규제하는regulating' 제도(규제기관)와 금융'시장'제도 사이의 유용한 차이점을 활용한다. 규제기관은 재정부, 그리고 시중은행, 보험회사, 자본시장을 감시하는 중앙은행과 감독기관들을 포함한다. 금융기관으로는 은행, 보험회사, 신용협동조합 등이 있다. 이 항목에선 관리기관에 대한 원조와 관련된 문제들을 주로 다루고, 금융시장기관에 대한 원조는 다음 항목에서 다룬다.

동기

개발도상국에서 금융시장 규제 및 감독기관을 지원하는 공여기관의 이해관계 이면에는 두 가지 요소를 확인할 수 있다. 첫째, 글로벌 금융시장으로의 노출 수준이 증가할수록 규제기관의 전문성과 관리능력, 투명성 수준, 그리고 인정받는 회계감사와 회계보고 기준을 고수해야 할 필요성이 증대된다. 더욱이 금융시장의 상호 의존성 증가로 인해 개발도상국의 국내 금융위기가 지역 또는 지구 전체에 악영향을 미칠 개연성이 커졌다. 개발도상국의 금융시장 관리기관에 대한 지원은 부분적으로 공여국의 금융부문과 투자자를 보호하려는 욕구에서 시작되었다.

둘째, 금융시장기관에 대한 초라한 원조실적은 선택된 금융시장기관 financial market institutions을 직접 상대함으로써 금융부문의 전반적인 문제점을 회피하기 어려운 데서 비롯되었다. 따라서 공여기관은 체계적인 시각 및 지원과 함께 제도적 지원에 대한 규정을 보완할 필요성을 인식하게 되었다. 부분적으로 이것은 허약하고 비효율적인 규제제도와 구조가 금융기관의 실행에 나쁜 영향을 미칠 수 있기 때문이며, 그리고 부분적으로는 체계적인 원조가 금융시장기관들에 대한 원조의 필요성을 낮출 수 있기 때문이다. 나아가 앞서 언급한 금융기관에 대한 초라한 원조성과는 공여기관으로 하여금

개별 금융시장기관과의 직접적인 연루보다는 금융체제에 대한 더 간접적인 지원을 선호하게 하고 있다.[4]

방법

금융시장의 회계, 법, 규제 구조의 결함을 다루면서 공여기관들은 수원국 정부와 맞서기도 하고, 그들을 감싸기도 해야 한다. 그 이유로 다음 4가지를 들 수 있다. (1) 최근의 금융자율화와 민영화에도 불구하고 개발도상국에서 정부의 금융시장에 대한 직·간접적인 개입 수준이 커지고 있고, (2) 금융시장의 자율화는 정부가 규제기관들에게 종종 금융부문 활동 증가에 거스르는 수단과 훈련을 제공하도록 강요하게 하고 있으며, (3) 정부기관들만 유일하게 입법권을 가지고 있고, (4) 오직 정부만이 잠재적으로 모든 관련 정보에 접근할 수 있다는 점이다. 간단히 말해 현지 정부는 문제이면서 동시에 해법이 될 수 있다.

공여기관 주도에 현지 정부가 고분고분하게 따르지 않을 수 없는 이유는 직접적인 보상, 변화를 선호하게 하는 설득력 있는 새로운 주장, 그리고 암시적이거나 명시적인 압력의 어떤 결합에 말려들기 때문일 것이다. 그 필수적인 결합이 그 나라의 정치적 경제적 실체에 따라 다를 때는 공여기관과 현지 정부 사이에 조화와 협조가 반드시 필요하다. 관리 및 감독 체제와 기관의 개혁에 대한 정치적 합의 결여는 성공가능성을 크게 줄인다.

하지만 공여국과 수원국 정부가 합의에 이를 개연성이 높아지고 있다. 금융시장과 금융기관의 규제자이면서 개발 주도자인 양쪽 정부가 최근 몇 년 사이에 더욱 균형 잡힌 시각을 갖게 되었기 때문이다. 물론 아직도 상당한 의견 차이와 잠재적인 갈등의 여지가 남아 있을 수 있다. 현상유지를 바라는 기득권자들이 높은 정치참여 수준과 이따금씩 금융시장에서 올리

---

4) 사람들은 공여기관의 소액금융 분야 개입이 대상 목표의 재현을 의미하는 것이라고 주장할 수 있었다. 이 주장에 대한 상세한 것은 다음 내용 참조 바람.

는 상당한 정부세입을 미끼로 목소리를 높이기 때문이다(Fry, 1995; Zank, 1990).

이들 양자가 조화를 이루면 원조의 실질적인 전환이 이루어질 수 있다. 주로 위기관리에 초점을 맞추어 온 금융기관에 지급된 원조와는 달리, 금융체제와 규제기관을 대상으로 한 큰 몫의 원조는 위기예방과 혁신방안에 주안점을 두고 있다. 다른 공여기관들이 선택하는 지원 방안에는 다음 것들이 포함된다.

- 국제적으로 수용 가능한 회계 및 감사 원칙을 지키는, 포괄적이고 시의 적절하고 정확한 정보제공에 대한 지원.5) 비록 정보제공 개선과 관련된 문제는 원칙문제가 아닌 운용상의 문제라고는 해도, 정확하고 적절한 정보가 필요한 점에 비추어 효과성의 측면에서는 아직 충분하지 않다는 점이 강조되어야 한다.6) 더욱이 다른 기관들이 다른 기준의 정보를 장려하지는 않지만, 하나의(또는 극소수의) 국제기준, 즉 'IMF의 확산기준 게시판Dissemination Standard Bulletin Board'(IMF, 1998)에 부합하거나 그것을 지키는 것이 중요하다.
- 공여기관은 국제적인 경험의 분석과 확산에 중요한 역할을 할 수 있다. 그들은 여러 다른 상황과 국가를 통해 과거 경험을 관찰할 수 있기 때문에 업무처리 모범관행에 대한 정보를 제공할 수 있다.
- 공여기관은 새로운 규제제도를 확립하는 초기 단계에서 투자할 수 있다. 이러한 주도는 종종 위험이 따르고 새로운 제도의 창안에서 얻는

---

5) 믿을 수 있는 구체적인 정보의 중요성은 개발도상국의 주식시장에 의해 분명히 증명되고 있다.

6) 한 가지 사례로 국제결제은행BIS에서 나온 공식적인 자료는 금융위기 이전에 단기국제은행차관에 대한 동아시아 국가들의 의존도가 증가했음을 보여주었다. 하지만 국제결제은행은 위기 직전까지도 이에 대해 별 관심이 없었고 차관지원을 계속했다.

사회적 이익이 자주 개인적인 이익을 능가하기 때문에, 기능을 조정해야 할 경우가 많다. 더욱이 공여기관은 종종 제도 확립을 촉진할 수 있는 귀중한 조언과 지원을 할 수 있는 위치에 서게 된다.

- 공여기관은 자금 및 기술지원의 직접적인 양도로 현행 규제체계를 지원해줄 수 있다. 이러한 지원에서 생기는 진정한 이익은 별개로 하고 공여기관이 참여하고 있다는 사실이 널리 알려지게 되면 제도개혁에 대한 신뢰성이 높아질 것이다. 이것은 유익한 것으로 입증될 수 있지만, 한편 현지 정부의 신뢰성은 실추될지 도 모른다. 물론 공여기관이 좋은 평판을 얻고 시장 참여자들이 정부와 공여기관 사이의 관계가 안정되고 서로 신뢰하고 있다고 믿는 것이 중요하다. 그러나 공여기관은 시장이 그들의 관여를 오해할 수 있다는 사실을 알아야 한다. 시장이 잠재적인 또는 실질적인 위험을 인지하고 있지 못할 경우, 공여기관의 지원발표는 모든 사람들에게 지금 긴급 상황이 벌어지고 있다는 자기확신을 일으키게 할 수 있다. 그러므로 공여기관은 그들이 억제하고 예방하려고 하는 바로 그 우발적인 사건, 즉 금융 패닉상태를 피하기 위해서는 상황을 조심스럽게 평가해야 한다.

- 공여기관은 마침내 법적체제, 평가기관, 비즈니스 신문, 등기소 같이 금융부문을 보완하고 지원하는 기관들과 시장을 골라 지원할 수 있게 된다.

위에 나열한 방안의 효과성은 앞서 말한 바와 같이 공여기관이 수원국 정부에게 그들이 주도하는 사업의 목적과 실행을 공유하게(또는 방해하지 않게) 할 수 있을 정도에 그칠지도 모른다(BMZ, 1994; Danida; 1998b; Sida, 1997). 공여기관의 1차적인 기여는 그러므로 금융부문 외의 정부세입 원천의 확인과 확립은 물론 그들과의 건설적인 대화를 시작하는 계기가 될 수 있다.

문제점

문제가 생기는 주요 원인은 공여기관들 사이, 그리고 공여기관과 수원국 정부 사이의 협력부족이다. 신뢰성과 좋은 평판 유지는 금융시장에서 핵심적인 역할을 한다. 금융시장과 금융기관의 독립성과 일치하는 명성의 파급효과 가능성은 '썩은 사과 하나가 바구니 속 사과 전체를 망가뜨릴 수 있는' 환경을 조성한다. 공여기관은 결과적으로 금융부문에서 활약하는 모든 기관의 전문 직업의식을 주장해야 하고, 그들이 장려하는 기준은 물론 그들의 업무를 조정해야 한다.

새 금융규제제도를 설립하는 데는 상당한 어려움이 따를 수 있다. 금융시장 참여자와 고객 모두 새로운 규제기관들과 상호작용하는 방법을 배워야 한다. 기존 규제기관들은 아마 현상유지로부터의 어떤 일탈도 반대하고 방해할 것이다. 그러므로 새 기관 설립은 점진적이고 신중해야 한다. 더욱이 이전의 기관설립 경험은 문제의 기관에 대한 원조 제공의 최종 만기일은 물론 원조의 각 부분 이면의 이행조건 결정과 공식적인 발표의 중요성을 강조한다(제6장 참조).

공여기관은 또한 새로운 기관이 지금까지 충족하지 못한 요구사항을 보완하고 있는지, 아니면 단지 공여기관의 고려사항과 요구만을 반영하고 있는지를 살펴야 한다. 시장 메커니즘은 그러한 기관을 만드는 일을 일시적으로 연기했거나, 그 일에 실패했기 때문에 공여기관은 금융시장에 대해 그리고 목표로 한 기업이 필요로 하는 것에 대해 꽤 상세한 지식과 정보를 가져야 한다. 지식과 정보는 그 분야에 관한 연구와 현지 기업 및 전문가와의 협조를 통해 얻을 수 있다. 마지막으로 공여기관은 그 관리기관의 재정상태가 적절한 기간 지속 가능한지, 그리고 그들이 필요로 하는 자금지원을 할 준비가 되어 있는지를 두루 생각해야 한다.

하지만 규제와 감독체계를 개혁하려는 노력은 만약 금융기관이 지급불능 상태이고 비효율적이라면 효과가 없다. 규제기관에 대한 지원은 금융기관에 대한 지원을 대신하는 것으로 간주될 수 없다. 대부분의 경우 개개 금융기관에 대한 지원은 규제체제를 강화하기 위한 노력을 보완하는 일이다. 금융기관에 대한 직접 원조는 다음 항목에서 다룬다.

■ 금융시장제도에 대한 원조

개발도상국에서는 시중은행이 금융시장을 지배하고 있으므로(Fry, 1995; Goldstein and Turner, 1996; World Bank, 1997d), 금융기관을 개혁하고 지원하려면 시중은행의 역할을 고려해야 한다. 따라서 최근의 분석은 은행의 자본재구성 및 구조조정과 관련된 문제에 집중하고 있으므로 다른 유형의 금융기관(소액금융에 대한 지원은 제외하며, 이 부분은 다음 항목에서 다룬다)에 관심을 갖는 독자들은 다른 자금(예컨대 World Bank, 1997d; Sida, 1997)을 참고해야 할 것이다.

동기

공여기관이 개발도상국 금융기관(예컨대 은행)을 직접 지원하는 데는 3가지 요인이 작용한다. 첫째, 현 시장 여건에서는 은행이 자체의 규제·감독체계의 개선으로 스스로 효율적인 운영을 하기에는 상황이 녹록하지 않다. 역사적으로 개발도상국 정부는 비틀거리는 공기업을 지원하고, 선거에서 표를 확보하고, 정치인·은행관리자·고객의 이익을 도모하는 데 은행을 이용하였다. 이것이 많은 은행들을 거대한 부실대출 금융자산과 함께 이익은 커녕 사실상 파산상태로 몰아넣었다. 이러한 은행들은 전형적으로 악성채무를 없애기보다는 미지불이자를 계속 불어나도록 내버려두고 해묵은 채무변제를 연장하는 방법을 택해왔다. 정치적 압력으로 또는 손실액을 떠안을 수 있는 여력이 없어 생긴 이러한 방치상태는 수익창출이 가능한 은행의 역량을 속박하고 있다. 결과적으로 개발도상국의 많은 은행들은 그들이 현 시장 여건에서 정상적인 경영을 하기 위해서는 자본을 재구성하고 구조조정을 해야 한다.

둘째, 공여기관은 은행에 원조를 제공함으로써 개발도상국 금융부문의 두 가지 두드러진 결함, 즉 사실상의 장기금융 부재와 특정 계급 및 일부 국민의 금융서비스 접근 결핍 문제를 직접 역점을 두어 다루게 된다. 두 경우 모두 공여기관은 결함 부분을 개선하기 위해 직접적인 지원과 보증에 나선다. 이것은 공여기관이 금융시장에 간접적으로 참여하고 직접적으로 영향력을 행사할 수 있는 채널을 갖게 한다. 또 다른 동기는 공여기관이 더 효율적으로 금융부문 외부의 목적(빈곤근절 또는 양성평등)을 더 효율적으로 수행할 수 있는 능력을 얻는 데 있다.[7]

셋째, 공여기관이 개별 은행을 지원하는 것은 앞으로 그 은행이 금융부문의 발전을 위한 촉매제가 될 수 있다는 신념 때문이다. 만약 지원을 받은 은행이 그들의 사업을 확장하거나 새로운 금융서비스나 수단을 도입할 수 있게 되면, 다른 금융기관들을 그 은행의 선례에 따르도록 강요하거나 부추길 수 있는 바탕이 생기게 되는 것이다.

방법

문제는 공여기관이 자주 스스로를 어느 특정 은행에 한정시키지 않고 모든 금융부문에 의해 공유되게 한다는 점이다. 따라서 공여기관은 사례별 지원을 할 것인지, 아니면 일괄지원을 시작할 것인지를 심사숙고해야 한다. 후자는 필연적으로 금융부문 활동을 위한 전반적인 조건의 변화, 예컨대 유동성 상태, 중앙은행 이자율, 금융관련 법률의 변화를 가져온다. 표면적으로 일괄지원은 경쟁조건상 금융시장에 대한 왜곡을 최소화하기 때문에 아마도

---

7) 금융기관에 원조를 할 때 '사회적 임무'의 포함은 다음에서 논의된다.

공여기관들에게 매력적으로 비칠 수 있다. 더구나 이것은 공여기관의 금융기관 직접지원에서 겪은 역사적인 실패로부터의 일탈을 의미하는 것이기도 하다. 만약 공여기관이 현지 정부와 협력한다면 일괄지원은 정부의 거시경제와 금융부문 정책을 통해 추진될 수 있고, 그 결과 원조요구가 줄어든 것으로 비칠 것이다. 그러나 금융기관에 대한 일괄지원은 왜곡된 인센티브와 부실한 관리라는 근본적인 문제에 영향을 주지 못하고, 단지 일시적인 개선만 보이는, 일반적으로 비효율적이고 부적절한 것으로 증명되었다(World Bank, 1989).

이것은 공여기관의 선택권을 좁히는 결과를 가져올 수 있다. 예컨대 그들이 금융기관에 원조를 하려면 사례별 지원방식으로 처리해야 할 것이다. 개발도상국에서 은행은 세 가지 유형의 문제에 직면하게 된다. 이른바 (1) 은행 금융자산의 질적 문제, (2) 은행 자율권과 은행원들에게 제공된 인센티브의 부족에서 야기되는 문제, (3) 간부들의 질적·양적 문제가 그것이다. 분명히 이 세 가지 유형의 문제는 제각각이면서 이따금씩 구성요소에 공통점이 있어 보이지만 분석을 위해서는 이를 분명하게 구분하는 것이 좋다.

은행 금융자산과 관련된 문제는 직접적인 기금유입(종종 부실채권에 대해 공여기관이 보증한 현지정부 국채의 스와프 형태로)을 통해 상대적으로 빨리 해결할 수 있다. 만약 수익성 증진 방식이 수반되지 않는다면, 지속적인 개선은 어려워질 것이다. 지속가능성을 향상시키기 위하여 공여기관은 현지 금융기관의 지분 인수를 통해 자금을 투입하는 방식을 택할 수 있다. 이는 자금투입이 법적 규제를 받은 투명한 절차에 따라 이루어졌으며 동시에 지원받은 금융기관이 자금회수를 보증하는 약정 아래 자금지원이 이루어졌음을 보장하는 것이다. 시장자금처럼 공여기관 자금의 일괄거래는 자금이나 증여를 직접 이전하는 경우보다 더 엄격한 은행관리를 요구한다.

역사적으로 은행구조조정 일괄거래에 대한 구상은 '지불능력 개선방법 보다는 수익성 개선방법을 강조하는 쪽'이었다(Dziobek and Pazarbasioglu, 1997). 개별은행에 대한 지원은 시장 자율화를 위한 선행조건을 만들려는 공여기관의 의지와 마찰을 빚기 때문에 대부분의 공여기관들이 선호하는 것 이상의 더 적극적인 개입을 유도한다는 설명이 가능할 것이다. 그러나 애초에 지급불능사태를 일으킨 근원적인 문제를 해결하려는 노력은 계속 실패할 수 있다.

은행 금융자산의 가치하락은 은행경영의 복합적인 내·외부적 요인들에 기인할 수 있다. 외부적 요인은 은행 구조조정이 경제의 다른 부문 및 기업 구조조정과 연결되는 경우이다. 만약 구조조정을 끝낸 은행이 이익이 없고 비효율적인 기업에 대한 서비스를 중단하고, 아울러 만기가 지난 채무와 부실채권으로 인한 손실을 벌충하려 한다면 대체로 불가피하게 그들 고객들에게 문제를 일으키게 된다. 따라서 공여기관은 어떤 경우엔 은행고객들의 문제까지 고려하여 다루어야 하는 은행 구조조정에 대해 포괄적이고 총체적인 접근을 해야 할 것이다.

게다가 개발도상국 정부는 공기업의 경영손실을 메우기 위해 주저 없이 은행을 이용하려 든다. 종종 은행과 금융체계는 정부의 상당한 세입 원천이 된다. 부분적으로는 직접세와 시장 수준 이하로 보상된, 또는 정부발행 유가증권에 투자를 강요한 높은 지불준비금 형태의 간접세를 통해 이루어진다. 은행 구조조정에 대한 어떠한 시도도 이 같은 문제에 직면하게 된다. 이것은 다시 정부 개입의 중요성을 강조하는 계기가 된다.

또 이것은 은행의 자율성과 은행원들에게 제공된 인센티브의 결여와 관련된 문제를 끌어들인다. 다시금 정부와의 대화가 불가피하게 된다. 일반적인 목표는 개별 은행의 자율성을 높이는 것은 물론 은행 사이의 경쟁을 촉진시키는 데 있다. 이것은 반드시 새로운 기관의 창설이나 진입장벽의 제거를 포함해야 하는 것은 아니다. 대부분의 경우 그것은 이미 이자율을 정하고 고객을 직접 고르고, 금융서비스 제공범위에 영향을 미치는 데 충분한 자율성을 가진 현재의 은행들을 이용함으로써 달성할 수 있다. 이전의 실수를 반복하는 위험을 최소화하기 위하여 공여기관들은 금융 서비스와 상품의 공급이 공급주도보다는 수요주도라는 점을 확실히 해놓아야 한다.

공여기관은 현지 정부가 고분고분하게 따라오게 하기 위해 앞서 언급한 방법 외에 해외은행을 통하여 모든 공여기관들의 자금을 일정방향으로 돌리거나 공여국과 수원국 금융기관 사이에 짝지우기 협정twinning arrangements을 시작함으로써 정부에 추가압력을 가할 수 있다. 그러나 이러한 방식은 현지 정부와의 건설적인 대화에 비하면 부차적인 것에 지나지 않는다.

짝지우기 협정은 또한 은행원들의 질적 양적 문제에 해법을 줄 수 있다. 은행과 기타 금융기관들은 노동집약적인 기관이다. 종종 필요 이상으로 많은 직원을 두고, 정규 계획절차를 밟는 데서 오는 이득이나 원가관리에 대한 노력 없이 운영되는 개발도상국 은행들은 특히 그러하다. 은행원들의 자질과 훈련은 매우 중요하며, 공여기관 종사자들은 종종 선진국과 신흥국가들의 금융체계를 이해하고 그들 속에서 일하고 있기 때문에 비교우위를 갖는다.

이러한 맥락에서 은행인력의 구조조정으로 지출되는 상당한 비용은 공여기관의 자금과 기여를 크게 요구한다. 대부분의 경우 원조는 기술과 행정실무의 이전 또는 기술지원과 훈련으로 제공된다. 그러나 이러한 노력은 은행이 높은 급여로 인센티브를 제공하지 않는 한 비효율적이다. 이런 것들이 없다면 공여기관은 조직상의 구조조정 조치와 같은 수익개선 조치가 취해지고, 경영 목표와 전략이 이러한 목표와 연결되어 있다는 점을 확실하게 해야 한다. 이것은 대부분의 경우 앞서 확인된 세 가지 유형의 은행문제를 동시에 처리해야 한다는 점을 강조하는 것이다. 은행 구조조정과 자본 재구성에 대한 공여기관의 부분적인 참여는 좀처럼 드문 선택권이다.

문제점

금융기관에 대한 직접 원조와 관련된 문제는 (1) 운영상의 문제, (2) 원칙의 문제, (3) 근본적인 문제로 나눌 수 있다. 운영상의 문제는 원조의 계획 및 실행과 관련된 문제를 수반한다. 원칙의 문제는 공여기관의 일반적인 원조제공 원칙과 금융기관에 대한 원조에 붙는 특수조건 사이의 불일치로 인해 일어난다. 근본적인 문제는 원조의 상태나 원칙의 변화와는 상관없이 어느 정도까지는 항상 있기 마련인 도전이다.

운영상의 문제

운영상의 문제들 가운데는 공여기관이 은행운영에 조언을 해야 할 경우, 즉각 행동에 옮길 수 있는 유연성과 역량을 갖고 있는지에 대한 문제가 있다. 다른 운영상의 문제는 은행규제가 공여기관의 기대대로 되어가느냐이다. 두 문제 모두 공여기관의 금융기관 참여도가 높아지면 대부분 해결될 수 있다. 이는 공여기관에게 유연성과 내부정보 및 경영체질에 대한 직접적인 통제권을 주어 이들 문제를 역점을 두어 다룰 수 있게 할 것이다. 그러나 이는 또한 대부분의 공여기관들이 필요 이상으로 간섭하는 사태를 불러올 수 있다. 이것을 피하기 위해서는 공여기관이 일부 경영상의 문제를 관대하게 다루어야 할 것이다.

만약 민간부문에 대한 신용대부 확대가 원조 목적 가운데 들어 있으면, 은행경영 체질과 공여기관 목표 사이의 불일치가 경고 수준에 이를 수 있다. 공여기관의 지원에도 불구하고 은행 경영진들은 종종 근본적으로 진부한 금융기법과 (은행경영에 잘 알려지지 않은) 대부분 믿을 수 없고 빈약한 민간부문 정보만을 갖고 있다. 이 같은 상황은 종종 관리자들로 하여금 상대적으로 수익이 보장되는(예컨대 수출신용대부와 국채 같은) 투자에 대한 대출을 제한하게 만든다. 따라서 공공부문 적자와 수출신용대부는 효과적으로 신용을 생산적인 투자로 바꾸어놓을 것이다. 이러한 유형의 문제는 혼한 일로서 금융부문 주도가 일반적인 거시경제적 환경에 크게 의존하고 있음을 보여주는 것이다. 공여기관과 현지 정부와의 협력과 조정이 새로운 출발점이 될 수 있지만, 거시경제 환경이 상대적으로 안정되지 않고는, 그리고 정부예산적자가 제한적이지 않고는 생산적인 투자(과거의 신용대부 관례에 의존하지 않고는) 확대는 어렵다.

원칙의 문제

원칙의 문제는 주로 금융기관에 원조를 직접 제공할 때 공여기관이 불가피하게 크게 개입하지 않을 수 없는 상황에서 발생한다. 이것은 일부 공여기관들에게는 바람직하지 않은 일이다. 이유는 이것이 그들을 대중에게 부정적으로 비치게 하고 다른 맥락에서 중립성을 유지하기 어렵게 하기 때문이다. 이런 점을 극복하기 위해서는 공여기관들이 일정한 경영절차와 원칙에 대한 그들 자신의 입장을 사전에 분명히 해야 한다. 한 가지 방법은 앞서 간단히 설명한 대로 은행 지분 인수를 통해 원조자금을 투입하는 것일 수 있고, 또 다른 방법은 은행의 해외파견인력 고용을 자제하는 것일 수 있다. 각각의 사례에서 공여기관과 수원기관의 견해차이가 커지게 되면 공여기관이 잠재적인 영향력과 통제채널 사용을 자제하게 되고 그에 따라 비용이 발생하게 된다. 반면에 은행고객들에게 금융기관이 공여기관에 의해 경영된다는 인상(이것이 사실상 일정 기간에 해당되는 경우일지라도)을 줘서는 안 된다. 이는 고객의 행동과 인센티브에 역효과를 낼 수 있기 때문이다.[8]

근본적인 문제

금융기관에 직접 원조를 제공하는 경우 (1) 원조 유입이 지속되기를 원하고, (2) 앞으로 문제가 발생할 때 공여기관이 추가지원을 제공할 것으로 기대하며, (3) 그래서 성향과 행동을 그에 맞추는 금융기관들을 양산할 수 있다. 도덕적 해이를 수반하는 마지막 두 가지 문제는 금융기관에 대한 직접원조와 관련된 근본적인 문제의 중심에 자리 잡고 있다. 공여기관이 자기들 은행의 비용부담을 계속 떠맡으리라고 기대하는 은행 경영진은 시장의 신호를 무시한 채 모범적인 업무처리 관행에 벗어나 엄청난 위험을 무릅쓰려 한다. 이런 경우 한 가지 가능한 해법은 비효율적이고 무익한 계획으로 은행에

---

8) 자신들을 향상시키기 위해 공여기관의 신용을 이용할 수 있는 관리 및 감독기관의 사례에서 그 차이를 알 수 있다.

손실을 끼친 경영진에게 책임을 묻는 일이다. 그러나 이것은 조직을 와해시키고 전반적으로 금융체제를 무너뜨린다는 점에서 자주 시도할 수는 없는 일이며, 파산의 위험을 높이는 일이다. 은행 경영진은 종종 이런 중요성을 잘 알고 있으며, 일부는 그것을 이용하기도 한다.

상당히 높은 수준의 경영 능력과 숙달을 필요로 하는 어려운 문제에 봉착하면 공여기관에게 경영책임을 맡도록 부추기게 된다. 그러나 이것은 종종 불충분한 국내 역량 축적에서 기인하는 값비싼 해법이다. 영속적으로 원조에 의존하는 결과가 될 수 있어 공여기관들은 금융기관에 대한 직접원조를 시행하기 전에 조심스럽게 트렌치(원조조달방식 종류)와 원조종료에 대한 신용차관조건을 조목조목 주지시켜야 한다(그리고 지켜나가야 한다). 그렇지 않으면 공여기관은 추가원조를 제공해야 할 것이다. 이는 부분적으로 이전에 제공한 원조가 다른 방법으로 유실되기 때문일 것이고, 부분적으로는 공여기관이 수원기관에 대해 추가원조를 제공해야 할 의무감을 느끼기 때문일 것이다.

근본적인 문제는 위기가 올 때마다 실질적으로 감지할 수 있는 금융체제 붕괴 위험이 거의 변함없이 어떤 불개입의 원칙을 지배하는 데 있다. 따라서 문제는 공여기관의 개입여부에 있지 않고, 위기 전에 개입하느냐 아니면 위기 후에 개입하느냐에 있다. 공동협력의 효율적인 예방책 부재는 결과적으로 도덕적 해이 문제를 피할 수 없게 한다.

또 다른 근본적인 문제는 금융시장에 대한 경쟁조건의 왜곡이다. 이 문제에 대해 공여기관 사이에서 여러 가지 걱정이 많다. 이러한 점에서 극소수의 개발도상국 금융시장은 경쟁력이 있는 것으로 간주된다(많은 경우 그렇게 허약해 보이지도 않는다)는 점이 중요하다. 비록 개도국의 금융시장에 만연돼 있는 경쟁력 결여가 공여기관들의 과도한 개입을 줄이는 명시된 원칙을 무시할 수도 있다는 의미는 아니지만 그것이 문제를 축소할 수 있다.

■ 소액금융기관에 대한 원조

공여기관들은 지난 세기 동안 많은 수의 소액금융 프로그램을 다양한 형태와 맥락으로 지원해왔다. 여기서 소액금융은 작은 규모의 신용대부와 저소득층에 대한 저축기금saving facilities의 제공으로 정의될 수 있다. 공여기관은 소액금융기관micro-finance institutions(MFI)에 높은 관심을 보이고 있다. 이것이 분명히 다른 금융기관들과는 달리 소액금융만을 다루는 항목을 별도로 두게 된 이유이기도 하다.

동기

소액금융에 대한 공여기관의 높은 관심은 개발도상국에서 소액금융 서비스가 종종 부족하고, 빈곤층 사이에서 높은 평가를 받고 있기 때문이다. 많은 선행연구가 확인하고 있듯이 저소득층은 저축과 신용대부 편의를 다 함께 제공해주는 소액금융기관을 이용함으로써 상당한 이익을 얻을 수 있다(예컨대 Chaves and Gonzalez-Vega, 1996; Christen et al., 1994). 소액금융은 금융시장의 공백을 메우려는 시도로, 공여기관들이 이용하는 주요 수단 중 하나다(앞에서 언급한 부분 참조).

공여기관이 소액금융을 지원하는 계기가 된 또 다른 요인은 소액금융이 빈곤층과 소외계층에 서비스를 하는 한편, 시장조건으로 원조를 제공하려는 공여기관의 목표를 동시에 충족할 수 있다는 인식이다. 그 결과 공여기관들은 종종 소액금융을 통해 빈곤 감소, 남녀평등, 보건교육, 지역공동체 능력배양과 부문별 균형발전을 포함하는 많은 수의 전반적인 목표를 추구하려 한다(BMZ, 1994; Danida, 1998b; Sida, 1997).

공여기관의 소액금융에 대한 관심은 다수의 성공한 소액금융기관들의 다양한 신용거래로 높아지고 있다. 소액금융은 도시는 물론 시골지역에서도 잘 운용되고 있으며, 의심할 여지 없는 수준으로 광범위하게 발전하고 있음을 볼 수 있다. 널리 인용되고 있는 크리스틴Christen 등의 연구(1994)에 따르면 소액금융기관은 경제가 저성장과 불규칙 성장을 할 때, 금융시장이 엄격하게 통제되고 있을 때, 공식 이자율이 시장청산 이자율 아래로 고정되어 있을 때, 그리고 채무불이행 대부금의 상환을 위한 법적 구조가 취약할 때 등에 성공할 수 있었다.

나아가 공여기관이 소액금융에 매력을 느끼게 된 것은 과거에 금융부문을 지원하며 이용한 방법과 수단에 대한 광범위한 불만 때문이다. 소액금융은 공여기관의 관심을 높이는 새롭고 차별적인 것으로 간주되고 있다. 소액금융 편승효과micro-finance bandwagon effect라는 것이 나타나고 있는데, 이를테면 공여기관들은 소액금융 프로그램을 취급해야 한다는 강박관념에 사로잡혀 있다. 다른 모든 공여기관들이 소액금융을 하려들고 또 소액금융이 모든 공여기관들을 끌어들이고 있기 때문이다. 마침내 많은 서민들이 성공한 소액금융기관의 계좌를 갖게 되었다. 인도네시아의 Bank Rakyat Indonesia Unit Desa와 방글라데시의 Grameen Bank와 같은 금융기관들의 보고서는 소액금융에 관한 지식을 일반 대중에게 널리 알렸다. 따라서 소액금융은 금융부문의 발전은 물론이고 전체 개발계획 수행에서 효과적이고 정확한 수단으로 간주될 뿐만 아니라 하나의 성공적인 작품으로 인식되고 있으며, 공여기관들은 이 성공의 일부 당사자가 되기를 원하고 그리고 그렇게 될 필요가 있다.

방법

소액금융에 참여한 새로운 공여기관들의 수는 1990년대 중반부터 크게 늘어났다. 새 식구들은 소액금융으로 옮겨가는 기존 기관들과, 특별히 소액금융기관을 운영하기 위해 설립된 기관 모두를 포함한다. 그들이 명시한 목표 가운데는 기관 자체의 지속성과 빈민층의 원조계획이 있다. 지속성에 관한 특징으로는 운영의 효과성(이자수익과 고객 수수료로 관리비용과 대부금 손실을 커버하는 것으로 정의된다)과 금융자립(외부 보조금 없이, 즉 시장조건 아래서 운영하여 모든 비용을 커버하고 자본축적을 하는 것으로 정의된다)을 들 수 있다. 빈민층 원조계획은 종종 특정한 주민들이나 사회적인 역할과 관련하여 정의되며, 앞서 언급했듯이 금융부문 이외의 목표를 추구하는 소액금융 프로그램 이용과 밀접한 관련이 있다(제9장 참조),

최근 몇 년간 공여기관들과 실무자 및 분석가들은 우선순위를 지속성에 두어야 하느냐 아니면 빈민층 원조계획에 두어야 하느냐로 의견이 갈려왔다(Garson, 1996; Montagnon, 1998). 어떤 그룹은 소액금융을 '공여기관 구호와는 별도로 하는 것'이 중요하다고 강조한다. 이러한 시각을 지지하는 사람들은 공여기관이 소액금융 지속성에 우선순위를 두어야 한다고 강조한다. 따라서 공여기관 역할은 소액금융기관을 설립하고 새로운 제도와 수단의 발전을 시험해보는 초기 단계에 국한되는 것이다.

다른 그룹은 소액금융의 사회적인 역할과 빈민층 원조계획의 중요성을 강조하는데, 만약 지속성을 지나치게 강조하고 상업자금에 의존하게 되면 이 부분이 손상을 입게 될 것이다. 따라서 이러한 시각에 따르면 지속성 강조는 (1) 소액금융기관을 다른 어떤 금융기관과 유사한 위치에 둘 것이며(소액금융기관의 체계와 기풍이 종종 다른 금융기관과 다르다는 것에 개의치 않고), (2) 상대적인 이점을 갖고 있는 소액금융기관의 손실을 초래할 것이다. 여기서 상대적인 이점이란 빈곤층에게 일정한 범위의 서비스와 이익을 제공하여(이에 필요한 비용은 꼭 벌충될 수 있다고는 볼 수 없다) 그들과 사회적으로 조정되는 것을 의미한다(Dichter, 1996).

공여기관이 선호하는 수단은 보조금과 연화차관(軟貨借款)이다. 이 자금은 (1) 기술과 경영기법 지원과 훈련비용으로, (2) 새로운 운영체제와 절차를 갖추는 데, (3) 금융기관에 대한 직접 지원에 사용된다. 후자의 경우 종종 규정된 조건은 시중금리 이하의 고정금리 유지에 대한 공여기관의 지원 배제이다. 앞서 언급했듯이 재정긴축financial repression 과정에는 어떤 공여기관도 신규대출 금리를 시장금리 이하로 억제하는 행위를 결코 지원하지 않는다. 그러나 암암리에 자금의 전용 가능성으로 인해 이런 일이 빈번하게 일어나고 있다(Yaron, 1992).

소액금융기관에 원조를 제공하는 데 사용되는 수단과 절차는 공여기관의 유형에 따라 다르다. 양자간 공여기관은 자주 NGO를 통해 자금을 제공하는 방법을 택하고, 다자간 공여기관은 종종 수원국 정부를 통해 자금을 제공한다. 최근에는 많은 다자간 공여기관들이 세계은행의 극빈층지원 자문그룹 Consultative Group to Assist the Poorest(CGAP)이나 UNDP의 마이크로스타트 프로그램MicroStart Programme과 같이 직접 소액금융기관과 협력하는 특별 미시금융 지출 창구를 개설하고 있다.

일단 전체적인 목표와 수단이 정해지면 공여기관은 (1) 소액금융기관의 설립을 도와야 할지 아니면 스스로 설립해야 할지 여부와, (2) '최소한으로 억제하는minimalist'(신용대부에 한해) 해법을 따라야 할지, 아니면 '신용대부 플러스Credit Plus' 해법을 따라야 할지 여부를 결정해야 한다. '신용대부 플러스' 해법은 직접지원, 기술지원, 그리고 소액금융과 저축편의 외에 대상 주민들에 대한 조언을 포함한다. 만약 그 선택이 도우미 역할을 하는 것으로 정해진다면, 전반적인 목표는 기존 금융기관들과 소액금융편의 및 서비스에 이해관계를 가진 사람들 사이의 연계를 강화시키는 것이다. 반면에 만약 그 선택이 설립자 역할을 하기로 정해진다면 책임수준이 높아지게 된다. 개입 범위와 기간이 일반적으로 더 넓어지고 길어지기 때문이다.

최대한의 상업비용을 추정하여 저축을 장려하고 외부자금을 차입자본으로 이용하는 소액금융기관들의 노력을 도와주고 지원하기 위해 규제체계를 바꿀 필요성에 대한 인식이 공여기관들 사이에 점점 높아지고 있다(Jansson and Wenner, 1997; Rock and Otero, 1997; Vogel, 1994). 공여기관들은 규제기관들의 규제능력을 향상시키고 다음 3가지, 즉 (1) 다른 나라들의 경험, (2) 소액금융기관과 다른 금융기관과의 차이점, (3)이러한 차이를 조정하기 위해 어떤 규정이 적용되어야 할 것인가를 현지 규제기관들에게 알리려고 노력한다. 이것은 규제기관과 조직을 지원하는 노력과 함께 공여기관의 조화와 협력이 필수적이다. 그들의 주도가 서로 상충될 수 있기 때문이다.

문제점

앞서 기술한 바와 같이 공여기관들이 소액금융을 환영하는 이유는 시장 메커니즘을 이용하여 사회 소외계층을 지속적으로 지원해야 하는 딜레마를 해결할 수 있는 것 같아 보이기 때문이다. 그러나 아무 조건 없는 보조금으로 유지하는 소액금융의 포화상태는 현재 소액금융운동이 직면하고 있는 가장 큰 위험일 것이다. 보조금이 넉넉할 때에는 소액금융기관 내의 회계에 대한 금융관리 능력과 근본적인 원칙의 중요성을 무시하거나 평가절하하는 경향이 있다. 더욱이 소액금융으로의 많은 양의 원조 유입은 고품질 정보 부족사태를 일으킬 수 있다.[9] 공여기관들은 소액금융기관에 의해 제공되는 정보가 기본적인 금융회계와 감사 방법을 고수할 것을 항상 요구하고 있는 것은 아니다. 그 이유는 이런 종류의 정보가 부적절해 보이는 경우에도 기금이 보조금이나 유연한 조건의 차관으로 제공되기 때문이다.

이러한 문제는 세계은행이 전 세계에 걸쳐 소액금융기관에 대한 조사보고서를 수집했을 때 드러났다(World Bank, 1996c).[10] 일부 국제 NGO 관리자들은 그들의 지부에 직접 질문지를 보내는 것을 경계했다. 대신 그들은 전문가가 답변서를 작성할 수 있는 국제사무소로 질문지를 보내달라고 요청했다. 소액금융 조사보고서 필자들은 이에 대해 "만약 어떤 소액금융기관 관리자들이 외부전문가의 도움 없이 그들 자신의 비용과 부채에 대한 질문에 답하는 것이 불가능하다면, 어떻게 그들이 금융기관을 지속적으로 운영하기를 기대할 수 있겠는가?"라는 반응을 보였다.

확실하고 정확한 정보제공은 공여기관의 자금제공을 위한 것이어야 하기

---

9) 이른바 von Stauffenberg(1996), World Bank(1996c), Vogel(1994) 참조.

10) 조사에 포함시키는 기준은 금융기관이 (1) 소액금융 서비스를 해야 하고, (2) 1992년이나 그 이전에 설립되었어야 하며, (3) 1,000명 이상의 고객을 확보해야 한다.

때문에 소액금융의 상업시장 금리를 위한 전제조건이다. 만약 소액금융기관이 공여기관의 지원에 의존하지 않게 되면, 그들은 금융관리 능력을 향상시키기 위한 기술지원을 필요로 할 것이고 공여기관은 상업기금과 같은 패키지원조를 해야 할 것이다. 더구나 풍부한 원조자금 공급은 소액금융기관의 악성부채 처리 강도를 경감시킨다. 이것은 아마도 현지 신용문화의 퇴보를 가져와 그 지역의 모든 금융기관에 손상을 끼칠 것이다. 또한 저축을 장려하는 인센티브의 장애요인이 될 수도 있다.

공여기관들은 역사적으로 "빈곤층은 저축하지 않는다"는 인식으로 인해 얼마간 소액저축의 운용을 무시하는 경향이 있었다. 이는 부분적으로 신용대부의 생산적인 이용에 초점이 맞춰져 있었기 때문이고, 그리고 부분적으로 공여기관이 자금소진 총액으로 성공을 평가했기 때문이다. 다시 말해 여기서는 성공의 기준이 저축기관의 설립보다는 신용대부 확대로 더 쉽게 충족되는 것으로 보고 있는 것이다. 신용대부에 의한 지출과 비교하여 저축장려는 일반적으로 상당한 수준의 금융기관 이미지 강화, 신뢰를 얻기 위한 공신력 확립, 그리고 중요한 직원훈련을 필요로 한다(Robinson, 1997). 모든 것이 공여기관의 필요수준을 끌어올리고 그 개입을 연장시키고 있는데, 이는 덜 헌신적인 공여기관들을 실망시키는 요인이다.

양질 정보의 부족은 다른 금융기관들과의 연계에만 장애가 되는 것이 아니다. 또 다른 장애는 소액금융기관의 자세와 절차가 다른 금융기관의 그것과 비교하여 다른 점이다. 이러한 차이는 경우에 따라 공여기관에 의해 적극적으로 조장된다. 더 구체적으로 말해 대부분의 소액금융기관들은 대출을 근간으로 하는 프로젝트를 실행하고 있는데, 몇몇(주로 아시아의) 소액금융기관들은 그룹 대출을 하고 있다. 반면에 시중은행들은 자산을 담보로 한 대출을 하고 있으며 개인융자를 해준다. 게다가 많은 소액금융기관의 시장에서의 이미지는 인정 많은 대안기관으로 비치고 있다. 이러한 인식은 금융시장에서 소액금융기관의 (비)자발적인 고립에 기여하고 있다.

이것은 공여기관들이 금융 지속성에만 우선순위를 두라는 주장이 아니고 단서가 필요하다는 이야기다. 만약 공여기관들이 소액금융기관의 금융 지속성을 추구한다면, 소액금융기관에서 적극적으로 장려하고 있는 자세와 절차는 물론 기금지원이 금융 지속성의 강력한 추진과 일치해야 한다. 통합되고 자율적인 금융기관으로의 성공적인 전환 가능성은 공여기관과 소액금융기관이 그러한 기관으로서의 절차와 자세를 열심히 배우면 높아질 것이다.

이것이 달성되었을 때 소액금융기관이 직면하는 중요한 문제는 소액금융 서비스의 이행과 관련된 매우 높은 업무처리 비용이다. 지리적으로 먼 거리에서 빈번하게 발생하는 많은 수의 소액금융 업무처리는 간소한 규제 절차와 상대적으로 싼 노동력의 필요성을 높인다. 만약 공여기관이 급여가 비싼 국외 노동자에 의존하고, 복잡한 회계와 행정 절차를 고집한다면 지속가능한 금융기관으로 발전하기 어려울 것이다.

마지막으로 공여기관이 특정 주민들을 대상으로 소액금융기관을 운영하는 것은 문제가 될 수 있다. 어느 정도의 목표는 지리적인 위치 선택, 제공되는 서비스와 상품의 종류, 그리고 대출금의 규모로 비교적 쉽게 달성할 수 있다. 이러한 것들은 대상이 되는 주민들의 자율적인 결정을 고무하는 데 이용될 수 있다.

그러나 자율적인 선택을 통해 확보된 대상주민들의 생활수준이 당초의 소액금융사업 목표와 배치되면 공여기관들은 상징적으로 특정한 주민(남성과 같은)들을 소액금융 프로그램에서 배제시키려는 시도를 할 것이다. 하지만 적용범위를 여성으로 한정하고 대출금의 채무불이행 비율을 낮추는 데 성공한다고 해서 반드시 여성의 권리를 신장시키는 것은 아니다. 오히려 여성의 입장에서 더 나쁜 상황이 될 수도 있다(제10장 참조). 결과적으로 공여기관들은 자율적인 선택을 통해 확보되는 대상주민들의 수준을 그대로 받아들여야 할 것이다. 그러나 여기에 문제가 없는 것은 아니다. 예컨대, 만약 대출금의 규모가 여성 대출자의 비율을 늘리는 것으로 제한된다면(여성은 전형적으로 남성보다 적은 대출금을 필요로 한다), 이것은 소액금융기관의 시장 확대와 금융지속성 유지 규모를 제한할 수 있다. 왜냐하면 종전처럼 공여기관들은 지속성과 경영실행가능성 중 한 가지를 선택해야 하기 때문이다.

■ 결론

거시경제와 사회적 안정성이 조화롭게 결합되고 효율적 자원배분이 이루어지면 경제성장은 촉진된다. 이 장의 분석은 금융부문이라는 수단에 의한 효율적인 자원분배 달성이 다른 두 가지 성장 적응조건에 결정적으로 의존한다는 점을 강조했다. 따라서 금융부문에 대한 원조의 효과성은 전면적으로 권능을 부여하는 환경조성은 물론 다른 부문(그 중에서도 특히 생산부문과 정부)의 실행성과를 전제로 한다는 점을 주요 교훈으로 배웠다. 공여기관은 금융부문 원조 제공에 유리한 조건인지, 아니면 금융부문 원조조건을 개선하는 데 노력과 자금을 사용하는 것이 더 좋을지를 생각해보아야 한다.

전체적으로 그 범위는 국가적인 것에서부터 미시 경제적 수준으로 이동했다. 다시 말해 개별적인 고객들에 대한 금융기관과 시장의 접근성을 안정적으로 확대해갔다. 다른 계층 사이의 연계와 상호의존성의 중요성을 역설하기 위해 선택된 구조가 강조돼왔다. 이런 맥락에서 동아시아 금융위기는 금융기관과 시장의 직접적인 연결이 개별 고객들에게 실질적인 영향을 주지 못한다는 점을 보여주었다. 국제적인 자본흐름과 금융시장은 심지어 변경국가들의 금융기관과 고객들에게까지 분명히 영향을 미칠 수 있다. 공여기관은 금융부문에 원조할 때 체계적이고 종합적인 접근을 택하는 방법으로 이를 반영한다. 종종 이것은 수원국 정부를 연루시킨다는 것을 의미할 뿐 아니라 공여기관들은 국제금융시장이 미치는 영향까지 고려해야 한다는 것을 의미한다.

공여기관들은 금융부문의 발달과 금융 서비스의 공급이 수요주도형이지 공급주도형이 아니라는 점을 확실히 하여 자금의 낭비를 최소화한다. 금융부문이 제공한 생산품의 정교함과 범위가 경제에서 고객들이 효율적으로 이용할 수 있는 한계를 능가하기 때문이다. 이 같은 접근은 금융부문이 경제성장을 창출하기보다 지원한다는 것을 시사하고 있다.

거의 모든 형태의 금융부문 원조의 공통점은 공여기관들의 장기적인 개입이 필요하다는 점이다. 장기적인 개입은 부분적으로는 가끔 있는 금융기관의 설립노력에서, 그리고 부분적으로는 금융시장에 대한 신뢰와 좋은 평판 확보의 중요성에서 비롯된다. 장기간 사전에 동참할 수 없는 공여기관들은 다른 부문에 대한 지원을 고려해야 한다. 만약 공여기관들이 금융부문기관들에 대한 원조를 너무 일찍 종결해버리거나, 금융시장 원칙을 등한시한다면(발행된 채권의 회수 포기, 채권발행 상황 부진 등) 금융부문에서 다른 공여기관 활동에 손상을 입히기 쉽다. 체계적인 접촉전염은 금융부문 원조에서 중요한 요소다. 결론적으로 공여기관은 금융부문에서 적극적인 모든 기관의 전문성과 장기적 책무를 주장해야 한다. 핵심 개념은 공여기관들 사이의, 그리고 공여기관과 현지 정부 사이의 조화와 협조다.

금융부문에 대한 원조의 효과성과 수준을 높일 수 있는 미래의 개발안 중에는 (1) 금융 서비스의 전달과 관리에서 정보기술의 발전과 확산, (2) 금융시장의 지구적 통합과 관련성 증대와 같은 것이 있다. 이들 부수적인 금융부문의 발전은 공적개발원조 유입에 비례하여 민간자본 흐름의 지속적인 증가를 가져올 것으로 보인다. 이는 다시 민간자본의 흐름(국내 및 국외의)을 대체하려고 시도하는 대신 그것을 보충하고 유인하기 위해 원조 이용의 중요성을 한층 높일 것이다.

제15장

원조와 거시경제

페테르 예르톨름 · 윗테 라우르센 · 하워드 화이트 [1)]

■ 머리말

이미 제4장에서 논했듯이, 원조는 무역과 저축 갭을 메우는 데 도움이 될 수 있다는 것이 원조의 전통적인 거시경제적 원리다. 그래서 우리는 다음 항목에서 이 단순한 갭 메우기 해법을 간략하게 다룰 작정이다. 그렇지만 원조의 거시경제적 역할과 효과가 여러 가지 측면에서 갭 모델로는 명쾌하게 설명되지 않을 정도로 복잡하다. 이러한 복잡성의 일부는 이른바 (1) 정부행동에 대한 원조효과(원조를 받는 정부의 세금 효과와 원조의 전용 가능성 포함), (2) 대외부채 문제, (3) 원조와 환율 사이의 관계(네덜란드병)로 설명되고 있다. 따라서 원조는 무역과 저축의 갭을 메우는 양보다 더 많아야 하며,

---

1) 필자는 1998년 10월 9일에서 19일까지 코펜하겐 대학에서 개최된 원조도서 워크숍에 참석한 올리버 모리세이와 다른 참석자들이, 그리고 한 내부 전문가가 이 장의 초고에 대해 유용한 의견을 준 데 대해 깊은 감사를 드린다.

이 장에서 가장 중요한 논의는 원조를 단순히 단기간의 갭을 '메우기' 위한 방법으로 인식해서는 안 된다는 것이다. 그 대신 원조는 시간이 갈수록 그 결함이 '줄어들어' 성장과 발전이 원조 없이도 유지될 수 있는 방법으로 제공되어야 한다. 마지막 항목 앞부분에서 우리는 거시적 수준의 개입과 프로젝트 수준의 활동 모두를 고찰하면서 원조가 대외적자와 재정적자 둘 다를 줄이는 데 사용될 수 있는 방법을 논의한다. 마지막 항목은 결론부분이다.

■ 원조의 거시경제적 원리

1950년대와 1960년대의 갭 모델gap model은 물질적 자본형성을 경제성장의 기본추진력이라고 역설하는 전통적인 해러드-도마 모델과 공통점이 있었다. 해러드-도마 모델에서 생산은 투자비율과 그 투자의 생산성에 의존한다. 투자자금은 저축으로 조달되고, 개방경제에서 총저축은 국내와 해외저축을 합한 값이다. 저축 갭은 국내저축만을 투자하여 성장률 목표를 달성하지 못할 때 발생하는 것이라고들 한다(Rosenstein-Rodan, 1961; Fei and Paauw, 1965). 갭 개념은 외부요인으로 결정된 목표성장률이 주어져야만 이해할 수 있다는 점이 강조되어야 한다. 이런 식으로 '사전ex ante' 저축 갭(투자 목표치와 국내저축의 차이)과 '사후ex post' 저축 갭(실질투자와 국내저축의 차이)이 구별된다.

저축 갭 외에 모든 투자상품이 국내에서 생산될 수 없다는 추가적인 가정에 근거한 무역 갭(적자) 또한 존재한다. 일정한 수준의 수입은 투자 목표치 달성이 필요하다(다시 말해 투자를 위해선 성장률 목표 달성이 필요했다). 수입자금은 수출 이익이나 해외자본 도입(예를 들면 원조)으로 조달된다. 만약 수출 이익이 모든 수입자금을 충분히 감당하지 못하면, 국내저축으로 보충하기보다는 오히려 자본재 구입을 위해 도입한 외환을 이용할 가능성이 있으며 이것이 성장의 발목을 잡을 수 있다. 다시 한 번 '사전' 저축 갭(투자 목표치와 국내저축의 차이)과 '사후' 저축 갭(실질투자와 국내저축의 차이)이 구별된다. 이러한 접근방식을 비판하는 사람들은 '사전'과 '사후'의 차이가 단지 시장이 고정환율제로 압박을 받을 때에만 발생하며, 변동환율제 하에서는 발생하지 않는다고 주장한다. 이 주장은 갭이 성장률 목표로 인해 규정된다는 점을 간과한 것으로, 이 경우엔 시장이 자유화되더라도 이러한 갭이 발생할 수 있다(만약 규제가 수출을 방해한다면 '갭'은 더 적게 발생할 수는 있을 것이다). 무역적자는 1950년대에 UN에 의해 실행된 많은 기획planning 작업의 토대를 형성했다.[2]

이러한 두 가지 갭은 체너리Chenery와 스트라우트Strout 등이 내세우는 두 가지 갭 모델(1966)로 결합된다. 성장은 두 가지 '사전' 갭의 더 큰 쪽에 의해 억제될 수 있다. 만약 원조가 이러한 갭의 더 큰 쪽을 메우기에 불충분하다면, 성장률 목표치는 달성될 수 없다. 다시 말해 이 갭은 부가적인 것이 아니다. 원조가 두 가지 갭을 동시에 메우기 때문이다(자본재 도입 비용으로 사용됨으로써 원조 자금만으로 저축과 외환 억제 모두를 완화시킨다). 만약 더 큰 갭이 메워진다면 구속력이 없는 갭은 '과도하게 메워질 것'이다('사후' 갭이 '사전' 갭을 능가하게 된다).

전통적으로 두 가지 갭 모델은 수입을 자본 축적에 도움이 되는 것으로 간주하는 반면, 세 가지 갭 모델three-gab Model(다음 참조)에 대한 더 최근의 학설은 생산이 투자의 부족보다는 부품과 중간재의 부족으로 인한 낮은 생산용량 이용으로 제약받게 된다는 사실을 반영하고 있다(즉, Nalo, 1993; Ndulu, 1991; Shaaeldin, 1988; Taylor, 1993 국가 연구). 이들 모델은 따라서 수입 수준은 말할 것도 없고 구성 물질을 수입하기 위해 수입을 구성요소로 분해한다.

체너리와 스트라우트는 또한 전문기술부족으로 달성할 수 있는 투자수준

---

2) 이러한 사실은 물론 모형변수에서 일부 조정을 필요로 한다. 체너리와 스트라우트는 저축 갭이 지나치게 메워지면 추가소비가 발생할 것이며, 외환 갭이 지나치게 메워지면 추가수입이 발생한다고 추정했다.

을 억제하는 초기 개발 수준에 기술 갭이 있을 가능성을 제기했다. 해가 갈수록 기술, 식량, 성별, 환경과 같은 다른 갭도 제기되었다. 두 가지 갭 모델과 더 밀접하게 관련이 있는 것은 바차와 테일러가 세 가지 갭 모델로 설명하고 있는 것(Bacha, 1990; Taylor, 1991; 1993)처럼 정부세입과 지출 사이의 세 번째 '재정 갭fiscal gap(적자)'에 관한 최근의 관심이었다. 비록 재정 갭이 저축 갭의 부분집합이긴 하지만, 전자는 만약 공공지출(즉, 대부 목표액을 통하여)에 약간의 제한이 있고, 민간투자가 연고관계를 끌어들여(또는 배제한 채) 공공투자에 연계되면 한데 묶이게 될 것이다. 따라서 민간투자를 고무하는 정부의 노력은 정부의 투자 및 수입재원이 특히 공공부채 상환으로 인해 불충분하게 남았을 때 억제될 수 있다. 실제로 사하라 이남 아프리카 지역의 정부지출이 대외부채 상환으로 축소되었다는 증거가 있다(즉 Fielding, 1997; Gallagher, 1994; Sahn, 1992). 이 재정 갭 줄이기 작업은 따라서 정부예산으로 돌린 외부 재원에 의해 촉진될 수 있다.

간단히 말해 갭 모델은 국내저축, 수출소득, 정부지출에 의해 그리고 성장 자체에 의해 원조에 대한 적극적인 역할을 예측한다. 그러나 원조경험 자료(제4장)는 이런 단순한 내용을 확인해주지 않는다. 얼마간의 혼란으로 한쪽의 원조와, 다른 쪽의 경제 실행 사이에 왜 1대1의 관계가 성립되지 않는지를 설명하는 데 도움이 되는 연구보고서를 만들게 되었다. 다음 항목에선 원조가 거시경제적 자원 갭을 좁히는 데 도움이 되는 방법을 다루기 전에 원조의 거시경제적 복잡성을 먼저 논의한다.

■ 원조의 거시경제적 복잡성

원조의 거시경제적 영향을 분석하기 위해 성장, 생산, 투자, 저축 등을 원조가 있을 때와 원조가 없을 때의 경우를 비교하여 고찰할 필요가 있다. 이러한 분석은 간단히 (1) 원조를 여러 가지 방법, 예컨대 투자와 소비, 정부지출 유형, 그리고 수입 대 국내 비용에 대한 것으로 분류하고, (2) 국내재원(그리고 비원조 자본유입)에서 생기는 총액에 이들 원조총액을 보텔 필요가 있을 것으로 보인다. 이는 두 가지 갭 모델 고유의 해법이다. 그러나 이 분석은 국내소비, 정부지출과 세입, 대외부채, 환율 등이 원조 유입으로 영향을 받지 않는다는 것을 가정하기 때문에 충분히 만족할 만한 것은 아니다. 일부 이러한 경제적 복잡성이 두 가지 갭 모델에서 단순한 원조-성장 관계를 어떻게 방해하는지를 다음에 설명한다.

원조와 정부행태Aid and Government Behavior

갭 연구 보고서에서는 분명하게 설명하고 있지 않은, 한 가지 중요한 복잡성 요인은 원조를 받는 정부의 재정운용 행태이다. 특히 원조유입이 정부지출과 금융 조달 패턴에 어떤 영향을 미치는지를 이해하는 것은 상당히 흥미로운 일이다. 이는 수원국이 공여국과는 당연히 다른 목표를 갖고 있기 때문이다. 내부적으로는 서로 관련이 있지만 두 가지 다른 요소를 가진 개발연구보고서는 둘 다 원조 전용 가능성 개념을 중심 과제로 삼고 있는 이런 문제들을 다루려고 시도해 왔다. 첫 번째 해법은 정부 지출 패턴에 관한 원조 전용 가능성에 관심을 보이고 있다. 이른바 '재정적 대응fiscal response' 문헌으로 불리는 또 다른 해법은 더 이론적으로 접근하여 원조가 다양한 지출 범주와 세금을 포함한 금융자산에 어떻게 영향을 미치는지에 대한 분석을 시도한다. 두 접근방식 모두 큰 범주로 보아 원조에 대한 정부 행태의 맥락에서 분석되고 있다(McGilivray and Morrissey, 2000).

원조 전용 가능성aid fungibility

전통적인 전용 가능성에 대한 논의 ─ 재정적 대응에 관한 연구보고서에서는 언급하고 있지 않다 ─ 는 싱어Singer가 최초로 시작했다. 그의 주장에 따르면 원조효과가 '원조자금 조달aid financed'이라고 하는 프로젝트에 반하여 평가

〈표 15-1〉 원조 유무에 따른 지출 패턴

	보건지출(지방보건소 등)	국방지출(전차 등)
원조 있음	100	0
원조 없음	100	100

되어서는 안 된다(Singer, 1965). 그의 논점을 다음과 같이 설명할 수 있다. 정부가 지방 진료소 개설 또는 일부 무기구매(예컨대 탱크 구매 같은)라는 두 가지 활동(둘 다 꼭 1억 달러가 필요하다) 중 어느 한 곳에 배분해야 할 1억 달러를 갖고 있다고 가정해보자. 정부는 얼마간 검토한 후 의료 진료소에 우선순위를 부여한다. 그 뒤 공여기관은 그 정부에 개발프로젝트 용도로 1억 달러를 제공한다. 분명히 탱크구매는 공여기관의 자금지원 목표에 바람직한 것이 아니지만, 진료소 개설은 적절한 것이다. 따라서 정부는 후자를 위해 공여기관의 자금지원을 요청할 수 있고, 탱크구매는 정부 자체 자금으로 대체할 수 있다. 실질적인 원조효과는 원조 유무 상황으로 나누어 비교할 경우 결과적으로 의료에 대한 지출보다는 군사적인 지출을 증진시키게 된다(〈표 15-1〉). 자금 유용과는 관련이 없지만 원조부재로 활동을 중지해야 할 분야에 투입해야 할 자금을(원조 받게 되면) 다른 분야에 전용할 수 있는 것이다. 이것이 바로 원조효과와 효율적으로 관련성을 갖는 한계지출marginal expenditure이다.3) 따라서 서로 다른 지출 유형 사이의 전용 가능성은 원조 목적에 부합되는 항목이 정확하게 원조 유입 총액에 의해 증가하지 않을 때 유지된다.4) 만약 정부가 처음부터 무기를 구매하려 했다면 원조가 분명히

---

3) 따라서 공여기관이 원조자금의 사용을 구체화하지 않으면 전용 가능성을 이야 기할 필요가 없다. 프로그램 원조자금(제5장에서 논의한)은 종종 '바로 전용 가 능한 자금'으로 불리지만, 이 자금을 어떤 용도에 사용해야 한다는 구체적인 조 건이 없기 때문에 그처럼 잘못된 용어를 사용하고 있는 것이다. 명시된 목적이 없는 원조는 그것이 전용 가능한 것이라면 사실상 자유로운 재원이다.

4) 화이트(1998)는 총계와 절대적인 전용 가능성을 커버하는 이러한 정의를 정성

〈그림 15-1〉 그리핀 원조와 저축분석

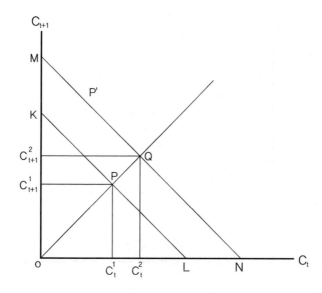

이익을 가져올 것이다. 다음에 논의하듯이 어떤 상황에서는 전용 가능성이
제한된다.

전용 가능성 문제는 그리핀의 분석(Griffin, 1970)에서 유래하는 더 좁은
개념을 이용하여 설명할 수 있다. 그는 원조와 국내저축의 관계를 고찰하였
다. 따라서 〈그림 15-1〉과 〈그림 15-2〉는 원조의 유무에 따른 상호 일시적
인 소비결정을 설명해준다. 소득은 현 시기(C_t)에 소비되거나 저축되고 다
음 시기(C_{t+1})에 투자되거나 소비된다. 미래 소비는 t기간의 저축 가치에
대해 $(1+r)$배가 될 것이다(r: 자본수익률). 〈그림 15-1〉에서 일정한 수준의
소득에 대해 예산제약Budget Constraint은 KL이고, 일반적인 선호도를 가정
하여 소비 묶음은 $L-C_t^1$의 국내소비와 함께 P점에 있다.

___

들여 만들었다(Hjertholm et al.도 참조 바람).

<그림 15-2〉 굴절 예산제약

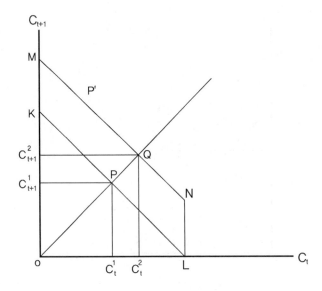

이제 LN과 같은 가치 A의 원조 유입이 있다고 가정하자. 이것은 예산억
제를 MN으로 변화시킨다. 두 가지 갭 모델에서는 전용 가능성이 없다. 따
라서 원조는 단지 투자를 증가시키는 데만 사용되기 때문에 t시점의 소비는
P'점에서도 변하지 않고 그대로 남는다. 반면에 그리핀이 언급했듯이 원조
는 실제에서는 또 다른 소득과 같이 다루어질 수 있고, 소비와 저축 사이에
서 그들의 상호 한계 성향에 따라 분배될 수 있다. 이로 인하여 t시점에서
Q점으로 갈 때의 소비가 이동될 수 있고, 국내저축이 $L - C_t^2$까지 떨어질
수 있다. 원조와 저축-투자 사이의 1:1 관계가 존재하지 않고, 원조는 전용
가능성을 가지게 된다.

위 논점 이면의 한 가지 근본적인 가정은 원조를 정확하게 수원국의 희망
대로 배분되는 일종의 자유재원free resource(즉, 소득 일부로서)으로 다루는
것이다.[5] 그 대신 원조로 인한 예산제약이 〈그림 15-2〉와 같이 〈그림 15-1〉

의 MN에서 MNL로 변화하는 방식으로 공여기관이 원조를 투자로 돌리는 경우를 가정해보자. 〈그림 15-2〉에서 선호한 소비묶음이 MN으로 뻗어 있는 한 당연히 원조제약이 전용 가능하게 된다. 그러나 만약 선호도가 N의 오른쪽에 있는 한 점이 선택되도록 강요된다면, 이것은 더 이상 실행할 수 없게 된다. 이러한 경우 원조 전용 가능성은 제한된다. 다른 사정이 변함없다면 그러한 상황은 원조자금이 국내자금보다 상대적으로 클 때, 또는 만약 원조의 부재로 투자에 충당할 자금이 거의 없는 경우에 나타난다. 한계상황에서 원조 없이 L이 선택되면 국내저축은 없다. 이 경우 투자로 연결되는 원조가 투자에서 1대1로 증가될 것이다. 즉, 전용 가능성은 없다. 이것은 또한 만약 원조가 수원국이 지정한 우선순위에 따라 배분되어 사용되면 전용 가능성을 가지는 경향이 있음을 보여준다.[6]

결과적으로 원조의 전용 가능성은 원조가 어떻게 수원국 정부의 행동과 성장에 영향을 미치는지를 이해하는 데 중요한 쟁점임이 분명하다(참고로 최근 연구에 대해서는 Feyziolu et al., 1998; Pack and Pack, 1993 참조). 하지만 전용 가능성이 반드시 문제가 되는 것이 아니라는 점도 강조되어야 한다. 만약 원조 수원국이 원조효과를 최대화하는 방법에 대해 더 많은 지식을 갖고 있다면 전용 가능성은 실질적인 성장촉진 요인이 될 것이다. 물론 이 경우, 원조 수원국이 효율적인 방법으로 성장과 발전을 추구한다는 것을 전제로 하고서다. 따라서 전용 가능성이 원조의 긍정적인 요인이나 부정적인 요인이 되는 것은 각 국가별 특정 상황과 공여국과 수원국 사이의 상호작용에 기인하는 것이다.

---

5) 추가 비판에 대해선 화이트(1998) 참조.

6) 〈그림 15-2〉는 다른 배정, 예컨대 세로축선 상의 정부 개발비 지출과 가로축선 상의 다른 비용 지출, 또는 각각 자본과 중간재 수입 및 소비재 수입을 분석하는 데 이용될 수 있다. 전용 가능성의 제한에 대한 동일한 주장이 이 경우에도 적용될 수 있다.

재정적 대응 모델 Fiscal response models

재정적 대응에 관한 연구보고서는 보다 공식적인 모델에 의존한다. 이 모델은 원조유입이 어떻게 당초 의도한 원조의 성장효과를 훼손하는 정부행동을 유발하는지를 확인하기 위해 고안된 것이다(McGilivray and Morrissey, 1996b). 이는 헬러Heller(1975)를 비롯하여 모슬리 등(1987), 강Gang과 칸(1991), 빈Binh과 맥길리브레이(1993)와 화이트(1993) 등이 있다. 기본 출발점은 목표가 지출 유형(예를 들면 회귀지출과 자본지출), 세입(세금과 비과세) 및 차용(국내와 해외)으로 정해져 있는 정부의 효용함수이다. 정부는 예산억제를 전제로 이들 목표를 달성함으로써 효용함수를 최대화하려 하는데, 전통적으로 거기엔 원조유입량이 외생변수(원조수준이 공급 결정적이라는 근거로)로 포함돼 있다. 효용함수에 대한 최근 설명에선 원조를 내생변수(예컨대 Franco-Rodriguez et al., 1998; McGilivray and Morrissey, 1999a)로 취급한다.[7] 모델에 대한 평가는 각각의 내생변수에 대해 축소된 형태의 평균치를 끌어내어 이루어진다.

최근 파키스탄에서의 경험적 증거는 1965~1995년에 원조는 원조가 없을 때보다도 다소 높은 자본 지출(투자), 두드러지게 낮은 순환지출recurrent expenditures(소비)과 세금효과로 귀결되었다는 점을 시사하고 있다(Franco-Rodriguezet al., 1998). 이 결과는 또한 다수의 다른 연구의 특징이기도 하다(McGilivray, 1999). 이는 원조-투자 연계가 분명하다는 것을 암시한다. 반면에 세계은행은 원조효과를 높이는 잠재적인 소비에 주목하였다(1998a). 수원국의 세금감소 노력으로 눈을 돌려보면, 어떤 사람들은 과세왜곡 효과의 제거를 지적하거나 이것이 선진국의 납세자로부터 개발도상국 사람들에 이르기까지 글로벌 재분배라고 주장하기도 하지만 바람직하지 않은 원조결과로 보

---

7) 원조를 내인적인 변수로 포함시키는 것은 일단 공여기관이 원조금액을 약정하면, 수원국은 실질적인 지출(총액 및 다른 여러 지출 유형 가운데서)을 사실상 결정할 수 있다는 전제에 근거한 것이다.

여질 수 있다.

　원조는 예산 적자를 증가 또는 감소시키거나 점진적으로 증가하는 지출과 세입의 차액에 의존하게 되면 심지어 변화를 지연시키기도 한다. 이론적으로 만약 정부가 프로젝트 원조를 보충하기 위해 추가 재원을 사용해야 하거나 세수가 급속히 줄어들면 적자가 커질 수 있다. 반면에 종종 어떤 특정한 지출에 얽매이지 않는 현지통화와 동등한 가치의 프로그램 원조는 적자를 감소시킬 수 있다(이에 대한 증거는 White, 1999a 참조).

　재정적 대응 모델에서 얻은 통찰력에도 불구하고 많은 이론적·방법론적인 문제들은 맥길리브레이, 모리세이(1999a)와 화이트(1992a, 1994)가 자세하게 논했던 것처럼 원조-성장 연계에 대한 정부의 재정적인 활동에 관한 명확한 결론범위를 제한한다. 이들 가운데서 중요한 것은 부적절한 데이터에서 발생하는 평가문제다. 더 중요한 것은 이러한 모델들이 성장에 대한 원조의 재정적 효과나 더 일반적인 거시경제적 총체와 구체적으로 연결되어 있지 않다는 점이다. 이것은 특히 현재와 미래의 수익에 대한 원조의 피드백 효과를 통해 전달되는 저축과 세금에 대한 충격이 실질적인 의미를 갖고 있음에도 불구하고 설명되지 않는다는 점을 암시한다(White, 1993). 다만 정부의 재정운용 행태가 어떻게 원조-성장 관계에 영향을 미치는지, 그리고 공여국 정책이 어떻게 잠재적 원조 성장을 극대화할 수 있게 고안되거나 재고안될 수 있는지 간접적으로 추론할 수는 있다. 맥길리브레이와 모리세이가 말한 것(1999a)처럼, 이것은 미래연구의 통로로서 (되도록이면 특정 국가에 국한된) 성장과 재정적 대응 이론의 결합에 초점을 맞추고 있다.

원조와 대외부채

　갭 모델은 원조의 거시경제적인 원리를 제공한다. 그러나 만약 원조가 부채를 만드는 것 ─ 즉, 무상원조가 아닌 차관 ─ 이라면, 그것은 장기적으로 저축, 외환 및 재정 갭(적자)에 대한, 그리고 더 일반적으로는 거시적 경제 실행에 대한 부정적 의미가 될 수 있다. 부채 문제의 두 가지 유형은 다음과 같다. 첫째, 부채상환을 위해서는 외환과 때로는 정부 세입을 추가로 투입할 필요가 있다. 이러한 항목들이 제한을 받게 되면 지불능력에 문제가 생길 수 있다. 둘째, 대규모 부채는 다른 경로를 통해 경제개발에 부정적 영향을 미칠 수 있다.

부채 수용력debt capacity 문제

상기 연구 보고서는 부채 수용력을 분석하기 위해 다음과 같이 3가지 다른 접근을 이용했다. (1) 생산증가세가 해외차입을 감당할 수 있을 정도로 충분한지 여부, (2) 대외 지급능력, (3) 재정적 차원에서의 부채가 바로 그것이다.

첫 번째(성장을 수반한 부채) 접근은 경제개발 진전과 연계된 '부채 사이클debt cycle'이 있다고 주장한다(Avramovic et al., 1964; McDonald, 1982). 개발이 진행될수록 국내수익, 저축률, 자본축적, 투자수익률의 변화가 재정재원의 규모와 방향을 바꿀 것으로 기대할 수 있다. 따라서 시간이 지날수록 이들 국가들은 국제수지개선과 채무상환단계를 거쳐 채무국에서 채권국 위치로 옮겨갈 것으로 기대된다. 그러나 이 과정이 순탄하게 자동적으로 진행되는 것은 아니고 수많은 조건들이 충족되어야 한다. 만족할 만한 경제성장률 유지가 가장 중요한 조건이기 때문에 다양한 여타 조건들이 종종 한 가지 조건, 즉 산업생산 성장률이 이자율을 능가하여(또는 적어도 동일하여) 부채이자를 지불할 재원을 마련할 수 있어야 한다(Hernandez Cata, 1988; Greene and Khan, 1990).

그러나 부채상환을 위해서는 외환이 있어야 하기 때문에 부채 수용력 보존이 성장보다 더 필요하다. '부채 역동성debt dynamics' 모델은 직접 이러한 대외지불능력 문제를 역점을 두어 다루고 , 하나의 추가 법칙, 즉 수출성장률이 이자율을 초과(또는 적어도 동일)해야 한다는 법칙을 제공한다(Cooper and Sachs, 1985; Simonsen, 1985). 그러므로 차관원조 유입은 현재로는 무역 갭(적자)을 메우겠지만, 미래엔 국가가 대외 차입에서 독립하기 위해 더 빠른 수출 성장률을 필요로 하게 된다. 다음에서 논의하겠지만, 원조는 무역 갭을 좁히는 데 도움을 주는 유용한 활동을 하게 할 수 있다.

부채 역동성 모델은 이들 국가의 수입과 농업 의존성과 같이 부채 수용력에 대한 내부 제약들을 무시하는 중요한 결점들을 갖고 있다. 특히 중요한 것은 내부 대체(對替) 문제를 만들어내는 공공부채를 많이 가지고 있는 나라에서 민간자산과 공공부채 사이의 이분법이다. 예를 들면 카라스Kharas는 공공지출 자금을 조달하기 위해 해외차입을 한, 그리고 기존부채의 채무원리금상환을 위해 억지로 세입을 늘려야 하는 입장에 처해 있는 정부가 직면한 문제들을 고찰했다(1981). 만약 정부가 인프라, 교육, 보건의료 등과 같은 분야의 투자를 위해 대부분의 해외차입 자금을 사용한다면, 정부가 취할 수 있는 지속 가능한 수준의 부채는 채무원리금상환을 위해 국내재원을 충분히 모을 수 있는 정부의 능력에 의존하게 된다. 부채를 감당하려면 세금 기반의 확대가 필요하다.[8] 국제적인 대체 이론의 맥락에서 국내 대체문제를 경험주의적으로 분석한 라이젠Reisen과 반 트로첸부르크van Trotsenburg는 재정 대체문제는 1980년대 전반기에 주요 (상업) 채무국 대부분을 위한 국제 신용자격기준 회복을 가로막는 주요 장애물의 하나라고 주장했다(1988). 사하라 이남 아프리카의 저소득 채무국들에 관한 예르톨름의 연구(1997a)는 재정부채지표가 지역 대다수 국가들의 빈약한 채무원리금상환 성과를 설명하는 데 중요한 역할을 한다는 점을 발견했다. 이것은 부채 원리금상환 능력 문제가 정부 예산 억제 문제와 분리될 수 없다는 것을 말해준다. 더욱이 다음 항목에서 논의하겠지만 부채의 재정적 결과가 경제실행을 해칠 수 있다.

---

8) 이런 종류의 주장에서 나타나는 주요한 점은 부채 원리금상환과 정부 과세 사이의 결정적인 연계는 설사 모든 외자유입이 투자에 사용된다 하더라도, 그리고 자본의 한계생산물이 실질 이자율보다 더 큰 가치를 지녔다 하더라도 부채 문제를 발생시킬 수 있다는 것이다.

대외부채와 경제개발

저조한 성장과 투자 및 인적개발과 같은 채무지표와 초라한 경제실적 사이의 확고한 통계적 관계가 경험에서 얻은 증거로 제시되고 있다(Cohen, 1996; Ojo and Oshikoya, 1995; Oshikoya, 1994; Greene and Villanueva, 1990). 대규모 부채부담의 악영향이 미치는 주요 경로는 재정적 영향, 즉 (1) 공공지출 감소에서 오는 영향과 (2) 대규모 부채로 인한 경제성장 저해 영향이다.

공공지출은 아마도 민간투자, 특히 취약한 인프라와 같은 구조적 병목현상으로 민간투자가 방해받는 곳으로 집중될 것이다(Diaz-Alejandro, 1981; Taylor, 1983). 일반적으로 열악한 상태인 개발도상국의 인프라, 교육 및 의료시설이 이런 식으로 정부지출에서 오는 긍정적 외부영향을 실현할 수 있는 상당한 여지를 제공한다(Hadjimichael and Ghura, 1995; Hadjimichael et al., 1995). 만약 공공지출이 부채원리금 상환으로 압박을 받게 되면 이러한 기회를 놓칠 수 있고 성장이 둔화될 수도 있다. 이러한 경험적 사례는 사하라 이남 아프리카에서 흔히 볼 수 있다(Fielding, 1997; Gallagher, 1994; Sahn, 1992).

공공부채 원리금상환과 밀접하게 관련된 자금운용 문제는 다음과 같은 두 가지 이유로 수입압박 문제를 일으킬 수 있다(Ndulu, 1991). 첫째, 만약 수입품과 국내에서 생산된 자본재 사이를 대체할 수 있는 경제의 능력이 제한되면 자본재 수입의 차단이 성장 쇠퇴를 가져올 것이다.[9] 둘째, 헴필 Hemphil(1974)과 모란Moran(1989)에 의하면, 수입억제는 수입 규모가 상대적 가격보다 수입 능력에 의해 결정되는 경우에 발생할 수 있다. 분명히 부채 원리금상환의 규모가 수입능력에 큰 영향을 미친다. 수입 억제는 국제수지

---

[9] 수입과는 거리가 먼 일부 대체가 이루어지기 때문에 투자 감소는 아마도 수입 감소보다 상대적으로 덜할 것이다. 그래도 실질 자본수입과 실질 투자 사이의 현저하게 안정된 관계가 1980년대 사하라 이남 아프리카에서 관찰되었으며, 이는 일정하게 균형 잡힌 관계가 둘 사이에 곧 이루어질 것을 암시한다. 그리고 결함이 있는 대체 환경은 이 지역에서 관찰되는 수입억제에 사실상 부분적으로 책임이 있다.

수준과 예산수준(즉, 정부지출의 수입내역에 미친 공공부채 원리금상환 영향) 둘 다의 이유로 발생할 수 있다. 부채 원리금상환으로 인한 정부의 수입능력 감소는 이처럼 정부투자 활동을 축소시킬 수 있으며, 이에 따라 위에서 언급한 보완적 효과가 없어진다. 이러한 자금운용 효과는 예르톨름의 경험적 연구에서 확인된 빈곤 채무국가에서 실제로 발생했다(사하라 이남 아프리카 20개국, 1997a).

축소된 공공투자와 더 저조해진 수입에서 오는 이러한 직접적인 영향과 더불어 과도한 부채부담이 경제성장을 훼손할 수 있다. 부채과잉은 다음 두 가지 결과를 가져올 수 있다. 즉 (1) 세금납부의욕 상실에 초점을 맞추는 좁은 의미의 접근과 (2) 거시경제적 불안정성과 관계가 있는 넓은 의미의 접근이 그것이다. 좁은 과잉부채 이론에는 한 국가의 미래 부채원리금상환 이라는 무거운 짐이 해외 채권자들에게 가야 할 미래의 경제적 산출 증가를 짓누를 것이란 근본적인 개념이 들어 있다. 따라서 투자자들을 실망시킬 투자수익세가 생길 수 있다(Borensztein, 1990). 과중한 과세로 인한 근로의욕 상실 가능성 외에, 특히 민간투자에 유해한 것으로 보이는 일반적인 거시경제적 불안정으로 인한 추가적인 의욕상실이 있을 수 있다(이 결과 나타나는 역효과에 대한 연구를 살펴보려면 Hjertholm et al., 2000 참고). 공공채무과잉은 다음과 같은 여러 과정을 통하여 거시경제적 안정성을 해칠 수 있다. (1) 재정적자 증가, (2) 환율하락, (3) 부채원리금상환을 위한 화폐발행 남발로 인한 통화팽창과 인플레이션, (4) 연체금과 상환기한연기와 같은 예외적인 금융거래에 의지하는 것으로 이것은 공공부문의 미래 부채원리금상환 측면에 불확실성을 유지하는 경향이 있다. 따라서 공공부채로 인한 인플레이션, 환율, 예외적인 금융거래와 같은 거시 지표들의 파동은 재정적 고통과 재정 문제에 대한 정부의 부적절한 통제능력에 대한 신호로 작용할 수 있다. 이러한 신호는 미래의 거시경제 방향에 대한 투자자 불확실성을 높여 투자 인센티브를 떨어뜨린다. 요컨대 광의의 부채과잉 가설은 한 개 이상의 거시적 안정 지표들이 외채부담으로 인한 투자의욕 저하 부문을 지배할 것이라고

주장하고 있고, 이용 가능한 증거에 의해 뒷받침되고 있다.[10]

원조와 환율

원조의 거시경제 영향력 분석에 관해 세 번째로 복잡한 부분은 수원국의 환율에 대한, 그리고 그에 따른 수출부문의 일반적인 경쟁에 대한 원조의 영향이었다. 원래 최초의 수출 붐과 관련하여 관찰된 이 현상은 '네덜란드병 Dutch disease'이라는 이름을 얻었는데, 1960년대 다량의 천연가스 자원이 발견된 이후 발생한 네덜란드의 좋지 않은 추억에서 연유한 것이다.[11] 그 후 카위지-무게르와Kayizzi-Mugerwa가 연구한 잠비아(구리 사태)(1990)나, 길리스Gillis 등이 '네덜란드병의 나쁜 경우'라고 이름 붙인 연구(1996: 479), 그리고 바이넨Bienen(1988)과 냐테페-쿠Nyatepe-Coo(1994)가 다룬 나이지리아의 오일 붐이 신드롬을 경험한 사례에 포함된다.[12] 수출 붐과 연관된 네덜란드병 효과는 원래 코든Corden과 니어리Neary(1982), 미카엘리Michaeley(1981), 반 뷔진베르젠van Wijnbergen(1986)이 분석하였고, 최근에는 랏초Rattso와 토르빅Torvik(1999)이 원조로 인해 유발된 네덜란드병 효과에 대해 이론적인 모델을 정립하였다.

---

10) 예컨대 사하라 이남 아프리카에 대한 예르톨름의 연구(1997)는 협의의 부채과 잉가설에 대한 강력한 증거를 내놓지 못하는 반면, 공공부채부담이 인플레이션, 환율 및 특별한 자금지원과 같은 거시경제적 변수를 통해 전환된 몇몇 (간접적인) 영향을 받았다는 '집중적인' 설명을 곁들인 분명한 증거를 제시했다.

11) 1960년대 풍부한 가스전이 발견된 이후 1970년대에 계속되는 수출 붐과 국제수지 흑자가 모든 네덜란드 사람들에게 복지증진에 대한 기대를 심어줬다. 그러나 1970년대에 네덜란드 경제는 치솟는 인플레이션과 내리막길을 걷는 상품수출, 저성장률, 그리고 실업자 증가로 큰 타격을 입었다(Gillis et al., 1996).

12) 특히 보츠와나의 다이아몬드(Hill, 1991)와 이란의 석유(Majd, 1989)처럼 수출 붐이 네덜란드병 문제를 일으키지 않은 경우도 있었다.

네덜란드병 현상은 기본적으로 수출소득, 민간자본유입이나 원조와 같은 어떤 형태의 외환유입이 더 빠르게 국내 인플레이션을 자극함으로써 수원국의 실질 환율에 압력을 가하는 상황을 말한다. 따라서 대규모 원조 유입은 수출을 증가시키려는 다른 노력을 좌절시켜 수출경쟁력 상실로 이어진다.

하지만 원조의 인플레이션 효과는 원조자금으로 구매한 해외상품 유입으로 어느 정도 경감된다. 일반적으로 상품공급을 증가시키거나 경제의 공급 병목현상을 완화시키는 원조는 원조의 결과로서 실질 환율에 대한 상승압력을 뛰어넘거나, 그렇지 않을 수도 있는 디플레이션 충격을 주는 것으로 추정할 수 있다. 더구나 원조유입은 예컨대 거래비용을 낮추거나 교육수준을 높여 교역상품 부문의 생산성 증가를 가져올 수 있다. 교역상품 부문의 전반적인 생산성을 증가시키는 원조는 국제경쟁력 강화에 공헌한다. 다시 말해 어떤 가격(만약 그 국가가 가격을 받은 쪽이라면, 세계시장가격에 의해 결정된 가격)으로도 무역 상품의 공급을 증가시킬 수 있게 한다.

반작용 효과가 있기 때문에 원조의 증가가 수원국의 환율에, 그리고 그에 따른 수출경쟁력에 어떤 영향을 미치는지를 연역적으로 측정하는 것은 불가능하다. 이것은 경험과 관련된 문제다. 예를 들어 사하라 이남 아프리카 6개국에 대한 반 뷔진베르젠의 연구(1985)는 화이트와 위그나라쟈Wignaraja의 스리랑카 연구(1992)와 같이 원조규모의 증가가 수원국의 실질환율 상승을 유발한다는 가설을 어느 정도까지는 확인하고 있다. 가나에 대한 연구에서도 네덜란드병 효과가 1980년대에 거시경제적인 경영에 문제를 일으켰다는 사실이 유사하게 발견되었다(Younger, 1992).[13] 반면에 탄자니아의 경우 원조 유입이 네덜란드병 가설의 반대결과인 실질 환율의 하락을 불러온 것으

---

13) 1976~1977년 탄자니아 커피 붐에 대해 네덜란드병 가설을 실험하는 연구를 했으나 뒷받침할 증거를 발견하지 못했으며(Musonda and Luvanda, 1991), 1976~1979년 케냐의 커피 붐에 대한 네덜란드병 효과에 대한 유사한 연구에서도 그런 증거를 찾지 못했다(Beven et al., 1992).

로 드러났다(Nyoni, 1998). 원조가 환율하락에 영향을 주는 데는 여러 가지 방법이 있다. 주로 정책대화를 통해, 그리고 더 자유로운 환율 체제를 지원하기 위한 원조자금의 제공을 통해 환율 체제의 변화를 뒷받침함으로써 가능하다(White, 1999a, 1999b).[14]

하지만 원조가 대외적자를 메우는 데 중요한 역할을 하는 나라에서는 원조가 환율의 실질적 상승을 이끌 위험성을 알 필요가 있다. 그러나 외환유입의 적절한 관리에 대한 문제가 더 많이 남아 있다. 국내경제로의 외환유입은 경제의 흡수 능력에 따라야 할 필요가 있다.

■ 갭을 줄이기 위한 원조

원조가 거시경제 실행에 영향을 미치는 경로는 복잡하며, 나아가 예컨대 제18장에서 다루게 될 정치·경제적인 문제(확실하게 참고할 만한 내용이 아프리카에서 발생되고 있다)와 같은 논점들을 복잡하게 한다는 것은 위에서 검토한대로다. 우리는 장래를 내다보며 원조가 단지 가까운 미래의 재원부족을 메우기보다는 장기적으로 그것을 메우는 데 도움이 될 수 있는 방법을 이해하는 것이 동시에 중요하다고 주장할 작정이다. 원조가 재정투자와 수입 및 공공지출을 돕는 데는 상당한 시간을 필요로 하겠지만, 원조는 또한 수원국의 자체 자원을 동원하는 역량을 증대시키는 데 사용되어야 한다. 국내저축운용을 위한 자금공급 및 기술지원은 저축 갭 축소를 겨냥한 방안이다(제14장 금융부문 원조 참고). 여기서 우리는 수출증진(즉, 무역적자 축소)을 위해 원조를 이용함으로써 수입능력 향상을 겨냥한 방안을 고찰한다. 더구나 이 원조는 수원국 정부의 세입과 지출 관리(즉 재정적자 축소) 능력을 강화시키려는 진취적 기상을 뒷받침했다.

---

14) 더욱이 환율을 안정시키는 지원을 함으로써 원조는 반인플레이션 영향을 초래했다.

무역 적자 줄이기

원조는 단기적으로 무역 적자를 메우는 데 도움을 준다. 여기엔 경제안정을 추구하기 위한 수입 감소 조치가 취해질 수 있다. 그러나 장기적인 발전 목표는 국가의 수출소득이 수입 요구를 얼마간 충분하게 충족시키는 것이다. 수입 감소가 장기 성장 과정에 도움이 되지 않기 때문에, 이 목표는 수출증진(또는 더 정확히 말해 수입을 초과하는 수출의 성장)을 통해 추구해야 한다. 따라서 1960년대와 1970년대에 공여기관들은 수입대체산업을 광범위하게 지원한 반면, 원조정책에서 더 크게 강조된 것은 미래의 수출 증진에 박차를 가하는 일이었다.15)

수출증진에는 기존 생산품의 수출을 늘리는 일과 비전통적인 상품수출로의 다양화 둘 다가 포함된다. 후자는 많은 국가들이 좁은 범위의 1차 상품 수출에 의존하고 있기 때문에 중요하다. 개발도상국들은 선진국이 수출하는 수많은 상품의 절반만을 수출하고, 다시 아프리카 국가들은 다른 개발도상국들이 수출하는 상품의 절반만을 수출하고 있다(〈표 15-2〉). 1차 상품은 제조상품보다 가격변동이 더 심하며, 많은 사람들은 장기적으로 1차상품의 상대적인 가격이 더 떨어질 것으로 믿고 있다.16) 수출상품의 다양화는 보다 많은 부가가치를 높이도록 도와주며, 가격 변동에 대한 노출을 감소시켜준다.

원조는 다음 3가지 주요 경로, 즉 (1) 도움이 되는 정책 환경 조성 지원, (2) 인프라 개발에 대한 자금지원, (3) 수출증진을 위한 직접지원을 통해 수출증진을 도울 수 있다. 이들 각각을 차례로 논의해보자.

---

15) 하지만 원조가 의존성을 키운다고 비판하는 사람들은 국제 원조기관이 개발도상국의 수출증진에 초점을 맞추는 것은 원조의 역할이 이들 국가들로 하여금 세계경제에서 종속적인 위치를 갖게 한다고 주장한다(예컨대 Hayter and Watson, 1985).

16) 물론 가격이 전혀 서로 관계가 없다면, 국가는 한 가지가 아닌 가격 변동 폭을 가진 두 가지 곡물을 생산함으로서 소득변수를 최소화한다.

정책 환경

1980년대 초부터 프로그램 원조는 세계은행 및 IMF와 합의한 정책을 실행하는 조건을 내걸었다. 이들 정책은 시장중심 개발전략을 장려하고, 교역가능 상품의 생산증가와 더 본질적으로 수출을 증진시키는 데 중점을 두었다(제16장에서 더 구체적으로 논의된다).

구조조정정책의 효과에 대한 대부분의 연구는 수출실행이 긍정적인 효과를 가장 크게 느낄 수 있는 분야임을 알게 한다. 세계은행은 '아프리카 구조조정'에 대한 연구에서 "거시경제정책에서 가장 크게 개선을 보인 나라는 수출증진에 가장 중점을 두어, 수출성장에 가장 크게 성공한 나라였다"는 사실을 발견했다. 이 결과는 모슬리 등(1995a)과 렌싱크Lensink(1996) 같은 다른 학자들의 연구를 통해 충분히 확인되었다. 그러나 원조의 어떤 역할이 현재 대부분의 개발도상국에서 이루어지는 개혁을 지원하게 되는지에 대해서는 의문이 들 수 있다. 원조가 개혁을 이루게 하는 데 실패했다는 느낌이 들긴 하지만, 이 결론은 개혁유형과의 관계에서 미묘한 차이를 느끼게 한다. 여기서 가장 관심이 가는 정책 수단 — 그 중에서도 특히 외환시장의 자유화는 물론 수출과 수입 관세 인하 — 은 많은 나라에서 어느 정도의 영향력을 가졌던 것으로 나타나는 것들 중 하나이다. 사실 앞서 논의한 바와 같이, 원조가 보다 자유화된 외환 체제로의 이동과 환율의 하락에 도움이 될 것이라고 여겨지는 데는 몇 가지 이유가 있다.

이러한 긍정적인 상황에는 두 가지 단서가 꼭 붙어야 한다. 첫째는 수출증가가 광범위한 이익을 가져오지 않았다는 일부 주장이다. 예를 들어 기번Gibbon 등은 증가한 수출은 해외투자에서 온 것이어서 구성의 오류(증가된 생산물은 가격을 낮추는 것이지 소득을 높이는 것이 아니다)가 있고, 노동집약산업으로부터의 탈피에 대한 비난은 잘 알려져 있다고 주장한다(1993). 둘째, 다양화는 특히 아프리카와 라틴아메리카, 카리브 연안에서는 크게 이루어지지 않았다는 것이다. 사실 정책 태도별로 국가를 분류하는 것(World Bank가 펴낸 '아프리카의 구조조정'의 분류법을 사용하는 것)은 거시 정책에서 가장 큰 개선을 보여준 나라들이 그렇지 않은 나라들보다 더 집중대상이 되어 있다는 것을 보여주고 있다(〈표 15-2〉).

앞의 고찰에서 나타나는 원조정책 조건의 주요 권고는 원조가 정책에 영향을 미친다는 점에서 수출증진을 위한 암시는 신중하게 고찰해야 할 필요가 있다는 것이다.

인프라 개선

'적정가격 받기'가 필요한 것이긴 하나 수출이나 더 일반적으로는 생산증대를 회복하는 데 필요한 충분조건은 되지 못한다. 적절한 인프라 또한 공급반응을 일으키기 위해 필요하다. 인프라 투자는 1980년대와 1990년대에 원조실행의 약 20%를 차지하는 원조의 전통적인 요소가 되었다(제3장, 〈표 3-4〉참조). 공여기관들은 일반 인프라, 그 중에서도 특히 상업 생산기지의 수송속도를 높이는 도로, 또는 더 구체적으로 수출전용단지와 같은 수출위주 인프라 건설에 자금지원을 한다. 철도를 제외한 인프라는 공여기관들이 합리적으로 잘 다룰 수 있는 분야다. 세계은행에 따르면 인프라 프로젝트(철도 제외)가 평균치보다 훨씬 더 지속적으로 잘 작동돼왔다(Morra and Thumm, 1997: vol.2, 41). 이 분야는 이처럼 미래에도 원조개입이 약속돼 있는 것처럼 보인다.

직접수출 증진

마지막으로 공여기관들은 보통 비전통적인 수출품에 초점을 맞춰 수출증대를 직접 지원하는 경우도 있다. 이러한 프로젝트는 전형적으로 선택된 수출기업들에 대한 경영 및 기술지원, 시장정보 제공, 그리고 시장진입(예컨대 무역전시회 참여 등)[17]에 대한 다른 여러 지원을 포함한다. 또한 무역협회와

---

17) 또한 원조가 공여국 기업들의 수원국 시장 진입을 뒷받침한다는 사실은 공여기관들의 목표의 모순점이기도 하다.

〈표 15-2〉 수출의 다각화(1980년과 1994년)

		1980		1994		변화	
		수출품 수	집중 지수	수출품 수	집중 지수	수출품 수	집중 지수 (%)
전체	선진국						
	평균값	208	0.169	210	0.169	2	0
	중앙값	226	0.109	225	0.120	-1	10
	개발도상국						
	평균값	95	0.499	105	0.420	10	-16
	중앙값	83	0.467	90	0.375	7	-20
개발 도상국 / 지역별	아프리카						
	평균값	58	0.565	57	0.544	-1	-4
	중앙값	47	0.534	43	0.565	-4	6
	아시아 태평양 지역						
	평균값	115	0.350	135	0.296	20	-15
	중앙값	97	0.303	152	0.241	55	-20
	라틴아메리카와 카리브해 지역						
	평균값	106	0.436	112	0.323	6	-26
	중앙값	98	0.399	104	0.316	6	-21
	중동과 북아프리카						
	평균값	109	0.704	130	0.562	21	-20
	중앙값	104	0.802	134	0.642	30	-20
정책 변화로 분류한 사하라 이남 아프리카 국가들	거시 정책에서 크게 개선된 사항						
	평균값	80	0.500	81	0.547	1	9
	중앙값	83	0.476	73	0.600	-10	26
	거시 정책에서 적게 개선된 사항						
	평균값	61	0.550	57	0.519	-4	-6
	중앙값	47	0.501	47	0.565	0	13
	거시 정책의 퇴보						
	평균값	55	0.544	45	0.545	-10	0
	중앙값	43	0.456	37	0.485	-6	6

출처: UNCTAD(1996)

주석: 집중 지수의 범위는 0에서 1까지다. 더 적은 수출 집중도에 대해서는 더 낮은 가치를 부여한다.

무역진흥공사와 같은 관련 단체의 제도적 발전을 위한 지원도 포함돼 있다. 신용대부 역시 비록 저리대부가 눈총을 받고 있지만(관리와 마케팅 서비스가 보조금을 받고 있는데도 불구하고) 제공될 수 있다. 미국의 수출증진 지원에 대한 종합적 연구(Bremer et al., 1994; Mckean and Fox, 1994)는 일반적으로 긍정적인 전망을 내놓고 있다. 미국의 지원은 오직 정책 환경이 올바르고, 공공부문 조직체를 위해 큰 역할을 할 가능성이 있을 때에만 가치가 있다는 전제가 붙긴 했다.[18] 수출시장 확보에 성공하려면 대부분 해외 파트너와의 관계설정이 필요하다. 그리고 사실 이 같은 프로젝트는 종종 무역과 투자 확대 모두를 겨냥하고 있다.[19] 그러므로 원조를 비판하는 사람들은 만약 시장이 제대로 작동되어 해외투자 유입이 허용된다면 이러한 공급체인은 개발도상국 수출을 증가시키기 위해 개발될 것이라고 주장한다. 더 일반적으로 말해 그러한 프로젝트에 기인했을지도 모르는 수출증대의 가치는 거시경제적인 의의를 가지기에는 아직 불충분하다.

과거의 경험에 비추어 현재의 전반적인 상황은 혼합돼 있다. 정책개혁은 어느 정도 원조에 기인한 것인지에 대해 의문이 남긴 하지만, 수출을 증가시키고 있는 것으로 보인다. 인프라와 직접적인 수출증진을 통한 지원은 일부 성공했다고 주장할 수도 있지만, 그것들의 거시적 의미가 과장되어서는 안 된다.

재정적자 줄이기

원조의 가장 큰 몫은 공공지출 지원에 배정된다. 그러므로 원조는 단기적

---

18) 미국 원조에 대한 또 다른 보고서는 한국정부의 수출진흥책이 '수출확대에 최소한의 영향을' 미쳤다고 말한다.

19) CIDA의 자메이카 수출진흥 프로젝트에 대한 평가는 이 계획을 그 지역의 다른 곳에 적용할 때 투자증진을 포함하라고 권고했다.

으로 지속될 것으로 보이는 재정적자를 중기적으로 줄이는 데 도움을 준다. 따라서 1990년대에 제공된 프로그램 원조에 대한 많은 이론적 근거가 이러한 적자를 줄이는 데 초점을 맞추어왔다. 그럼에도 불구하고 원조의 장기적 목표는 한 나라의 세입 제고 노력이 공공지출을 감당하기에 – 얼마간 – 충분할 만큼 강화하는 데 있다. 1980년대에 많은 개발도상국들이 수행한 무역과 환율체제의 성공적인 개혁으로 1990년대에 점점 더 강조된 것은 구조조정 프로그램에서 재정적자를 줄이는 일이었다. 원조의존도가 줄어들고 있는 것은 별 문제로 하고 이 같은 강조에 대한 이론적 설명은 재정적자의 축소, 특히 그러한 적자에 대한 국내 금융지원의 감소가 장기 성장을 촉진시키기 위해 필요한 거시경제적 안정성을 성취하고 유지하는 열쇠였으며 지금도 그러하다.

재정적자를 줄이는 일에는 (1) 과세의 왜곡된 특징을 최소화하는 방법으로 정부 세입을 늘리고, (2) 정부지출의 효과와 효과성을 증진하는 일이 포함된다. 공공지출의 절감은 경제안정을 위해 단기적으로 추진될 수 있으나, 장기적으로는 정부가 안정적인 경제성장을 위한 활동을 수행하는 과정에서 지출이 다시 증가하게 되어 있다. 앞서 논한 바와 같이, 부적절한 경제 인프라(전기, 도로 시설 부족)와 부족한 사회 서비스(교육, 의료)로 인해 야기되는 성장 장애 요인을 줄이기 위해 사용되는 공공지출은 개발도상국에서 아주 중요한 사안이다. 간단히 말해 재정적자를 줄이는 일은 매우 중요하지만, 정부세입이나 정부지출의 효과성에 더 초점을 맞추어야 한다.

정부세입 늘리기

구조조정 초기에는 추진 중인 자유무역 정책에 발맞춰 수출세와 수입관세를 합리화하는 것에 특별히 초점이 맞추어졌다. 이러한 노력은 단기적으로는 정부세입을 감소시킬 수 있으나, 장기적으로는 탈세와 절세의 감소를 포함한 세제 합리화로 정부세입이 증대된다. 동시에 대외무역 관련 세금에서 내국세(예컨대 담배, 석유, 술과 같은 특정품목에 대한 부과하는 소비세를 증가시켜)로 전환하는 노력을 기울였다.

지난 10년간 많은 개발도상국에서 가장 널리 시행한 일은 전통적인 판매세sales taxes를 대체하기 위해 부가가치세VAT를 도입한 일이다. 부가가치세는 여러 가지 분명한 장점이 있는데, 대표적인 것이 경제왜곡을 줄인다는 점이다. 모든 생산 및 소비 단계에 부과되는 판매세가 수직적으로 통합된 기업 쪽으로 편향돼 있기 때문이다. 이런 기업들은 판매세를 단 한 번만 낸다. VAT에는 자기제어 기능이 포함되어 있다. 기업이 자신의 VAT 의무를 차감받기 위해 그들의 구매 시 지불한 VAT를 요구하는 인센티브를 갖고 있기 때문이다. VAT는 판매세보다 더 복잡하기 때문에 행정력이 부족한 개도국에 도입해서는 안 된다는 논의가 많았다. 그러나 지금까지의 실험 결과는 초기에 납세자로부터 반발이 있었고 첫 6개월간의 정부세입이 감소하는 등의 문제가 있긴 했으나 수많은 나라에서 이 세제를 도입하여 정착시키는 데 성공했다. 마지막으로 VAT 외에도 여러 개발도상국에서 직접세를 통한 정부 세입 증대를 꾀하고 있는데, 대표적인 것이 사업 및 법인세와 지급 급여세로 대표되는 여러 형태의 대인세이다.

공공세입을 늘리려는 여러 시도에도 불구하고 개발도상국의 세수는 여전히 저조한 상태이다. 사하라사막 이남 아프리카 국가들의 총 조세수입 평균은 20%로 OECD의 35%보다 한참 낮은 상태이다. 따라서 당면한 핵심과제는 위에서 논했듯이 조세 수입을 올리는 동시에 그것의 왜곡된 특징을 최소화하는 일이다. 이는 부족한 공공 서비스가 장기적으로 경제성장에 장애가 된다는 측면에서도 중요한 문제이다. 조세수입을 늘리는 것은 또한 매우 중요한 도전이다. 많은 나라에서 세무 관리의 효과성을 높이기 위해 노력을 기울이고 있다. 여기엔 자기 평가, 조세 당국 인력들의 정예화, 그리고 조세행정의 전산화, 즉 여러 유형의 세금에 대해 납세자의 정보를 파악할 수 있는 세금 자동등록기가 포함된다. 제도적인 역량구축 측면에서의 이러한 노력은 많은 비용과 긴 시간을 요구한다. 기술지원을 포함하여 원조를 위한 많은 방안을 개척하여 성장을 촉진시키는 데 이용해야 할 것이다.

지출관리

장기적으로 재정적자를 줄이는 또 다른 길은 정부지출의 효율화다. 지출절감은 처음부터 구조조정 프로그램의 최전방에 있었다. 이는 부분적으로 조세수입 증가보다 지출절감이 더 빠르게 이루어질 수 있으며, 따라서 효과적으로 재정적자를 줄일 수 있기 때문이다. 또한 지출이 반드시 경제성장에 도움이 되는 것은 아니라는 인식도 한몫했다(예컨대 공기업에 대한 지원금처럼). 반면 민영화는 효율 극대화 차원에서 추구되었으며, 이 부분에서는 괄목할 만한 발전이 있었다. 많은 개발도상국에서 대다수 공기업들이 민영화되었으며, 아직도 공기업으로 남아 있는 것들 중 가장 중요한 것은 전기, 수도와 같은 분야의 공기업들이다. 앞으로 민간부문이 어느 정도까지 '공공' 서비스에 관여할 수 있는지는 논란거리로 남아 있다.

공공부문 급여문제로 초점을 돌려보면, 많은 개발도상국에서 공공부문 급여는 낮은 수준을 유지해왔다. 그러나 이른바 간호사, 교사와 같은 인력을 늘릴 필요성은 여러 경우에서 분명해졌다. 더욱이 이들의 임금인상 필요성이 현재 더욱 다급해지고 있다. 이는 임금수준이 너무 낮아 공공서비스를 위한 전문인력수급에 차질이 있기 때문이다.

개발도상국의 공공서비스개혁에서 일반적인 교훈을 이끌어내기는 쉽지 않다. 행정의 추가개혁에 대한 중요한 문제들이 나라에 따라 각양각색이기 때문이다(제12장 참조). 그럼에도 불구하고 공공지출 문제에 대한 고찰을 다음 3단계로 나누어볼 수 있다. 이른바 (1) 통합적인 재정관리 문제, 즉 재정적자규모를 현실적이고 단기적인 거시경제구조 안으로 제어하는 것, (2) 다른 여러 부문에 걸친 전략적인 지출 배분, (3) 일정한 부문이나 하위부문 내에서의 지출효과와 효과성 제고이다. 1990년대에 통합적인 재정관리 부문에서는 크게 성공했다. 그러나 나머지 두 부문에서는 아직 많은 과제가 남아 있다.

이는 많은 나라들로 하여금 통합관리체계를 유지하게 했던 현금예산체제가 많은 경우 예산계획 및 집행에 악영향을 미치게 했던 사실에서 확인이 가능하다. 실제 예산지출 배분이 월별로 많은 차이가 있었다. 이는 원조에 의존하는 많은 개발도상국의 예산 처리과정에 얼마간 고장이 났음을 의미한다. 일정한 부문에서 실제지출이 배정된 예산과 크게 차이가 난다는 것은 국가예산이 계획수단으로서 제대로 작동하지 않았기 때문이다. 그 외에 원조를 필요로 하는 개도국에서 대부분의 예산은 전부 또는 대부분의 원조내역을 밝히지 않는다. 원조는 정부를 거치지 않고 최종 사용자에게 전달된다. 따라서 정책 입안자들은 정부정책의 우선순위가 여러 부문에 걸쳐 공공지출의 전략적 배분이 실질적으로 반영되게끔 보장하는 역할을 수행하기가 매우 어렵게 되었다. 더욱이 예산처리 과정의 고장은 예산집행의 투명성 및 근거자료 유지를 어렵게 한다. 세계은행 주도의 '공공지출 검토PER'가 이런 문제를 다루는 주요 수단인데, 이는 제12장에서 이미 다루었다.

장기적인 예산집행 계획수립은 공공지출의 효과성을 개선하고 그에 따라 얻은 결과(초등교육과 의료혜택을 받는 어린이 수가 증가하는 것과 같은)를 개선하는 열쇠다. 원조에 의존하는 국가에서 원조는 모든 지출의 절반 이상을 차지하며, 비록 그 역할이 예산집행의 투명성을 보장하는 데 국한되어 있지만, 공여국들은 예산계획수립 및 집행에 합법적인 이해관계자로 나설 수 있다. 특히 많은 공여기관들이 부문 프로그램 지원을 채택하는(제7장 참조), 새로운 원조형태로 이동함으로써 외부원조는 공공지출의 핵심 부분이 되어가고 있다. 정부 자체의 재원과 원조를 포함하는 총 공공지출의 배분은 어떤 공공지출 평가에서도 늘 중요한 요소였지만, 이 새로운 형태의 원조는 이같은 문제점들을 보다 명확히 하고 있다. 더욱이 많은 국가에서는 부문 프로그램을 중기 재정체제에 포함시키려 노력하고 있다. 여기에는 모든 공공지출의 재원조달, 그리고 현재 추진되고 있는 거시경제적인 구조와의 조화를 이루려는 노력이 포함된다.

앞에서 지적했듯이 재정적자 해소에 대한 원조의 역할은 특히 원조에 의존하는 국가에서는 실로 매우 크다. 더욱이 원조가 재정적자 해소에 당분간 중요한 역할을 계속 하리라는 것은 의심의 여지가 없다. 세수를 늘리는 데는 오랜 시간이 걸리며, 경제성장을 장려하는 목적과 조심스럽게 균형을 맞출 필요가 있다. 여기엔 많은 나라들이 갖지 못한 기술과 경험이 필요하다. 따라서 원조는 그 나름의 역할이 있다. 공공지출의 관리 및 통제에 대해서도 ─ 이 항목에서 분명히 보여주고 있듯이 ─ 마찬가지 이야기를 할 수 있다.

■ 결론

원조를 전통적이고 거시경제적으로 설명할 때는 국내저축, 외환 및 정부세입을 보완하여 고도의 경제성장에 기여하는 기능과 관련시킨다. 여기서 머릿속에 그리고 있는 경제개발 과정은 경제성장이 물리적인 자본형성에 의해 유발된다는 해러드-도마 모델을 가정하고 있다. 그러나 이 장에서 드러났듯이 원조를 받는 국가의 거시경제적 실체는 훨씬 더 복잡하다. 이런 복잡한 요인들을 세 가지의 사례, 즉 (1) 원조가 정부재정에 미치는 영향, (2) 외채문제, (3) 네덜란드병 효과로 나누어 살펴보았다.

장기적으로 원조는 단지 갭을 메우는 데서 벗어나 갭을 줄이는 역할을 해야 한다. 점차 국내저축으로 투자자금을 조성하고, 수출에서 번 돈으로 수입하고, 정부세입으로 정부지출을 충당하는 능력을 갖게 하는 원조의 장점을 분명히 인식하고 잘 활용해야 한다. 그래야만 원조(특히 외채)에 대한 의존도가 낮아지고 경제적인 자립도가 높아지는 것이다. 저축 갭을 줄이기 위해선 국내저축을 동원해야 하며 그러기 위해선 공여국 측의 재정적, 기술적인 지원이 필요하다(제14장에서 이미 논했다). 외환 갭(국제수지적자)을 줄이기 위해선 수출증가세가 수입증가세를 앞지르도록 해야 한다(그래야만 현재의 수입수준을 낮추지 않고도 국제수지적자를 줄일 수 있게 된다). 공여국은 수출증가에 도움이 되는 거시경제적 환경, 물리적인 인프라 확충, 수출활동에 대한 직접적인 지원 등의 활동을 통해 이러한 노력을 도와줄 수 있다.

재정적자는 더 장기적인 관점에서 정부세입을 늘리고 지출관리를 개선함으로써 줄일 수 있다. 그러나 저축 및 외환 갭과 달리 재정적자를 줄이는 것은 미묘한 문제이다. 공공지출은 성장에 필수적이지만, 동시에 지출에 필수적인 과세는 왜곡을 낳는다. 저축투자 갭을 줄일 때는 '늘' 더 높은 저축을 강조해야만 생산적인 투자가 확대될 수 있다. 외환 갭의 경우도 이와 비슷하다. 생산적인 수입을 유지하는 것이 중요하기 때문에 '늘' 더 많은 수출을 강조한다. 하지만 재정적자의 경우엔 생산적인 정부소비를 유지하는 것 또한 중요하다. 정부 과세는 왜곡과 그에 따른 경제적 의욕상실을 가져오기 때문에 단순히 '늘' 늘릴 수만은 없다. 그러므로 재정적자를 줄이는 일은 훨씬 더 어려운 일이며, 공여국과 수원국 정부는 '부적절한 정부지출' 및 '필요 이상의 과중한 세금'이 가져오는 악영향의 균형을 잡는 데 노력해야 한다.

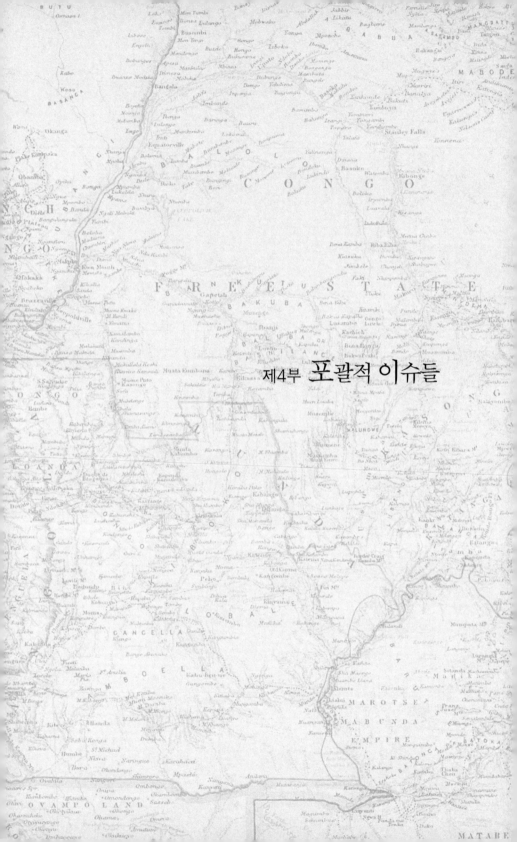

제4부 포괄적 이슈들

제16장

변화하는 지구적 무역환경에서의 원조

올리버 모리세이

■ 머리말

1990년대에 글로벌 경제 환경에 큰 변화가 있었다. 이 변화의 중요한 요소는 우루과이 라운드의 타결과 세계무역기구WTO의 출범이었다. 모든 수준 (다자간, 소다자간, 그리고 일방적인)에서 무역자유화가 급속히 진행되었고, WTO는 사회적, 환경적 차원에서의 무역과 더불어 지적 재산권, 서비스 무역, 투자, 경쟁정책과 같은 새로운 이슈들로 검토 영역을 확장했다. 중요한 것은 저소득 국가들을 위해 농업이 다자간 무역자유화 부문이 된 점이다. 이와 동시에 많은 국가들이 그들의 외환체제와 재정부문을 자유화하였고, 세계 자본흐름의 규모와 속도가 크게 증가하였다(대부분의 연구자들에 따르면 이것이 아시아 외환위기의 요인이 되었다. 제14장 참조). 실패하긴 했지만 '다자간 투자협정MAI'과 같이 외국인 투자자들을 위한 보다 자유로운 글로벌 환경을 만들기 위한 움직임도 있었다. 이 모든 것이 개발도상국들에게는 중요한 문제이며, 특히 그것들이 빈곤에 영향을 미치는 한 원조에 대한 미래의 요구와 관련되어 있다.

지난 25년간 점점 증대돼온 세계화와 자유화는 무역, 기술, 자본, 그리고 개발도상국과 선진국을 망라한 모든 국가들 사이의 외국인 직접투자의 흐름을 확대시켰다. 이렇게 확대된 개방이 개발도상국들을 더 취약하게 만든다는 우려를 불러일으켰으며, 실제로 수입 분배와 빈곤 퇴치에 역효과를 가져오기도 했다. 성장의 측면에서 볼 때 무역과 기술이 긍정적 역할을 한다고는 하지만, 최근 라틴아메리카의 사례에서 볼 수 있듯이, "가계수입의 증가가 비록 불평등 심화와 관계가 있긴 해도 결국 빈곤 감소를 가져올 수 있다(McKay, 1997: 672)"고는 하지만, 그것들이 불평등을 심화시키는 경향이 있음을 알 수 있다(Wood, 1997). 이 장은 빈곤 감소가 원조의 최대(설사 최대가 아니더라도) 목적이라는 논의의 전제인 세계화, 성장, 그리고 빈곤 사이의 연계에 중점을 두고 있지는 않다(제9장 참조).

무역, 자본, 기술의 개방 확대는 분명히 지구적 수준(국가들 사이)에서는 물론 국가들 내부(초기상황, 경제구조, 정부정책에 따라 좌우)에서 분배의 문제를 일으키고 있다. 결국 이것은 앞으로 여러 방향의 원조흐름과 밀접한 관계를 갖게 될 것이다. 근본적으로 만약 세계화가 빈곤을 증가시킨다면 일부 국가 또는 국내 집단이 손실을 보기 때문에 원조는 손실을 보상하거나 새로운 빈곤 집단을 지원하기 위해 강화된다. 반대로 무역자유화의 경우처럼 일부 국가가 혜택을 보게 되고, 이것이 성장과 무역수지를 개선하면 결과적으로 원조 필요성은 줄어들게 된다. 증가하는 자본 유동성에 연동되는 주가 변동성은 취약국가들을 위한 새로운 원조형태를 만들어낼 수도 있다. 변화하는 지구적 경제 환경의 모든 요소 중에서 원조가 갖는 함의를 모두 전달하는 것은 너무 광범위한 일이다. 여기서는 변화하는 지구적 무역 환경에서 원조가 갖는 함의로 논점을 한정하였다. 이 장에서는 무역정책에 초점을 맞추었지만, 원조가 갖는 비슷한 함의들이 기술과 자본의 흐름이라는 측면에서 주목을 받고 있다.

체너리와 스트라우트의 최초의 학문적 공헌(1966) 이후, 원조의 주요한 경제학적 정당화는 개발도상국의 실현 가능한 성장률을 저해하는 재정적 간극을 메우는 것으로 이해해왔다(제4장과 제15장에서 논의). 투자상품의 수입을 위한 재정조달에 필요한 수출 소득이 충분치 않은 경우에 발생하는 외환 갭(부족)은 특히 무역과 연관되어 있다. 재정 갭(적자)의 존재는 원조와는 무관하며, 원조는 해외자본 유입의 필요성이라는 측면에서 논의되어왔다. 외국인 직접투자는 저축-투자의 갭을 메우고, 이를 줄이는 데 효과적이지만, 저소득 국가들에게 충분한 혜택을 주지 못하는 것으로 증명되었다. 상업대출은 또 다른 대안이지만, 저소득 국가들에게 부채는 해법이라기보다는 부담이다(제15장 참조). 결과적으로 저소득국가에 대한 재정원조의 사례는 설득력이 있다. 때때로 그것만이 유일하게 성장을 도모할 수 있는 대안이다.

아마도 외환 갭은 가장 중요한 갭일 것이다. 만약 흑자규모가 크다면 투자물품을 충분히 수입할 수 있을 것이고 국내저축압박도 완화될 것이다. 정부는 수출수익을 통해 충분한 세입을 얻을 수 있고, 예산압박도 완화시킬 수 있다. 실제로 수출이 성장동력이라면, 경제에 역동적으로 영향을 미치는 수익이 장기적으로 국내저축과 세입동원압박을 완화하게 된다. 이러한 방향의 추론은 이른바 '원조가 아닌 무역'이라는 논의를 근거로 한다. 누군가 '무역이 성장 동력'이라고 주장한다면, 현재 수출지향 국가들이 수입지향 국가들보다 경제 실적이 우수하다는 사실로 이를 증명할 수 있을 것이다. 이것은 성장 수익이 여러 요소(의 조합)를 통해 일어났다는 수출 관련 주장이 아니다. 수출을 장려하는 것은 유용하며 시장을 개방함으로써 해외 투자를 유도할 수 있지만 수입확대 역량을 통한 기술이전이 실질적인 이익이 될 수 있기 때문이다(Rodrik, 1999 참조).

이 장에서는 특별히 무역정책의 세계적 경향이 저소득 국가들이 수출 수익을 늘릴 수 있는 능력을 개선하는지 혹은 지체하는지, 그리고 그에 따라 원조에 대한 의존도가 줄어드는지를 살펴볼 것이다. 말하자면 모든 저소득 국가들이 '원조의존에서 벗어나기 위한 수출'을 기대할 수는 없다. 일부 국가들은 자원이 매우 제한되어 있기 때문에 수출역량도 제한적이다. 이것은 특히 윈드워드Windward 섬과 같이 작은 섬나라의 경우에 적용된다. 저소득 국가들에게 더욱 일반적인 문제는 그들이 1차 상품 수출에 의존한다는 것이다. 교역조건 악화, 구성의 오류, 비탄력적인 수요, 이 모든 것들이 저소득 국가들이 수출 수익을 개선할 수 있는 역량을 제한하고 있다(MacKay et al., 1997). 무역환경이 개선되고 수출에 대한 강한 인센티브가 있다 하더라도, 여전히 원조 지원을 필요로 하는 국가들은 많을 것이다. 더욱이 다자간 공여 기관들은 원조 지원에 대한 조건으로 무역자유화를 요구하고 있지만 (Greenaway and Morrissey, 1993), 공여기관 정책이 수원국의 수출부문에 역 효과를 미치기도 한다(Morrissey and White, 1996). 국제무역 환경의 변화는 원조에 대한 일부 수원국의 수요를 줄일 수도 있지만, (자유화에 실패한) 다른 국가들의 수요를 늘릴 것이며 또한 원조에 대한 공여국의 태도에도 영향을 미칠 것이다.

긴 안목으로 보아 무역자유화는 저소득 국가들LIC이 지구적 효과성을 높이고 수출 소득을 늘림으로써 혜택을 받을 수 있게 할 것이다. 모든 저소득 국가들이 혜택을 받지는 않을 것이고 또한 동등하게 혜택을 받을 수는 없을 것이다. 단기적으로 무역자유화를 위해 저소득 국가들이 대가를 지불해야 할 것으로 보인다. 이러한 문제들은 아래에서 자유화의 여러 유형을 고찰하며 다루게 될 것이다. 우루과이 라운드를 실행하기 위한 다자간 무역자유화는 국제가격에 영향을 미칠 것이다. 기존 평가에 따르면 자유화를 통해 저소득 국가들이 가장 적은 혜택을 받았고, 대다수는 복지 실패로 인해 어려움을 겪게 된다(이에 대한 보상으로 원조를 활용해야 한다는 주장이 있다). 저소득 국가들 내의 일방적인 무역자유화는 다음에 다루게 되는데, 단기적인 조정 비용을 통한 원조 지원의 사례를 다룰 것이다. 지역적 무역협정을 통한 소다자간 자유화도 언급될 것이다. 이것은 그 지역에 대한 원조와 투자를 유도하는 효과를 갖고 있다. 마지막 부분은 결론이 될 것이다.

■다자간 무역자유화[1]

다자간 무역 시스템의 변화는 개발도상국에 영향을 미친다. 이러한 영향은 국제 상품가격의 변화를 통해 나타나며, 한편으로는 국내 무역정책(일반적으로 국가는 덜 보호적인 정책을 펴야 한다)을 제한하는 새로운 다자간 규칙을 통해서 일어나기도 한다. 우루과이 라운드 이후 다자간 무역자유화의 두 가지 요소가 특히 저소득 국가들에게 중요한 영향을 미치고 있다. 농산품, 섬유 및 의류 무역의 자유화와 다자간 섬유협정MFA의 단계적 폐지가 그것이다. 이 두 가지 요소를 여기서 특별히 다룰 작정이다.

저소득 국가의 수출품 중 열대농산품과 섬유(넓게 정의하여)가 가장 큰 비중을 차지한다. 광물자원이 없는 저소득 국가들에게는 이 상품들이 전체 상품수출의 75% 이상을 차지한다(UNCTAD, 1995). 대부분의 저소득 국가들은 온대 농산품을 수입하고 있으며 대다수가 순수 식량수입국이다. 우루과이 라운드 이전에는 농업분야는 GATT 체제에서 정부의 개입이 허용되는 특별한 경우로 취급되었다. 결과적으로 수출보조가 널리 활용되는 대부분의 선진국에서 농업보호의 수위가 높았다. 그 결과 온대 농산품의 국제가격이 떨어졌다. 만약 우루과이 라운드에서 약속한 대로 선진국들이 농업정책 체제를 자유화한다면 그 효과는 선진국의 생산자 가격을 떨어뜨릴 수도 있겠지만 (보조금을 없앨 경우) 그들이 수출하는 식품의 국제가격은 오를 것이다.

우루과이 라운드가 상품가격에 미치는 효과를 연구한 많은 보고서가 있다(예컨대 Martin and Winters, 1996). 가격 효과의 중요성에 대한 평가가 보고서마다 다양하지만 일반적으로 하나의 합의점을 찾을 수 있다. 농업 무역자유화로 인한 국제가격 상승은 온대 농산품(선진국 또는 일부 개발도상국이 수출하는 작물)보다 열대 농산품(저소득 국가들이 수출하는 시장용 작물)의 경우에

---

1) 필자는 이 부문의 초고에 도움을 준 크리스티안 피리스 바크의 제언에 대해 감사한다.

더욱 낮다는 것이다. 선진국 농부들은 열대 상품과 경쟁하지 않기 때문에, 선진국에서는 열대 상품에 대한 무역 장벽이 일반적으로 매우 낮다.

섬유무역자유화의 효과는 더욱 복잡하다. 세계 섬유제품가격이 떨어질 것으로 전망되지만, 일부 국가에서는 할당량 폐지로 인해 생산량과 수출을 확대할 수 있기 때문에 혜택을 받을 것이다. 주로 손실을 보게 되는 국가는 할당량을 통해 혜택 받는 국가들일 것이다 저소득 국가들은 여기에 포함되지 않는다. 주로 아시아 동남부의 저소득 국가들, 이를테면 방글라데시, 인도, 파키스탄, 중국, 베트남, 그리고 일부 다른 국가들이 혜택을 받을 것으로 보인다. 이 국가들은 매우 낮은 급여 체계를 갖고 있으며 세계시장에서 더 큰 비중을 차지할 것이다. 아프리카의 저소득 국가들은 아시아 수출 국가들 (일부 틈새시장을 제외하고)과 경쟁할 수 없기 때문에 손실을 입을 것으로 전망된다. MFA 이후 섬유 수출을 확대할 수 있는 저소득 국가를 제외하고는, 대부분의 저소득 국가들이 다자간 무역자유화를 통해 손해를 볼 것으로 보인다.

다자간 무역자유화가 특정 국가나 국가 내의 조직에 미치는 영향력을 가늠하기는 어렵다. 그 효과는 특정 상품의 가격이 어떻게 영향을 받으며, 이 상품들이 특정 국가(특히 순수 무역 균형)에 얼마나 중요한지, 그 국가가 국제가격의 변화(주로 국내 정책에 의존)에 대응 및 적응하는 능력에 따라 좌우된다. 기존의 평가를 보면 분배효과가 나타날 것이라고 시사하고 있다. 예를 들면 일부 국가들은 수익을 얻지만 다른 일부 국가들은 손실을 입는다는 것이다. 가치의 측면에서 가장 큰 수익은 온대 식품(값이 오를 것으로 전망되는)을 수출하고 섬유상품(값이 떨어질 것으로 전망되는)을 수입하는 선진국들이 갖게 될 것으로 보인다. 저소득 국가들에게 미치는 영향은 식료품과 섬유의 순수 무역 균형에 따라 좌우되며, 이 두 가지 상품 분야가 가장 크게 영향을 받을 것으로 보인다. 우루과이 라운드에서 제시된 것처럼, 자유화의 효과에 대한 실제 평가는 〈표 16-1〉에 자세히 나타나 있다. 저소득 국가들, 특히 사하라 이남 아프리카 지역의 저소득 국가들은 순수 손실을 입을 것으로 보이는 반면, 부유한 국가들은 큰 수익을 얻을 것으로 보인다.

사하라 이남 아프리카의 개발도상국들에게 미치는 이러한 단기적인 손실은 주로 농산품 무역개혁과 전반적인 자유화 및 MFA 폐지로 인해 선호도가 떨어지면서 국제식품 가격이 높아지기 때문이다. 손실은 장기적인 동적 수익으로 막을 수 있지만 단기적으로는 조정 비용이 들 것이다. 농업 자유화가 특정 개발도상국에 미치는 효과는, 예를 들면 그 국가가 순수 식량 수입국 또는 수출국인지, 그리고 농산품이 수출품(그리고 어떤 특정 상품) 목록에서 얼마나 중요한 비중을 차지하는지에 따라 크게 달라진다. 그럼에도 불구하고 〈표 16-1〉에 나타난 결과는 다자간 무역자유화로 인해 손실을 입는 국가가 있음을 지적하고 있으며, 그 국가들은 주로 최빈국(이미 원조의 주요 수혜 국가임) 중에 있으며 따라서 원조에 대한 수요가 늘어날 것으로 보인다는 것이다.

무역자유화를 통한 잠재적인 수익과 손실은 모든 개발도상국들이 공평하게 나눌 수 있을 것으로 보이지는 않는다. 있음 직한 효과를 확인하기 위해 개발도상국들을 몇 개의 '대표적인 유형'으로 분류할 수 있다. 한 가지 분류는 식량수출 개발도상국과 식량수입 개발도상국을 구별하는 것이다. 이미 밝혀진 대로 전자는 수익을 얻고 후자는 손실을 입게 된다. 두 번째 분류는 개발도상국들을 지역별로 분석하여 구분하는 것이다(Anderson and Tyers, 1990; UNCTAD; 1990; Zietz and Valdes, 1990). 라틴아메리카는 농업무역자유화를 통해 '가장 큰 수익'을 얻을 것이며 사하라 이남 아프리카가 '가장 큰 손해'를 입을 것으로 보인다. 아시아에 대한 결과는 연구서에 따라 다르게 나타나며 주로 어떤 국가들이 포함되는지에 따라 다르다.

세 번째 분류는 중간소득 및 고소득 국가와 저소득 개발도상국을 분리하는 것인데(Ziets and Valdes, 1990), 이는 첫 번째 해법의 더 효과적인 분석법이다. 저소득 식량 수입 개발도상국들(주로 아프리카 국가들)은 농산품(주로 곡물)의 국제가격 등귀로 대부분 어려움을 겪고 있다. 우루과이 라운드 협정에 따라 GATT는 이들 국가가 "외부 출처로부터 기본식료품을 적절히 공급

〈표 16-1〉 우루과이 라운드UR 개혁에 따른 지역적 복지 수익(동등한 변종EV에 대한 측정)

	전체 UR 개혁		농업 자유화	
	EV (10억 달러)	1992년 소득의 백분율에서 EV	EV (10억 달러)	1992년 소득의 백분율에서 EV
호주, 뉴질랜드	1.04	0.36	0.96	0.33
캐나다	1.57	0.30	1.03	0.20
미국	21.46	0.41	2.65	0.05
일본	26.65	0.84	5.16	0.16
EU	24.86	0.42	11.37	0.19
중국	6.13	1.37	0.11	0.02
대만, 한국	1.57	0.47	0.70	0.21
홍콩, 싱가포르	-1.68	-0.23	-0.29	-0.04
체제 전환국	2.50	0.52	3.93	0.82
기타 중소득 국가	-3.21	-7.11	0.01	0.02
브라질	-8.43	-0.34	0.18	0.00
기타 저소득 국가	6.22	1.49	0.15	0.04
사하라 이남 아프리카	-0.49	-0.33	0.00	0.00
전체 세계 시장	78.20	0.39	25.94	0.13

출처: Blake et al.(1998)

받는 이용가능성 측면에서 부정적인 효과를 경험할 수도 있다. 그리고 관련 회원국들이 국제금융기관의 재원을 찾아 쓸 수 있는 자격이 있다는 인식을 포함하여, 이런 가능한 상황을 조정하는 적절한 메커니즘을 확립할 준비를 하고 있다."는 사실을 인정했다(GATT, 1993: 86). 손실을 입은 국가에게 보상하고 이를 위해 원조를 활용한다는 원칙이 인정되며, 결론 부분에서 이것을 다시 살펴볼 것이다.

저소득 국가들은 잠재적인 손실을 완화하거나 반전시키기 위해 세 가지 복합적인 선택권만 가질 수 있다. 첫째, 수익을 늘리기 위해 열대 농산품 수출량을 확대할 수 있다. 만약 모든 개발도상국이 동시에 확대하려 한다면 상황이 어려워질 수 있다. 둘째, 비농산품으로 수출품목을 다양화하려는 노력을 할 수 있다. 이 또한 특히 단기적으로는 성취하기 어려울 것이다. 셋째, 식량 수입량을 줄이는 노력을 할 수 있다. 이것은 가장 가능성이 높지만 국내 식량생산에 대한 인센티브와 기회를 개선하기 위해 국내 농업정책의 자유화가 필요하다(McKay et al., 1997). 대부분의 개발도상국들은 농업에 대해 편향된 정책을 갖고 있으며 실제로 농업분야를 자유화함으로써 수익을 얻을 수 있을 것이다. 이 문제는 다음 항목에서 다룰 것이다. 아무튼 적어도 단기적으로는 많은 저소득 국가들이 농업 무역자유화 이후 무역 균형이 깨지는 어려움을 겪을 것이며, 이럴 경우 최소한 식량수입을 지속하기 위해 원조의 형태로 보상을 요구할 수도 있을 것이다(GATT, 1993).

■ 개발도상국의 무역자유화

수입제한을 없애고 수출 차별을 줄이는 무역자유화는 차츰 일반적인 정책 개혁이 되어가고 있다. 자율적으로 하는 것이든 세계은행 구조조정 프로그램SAP의 일환이든 대부분의 개발도상국들은 1980년 이후 어느 정도 무역자유화를 시도해왔다. 구조조정 프로그램의 요소로 무역개혁이 만연함으로써 오히려 그 둘을 갈라놓는 것이 어렵고 아마도 적절치 못한 것으로 만들고 있는 것 같다. 그들 스스로 또는 구조조정 프로그램의 일환으로 시도한 자유화 성공사례의 대부분은 매우 복합적이다. 개혁은 실제로 착수한 자유화의 정도나 경제성장에 미치는 효과에 따라 평가되는 것이 사실이다(Corbo et al., 1992; Greenaway and Morrissey, 1993, 1994; McGillivray and Morrissey, 1999b; Mosley et al., 1995a; Papageorgiou et al., 1991 참조).

연구보고서에서 무역자유화를 간결하게 정리하거나 일반적으로 합의된 정의는 없다(Greenaway and Morrissey, 1994에서는 그 대안을 논하고 있다). 그 대신 우리는 수출에 대한 편견을 줄일 수 있는 어떤 형태의 개혁 또는 여러 형태의 개혁이라는 간단한 정의를 채택할 수 있을 것이다. 이 같은 바탕 위에서 무역자유화를 세 가지 유형으로 구분할 수 있다. 첫째, 수입 자유화에는 양적 제한QR을 없애고, 관세를 낮추는 등의 보호를 줄이는 개혁이 포함된다. 이러한 개혁은 수입품과 수입 가능물품(수입품과 경쟁하는 국내 제품)의 가격을 낮추고 수출품의 상대적 가격을 높인다. 둘째, 수출장려 개혁은 수출에 따른 수익을 늘리고 수출을 더욱 용이하게 만들며 국내자원을 수출 가능 부문으로 전환하도록 장려한다. 셋째, 환율을 '시장결정'에 따르도록 하기 위한 환율자유화, 평가절하 및 외환관리 철폐는 수출가능 상품과 수입가능 상품의 상대적인 국제가격과 일치하는 상대적인 국내 인센티브를 유지할 수 있도록 도와준다. 평가절하는 그 자체만으로 수출업자들(일정한 국제가격에 대해 국내통화로 더 많이 받는)에게 돌아오는 수익을 늘리고 환율이 평형 수준에 더욱 가까이 가도록 유도하는 경향이 있다. 외환에 대한 접근성을 완화하면 수입에 대한 접근성이 쉬워지고 거래비용과 지대추구 비용을 효과적으로 줄임으로써 수입 자유화의 요소로 간주할 수 있다. 수출업자들이 수출수익을 계속 유지할 수 있도록 하는 것은 하나의 중요하고 간단한 수출장려 수단이 될 수 있다.

흔히 이 세 가지 요소 모두가 무역자유화 사례에 나타나기도 한다. 〈표 16-2〉에 요약된 12가지 사례에서는 5개의 사례에 이 세 가지 요소가 모두 활용되고 있다. 관세인하와 함께 환율자유화는 9개의 사례에서 나타났고, 양적제한의 축소는 8개의 사례에서 찾아볼 수 있다. 직접적인 수출장려는 가장 활용되지 않는 수단으로서 전체 사례의 절반에만 활용되었다. 〈표 16-2〉에 나타나 있듯이 1980년 이전의 자유화와 비교해볼 때 자유화에 대한 여러 사례를 경험한 이후에 수출과 성장실적에 대한 실질적인 증거를 갖게 된 것은 큰 이점이라고 할 수 있다. 일반적으로 자유화는 예상되는 수익효과를 갖고 있었다.

그러나 파파지오르지오Papageorgiou 등의 연구(1991)에서 무역자유화 사례가 확인되고 측정된 방식에는 제시된 증거에 문제가 있고 일부 근본적인 문제점도 발견되었다(Greenaway, 1993). 특히 앞에서 논의한 어떤 의미의 '자유화'가 존재했다는 것이 반드시 확실한 것은 아니다. 일부 사례에서는 실행해온 평가절하와 결합된 안정화일 뿐이다. 이러한 사실은 수출과 생산 증가를 고무하는 데에 일시적인 핵심 구성요소가 될 수도 있기 때문에 중요하다. 증거를 더욱 자세히(계량 경제학적으로) 검토한다면 자유화와 성장 사이의 연계가 취약한 것으로 밝혀질 것이다(Greenaway et al., 1998). 그러나 국가 간 연구가 자유화의 단순한 표준(개혁 사례가 적절했는지 여부, 평균 관세의 변화와 같은)만을 활용하도록 제한되어 있기 때문에 계량 경제학적 증거는 신중하게 분석되어야 한다. 이러한 표준은 정확하지 않고 오해의 소지가 있는 경우가 많다(Milner and Morrissey, 1999).

1963~1993년까지의 아프리카 12개 국가에 대한 오나포워라Onafowora와 오와예Owoye의 시계열 분석(1998)에서는 더욱 고무적인 결과를 볼 수 있다. 약 절반의 국가에서 수출이 성장과 확실히 연계되어 있음을 알게 된 것이다. 그들은 무역정책지표를 활용하여 외부지향적인 국가일수록 성장이 더 높게 나타났다는 증거를 찾아냈다. 외부 지향적이라고 해석할 수 있는 무역자유화가 일부 사하라 이남 국가들의 성장률을 높이는 잠재력을 제공했다는 결론을 내렸다. 그들은 그 결과를 전적으로 일반화할 수 있는 것으로 인식하지는 않았으며, 특히 수출품의 상품구성이 성장에 대한 수출의 기여도를 제한할 수도 있음을 인정했다. 그럼에도 불구하고 그 결과는 무역자유화 지지자들이 만족할 만한 것이었다.

무역자유화가 성장을 촉진시킨다는 납득할 만한 증거는 부족하다. 그 보고서내용을 길게 논하기보다는 두 가지 주요한 요점을 짚어보는 것이 좋겠다. 첫째, 무역자유화가 성장을 지연시킨다는 증거는 없다. 둘째, 우리가 정의하고 있는 것처럼 무역자유화의 목적은 수출에 대한 편견을 없애는 것이다. 이것은 그 자체로 바람직한 것으로 보인다. 무역자유화는 편견을 줄일수는 있지만 없앨 수는 없다. 따라서 수출이 반응할 경우 편견은 적어질 것이다. 더욱 중요한 것은 무역정책과 직접 관련이 없는 다른 편견이 있을 수

〈표 16-2〉 1980년 이전의 무역자유화 요소

	정책 개혁의 존재 여부[a]				개혁 이후 성장[b]	
	QRs	관세	수출	ER	수출	GDP
아르헨티나	-	O	O	O	+	?
브라질	-	O	O	O	+	+
칠레	O	O	-	-	+	+
콜롬비아	O	O	O	-	_	+
인도네시아	O	O	O	O	+	+
한국	O	O	O	O	+/-	+/-
파키스탄	-	-	-	O	+	+
페루	O	O	-	-	-	_
필리핀	?	?	-	O	+	+
스리랑카	O	-	-	O	-/+	?/+
터키	O	O	O	O	+	?
우루과이	O	O	-	O	+	+
국가 수	정책 개혁이 존재하는 국가 수				'+'로 대답한 국가 수	
12	8	9	6	9	8	7

출처: Greenaway and Morrissey(1994:〈표 14-1〉과 14.4-5)에서 발췌
주석: 다양한 국가와 시간대에서 여러 개혁 형태에 대한 광범위한 평가이며, 더 이상
    의 의미는 없다.
  a) 정책영역: QR: 수입품의 수와 양적인 제한을 줄이는 것 관세: 평균 수준 또
    는 관세 범위 축소 수출품: 수출을 도모하기 위한 직접적인 조치 ER: 환율의
    합리화 또는 평가 절하를 뜻한다. 'O'는 개혁이 존재함을 뜻하며, '?'는 개혁이
    모호하거나 매우 제한되어 있으며 '-'는 반대의 개혁(예: 수출을 저해하는
    요소 또는 관세를 늘리는 것)을 말한다.
  b) 개혁하기 3년 전의 연간 평균 성장률과 개혁한 3년 후의 성장률을 비교한
    것이다. '+'는 개혁 이후에 성장이 늘어났음을 뜻하고, '-'는 성장이 늦추어졌
    으며 '?'는 최소한의 차이가 일어났음을 뜻한다. 두 개의 답을 한 국가의 경우
    는 개혁 사례 간에 중요한 차이점이 있었음을 뜻한다.

있다는 점이다. 농업의 경우 특히 농산품이 주요 수출품목인 저소득 국가들
과 관련이 있다. 그런 국가에서는 농업에 대한 편견이 심각할 때가 종종 있
지만(Butisa and Valdes, 1993), (농산품) 수출에 대한 편견은 단지 그 구성요
소에 지나지 않는다. 무역자유화만으로는 농업에 대한 편견을 없애는 데에

불충분하기 때문에 우리는 다른 어떤 수출 반응을 지켜보지 않아도 된다 (McKay et al., 1997). 이것이 저소득 국가들의 무역자유화와 성장(수출증가 포함) 사이의 관계를 관찰하지 않는 중요한 이유가 된다. 그러한 국가들이 무역체제를 자유화함으로써 더 나아지지 않는다는 뜻은 아니다.

무역자유화와 개방 사이의 연계에 관해서는 더 일반적으로 요약할 수 있다. 종종 이 두 가지는 거의 같은 것으로 취급되지만 기능적으로는 전자가 후자의 요소일 뿐이다. 무역자유화는 자유무역을 수반할 필요가 없으며 오히려 그것은 수출에 대한 인센티브와 수입에 대한 개방 확대를 요구한다. 개방은 수입 가능한 물품을 생산하는 국내 생산업자들의 경쟁이나 수입한 투자상품에 대한 접근성과 관련한 문제를 야기하기도 하지만, 수입품에 사용된 기술은 매우 유익하다. 좀 더 넓은 차원에서 개방은 아이디어를 받아들이고 해외투자의 유도를 의미한다(적절한 통제가 없는 경우 득실양면이 있다). 만병통치약은 아니지만 개방은 적절한 국내정책과 제도 여하에 따라 성장에 이바지하는 것으로 널리 인식되고 있다(Rodrik, 1999).

무역자유화 사례를 논의해왔는데, 그간 얼마나 많은 사례가 있었는지 의문을 가질 수 있겠다. 〈표 16-3〉은 1985년 이후 25개국에서 일어난 무역자유화 사례를 보여주고 있다(Dean et al., 1994). 관세율(개혁 전 수준과 비교한 개혁 후의 평균 명목 관세비율)은 자유화 진척수준을 간단히 측정하게 해준다. 이를테면 1 이상의 비율은 평균 명목 관세의 증가를 의미하는 반면 예컨대 1 이하인 0.5라는 비율은 50%의 감소를 뜻한다. 이 비율은 간단한 측정치로는 문제가 있으며 무역정책 방침의 변화 방향과 관련하여 오해의 소지가 있을 수 있다(Milner and Morrissey, 1999).

그럼에도 불구하고 평균 명목관세에 변화가 나타나고 있으며 약간의 일반적인 패턴이 나오고 있다. 관세를 가장 크게 인하한 지역은 라틴아메리카였다. 모두 8개국이 50% 이상 인하했다. 한국은 50% 이상 관세를 인하한 국가 중 유일하게 비라틴지역 국가다. 전체 사례에서 약 3분의 1이 50% 이상 명목관세를 인하했다. 전체 국가의 40%가 10~50%까지 관세를 인하했다. 3개

〈표 16-3〉 최근 무역자유화의 요소

	평균 명목 관세[a]			ER[b]
	개혁 전	현재	비율	
방글라데시(1989;1992)	94	50	0.53	-5.3
인도(1990;1993)	128	71	0.55	-7.7
파키스탄(1987;1990)	69	65	0.94	-11.7
스리랑카(1985;1992)	31	25	0.81	-0.5
남아시아(평균)	80	53	0.66	
중국(1986;1992)	38	43	1.13	-43.9
필리핀(1985;1992)	28	24	0.86	1.8
인도네시아(1985;1990)	27	22	0.81	-23.2
한국(1984;1992)	24	10	0.42	13.1
태국(1986;1990)[c]	13	11	0.85	-0.5
동아시아 및 태평양(평균)	29	25	0.86	
코트디부아르(1985;1989)	26	33	1.27	CFA
가나(1983;1991)	30	17	0.57	-11.1
케냐(1987;1992)	40	34	0.85	-5.4
마다가스카르(1988;1990)	46	36	0.78	-11.2
나이지리아(1984;1990)	35	33	0.94	-71.2
세네갈(1986;1991)	98	90	0.92	CFA
탄자니아(1986;1992)	30	33	1.10	-145.2
자이르(1984;1990)	24	25	1.04	-13.1
사하라 이남 아프리카(평균)	41	38	0.93	
콜롬비아(1984;1992)	61	12	0.20	-36.1
페루(1988;1992)	57	17	0.30	106.7
코스타리카(1985;1992)	53	15	0.28	-15.8
브라질(1987;1992)	51	21	0.41	9.5
베네수엘라(19891991)	37	19	0.51	0.2
칠레(1984;1991)	35	11	0.31	-14.5
아르헨티나(1988;1992)	29	12	0.41	43.7
멕시코(1985;1987)	29	10	0.34	3.7
라틴아메리카 및 캐리비안 지역(평균)	44	15	0.34	

출처: Dean et al.(1994)의 표에서 인용
주: 괄호 안의 연도는 각각 개혁 이전과 현재를 뜻한다.
    a) 비중이 적은 평균 명목관세(위쪽으로 편향). 비율은 개혁 이전 수치로 나눈
       현재 수치이다(비율이 낮을수록 관세 제한이 더 크다는 뜻임). 평균 줄에 나
       타난 수치는 각 지역의 단순 평균이다.
    b) 개혁의 첫해와 1992년 사이에 실제 환율 평가절하(단위: %).
    c) 수입 중심의 평균 명목관세

국은 10% 미만으로 인하했고, 4개국은 사실상 평균 명목관세를 인상했다.
여기서 우리는 신중을 기해야 한다. 모리세이는 최소한 탄자니아의 경우 이
같은 결과들이 오해의 여지가 있음을 밝히고 있다(1996). 그러나 실제 가나
만이 실질적으로 관세를 내렸고, 사하라 이남 아프리카 국가들은 관세를 가
장 소폭으로 인하했다.

아마도 〈표 16-3〉이 주는 가장 유익한 메시지는 최빈국에서 무역자유화가
가장 적게 일어난다는 점일 것이다. 1인당 소득 측면으로 따져 최빈국들은
사하라 이남 아프리카, 남아시아, 그리고 한국(그리고 아마도 태국)을 제외한
동아시아 지역 국가들이다. 이 국가들 중 어떤 국가도 평균 관세를 50% 이
상 인하하지 않았다. 20% 이상 인하한 국가도 거의 없었고 오히려 관세를
올린 국가들이 모두 이 부류에 속한다. 부분적으로 이것은 빈곤국들이 관세
수입에 더욱 의존하기 때문이며, 또한 부분적으로 평균 명목 관세가 열악한
자유화 측정치이기 때문이다. 실제로 보호성향이 강한 빈곤국가에게는 양적
제한QR 폐지와 같은 수입 자유화의 다른 형태가 (보호를 줄이기 위한 조치로
서) 더 중요하고 이행하기 더 쉬울 것이다. 더욱이 〈표 16-3〉은 이들 국가
중 대부분이 적어도 약간씩 자주 통화를 평가절하했음을 보여주고 있다. 그
런데도 저소득 국가들의 무역자유화 진행은 제한적이었다(여기에 포함되지
않는 우간다는 주요한 예외에 해당한다).

이제 결론지어야 할 때다. 무역자유화는 수출에 대한 편견을 줄여줌으로
써 저소득 국가에게 이익을 준다. 주력 수출품이 주로 농산품이며 특히 원조
에 의존하고 있는 국가들에게 보완적인 농업 자유화는 필수적이다. 그러나

저소득 국가들 중 무역자유화에 상당한 진전을 보인 국가는 거의 없다(여기에 반영되고 있는 것보다 1990년대에 성취된 것이 더 많기는 하겠지만). 이에 대한 이유 중 하나로 자유화에 드는 비용을 들 수 있다. 관세를 인하할 때 발생하는 세입손실을 보상해주거나, 또는 평가절하로 수입축소를 피하는 데 원조가 중요한 역할을 할 수 있다.

과소평가해서는 안 되는 또 다른 이유는 무역자유화가 정치적으로 실행하기 어려울 수 있다는 점이다(Morrissey, 1996). 원조는 이때도 역시 중요한 역할을 한다. 구조조정 차관과 연계되어 있는 무역개혁 조건은 자유화를 장려하는 역할을 해왔다. 무역 개혁을 실행하기 위한 행정적, 제도적 역량에 대한 공여국들의 원조는 건설적이었다. 그러나 저소득 국가들의 일방적인 무역자유화는 그 자체 수출소득을 늘린다는 보장이 없다. 적어도 단기적으로 무역자유화 조치만으로는 원조의존도를 줄일 것이라는 전망이 없는 것이다. 실제로 비용보상 때문에 단기적으로는 자유화과정이 원조의존도를 높일 수도 있다.

■ 지역 경제 통합

1990년대는 지구적으로 그리고 저소득 국가들 사이에 지역무역협정 regional trade agreements(RTA) 같은 것에 대한 관심이 부활한 시기였다. 여기서 개별적인 지역무역협정을 자세히 검토하지는 않는다. 그에 대한 작업이 방대할 것이기 때문이다(예컨대 사하라 이남 아프리카에 대해서는 Oyejide et al., 1997 참고, 중앙아메리카에 대해서는 Bulmer-Thomas, 1998 참고). 리아쿠르와Lyakurwa 등은 사하라 이남 아프리카에서만 7개의 지역무역협정을 확인했다(1997). 여기에 남아시아, 태평양 군도, 카리브해 지역, 중앙아메리카와 안데스 지역을 추가할 수 있다. 선진국 및 중소득 국가가 포함되는 지역의 무역협정은 언급할 필요조차 없다. 우리는 여기서 단지 지역무역협정 이면의 동기들을 검토하고, 소속 회원국들이 얻게 될 잠재적인 경제수익을 검토하고자 한다. 또한 지역무역협정이 저소득 국가들의 수출과 그들에 대한 원조에 미치는 잠재적인 영향력을 검토할 것이다.

신지역주의

제2차 세계대전이 끝나고 100개 이상의 협정이 비준된 이후 지역무역협정이 급격히 늘어났다. 지역주의에는 근본적으로 두 가지 물결이 있는데, 첫 번째 것은 1960년대, 두 번째 것은 1990년대(보통 '신지역주의'로 일컬음)에 일어났다. 최근의 지역주의 현상에는 두드러지는 몇 가지 특징이 있다. 첫째, '구지역주의'는 전형적으로 '북-북' 또는 '남-남'의 지역무역협정에 몰두한 반면 신지역주의는 NAFTA나 APEC 같은 '북-남' 협정을 다수 포함하고 있다. 이러한 특징은 무역이익 조건에서 분명한 잠재력을 보여준다. 또한 구조조정 문제와 무역 갈등을 일으킬 여지도 잠재해 있다. 둘째, 구지역주의에서 지역무역협정은 전형적으로 (가까운) 이웃 국가들과 연관된 반면, 최근의 협정들은 대륙 간에도 이루어진다. 셋째, 최근의 많은 협정들은 상호배타적이지 않고 회원수가 많다고 문제가 되지 않는다. 마지막으로, 구지역주의에서는 모든 협정이 피상적인 통합, 즉 상품의 국경통과 자유화 조치만을 장려한 데 반해, 최근의 많은 협정들은 규제조치의 일치, 요소이동을 자유화하는 등의 약속과 함께 통합을 장려해왔다. 첫 두 가지 특징은 일반적으로 저소득 국가들이 맺는 지역무역협정에는 적용되지 않는다는 점을 알 수 있다.

지역무역협정의 인기가 부활한 데에 대한 해석들이 구구하다. 개략적으로는 GATT, 구체적으로 우루과이 라운드에 대한 불만으로 인해 지역무역협정이 확산되었다는 것이 일반적인 견해다. 그러나 대부분의 지역무역협정은 우루과이 라운드가 성공적으로 종결된 후에 생겨났다. 이에 대해 더 자세한 것을 알기 위해선 크루그먼의 자료(1993)를 참고할 수 있는데, 그는 지역무역협정이 다자간 협정보다 협상과 실행이 더 쉽다고 설명한다. 이것은 부분적으로는 관련 협상 당사국들의 수가 중요하다는 뜻이며, 또 부분적으로는 다자간 협정이 이젠 단순히 관세에 대한 것이 아니라 더 넓은 범위의 방책에 대한 것이라는 사실을 의미한다. 지역무역협정은 전형적으로 아주 좁은 범위의 문제들에 대해 아주 소수의 협상 당사국들이 연루되어 협정을 체결하는 것이다. 바그와티Bhagwati는 새로운 지역주의를 지역무역협정에 대한 미국의 관심 — EU 또한 관심을 보였다 — 과 관련시켜 논의를 전개한다(1993).[2]

볼드윈Baldwin은 대안적인 해석으로 지역주의의 '도미노 이론'을 내놓았다(1997a). 이것은 모든 지역무역협정은 무역과 투자 전환의 결과이며, 따라서 배제된 국가들이 가입하고 싶어 하는 욕망을 일으켜 더 많은 국가들이 가입하게 된다는 사실을 활용한 것이다. 만약 최초의 한 협정이 중요한 것이면, 도미노 효과를 유발한다. 꼭 같은 것은 아니지만 비슷한 해석이 방어적 지역주의(예컨대 Greenaway, 1999)라는 말로 자주 거론된다. 여기서 위협이 되는 것은 성장하는 블록으로부터의 무역과 투자 전환이 아니라 시장 소외와 상계적인 교섭력을 제공할 필요성에 대한 두려움이다.

지역통합의 이점

지역무역협정의 경제적 효과에 대한 매우 해박한 연구(Baldwin, 1997b이 탁월하게 개관하고 있다)가 있다. 바이너Viner의 선구적인 연구보고서(1950)는 무역 '창출'과 무역 '전환'이라는 개념을 개발했다. 전자는 본질적으로 역내 자유화의 성과이다. 무역 창출로 덜 효율적인 공급자를 더 효율적인 공급자로 대체하게 될 때 전체적인 단합이 더 좋아진다. 반대로 무역 전환은 효율

---

2) 예를 들어 EU는 아프리카 국가들, 특히 남아프리카 지역의 지역통합을 장려하는 데에 적극적이었다. 원조의 조건이 명확하지는 않지만 EU가 통합 노력을 지원하기 위해 원조를 제공하는 것을 우호적으로 보고 있다는 사실은 명백하다.

적인 지구적 공급자로부터의 수입이 일반적인 대외무역장벽의 보호를 받고 있는 덜 효율적인 지역 공급자로 대체될 경우 발생한다. 지역무역협정이 지역 공동체의 후생을 개선하는지 여부는 무역 창출과 무역 전환 사이의 균형에 달려 있다.

통합 효과에 대한 잇따른 분석들은 소비이익(무역 전환이 소비자 가격을 감소시키더라도), 요소 간 흐름(노동과 자본)에 대한 영향력, 그리고 규모의 경제를 구체화했다. 핵심은 정적인 이익, 예컨대 자원의 재분배와 관련된 것이다. 가장 중요한 이익은 아마도 재분배보다는 축적과 관련된 동적인 것일 수 있다. 궁극적으로 생활수준을 향상시키기에 가장 좋은 방법은 실질소득을 늘리는 것이다. 이를 성취하는 데 한 가지 중요한 특징은 기술발전인데, 기술발전은 직접적으로 요소생산성, 그리고 자본축적과 관련된 일출(溢出)효과 또는 외부성에 영향을 미친다. 기술발전은 인프라 투자나 공공 중간재 투입을 통해, 또는 하나의 민간부문투자 형태에서 다른 것으로의 일출효과를 통해서 이룩할 수 있었다. 로머에 따르면 대안적으로 내적인 혁신을 통해서도 이룩할 수 있었다(Romer, 1990). 세 번째 가능한 경로는 인적자본 축적을 통해서다. 더 고도의 훈련을 받고 더 좋은 교육을 받은 근로자들은 그들 스스로 생산성을 더 높일 수 있을 뿐 아니라 그들과 함께 일하는 사람들의 생산성도 향상시킬 수 있다. 더욱이 학교교육이나 훈련에 대한 투자를 늘리는 것이 현재 축적된 지식의 질을 높이기 때문에 교육과 훈련에 대한 투자 역시 미래 세대들의 생산성에 대해 유익한 의미를 가질 수 있다.

경제통합이 제 역할을 할 수 있는 몇 가지 방안을 살펴보자. 첫째, 과학지식의 공동관리가 미래의 R&D 생산성에 영향을 미치기 때문에 공동관리 규모를 확대함으로써 경제 통합에 이익이 될 수 있다. 둘째, 지역 내의 자유로운 노동력 이동이 지구적인 이동보다 더욱 쉽게 달성할 수 있기 때문에 경제 통합은 인적자본의 공동이용을 강화할 수 있다. 통합에 대한 세 번째 잠재적 경로는 통합이 시장구조에 미치는 효과와 혁신에 대한 인센티브와 관련이 있다. 최소한의 생산 효율 수준이 전체 시장에 비해 높을 때 국내시장은 종종 독점 공급자들을 보호한다. 이런 환경에서 독점 공급자들은 혁신에 대해 강한 인센티브를 갖지 않는다. 통합시장에 자유롭게 드나들게 되면 더 경쟁적인 환경이 조성되고 또한 혁신에 대한 잠재적인 보상을 늘린다. 이 시장규모 효과는 경제통합과 외적 성장 사이의 네 번째 잠재적인 연결고리다.

마지막으로 '제도'가 장기적인 성장에 중요하다는 것이 다수의 의견이었다(예컨대 Rodrik, 1999; Williamson, 1994). 훌륭한 제도는 명확히 규정된 재산권 제도뿐 아니라 계약 집행에 대한 조정의 보강을 필요로 한다. 이런 조정은 불확실성을 줄여주기 때문에 투자와 혁신에 기여할 수 있다. 통합이 될 때에는 단지 상호 승인이라 하더라도 일부 제도를 개혁할 필요가 있다. 지역 통합은 다자간 수준에 비해 더 적은 수의 행위자들이 연루되고, 더 많은 문화적 유사성을 가진 제도적 조정 개발에 이바지하는 환경을 조성한다.

저소득 국가들의 지역무역협정 이점

앞에서 확인된 지역무역협정의 모든 잠재적인 이익은 저소득 국가간 지역무역협정LIRTA에 적용할 수 있다. 그러나 이익의 규모는 크지 않다. 주요 문제는 각 국가의 경제규모가 매우 작기 때문에 LIRTA도 작을 것이라는 점이다. 결코 시장 규모의 잠재적인 수익(규모의 경제, 독점권 제거 및 혁신 장려)이 실현되지 않을지도 모른다. 더욱이 규모가 작은 회원국들이 큰 회원국으로부터 수요가 없는 1차 상품을 생산하는 반면, 동아프리카 지역의 케냐, 남아프리카 지역의 남아프리카 공화국과 같이 한 경제, 특히 제조업에서 LIRTA 시장을 지배하는 경우가 발생할 수 있다. 이것은 무역과 시장 이익이 오직 한 회원국에서만 발생한다는 것을 뜻하며, 또한 LIRTA 내에서 긴장을 증대시킨다(많은 LIRTA가 붕괴되는 하나의 요인이 된다, Lyakurwa et al., 1997 참고). 또한 이웃하고 있는 저소득 국가들 간에 문화적 및 정치적 차이가 심하기(대부분의 아프리카 LIRTA와 남아시아 지역의 경우 이것은 사실이다) 때문에 상황이 매우 복합적이다. 귀중한 경제적 이익이 종종 정치적 비용을 벌충할 수 있다. 그러나 LIRTA에서는 이런 일이 일어나지 않을지도 모른다.

대부분의 LIRTA에서는 통합으로 인한 정적인 수익static gains이 적고, 수익이 발생하더라도 한 회원국에 집중되는 경우가 대부분이다. 더 작은 회원국들이 협정에 가입할 수 있도록 동적인 수익dynamic gains을 확신할 수 있어야 한다. 세 가지의 중요하고 비슷한 잠재력을 가진 동적 수익이 있다. 첫째, 증가된 요소 유동성이다. 정적인 수익이 한 국가에 집중되어 있다 하더라도 더 작은 국가들이 일자리가 있는 곳으로 노동력을 이동시킴으로써 수익을 얻을 수 있다. 이에 대한 대안으로 자본과 노동력의 유동성이 기업들로 하여금 일부 더 작은 국가들에 비즈니스 활동을 재배치하게 한다(처음에 기업들이 더 큰 국가에 자리를 잡게 된 것은 그 국가의 더 적극적인 보호정책 때문이었다). 둘째, 지역통합은 투자를 유도한다. 이것은 해외 투자자들 사이에서, 또는 지역 내에서 일어날 수도 있다. 후자의 경우 규모의 경제와 공공투자(즉, 인프라 투자)의 외적 효과가 더 작은 국가에 이익을 줄 수 있다. 셋째, 지역무역협정은 그에 소속된 각국 정부가 정책 신뢰를 쌓을 수 있도록 도와준다(Fine and Yeo, 1997). 지역무역협정을 창설하고 유지하는 것은 자유화를 추진하겠다는 확실한 정책공약 신호이며, 이것이 해외투자를 유도하게 된다(또한 원조를 끌어들이기 위한 필요조건이기도 하다).

투자를 늘릴 수 있게 유도하는 것은 LIRTA의 성공 열쇠다. 투자 수준은 분명히 기대수익에 달려 있다. 현재 LIRTA 시장 규모가 작다는 사실이 역내 시장을 겨냥한 생산 활동에 대한 투자의 기대수익을 제한하고 있다. 투자수준의 증가는 세계시장을 겨냥한 생산영역에서 발생할 가능성이 가장 크다. 더 큰 세계시장으로 수출을 늘림으로써 저소득 국가들은 성장률을 높일 수 있는 가장 좋은 기회를 가질 수 있다. 우리는 앞서 그들의 수출 확대능력은 제한적이지만 이것이 불가능해지는 않다는 사실을 언급한 바 있다. 수출가능 품목을 생산하는 부문이 잠재적으로 투자자들에게 가장 높은 수익을 제공한다. 투자자들은 세계시장에 대한 접근성 확보와 무역정책의 안정성에 가장 큰 관심을 갖고 있다. 이는 특히 투자자들이 선택할 수 있는 국가후보를 여럿 갖고 있는 해외투자의 경우 그러하다. 지역무역협정의 창설이 이에 도움이 될 수 있다.

지속적인 원조 흐름을 확보하는 데도 유사한 주장이 적용될 수 있다. 지역 통합이 원조조건을 특징지을 수는 없지만(하지만 이것은 EU가 지원하고자 하는 것이다) 자유화 공약을 유지하는 것이 원조제공조건의 기본이다. 콜리에 등이 주장(1997)하고 있듯이 무역자유화를 실시해온 많은 아프리카 국가들이 일부 정책을 반전시켰다. 일부 반전의 경우 세입 비중이 중요한 요소였다고 하더라도 그 이유는 사례에 따라 다양하다. 다시금 지역무역협정 체결이 긍정적인 신호를 보내고 있다. 더욱이 원조는 투자자금의 주요 원천이다. 원조는 LIRTA의 모든 회원국들에게 이익이 되는 공공투자 맥락에서도 중요하다.

LIRTA의 가장 중요한 잠재적인 동적 수익은 투자이다. 국내투자를 장려하고 해외투자를 유도하며 공여국들에게 투자를 호소해야 한다. 이 동적 수익은 LIRTA가 선진국(EU 또는 NAFTA와 같은)의 지역무역협정을 맺게 되면 향상될 수 있을 것이다. 예를 들어 로메Lome 무역특혜가 GATT하에서 불법적인 것으로 간주된다면, 저개발국가 외의 다른 국가들이 특혜를 활용할 수 있는 유일한 방법은 EU와 상호경제파트너십협정REPA에 도달하는 지역무역협정을 맺는 길뿐이다. 이러한 시나리오는 매우 현실적이다. 대부분의 저소득 국가들은 로메협정으로 혜택을 받고 있는 아프리카, 카리브해 및 태평양 ACP 국가들이다. EU는 ACP 국가들에 대해 무역 특혜를 유지할 수 있는 REPA의 잠재력을 고려하고 있다(NAFTA 또한 이를 고려하고 있다). REPA는 LIRTA가 EU에 특혜(기본적으로 무관세)를 부여할 것을 요구하고 있는데, 이렇게 되면 LIRTA는 EU에 자유롭게 접근할 수 있게 된다. 정적인 수익은 주로 EU에서 발생하고, EU는 제조업 대부분의 경쟁적 공급자가 된다(또한 온대 농산품의 경쟁적 공급자가 된다). 그러나 더 중요한 것은 동적인 영향력이다. 만약 REPA를 맺는 것이 LIRTA에 더 많은 투자와 성장을 유도한다면 고정된 영향력을 능가하는 중요한 효과를 거둘 수 있을 것이다. 이것은 충분히 있음 직한 일인데, 부분적으로는 EU가 투자 자금(원조)을 제공하고 있기 때문이고, 부분적으로는 REPA를 통해 LIRTA를 무역자유화로 인도할 수 있기 때문이며, 또한 부분적으로는 EU에 대한 접근성이 투자를 유인할 수 있기 때문이다.

■ 결론

국제 경쟁력을 키우고 해외시장 접근성을 개선하며 더 효율적인 자원분배를 도입함으로써 다자간 농업 무역자유화는 규모의 경제, 기술적 변화 및 경제성장이라는 측면에서 동적인 수익을 크게 올릴 것으로 보인다. 장기적으로는 다양한 형태의 무역자유화가 지구적 효과성을 높이고 수출 수익을 늘려 저소득 국가들에게 이익을 줄 것으로 예상된다. 특정 국가가 수익을 올릴 수 있는지 여부는 그 국가가 수입하고 수출하는 물건이 무엇인지에 따라 좌우된다. 대부분의 국가들은 수익을 올릴 것으로 보이지만 다음 세 가지 유형의 국가들은 수익을 얻지 못할 것이다. 첫째, 순수 식량 수입국들로서 이들은 더 높은 식량가격에 직면할 것이다. 둘째, 열대 식품을 수출하면서 온대 식품을 수입하는 국가들이다. 셋째, 적은 양의 섬유를 수출하고 더욱 개방적인 세계시장에서 비경쟁적인 것으로 보이는 국가들이다. 대부분의 저소득 아프리카 국가들은 이 목록에서 하나 또는 그 이상에 해당되며 그들 대부분은 수익을 올리는 데에 실패할 것으로 보인다. 네팔이나 열대 군도 국가들과 같이 작은 규모의 빈곤국들 또한 전혀 수익을 얻지 못하는 국가들로 간주된다.

향후 원조의 흐름에 맞춰 지구적 무역환경이 변화할 몇 가지 조짐이 있다. 첫째, 구조조정 차관에서 함축적으로 인식되어왔던 것처럼, 일방적인 무역자유화는 단기적인 여러 부담을 지운다. 그 중에서 가장 분명한 것은 (관세)세입을 잠재적으로 잃게 되는 것이며, 화폐 평가절하에 따른 수익이 늘어날 것이라는 점이다. 원조는 이러한 비용을 줄이는 데에 활용되어왔고 활용될 수 있다. 다만 그러한 활용은 단지 일시적이어야 한다. 둘째, 저소득 국가들의 지역통합 조치는 원조 지원을 유도할 수 있다. 특히 공유하는 인프라나 제도적 역량구축을 위한 자금지원이 이에 해당된다. 이 또한 일시적으로 활용되어야 한다(투자효과는 장기적이어야 한다 하더라도). 지역 통합은 투자를 유도하고 수출을 늘리는 데에 잠재력을 제공하며, 결국 원조의존도를 줄이게 될 것이다.

지금까지 논의한 원조의 형태는 기능적인 것으로 설명될 수 있었으며, 특히 수출을 통해 얻는 외환수입이 낮은 국가의 재정적자를 커버하기 위해 원조를 활용하는 일반적인 개념에 맞춰 충분히 설명될 수 있었다. 그러나 다자간 무역자유화로 손실을 보는 국가들이 있다는 사실은 원조의 재분배 역할을 더욱 잘 부각시켜준다. 무역자유화의 실질적인 작동방향이 앞으로 원조의 발전 방향에 중대한 영향을 미칠 수 있다(그리고 성장과 빈곤에 대해 세계화가 미치는 다양한 효과와 관련을 갖게 될 것이다). 다자간 무역자유화는 수익을 얻은 국가가 손실을 입은 국가에게 보상한다면 파레토 복지 개선이 될 수 있다. 우리는 가장 큰 수익을 얻는 국가가 원조 공여국 공동체의 선진국들이며, 주로 손실을 보는 국가들은 저개발국이라는 사실을 알고 있다. 또한 손해를 입는 주요 원인이 세계 식량가격이 잠재적으로 올라가고 있기 때문이라는 것도 알고 있다. 앞으로 한 가지 가능한 방법은 식량가격과 저소득 국가들의 수입 수요를 감시하고 조정하는 일이다(물론 이들 국가의 농부들을 지원하는 정책을 실행토록 장려해야 한다). 이것은 식량원조에 대한 논의를 하기 위해서가 아니라 식량 수입 필요조건의 증가비용과 연관되어 있는 원조에 대한 논의를 하기 위해서이다. 이것은 다른 원조경로에 대한 대안으로서 제안하는 것이 아니라, 다자간 무역자유화의 분배적 의미를 다루기 위해 원조의 특별 형태로 제안하는 것이다.

이 장의 목적은 이것이 앞으로의 원조에 대한 기본적인 주장(도움을 구하는 수원국들과 원조 피로를 바꾸려는 공여국들의 관심 모두로부터의)이 될 수 있다

하더라도, 세계화 과정에서 손실을 보는 국가들에게 보상하기 위한 상세한 원조 계획을 제안하기 위한 것은 아니다. 다자간 무역자유화로 인해 손실을 보는 국가들이 생길 것이므로 보상에 대한 원칙을 확립하고 식량 수입 비용과 관련된 계획을 통해 보상하는 것이 하나의 선택권이라는 사실을 강조하고 있는 것이다. 빈곤에 끼치는 영향력을 주시하는 것 또한 필요하다. 구조조정 차관은 일방적인 무역자유화를 포함한 경제정책 개혁의 구조조정 비용을 수원국에게 효과적으로 보상하는 수단이다. 지역통합 협정은 전형적으로 손해를 입는 국가들에게 보상하는 계획을 포함하고 있다. 다자간 무역자유화에도 동일한 규칙이 적용될 수 있다. 무역자유화의 가장 큰 수익은 이미 부유해진 선진국이 차지하는 반면, 저소득 국가들이 손해를 볼 수 있는 상황이기 때문이다. 세계화로 손해를 보는 사람들이 발생하기 때문에 어떤 사람들은 점점 더 가난해질 수 있다. 이것은 향후 원조에 대한 새로운 재분배 주장을 불러일으킬 것이다. 지역통합과 같은 세계화 과정을 지원하거나, 제도적 역량구축과 같은 국가의 적응능력을 뒷받침하거나, 또는 구조조정 비용을 충족하는 것 또한 원조에 대한 여러 주장의 근거가 될 것이다. 이러한 분배적 및 기능적 주장들은 같은 국가들에 적용됨으로써 서로 강화될 것이며, 21세기 초기 수십 년 동안 원조정책의 진화에 중요한 요소가 될 것이다.

제17장

원조와 분쟁

토니 애디슨 [1]

■ 머리말

20세기의 마지막 10년 동안 우리는 유고슬라비아의 해체, 르완다의 대량학살, 소말리아의 붕괴 등 3대 비극을 목격했다. 1990년대에는 적어도 43개의 커다란major 무력분쟁(정확한 수치는 '커다란'의 의미를 어떻게 해석하느냐에 따라 달라진다)이 있었는데, 이 중 17개가 아프리카에서 일어났다(Brogan, 1998; CCPDC, 1997). 이 수치는 국가 간 무력분쟁을 포함하고 있지만(대표적인 것으로 1991년의 걸프 전쟁을 들 수 있다), 대부분의 경우 국가 내의 무력분쟁이다(Wallensteen and Sollenberg, 1997 참고). 이러한 참상은 우리 시대에만 국한된 것은 아니다. 1970년대에는 캄보디아에서 대량학살이 발생했다. 하지만 1990년대의 국가 내 무력분쟁의 숫자는 많은 사회에서 분쟁 조절 메커니즘이 무

---

1) 필자는 피터 버넬Peter Burnell, 레이먼드 홉킨스, 필립프 르 비용Philippe Le Billon과 핀 타르프의 유용한 의견과 제안에 감사한다.

너졌다는 것을 의미한다. 이러한 무력분쟁을 어떻게 예방하고 끝내느냐, 그것의 인도주의적 문제들을 어떻게 해결하느냐, 그리고 분쟁 국가들이 겪은 상처의 회복을 어떻게 돕느냐는 것이 현재 공여국들과 그들의 개발 및 외교 정책 그리고 군사기관들이 당면하고 있는 가장 중요한 문제이다.

현재 원조는 꽤 많은 곳에 유용하게 활용되고 있다. 아프리카와 발칸 반도의 긴급구호에서부터 시작하여 다른 많은 국가들, 이를테면 과테말라, 보스니아와 헤르체고비나 그리고 모잠비크의 재건과 개발을 위한 지원에 이르기까지 원조가 영향을 주는 범위는 상당히 넓다. 원조는 제재조치수단으로 이용되기도 한다. 예를 들면 세르비아에 대한 재건원조가 중단되고 있고, 미국은 파키스탄과 인도에 핵시설 확장을 중지하지 않으면 원조를 중단하겠다고 위협하였다. 원조는 또한 유인책으로도 이용된다. 일례로 북한에 대한 식량원조는 한반도의 긴장을 완화하기 위한 목적으로 제공되고 있다. 이 같은 원조의 모든 수요는 줄어들고 있는 원조예산으로 충당되어야 한다. 원조예산은 현재 OECD 공여국 GNP의 0.22% 이하로 떨어져 있다. 이는 원조자금에 의한 세계 최초의 재건 프로그램인 1947년 마셜계획 이후 최하 수치이다.

말할 나위 없이, 무력분쟁 시의 원조는 복잡하며 논쟁의 여지가 다분하다. 이 장에서는 분쟁 중과 분쟁 이후 원조의 역할을 시작으로 이 주제를 다루고자 한다. 인도주의적 원조, 전쟁에서 평화로의 이행을 돕는 원조, 생계유지와 재건을 위한 원조, 국제수지와 예산에 대한 원조 등이 차례로 논의된다. 다음 항목에서는 무력분쟁 상황에서 원조를 개선하기 위한 주요 임무들을 다룬다. 특히 불확실성이 어떻게 인도주의 원조와 재건원조 전체의 효과성을 감소시키는지를 주로 논의한다.

이 장은 원조가 무력분쟁을 예방할 수 있는 다음 세 가지 방안을 제시하면서 마무리된다. (1) 원조를 경제적 불평등과 가난을 줄이는 데 집중함으로써 사회의 긴장과 폭력을 완화하는 방안, (2) 각국이 분쟁을 비폭력적인 의사표현과 해결을 위한 제도화 과정으로 이끄는 것을 돕기 위해 원조를 이용하는 방안, (3) 무력분쟁을 예방하는 데 원조를 이용할 수 있도록 외교 정책적인 틀을 짜는 방안이 그것이다.

■분쟁 중 원조, 분쟁 후 원조

인도주의적 원조Humanitarian aid

인도주의적 원조를 통해 희생자 수를 감소시키는 데 상당한 성공을 거뒀음에도 불구하고, 몇몇 심각한 문제들로 인해 일부 관계자들이 긴급구호의 근본적인 가치에 의문을 품게 되었다. 이 항목에서는 이런 복잡하고 다원적인 문제를 개관한다.

1990년대 이후 무력분쟁으로 약 7천만 명이 국제난민이 되거나 국내에서 쫓겨났다. 15개국이 자국 국민의 20% 이상을 쫓아냈다. 공여국들은 NGO, WFP, UNHCR와 Unicef 프로그램을 통해 분쟁국의 딱한 처지에 있는 사람들과 난민들에게 식량, 의료지원, 숙소를 제공하고 있다. 이러한 활동은 광범위한 구호범위를 가진 대대적인 병참지원이었다. 예를 들어 보스니아 사태가 절정에 이르렀을 때 보스니아 인구의 3분의 2가 인도주의적 원조를 받고 있었다. 분쟁 시에는 또한 홍수나 가뭄에 대응하기 위한 원조가 제공된다. 1988년 수단과 소말리아는 엘니뇨현상의 영향에 대처하기 위한 주요 원조 작전을 경험했다. 원조 전달 방식은 정상적인 정부가 존재하는 모잠비크에서, 정부가 붕괴된 소말리아에 이르기까지 각 국가가 겪고 있는 긴급 상황의 종류에 따라 달라진다. 최근의 원조자금 부족현상으로 인해 아프리카에서의 원조활동이 원활하지 못했다. 1999년에는 UNHCR의 요구액 중 25%만이 충족되었다.

무력분쟁국가에서의 원조 작전은 엄청난 식량원조 수요를 발생시켰다. 1990년에 긴급식량원조가 세계 식량원조의 19%를 차지했다. 이 비율은 42%로 증가했다(IFPRI, 1998). 1996~1997년에 WFP 식량원조를 받는 사람들이

17% 증가했다. 필요한 사람들에게 식량구호 목표량을 설정하는 데에는 현재 많은 경험이 축적되어 있다(제8장의 리뷰와 Stewart, 1998 참고).

공여기관들은 무력분쟁상황에서 긴급구호에 집중하면서 몇몇 기본적인 서비스가 가동되게끔 돕기도 한다. Unicef는 분쟁국가에서 백신접종 캠페인을 벌인다. 예컨대 Unicef는 1998년 남부수단에서 휴전기간을 이용하여 각 병원에 기본약품들을 새로 공급했는데 이런 활동이 아이들의 대규모 설사증세를 방지하는 데 크게 기여했다. 또한 Unicef는 아프가니스탄의 탈레반 점유지역에서 지역사회를 기반으로 한 교육을 시작하도록 지원하고(이는 공교육에서 여성의 차별을 어느 정도 해소하고 있다), 탈레반 영역을 벗어난 다른 지역에서 교육 당국자들과 함께 활동을 계속하고 있다(Unicef, 1999). 더욱이 전쟁 중과 이후에는 무엇보다도 희생자들의 사회 복귀와 심리-사회적 지원이 필수적이다. 특히 여성들은 상당한 도움이 필요하다. 모잠비크에서 여성의 44%는 살인을 목격했고, 25%는 자녀들과 헤어졌다. 캄보디아에서는 노르웨이와 스위스에서 온 NGO들이 난민을 위한 정신건강 프로그램을 진행하고 있다. 시에라리온에서는 NGO가 민병대로부터 어린 병사들을 떼어놓기 위해 노력하고 있다(Unicef, 1998). 이런 방법으로 원조는 인간의 고통을 완화시켜주면서, 동시에 사회적 자본Social capital을 유지하고 재건할 수 있다.

그럼에도 불구하고 인도주의적 원조는 전투원들의 손에 들어갔을 때 무력분쟁을 장기화하고 더 심화시킬 수 있다. 유엔 사무총장은 이것이 인도주의적 원조가 직면하는 가장 어려운 과제 중 하나라고 했다(Annan, 1998). 1993년 소말리아에서의 원조 작전에서는 유엔 구호품의 50%만이 대상자들에게 돌아갔고, 나머지는 군벌의 손에 넘어갔다(Ramsbotham and Woodhouse, 1996). 보스니아에서는 민병대가 UNHCR 구호품을 모두 사용했고, 수단의 반란군은 암암리에 유엔 구호품에 세금을 부과했다(Duffield, 1999). 1996년 라이베리아의 군벌들이 8백만 달러 이상의 구호물품을 약탈하여 군사적 목적에 사용했다(Annan, 1998). 게다가 인도주의적 원조는 난민 수용소를 근거지로 하고 있는 전투원들이 전용할 수 있다. 이것은 오래 계속되고 있는 문제점이다. 파키스탄 난민 수용소에 기지를 두고 아프가니스탄 국경을 넘나들고 있는 전투원들과 태국 난민 수용소에 근거하고 있는 캄보디아 전투원에게 원조물자를 제공한 셈이 되고 있는 것이다. 실제로 냉전기간에 강대국들은 이런 방식으로 암암리에 반란군들을 지원했다(Barber, 1997).

이러한 문제들이 일부 비판자들로 하여금 격렬한 결론을 내리게 했다. 예를 들면 알렉스 드 발Alex de Waal은 "아프리카에 제공된 대부분의 인도주의적 원조는 쓸모없거나 오히려 파괴적이므로 중단되어야 한다"고 주장했다. 다른 연구자들은 '해를 입히지 말라'라는 고대의 의료원칙에 맞추어 인도주의적 원조도 잘못된 세력들의 수중에 들어갈 가능성이 있는 원조는 보류되어야 한다고 말한다. 루트와크Luttwak는 NGO의 지원이 전투원들에게 물자를 공급하는 꼴이 되어 조기에 분쟁당사자 쌍방의 정치적 합의를 이끌어낼 수 있는 자원의 소진을 방해함으로써 전쟁을 장기화한다고 주장한다.

그러나 이러한 주장들 역시 강력한 반발에 부딪친다. 런던 소재 해외개발연구소는 이렇게 주장한다. "전부는 아닐지라도 대부분의 분쟁에서 인도주의적 원조가 대립을 가중시키는 데 기여하는 일은 극히 적다. 그보다는 원조가 특정 정치집단을 지지하는 상황은 정치, 군사적 실수 때문에 야기된 것이다." 따라서 인도주의적 원조가 본의 아니게 전투원들에게 도움을 주는 것은 인도주의적 원조의 문제라기보다는 원조 제공과정에서 안전성과 투명성이 보장되지 않았기 때문이다(다음에서 이 문제를 더 다룬다).

예컨대 1996년 르완다에서 자이르 동부로 추방된 후투족의 5~10%는 가짜 난민이었다. 1951년에 제정된 난민협정에서는 난민들의 신분을 확인해야 한다고 명시되어 있다. 그러나 이것은 평화유지군이 있어야만 가능한 일이었는데 강대국들이 이를 제공하지 않았기 때문에 사실상 유명무실한 규정이었다. 결과적으로 1천2백만 명의 난민들이 인도주의적 원조의 수혜를 받은 '대량학살자'들의 수중에 놓이게 되었다. 케언즈Cairns는 이러한 상황에서 NGO들이 직면하는 딜레마에 대해 강조했다. 어떤 NGO들은 현지에서 계속 도움을 주었고 다른 NGO들은 결국 철수했다.

현재 공여기관들은 이러한 위험을 줄이기 위해 구호프로그램을 다시 마련하였다. WFP는 소말리아의 기업가들과 계약을 맺어 빈곤지역에 구호식량을 전달토록 했다. 계약자들은 식량원조 가치에 해당하는 만큼의 보증금을 내야 하며 전달되지 못한 구호품만큼의 가치가 보증금에서 깎이게 된다. 따라서 계약자들의 이익은 자신이 얼마나 안전한 수송통로를 협상해내는지에 성공여부가 달려 있다. WFP가 주장하는 바에 따르면 이 방식으로 구호물품이 전달되는 경우 약 2%만이 손실된다고 한다. 공여기관들은 또한 그들의 프로그램을 재조정하여 교전 당사자들에게로 흘러들어가는 구호품의 가치를 감소시켰다. 라이베리아의 구호물품 약탈사건이 벌어진 후, 국제 NGO들은 교전 당사자들에게 새로운 물자가 제공되지 않도록 지역적으로 전달 가능한 물품만을 구호과정에 이용하기로 합의했다(Carins, 1997). 불안의 수위가 높을 때 많은 NGO는 쉽게 도난당할 수 있는 건조식량을 배급하지 않는다. 교전 당사자들이 약탈할 유인을 감소시킴으로써 이러한 방법들은 매우 불안정한 상황에서도 인도주의적 원조를 가능하게 한다. 그러나 이러한 방식들은 당연히 안전 자체를 정착시키는 대안이 될 수는 없다.

전쟁에서 평화로의 이행에 대한 지원

휴전협정이 보장되면 전쟁에서 평화로의 이행이 시작될 수 있다. 이행과정의 과업에는 선거관련 지원, 정의, 안전, 제도 확립을 위한 투자가 포함된다. 파괴된 지역사회가 재건되어야 하고, 국제수지와 예산에 대한 지원은 사회와 경제복구를 위해 사용되어야 한다.

민주화Democratization

경쟁이 보장된 선거는 폭력분쟁의 재발을 방지하기 위해 필수적인 요소로 여겨진다. 크리슈나 쿠르마Krishna Kumar는 분쟁 이후 선거의 세 가지 주된 목적을 (1) 국내 및 국제사회에서 합법성을 인정받은 정부에게 권력을 이양하는 것, (2) 민주화를 시작하고 굳건하게 함으로써 민주적인 제도들이 정착할 수 있게 하는 것, (3) 폭력분쟁을 정치적 경쟁으로 대체함으로써 과거 분쟁 시 적대적이었던 집단들을 화해시키는 것(투표가 총알을 대체하는 것. Kumar, 1998: 7)으로 설명한다. 대부분의 평화협정은 선거에 대한 합의와 선거예정일을 포함한다. 그 사례로 보스니아와 헤르체고비나, 캄보디아와 모잠비크의 경우가 있다. 대부분의 경우 원조는 경쟁적인 선거를 조건부로 제공된다(에리트레아, 르완다, 우간다는 예외적인 경우이다). 원조는 선거법 제정과 투표과정을 조직하고 감시하는 과정을 전제로 한다.

하지만 전국 또는 지방선거가 무력분쟁을 해결하는 데 어떤 역할을 하는지에 대해서는 논란의 여지가 있다. 어떤 경우에는 선거가 평화를 위한 제반 조건들이 부재한 상황에서 너무 성급하게 실행된 적도 있다(앙골라와 시에라리온이 좋은 사례가 된다). 모든 분열된 사회에 일관되게 적합한 선거제도는 존재하지 않는다(Rally and Reynolds, 1999). 더욱이 때 이른 선거는 분쟁의 책임을 지고 있는 국수주의자들 또는 인종차별적인 엘리트들을 정당화하는 수단으로 전락할 수 있다(Chandler, 1998). 민주주의가 공고히 정착되기 위해서는 시민사회 제도가 확대되어야 한다. 일부 시민사회 제도가 국수주의자나 인종차별주의자들의 이해관계에 얽힐 수 있기 때문에 공여기관들은 민족적, 인종적인 분열을 중재할 수 있는 진보적인 제도를 목표로 설정해야 할 것이다. 그렇지만 이러한 당연한 주장이 실제로 실행되기는 쉽지 않다(Engberg and Stubbs, 1999).

정의구현 justice

국제사회는 구유고슬라비아와 르완다와 관련된 범죄를 다루고 있는 국제사법재판소에 자금지원을 하고 있다. 이 재판은 잠재적인 전범들을 막을 수 있고, 또한 정의의 '세계화'를 위한 중요한 혁신을 상징한다. 이로 인하여 각국 정부에 인권 존중에 대한 압력이 가해지고, 또한 원조중단 가능성으로 위협함으로써 각국의 사법제도개혁을 유도할 수 있다(물론 원조의 이러한 처벌, 위협 효과는 매우 제한적이다). 예를 들어 일부 공여국들은 크메르루즈 지도자들에 대한 국제적인 재판을 통해 캄보디아의 사법개혁과 원조를 연결시키려고 하였다. 그러나 이러한 압력과 노력은 캄보디아와 양자간 공여국들 간의 합의 부족으로 그 효과가 약화되었다.

안전security

과잉 산개되어 있는 지뢰는 의료서비스 요구를 증가시키고, 교통 혼란을 야기하며, 토지를 농업과 목축업용으로 이용할 수 없게 한다(Heiberg, 1998). 지뢰제거를 위한 민간 및 공공 원조가 현재 매우 광범위하게 전개되고 있다. 캐나다는 이미 단독으로 6천4백만 달러를 5년 동안 지원하기로 약속했다. 문제의 중요성에도 불구하고 지뢰제거가 늦어지는 일이 빈번하다. 유엔기구 간의 의견 불일치와 높은 이익을 노린 로비로 인하여 모잠비크에서 대규모 지뢰제거가 1년 이상 지체되었다. 그 사이에 NGO들이 많은 지뢰를 제거하기는 했다(Barnes, 1998). 지뢰를 완전히 제거하기 위한 한계비용은 천문학적이다. 따라서 지뢰와 관련된 캠페인들이 더욱 중요해진다. 앙골라와 에티오피아/에리트레아 사이의 분쟁이 재개되었을 때 새로운 지뢰가 설치되었다.

평화협정은 무장해제와 전투원 해체가 수반되어야 한다. 그리고 어떤 경우에는(모잠비크와 같이) 정부군과 저항세력 군대를 합쳐 새로운 국가방위군을 조직해야 하는 경우도 있다. 영국은 개별 군사조직을 감축하고 재구성하고, '민주적으로 인정할 수 있는' 군대를 조직하는 데 필요한 군사원조를 제공하고 있다. 전투부대 해체에 대한 원조는 군비지출에 대한 재정적 압박을 줄이고 공공자금을 군사비에서 개발비로 전환할 수 있게 한다. 일례로 1991~1992년의 지부티Djibouti 내전 기간에 전체 공공지출의 35%가 군사비 지출이었고, 원조에 의한 전투부대 해체는 전쟁 이후 경제개발과 사회부문 투자에 대한 지출을 증가시키는 데 기여했다.

제도적 투자 Institutional Investment

일부 무력분쟁은 정부기관에 별다른 피해를 주지 않고 끝나곤 하지만(예컨대 엘살바도르, 에티오피아, 모잠비크의 경우처럼), 다른 일부 분쟁은 정부기관에 대규모 투자를 하게 하여 아예 새로운 국가를 만들어낸다(에리트레아와 동티모르처럼). 극단적인 경우 정부기관이 완전히 파괴되어 전면적인 재건이 필요할 때도 있다(1979년의 캄보디아와 현재의 소말리아의 경우처럼). 그러므로 행정기관, 사법부, 중앙은행을 새로 설립하거나 재건할 때는 물론 새로운 화폐제도를 도입할 때 전문적인 지원이 꼭 필요하게 된다. IMF와 UNDP는 이 과제들에 선두를 달리는 다자기구들이다. 다수의 공여기관과 NGO 프로그램들은 많은 숫자의 숙련된 현지 전문인력을 필요로 하기 때문에, 모잠비크처럼 전문인력이 부족한 가난한 나라에서는 핵심적인 공공기관 재건에 필요한 인력을 흡수해버리는 문제가 발생할 수도 있다.

평화협정은 여러 가지 복잡한 정치적인 결과를 가져오고 그에 따라 복잡한 공공기관의 재조정을 야기할 수 있다. 팔레스타인 당국과 그들의 이스라엘에 대한 관계가 한 사례이다. 보스니아 헤르체고비나에 있는 공여기관들은 항상 다음의 세 행정기관과 함께 일해야 한다. 즉 (1) 보스니아 헤르체고비나라는 정부 자체와 그 구성 기관, (2) 보스니아 헤르체고비나의 이슬람-크로아티아 연맹, (3) 세르비아인들이 다스리는 스르프스카 공화국Republika Srpska이 그것이다. 마지막 두 단체 간의 협력은 우발적이었고, 이는 공여기관들로 하여금 예산, 중앙은행, 입국심사 등 국가기관과 관련된 법률 제정을 '간단하고 신속히' 만들게 했다(EBRD, 1997: 157).

생계유지와 재건을 위한 원조

일부 무력분쟁의 경우에는 전쟁을 피해 도시로 나온 빈민들에게 지역사회 프로젝트를 통해 안전한 생계유지를 위한 기본적인 서비스 제공이 가능해져 그들의 강제적인 도시이주에서 오는 충격을 누그러뜨릴 수 있다. 예를 들면,

현재 앙골라 인구의 약 40%가 루안다로 쫓겨나 있으며 지역사회 프로젝트는 이들을 도울 수 있는 몇 안 되는 수단 중 하나다. 안전한 농촌 지역의 경우에는 개발 프로젝트도 가능한 수단이 될 수 있다. 실제로 모잠비크는 이를 통해 절망적인 식량안보 상황을 개선했다. 외부 군사력의 보호를 받는 고립된 지역의 생계유지를 위한 원조 또한 가능하며, 그 예로 이라크의 쿠르드 지역 내에 있었던 사회 경제적 기본시설의 재건을 들 수 있다.

일단 평화가 보장되면 난민들의 귀환과 생계수단의 마련이 급선무다. 모잠비크에서는 200만 명의 주민들에게 농기구와 씨앗을 지원하고 농업과 영세기업을 다시 시작할 수 있도록 원조했다. 전쟁 이후의 모잠비크의 보안상황은 비교적 양호하여 지원활동과 사회재건이 수월했다. 그렇지만 서북부의 르완다에서는 대량학살이 지속되어 안전을 위협했다. 르완다군은 후투족을 시설이 부적절한 수용소로 옮겼다가 결국 군대가 감시하는 특별 마을에 정착시켰다. 이는 고전적인 반란평정 기법이다. 공여기관들은 당연히 강압적인 정착 프로그램에 기여하길 조심스러워 하고, 대부분의 경우 자신들의 역할을 프로젝트 안내에 국한시켰다.

빈곤이 분쟁의 원인이 되기 때문에 평화를 유지하기 위해서는 빈곤을 줄이는 광범위한 재건과 경제성장이 필수적이다. 과테말라는 토지가 원주민들에게 매우 불공평하게 분배되어 있으며 라틴아메리카에서 인간개발지수가 가장 낮은 국가 중 하나이다. 때문에 36년 동안 계속돼온 군부정권에 저항하는 반란이 그치질 않고 있다. 세계은행은 원주민들의 삶을 개선하기 위해 최빈곤 지역에 시장 접근성을 높이는 도로건설과 기초교육, 여성교육, 언어교육을 목표로 하는 프로젝트 원조를 제공하고 있다.

분쟁이 끝난 후 징집에서 자유로워진 남성들의 실업해소가 최우선순위가 되는 경우, 여성과 그들의 생계는 대부분 소외되기 마련이다. 원조 프로젝트가 분열된 사회 속의 여성들에게 공동으로 지역사회 재건에 한몫을 하고 있다는 생각을 심어주게 되면 분열된 사회를 연결하는 시발점이 될 수 있다. 소득창출 프로젝트(소액금융 포함)를 실행하는 프로그램인 '보스니아 여성 이니셔티브Bosnia Women's Initiative'가 이러한 목적으로 설립되었다(Hunt, 1999). 더 일반적으로 시민단체에 대한 지원은 사회자본을 형성한다. 보스니아와 헤르체고비나에서 UNDP 프로젝트가 명시적으로 추구하는 목적이 바로 이것이다(Engberg and Stubbs, 1999).

공여기관들은 지원물자가 전범들의 손에 들어가지 않게 하는 과정에서 종종 궁지에 몰릴 때가 있다. 보스니아와 헤르체고비나 내전의 전범용의자들은 재건업무를 담당할 수 있는 기업들을 소유하고 있다. 이런 사람들 중에는 스르프스카 공화국에서 악명 높은 오마르스카Omarska와 케라테름Keraterm 포로수용소를 운영한 공직자들도 포함되어 있다(Paul, 1997). 유럽의 양자간 원조자금이 이런 기업들에게 흘러들어간 것으로 알려져 있다. 인권기관들은 고위공직자들이 수사를 받고 있는 지역에는 원조를 거부하는 원칙을 선호하지만, 공여기관들은 기업주가 공식적으로 전범으로 기소되지 않는 이상 계약이 중지 또는 파기될 수 없다고 결론짓는다. 더욱이 민족 공동체 사이의 불평등한 원조분배는 긴장을 야기할 수 있다. 보이드(Boyd, 1998)는 재건원조의 2%만이 스르프스카 공화국에 제공되며 분배문제로 민족적 적대감을 심화시키고 있다고 강조한다.

무력분쟁은 생계유지에 필요한 기반시설을 크게 파괴한다. 그 비용은 레바논에서 250억 달러, 보스니아와 헤르체고비나에서 200억 달러로 추산된다. 원조의 목표를 설정할 때 가장 우선적으로 빈곤 지역의 기반시설 확충, 기초교육, 의료서비스 그리고 노동 집약적인 방법으로 재건될 수 있는 기반시설 건설에 초점을 맞추어야 한다. 후자는 평화 초기단계에 필요한 고용기회를 창출하여 실업 시에 범죄자로 전락할 수 있는 동원 해제된 군인들의 고용에 중요한 기반이 된다. 이 목표를 달성하는 데 필요한 공공자금과 원조자금을 함께 관리하는 것은 건전한 예산관리 기관, 충분한 외부자금, 그리고 이를 뒷받침할 재정구조 없이는 매우 어려운 일이다. 따라서 우리는 이제 원조의 거시적인 측면을 살펴볼 때다.

국제수지와 예산지원

분쟁은 수출입을 감소시키고 평화 시에 국내에서 생산하던 상품들조차 수입해야 할 상황을 초래한다. 이처럼 제14장과 제15장에서 논한 자원동원 문제의 복잡성이 다시 문제가 된다. 앙골라의 근해 유전산업처럼 분쟁으로부터 수출 생산의 안전이 확보되거나, 공여기관들이 식량원조 또는 구조조정 차관(스리랑카와 모잠비크의 경우처럼)과 같은 프로그램 원조를 제공하지 않는 이상 엄격한 수입 할당제가 적용될 수밖에 없다. 분쟁의 여파로 국내저축을 훨씬 초과하는 재건투자로 인해 매우 높은 수준의 적자가 유지될 것이다. 이 적자는 재건투자가 커지면 그 폭이 확대될 수 있다. 보스니아와 헤르체고비나의 경우 1997년에 무역적자는 GDP의 40%를 차지했다.

분쟁시기에는 국제시장에서의 민간차입에 대한 접근성이 일반적으로 떨어지며, 국가신용등급이 회복되기 전까지는 계속 낮은 수준을 유지한다. 물론 앙골라의 경우처럼 석유재원 융자가 가능한 경우는 예외이다. 더욱이 많은 분쟁국가들 가운데는 에티오피아, 모잠비크, 니카라과를 비롯한 과다채무빈국HIPC 그룹이 포함되어 있다. 과거의 양자간 원조차관은 경감조치를 받았고, 그들의 다자적 부채를 줄이기 위한 노력이 HIPC 그룹 주도 아래 일부 진전(충분치는 않지만)이 있었다. 구유고슬라비아처럼 해체된 국가들의 경우에 부채처리는 복잡한 문제가 된다.

분쟁은 경제의 과세기반을 축소하고 수입억제로 인한 수입관세의 감소를 초래한다(관세수입 감소는 이라크나 세르비아의 경우처럼 무역제재로 인해 더욱 심화된다). 세입이 감소하고 군비지출이 증가함에 따라 사회부문과 개발에 대한 지출이 삭감된다. 예산지원을 위한 프로그램 원조가 제공되지 않으면, 대규모 재정적자가 통화발행으로 이어짐으로써 전시경제의 전형적인 하이퍼인플레이션이 발생한다. IMF와 세계은행은 자기들의 원조(매우 소수의 분쟁 국가들만이 이것을 받는다)에 재정적인 조건들을 전제로 제시하지만 사실상 전시경제를 안정화하는 일은 매우 어려운 과업이다(스리랑카에 대한 구조조정지원 평가, World Bank, 1996d 참고).

일반적으로 무력분쟁 이후의 경제는 매우 저조하고 왜곡된 재정수입, 심각하게 일그러진 공공지출구조, 그리고 대규모 재정적자와 공공부채를 특징으로 한다. 재건에 착수하기 위해서는 공공투자 확대와 이에 상응하는 순환적인 소비가 필요하다. 따라서 이것은 군비지출 감소, 공공지출 구조개혁, 적자 공기업의 조심스런 민영화와 세입증대 동원을 요구한다(재정적인 부분에 관해서는 제15장 참조). 극소수의 정부만이 이러한 복합적인 과제들을 원만하게 달성할 수 있고, 대부분의 경우 민주화과정에서 초과지출에 대한 정치적인 압력이 증가하기 때문에 평화가 도래한 후 처음 몇 년간은 재정위기가 통상적으로 발생한다.

IMF는 재정 보조금 지원에 대한 조건으로 재정적자 축소를 요구한다. 그러나 엄격한 재정적자 목표치는 원조자금에 상응하는 필수적인 소비순환을 방해함으로써 지원 프로그램을 혼란시키거나 붕괴시킬 수 있다. 몇몇 경우에 세계은행과 양자간 공여기관들은 IMF의 지나치게 엄격한 재정지원 조건을 비판하였다(애디슨과 de Sousa, 1999의 모잠비크 사례 참고). 세계은행 수석경제학자인 스티글리츠Joseph E. Stiglitz는 재정 적자를 메우기 위한 원조자금의 흐름이 안정적이고, 원조자금과 공공자금이 사회경제적 인프라에 대한 고수익 사업에 투자되고 있는 경우 IMF의 지나친 재정조건을 완화해야 한다고 주장한다(Stiglit, 1998). 더욱이 전쟁은 다양화를 저해하여 저소득국가의 경제는 필수품 가격 변화에 취약하게 되고, 이는 재정에 부정적인 영향을 미친다. 최근 과테말라와 르완다도 이러한 사태를 겪었다. IMF의 재정지원 조건에 이러한 제약이 적절하게 반영되어 있느냐의 여부는 미지수이다.

미래의 잠재적 무력분쟁 위협은 재정불안정성을 더욱 악화시킨다. 부룬디에서 군비지출은 전체 정부 총지출의 38%를 차지한다, 이것은 농업, 의료, 교육 부문 지출을 모두 합친 24%를 훨씬 초과하는 액수다. 르완다에서 군비지출은 1996년의 경우 총지출의 40%를 차지했다(Oxfam, 1997). 이것은 대부분의 프로그램 원조가 전용될 가능성이 있기 때문에 매우 심각한 문제이다. 군비지출로 인한 재정압박은 아프리카의 큰 원조 수원국 중 하나인 우간다에서 심각한 문제로 대두되고 있다. 이는 콩고공화국의 내전에 우간다가 연루되어 있고 르완다의 대량학살자들이 우간다를 약화시키기 위해 잠입하고 있기 때문이다. 1998~1999년에 국방비 지출이 총예산의 26%인 1억 3천100만 달러로 증가하였다. 이러한 불안정성은 원조자금의 기본서비스 배정을 저해하며, 최근 우간다가 과다채무빈국의 외채 경감 운동에 의해 부채경감 조치를 받을 자격을 갖췄음에도 불구하고 그 효과를 반감시키고 있다.

분쟁국가에서는 예산 및 정책입안 기관들이 특히 취약해지며, 이 취약성이 공공지출을 국내 지방 공공서비스 개선과 인프라 건설로 전환시키는 능력을 약화시킨다. 실제로 우간다가 아프리카 분쟁 국가 중 가장 건전한 공공기관들을 보유하고 있음에도 불구하고, 사회부문 예산 대부분이 아직도 지방 공공서비스 개선에 이르지 못하고 있다(Ablo and Reinikka, 1998). 게다가 많은 공여기관들이 예산 외의 자금으로 프로그램을 진행시켰기 때문에 수원국정부의 지출관리를 약화시켰다(모잠비크에 대한 Wuyts, 1996 참고). 정부지출과 원조자금을 단일 시스템 내에서 관리하기 위한 분야별 접근은 나아지고 있지만, 정부 지출이 실질적으로 넓은 범위의 개발에 집중하게 되려면 아직 많은 시간이 필요하다(Gould et al., 1998).

■ 미해결 문제들

폭력적인 분쟁이 사회개발에 미치는 영향

폭력적인 분쟁의 발생횟수 증가는 사회개발에 많은 영향을 미쳤다. 하나하나 따져보자.

새로운 조직편성과 협력

새로운 조직을 편성하고 협력관계를 만들 필요가 있다. 유엔은 자체의 인도주의적 사업조직을 재편했다. 세계은행은 분쟁 후 지역 담당부서post-conflict unit를 신설했으며(World Bank, 1997e) 양자간 공여기관들과 EU역시 인도주의적 활동을 확대하고 재구성했다. NGO는 분쟁 상황에서 매우 능동적으로 활동한다. 1994~1995년에 미국 오대호 지역에는 200개 이상의 NGO가 있었는데, 이들은 자선기금을 모아 원조를 하거나 유엔과 양자간 공여기관의 하청기관 역할을 하기도 했다(모잠비크에서의 NGO 활동에 대한 연구서인 Barnes, 1998 참조). 그들 역시 새로운 요구에 부응하기 위해 혁신했다. 무력분쟁은 원조 공여국의 외교정책 및 국방기관들과 새롭고 때로는 불편한 협력관계를 맺게 했다. 가장 최근에는 나토NATO도 이 협력기관에 포함되었다.

점점 복잡해지는 원조 협력관계

공여기관들 사이의 협력관계엔 항상 많은 문제가 뒤따랐다(제18장 참고). 원조부문에 종사하는 기관들이 많아지면서 문제점 역시 점점 늘어났다. 보스니아와 헤르체고비나의 경우 NGO에서 세계은행에 이르기까지 다양한 규모의 공여기관들이 100개 이상 원조 작전을 펼치고 있다. 각 공여기관들은 조직구조와 보고방식이 서로 다르며, 무력분쟁과 재건에 대한 시각도 각각 다르다. 경제정책을 마련하는 기관들과 세계은행, IMF 및 평화정착 과정에 관여하는 기관들, 그리고 분쟁 후의 유엔기관들 사이의 협력 결여가 때때로 문제가 된다(이와 반대되는 견해에 대해서는 엘살바도르에 관한 Boyce, 1996과 모잠비크에 관한 Marshall, 1998 참조). 공여기관들은 상호협력을 통해 평화협정이 양산하는 복잡한 정치적 조정문제에도 대응해야 한다. 보스니아와 헤르체고비나의 경우가 한 사례이다.

취약한 실행능력

공여기관들은 수원국 정부가 취약할 때 국내 또는 국제 NGO들을 원조실행 과정에 참여시킨다(재검토를 하려면 Barnes, 1998; Goodhand and Hulme, 1997 참조). 단기적으로 이것이 종종 불가피하고, NGO들이 매우 효율적일 수 있는 반면 공여기관들은 수원국 정부의 역량 재건과 개혁에 대한 투자를 게을리 할 수도 있다. 국제 공여기관들은 때때로 현지 NGO들을 저렴한 비용으로 서비스를 제공하는 수단으로 보고 있으며, 그 서비스를 지속시키는 데 별로 투자를 하지 않아도 되는 것으로 알고 있다. 그리고 현지 NGO들은 도시지역에 집중하는 경향이 있어 보스니아와 헤르체고비나의 경우와 같이 농촌에까지 서비스가 미치지 못했다.

원조수요 증가와 원조예산 감소

1990년대 후반부터 인도주의 원조예산humanitarian aid budget이 자금압박을 받기 시작했다. 1980년대 중반부터 구호와 인도주의적 원조자금 지출이 6배 증가하여 1994년에는 90억 달러로 정점을 기록했으나 1997년엔 르완다에 대한 지출 감소를 일부 반영하여 37억 5천만 달러로 줄어들었다(Duffield, 1998). 최근 세계무역협정으로 인해 선진국의 농업부문 지원이 감소하여 빈곤국에 대한 식량원조 또한 줄어들었다(Barrett, 1998; Cohen and Pinstrup -Andersen, 1998). 1992~1993년에 공여국들은 1천500만 톤의 식량을 무상으로 공급하였으나 1996~1997년에는 이것이 670만 톤으로 감소하였다. 이 감소분의 대부분은 미국의 식량지원 감소에 의한 것이다(IFPRI, 1998). 더욱이 현재 몇몇 대형 재건 프로그램reconstruction programme이 진행 중에 있는데 (1996~2000년에는 51억 달러의 예산으로 몇몇 대규모 재건 프로그램들이 시작되었다), 이 가운데 보스니아와 헤르체고비나의 경우가 가장 큰 것 중 하나이다. 이러한 수요는 다른 분야의 원조예산에 재정적 압력을 가하게 된다.

예산재편과 시간, 충분한 재원이 이런 문제들을 해결할 수 있지만, 이런 개발기구들을 지원하기 위한 정치적 의지가 없이는 불가능하다. 이제 이와 관련된 논의를 진행해보자.

전쟁 종결

1990년대 초 당시 미국 대통령 조지 부시는 '새로운 세계 질서A New World Order'를 천명했는데, 이는 유엔 안전보장이사회의 인도주의적 무장개입 승인을 요하는 사항이었다(Weiss, 1999). 그러나 5개 상임이사국 간에 합의가 되지 않아 유엔의 군사 활동은 불충분한 정치적 지원으로 점점 그 효과가 희석되거나 손상되었다(Parsons, 1995). 결국 나토가 1999년 유엔을 제쳐두고 코소보 사태에 개입했다. 이 행동은 국제분쟁 해결에 중요한 의미를 지녔다.

지금 여기서 구유고슬라비아에서 일어난 대량학살에 대한 유럽과 미국의 느린 대응이나 소말리아에서 실패한 미국의 '희망회복 작전Operation Restore Hope', 또는 르완다의 대량학살 방지 실패 등과 같은 1990년대의 암울한 사건들을 논하려고 하는 것은 아니다(Clarke and Herbst, 1997; Grourevitch, 1998a; Ignatieff, 1998; Weiss, 1999 참고). 이는 미국과 유럽이 아직도 통일성 있는 분쟁해법을 찾지 못하고 있다고 말하는 것으로 충분할 것이다(Babbitt, 1999; Moisi, 1999). 소말리아에서의 패배 이후 미국은 '명확한' 이해관계가 있는 분쟁에만 개입하여 작전을 펼치기로 했다. 그러나 미국의 해외정책 수립 시에 이 의미를 둘러싸고 계속 논쟁이 벌어지고 있으며, 냉전시대에 있었던 외교정책에 대한 폭넓은 초당적 합의정신은 아직 되살아나지 않고 있다(Hoffman, 1999).

하지만 새로운 전략이 희미하게 그 모습을 드러내기 시작했으며, 이것이 많은 개발 국가들을 불편하게 할 것이다. 예컨대 미국의 전 국방부 차관보인 조지프 나이(Joseph Nye Jr.)는 'A' 리스트에는 미국의 생존을 위협하는 국가들이 있고(예를 들어 중국과 미국 간의 긴장관계), 'B' 리스트에는 미국의 생존을 위협하지는 않으나 '당장 국익을 위협하는' 국가들(북한과 이라크)이 있으며, 'C' 리스트에는 언론의 주목을 받는 상황이긴 하나 미국의 안보에 간접적으로만 영향을 미치고 국익에 영향을 주지 않는 보스니아, 코소보, 소말리아,

르완다와 아이티 등의 국가들이 포함되어 있다고 분류한다. 냉전이 이미 종료된 상황에서 아프리카는 이제 더 이상 전략적으로 중요한 지역이 아니며, 그곳의 분쟁은 미국의 우선순위 목록의 거의 최하위에 자리 잡고 있다.

1998년 클린턴 대통령이 르완다를 방문하여 "국제사회와 아프리카 국가들은 이 비극을 끝내기 위해 책임을 져야 한다. 우리는 학살이 자행된 이후 빠른 대응을 하지 못하였고, 난민 수용소들이 학살자들의 쉬운 목표가 되게 방치해두었다. 그리고 우리는 처음부터 그 범죄들을 정확한 명칭, 즉 대량학살이라고 부르지 않았다"고 말했다. 이런 비탄의 소리에도 불구하고 국제사회의 반응은 여전히 미온적이다. 냉전 기간에는 강대국들이 나미비아의 전쟁을 끝내기 위해 많은 외교적 자원을 투입하였다. 마찬가지로 1980년대에 앙골라에서 쿠바 군대를 몰아내기 위해서도 많은 노력을 기울였다. 그러나 이와는 대조적으로 1998~1999년에 계속 악화된 앙골라 사태는 그들의 관심을 끌지 못했다.

아프리카 평화유지의 빈 공간을 메우기 위해 많은 사람들은 지역세력, 특히 남아프리카를 꼽는다. 그리고 아프리카의 군대들을 평화유지군으로 훈련시키기 위한 군사 지원이 1990년대에 증가하였다(Herbst, 1998). 그러나 1998년 레소토 사태에 대한 남아프리카의 개입이 매우 적절치 못했으며, 예산압박이 그들의 평화유지군으로서의 개입을 많이 제한하고 있다. 나이지리아는 자국 병력의 4분의 1을 시에라리온의 평화 유지를 위해 투입하였지만, 나이지리아 국내에서의 분쟁과 군정으로부터의 민정이양 이행 때문에 그들의 평화유지 작업은 중단되었다. 게다가 앙골라와 짐바브웨는 국가적, 상업적 이해관계를 구실로 콩고공화국 사태에 개입하기 위해 남부 아프리카 개발공동체Southern African Development Community(SADC)라는 평화유지 위임통치령을 주장했다.

이처럼 아프리카에선 믿을 수 있는 지역평화유지세력의 부재와 강대국들의 무관심으로 계속 전쟁이 일어나고 있다. 이것은 인도주의적 원조에 부정적인 영향을 미친다. 첫째, 불안한 정세로 육상수송이 아닌 공중수송을 택함으로서 원조물자 전달 비용을 높인다. 그리고 앙골라와 시에라리온의 경우처럼 절박하게 구호가 필요한 사람들에게 막상 구호물품이 전달되지 못하는 사태가 발생한다. 이런 경우 공여기관들은 안전한 수송을 위해 계속 교섭을 진행해야 한다. 둘째, 분쟁은 원조에 관여하는 사람들의 생명을 위협한다. 1998년에 유엔 비전투요원의 희생자 수가 유엔 사상 처음으로 평화유지군 희생자 수를 넘어섰다. 교전군들은 원조 관련자들을 학살하여 그들의 출국을 유도함으로써 주민들에 대한 대량학살을 소문나지 않게 마음대로 벌이려 한다. 셋째, 앞서 언급했듯이 원조물자가 교전군의 손에 들어가 사실상 전쟁을 지원하는 데 사용될 수 있다. 간단히 말해 아프리카의 전쟁을 종결하는데 외교적, 군사적 자원을 투입하지 않는 강대국들의 정치적 실수가 인도주의적인 원조의 효과를 감소시키고 그것의 기본원칙을 위태롭게 하고 있는 것이다.

불완전한 평화

전투가 끝나도 평화가 지속적으로 유지될 수 있을지를 장담할 수 없다. 여기서는 다음과 같은 특정한 상황들만을 살펴볼 수밖에 없다. 이를테면 전투원들이 아직도 전쟁을 일으킬 수 있는가? 그들은 전쟁을 할 동기를 갖고 있는가? 제3자가 전쟁 재발을 예방할 수 있는가? 공식, 비공식 채널을 통해 평화적인 표현과 분쟁해결이 가능한가? 이 지역의 평화 정착에는 앞으로 10년 이상의 시간이 필요할 것 같다.

모잠비크의 경우 전쟁이 재발할 가능성은 없어 보인다. 중앙아메리카 역시 사회적 정의가 실현되면 평화가 유지될 것이다. 그러나 앙골라의 경우 공식적인 평화협정도 전쟁재발을 막지 못했고, 에리트레아와 에티오피아 사이의 전쟁 역시 다시 시작되었으며, 구 유고슬라비아 지역의 불안정은 아직도 해소되지 않고 있다. 더욱이 르완다의 종족 간 화해는 매우 불확실하고, 캄보디아는 비교적 안정적이긴 하지만 정부는 고도로 권위주의적이다. 그러므로 '무력분쟁 후post-conflict'라는 꼬리표는 이런 국가들을 설명하는 데는 대부분 매우 부적합하다. 특히 공식적인 평화협정 이후에도 폭력과 불안이 지속적으로 존재하는 경우에 더욱 그러하다. 공여기관들도 분쟁의 원인이 어느 정도 해소되었다고 착각하곤 원조를 중단하는 경우가 있을 수 있다.

'불완전한 평화'는 해당국가의 투자를 저조하게 하고, 불안정한 전시경제를 반복하게 한다. 그리고 대부분의 경제활동은 매몰비용이 거의 없는 단기수익을 창출하는 상업에만 집중되며, 더 장기적인 그러나 확실한 수익을 보장하지 않는 생산업 부문에서는 활동이 이루어지지 않는다. 군비지출은 지속적으로 개발비용을 밀어낸다. 그리고 불완전한 평화는 공여기관들의 프로젝트와 프로그램 원조의 수익을 낮추고, 원조 차관의 금융위험을 가중시키고(채무불이행 증가), 원조자금의 투자지출에 상응하는 정부의 순환지출을 감소시킨다. 따라서 불완전한 평화는 원조의 효과를 약화시키고, 인도주의적 예산 수요를 지속적으로 가중시킨다(이 때문에 개발원조자금이 감소하게 된다). 그리고 공여기관들의 주 목적인 신속한 빈곤 감소를 달성하는 데 필요한 기량이 저하된다.

더욱이 분쟁은 불안정한 지역에 있는 안정된 국가들마저 위협하여 그들에 대한 원조효과를 감소시킨다. 특히 그들의 군비예산 수준이 높게 유지되고(우간다의 사례가 앞서 언급되었다), 이웃나라의 난민을 처리해야 하며, 지역 내의 교통과 무역망이 파괴되고 해외로부터의 투자가 저지된다. 코소보 전쟁은 불가리아와 루마니아에 타격을 주었고, 그리고 구 유고슬라비아 연방의 가장 가난한 나라인 마케도니아는 코소보 사태 중 세르비아에게 과한 무역제재로 경제회복에 막대한 상처를 입었으며, 그 지역의 불안은 세계은행과 IMF의 안정화 노력의 효과성을 감소시켰다(World Bank, 1998h). 그러므로 분쟁억제는 원조에 의한 안정화 노력의 성공률을 향상시킨다.

■ 결론: 무력분쟁 예방을 위한 원조 활용

이 장에서는 대규모 논란거리들을 재검토했다. 많은 문제들이 아직 미해결 상태로 남아 있다. 21세기 초 몇 년간의 사건들 — 특히 코소보사태 이후 — 은 무력분쟁상황에서의 원조활용에 대한 새로운 틀을 만들어낼 수 있을 것이다. 그러나 우리는 원조를 간단히 분쟁을 예방하거나 종결할 수 있는 그런 것으로 인식하는 것을 경계해야 한다. 그럼에도 지나친 단순화의 위험을 안고서 원조를 현명하게 이용하면 무력분쟁 예방에 기여할 수 있는 세 가지 주요한 메커니즘을 소개하며 이 장을 끝맺으려 한다.

빈곤과 불평등 감소에 초점을 두는 원조

원조는 사회적 긴장과 폭력을 완화시키는 수단으로서 빈곤과 불평등 감소에 초점을 맞추어야 한다. 빈곤의 만연은 범죄와 사회적 갈등의 자양분이 된다. 틀림없이 일상적인 폭력이 대량학살로 이어지기 위해서는 많은 계기가 필요하다. 그러나 하나의 사례를 들자면, 르완다 후투족 지도자들이 인헤라함웨(Interahamwe '함께 가다'라는 뜻) 민병대를 결성하게 된 계기는 점점 극심해지는 빈곤이었다. 르완다에서는 다년간 후투족 엘리트들이 투치족 주민들을 정치 · 경제적으로 차별해왔다. 공여기관들은 그들이 지원하는 정권의 진정한 특성을 알려고 하지 않았기 때문에 투치족들이 많은 고통을 겪었다(Uvin, 1998).

분쟁을 예방하기 위해서는 빈곤 퇴치에 원조를 집중하는 일이 시급하다. 그러나 소득과 자본 분배의 불평등이 존재하는 상황에서 빈곤 퇴치는 어려운 일이다. 또한 사회 계층, 지역과 민족에 따른 불평등이 폭동과 학살을 야기하므로 불평등의 제거 자체가 원조의 목적이 되어야 한다. 이를 위해서는 공공지출 구조에 대한 적극적인 감시가 필요하다. 공여기관은 현재 기초 서비스에 중점을 두도록 현지 정부에 압력을 가하고 있다. 하지만 공여기관들은 잘 설계된 토지개혁과 토지세 등과 같은 부유세를 포함한 누진세 제도의 신설을 장려하고 지원해야 한다.[2] 공여기관들은 과도기 경제를 지원하며 잘못 설계된 민영화 추진으로 사회불안을 가중시키는 부의 집중(고위 관료들이 허약한 민주화 과정을 자신들의 이익을 위하여 악용함으로써)과 소득저하, 그리고 실업증대를 초래하였다(Stiglitz, 1998). 빈곤 퇴치뿐 아니라 무력분쟁 예방을 위해서도 경제개혁의 결과와 개혁의 형태에 대한 더 철저한 관심을 기울일 필요가 있다.

비폭력적인 갈등표출과 해결을 위한 지원

원조는 수원국들이 사회갈등을 비폭력적으로 표출하고 그것을 해결할 수 있는 제도와 절차를 마련하는 데는 물론 갈등 당사자들의 평화적인 분리를 지원하는 데 사용되어야 한다. 모든 사회는 정치·사회적 권리, 고용기회, 그리고 사회 경제적 이익에 대한 접근성을 두고 일어나는 갈등을 경험한다. 성공하는 사회는 갈등의 평화적인 표출과 해결을 가능하게 하는 제도 확립에 투자한다. 이는 안정성을 더해줄 뿐 아니라 도시화와 경제성장에서 불가피하게 발생하는 긴장(심지어 매우 건실한 경제에서도 성장 중 지역적으로 불균형한 발전이 있을 때 일어날 수 있는 긴장이다), 민족, 종교와 성별의 차이에서 발생하는 기회와 부의 불균형에서 비롯되는 긴장을 극복할 수 있도록 도와준다.

이러한 제도를 만드는 데는 훌륭한 지도력, 자원, 그리고 무엇보다도 발전을 위한 제도에 신뢰가 쌓일 수 있는 시간이 필요하다. 예컨대 미국의 민주주의 발전은 피비린내 나는 내전으로 중단된 적도 있으며, 1960년대 후반에

---

2) 토지세land taxation는 기본적인 공공서비스용 재원을 조성하고 커뮤니티 프로젝트에 의한 구매용으로 시장에서 토지의 공급을 늘린다. 이것은 토지세수 몫을 통해 그 자체가 자금조달원이 될 수 있다.

와서야 비로소 남부의 인종차별 문제가 제도적으로 해결되었다. 그러므로 우리는 신생 국가들이 겪는 민주화 과정의 어려움에 대해 크게 놀랄 필요가 없다. 하지만 민주주의는 일단 사회가 부유해져야만 누릴 수 있는 '사치품'이 아니다. 인도의 민주주의는 많은 불완전성에도 불구하고 경제성장을 떠받쳐 왔으며, 적어도 케랄라와 같은 주에서는 민주주의가 상당한 인적개발을 달성하는 데 도움이 되었다.

공여국들은 경쟁적인 선거가 정착될 수 있게, 그리고 정치 · 경제적인 권력(민족 또는 지역을 기반으로 한 긴장을 완화하는 데 결정적인 역할을 하는)을 분산시키는 제도를 확립할 수 있게 수원국을 지원함으로써 민주화를 강화해야 한다. 동시에 공여국들은 그들이 달성할 수 있는 목표에 대해 현실적이어야 한다. 선거는 민주주의의 중요한 제도이지만, 그것만으로 민주주의를 달성하는 것은 아니다. 민주주의는 시민사회에 대한 투자, 자율적인 언론, 자율적인 사법제도를 필요로 한다. 원조가 어느 정도까지 민주화를 장려하기 위한 제재수단으로 사용되어야 하는지는 미지수다. 미얀마에 대한 다자간 원조는 현재 민주화를 조건부로 하여 제공되지만, 아직까지 성공하지 못하고 있다.

유엔이 설립되던 당시, 국제적으로 인정받는 국가 수는 74개였다. 현재는 193개이다. 세계 무역자유화는 규모가 큰 국가의 이점을 감소시켰다. 자국이 보호할 수 있는 큰 내수시장을 갖고 있는 국가가 아니라, 교육과 정보기술에 투자하여 세계화의 힘을 자신의 이점으로 이용하는 국가들이 성공하게 되었다. 만약 지역적인 안전이 진척될 수 있다면 대국으로서 갖는 안보이익 또한 감소할 것이다. 이것은 세계화와 더불어 거의 확실히 더욱 많은 분리를 가져올 것이고, 그에 따라 새로운 국가들이 정치 · 경제적 제도를 마련하는 데 필요한 원조 수요가 증가할 것이다. 인도네시아가 실험 지역이 될 가능성이 높다. 세계가 미래의 혼란을 평화롭게 빠져나가려면 유엔의 자금지원과 개혁 문제가 해결되어야 할 것이다.

외교정책의 일관성

원조를 활용하여 분쟁을 예방하기 위해서는 일관성 있는 외교정책이 마련되어야 한다. 공여국의 외교정책과 전략적 체계가 뒷받침되어야만 원조가 당초 부여된 역할을 다할 수 있다. 이것은 공여국이 그들의 외교적, 군사적 힘을 (1) 분쟁을 예방하고 종결하는 데, (2) 인권을 존중하는 국가에게 원조를 제공하는 데, (3) 부정부패가 적은 국가에 원조를 집중하는 데 이용한다는 것을 의미한다. 현재 가장 진전이 느린 것이 바로 다음 세 가지 문제에 대한 것이다.

첫째, 앞에서도 언급했듯이 주요 강대국들은 아프리카의 전쟁에 별 관심이 없다. 아프리카에서 전쟁으로 희생된 사람들의 숫자가 세계 전체 전쟁희생자의 절반을 넘는데도 그렇다. 이 문제는 엉성하게 조직된 전쟁세력들의 동맹관계가 자주 변화함으로써 복잡하긴 하지만, NATO가 개입한 발칸 사태 이상으로 복잡한 것은 아니다. 오히려 이 문제는 정치적 의지의 부족에서 야기된 것이다. 1997년 르완다의 대량학살이 시작되었을 때(그리고 계속된 대량학살 경고를 유엔 안전보장이사회가 계속 무시했을 때), 유엔군 사령관이자 캐나다의 장군이었던 로메오 달라이레Romeo Dallaire는 많은 사람들의 생각을 대변하여 이렇게 말했다.

솔직히 말해, 어느 누가 르완다에 눈곱만큼이라도 관심을 가지고 있었습니까? 3개월 반 동안 6만 명 이상을 투입한 유고슬라비아 전투에서 보다 르완다에서 더 많은 사람이 죽고 부상당하고 추방당하였다는 사실을 제대로 이해하는 사람이 누가 있었습니까? 서방세계 전체의 관심이 유고슬라비아에 가 있고 거기에 수백 억 달러의 돈을 쏟아 붓고 있습니다. 그러나, 르완다 문제를 해결하려고 노력하는 사람은 사실상 아무도 없습니다 (Gourevitch, 1998b: 46).

둘째, 역사는 우리에게 전략적 이해관계가 원조의 분배에서 인권보호와 경제개발에 대한 고려를 압도할 수 있다고 경고한다. 몇몇 공여국들, 특히 스칸디나비아 국가들은 전통적으로 인도주의적 원조 그리고 개발원조를 강조해왔지만 냉전시대에 미국과 소련, 그리고 그들의 동맹국들에게는 전략적 이해관계가 원조의 가장 큰 동기였다(Graham and O'Hanlon, 1997 및 제9장 참조). 다각적인 분석을 통해 슈뢰더Schraeder 등은 미국이 주로 안보협력을 하는 국가들에게 관대하게 원조를 제공해왔음을 밝혀내고 있다(1998). 그 결과 냉전의 양축 모두 독재국가들에게 원조를 해주었다. 아프리카의 뿔(아프리카 대륙 북동부, 소말리아 공화국과 그 인근 지역)은 냉전시기의 파괴적인 영향을 증언하고 있다(Lefebvre, 1991). 시아드 바르Siad Barre정권에 대한 의회의 비판에도 불구하고 1980년대에 미국은 소말리아에 양자간 원조로 4억 9천200만 달러를, 군사원조로 1억 9천400만 달러를 지원했다. 1962년부터 1992년까지 사하라 이남지역의 아프리카에서 모부투Mobutu의 자이레는 두 번째로 큰 미국의 원조를 받고 있었다. 여타의 전략적인 행동들 역시 유해한 결과를 낳았다. 프랑스 정부는 군사원조를 통해 르완다의 대량학살에 분명히 개입했다는 혐의를 받았다(이 혐의는 1998년에 프랑스 의회의 한 위원회에 의해 벗겨졌는데, 많은 관찰자들은 이것을 실책을 숨기기 위한 시능으로 보고 있다).

원조분배에서 전략적 이익의 역할이 사라진다는 믿음은 매우 순진하다 할 것이다. 알레시나Alesina와 달러에 따르면 비록 지엽적으로 민주화가 원조의 증가로 보장되기는 하겠지만 국가 간의 원조 분배를 설명하는 데는 아직도 전략적 동맹관계가 중요한 근거가 된다(1998). 1990년대 초 이후 지구적인 원조의 흐름이 실질적으로 감소하였다. 이는 부분적으로 개발도상국 대부분이 이제 강대국들에게 전략적으로 중요하지 않게 되었기 때문이다(제19장 참조). 루탄은 새로운 정치적 동기를 발전시키기 위한 '환경안보environment security'와 '민주화democratisation'와 같은 새로운 구호들이 냉전과 같은 강력한 정치적 동력을 만드는 데는 실패하였다고 본다. 물론 빈곤과 불평등이 분쟁을 야기하기 때문에 넓은 범위의 개발이 공여국들의 안보를 강화한다고 말할 여지는 있다. 그러나 안보의 논리로 꾸미기보다는 궁극적으로 개발 친화적인 입법자와 단체들이 개발을 위한 원조의 중요성을 강조하는 수밖에 없다. 전자는 원조의 효율적인 분배를 저해하고 목표를 흐리게 한다. 그러나 이것은 설사 원조에 대한 정치적인 지지의 하락과 이에 따르는 원조예산의 감소를 감수하더라도 절대 용인할 수 없는 것이다.

셋째, 원조는 높은 투명성을 가진 정부에 제공되어야 하고, 또한 원조자금을 가장 유용하게 이용할 수 있는 지역사회와 민간사회단체에 지급해야 한다. 공여기관들은 수원국의 부정과 부패에 대해 심각하게 생각해야 한다. 알레시나Alesina와 베더Weder는 일부 부정부패 척도에 따르면 더 부패한 정부가 비교적 덜 부패한 정부보다 더 많은 원조를 받는다고 주장(스칸디나비아 국가들의 원조자금 분배는 예외이다)한다(1999). 부정부패가 반드시 민주주의나 개발에 피해를 주는 것은 아니지만, 부정부패의 증가는 반드시 분쟁이나 충돌에 영향을 미친다. 특히 천연자원이 풍부하고, 그 자원의 개발권이 부정부패 또는 극단적으로 전쟁에 대한 '보상'으로 이어질 때 부정부패와 분쟁의 상관관계는 더욱 강화된다(예컨대 앙골라 내전, 브라자빌 콩고와 콩고민주공화국 간의 전쟁이 그 사례이다). 더욱이 원조가 부정부패한 곳에 제공되었을 때 궁극적으로 분쟁을 야기할 수 있다. 소말리아에서 정부는 자원 경쟁과 원조로 결국 '자원을 고갈시키게' 되었다(Maren, 1997). 인도네시아의 사회적 갈등이 증가하기 시작하자 세계은행은 인도네시아에 부적절하게 제공된 대규모 원조에 대해 때늦은 대처를 하기 시작했다.

간단히 말해 미래의 역사가들은 1990년대를 원조와 그것이 강대국의 전략적 목적과 외교정책과의 관계에 중대한 영향을 미친 10년으로 인식할 것이다. 공여국들은 일관된 외교정책과 군사적 체계를 발전시켜 다자간 기구들과 함께 자국의 원조기관들과 그들의 NGO 파트너를 지원해야 할 것이다. 또한 원조자금을 증가시켜야 하며, 원조는 불평등의 감소와 빈곤 퇴치 등 더 광범위한 혜택을 주는 개발계획에 제공되어야 할 것이다. 그렇지 않으면 원조는 본연의 재건 및 인도주의적 목적을 달성할 수 없으며, 그렇게 되면 새로운 세기는 1990년대 이상으로 평화롭지 못할 것이다.

제18장

아프리카에서의 원조, 이행조건, 부채

라비 칸부르 [1]

■ 머리말

1980년대 초 이후 여러 해 동안 원조, 이행조건conditionality 그리고 부채

---

1) 이 장에서 제시한 견해는 필자가 1992년부터 1994년까지 가나 주재 세계은행 대
표로, 그리고 1994년에서 1998년까지 세계은행의 아프리카 지역 수석 이코노미스
트로 있으면서 겪었던 경험에서 주로 나온 것이다. 또한 그 같은 시기에 필자는
'과다채무빈국HIPC'의 부채 경감계획을 개발한 세계은행-IMF 합동 태스크포스
에도 관여했다. 필자는 여러 해 동안 이 문제에 대한 논의와 토론을 하면서 가나
의 전 재무장관인 쿼스트 보치웨이Kwest Botchwey씨에게 많은 신세를 졌다.
토의를 진행하면서 의견이 엇갈릴 때조차 그로부터 큰 도움을 받았다. 이 장에
제시된 개념은 필자가 1997~1998년 학년도에 코넬 대학, 미네소타 대학, 버몬트
대학 및 벤드빌트 대학 세미나에서 발표한 바 있다. 이 논문은 해외개발위원회의
후원 아래 진행되고 있는 다자간 개발원조의 미래에 대한 폭 넓은 연구 프로젝트
의 일부이다. 필자는 이 연구를 도와준 라지 자야라만Raji Jayaraman과 다비드
포텔바움David Pottelbaum에게 깊은 감사를 드린다.

에 대한 질기고 소모적인 논쟁을 경험했다. 제2차 세계대전 이후 저개발 국가의 투자와 저축 간의 '갭'을 메우기 위한 원조 지원에 대한 교감은 정치적 좌우파 양쪽의 공격으로 무산되었다. 이행조건과 부채에 대한 의견 불일치가 이 논쟁과 밀접하게 관련되어 있다. 1980년대 라틴아메리카에서 부채위기가 발생하자 부채 경감과 차기 원조를 둘러싸고 다른 등급의 융자조건으로 부채 경감을 하느냐 마느냐에 대한 논의가 시작되었다. 하지만 이 토론의 중심에는 아프리카가 있다. 채무를 갚고도 남을 대량원조에도 불구하고, 그리고 원조에 매우 불유쾌한 이행조건이 붙어 있음에도 불구하고 아프리카는 주민들의 복지를 향상시키는 데 실패하였다. 한편에선 이것이 아프리카의 대외부채 부담 때문이라고 하고, 다른 한편에선 원조이행조건 때문이라고 한다. 하지만 이행조건에 대해서는 다음과 같이 3가지 다른 의견이 있다. 즉, (1) 이행조건이 시장개방과 무역확대를 목표로 하는 것뿐이라면 효과가 있다고 믿는 사람들, (2) 이행조건이 빈곤층을 위해 공공지출과 프로그램의 더 나은 배정을 위한 것일 뿐이라면 효과가 있다고 믿는 사람들, (3) 원조의 채찍과 당근은 중기적으로 국내의 정치적 균형을 원하지 않는 다른 방향으로 옮기는 데 무기력하다고 믿는 사람들이 있다.

아프리카는 실험사례이다. 아프리카는 유일하게 공공원조 유입이 민간자본 유입보다 많은 곳이다. 심지어 부채상환이 이루어진 이후에도 큰 격차가 유지되고 있다. 아프리카는 원조에 좌우되는 곳이다. 일부 아프리카 국가는 이상하게도 원조의 양뿐 아니라 원조 유입의 제도적 메커니즘 면에서도 그러하다. 그리고 적어도 지금은 이 거대한 양의 원조 유입이 아프리카 발전에 별 도움이 되어 보이지 않는다. 이 장에서는 원조가 아프리카에서 실패하였고, 이행조건이 실패하였고, 현 제도 아래서는 이런 실패를 만회할 기회가 거의 없다고 주장한다. 이 장에서는 임시방편으로 무거운 채무의 경감과 주요 제도의 개혁이 필요하다는 진단을 내리고 해결 방향을 제시한다. 아프리카의 원조 의존성을 줄이고, 실행에 따른 책임을 외부가 아닌 국민과 정부가 지도록 하기 위한 것이다. 이는 지금까지 아프리카에 제공돼온 원조 규모의 삭감을 의미하며, 또한 원조의존도를 줄이기 위해서 불가피하게 치러야 할 대가이다.

■ 원조의 실패

아프리카의 개발이 기대에 못 미친다는 말은 너무나 자주 들어왔다. 독립 후 초반에 1인당 국민소득이 증가한 이후로는 계속 줄어들고 있다. 콜리에와 거닝Gunning이 아프리카 경제성과에 대해 개관하고 있는데(1997), 가나와 말레이시아를 비교해보면 차이를 단번에 알 수 있다. 두 국가는 1957년도에 독립했다. 영토 크기와 자원 보유량도 비슷하다. 독립당시에 가나의 GDP는 말레이시아보다 몇 배나 컸지만, 40년이 지나자 상황이 완전히 역전되었다. 아프리카에서는 사회적 지표들이 장기적으로는 많이 개선되긴 했지만, 그 진행이 다른 개도국보다 훨씬 느렸고 1980년대 이후에는 더욱 그러했다.

이 장은 아프리카의 원조를 다루는 장이기 때문에 자연스레 아프리카의 개발 실패를 논하는 중심주제는 원조가 될 것이다. 그러나 본론으로 들어가기 전에 원조는 아프리카의 개발에 대한 전체 설명에서 매우 작은 부분을 차지한다는 점을 먼저 밝혀둔다. 색스Sachs와 워너Warner는 아프리카 지세(地勢)의 불리성과 빈약한 정책에 무게를 두고 있다(1997). 배질 데이비드슨 Basil Davidson은 식민지 종주국들이 제1차 세계대전 이후 역사적, 지리적 또는 민족의식을 전혀 고려하지 않은 방법으로 식민지시대는 물론 독립 이후의 국경지도를 다시 그리면서 추진한 여러 가지 조정정책의 문제점을 지적한다(1992). 이는 데이비드슨의 책 제목처럼 『흑인들의 무거운 짐The Black Man's Burden』이 되었고, 그로 인해 번식돼온 불안정이 아프리카 개발 실패의 근본원인이 되고 있다(그의 책 부제는 '아프리카와 민족국가의 저주 Africa and the Curse of the Nation State'이다). 더 표준적인 계량경제학적 연구에서 이스털리Easterly와 러바인Levine은 아프리카의 초라한 성과를 설명하는 데는 민족적 분열이 중요한 역할을 했다고 밝히고 있다(1997). 다른 이들은 덜 설득적이긴 하지만(가나와 말레이시아 비교를 다시 생각해보라), 아프리카의 개발을 저해한 구조적 특징으로 독립 당시의 세계시장과 아프리카 1차 산업의 전문화를 들고 있다. 원조 지지자들과 반대자들 모두 원조를 개발의 중요한 요소로 보고 있지만, 왜 아프리카에서 개발이 실패했는지에 대한 전체 그림은 그리지 못하고 있다.

신문잡지의 보도기사에서 학문적인 연구에 이르기까지 많은 분야에서 아프리카 원조의 실패를 언급하고 있다. 스위스 은행계좌로 들어간 모부투의 비자금에서 가나 마을들의 녹슨 파란색 동독제 트랙터에 이르기까지 개발과 성장을 돕기 위한 원조유입이 비효과적임을 보여주는 경험적 근거들이 도처에 널려 있다. 더 공정해지기 위해서는 이런 것들이 우리 모두가 알고 있는 다양한 개별 성공사례의 반대 근거가 되어야 한다. 그리고 이는 분석할 때보다 높은 수준의 사례수집과 더 넓은 인식이 필요하다는 것을 말해준다. 이는 과거에 특정 분야에 대한 원조조정을 평가하는 많은 부문연구에 의해 증명되고 있다.

오늘날에는 농업신용대출이 다시 원조조정부문으로 인기를 끌고 있다. 하지만 이 분야에서의 주요 원조조정은 1960년대와 70년대에 이루어졌다. 당시 원조기관들은 지방은행과 협동조합 같은 것에 융자하고 있는 상급기관들을 통해 농촌의 소규모 토지 소유자들에게 신용대출을 하려고 시도했다. 일부 성공사례도 있었지만, 대부분 실패로 돌아갔다. 다른 사례, 즉 인프라에 대해 알아보자. 도로는 여전히 낡았지만, 아프리카의 인프라 구축에 수십억 달러의 원조와 국내자금이 들어가 모두 유실되었다는 사실을 잊어서는 안 된다.

이런 부문별 경험은 국가차원에서 분석하는 연구자들에 의해서도 확인되고 있다. 1961년과 1993년 사이 잠비아에 유입된 모든 원조가 정상적인 수익률로 투자되었더라면, 잠비아의 GDP는 현재보다 적어도 30배는 더 커졌을 것이라는 평가도 있다(Easterly, 1997). 모잠비크에서 상당량의 원조가 실패한 사례도 공개적으로 논의되고 있다(Wuyts, 1996). 더 최근에는 국가별 사례에 대한 검토가 있었고, 원조 유입과 개발지표의 개선 사이에는 본질적으로 어떤 연관성이 없는 것으로 나타났다. 이런 연구는 세계 모든 국가에 대해 거의 비슷하게 이뤄진다. 물론 그 결과를 아프리카에 적용하진 않겠지만, 주어진 결과와 최저수준의 경험을 적용해봐야 성공할 것 같지 않다.

이런 국가별 작업에서 최근 가장 많이 거론되는 것은 번사이드와 달러 (1997)의 연구이다. 이들의 연구는 초기 연구의 계량경제학적 문제점을 해결하는 등 보다 깊이 있는 결과를 내놓고 있다(종종 필자를 인용한 다른 연구자는 Boone, 1994; 1996이다. 또한 Easterly, 1997 참조). 이 연구에 따르면 다른 초기 연구들과 마찬가지로 원조유입과 1인당 국민소득(또는 개발의 다른 지표) 증가 사이에는 연관성이 없다. 하지만 이 연구는 다음 3가지 연관성을 살펴봄으로써 문제에 보다 심층적으로 접근하고 있다. 이른바 (1) 성장, 원조, '훌륭한 거시 경제적 정책 환경'과 다른 많은 표준 변수들 사이의 관계, (2) 한 국가에 대한 원조유입과 그 국가의 여러 가지 변수, 특히 거시경제정책 환경 변수 사이의 관계를 나타내는 원조 배분 공식, (3) 거시경제정책 환경과 원조 유입 사이의 연관성이다. 자료의 구체성과 평가 기법에 대해서는 많은 얘기들이 오갈 수 있겠지만 연구결과가 많은 것을 보여주고 있고 진지하다. 번사이드와 달러는 첫 번째 연관성 평가에서 좋은 정책 환경 속에서 원조가 유입되면 성장에 도움이 된다고 밝히고 있다. 하지만 두 번째 연관성 평가를 통해서는 왜 원조와 성장 사이에 연관성이 전혀 없는지를 설명한다. 원조는 정책 환경이 좋은 나라에는 유입되지 않는다는 것이다. 하지만 원조유입이 애초에 정책 환경이 좋지 않은 나라에 개선을 목적으로 이뤄진다면 군이 원조유입과 정책 환경 사이의 연관성을 따질 필요가 없다고 주장할 수도 있다. 여기서 세 번째 연관성이 대두된다. 말하자면 원조는 좋은 정책 환경이 생기도록 촉진하는 역할을 전혀 하지 않는다는 것이다.

■ 원조이행조건 aid conditionality

마지막 두 연구결과는 원조는 좋은 정책 환경을 가진 나라에 유입되지 않고, 그렇지 않은 곳으로 지원되어도 변화를 유도하지는 못한다는 것이다. 브레턴우즈 협정이 주도하는 국제사회는 원조조건(더 많은 원조라는 당근과 원조감축이라는 채찍을 이용하여)을 제시해왔다. 원조가 좋은 정책 환경을 가진 곳으로 유입되게 하여 원조조건이 이러한 환경을 조성하게 하기 위해서였다. 이런 사실에 비추어볼 때 이들 마지막 두 연구결과는 충격적일 수밖에 없다. 1980년대 중반 이후 원조 논의의 주요한 주제는 대부분 원조조건에 관한 것이었다. 논의는 중구난방이었다. 번사이드와 달러(1997)처럼 만약 좋은 거시 경제적 정책 환경을 가진 나라에만 원조가 유입된다면 성장과 개발에 박차를 가하게 될 것이라고 추론하는 사람들도 있다. 하지만 일부 연구자는 좋은 거시 경제적 정책 환경이란 전제를 받아들이지는 않지만, 다른 종류의 조건을 제시할 필요가 있다고 주장한다. 다음 글은 이런 시각을 가진 사람들 중 가장 잘 알려진 전문가의 견해이다.

원조를 통해 현지 정부에 빈곤층을 위한 정책을 펴도록 압박할 수 있고, 그리고 압박해야 할 것인가? 옥스팜Oxfam은 새로운 형태의 원조조건이 긍정적인 정책 개혁을 이끌어내는 데 도움이 될 수 있다고 믿는다. 수원국 정부와 원조 공여국들은 원칙적으로는 보건, 기초교육, 상수도 및 공중위생에 대한 투자를 점진적으로 늘리는 데 합의할 수 있다. 대부분의 공여국들은 개도국 정부의 국가 주권을 훼손할 수 있다는 이유로 이 같은 접근 방식에 반대한다. 그들은 다른 분야에서 주권을 침해하는 데는 별로 꺼려하지 않는다. 공여국들은 구조조정 프로그램을 통해서 수원국 정부가 초등교육과 기본 의료시설에 요금을 부과하게 하고, 통화를 평가절하하게 하며, 이자율을 IMF가 지정한 수준에 맞추게 하고, 모든 산업을 민영화하게 하고 시장을 개방하게 한다(Oxfam, 1995).

그래서 옥스팜의 시각에 따르면 원조이행조건은 효과가 있다는 것이다. 하지만 이는 적절한 조건에 근거해야 한다. 물론 어떤 조건이 적절한 것인지는 대안적인 개발 패러다임에 대한 사람들의 시각에 달려 있다(적어도 개발 패러다임의 일부 측면에 대한 합의 도출 논의는 Gwin and Nelson, 1997 참조). 옥스팜은 지금껏 잘못된 조건이 제시되었다고 비판한다. 그러나 사실상 번사이드와 달러의 연구가 보여주듯, 공식적인 원조 합의 조건이 무엇이든 이런 조건조차 그대로 시행되지 않았고, 원조는 계속 유입되었다. 옥스팜은 원조조건의 실패 사례를 다음과 같이 제시한다. 공공지출에 관한 것이다.

또 다른 문제는 세계은행의 평가 절차가 시행 합의 조건을 혼란시킨다는 점이다. 예를 들어 짐바브웨에서 구조조정 프로그램은 빈곤문제에 초점이 맞춰져 있는 것으로 생각된다. 이는 부분적으로 의료와 교육에 대한 경상비 복원이 원조제공 조건으로 되어 있기 때문이다. 결과적으로 쌍방 예산 책임자들의 지도 아래 지출이 구조조정 프로그램으로 크게 줄어들긴 했지만 원조는 제공되었다(Oxfam, 1995).

사실 '세계은행 운영 평가부서'는 이 문제가 더 일반화되었다고 정확히 지적했다(World Bank, 1992c). 비록 원조이행조건을 따르는 비율이 50% 미만이지만 트렌치 양도 비율은 거의 100%에 가까웠다. 모슬리 등은 더 학문적인 분석을 통해 정확히 같은 점을 지적했다(1995a). 이들 연구와 위의 옥스팜 경고는 문제가 단순히 원조이행조건에 있는 것이 아님을 말해준다(물론 이 문제에 대한 충분한 토론도 필요하다). 문제는 어떤 종류의 원조이행조건이 아프리카에서 실패했느냐이다(이 실패에 대한 개관은 Collier, 1997 참조).

■강점의 취약성Weakness of strength

언뜻 보기에는 아프리카에서 원조이행조건이 관철되지 못했다는 주장은 이해하기 어렵다. 원조 공여국과 수원국 간의 힘의 차이가 엄청나게 큰 상황이 아닌가? 확실히 아프리카의 원조 의존성은 공여기관들, 특히 브레턴우즈 협정으로 생겨난 기관들(World Bank와 IBRD)의 변덕이 즉각적으로 반영되는 국제 게임에서 아프리카를 인질로 만들어버린다. 다음은 일부 비평가들의 견해이다.

> 사실상 아프리카 어느 국가에 대한 채무기한 연장과 부채 경감을 포함한 모든 외부지원은 이들 공여기관의 사전평가에 좌우되었다. 이 판정은 과거에도 그랬지만 지금도 구조조정 프로그램과 이행 조건을 잘 이행하는지 여부에 따라 달라진다. 그 결과 아프리카에서 독립적인 정책수립과 국가 경제 관리가 상당히 위축되었다(Adedeji, 1995).

이것은 아프리카 원조에 대한 비판적 인식을 대변하고 있다. 필자는 아프리카 국가들의 독립적인 정책수립 노력이 원조와 연계되는 바람에 오히려 훼손되었다고 주장할 작정이지만, 번사이드와 달러의 경험적 연구결과(1997)와 모슬리 등과 옥스팜의 연구, 그리고 다른 사람들의 현지 경험에 비추어 볼 때 이 문제는 원조이행조건에 대한 부담보다는 훨씬 더 미묘한 것임이 분명하다. 실제로 원조이행조건이 제대로 지켜지지 않을 때도 원조가 유입되었으며, 이 또한 매우 자주 있는 일이라는 증거가 있다. 진짜 문제는 공여국과 수원국의 원조처리 과정상의 상호작용이 원활치 않아 원조의존성이 만연하는 것이지 단순히 공여국이 강자이고 수원국이 약자여서 그렇다고 할수 없다는 것이다. 오히려 수원국의 취약성에 강점이 있고, 공여국이 강점에 취약성이 있다.

어떻게 강점이 취약점이 될 수 있을까? 아프리카에 있는 공여기관 대표자들은 며칠간의 임무를 위해 '낙하산을 타고' 내려온 사람들과 현지 거주자들이다. 당연히 이들이 원조 공여기관의 힘의 상징이다. 이들은 고급호텔(혹은 대저택)에 머무르고, 자동차를 타고 여기저기 다니며 걸핏하면 수원국 정책입안자들을 만나자고 요구한다. 이들이 자기들 기관에서 지원하고 있는 프로젝트 시찰을 위해 4륜구동 자동차를 타고 거들먹거리며 칵테일파티에 외교관들과 어울리곤 하는 것이 현지 주민들을 분개시킨다는 점이 과소평가되어서는 안 된다. 하지만 이런 강점의 표상들은 원조과정의 내적 논리와 역동성, 그리고 공여기관의 책임에서 나오는 근본적인 취약성을 숨기고 있는 것이다.

필자는 1992~1993년에 가나에서 발생한 사건을 통해 강점의 취약성을 설명한다. 가나는 브레턴우즈 협정의 '우등생'으로 불렸다. IMF와 세계은행이 가나에서 수행한 구조조정 프로그램을 아프리카에서 가장 성공한 것으로 평가하였다(당시의 프로그램에 대한 평가는 Kanbur, 1995 참조). 하지만 가나는 1992년 민주주의로 탈바꿈하였으나 이 과정에서 정부는 공무원과 군인들의 막대한 임금인상 압력에 굴복했다. 1992년 말, 선거를 앞두고 80% 임금인상이 발표되었다. 그 결과 당시 세계은행이 제시한 구조조정 신용차관 중 예산부문 조건을 가나가 어기게 되었다. 절박한 신용차관 트렌치(IMF가맹국이 출자할당액을 초과하여 빌릴 수 있는 금액) 제공이 중지되었다. 세계은행은 자체트렌치와 연관된 공동자금 지원을 통해 가나 연간 수입액의 8분의 1이나 되는 금액을 부담하고 있음을 알게 되었다.

사람들은 현금에 쪼들리는 빈곤국가의 연간 수입액의 8분의 1을 부담하는 세계은행과 원조 공여기관들이 가나에 상당한 영향력을 가지고 원조조건 이행을 촉구할 수 있을 것이라고 생각할 수도 있다. 하지만 당시 그곳에서 세계은행을 대표하고 있었던 필자는 다른 공여기관들로부터 원조조건에 상관없이 트렌치를 제공하라는 압력을 받았다. 트렌치의 제공을 주장하는 국내외 민간투자 부문 대표들의 한결 같은 요구가 있었다. 왜냐하면 이들은 가나의 거시경제 붕괴가 그들의 전반적인 사업 환경에 미칠 피해를 우려했고,

이들 중 몇몇은 이미 가나 정부와 특정 계약을 맺고 있었다. 만약 세계은행과 다른 공여기관들의 지원이 중단되면 가나정부가 제때 돈을 갚지 못할 가능성이 높기 때문이었다.

그 다음에는 가나와 양자간 원조계약을 맺은 공여기관들이었다. 이들은 세계은행과의 공동지원을 통해 세계은행의 더 강력한 규율에 그들 자신을 얽어매고 있는 기관들이었다. 그들 중 일부는 '회계연도' 문제를 안고 있었는데, 당해 회계연도에 자금지원이 중지될 경우 자기 기관들이 입게 될 손실을 우려했다. 또 다른 이들은 트렌치 제공이 중지될 경우 가나 경제의 붕괴를 우려했다. 그러나 이들은 가나 정부의 대충자금(원조 수원국이 받는 원조금과 동일한 액수의 적립금)이 충분치 않아 프로젝트 진행이 지연되고 있으며, 많은 프로젝트 합의서가 원조자금이 정부 기부금으로 고정적으로 유입된다는 규정을 명문화하고 있음을 알았다. 오히려 민간부문 계약자들처럼 공여기관 관계자들은 특정 프로젝트를 성공시키기 위해서는 가나 정부가 충분한 자금을 제공해야 하는데, 만약 트렌치 지원이 늦춰지면 자금이 제공되지 않을지도 모르고 제공되어도 충분하지 않을 것이라고 우려했다. 세계은행도 타격을 입을 것으로 보였다. 예전 프로젝트 시행과 새로운 프로젝트 개발도 트렌치 지원이 이루어지지 않으면 심각하게 영향을 받을 것이었다.

결국 1993년 초까지 이런 상황이 지속되었다. 1993년에 눈덩이처럼 불어나는 예산 적자를 해결할 몇 가지 새로운 예산정책이 발표되었다. 그때서야 트렌치가 제공되었다. 이 사건에서 중요한 점은 세부사항이 아니라 일반사항이다. 필자는 가나 정부가 예산에 무리가 갈 정도로 임금인상을 단행한 것은 순탄하게 민주주의로 전환하기 위해 필요한 조치였다고 생각한다. 그리고 일단 예산적자가 발생했을 때 너무 빠르게 다른 방향으로의 수정조치를 취하지 않은 것은 잘한 일이었다. 이 장에서 중요한 점은 원조이행조건 conditionality과 그에 따른 압박조치에 대한 일반적인 사항을 이해하는 것이다. 구조조정 프로그램 기획과 관련한 다른 중요한 문제도 많지만 이 장에서 다루지는 않는다(이에 대해서는 Kanbur, 1999 참조).

필자가 말하고자 하는 핵심은 근본적인 '시간 불일치'다. 이행조건은 협정 문서에서 화려한 문구 및 부수적인 사항들과 함께 제시될 수 있다. 하지만 수원국이 원조조건을 어겨 선택의 여지가 없을 때 공여기관 측에서 행사하는 모든 압력은 대부분의 다른 방법들을 무시하게 한다. 문제의 본질은 일부 이러한 압력에 있다. 공여기관들이 자금 사용방식에 지나치게 깊히 관여한 나머지 어떤 형태로든 원조가 중단되면 역설적으로 경제에 큰 혼란을 가져오게 된다. 옥스팜이 앞서 언급했던 사회부문 지출 사례 같은 경우에는 '사마리아 사람들의 딜레마samaritan's dilemma'로 불리는 것이 있다. 정부가 빈곤층을 위해 충분한 지원을 하지 않아 이행조건을 위반하게 된 것이지만 이에 제재를 가하면 빈곤층에게는 이중고가 되는 것이다.

그러나 다른 사례에서 이것 역시 분명히 역설적인데, 공여기관이 자신들의 이익을 위해 수원국이 이행조건을 위반해도 원조철회라는 제재를 가하지 않는 경우이다. 주는 측과 받는 측의 정치적 상호의존관계가 가장 잘 드러나는 사례라 하겠다. 1980년대와 1990년대 초 자이레와 세네갈은 구조조정 원조조건을 반복적으로 위반했음에도 불구하고 트렌치를 계속 제공받았다. 미국과 프랑스의 압력이 없고서야 이것이 가능했겠는가? 세계은행과 IMF, 그리고 공여국 정부 및 민간 채권자들에 대한 과중한 부채 원리금 상환이 지체되어도 계속 지원을 받은 경우도 있다. 자금 유입이 없으면 채무상환을 위한 자금력도 영향을 받을 수밖에 없는 것이다. 코트디부아르에서 생긴 일이다.

끝으로, 공여기관들은 수원국 측과 '정상적'인 관계를 유지하는 것이 절대로 필요하다. 그래야만 원조유입이 계속될 수 있기 때문이다. 공여기관들은 궁극적으로 원조자금이 계속 지원되도록 최선을 다하지만, 이행조건 위반 시 제재를 가하여 문제의 특정한 원조유입을 중단시킬 뿐 아니라 스태프들의 생계와 경력, 그리고 향후 원조 프로젝트 및 프로그램 준비에 타격을 준다. 그래서 아프리카의 수도 여기저기를 4륜구동차를 타고 다니면서 힘 있는 듯이 보이는 이들 공여기관 관계자들이 현지 공무원과의 관계에서 어떤 작은 힘을 행사하는지는 몰라도, 원조를 계속해야 하는 조직의 불가피한 임무 때문에 사실은 매우 취약하다. 반대로 이 사실을 잘 알고 있는 현지 공무원들은 자신들의 취약성의 강점을 이용한다. 물론 어느 쪽도 많은 사람들이 숭고한 목적을 가지고 공여자와 수원자가 상호협력을 통해 불가능한 일을 해낸다는 사실을 부인하진 않는다. 하지만 핵심은 조직의 힘이다. 물론 때때로 공여기관들은 '이제 그만두자'라고 말하기도 한다. 냉전이 끝나자 그들은 모부투에게 제공하던 원조를 중단했다. 하지만 몇 번이고 춤을 추게 되는 정교한 미뉴에트는 사라지는 것이 아니라 더 자주 반복된다.

지난 몇 년간 케냐는 공여국들과 진기한 짝짓기 의식을 치렀다. 그 단계는 다음과 같다. 첫째, 케냐는 매년 원조 약속을 받아낸다. 둘째, 케냐정부는 무례한 행동을 하고 개혁을 포기하며 권위주의적인 자세를 보이기 시작한다. 셋째, 케냐정부의 이러한 태도에 격앙한 공여국들은 새로 회합을 열고 단호하게 징계할 준비에 들어간다. 넷째, 케냐는 유화적인 자세를 보이며 회유의 카드를 뽑아 든다. 다섯째, 공여국들은 화를 누그러뜨리고 원조 지원을 다시 약속한다. 춤판은 다시 시작된다(The Economist, 1995).

여기서 요점은 공여국과 수원국이 정부, 공여기관, 개인 수준으로 모두 그물에 걸려 있어서 강자와 약자의 구분이 사실상 명확하지 않다는 점이다. 말하자면 시스템이 전체적으로 기능장애를 일으키고 있는 것이다. 원조조건은 협정체결 시 내켜하지 않는 수원국에 틀림없이 '부과'되지만, 수원국도 공여국도 그리고 사실상 둘 모두 이것은 문서상의 조건일 뿐이라는 것을 알고 있다. 결과는 정상적인 관계와 원조 유입을 유지하려는 양측의 필요성에 따라 변할 것이다. 이것 말고는 번사이드와 달러(1997), 모슬리 등(1995a), 그리고 킬릭(1995)이 주장하는 것처럼 원조유입이 아프리카 발전에 도움이 되지 않았을 뿐 아니라, 이행조건인 정책개발에도 도움이 되지 않았다는 것을 설명하기 어렵다.

■ 위임자-대리인 분석principal-agent analysis

위임자-대리인 문제 분석에서 나온 것으로 경제 문헌에서 개발된 공여국 (또는 기관)-수원국 관계이론은 앞에서 언급한 현실을 잘 반영하고 있다. 이 관계는 스탁클레베르그Stackleberg의 지도자-추종자 관계를 모방한 것으로 공여국은 지도자이기 때문에 어느 수준의 원조를 지원할지 결정한다. 수원 국은 추종자로서, 정해진 원조 수준에 따라 행동(예를 들어 공공지출 패턴이나 관세구조 등)을 결정한다. 이에 따른 결과는 수원국 측에 영향(빈곤층의 교육 기회, 경제성장 등)을 미친다. 하지만 공여국 또한 이런 결과를 중요하게 여기 며 원조수준을 결정해서 수원국이 취할 행동과 그에 따른 결과에 관여한다. 원조수준은 수원국의 반발을 감안하여 그들이 원하는 바를 최대한 수용하는 수준으로 결정된다. 이는 바꾸어 말하면 수원국의 선호도에 따라 각각의 원 조 수준이 결정된다는 점을 말해주는 것이다.

이 이론을 가장 간단하게 설명하면, 공여자 측과 수원자 측은 단지 일련의 선호도를 가진 하나의 실체(이른바 정부)인 것이다. 대부분의 원조모델에서 공여국은 수원국보다 빈곤층을 더 염두에 둔다. 하지만 일반적으로 양측의 선호도는 서로 다르다. 그래서 공여국은 조건 없이 다양한 수준의 원조를 제공함으로써 수원국이 다양한 활동을 하게끔 유도할 수 있다. 바꾸어 말하 면 공여국은 수원국이 취하는 태도에 따라 이행조건을 더 잘해줄 수 있고 원조금액을 더 잘 조정할 수 있다. 수원국은 조건 없는 원조를 더 선호하겠 지만 선택의 여지는 없다. 이행조건은 공여국의 선호도에 따라 결정되기 때 문에 공여국의 입장을 더 유리하게 만드는 역할을 한다. 만약 공여국이 예상 한 대로 빈곤한 정부보다 빈곤층 자체를 더 보살피게 되면, 이 같은 이행조 건으로 인해 많은 빈곤층의 삶이 개선될 것이다. 이것이 위에서 인용한 이행 조건에 대한 옥스팜의 주장이다.

하지만 이러한 이행조건이 실제로 시행될 수 있을까? 원조가 제공된 이후 에 수원국이 이행목적을 변경하는 경우를 가정해보자. 공여국은 이에 대처할 어떤 수단을 가지고 있는가? 원조 중지가 하나의 방법이다. 하지만 이렇게 하기 위해서는 이 간단한 모델 속에 '시간구조'를 끌어들여야 한다. 이를 설명하기 위해 스벤손Svensson의 흥미로운 연구결과(1997)를 살펴보기로 하자. 다음과 같은 '시간구조time structure'가 있다고 가정하자. 첫째, 공여국은 원조-행동 조건의 스케줄을 제시한다. 둘째, 수원국은 제시된 스케줄에 따라 행동을 결정한다. 셋째, 행동이 결과로 이어진다. 하지만 여기에는 여러 유형의 위험을 초래하는 확률론적인 요소들이 포함되어 있다. 넷째, 공여국은 원조를 제공한다. 모든 것이 이 네 번째 단계에서 발생하는 일에 달려 있음을 명심해야 한다. 즉, 공여국이 실제로 이행조건 스케줄을 고수하여 두 번째 단계에서 취해지는 수원국의 행동에 따라 원조를 제공하느냐, 그리고 불쾌한 결과가 나타날 때 확률론적인 충격에도 불구하고, 또는 수원국이 취하는 행동과는 상관없이 사후조정을 하지 않으려 하느냐에 달려 있는 것이다. 왜냐하면 만약 사후조정을 하게 되면 수원국은 이를 알고 그에 따라 행동을 조정하게 되고, 그러면 공여국으로선 그 결과가 원래 계획을 고수했을 때보다 더 안 좋을 수 있기 때문이다.

이행조건은 이들 문제에 내재돼 있는 시간 불일치 문제를 극복하는 '약속 기술commitment technology'이지만, 이행조건을 철저하게 지켜야만 가능하다. 그 다음에는 당연히 원조조건이행을 보증하는 장치, 즉 제도에 관한 질문이 나올 것이다. 필자는 사실상 이행조건은 실제로 지켜지지 않고 있으며, 공여국-수원국 관계의 제도적 특징이 실패의 원인이라고 주장해왔다. 이론서의 한 가지 모범적인 의견은, 이행조건 위반에 직면할 때 공여국은 이른바 '더 집요한' 것으로 알려진 조정기관에게 책무를 이전하는 것이다. 그래야만 사마리아인의 딜레마나 다른 딜레마에 빠지지 않게 되는 것이다. 역설적이지만 이 조정기관은 더 집요해짐으로써 일단 수원국과의 협상이 마무리되면 공여국의 목적 달성에 한걸음 더 다가서게 된다. 원조 분야에서 브레턴우즈 협정은 이런 집요한 조정 역할을 해온 것으로 보이며, 확실히 이런 이미지를 전달하는 데 성공한 것으로 보인다. 그러나 우리가 보아왔듯이 현실은 다소 다르다. 이 브레턴우즈 협정은 강대국들이 무임승차하는 곳이며, 그들의 피보호국들을 위해 관용을 추구하기 때문에 원조조건에 대한 결의를 약화시킨다.

또 다른 이론서에서 수원국은 하나의 정부가 아닌, 저희들끼리 상호작용을 하는 이해집단의 집합체로 정형화되어 있다. 원조유입은 국내 정치경제의 이 같은 과정에 영향을 주며, 특정 그룹이 다른 그룹을 제치고 힘을 기르게 된다. 그리하여 어떤 행동을 취할 가능성이 커지고, 그에 따른 결과 또한 나타날 가능성이 커진다. 애덤Adam과 오코넬O'Connell(1997), 코트Coate와 모리스(1996)가 최근 이에 관한 연구를 했다. 한 가지 논점은 이런 방법으로 결정된 정책의 지속성 여부에 관한 것이다. 만약 원조를 통해 어떤 이익그룹을 지원하고, 그리하여 이들이 공여국이 원하는 특정 정책을 지지하면, 그 다음에 원조가 중지되었을 때 어떤 일이 발생할까? 그 정책은 사태가 역전되어 지속성을 잃게 될까? 코트와 모리스(1996)는 정치경제논법(예컨대 '개혁가들의 입지강화')이 이치에 닿으려면, 특히 균형성과의 불가역성을 고려하는 정치경제모델이 필요하다고 주장한다. 이론적으로 이 모델이 개발될 수 있고, 개발되어왔지만 문제는 원조가 실제로 국내 경제 상태를 좌지우지할 수 있는 범위가 어디까지냐이다. 그것도 이행조건 적용 실패사례에 비춰보면 현재까지 아프리카에서 나온 증거들은 고무적인 것이 아니다.

■ 원조 의존성

아프리카에서 공여국-수원국 관계에 대한 일반적인 비판 가운데 일부는 단지 진실의 일부만을 지적하고 있다. 공여국은 막대한 자금을 지원하기 때문에 강점을 갖고 있는 것은 사실이다. 하지만 필자가 앞서 주장했듯이 이 점이 바로 그들의 취약성의 근원이다. 원조이행조건 위반사례가 만연하고 있음에도 자금지원이 계속되고 있는 현실이 이를 설명해주고 있다. 양측의 관계는 이보다 더 미묘하다. 서로가 서로를 필요로 하고 특정한 제도적 구조와 의무가 연루돼 있다(유사한 주장을 보려면 van de walle, 1998 참조).

동시에 아프리카는 원조 의존성으로 고통 받고 있음은 의심할 여지가 없다. 그렇다고 아프리카가 공여국의 잦은 변덕을 다 받아들여야 한다는 의미는 아니다. 이것이 사실이고 약간 역겨운 면이 있긴 해도, 대체로 공여국과 수원국 모두 '단기 속박short leash'을 바라고 있다. 아프리카가 원조 의존성으로 고통 받고 있다고 말한 필자의 뜻은 정책입안을 하느라 들인 시간과 실행 에너지가 지나치게 외부 원조기관과의 상호작용에 치중되었다는 뜻이다. 즉, 공여국에 대항해 '강점의 취약성weakness of strength'을 이용하는 책략을 쓰고, 단순히 공여국에 일상적 업무 보고를 하고, 공여국 쪽 컨설턴트를 대접하고, 그저 관계를 정상적으로 유지하는 데 많은 시간과 에너지를 낭비하고 있다는 것이다(관계 '정상화'를 소중히 여기기는 공여국 쪽도 마찬가지다). 킬릭은 수원국 정책 입안자들이 채무문제는 물론 원조유입이 계속되도록 하는 일상적인 문제를 공여국과 협상하는 데 얼마나 많은 시간을 소비하는지를 조사하였다(1995). 위츠Wuyts는 모잠비크 사례를 자세히 조사하였는데(1996), 모잠비크 보건부에서만 405개의 프로젝트가 시행 중이고, 이 자금의 30~40%가 행정비용administrative costs으로 지출되고 있는 것으로 밝혀졌다. 각 원조 공여국의 요구사항을 보고하고, 다른 원조기관들의 현지 사무소는 물론 여러 행정부서 내에 있는 카운터파트들과도 별도의 유대를 가져야 한다는 것은 많은 시간과 에너지와 정치적 자산을 외부 인사들과의 관계를 위해 소모해야 함을 의미한다.

현재의 아프리카 원조시스템에는 국가의 에너지와 정치자산이 주로 원조기관들과의 상호작용에 낭비되고 있고, 그로 인해 정작 내부 검토와 합의도출은 소홀히 하고 있다. 필자가 앞서 주장했듯이, 공여국이 제시한 원조조건은 이행되지 않았는데도 결국 양측을 다 만족시키고 있으며 원조도 계속되고 있다. 그러나 이러한 결과로 이끄는 과정이 극도로 무력해지고 있다. 물론 궁극적으로 국내 경제 상태 결과를 훼손할 정도는 아니고, 단지 오랫동안 지속되고 있는 악습을 보여주는 정도이다. 또한 정부가 공여국의 장단에 놀아나는 인상을 남기고, 이는 다시 국내정치에 영향을 미친다. 예를 들어 좋은 정책도 때로는 단지 공여국이 권했다는 이유로 시행이 거부되기도 한다.

이 모든 것이 원조의 규모와는 무관한 것일까? 그렇지 않다. 원조의존성은 가능한 한 많은 원조자금을 타내려는 공여국 원조기관들의 필요성과 크게 관련이 있는 반면, 이들 자금은 필시 원조공여국 납세자들에 의해 충당되고 있다. 이것이 모잠비크의 경우처럼 프로젝트를 개별단위로 나누게 된 이유이기도 하다. 모잠비크에선 1990년대 초 원조 지원금이 GDP의 35%에 달했다. 그리하여 조정 프로그램 시행이라는 조건이 제시되었지만, 결코 지켜지진 않았다. 현재의 원조자금이 더 효율적으로 배분이 되면 성장과 개발에 더 나은 효과를 가져올 것이라는 말은 췌언에 불과하다. 그러나 원조규모 자체가 현재 아프리카에 나타나고 있는 원조 역기능의 원인이라는 생각이 든다. 필자의 주장은 원조 의존성과 관련이 있지만, 엘바다위Elbadawi(1998)나 영거Younger(1992)의 연구처럼 원조의 큰 규모가 거시경제에 미치는 긍정적인 영향에 대한 더 설득력 있는 주장도 또한 많다.

■ 부채문제

아프리카에서 부채문제는 원조 및 원조이행조건과 밀접한 관련이 있다. 최근에 이에 관한 많은 논의가 있었고 세계은행과 IMF는 과다채무빈국 Heavily Indebted Poor Countries(HIPC)에 부채 경감을 해주기로 하였다. HIPC는 총 41개국으로 이 중 34개국이 사하라 이남 아프리카 지역에 있다. 이들의 경우 수출 대비 평균 부채비율이(부채 경감이 된 이후에도) 340%였다. 총부채 중 민간부문이 17%, 양자간 차관 부채가 64%, 다자간 차관 부채가 19%였다. 이는 1980년대 부채위기를 겪은 남미와는 전혀 다른 양상이다.

당시 남미는 대부분이 민간부채였다. 또 하나의 큰 차이점은 1980년대 남미 국가와는 달리 1990년대 아프리카의 HIPC는 국제 공여국/채권국으로부터 계속해서 대규모 '순 금융자산이전'(새로운 차관에서 원리금상환액과 기타 자본 유출액을 제외한 금액)을 받았다. 1990~1994년까지 HIPC에 흘러들어간 '순 금융자산이전'은 평균 GDP의 11%에 달했다. 이것이 '순 금융'이라는 점에 주목할 필요가 있다. 즉, '부채원리금상환을 한 이후after debt'에 계산된 자금 이란 뜻이다. 1984~1998년까지 멕시코에 지원된 평균 순 금융자산이전 규모 가 멕시코 GDP의 5%에 이른 것과 아프리카의 경우를 비교해 보라.

아프리카에서 부채문제는 정확히 무엇을 뜻하는 것일까? 많은 비평가들은 채무원리금상환으로 나가는 자금에 초점을 맞추었다.

> 1990년과 1993년 사이에 아프리카는 해외 채권자들에게 매년 134억 달러 씩 원리금을 상환했다. 이는 이 지역 의료서비스에 사용된 정부지출액의 4배에 달한다. 의료와 교육부문을 합친 비용보다 더 많다. 또한 Unicef가 추산한 의료, 영양, 교육, 가족계획을 위해 기본적으로 지출되어야 하는 총금액인 연 90억 달러를 훨씬 뛰어넘는다(Oxfam, 1995).

사실상 아프리카는 부채원리금을 상환하게 된 이후에도 대규모로 '순 금 융자산이전'을 받고 있다. 물론 만약 부채원리금상환이 이루어지지 않고, '자 금유입이 줄어들지 않았다면', 아프리카에 대한 순수 원조가 증가했을 것이 다. 이는 여러 문제를 발생시킨다. 첫째, 순수 원조 증가가 아프리카에 도움 이 되었을 것이라는 가정이다. 이는 원조이행조건을 실행해야 하는 어려움 을 감안할 때 의문스러운 점이다. 그리고 이 장에서 주장하는 것처럼 원조규 모가 현재의 원조시스템 역기능의 주요 원인이라는 점이다. 둘째, 부채원리 금 상환이 끝나도 자금유입에 변화가 없을 것이라는 가정이다. 이것은 가능 성이 거의 없다. 왜냐하면 앞에서 주장했고, 클라상Claessens 등도 주장하고 있듯이 대부분의 원조는 단지 정기적으로 원리금을 상환할 수 있는 '정상적인 관계'를 유지하기 위한 것이기 때문이다.

물론 많은 분석가들이 주장해왔듯이 아프리카의 부채는 제스처 게임(몸짓으로 판단하여 말을 한 자쩍 알아맞히는 놀이)과 같다. 부채상환 완결은 없을 것이고, 대규모 순 금융자산 이전이 이루어지고 있는 것 자체가 상환이 제대로 되지 있지 않음을 증명하는 것이다. 특정한 형태의 대차대조표의 정산을 피해야 할 필요성 때문에 주 채권자들이기도 한 공식적인 공여기관들은 원리금상환이 이루어지게 하기 위해 계속 돈을 쏟아 붓고 있는 것이다. 하지만 부채문제의 본질에 대해 올바른 시각을 갖는 것이 중요하다. 부채문제는 아프리카에 대한 원조 수준이 너무 낮아서 생기는 것이 아니다. 현재의 제도적 구조가 지금 수준의 원조를 흡수하기에도 너무 빈약하다. 오히려 부채문제는 다음 세 가지 내용으로 설명될 수 있다. 첫째, 부채는 민간투자와 정치경제학적 정책개혁을 저해한다. 개혁의 대가는 현지 주민들이 치르고, 이익은 해외 채권자들에게 돌아간다고 주장할 수 있기 때문이다(부채와 개발에 관한 이런 논의와 다른 분석적인 논쟁을 보려면 Iqbal and Kanbur, 1997 논문 참조). 둘째, 계속되는 부채상환기한 조정 반복과 부채상환에 필요한 자금 지원협상에는 주요 정책입안자들과 전문 관료들의 시간, 에너지, 정치적 이익을 빼앗는다. 셋째, 앞 항목에서 정의한 대로 원리금 상환을 위해 많은 자금이 유출되고, 그에 맞춰 많은 원조자금이 재유입되는 현상이 국가의 원조의존성을 더 키우게 된다.

이런 이유 때문에 필자는 아프리카를 위해 대폭적으로 부채를 경감해주는 것이 필요하고 적절한 조치라고 생각한다. 그렇게 해야만 자금의 순 흐름이 이루어질 것이다. 이렇게 되면 공여기관들은 원조조건 이행을 더 강력하게 요구할 수 있을 것이다. 사실 지금까지 원조조건 이행을 채근하지 못한 이유 중 하나는 원리금상환에 대한 우려 때문이었다. 그러므로 부채 경감으로 인해 '도덕적 해이'를 낳을 수 있다는 우려는 잘못된 것이다. 사실 도덕적 해이는 수원자 측은 물론 공여자 측에서도 나타날 수 있다. 세계은행과 IMF의 HIPC 부채 경감 안건은 아마도 당시 정치적으로 성취할 수 있었던 가장 홀

룡한 것이었다. 당시 주요 공여국들은 도덕적 해이는 물론 HIPC 외의 다른 국가에서도 채무 경감을 요구할 가능성에 대해 우려하고 있었다. 하지만 이는 아프리카 원조의존성의 주요 원인 중 하나를 해결하려는 시도로는 지나치게 소심한 태도였다. 향후 몇 가지 보완을 하면 시행에는 문제가 없을 것으로 보인다. 어떤 경우든 이 장에서 논의한 원조조건이행 문제는 동시에 조건부 부채 경감에도 잘 적용되고 있다.

■ 결론: 어떻게 해야 하나?

이 장은 아프리카의 현 원조관계, 이행조건, 대외부채에 대해 다소 비관적인 진단을 내놓았다. 하지만 이것은 앞으로의 모습이라기보다는 과거의 모습을 보여준 것이다. 냉전이 끝나면서 아프리카는 민주주의 체제로 전환하기 시작했는데, 확실히 매개변수가 지금 바뀌고 있는 것일까? 분명한 목적을 가지고 적극적인 개혁에 나서야만 최근의 긍정적인 추세를 최대한 활용할 수 있을 것이다(필자는 이 장에서 전통적인 원조에 대해서 다루었을 뿐, 최근 증가하고 있는 인도주의적 원조는 다루지 않았다).

이 장에서 내린 진단을 바탕으로 어떤 개혁이든지 다음 네 가지 요소에 집중해야 한다고 생각한다. 첫째, 공여국과 수원국 사이에 어느 정도의 거리 유지가 필요하다. 현 원조시스템의 역기능은 부분적으로 공여국이 원조효과를 높인다는 명분으로 수원국에 지나치게 간섭하는 데서 기인한다. 둘째, 다시 반복하지만, 공여국은 원조조건 이행을 강력히 주장해야 하고, 수원국은 그 조건을 반드시 이행해야 한다. 공여기관과 수원국의 인센티브 시스템은 수정되어야 한다. 셋째, 대폭적인 부채 경감이 앞서 밝힌 첫째와 둘째의 개혁을 달성하는 데 중요한 계기가 될 것이다. 넷째, 위의 개혁을 하게 되면 원조규모가 줄거나, 개혁을 위해 그것을 줄여야만 한다면 그렇게 해야 한다. 공여국과 수원국이 원조효과를 높이기 위해서는 원조규모에 대한 집착을 버리고 원조 의존성이 가져오는 문제점에 더 집중해야 할 것이다.

물론 이 기본원칙은 실용적이고 실제 적용할 수 있는 단계로 전환해야 할 필요가 있다. 여기서 그런 자세한 것까지 논할 수는 없다. 어떤 식으로 전환해야 하는지는 칸부르 연구(1998)에서 다루고 있고, 특정 공여기관(이 장에서 내놓은 진단과는 의견을 달리하는)에 대한 어떤 구체적인 조치는 세계은행(1998g)에서 논하고 있다.

제19장

원조의 정치경제학

레이먼드 F. 홉킨스 [1]

■ **머리말**

    원조의 미래는 불안하다. 원조 감소로 개발도상국에서 폭력이 증가하고 있고, 지구적인 빈곤층 구호계획에 대한 서방 국가들의 관심이 점점 불확실해지고 있으며, 원조 공여국과 수원국 사이에 새로운 관계가 정립되고 있다. 원조가 가장 필요한 국가들은 취약한 제도와 정치적 격변으로 인해 가장 불안전한 국가들이기도 하다. 그런 수원국들에게는 더 효율적인 정부가 필요하다. 이러한 주장은 이 책의 다른 논문과 그리고 다른 곳에서도 나오고 있으며, 정부의 역량강화를 위해서도 원조가 필요하다고 주장한다. 하지만 수용능력 구축, 거버넌스 및 민주주의를 지원하기 위한 원조의 증가는 큰 딜레

1) 저자는 Sandip Sukhtankar of Swarthmore University의 연구 지원과 조언에, 그리고 핀 타르프와 스티브 오코넬 교수의 매우 도움되는 논평으로 지혜를 얻은 것에 대해 감사한다.

마에 빠지고 있다. 한편으로는 제도적 취약성이 원조효과성의 주요장애물로 인식되고 있고, 다른 한편으로는 원조를 거버넌스개선과 연계시키려는 공여 국의 노력이 기존의 특권을 보호하려는 수원국의 선호와 맞서고 있다. 취약 한 정부는 그들의 정치나 경제를 향상시키는 일에 원조를 활용하려 하지 않 는다. 원조체제aid regime를 개선하기 위한 주요 임무는 이러한 딜레마를 해 소하는 전략을 개발하는 일이다. 냉전 종식 후의 원조체제는 제도정착 실패 로 고통을 겪고 있는 국가들을 강화시키는 데 필요한 전통적인 경제자유주 의를 뛰어넘는 방식이어야 한다.

제3장에서 논했듯이 공적개발원조에 기여하는 부국들의 GNP 비율이 감소 하고 있으며, 일부 국가들은 벌써 20년 이상 그런 수준을 유지해왔다. 일부 국가들의 아량이 커지고 있음에도 불구하고 1992년 이후 OECD 국가들의 순 수 원조 규모가 줄어들어 총원조액이 620억 달러 이상에서 1997년에는 500억 달러 이하로 떨어졌다. 이러한 원조 감소로 인해 그간 무슨 일이 일어났는지, 그리고 앞으로 무슨 일이 벌어질지에 대한 관심이 높아졌다고 해서 놀랄 일 이 아니다. 이 장에서는 이러한 문제들을 논할 것이다. 대규모 공여국들의 견해가 다자간 원조의 흐름뿐 아니라 그들 자신의 원조흐름을 형성하기 때문 에 그들에 대해 주요 관심을 가지고, 앞서의 주장들을 바탕으로 하여 미래의 양자간 및 다자간 원조에 영향을 미치는 조건들을 검토할 작정이다.

이러한 문제들을 다루면서 이 장에서는 주로 정치적 설명에 초점을 맞출 것이다. 앞서의 장들은 주로 원조의 경제적 측면을 논하고 개발수단인 원조 의 성과를 어떻게 개선할 수 있는지를 다루었다. 다만 이따금씩 정치가 원조 의 분배 및 결과에 어떤 영향을 미치는지와 같은 정치경제학적인 문제에 주 의를 기울였을 뿐이다. 그러나 왜 더 부유한 국가들이 빈곤국으로 자원을 이전하려고 하는지에 대한 어느 정도의 이해가 미래의 원조 흐름에 대해 확 실한 전망을 내리는 데 필수적이다. 더욱이 원조는 결과를 중요시하기 때문 에, 그리고 원조이행조건에 응하려는 수원국의 적극적인 의지를 중요시하기 때문에 공여국 정부에서 힘을 가진 사람들뿐 아니라 수원국 정부에서 통제력을 가진 사람들의 정치적 열의가 반드시 고려되어야 한다. 동시에 이러한 요소들이 원조의 분배와 활용을 결정한다.[2] 원조의 동기를 고려할 때, 그리고 우연한 조건이 원조를 뒷받침해준다는 점을 생각할 때 정치경제학적 관점은 매우 쓸모가 있다. 정치경제학적 관점에서 볼 때 원조는 정치적, 경제적 목표를 통해 설명할 수 있는 공여국들의 정책 활동이다. 바꾸어 말해 이런 활동은 문화, 제도, 권력 분배의 산물이며 경쟁적으로 이익을 쟁취하게 하는 힘이다(Gilpin, 1987; Nelson, 1990; Cassen et al., 1994; Schraeder et al., 1998).

정치경제학에는 경제적 결정론과 합리적 선택모델 만들기에서부터 관념에 기초한 사회적 구성주의에 이르기까지 다양한 전통이 있다(Mueller, 1997; Bates, 1998; Staniland, 1985). 이 논문은 최소한 세 가지 원조 접근법을 설명한다. 첫째, 원조는 공여국 내부 권력그룹의 경제적 이해관계에 의해 결정된다. 행정부와 입법부 소속 기관들은 그들이 가진 권력을 행사하는 방향으로 경제정책을 만들기 때문이다. 둘째, 원조(양자간 및 다자간)를 공여국의 이익을 최대화하려는 노력으로 설명한다. 다시 말해 공여국은 원조를 국제체제 내에 자기들이 처한 상황에서 그들에 대한 편애를 이끌어내는 수단으로 이용하려 하는 것이다. 셋째, 원조는 국가들 사이의 거래 결과물이며, 공여국 관료, 다자간 원조기관 및 수원국 정부 관료로 구성된 일종의 정치적 시장이다. 이 세 가지 접근법 모두 공여국들의 원조 동기를 설명하는 데 도움이

---

2) 이 책에서 다룬 대부분의 정치경제학적 이해관계는 수원국 정부의 자세가 원조의 효과에 어떤 영향을 미치는지에 초점을 맞추고 있다(제2장과 제18장 참고). 1990년대에 세계은행과 학자들이 끊임없이 다룬 주제는 수원국의 '훌륭한 정책'이 원조효과성에 얼마나 중요한 영향을 미치는지에 대한 것이었다. 칸부르는 공여국-수원국 관계에서 '공여국은 지도자이며 원조 수준을 결정한다. 수원국은 실행자이며 주어진 원조 수준에 따라 행동을 결정한다. 원조수준은 따라서 수원국의 대처 기능을 조건으로 공여국의 선호도를 최대화할 수 있게 정해진다'고 쓰고 있다(제18장 참고).

된다. 선호도 형성과 평가에 논쟁의 여지가 있기 때문에, 이 글에서는 공식적인 모델이나 가정적인 이해관계에서 나온 추론에 거의 의존하지 않을 것이다. 특히 공여국의 동기와 목표(선호도나 전략이 아닌)를 이야기할 때는 역사적인 용어를 사용할 것이다. 동기는 사회적 맥락에서 불시에 나타나는 특성으로 다루어질 것이다.

첫 번째 접근법에서 정당, 산업부문, 기업 및 NGO와 같은 국가 내의 단체들은 다양한 정책을 강요한다. 국가의 여러 개별적인 구성요소들이 원조로 그들의 이해관계가 영향을 받는 것을 어떻게 생각하고 있는지에 대한 경험적인 증거가 원조 결과를 설명하는 바탕이 된다. 행정부와 입법부 내에서 상호 간 영향을 미치는 정치지도자들은 원조의 수준과 분배에 대한 정책을 조정한다. 관료조직과 개인들은 원조의 전략적 사용으로 그들의 지위 개선을 모색한다. 정치적 후원과 단기적 해법이 종종 선택을 지배하기도 한다 (Nelson and Eglinton, 1993 and van de Walle, 1998).

두 번째 접근법에서 국가는 이해관계를 가진 통합된 행위자이다. 이 이해관계는 세계정세와 문화적 가치에서 차지하는 국가의 지위에서 발생한다. 원조는 그것이 외교적이든 상업적이든 문화적이든, 이익을 증진시키는 데 이용된다. 공여국들이 다양한 목표를 추구하기 때문에 또한 이들 목표는 시간에 따라, 그리고 공여국들에 따라 달라지기 때문에 원조를 설명하는 데 이러한 목표들이 차지하는 비중을 일반화기는 어렵다. 예를 들면 일본의 원조정책은 경제적 이익을 중시하고 프랑스의 원조정책은 정치적 목표를 중시하며, 북유럽의 그것은 국제적 복지개선을 중시한다(제3장 참고).

세 번째 접근법에서 원조의 생산자와 소비자들은 거래를 통해 조건(가격)을 설정한다. 구성단위들은 국가 또는 정부 기관들이지만 서로 간에 영향을 미친다. 공여국들은 원조의 답례로 일단의 성과를 올리길 원한다. 한 가지 성과는 다른 공여국들로부터 온다. 이런 맥락에서 그들 공여국은 공동의 목표를 달성하기 위해 부담을 나누고 협조하길 원한다. 공여국들은 자기들이 제시한 조건에 수원국들이 순응해주길 원한다. 물론 수원국들은 조건 없는 원조를 원한다. 공여국과 수원국 간의 논쟁은 협력적인 거래게임의 전략적 결과라고 볼 수 있을 것이다. 참여자들이 받아들일 수 있는 결과는 각 참여자들이 승리할 수 있는 범위 내에서의 원조 조정인데, 어느 쪽이 상대방을 자기들이 원하는 위치로 가장 가깝게 끌어올 수 있는지에 따라 다양해진다(Putnam, 1988).

세계의 정치상황이 변화함으로써 원조의도 규모와 목적 모두 변화한다. 순수한 경제개발원조체제는 있어본 적이 없다. 오히려 대외정책이 공여국들 사이에서 다양한 원조체제를 만들고 지속시켰다(Grant and Nijman, 1998). 1990년까지는 냉전이 원조의 주요 동기를 제공했다. 수원국들은 결코 실패할 수 없는 냉전 당사국들의 이해관계를 이용했기 때문에 원조획득에 실패하는 법이 없었다. 개발은 2차적인 관심사였다. 불로소득으로 생활하는 수원국 지도자들은 경제적 또는 정치적 개선이라는 관점에서 원조효과성에 대해 공여국에게 설명해야 할 의무를 지지 않았다. 지금은 냉전이 끝났고, 대외정책은 국제적인 '공공의 적들bads'을 응징하고 공공의 선을 기리는 쪽으로 방향을 틀었다. 아이러니하게도 국제적인 '공공의 적들'이 점점 늘어나고 있는 것은 한때 전략적 동기로 원조를 받아 지탱해 오던 국가들이 공공연히 실패하고 있기 때문이다. 이러한 저간의 사정이 원조노력에 새로운 중심점을 제공하고 있다. 공여국들은 부정적인 외적 효과를 억제하고 제도 구축에 대한 평상시의 그들의 지원을 조정하기 위해 위기상황에 개입해야만 한다(제17장 참고). 단기적으로 공여국의 목표는 수원국의 고도 경제성장이 아니다. 만약 그렇다면 원조는 경쟁적인 정부와 좋은 정책을 가진 국가들, 다시 말해 이미 상대적으로 부유하고 민간투자를 끌어들일 수 있는 국가들로 갔을 것이다.[3]

---

3) 원조효과성에 대해 제4장에서 다룬 주요 토론은 이것과 관련이 있다. 원조가 비우호적인 정책 환경에서도 효과가 있다는 한센과 타르프의 견해는 빈곤감소가 원조 정책의 최우선적 목표일 때 취약한 국가에서 취약계층을 대상으로 하는 것이 공여국의 의미 있는 전략이 될 수 있음을 의미한다.

21세기의 첫 10년 동안 원조의 우선순위는 정치적 안정을 제도화하고 정치적 위기수준을 장기적으로 줄이는 최선의 종합정책을 추구하는, 그리고 민간부문 자금을 끌어들이기엔 너무 위험한 국가들 사이에서 더 나은 미래의 경제성장을 추구하는 국가들이 되어야 할 것이다. 그게 쉬운 일은 아니다.

■ 원조 감소에 대한 설명

원조규모의 변화, 특히 1990년대 들어 원조가 감소한 이유를 설명하려면 제1장과 제3장에서 검토했듯이, 원조 시스템이 지난 50년 동안 어떻게 진화해왔는지에 대한 회고부터 시작해야 할 것이다. 제2차 세계대전 이후 원조의 제도화는 냉전의 맥락에서 이루어졌다. 복지원칙이 공여국의 경제정책을 지배했다(Noel and Therien, 1995). 전략적인 정책 고려가 적어도 양자간 원조에서 원조배분을 정하는 주된 원동력이었다(Wood, 1986; Ruttan, 1996). 도덕적 관심이 원조, 특히 긴급구호의 기초가 되긴 했지만 이 같은 동기는 주요 사안이 될 수 없었고 분명히 지속가능한 방식이 아니었다.[4] 이러한 기초원칙과 체제의 특징이 변했다. 미국이 패권적인 공여국 위치에서 물러난 것은 미국의 GNP에서 원조가 차지하는 비율이 떨어졌음을 반영하는 것이다. 그 비율은 1950년 2% 이상(표에서는 나타나지 않음)에서 1960~1962년에는 약 0.6%, 1997년에는 단지 0.08%에 그칠 정도로 떨어졌다(〈그림 19-1〉 참고).[5]

다자간 원조기관들은 세계은행과 UNDP가 원조행정의 조정을 촉진하고,

---

4) 럼스다인Lumsdaine은 이타주의가 점점 더 성행하고 있다고 했지만(1993), 여러 보고서에 따르면 이것은 차선적인 동기이다(제3장, Alesina and Dollar, 1998; McGillivray and White, 1993a; Noel and Therien, 1995; White, 1974; Wall, 1973 참고).
5) 마셜계획 자금을 제외하더라도 1990년대 미국의 원조는 몇 배나 높았다.

〈그림 19-1〉 주요국가의 GNP 대비 순 ODA 지출비율(1960~1997)

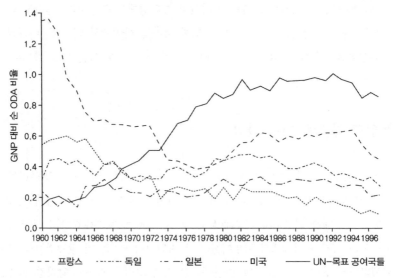

출처: OECD(1999a)
주석: UN-목표 공여국들은 덴마크, 노르웨이, 네덜란드, 스웨덴

OECD의 개발원조위원회DAC가 원조로 간주되는 것들의 가이드라인을 수립하는 일 외에도 회원국들 간에 더 풍성한 지원을 장려함에 따라 원조 체제 내 역할의 비중이 커졌다. 1960년대부터 1992년까지 ODA 규모는 인플레이션을 감안하더라도 꾸준히 증가하였다(제3장 참고). 라틴아메리카와 아시아에서 성공한 개발도상국들이 수원국에서 '졸업함'에 따라 ODA 원조는 빈곤국에 점차 집중되었다. 특히 일본과 유럽의 원조가 미국의 기여도를 능가할 정도로 커졌다. 공평한 개발과 경제개혁은 원조의 정당화를 위한 주요 원칙이 되었다. 냉전이 끝나고 1991년 소련이 붕괴함으로써 원조자금이 절정에 달했다가 그 이후 감소하기 시작했다.

원조가 감소한 데에는 여섯 가지 이유가 있다. 첫째, 냉전종식이 원조의 중요성을 감소시켰다. 둘째, 세계화가 식민지적 이해관계에 묶여 있는 원조를 약화시켰다. 셋째, 점점 커져가는 예산압박이 원조자원을 죄었다. 넷째,

원조의 효과성에 대한 실망으로 대중의 지원이 줄어들었다. 다섯째, 원조를 뒷받침하는 공여국들의 특별한 이해관계가 사라졌다. 마지막으로, 신자유주의적 사조가 원조를 지지하는 일부 지적기반에 도전하였다. 이러한 이유에 대한 간략한 설명이 다음에 이어질 것이다.

냉전 종식

냉전종식은 원조와 공여국들을 책략으로 유인하는 수원국들의 능력 모두를 약화시켰다. 냉전 싸움에 연루된 대부분의 공여국들, 특히 미국과 소련에서는 국내의 원조자금 지원이 지구적인 이데올로기 냉전의 종식과 함께 증발해버렸다. 1992년 이래 예상대로 OECD 회원국들 사이에서 미국의 원조규모가 가장 많이 감소한 것으로 보도되었고, 이후 미국과 밀접한 군사동맹을 맺고 있던 독일, 일본, 호주가 그 뒤를 이었다. 1992년부터 1998년까지 OECD 회원국들의 원조 감소는 냉전활동에 연루된 국가들의 냉전에 대한 열의 강도의 수준과 매우 잘 일치한다. 냉전열의의 감퇴는 모든 공여국들에게 영향을 미치지는 않았다. 예를 들면 1980년대에 핀란드나 스위스와 같은 비동맹 국가들은 전략적인 목적을 위해 원조를 활용하지 않았다. 그들은 또한 1990년대에도 대폭적인 원조 감소를 피했다. 더욱이 NATO 회원국과 같은 명목상의 냉전 연대는 원조의 전략적 동기를 훌륭하게 대변할 수 없다. 유엔 원조규모 목표(공여국 GNP의 0.7%)를 국가정책으로 수용한(그 수치에 도달했거나 초과한) 국가들은 원조규모(〈그림 19-2〉)와 상대적인 원조 노력(〈그림 19-1〉)이 모두 감소했고, 냉전세계구조에 대한 책임도 최소한으로 줄어들었다.[6]

---

6) 노르웨이, 덴마크, 네덜란드와 같은 NATO 회원국들은 국가 법률이 유엔의 개발목표를 이행하도록 규정하고 있기 때문에 스웨덴과 함께 그들의 GNP에 비해 높은 원조 수준을 유지했다. 이 네 나라들은 〈그림 19-2〉에서 보여주듯이 유엔

〈그림 19-2〉 주요 공여국의 순 ODA 지출규모(1966~1997)

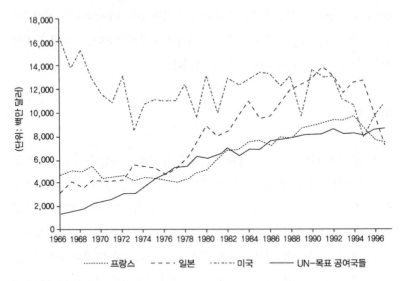

········· 프랑스   - - - - 일본   ·····- 미국   ——— UN-목표 공여국들

출처: OECD(1999a)
주석: UN-목표 공여국들은 덴마크, 노르웨이, 네덜란드, 스웨덴

중국과 러시아, 그리고 다른 옛 사회주의 국가들로부터의 원조 또한 감소했다. 오늘날 이들 국가들은 거의 또는 전혀 원조를 하지 않는다. 이러한 감소는 최소한 부분적으로는 냉전종식에 따른 것이다. 이 국가들 중 상당수가 오히려 원조 수원국이 되었다. 오늘날의 원조활동에서 그들의 역할은 1955~1980년 시대와 비교했을 때 가히 충격적이라 할 수 있다. 한때 원조체제에 크게 기여했던(Schraeder et al., 1998) 이들 국가들은 지금은 그들의 경제를 통제경제에서 시장기반 경제로 전환하기 위해, 그리고 지구적인 자유경제로의 평화적인 전환을 촉진하기 위해 수십 억 달러의 원조자금을 받아들이고 있는 실정이다(Grant and Nijman, 1998). 이들 새로 생긴 수원국에 대한 원조 증가가 1989년 이후의 세계 원조 상승분을 사실상 흡수했다.

의 목표 공여국으로 지정되었다.

1990년대 중반부터 이것이 전통적인 빈곤국들의 개발원조 이용도를 압박했다.[7]

아프리카의 뿔 지역에 대한 원조의 경우는 교훈적이다. 큰 수요가 있음에도 불구하고 이곳에 대한 원조가 감소했다. 1960년대부터 1980년대까지는 냉전연대가 이 지역에 대한 원조흐름을 형성하는 주요 요소였다. 1980년대 소말리아와 수단은 협력의 대가로 미국으로부터 엄청난 양의 원조를 받았다. 마르크스주의 군사 지도자들이 권력을 잡게 된 에티오피아는 서방으로부터의 원조가 끊겼다. 오늘날에는 지구적 동맹이 원조를 동원하거나 관리하지 못한다.

간단히 말해 냉전종식은 원조를 감소시키고 원조활용에 대한 제약을 완화했다. 1948년부터 1991년까지 두 큰 동맹 사이의 전쟁으로 인한 큰 안보위험 때문에 양측은 다른 국가들과의 관계를 돈독하게 하기 위한 도구로 원조를 동원하고 활용했다. 원조는 오늘날 다른 이유로 인해 계속되고 있다.[8] 안보에 근거한 인센티브가 감소했지만 전체적인 원조규모가 즉각 줄어들지는 않았고, 상업적 또는 지구 복지에 관심을 갖고 있는 일부 공여국들의 원조는 늘어났다.

---

7) 1992~1996년, 러시아와 중국은 각각 90억 달러와 160억 달러의 원조를 받았고, 이 금액은 이 기간 세계 전체 원조의 10%에 해당한다(동유럽과 구소련 국가들에 대한 원조가 늘어나는 것을 고려하지 않더라도).

8) 일단 원조가 국제문제에서 관행으로 제도화되자 원조 체제는 스스로 관성력을 발휘했다. 다양한 목적들이 이를 뒷받침했다(제1~4장, Lancaster, 1999; Schraeder et al., 1998 참고). 고전적인 방식으로 원조를 위한 국제제도와 기관들이 생겨남으로써 원조관행은 그것을 위한 더 오랜 동기가 약화되었음에도 불구하고 계속되어 왔다(Keohane, 1998). 빈곤 감소와 원조실행을 위한 협력에 초점을 맞춰 공여국들을 위한 새로운 근본 원리를 개발하려는 DAC의 노력은 그러한 제도적 적응이다. 원조를 평가하는 영향력기준의 광범위한 채택을 포함하여 양자간 원조기관, 세계은행, 유엔 개발기구들의 조직재편은 순응적인 제도 변화의 증거이다(제18장 참고).

사라져가는 보호국-피보호국 관계

원조 수준이 줄어드는 두 번째 이유는 국제적인 보호국-피보호국 관계의
위축이다. 경제 및 문화적 생산의 세계화는 이전의 식민지적 인연과 영향력
범위에서 기인한 연계를 경시해왔다. 강대국들에게는 냉전 이전에 있었던
이러한 인연이 1950년대와 1960년대의 원조를 정당화하고 분배하는 데에 중
요한 역할을 했다. 이전의 식민지 국가들과 경제 및 문화적 연대를 유지하려
는 프랑스와 영국의 소망, 필리핀과 라이베리아 및 파나마와 같이 이전에
통치하였거나 강력히 통제하였던 지역에 대한 미국의 유사한 욕구는 우호적
인 정부에 직접 예산을 지원하는 원조제공을 촉진했다. 서아프리카 지역 국
가에 대한 프랑스의 관심집중이 특히 유별나다. 서아프리카 국가들과 프랑
스와의 관계는 전략적인 동맹의 일부는 아니었지만, 해외 국민들과 현지 자
국민들의 그 지역에 대한 역사적인 투자 보호를 명분으로 내세워왔다. 원조
가 양쪽의 상업적 및 문화적 연계망을 지탱했다. 프랑스의 목적은 역사적
및 언어적 정체성을 공유하고 있는 국가들의 정치적 안정을 확립하는 데 있
었다(Schraeder et al., 1998). 1987~1991년에 프랑스 정부의 대외협력부가 6
개의 서아프리카 국가에 대한 원조를 검토한 결과 '프랑스의 개발원조는 예
속적이고 착취적인 사회 경제 및 정치 시스템의 재현에 기여한 것'으로 나타
났다(Lancaster, 1999: 121에서 인용).

1990년대에는 공여국 기업들이 지구적 및 유럽 전반의 시장 요구에 부응함
으로써 문화에 기반을 둔 수원국과의 정치·경제적 유대가 약화되었다. 이들
해외 현장에 대한 대중의 관심도 다수의 NGO들이 지구적인 인도주의 문제
에 관심을 보임에 따라 약화되었다. 피보호국 유지를 위한 지원은 명맥을 유
지하고 있다. 예컨대 프랑스의 서아프리카 원조집중은 계속되고 있다. 미국
은 특별한 관계에 있는 국가에 원조를 계속하고 있지만, 고객(수원국)과의 결
속 유지를 특별히 강조하지는 않는다. 고객 본위의 원조 감소는 영국의 경우
에 특히 두드러진다. 이전 식민지들을 대상으로 하는 원조가 노동당의 강력

한 지원과 구두 개발로비에 역행하며 느슨해졌다. 포르투갈과 네덜란드 또한 원조를 장려할 만한 역사적 인연을 갖고 있다. 다른 공여국들은 북유럽 국가들과 탄자니아의 관계처럼 공유하는 정치철학에 기반하고 있는 대상 국가들을 개발해왔다. 그들의 근본이 무엇이든 특정한 공여국과 수원국을 이어주는 특별한 정서는 최근 수년간 특히 성공사례가 줄어들면서 시들해졌다.

이처럼 시들해진 정서로 인한 한 가지 결과는 '고객' 국가에 대한 원조가 감소하고 있다는 점이다. 이것은 다시 이들 정치조직들을 안정시키는 수단 중 하나인 원조의 역할을 감소시켰다. 물론 이 역할은 논쟁의 대상이다. 경찰과 군인을 훈련시키기 위한 원조, 또는 특정한 관료조직을 지원하기 위한 원조는 논쟁의 여지가 있으며, 1960년대의 베트남 또는 1970년대의 소말리아와 자이레에 대한 원조가 이를 입증해준다. 더욱이 재정상의 위기, 기아, 그리고 우간다와 차드, 모잠비크의 참화를 가져온 내전으로 원조가 극적으로 증가하였던 아프리카에서는 많은 원조가 사실상 정치조직을 약화시켰다. 개별 프로젝트를 갖고 있는 공여국들의 급증이 취약한 수원국들의 원조 기획, 감독, 평가 및 협상을 복잡한 악몽 속으로 몰아넣었다. 공여국들은 분수에 넘치는 수원국 정부의 역량을 요구했다.

지역 안정을 도모하기 위해 원조를 일부 정치적인 목적으로 활용하는 경우가 계속되고 있다. 예를 들면 중동, 동유럽 또는 남부 아프리카와 같은 국가와 지역으로 가는 원조는 아직도 지역 안정화를 돕는 데 주안점을 두고 있다. 일부 원조는 테러리즘을 막는 방벽으로서 제공되기도 한다. 이러한 흐름은 특정한 공여국에 한정된다. 미국에서 이집트와 이스라엘로 가는 원조, 그리고 서방에서 동구와 러시아로 가는 원조가 두드러진 사례다. 일본의 아시아에 대한 원조는 상업적이며 지역적인 안정에 더 관심을 두는 것이긴 하지만 이 또한 그런 역할을 한다고 볼 수 있다. 그러나 특정한 고객국가들을 지원하는 양자간 원조는 이제 끝나가고 있다(Ruttan, 1996; Lancaster, 1999). 더욱이 세계은행 또는 UNDP로부터의 기술지원은 특별히 수원국들의 역량강화를 위해 기획된 것이나, 정부지원을 위해 다자간 원조를 활용하는 것이 더욱 어려워지고 있다(제6장, 제12장 참고). 다자간 공여기관들이 종종 수원국으로부터 더 신뢰를 받고 있지만, 공공연하게 원조의 정치적인 조건을 실행하기는 어렵다. 다자간 공여기관들은 주권을 확고하게 존중하는 강령과 관리조직체를 갖고 있다. 현재의 정부를 지탱하기 위해 또는 정치개혁을 강제하기 위해 원조가 이용되는 것을 억제하는 이유도 이 때문이다. 그들이 이러한 책무를 소홀히 하여 널리 비난을 들은 바 있다(van de Walle, 1998).

긴축예산압박

원조가 줄어드는 세 번째 이유는 예산압박이다. OECD의 많은 회원국들이 1990년대에 그들의 원조를 줄였는데, 이는 재정적자를 줄이기 위한 광범위한 노력의 일환이라고 볼 수 있다. 국내 및 해외지출 모두가 압박을 받았으며 군비지출과 원조가 절대적인 관점에서 크게 삭감되었다. 수혜권 프로그램entitlement programme은 마침 이익수준이 좋지 않을 때 오히려 확대되어 더 많은 할당량을 얻었다. 이유는 여러 가지였다. 유럽 국가들 가운데 유로화 제도에 들어가는 데 필요한 마스트리히트조약 기준을 충족하기 위해서는 1999년 1월까지 예산적자를 실질적으로 줄여야 했다. 더딘 경제성장으로 재정이 삭감돼 큰 고통을 안겨줬다. 일부 국가에선 극적인 일이 벌어졌다. 예를 들어 이탈리아에서는 원조를 크게 늘린 후 1990년대에 들어와 예산압박이 프로젝트상의 사기행위와 낭비에 대한 실망과 겹쳐 원조예산의 50% 이상이 삭감되었다. 1980년대 이후 미국에서 원조예산이 줄어든 것은 세금감면과 예산지출에 대해 입법부에 위임된 지출한도(caps)와 관련지을 수 있다. 클린턴 행정부가 균형예산 목표를 설정하여 추진하자 큰 부문을 차지하는 자유재량 지출 영역에 긴축이 뒤따랐다. 1992년에 세계 최대 공여국이 된 일본에서는 1995년부터 1996년까지 30% 이상 원조가 감소했다. 1980년대에 급상승한 경제가 거품이 꺼지면서 붕괴된 후 장기간 불경기가 이어졌다는 사실이 일본 원조의 감소를 상당 부분 설명해준다. 1997년 12월의 재정개혁법은 원조규모가 1997년 수준에서 1998~2000년 동안 1년에 10%씩 감소될 것임을 예고했다. 이러한 긴축에 직면하여 보수적인 복지국가로부터의 원조는 최대한으로 감소했고, 사회적인 복지국가로부터의 원조는 최소한으로 감소했다(Noel and Therien, 1995).

예산압박은 또한 OECD 가입국이 아닌 공여국에도 영향을 미쳤다. 석유가 풍부한 중동 국가에서 정부세입이 줄어들자 그들의 예산도 줄어들었다. 석유수출 소득에 전적으로 의존하고 있는 이 나라들은 국제 석유가격이 폭락하면서 1990년대에 예산위기에 직면했다. 걸프전 이후 사우디아라비아, 쿠웨이트 및 다른 걸프 국가들로부터의 원조흐름이 점차 줄어들었다. 1970년대에는 한때 이들 국가들의 전체 원조 기여도가 5~10%에 달한 적도 있었다. 오늘날 OECD 국가들 외에는 원조를 하는 국가들이 거의 없어졌다. 아르헨티나, 대만, 브라질 같은 국가들이 제공하는 적은 양의 원조 역시 다른 국가들의 원조축소에 맞춰 위축되고 있다.

빈약한 실적poor performance

원조규모의 감소에 대한 네 번째 이유는 원조성과에 대한 실망이다. 때때로 '원조 피로'라고도 불리는 이 요소는 '원조가 효과를 거둔다는 만족감의 결여'로 가장 잘 인식되고 있다. 많은 나라에서 특히 아프리카에서 원조가 실패한 것으로 보인다. 1980년대에 점점 더 많은 원조를 받았던 일부 국가들이 경제개발에 실패한 사실이 특히 실망을 안겨주었다.[9] 일부 분석가들은 공여국 정부에 실패의 원인을 돌리고 있는데, 그들이 다른 기부국가들의 원조목적, 특히 정치적 및 상업적 이익에 우선권을 부여함으로써 개발성과를

---

9) 실망에 대한 관심사가 널리 논의되고 있다(Cassen et al., 1994; van de Walle, 1998; Lancaster, 1999: 1~4장 참고).

약화시켰다고 지적하고 있다.[10] 일부에서는 오랫동안 원조의 효과성을 의심하며 원조를 비판해왔다.[11] 더 최근에 일부 비평가들은 공여국들이 수년간 수원국의 불량한 경제정책을 지원했기 때문에 비난 받을 만하다고 말했다. 즉, 원조가 향후 수년간 수원국의 제도에 미치는 충격에 대해 충분히 주의를 기울이지 않아 1960년대와 1970년대에 반관반민기업들을 지원한 경우가 있었다는 것이다(van de Walle, 1998). 공여국들을 헐뜯는 또 다른 공격은 종속이론에서 출발한다. 종속이론가들은 원조는 느린 개발효과를 이용하여 사실상 수원국을 착취할 목적으로 제공되고 있다고 주장한다(Amin, 1973; Selogson and Passe-Smith, 1998). 이러한 비난은 아직도 일부 지원 NGO와 수원국 관료들 사이에 퍼져나가고 있다. 마침내 50년간의 체험 끝에 원조에 대한 비판적인 평가, 특히 아프리카에서 실패한 프로젝트에 대한 평가가 많이 축적된 것이다. 이러한 비판은 제4장에서 논한 세계은행의 영향력 있는 연구(Burnside and Dollar, 1997)를 포함하여 이 책의 앞 여러 장에서 검토한 많은 분석 작업들을 일깨워준다. 일반적으로 공여국의 원조동기 결함, 잘못된 관료적 경영, 원조목적에 대한 수원국의 사회-정치적 왜곡 등이 확인되었다. 파악된 원조실패를 거울삼아 원조를 더욱 효과적으로 활용할 수 있는 더 나은 방식을 확인하게 되었다. 에릭 토르벡케가 제1장에서 설명하고 있듯이, 각각의 연속적인 실패의 10년(1980년대와 1990년대)이 원조를 수정하고 개선하기 위한 노력을 하게 했다.

일반 국민들과 지도자들은 비평가들이 제기한 회의론의 일부를 수용해왔다(Noel and Therien, 1995: 547~48). 예를 들어 일본에서는 1996년에 원조에 대한 여론조사에서 인구의 절반 가까운 사람들이 '개발도상국'에 이롭다고 답한 반면, 15%는 전혀 도움이 되지 않는다고 답했다.[12] 국회 진상조사단은

---

10) 원조효과성을 왜곡하는 정치적 동기는 제4장과 알레시나와 달러(1998)에서 논의된 것처럼, 원조 공여국 동기의 경제적 분석에 대한 결론으로 종종 나타난다.

11) 바우어Bauer(1973)나 분(1994; 1996) 참고.

원조의 비효율적인 결과와 잘못 활용된 자금들에 대한 관심을 제기해왔다. 미국에서는 원조성과에 대한 공개토론이 있은 수년 후인 1998년에 인구의 절반 가까운 사람들이 원조를 반대했는데 이는 그렇게 놀라운 일이 못 된다. 원조삭감에 대해 '지도자'로 생각되는 사람들의 10%만이 회의적인 시각을 가진 반면 나머지는 지지하고 나섰다(Reilly, 1999: 38). OECD의 여러 국가들 사이에서 이러한 여론조사 결과가 나온 것은 정부의 신뢰하락에 더 일반적인 책임이 있다 할 것이다. 실제로 미국 국민들의 경우 원조를 우호적으로 간주한 적이 없다. 대체로 원조를 지지하는 국민의 비율은 1974년 52%에서 1998년엔 46%로 떨어졌다(Reilly, 1999: 21). 아마도 원조에 대한 실망이 원조에 대한 지도자들의 지지율이 떨어지는 데에 일조했을 것이다.

적어진 특별 이해관계 이익

원조 지원이 감소한 다섯 번째 이유는 공여국들의 특별한 경제적 이익이 감소했기 때문이다. 원조는 그것을 통해 선택성 이익을 얻는 공여국 내부 단체들로부터 가장 많은 지원을 받는 것이라고 주장할 수 있으며 실제로 주장하고 있다. 여기에는 수원국에 투자한 또는 원조와 관련된 수출품을 제공하는 기업들, 그리고 NGO를 포함하여 원조에 직업적인 관심을 가진 관료들이 포함된다. 1980년대와 1990년대에 NGO의 두드러진 성장이 있었는데, 그들은 자금지원을 하는 원조 프로그램들과 강한 유대 관계를 발전시켜왔다.[13] 힘이 커가면서 그들은 계속 정부의 원조 할당에 강력한 로비를 하고 있다(그러나 여섯 번째 이유가 제시하고 있듯이 그들의 성공은 개발이 민간부문

---

12) JICA(일본국제협력단) 홈페이지에서 얻은 정보: 1999년 검색: www.jica.go.jp

13) 효과성의 관점에서 볼 때, 이 기관들은 원조과정에서 행하는 그들의 역할에서 많은 이점과 문제점을 드러낸다(Weiss and Gordenker, 1996; Hulme and Edwards, 1997).

책임으로 다뤄질 수 있다는 가정을 강화시킨다). 원조 계좌의 보증으로 이익을 올리거나, 계좌로부터 직접 지불받는 원조관련 기업들 또한 모국의 원조수준이 유지되도록 적극적으로 지원한다. 해외 직접투자의 증대, 수출수요 증가를 위한 원조 대안방식 개발, 그리고 기업 간 협력은 해외에서 운영하고 있거나 수출에 지나치게 의존하는 대부분의 기업들에 대한 원조의 중요성을 감소시켰다. 더욱이 현장에선 악순환이 일어난다. 일단 원조규모가 줄어들면 국내의 경제적 이익이 줄어든다. 그 외에도 원조를 실현하는 이해관계 또는 능력이 약화되면서 오랫동안 원조를 지원해왔던 단체의 로비 비중이 줄어들 수 있다.

원조에 특별한 관심을 가진 지지자들이 줄어든 또 다른 이유는 원조를 받는 나라들이 바뀌었기 때문이다. 원조가 아시아에서 아프리카로 이동하면서, 그리고 빠르게 성장하는 나라에서 천천히 성장하는 나라로 이동하면서 나타난 결과는 수원국에 대한 수출로 얻는 정치적 및 경제적 이익이나 공여국 내의 재정적 이해관계가 예전 (아시아의) 경우보다 크게 줄어들었다. 만약 수원국 시장이 매우 적은 잠재력을 갖고 있다면 그 시장을 열 수 있는 수단으로 원조를 이용하는 것은 적절치 않다. 수출업자들은 국민 1인당으로 계산하여 큰 원조를 받지 않는 중국이나 나이지리아와 같은 큰 나라에서 시장수익을 모색한다.[14] 해외직접투자와 비교하여 원조가 감소함으로써 상업적인 이익에 대한 지원 역시 감소했다. IMF는 이들의 이익을 도모하는 데에 원조기관들보다 더욱 효율적이다. 지원에 대한 일종의 하향 순환이 일어나고 있는 것이다. 이 모든 요소들이 원조와 공여국의 기업 및 관료 체제와의 관계를 줄어들게 만들었다.

---

14) 원조는 주로 국제 정치에서 현저히 두각을 나타내는 국가 집단 외의 국가들을 대상으로 한다(Stremlau, 1994 and Chase et al., 1998 참고).

신자유주의적 전망

원조규모가 작아진 여섯 번째이자 마지막 이유는 신자유주의적 시각으로의 이동이다. 지구적인 여론 환경은 정부의 규모와 간섭이 지나치게 큰 것으로 간주되어왔다. 이런 시각은 사회주의 국가는 물론 서방의 복지국가에서도 지배적이다. 미국과 영국은 사회보장 수혜권 지출 삭감에 앞장섰다. 1980년대에 처음 유행한 이러한 시각은 소련과 중국이 시장 지향적 경제정책을 채택하기 시작한 1990년대에 일반화된다.[15] 정부에 대한 신뢰가 줄어들고 시장제일주의가 축복을 받으면서 정부의 지구적인 자원이동 활용이 그 정당성을 점점 잃어갔다. 그러나 효율적인 진전을 위해 약간의 원동력이 필요하다. 이것은 민간자본의 흐름과 해외투자 활성화로 특히 다국적 기업에 의한 투자 활성화로 점차 충족되고 있다. 그러한 흐름은 포트폴리오 투자, 단기차관 또는 원조흐름과 점점 더 현저하게 비교되어왔다(제3장, Stopford, 1998 참고). 하지만 이러한 자금 중 대부분은 필요로 하는 투자와 실현된 공공투자 사이에 매우 큰 간극이 있기 때문에 아프리카의 빈곤국과 같은 매우 가난한 국가에 도달하지 못한다. 아직은 이러한 민간자본의 흐름은 국제 자금의 흐름, 특히 세계은행 차관을 뒷받침해온 공공원조 시스템에 대한 지원을 감소시켰다.

브레턴우즈 체제 외부에서 일어나는 대규모 자본흐름으로 인해, 그리고 아프리카 지역과 같이 매우 가난한 국가를 대상으로 하는 세계은행의 양허성 차관으로 인해 한국, 인도네시아, 대만에 대해 할 수 있었던 것 같은 재빠른 성장을 일으키는 원조에 대한 열망이 감퇴했다. 수단으로서의 원조에 대한 확신이 감퇴한 것이다. 아시아의 국가주도 개발 초기의 성공적인 경기활성화

---

15) 후쿠야마Fukuyama는 자유주의의 승리를 언급했다(1992). 반국가적이고 시장만 능주의의 광범위하고 파급적인 영향력은 그레이Gray(1998)와 그랜트Grant와 니 만Nijman(1998)의 보고서에 잘 드러나 있다.

와 같은 원조의 과거 결합은 1997~1998년 아시아 위기로 인해 꺾여버렸다. 극단적인 형태의 신자유주의 교의에는 공익사업으로서 원조가 들어설 자리가 없다. 자선(구호)으로서의 원조는 자발적이어야 하고, 세금기반이어서는 안 된다. 민간자금 동원에 성공한 NGO는 이러한 이상을 확인하고 있다.

이러한 개념 전환의 효과는 국내적으로는 물론 국제적으로 '복지'를 줄이려는 다양한 정치운동 프로그램에서 명백해지고 있다. 이것은 국가의 사회보장 수혜권 정책의 비지속성에 대한 관심에서도 엿볼 수 있다. 사회보장제도에 대한 깊은 회의는 OECD와 세계은행과 같은 개별 정부와 다자간 기관에 의한 분석에 고루 영향을 미치고 있다. 과거의 원조실패에 대한 접근은 이제 더 시장 지향적인 해법이 되고 있다. 아이러니하게도 민영화 해법은 논리적으로 이것이 국가의 절차 관리를 요구하고 있음에도 불구하고, 이러한 절차를 지원하기 위한 공공자금을 배제하지 않는다(제12장, Kahler, 1990 참고). 따라서 원조와 관련된 세계적인 시각의 광범위한 전환은 신자유주의의 부상에서 발생한 것이다. 공여국에서는 국가 복지의 쇠퇴가 원조의 쇠퇴와 보조를 맞춰왔다(Noel and Therien, 1995). 그러한 판단은 원조실패 분석으로 강화되었다.

■ 공여국의 네 가지 동기

앞서 이야기한 방향으로 나아가기 위해 공여국들 사이에선 어떤 원조 지원책이 존재할까? 정당이 동원하고, NGO가 고취하는 국제지향적인 대중들의 제휴는 경제개발 규범이 초기의 정치적 규범을 대체하기 때문에 원조를 지속시키는 데 특별히 필요하다. 그러나 경제개발을 목표로 하는 원조는 또한 공여국들의 이익을 도모하는 동기와도 관련이 있어야 한다. 우리는 현 국가체제에서는 공여국들의 목표가 복잡한 경제적 기반에 자리 잡고 있다는 사실을 알고 있다. 공여국들이 직면한 정치적 환경은 일반적으로 정의되고 있는 것처럼 안보와 경제적 '이해관계'에 대한 큰 불확실성을 안고 있다. 외교정책 목표는 갈등, 비상사태, 국제적 환경위협과 같은 당면한 문제와의 대응에 초점을 맞추고 있다. 이러한 목표를 추구하는 데서 오는 난관은 집단행동 문제가 원조를 지속하는 데 근본 장애물이라는 사실을 확인시켜준다. 원조의 이익은 매우 분산되어 있어서 공여국의 정치적 이익을 정리하는 일이 어렵다. 세금과 같은 비용은 눈에 보이며 비교할 때 나눌 수 있다. 집단행동 문제를 극복하는 방법은 복잡하며, 이를 위한 방법은 각 공여국의 정치제도에 따라 다르고, 그들의 현 국가적 신념 내에서 국민들을 동원하기 위해 이용 가능한 자산에 따라 다를 것이다.

공여국들은 네 가지 동기로 원조를 지속한다. 이 동기가 여러 공여국들에게 국내 및 국제적으로 지원을 동원할 수 있게 해준다. 또한 원조규모, 포장, 그리고 효과성을 구체화하려는 열망을 갖게 해준다. 네 가지 동기란 (1) 국제적 공익추구, (2) 공여국들을 위한 경제개발 이익, (3) 국내의 특별한 이해관계, (4) 원조이행조건을 수용하려는 수원국의 의지 증가다. 첫 번째 동기는 줄어든 폭력, 질병 및 오염에서 오는 공동 이익을 거두는 일이다. 두 번째 동기는 경제개발로 인한 무역과 투자를 통해 개별적인 국가이익을 쌓는 일이다. 세 번째 동기는 이것들을 조직화하고 그에 이바지하는 이해 그룹의 압력과 관료 제도를 기반으로 한다. 마지막 동기는 수원국들이 원조를 받기 위해 행할 수 있는 것들에 의존한다. 그들 수원국들은 원조조건 실행에 실패하게 되면 더 높은 대가를 지불하게 될 것이다.

지구적 공공재global public goods

1990년대에, 정치·경제적 가치에 대한 위협은 전쟁과 갈등 고조(제17장), 아시아 금융위기로 나타난 지구적인 금융 불안(제14장), 국경을 가로지르는 오염원과 질병의 증가(제11장)로 나타났다. 공여국들은 이러한 위협을 감소시키는 데에 지대한 관심을 갖고 있다. 보다 친근하고 안전한 지구환경은 공여국이 원조조건으로 내걸 수 있는 주요 목표이다. 이 목표는 현재 공여국들이 일반적으로는 물론 특별한 공약을 발표할 때도 폭넓게 열거하고 있다. 세계은행과 여러 양자간 공여기관들은 환경을 개선하고 보다 나은 정부통치를 보증하고 재정부문의 규제능력 강화를 지원하기 위해 프로젝트의 포트폴리오를 점차 더 늘리고 있다. 이러한 주도에 대한 이론적 기반은 공공기관들이 체제 확립에 중요한 역할을 한다는 인식에서 출발한다. 공공부문들의 개입을 회피하려는 신자유주의적 개념의 지배는 이런 국제적인 관심사에 의해 도전받고 있다(Gray, 1998). 신자유주의적 철학을 향한 진자운동이 아마도 최고점에 달한 것 같다. 그러므로 원조를 부적절한 복지전환으로 간주하는 원조 회의론은 좌절하고 있는 나라들을 포함하여 국제적인 시장실패에 대한 관심으로 인해 상쇄된다. 지구적 공익은 과잉시장주의를 제어하는 방식의 원조를 장려한다.

다양한 악습들이 지구적인 복지를 위협하고 있다. 대양에의 쓰레기투척, 열대우림파괴, 이산화탄소방출과 같은 것이 모두 전 세계 사람들에게 공동의 환경적 손실을 만들어내고 있다. 전염병과 기타 공공의 건강 위험요소의 확산은 예방할 수 있는 손실이다. 산업화와 인구 압력은 이 지구적인 '불량'을 더 확산시키는 한편, 규제 메커니즘의 부재가 이를 부추기고 있다. 국제적으로 일부 집단행동을 할 수 있는 길이 국제조약은 물론 다국적인 정치운동을 통해 열리게 되었다. 정치운동은 지역 지부들의 환경로비를 지원하는 국제 NGO들이 벌였다. 이러한 공유재산을 보호하려 애쓰는 선진국 국민들은 원조를 그 수단으로 인식한다. 원조의 역할에는 협상 처리 비용을 줄이는 일과, 부국들이 개발도상국들의 공동 수익행위의 비용 일부를 부담함으로써 무임승차 대신 협력을 이끄는 일이 포함되어 있다.

연구조사에서 환경규정까지, 재정계획에서 갈등해소까지 지구적인 공익의 공급을 늘리기 위한 한 가지 흥미를 끄는 사례가 있다. 세계은행이 펴낸 '세계개발 보고서(World Bank, 1997a)'는 복지개선활동을 위한 국가의 역할을 강조했다. 최근 난민과 부동적인 단기자금인 핫머니가 증가하자 사람과 금융의 불안정한 흐름을 바로잡으려는 관심이 높아졌다. 몇몇 공여국에선 지난 10년 동안 사람과 자산의 실질적인 상승흐름을 통제하기 위해 사용되는 정부예산이 수십억 달러 이상 늘어났다. 적어도 유럽과 미국에서 사람과 자산이 불법적으로 유입되는 것을 막기 위한 국경통제 강화 노력에 추가 비용이 들어가게 된 것이다. 공여국 정치지도자들 가운데는 예컨대 무역에 대한 바람직한 국가정책이나 불법적인 경제활동 단속에 영향을 미치기 위해 국제협정을 활용하는 한 가지 방법으로서 원조를 늘리는 것이 또한 매력적일 수 있다.

냉전종식이 가까워지면서 천연자원과 환경보호 문제에 대한 국가제도와 실행상의 결함이 드러났으며 대중의 반발을 사게 되었다. 개발도상국들의 자원과 환경에 미치는 나쁜 영향을 상쇄하기 위한 개입요청이 두드러지고 있다. 그 밖에 건강위협, 남녀평등, 오염, 기아와 빈곤과 관련된 고통이 공여국들의 폭넓은 제휴를 통해 대책을 강구케 했으며, NGO 활동, 국제회의 및 초국가적 협력에 의해 박차가 가해졌다.[16]

경제개발

공여국들을 유도하는 두 번째 목표는 그들이 수원국의 경제개발에서 얻는 수익이다. 앞서의 여러 장에서 개발을 장려하는 데 효과적이었던, 또는 최소한 효과적일 수 있는 원조의 사례를 논하고 있다. 양자간 및 다자간 자금지원 둘 다를 약속하는 이유를 살펴보면, 전체적으로 공여국들에게는 개발이 무역증대는 물론 더 확대되고 안정된 해외투자기회로 이어질 것이라는 보편적인 인식이 있다. 그러한 수익에 관심을 가지려면 원조의 효력에 대한 신뢰

---

16) 프린슨Princen과 핑거Finger는 이러한 환경단체의 제휴 효과를 상세히 설명한다(1994). 변호사 조직인 Bread for the World는 이 문제에 권위 있는 옹호세력이 된 41개의 국제 NGO 네트워크를 인용했다(BFWI, 1999).

와 경제개발이 필요하다. 초기의 개발실패에 대한 한 가지 설명은 적어도 공여국의 여론이 이해하고 있는 것처럼 수원국 정부들이 원조목표에 저항했다는 점이다. 적절하게 조정된 프로젝트 목표에 성공을 연결하는 것은, 그리고 이것을 개발촉진 전망에 관련시키는 것은 원조의 감소를 제한할 수 있는 수단이다. 원조에 대한 지지는 또한 수원국이 원조를 받을 만한 가치가 있는 국가로 간주될 경우 더 커진다. '가치 있는 국가worthy states'에 집중되는 원조로 경제개발을 이루는 성공사례는 원조과정을 둘러싸고 일어나고 있는 냉소주의를 역전시킬 수 있다(Kapur, 1998; Grant and Nijman, 1998). 더 큰 효과성을 얻기 위한 원조관행을 만들기 위해서는, 보다 큰 국가를 지원대상으로 하고, 역량을 축적하고, 그리고 관료주의적 관례를 개선하는 것이 필요하다(제1장, 제5~9장, Lancaster, 1999 참고).

빈곤한 수원국의 경제개발이 공여국들에게 얼마나 중요한 것인가는 적어도 그들과의 무역을 통한 소득으로 측정하기는 어렵다.[17] OECD 국가들과 그러한 원조대상 국가들과의 무역 비율은 여전히 소규모이며 더 커지지 않고 있다. 이런 국가들은 그들의 경제규모와 비교하여 최고조의 부채부담을 안고 있는데도 불구하고 재정적으로 그것이 크게 노출되지 않고 있다. 원조에 대한 경제개발 목표는 수원국의 규모에 반비례할 수도 있다. 1인당 원조는 많은 인구를 가진 국가 ― 예컨대 중국이나 인도 ― 에서 점점 더 커지고 있고, 성장을 촉진하는 원조로 인해 공여국 경제가 얻는 결과가 훨씬 더 커질 것이다. 원조는 또한 지구적인 견고한 동맹을 원활하게 유지하는 데도 한몫하고 있다. 이들 국가의 정치적 저항은 이를 불가능하게 만들기 때문에 개발 수익의 비중이 더 작은 나라의 성장 촉진에서 더 중요해질 수 있다.

---

17) 경제 모델은 원조의 무역패턴과의 연계를 포함하여 몇 가지 방향으로 수익을 올릴 수 있지만(Schraeder et al., 1998), 불필요한 경제이동 또는 국경을 넘나드는 범죄와 같은 적극적인 성장의 외적 효과로 인해 얻는 간접적 수익은 평가에 포함되지 않는다.

더욱이 이러한 국가들의 국제경제 문제 참여는 매우 다양한 가치를 갖고 있다. 최근 수년간 공여국들은 국제 자본주의 성장과 무역증대에 이바지하는 경제규칙을 채택하도록 장려하였다. 실제로 WTO 회원국이 두 배가 되었다(제16장). 프랑스와 북유럽 국가들 같은 나라들은 개발모델에 집중하는 나라에 대한 지원을 포기했다. 경제문제에 대한 정책의견의 수렴은 지구적 거래비용을 줄여준다. 원조는 이러한 거대한 전환을 촉진한다. 경제성장은 또한 정치적 성과에 대한 기부국의 목표를 실현시켜준다(Przeworski and Limongi, 1997).

요컨대 가장 어려운 개발사례로 원조를 전환하게 되면 공여국 경제에 대한 직접적인 수익은 줄어들지만, 수원국의 경제성장으로 인해 피할 수 있는 국제적 부담과 위협 감소에서 이익을 늘리게 되는 것이다. 원조의 흐름을 왜곡하는 공여국의 편협한 이익추구는 때때로 초라한 실적으로 인해 비난받는다. 과거 원조의 실패는 개발의 바람직한 효과를 훼손하는 비경제적 요소들로 인해 원조의 분배와 흡수가 왜곡된 것으로 설명해왔다. 앞으로 수년간 개발에 초점을 맞춘 원조가 계속되어, 취약한 나라에 대한 원조가 효과성 면에서 다차원적이어야 한다는 사실을 받아들이게 되면, 이러한 왜곡을 피할 수 있을 것이다.

국내 제휴domestic coalitions

우리는 개별 단위로서의 민족 국가의 가치를 매기는 방법을 알았다. 국가들 내의 특별한 이해관계가 어떻게 다양한 원조정책을 뒷받침하는 제휴를 하게 되는지를 알게 된 것이다. 이러한 이해관계는 실질적이다. 문제는 분산된 목표를 지원하여 함께 제휴하는 데 있다. 사실상 모든 공여국들은 원조를 국내 수출, 즉 상품수출이나 기술지원과 같은 서비스와 연계시킨다. 공여국 내에서는 기업들이 줄어드는 원조 지출금으로부터 그들의 수익 몫을 챙기기 위해 경쟁한다. 원조를 그들의 수익확대로 간주하는 기업과 산업부문들은 원조할당을 늘리려 로비한다. 이 로비는 이들이 갖고 있는 영향력과 그들의 수익성을 위한 원조의 중요도에 따라 달라진다. 예를 들면 OECD 국가들의 국내정치에서 장기간 원조를 지지해왔던 노조는 점점 그들의 지지를 철회하고 있다. 특히 개발도상국들과의 무역이 자신들의 임금수준을 낮추게 하는 압력이 되고 있다는 사실을 인식하면서부터이다.

식량원조가 원조정책 부문 중 가장 좋은 평가를 받고 있다. 식량원조는 (제8장에서 논한 것처럼) 오랫동안 농업부문의 강력한 지원을 받아왔고, 특히 미국에서 이런 현상이 두드러졌다. 미국 농장주들의 선거로비의 힘이 쇠퇴함에 따라(농업에 종사하는 유권자와 농업에 호의를 가진 국회의원 수가 줄어듦에 따라), 그리고 수출보조금에 대한 그들의 이해관계가 해외에서 더 많은 시장을 확보할 수 있는 무역협상 해결 쪽으로 이동함에 따라 원조에 대한 농업부문의 지원이 약화되었다. 식량원조의 경우 인도주의 단체들이 점차 중요한 역할을 하게 되었다. 농장주들의 이해관계는 아직도 농업과 관련 있는 형태의 원조예산을 지지하는 세력과 결합돼 있지만, 그들의 중요성은 약화되었다. 미국과 EU의 잉여농산물 원조가 없어지자 식량원조의 규모와 분배가 지나치게 빠듯해지고 원조의 효과성이 일그러졌다. 이것은 콜딩과 핀스트루프-안데르센(제8장 참조), 세계식량 프로그램WFP이 유엔 기구로서 처분 압력에 덜 영향을 받기 때문에 식량원조 운영에서 더 큰 역할을 수행할 수 있게 해야 한다고 제안한 하나의 이유가 된다. 그러나 특별한 이해관계와의 유대를 단절하는 데서 오는 위험은 선택적인 수익이 사라짐으로써 공여국 내부의 단체들이 원조에 대한 흥미를 잃게 될 것이라는 점이다. 우리가 주목했듯이 이런 일이 식량원조와 연관되어 일어났으며 원조를 위한 재정부문 지원과도 관련된 사례가 있다(Haggard et al., 1993).

국내 제휴는 원조유형에 대한 차별적인 지원이 있음을 말해주며, 부분적으로 공여국들 사이에 원조의 다양성이 있음을 설명해준다. 일반적으로 원조 꾸러미가 커질수록 공여국 내의 특정 기업이나 산업부문에서 더 많은 이익이 발생하며, 이런 조직들이 부족한 재원을 보충하려는 예산투쟁을 위해 더욱 열심히 제휴를 모색할 것이다. 종종 원조 제휴는 그들에게 직접 영향을 미치는 원조의 특정한 구성요소를 중심으로 이루어진다. 각 대학들은 원조 예산에서 연구조사와 제도적 강화 방침을 위해 로비한다. 계약회사 contracting firms들은 공항과 통신체계 공사에 입찰한다. 그러나 일단 원조예 산의 몫이 정해지면 이런 여러 가지 특별한 이해관계는 전체 지출금을 뒷받 침하게 된다.[18]

교회조직이나 정치단체 같은 비정부집단들은 형평성을 분명히 요구할 수 있는 수단을 가장 빈번하게 사용한다. 이 집단들은 공여국들 내에서 풍부한 원조를 강력히 지지해왔다. 이처럼 이해집단들의 정치운동은 선택적인 경제적 이익에 배타적 기반을 두지 않는다. 모든 원조문화는 정의, 타인에 대한 의무, 국가청렴 필요성에 대한 다양한 요구로 진하게 물든다. OECD 국가들의 국가적인 책무란 원조를 제공함으로써 충족된다는 다양한 공식에 의해

---

18) 원조는 특정 공여국의 관계기관들, 즉 민간기업과 비영리 인도주의 단체들 모두에게 중요한 자원이 될 수 있다. 이 민간부문의 국제 업무 담당자들은 '공공' 재, 이를테면 원거리통신 또는 컨설팅 서비스에 대한 계약을 따내기 위해 모국과 '상대국' 정부에 로비한다. 비상시에는 예컨대 차량이나 캠프장 준비에 필요한 물품들을 빠르게 배달할 수 있는 전문기술을 가진 회사가 있다. 원조는 위험을 무릅쓰고 정당하게 어려운 표적분배를 할 수 있는 기관들에게는 눈에 보이는 사업이다. 칸부르는 가나가 원조 합의조건을 충족하는 데에 실패했음에도 불구하고 할당된 자금을 방출하기 위해 세계은행과 양자간 공여기관에 로비할 때 그러한 계약자 그룹들의 힘이 크게 작용한다는 사실을 지적한다(제18장). 원조는 외국 정부와 사업을 벌이고 있는 국내 기업들을 보조해왔고, 국내기업들을 호의적으로 다루도록 외국정부에 보답해왔다. 공여국 내부에서도 유사한 이해관계가 발생한다. 예를 들어 캐나다에서 CIDA는 원조액의 70%가 캐나다에서 사용되도록 하여 36,000명의 자국 종업원에게 도움이 되게 했다. 대학과 연구기관들은 대부분의 공여국에서 친원조 제휴기관의 또 다른 부분이다. 프랑스원조의 절반 이상은 국내 기업에 묶여 있고, 일본은 합작회사와 일본기업의 이용을 필요로 하는 공공사업에 자금을 지원하기 위해 원조를 활용해왔다.

정당화된다. 그 가운데는 국제 복지(또는 분배의 정의)에 대한 관심과 공여국들 사이에 나누어야 할 부담에 대한 관심이 있다. 사회주의적 복지국가에서는 국가철학 때문에 원조지원에서 원조목표가 특히 두드러져 보인다(Noel and Therien, 1995).

이러한 제휴 그룹 가운데 한 부분은 원조담당 관료들이다. 관료적 이해관계는 모든 기관 내에 존재하며, 매우 자연스럽게 그들 스스로 그것을 유지하려고 한다.[19] 원조업무는 전문적인 것이며, 사람들을 그 목표에 전념하도록 유인한다. 그들이 원조재원을 보호하거나 늘리기 위해 로비한다는 사실은 놀랄 일이 아니다. 그들은 원조 목표, 즉 일반적으로 경제개발을 어떻게 이루는가에 관해 지혜를 모으는 기구를 갖고 있다. 다자간 공여기관들은 이러한 일을 원조예산을 늘리기 위해 의회에서 증언하는 자국 시민들과 함께 공공연하게 한다. 그들은 강연, 보고서, 그리고 정부의 다른 부서와 민간부문의 협력자들로부터의 지원을 동원함으로써 일의 분배를 도모한다. 이들 관료들은 원조예산을 책정하는 일에 제한적으로 역량을 갖고 있다. 이것은 국내 정부부서와 다자간 원조기관 모두 그러하다. 실제로 많은 정부기관들 — 예컨대 외무부, 무역부, 통상부, 정보부 — 이 원조 지원업무에 끼어들고 있다. 이들에게는 원조업무가 의무를 수행하기 위한 보완적인 방편이다. 세계은행이나 UNDP와 같은 다자간 공여기관에는 원조를 촉진함으로써 이익을 추구하는 직원들이 있다. 그들은 모국에서 합법적인 증언과 개인적인 네트워크를 통해 로비를 해왔다.

수원국의 양보

공여국들이 원조를 하게 되는 마지막 동기는 각 원조 금액에 비례해 늘어

---

19) 그들의 역할을 유지 또는 확대하기 위한 관료조직의 힘은 랭커스터Lancaster가 잘 설명했듯이 정치적 분석에서 주요 주제이다(1999).

나는 영향력이다. 역사적으로 일부 수원국들은 여기저기 원조를 구걸하러 다닌 반면, 다른 국가들은 원조가 그들 자신의 계획과 선호와 맞을 경우에만 받아들였다. 그러나 시간이 지나면서, 아시아의 고도성장 국가들을 제외한 수원국들은 공여국의 선호에 맞춰 더 큰 양보를 하는 방향으로 점점 변해 갔다. 그들이 공여국을 대하는 자세는 20년 전과 비교했을 때 훨씬 호의적이다. 이렇게 된 이유는 공여국들을 선택할 수 있는 선택권이 크게 줄어들었기 때문이다. 공산주의 블록으로부터의 원조가 끝나면서 이런 선택권은 거의 사라져버렸다.[20] 1960년대에 인도네시아, 이집트, 인도가 서방으로부터의 원조와 정책압력을 거부할 수 있었던, 수원국이 큰소리치던 시대는 이미 끝났다. 특히 아프리카 일부 수원국들은 원조를 얻으려는 희망으로 일련의 프로젝트를 선전하고 다니며 애걸하는 구걸 국가가 되었다(Lancaster, 1999).

그 결과 공여국들은 더 많은 흥정을 할 수 있게 되었다. 부패와 같은 권력 유지에 중요한 요소들을 양보받기가 더 쉬워졌다. 냉전종식 이전의 원조 체제와 비교할 때 국제적인 입장에 대한 지원을 받는 것은 공여국들에게 크게 중요한 일이 아니다. 공여국들은 이제 그들의 원조자금에 대해 보다 격이 높은 정책 및 제도적 대가를 요구할 수 있게 되었다. 이러한 환경에서 원조에 대한 대가로 공여국들이 요구할 수 있는 것은 부패를 끝내기 위한 표준 방식이다. 이것은 쉬운 요구가 아니다. 초과 청구서 작성 및 자본 도피 와 연계된 부패는 원조를 받는 국가에서 원조의 전용을 피하기 어려울 정도 로 제도화될 수 있다. 그러나 부패가 만연한 국가들은 현재 정부비용을 지불하기 위해 세입을 늘리는 데에 어려움을 겪고 있다. 그래서 정부는 원조로 자금을 보충하려든다. 이러한 방법은 '정기적인' 비용에 대한 자금지원

---

20) 냉전체제가 사라지면서 남아 있는 공여국의 교섭력이 커질 수 있는 환경이 조성되었다. 1980년대에 아프리카에서 구조조정 조건 부과는 이처럼 수원국가의 입지 약화로 인해 촉진되었다(van de Walle, 1998). 경쟁국가와의 경쟁에서 오는 압력이 없어진 원조는 국가위신과 동맹관계도 고려하지 않게 되었다. 경제적 필요와 예상실적이 중요 잣대로 부상하였다.

을 피하려는 공여국의 정책에도 불구하고 원조목표액을 늘리려는 국가를 다룰 수 있는 강력한 수단을 제공한다. 앞서 논의한 것처럼, 경제개발을 위한 국가 제도의 중요성을 감안하여 공여기관들은 정치적 제도개혁을 요구함으로써 앞으로의 지속 가능성을 확보하려는 시도를 할 수 있다(North, 1998).

물론 수원국의 태도변화는 단순히 원조로 획득하는 것은 아니다. 1990년대에 들어와 처음으로 중국이, 그리고 러시아가 수원국이었을 때 원조와 개발전략에 대한 그들의 방침은 대내적인 압력 덕분에 바뀌었다. 공식적인 정책은 시장중심 경제정책을 선호했고, 원조는 수원국들이 정의했듯이 정치적 자유화를 지원하기 위한 것이었다. 수원국의 순응성을 제기하는 또 다른 이벤트는 자연적인 그리고 인위적인 비상시기에 더 높아졌다. 이것은 긴급원조에 대한 요구를 더 늘어나게 만들었다. 수원국들이 더 많은 원조조건들을 수용하게 된 세 번째 요소는 원조에 대한 대안재원을 찾을 수 있는 선택권이 없어졌다는 점이다. 1995년 북한에 기근이 발생하자 주로 유엔을 통해 서방으로부터 많은 원조가 흘러 들어갔다. 외적인 영향력에 대한 저항이 최소한 부분적으로 줄어들었다.

되돌아보면 원조에 대한 공여국의 동기가 지속되거나 늘어난 마지막 이유는 수원국들이 답례로 더 많은 양보를 할 것이라는 점이다. 여기에는 사회 전반에 걸친 부패 근절, 인권 및 재산권 침해 금지, 탈세와 같은 불법적인 공적 및 사적 행동을 공개할 수 있는 관리능력의 활용 등이 포함된다. 제12장에서 엘리오트 베르가 보고했던 민영화 과정에서 일어날 수 있는 실패는 그러한 변화의 중요성을 잘 보여주고 있다. 수원국들이 더 많은 양보를 할 수 있는 또 다른 부문은 재정 및 환경에 대한 규정이다. 취약한 국가권위는 빠른 변화에 대처하기 어렵다. 세계화한 경제의 금융 및 원자재 시장에서는 약탈의 기회가 늘어난다(Ascher and Healy, 1990). 이러한 문제에 대한 원조체제aid regime의 무관심은 과거의 원조 교훈을 활용하지 않게 될 것이다. 이에 대한 결과는 고도로 정형화된 사회에서 생활 규범의 부재로 인해 도덕

기준이 더 쇠퇴하고 사회적 무질서와 부패 및 사회적 갈등의 분위기가 만연해질 것이다.

■ 원조 지속성을 위한 전략

원조명분을 구성하는 명분의 변화 — 냉전적대, 남북분리주의와 국가주도 경제성장에서 세계화와 시장중심 성장으로 — 는 원조의 쇠퇴와 함께 지구적 권위의 약화에 한몫했다(Hopkins, 1995). 이것은 또한 원조체제 내의 거래조건에 영향을 미치는 새로운 경제적 관심과 국가 간의 협력을 부추겼다. 제2차 세계대전 이후에 제도화된 원조의 토대가 계속 홀로 온존할 수는 없는 일이다. 앞으로의 원조는 이러한 변화와 반드시 연계되어야 한다. 그렇지 않으면 사라질 것이다. 이러한 도전에 대응하여 새롭고 더 복합적인 원조공식이 제시되었다(제12장; 제16~18장; World Bank, 1997a; 1998b). 이 공식은 시장 활동을 확대하면서 거버넌스를 구축하여 원조를 효과적으로 활용할 것을 강조하고 있다.

미래에 나타날 원조체제는 어떤 모습일까? 원조에 대한 세 가지 목표, 즉 (1) 국가 강화, (2) 시장관리 개선, (3) 비상시 안전망emergency safety net이 공여국과 수원국 사회의 다양한 구성원들 사이에서 널리 호소력을 갖고 있다. 이러한 목표는 앞으로 원조를 장려하는 데 문제점이 되기도 할 것이다. 더욱이 공여국들의 원조 동기가 이러한 목표에 유리하게 편향되어 있다. 그들은 원조활동을 다국적인 제휴와 일부 겹치기를 바라고 있는 데다 앞서 논의한 것처럼 원조가 공공복지이익과 연계될 수 있기 때문이다.

앞서의 여러 장에서는 이러한 주장에 대한 배경을 설명했다. 이 책의 일부 필자들 — 예를 들면 제2장의 이르마 아델만, 제17장의 토니 애디슨 — 은 개발에 대한 주요 장애물로 국가의 약화를 들고 있다. 원조효과성은 일련의 빈약한 정책으로 인해 훼손될 수 있는 반면, 올바른 정책 환경은 기능적인 정부 없이는 망상에 불과하다. 요컨대 정부의 핵심 역할은 시장이 제대로 작동할 수 있는 여건을 만들어 주는 일이다. 특히 개발도상국의 시장은 불완전한 것으로 인식되고 있다(제12장, 제14장). 따라서 시장개혁은 두 번째 목표이다. 마지막으로 만연된 빈곤, 증대하는 불안정과 함께 난민과 내부적으로 추방되는 사람들이 증가하고 있다. 비상시의 원조는 우선순위를 요구한다. 이러한 목표는 국제적인 안전망을 강화하기 위해 정치적으로 지속 가능한 길을 주장한다. 이것은 중요한 인적 및 물질적 자본을 보호하기 위한 보험 체계이다. 이들 비상시에 발생하는 조건들이 실패한 국가들의 성장과 생태적으로 취약한 국민들에게 미치는 자연재해의 큰 충격과 함께 계속되고 있기 때문에 비상시 구호를 위한 원조 비율이 늘어나는 현상은 계속될 것이다. 다음에서 이 세 가지 원조 목표를 더 자세히 다루어보자.

국가 강화strengthening states

정치적 목표는 중요하다. 수많은 전쟁, 특히 1950년 이후 각국에서 일어난 내전을 통해 이 목표는 계속 증대해왔다. 내전이 격화되면 이웃 국가는 물론 지역 밖의 국가들도 연루되는 국경을 초월하는 전쟁이 된다. 발칸반도와 아프리카의 대호수 지역이 가장 두드러진 사례다. 소말리아, 캄보디아, 남아프리카에 유엔이 개입하고 발칸 전쟁에 NATO가 참전한 사실은 무력충돌을 억제하고, 특히 난민들이 주변 국가들을 불안정하게 할 위험을 방지하는 것이 서방의 주된 목표라는 점을 보여주는 것이다. 하지만 이 목표는 콩고(킨샤사Kinshasa)가 9개 나라의 전쟁 중심지가 되고 12개의 다국적 반란조직이 전투에 참가한 아프리카에서는 유독 느슨하게 적용되었다.[21]

1945년부터 1955년까지 10여 차례, 1990년대에는 50여 차례의 전쟁 – 주

---

21) 1998~1999년, 콩고는 8개국(르완다, 우간다, 부룬디, 앙골라, 나미비아, 수단, 차드, 짐바브웨 등)에서 온 9개의 군대 간에 전쟁이 추가된 내전을 겪었다.

로 내전 − 이 있었고 엄청난 사망률을 기록했다. 스리랑카와 아프가니스탄, 라이베리아와 콜롬비아의 내전, 그리고 많은 지역에서 만성화되고 있는 장기적인 전쟁을 포함하여 이처럼 전쟁 발발 횟수가 점점 늘어나고 있는 것은 복합적인 요인에 의해서다. 합법성과 독립성을 결여한 정부로 인해 고통 받는 지역에서 평화는 수명이 짧을 수밖에 없다. 토니 애디슨(제17장)이 주장했듯이 이 같은 무정부주의적 상황에서 평화적 상황을 조성하는 임무에 원조를 활용하는 사례를 만들고 있는 것이다. 그는 '불완전한 평화'가 잠복해 있는 지역에 필요한 어떤 지속적인 임무를 생각한다. 첫 관심사는 인종갈등 또는 자원에 대한 이용료로 벼락부자가 된 사람들과의 갈등이 일어나지 않게 하기 위해 정부운영을 개선하는 일이다. 국내갈등은 식량공급과 기초적인 제도를 위태롭게 하고 장기적인 개발의 장애물이 된다(de Soysa and Gleditsch, 1999). 국가실패를 막는 두 번째 과정은 내란을 억제하고 안정을 찾는 길인데, 바로 이 내란이 난민을 발생시키고, 테러리스트 운동을 장려하고 위협을 증가시킨다. 이 모든 것이 다른 지역으로 확산될 수 있다. 인종갈등, 민족주의, 그리고 세계화를 포함한 변화의 긴급성이 갈등을 증폭시키는 원인이 되어왔다. 르완다 사례는 과거에 이곳에 평화기반을 조성하기 위해 쏟아 부은 원조의 실패를 여실히 보여주고 있다. 피터 우빈Peter Uvin은 1991~1992년에 내전이 발발한 것은 구조조정용으로 제공한 원조가 정치적 분열을 막는 데 실패했기 때문이라고 주장한다. 식량생산, 가족계획, 교육, 의료에 초점을 맞춘 프로젝트들은 부족한 기술적 표준으로 인해 실패한 것으로 판단되었다. 15년간 전달된 50억 달러의 원조는 공식적인 인종주의, 인종신분증, 부패, 폭력, 증오, 인권남용을 묵인했다(Uvin, 1998). 원조의 전제조건인 '책임을 다할 수 있는 정부'의 기준이 신뢰할 수 있고 적절하게 효율적이었다면 큰 재난을 피할 수 있었을 것이다.

국가제도를 강화하는 것은 점점 증가하고 있는 중요한 지구적 공유재산을 지키는 필요조건이다. 현 세계 체제 내에서 안정, 예측 가능성, 권리에 대한 인식은 환경훼손과 국제범죄에 직면할 경우 국가가 필요로 하는 자산이다

(Mittelman and Johnston, 1999). 예컨대 테러리스트의 위협이 없다면 테러리즘을 막고 벌주기 위한 규정에 순응하는 국가를 기대해볼 수 있다. 긍정적인 측면에서 개발도상국들이 환경, 인권, 이민통제, 의료와 관련된 지구적인 재화들을 인도할 수 있게 하는 것이 목적이다. 갈등이 난무하는 약소국가들은 최악의 자원착취자들이고, 다른 나라들에게 가장 큰 실례를 저지른다. 이런 국가들을 강화하기 위한 노력은 이웃 국가들에 의해 공여국의 외교부, 군사기관, 친절한 대중들에 의해, 그리고 환경 및 인도주의적 NGO들에 의해 지원을 받게 된다. 국가강화 노력은 거버넌스/민주주의 프로젝트, 역량강화를 위한 기술지원, 기본적인 예산지원과 연관되어 있다.

그러나 이러한 원조를 성공적으로 관리하기는 어렵다(Lancaster, 1999). 광범위한 목표에 대한 합의가 이 같은 부문의 역량구축과 국가형성의 효과적인 원조 프로젝트로 쉽게 전환되지 않는다. 이러한 원조활용에 직면했을 때 발생하는 주요 문제는 '무엇이냐'가 아니라 '어떻게'이다. 예를 들면 법집행권을 확보하는 것이 국가가 성공할 수 있는 주요 요소라면, 이를 성취하기 위해선 어떻게 해야 할까? 사법기관 또는 경찰에 대한 원조가 효과가 있을까? 기술지원과 민영화를 통한 정부기관 강화는 예컨대 공공부문 실적을 개선하기 위한 방법으로 널리 인정되고 있다. 그러나 엘리오트 베르가 공공기업 개혁(제12장)을 검토한 내용과 사닝 아른트가 기술지원(제6장)에 대해 논한 내용에서는 이러한 강화노력이 성공한 사례가 적었음을 보여주고 있다. 앞서 검토한 효과적인 원조를 위한 교훈은 관료와 기관에 대한 직접적인 원조는 효과가 없을 수도 있다는 것이다. 만약 그렇다면 관료조직을 정치적으로 강화할 수 있는 현직 관료에 대한 간접적인 원조가 최선의 전략이 될 수도 있다(Kapur, 1998; Lancaster, 1999). 이러한 전략은 정통성과 같은 무형 자산을 개선하고자 하는 것이다. 예를 들면 정확한 조건에 맞게 원조를 활용하여 부패한 관료들의 접근을 억제하고 그들의 자금을 숨기기 더욱 어렵게 하면 인프라 프로젝트는 이것을 달성할 수 있을 것이다. 세계적으로 은행투명성은 금융파산으로 인해 국가를 곤경에 빠뜨리는 자금 세

탁과 탈세에 대한 기회를 차단하는 역할을 한다. 그래서 국내의 지대(地代) 추구 또는 공공기관이나 민간기관에 의한 이기적인 성향을 방지하기 위해서는 외부 압력이 필요하며, 이것은 외부적인 제재장치가 될 수 있는 원조 활용을 통해서뿐 아니라 OECD 국가들 내의 강경한 관료적 규범을 통해서도 성취될 수 있다.

마찬가지로 국가 내 법규의 중요성이 이 목표의 논리적인 부분이긴 하지만 우리는 연구 조사의 도움을 필요로 한다. 프로젝트가 어떻게 정부와 연관되어야 하는지를 포함하여 전후관계로 보아 민감하고 효과적인 프로젝트의 기획이 극복해야 할 도전과제이다. 신뢰할 만한 기대를 심화하는 것은 복잡한 과제이며 장기적인 적용을 도울 수 있는 원조자금을 필요로 한다. 국제적 맥락에서 그 중요성에 관해 언급하는 경우는 드물며, 다른 목표들 가운데서 민간시장 창출을 보증하고 국영기업의 민영화를 성취(제12장과 제13장)하기 위한 효과적인 국가법규를 만들자고 언급하는 경우도 드물다. 신뢰할 수 있는 행정사무에 근거한 확고한 기대가 국가의 법만큼 중요하다. 적어도 원조의 목적이 경제적 안정을 도모하는 것이라면 그렇다.

시장관리ㅣMarket management

미래의 원조를 위한 두 번째 유망한 방향은 시장건설과 금융운용을 대상으로 하는 것이다. 이것은 구조조정의 다음 단계이다. 앞서의 여러 장에서 확인한 민영화와 훌륭한 정책을 가로막는 장애물을 다룰 필요가 있겠다. 예를 들면 이르마 아델만이 집필한 제2장은 효율적인 시장 ― 정보, 자유로운 참여, 다양한 행위자 ― 에 대한 열망이 쉽사리 생기지 않는다고 단언하고 있다. 정부의 관리감독, 규제 메커니즘, 그리고 정보와 같은 교정요인의 공급은 시장을 건설하는 중요한 요소이다. 시장은 스스로 공급하지 않으며, 외부의 자원과 억제를 필요로 한다. 아시아 국가들에게 돌연 나타난 1997~1999년의 금융위기 때는 시장의 결함들이 두드러졌다. 원조는 이러한 결함들을 다루는 일을 대상으로 할 수 있다. 분명히 다양한 금융문제를 안고 있는 나라와 대규모 외채를 지고 있는 나라일 경우 그러하다. 금융시장은 공황상태에 빠진 불안정을 통제하고, 아울러 과도한 부채를 해결하기 위해 개선된 체제를 확보하는 데에 특별한 관심을 갖고 있다. 1990년대의 부채위기와 경제 하강 패턴이 멕시코로부터 발생하여 인도네시아에서 러시아에 이르기까지 많은 나라에 영향을 끼쳤다. 그리고 가장 과중한 부채를 안고 있는 빈곤국들을 위한 채무면제 프로그램이 실패하면서 아프리카의 고통이 더 깊어졌다.[22] 역시 최악의 사례가 아프리카에서 나타났다. 세계은행, IMF, 유엔 기관들은 모두 이들 국가들의 중앙정부가 세계화에 대한 그들의 불균형 문제를 다루는 경제운용을 시작하고 이끌 필요가 있다고 강조해왔다. 많은 국가들은 그들의 기본적인 과세부담능력이 보잘것없기 때문에 수출과 같은 가장 생산적인 분야에 지나치게 과세함으로써 그들의 경제를 멍들게 하고 있다. 이는 시장을 왜곡하는 불필요한 짓이다. 적은 관료정치 비용과 더 분산된 관리를 수반하는 정책이 채택될 수 있을 것이다(제12~15장). 정부의 세입기반은, 공공 및 민간부문 양쪽에서 정부 차원의 부패가 줄어들 수 있다면 개선될 수 있을 것이다.[23]

---

22) ≪뉴욕타임스≫(1999)는 World Bank-IMF가 발의한 과다채무빈국HIPC의 부채 경감 이니셔티브계획이 2년 반 전에 발표된 이후로 29개의 해당국가 중에서 2개국만이 부채경감혜택을 받았다고 보도했다. 세계은행은 빈곤과의 투쟁 방법으로 부채경감을 장려했으며, 1년 동안 공여국이 기다린 비용이 30%까지 증가했다고 추정했다.

23) 아프리카 국가의 재정부 장관들은 개발에 미치는 자본도피의 엄청난 부정적 영향력을 인식한 나머지 "자본도피를 유발하거나 이를 조장할 수 있는 거시경제정책의 실책 또는 정책 모순을 시정하는 것을 포함하여 자본도피를 근절하기 위해 필요한 조치를 취하기로" 결정했다(ECA, 1999).

빈곤과 비상시 안전망poverty and emergency safety nets

원조의 세 번째 대상은 빈곤과 비상시 안전망이다. 이 주제는 OECD와 세계은행의 빈곤 감소 약속과 일치한다. 빈곤은 긴급구호emergency relief와 정서적으로 연관되어 있다. 국제구호원조는 최빈국과 그 국민들을 위한 안전망 역할을 한다. 긴급구호원조의 증가는 정책개혁 또는 구조조정을 우선시하기 이전인 1970년대에 원조의 중심목표가 되어왔던 빈곤중심으로의 복귀와 부합한다. 긴급구호원조를 특별하고 부적절한 자금 사용으로 처리하는 것은 원조를 기획할 때 긴급조치를 개발 연속체로 배제하는 것과 같다. 그 대상은 가난한 취약계층으로서 그들의 빈곤 탈출은 긴급조치에 의해 수십 년이 앞당겨질 수 있다. 수원국들이 이런 조치를 취할 재원이 부족할 때 국제원조로 그들을 구조하는 것은 논리적 또는 제도적으로 장기 원조전략과 연계될 수 있다. 예를 들면 1998년 방글라데시에서는 20세기 최악의 홍수가 15억 달러 상당의 피해를 주어 빈곤층 3천만 명의 생활을 위협했다. 수많은 국제구호기관들이 제공한 원조는 이들 위험에 처한 사람들을 구해냈다. 이 원조는 (빈곤구제 위주로 강화된) 현지 기관들, 즉 국가기관은 물론 그래민은행Grameen Bank과 같은 비정부기관을 통해 전해졌다. 현지의 안전대책기구들에 전달된 원조는 방글라데시에서 가장 취약한 주민들에게 미칠 수 있는 최악의 홍수 피해를 막았다(Khan, 1999). 조기에 긴급조치를 취할 수 있는 체제는 또한 빈곤층의 건강상태, 그들이 필요로 하는 물건, 그리고 그들의 삶에 가해진 충격 이후 새로운 기회에 적응할 수 있는 그들의 능력에 관한 정보를 전해 줄 것이다. 그렇지 않으면 부유층과 빈곤층의 분열을 증폭시킬 수 있는 정보의 급속한 확산을 상쇄할 수 없게 될 것이다(World Bank, 1998b: 8장).

요약

앞에서 논의한 세 가지 목표는 (1) 국가 강화, (2) 시장관리, (3) 빈곤과

긴급 안전망 보장이다. 이 모든 것이 여러 목표, 즉 지구적인 재화global goods
와 경제 정의와 관련되어 있다. 앞서의 여러 장에서 분명히 밝혔듯이 이러한
목표를 추구하기 위해 원조를 활용하는 데 간단한 기획이란 있을 수 없다.
여기에 영향을 미치는 원조경로와 양식은 인적 자본을 보호하기 위한 긴급구
호를 포함하여 그때그때의 상황에 따라 달라진다. 확실한 것은 이 같은 원조
가 이전의 원조보다는 현지 주권에 대해 더 간섭적일 수 있다는 점이다.

　강화되고 있는 국가들은 국제적 활동영역으로부터의 위협에 대한 일반적
인 관심에 널리 호소한다. 예컨대 레일리Reilly(1999)는 미국 여론에 따르면
약소국에서는 제어할 수 없는 것으로 간주되는 국제 테러리즘이 그들에게
가장 위협이 되는 것으로 자주 언급되고 있음을 발견했다. 시장개선에 원조
를 활용하는 지원은 개발은행, 민간국제금융기구와 법인기구, 재정부, 무역
부, 통상부와 입법부가 취급하고 있다. 쌍둥이 원조목표를 위한 지원, 즉 지
속 가능한 빈곤 감소와 긴급구호는 가장 취약한 사람들을 돕는 것이며, 일반
적으로 동일한 다국적인 제휴기관이 담당한다. 결국 재해(자연재해 또는 인공
재해)로 인해 가장 위험에 빠지는 사람들은 극빈층이다. 그래민은행과 같은
기관을 통한 장기적인 빈곤 감소 지원은 유사한 그룹들, 즉 NGO, 정치단체
및 '지구적 불평등에 관심을 가진 재단'에 인기가 있다. 이러한 제휴기관들은
긴급 인적구호에 나서는 빈곤층 위주의 원조에 가장 효과적인 원조기관들이
다. 긴급구호가 '미봉책'에 불과하고 지속성이 없으며 심지어 장기적인 목표
에 역행하는 것이라고 비판을 받고 있지만, 빈곤을 원조정책 의제의 최상위
에 두는 인도주의적 정서의 지원을 받고 있다.

■ 결론: 향후 필요한 원조 조건들

　효율적인 정부 없이는 경제적, 사회적, 그리고 지속적인 개발은 불가능하
다(World Bank, 1997a: 18).

앞으로 원조를 지속하게 할 수 있는 주요 조건은 그 효과성에 대한 믿음이다. 그러한 믿음은 원조와 관련된 개선 사항에 근거하고 있다. 그리고 이 믿음은 공여국과 수원국이 개선을 원하는 사항에 의해 영향을 받는다. 공여국들의 행정운영과 수원국의 정책 및 정부조직을 포함한 복잡한 사회적 절차가 원조 활용에 영향을 미친다. 이 책 전편에서 논한 것처럼 정부 기관들의 능력에 따라 개발에 큰 차이가 난다. 아델만은 '장기적인 경제성장에 성공하기 위해서는 실질적인 자율성, 역량 및 신뢰성을 갖고 있는 정부가 필요하다'고 주장한다(제2장). 노스North는 공식적인 규칙, 비공식적인 규범과 법의 집행 가능성을 가진 제도가 경제성장을 결정한다고 주장하면서 이러한 관점에 동의한다(1990). 그는 제3세계와 동유럽 국가들이 경제개발을 촉진하기 위해 비공식적인 제약을 어떻게 운용해왔는지를 이해할 필요가 있다고 강조했다. 이 책에서는 정부, 시장 및 빈곤층의 취약성에 영향을 미치는 비공식적인 규칙에 관심을 가지는 쪽으로 미래의 원조를 추구하는 제도에 초점을 맞추고 있다.

대다수 원조수원 후보 국가들은 무정부 상태의 국가들이다. 아프리카와 과거 공산주의 국가에서는 세습, 미행자, 초과이윤추구, 부분자율, 마피아, 부패 등의 용어들이 정부의 특징을 묘사하는 데 사용되어왔다. 이 두 부류의 국가들은 1990년대에 원조가 집중되는 곳이었다. 그 10년 동안 발생한 50개 이상의 전쟁 대부분이 내전이었고 이 두 지역에서 일어났다. 그러므로 안전을 보장하는 정부의 기본 능력에 문제가 있었다. 제17장에서 서술한 것처럼 원조는 전쟁의 참화로부터 사람들을 구조해내는 데 중요한 역할을 할 수 있다. 원조는 또한 국가형성을 지원하고 행정체제구축과 분석 또는 행동역량을 도울 수 있다. 개발과정에서 원조가 행하는 중요한 역할은 앞서의 여러 장에서도 강조되었다(예컨대 제2장). 국가개혁에 목표를 두고 있는 이들 국가에 대한 원조에는 이례적인 개발지원 패키지가 필요할 수 있다. 국가강화는 핵심적인 기능에 초점을 맞춘다. 이를테면 질서유지를 위한 합법적인 힘, 공공재 자금조달을 위한 세금징수, 군사 및 과세기술 향상을 위한 기술지원,

부패척결을 위한 통제, 국민의 규범장려 및 책임확대와 같은 기능이 그것이다. 이 외에 다른 거버넌스 요소들도 더 구체적으로 다룰 필요가 있다. 원조 보류는 정치적 조건을 내걸기 위한 중요 수단이 되어왔다. 이것은 이미 책정된 자금을 방출하려는 압력 때문에 그리 큰 효과가 없었다. 이런 문제와 취약한 국가에 지원하려는 욕구를 가정하면, 원조의 한 가지 목표는 정치적 성과와의 관계를 최대화하고 개인적인 목적으로 원조를 강탈하려는 욕심 많은 관료들의 능력을 최소화하고자 하는 것이라는 점을 인식해야 할 것이다.

부국이든 빈국이든 국가실패가 앞으로 10년 내에 가장 큰 위협이 될 것으로 보인다. 개방성과 합리적인 경제정책은 자본도피가 민간 금융시장을 지배하는 상황에서는 무의미하다. 원조활용을 포함한 '고유한' 여러 정책을 갖고 있는 국가들은 그 첫 번째 정책이 국가구조에 대한 것이어야 한다. 무정부 상태로부터의 전환을 위한 원조는 안정적인 개발방식으로의 전환을 위한 원조보다 우선되어야 한다. 구소련 영역의 국가들에서 아프리카의 붕괴된 국가들에 이르기까지 정치질서의 공백 – 원조약속의 이행을 채근 받고 있는 공백 – 이 점점 커지고 있다. 정치구조 구축을 위한 원조는 원조조건과 주인의식 간의 타협을 위한 거래가 인정되는 세심한 균형 작업을 필요로 한다. 이 딜레마는 아직도 해결해야 할 문제로 남아 있다. 그러나 정치적 격동으로 인해 종종 큰 어려움을 겪는 가장 큰 원조수요를 갖고 있는 국가들은 원조를 비효율적으로 흡수하는 나라로 계속 남아 있지는 않을 것이다.

원조의 세 가지 목표와 관련된 딜레마의 해법은 이미 앞에서 논하였다. 이들 목표가 공여국의 원조 동기 가운데서 커가고 있는 한, 이들은 부패나 숙련되지 않은 인적자본과 같은 원조효과성을 가로막는 장애물들을 직접적으로 지적할 것이다. 이 주제는 다루기보다는 관찰하기가 더 쉽다. 원조효과성을 연구조사하기 위한 앞으로의 주요 임무는 수원국 정부들이 어떻게 원조의 성과로 더 탁월한 역량은 물론 그들 과업의 진정한 '주인의식'을 실현하는지를 설명하는 일이다. 수원국에서 정치 제도의 실패를 줄이기 위해서는 더 전문적인 처방이 필요하다. 우리는 원조가 정치의 실질적인 개선을 어떻게 이루는지 알 필요가 있다.

　이 장에서는 공여국의 동기 변화를 고찰했고, 그리고 앞으로의 원조를 어떻게 발전시킬 수 있고, 발전해야 하는지를 물었다. 수원국의 제도가 부식되어 문제를 일으키고, 환경보호와 같은 지구적인 재화에 대한 지원이 늘어나고, 그리고 공여국이 수원국으로부터 양보를 요구하는 범위를 늘림으로써, 실패한 정치제도를 재건하는 데 목표를 둔 원조는 광범위한 지원을 요구하고 받을 만한 가치가 있게 될 것이다.

(끝)

참고문헌

AAWORD (Association of African Women for Research and Development) (1982) 'The Experience of the Association of African Women for Research and Development (AAWORD)'. *Development Dialogue* (1~2): 101~13.

ABD(Aid Book Database). (1999), Statistical annexes on trends in aid flows, prepared by Peter Hjertholm, Development Economics Research Group (DERG), Institute of Economics, University of Copenhagen (available at www.econ.ku.dk/derg/pub.htm) .

Ablo, E. and Reinikka, R. (1998) *Do Budgets Really Matter? Evidence from Public Spending on Education and Health in Uganda*, Policy Research Working Paper 1926, Washington, D.C.: World Bank.

Adam, C. and O'Connell, S. (1997) *Aid, Taxation and Development: Analytical Perspectives on Aid Effectiveness in Sub-Saharan Africa*, Working Paper WPS/95~5, Centre for the Study of African Economies, University of Oxford.

Adams, W.M. (1990) *Green Development: Environment and Sustainability in the Third World*, London and New York: Routledge.

Addison, T. and de Sousa, C. (1999) 'Economic Reform and Economic Reconstruction in Mozambique', in O. Morrissey and M. McGillivray (eds) *Structural Adjustment in Developing Countries*, Basingstoke: Macmillan.

Adedeji, A. (1995) 'An African Perspective on Bretton Woods', in M. ul Haq, R. Jolly, P. Streeten and K. Haq (eds) *The UN and Bretton Woods Institutions: New Challenges for the Twenty First Century*, New York: St. Martin's Press.

Adelman, I. (1999) 'State and Market in the Economic Development of Korea and Taiwan', in E. Thorbecke and H. Wan (eds) *Taiwan's Development Experience: Lessons on Roles of State and Market* , Norwell: Kluwer Academic.

Adelman, I. and Morris. C.T. (1967) *Society, Politics and Economic Development: A Quantitative Approach*, Baltimore: Johns Hopkins University Press.

AFDB (1998) Annual Report, Abidjan: African Development Bank.

Afshar, H. (ed.) (1991) Women, *Development and Survival in the Third World*, London: Longman.

_____. (ed.) (1998) *Women and Empowerment: Illustrations from the Third World*, New York: St. Martin's Press.

Agarwal, S., Lee, K. and Tian, N. (1999) *Trends in International Development Funding*, report prepared for the Center for International Development at the Research Triangle Institute, Terry Sanford Institute of Public Policy, Duke University, Durham.

Aghion, R and Howitt, P. (1998) *Endogenous Growth Theory*, Cambridge: MIT Press.

Ahmed, N. (1971) 'A Note on the Haavelmo Hypothesis', *Review of Economics and Statistics* 53(4): 413~4.

Alderman, H. and Garcia M. (1993) *Poverty, Household Food Security and Nutrition in Rural Pakistan*, IFPRI Research Report 96, Washington, D.C.: International Food Policy Research Institute.

Alesina, A. and Dollar, D. (1998) *Who Gives Foreign, Aid to Whom and Why?*, NBER Working Papers 6612, Cambridge: National Bureau of Economic Research.

Alesina, A. and Weder, B. (1999) *Do Corrupt Governments Receive Less foreign Aid?*, NBER Working Cambridge: National Bureau of Economic Research.

Amin, S. (1973) *Neo-Colonialism in West Africa*, New York: Monthly Review Press.

Anderson, K. and Tyers, R. (1990) 'How Developing Countries Could Gain from Agricultural Trade Liberalization in the Uruguay Round', in I. Gold in and O. Knudsen (eds) *Agricultural Trade Liberalization: Implications for Developing Countries*, Paris: Organization for Economic Co-operation and Development.

Annan, K. (1998) 'The Causes of Conflict and the Promotion of Durable Race and Sustainable Development in Africa: Report of the United Nations Secretary. General to the Security Council', in NGLS (ed.) *Conflict, Peace and Reconstruction*, Geneva: United Nations Non-Governmental Liaison Service.

Areskoug, K. (1969) *External Public Borrowing: Its Role in Economic Development*, New York: Praeger.

———. (1973) 'Foreign-Capital Utilization and Economic Policies in Developing Countries', *Review of Economics and Statistics* 55 (2) : 182~9.

Argyle, B. D. (1983) 'Development Assistance, National Policies, and Lender Type and Performance in J.D. von Pischke, D.W. Adams and G. Donald (eds) *Rural Financial Markets in Developing Countries: Their Use and Abuse*, Baltimore: johns Hopkins University Press.

Arndt, T.C. (1996) *Three Essays in the Efficient Treatment of Randomness*, PhD Dissertation, Department of Agricultural Economics, Purdue University.

Aryeetey, E. (1996) 'Rural Finance in Africa: Institutional Developments and Access for the Poor', in M. Bruno and B. Pleskovic (eds) *Annual World Bank Conference on Development Economics*, 1996, Washington, D.C: World Bank.

Ascher, W. and Healy, R. (1990) *Resource Policymaking in Developing Countries*, Durham: Duke University Press.

ASDB (1998) *Annual Report*, Manila: Asian Development Bank.

Avramovic, D. *et al.* (1964) *Economic Growth and External Debt*, Baltimore: Johns Hopkins University Press (for the World Bank).

Aziz, J.and Wescott, R. (1997) *Policy Complementarities and the Washington Consensus*, IMF Working Paper 97/118, Washington, D.C.: International Monetary Fund.

Babbitt, E. (1999) 'Ethnic Conflict and the Pivotal States', in R. Chase, E. Hill, and P. Kennedy (eds) *The Pivotal States: A New Framework for US Policy in the Developing World*, New York: W.W. Norton & Company.

Bacha, E.L. (1990) 'A Three-Gap Model of Foreign Transfer and the GDP Growth in Developing Countries', *Journal of Development Economics* 32(2): 279~96.

Baden, S. and Goetz, A.M. (1997) 'Who Needs [Sex] When You Can Have [Gender]? Conflicting Discourses on Gender at Beijing,' in K.A. Staudt (ed.) *Women, International Development and Politics: The Bureaucratic Mire*, Philadelphia: Temple University Press.

Balaubramanyam, V.N. (1993) 'Economics of the Brain Drain: The Case for a Tax on Brains', and J.M.Bates(eds) *Topics in Policy Appraisal: Case Studies in Economic Development*, vol.2, New York: St. Martin's Press.

Baldwin, R.(1997a) 'The Causes of Regionalism', *The World Economy* 20(5): 865~88.

———. (1997b) 'Review of Theoretical Developments of Regional Integration', in A. Oyejide, I. Elbadawi and P. Collier (eds) *Regional Intergration and Trade Liberalization in Sub-Saharan Africa, vol.1: Framework, Issues and Methodological Perspectives*, Basingstoke: Macmillan.

Barber, B. (1997) 'Feeding Refugees, or War?', *Foreign Affairs* 76(4): 8~14.

Bardhan, P. (1989) *The Economic Theory of Agrarian Institutions*, Oxford: Clarendon Press.

Barnes, S. (1998) 'NGOs in Peace Keeping Operations: Their Role in Mozambique', *Develoment in Practice* 8(3): 309~22.

Barrett, C.B. (1998) 'Food Aid: Is It Development Assistance, Trade Promotion, Both or Neither?', *Americal Journal of Agricultural Economics* 80(3): 566~71.

Barro, R.J. and Sala-i-Martin, X. (1995) *Economic Growth*, New York: McGraw-Hill.

Barro, R.J., Mankiw, N.G. and Sala-i-Martin, X. (1995) 'Capital Mobility in Neoclassical Models of Growth', *American Economic Review* 85(1): 103~15.

Bates, R.H. (1998) 'The Political Framework for Agricultural Policy Decisions', in C.K. Eicher and J.M. Staatz(eds) *International Agricultural Development*, Baltimore: Johns Hopkins University Press.

Bauer, P. (1973) *Dissent on Development*, Cambridge: Harvard University Press.

Bautista, R. and Valdes, A. (eds) (1993) *The Bias Against Agriculture: Trade and Macroeconomic Policies in Developing Countries*, San Francisco: Institute for

Contemporary Press.

Bennett, A. (1994) *Performance Contracting for Public Enterprise*, papers presented at and expert group meeting, New York, 26~7 April 1994, New York: United Nations Department for Development Support and Management Service.

Berg, E.J., (1993) *Rethinking Technical Co-operation: Reforms for Capacity Buiding in Africa*, New York: United Nations Development Programme.

_____. (1997) 'Dilemmas in Donor Aid Strategies', in C. Gwin and J.M. Nelson (eds) *Perspectives on Aid and Development*, ODC Policy Essay 22, Washington, D.C.: Oversea Development Council.

Bevan, D., Collier, P. and Gunning, J.W. (1992) ' Anatomy of a Temporary Trade Shock: The Kenyan Coffee Boom of 1976~9', *Journal of African Economies* 1(2): 271~305.

BFWI (1999) *The Changing Politics of Hunger: Hunger 1999*, Silver Spring: Bread for the World Institute.

Bhagwati, J.N.(1967) *The Trying of Aid*, UNCTAD Secretariat Td-7/Supplement 4, Geneva: United Nations Conference on Trade and Develment.

_____. (1993) 'Multilateralism and Regionalism', in J. de Melo and A. Panagariya (eds) *New Dimentions in Regional Intergration*, Cambridge: Cambridge University Press (for the Center for Economic Policy Research).

Bienen, H. (1988) Nigeria: From Windfall Gains to Welfare Losses? in A. Gelb *et al*. *Oil Windfalls: Blessing or Curse?*, New York: Oxford University Press (for the World Bank).

Binh, T.N. and McGillivray M. (1993) 'Foreign Aid. Taxes and Public Investment: A Comment', *Journal of Development Economics* 41 (1): 173~6.

BIS (1998) *International Banking and Financial Market Developments*, Basle: Bank for International Settlements.

Blake. A., Rayner, A.J. and Reed, G. (1998) Decomposition of the Effects of the Uruguay Round, CREDIT Research Paper 96/16, Centre for Research in Economic Development and International Trade, University of Nottingham.

BMZ (1994) *Financial System Developments: Promotion of Savings and Credit*, policy paper, Berlin: Bundesministerium fur Wirtschaftliche Zusammenarbeit und Entwicklung (Federal Ministry for Economic Co-operation and Development).

Boone, P. (1994) *The Impact of Aid on Savings and Growth*, processed, London School of Economics.

_____. (1996) 'Politics and the Effectiveness of Foreign Aid', *European Economic Review* 40(2): 289~329.

Boote, A., Kilby, F., Thugge, K. and von Trotsenburg, A. (1997) Debt Relief for Low-Income Countries and the HIPC Debt Initiative, in Z. Iqbal and R. Kanbur (eds) *External Finance for Low-Income Countries*, Washington, D.C.: International Monetary Fund.

Booth, K.M. (1998) 'National Mother Global Whore, and Transnational Femocrats: The Politics of AIDS and the Construction of Women at the

World Health Organization' , *Feminist Studies* 24(l): l 15~39.

Borensztein, E. (1990) 'Debt Overhang, Credit Rationing and Investment', *Journal of Development Economics* 32(2): 315~35.

Bornschier, V, Chase-Dunn, C. and Rubinson. V. (1978) 'Cross-National Evidence of the Effects of Foreign Investment and Aid on Economic Growth and Inequality: A Survey of Findings and a Re-analysis', *American Journal of Sociology* 84 (3) : 65l-83.

Boserup, E. (1970) *Women's Role in Economic Development*, New York: St. Martin's Press.

Bourginon, F. de Melo, J. and Morrison. C. (eds) (199l) 'Special Issue: Adjustment with Growth and Equity, *World Development* l9(11).

Boyce, J.K. (1996) El Salvador's Adjustment Toward peace: An Introduction, in J.K. Boyce (ed.) *Economic Policy for Building Peace: The Lessons of El Salvador*, Boulder, Lynne Rienner.

Boyd, C.G. (l998) 'Making Bosnia Work, *Foreign Affairs* 77(1): 42~55.

Bremer, J., Bell, C. and Mckean. C. (1994) *Export and Investment Promotion Services: Service Use and its Impact on Export Performance*, Report no. Pn-AAx-278, Washington, D.C.: US Agency for International Development.

Brogan, P. (1998) *World Conflicts*, London: Bloomsbury.

Browning, M. and Lusardi, A. (1996) 'Household Saving: Micro Theories and Micro Facts', *Journal of Economic Literature* 34(4): 1797~1855.

Brown, S. (1990) *Foreign Aid and Tractors*, New York: New York University Press.

Brunetti, A., Kisunko, G. and Weder, B. (1997) *Economic Growth with Incredible Rules: Evidence from a Worldwide Private Sector Survey*, background paper for World Development Report 1997, Washington, D.C.: World Bank.

Bulmer-Thomas, V (ed.) (1998) 'special Section: Regional Integration in Central America', *World Development* 26(2): 3ll-62.

Bulvinic, M. (1983) 'Women's Issues in Thud World Poverty: A Policy Analysis', in M. Bulvinic, M. Lycette and W. McGreevey (eds) *Women and Poverty in the Third World*, Baltimore: Johns Hopkins University Press.

Burnside, C. and Dollar, D. (1997) *Aid, Policies and Growth*, Policy Research Working Papers I777, Washington, D.C.: World Bank.

Buyck. B. (1991) *The Bank's Use of Technical Assistance? For Institutional Development*, Policy, Research, and External Affairs Working Papers 578, Washington, D.C.: World Bank.

Cagatay, N., Elson, D. and Grown, C. (1995) 'Gender, Adjustment and Macro-economics: Introduction', *World Development* 23(11): 1827~36.

Cairns, E. (1997) *A Safer Future: Reducing the Human Cost of War*, Oxford: Oxfam.

Carvanlho. S. and White H. (1996) *Implementing Projects for the Poor: What Has Bee Learned?*, processed, Washington, D.C.: World Bank.

Camdessus, M. (1997) *Old Battles and New, Challenges: A Perspective on Latin*

America, Washington, D.C.: International Monetary Fund.

Cassels, A. (1997) *A Guide to Sector-Wide Approaches for Health Development: Concepts, Issues and Working Arrangements*, Geneva: World Health Organisation.

Cassen, R. *et al.* (1994) *Does Aid Work?*, Oxford: Clarendon Press.

CCPDC (1997) *Preventing Deadly Conflict*, Final report of me Carnegie Commission on Preventing Deadly Conflict, New York: Carnegie Corporation.

CDC (1998) *Annual Report*, London: Commonwealth Development Corporation.

CEC (1996) *Green Paper on Relations Between EU and the ACP Countries on the Eve of the 21st Century*, Brussels: Commission of the European Communities.

Chandler D. (1998) 'Democratization in Bosnia: The Limits of Civil Society Building Strategies', *Democratization* 5(4): 78~102.

Chang, C.C., Fernandez-Arias, E. and Serven, L. (1998) *Measuring Aid Flows: A New Approach*, processed, Washington, D.C.: World Bank.

Chase, R., Hill, E. and Kennedy, P. (eds) (1998). *The Pivotal States: A New Framework for US Policy in the Developing World*, New York: W.W. Norton & Company.

Chaves, R.A. and Gonzalez-Vega, C. (1996) 'The Design of Successful Rural Financial Intermediaries: Evidence from Indonesia', *World Development* 24(1): 65~78.

Chenery, H.B. (1953) 'Application of Investment Criteria', *Quarterly Journal of Economies* 67(February): 76~96.

_____. (1960) 'Patterns of Industrial Growth', *American Economic Review* 50(4): 624~54

Chenery, H.B. and Eckstein, P. (1970) 'Development Alternatives for Latin America', *Journal of Political Economy* 78(4): 966~1006.

Chenery, H.B. and Strout, A.M. (1966) 'foreign Assistance and Economic Development', *American Economic Review* 56(4): 679~733.

Chenery, H.B. and Taylor, L. (1968) 'Development Patterns: Among Countries and Over Time', *Review of Economics and Statistics* 50(4): 391~416.

Chenery, H.B., Ahluwalia M.S. Bell, C.L.G., Duloy, J.H. and Jolly, R. (eds) (1974) *Redistribution with Growh*, New York: Oxford University Press.

Chibber, A. (1998) 'Institutions, Policies and Development Outcomes', in R. Picciotto and E. Wiesner (eds) *Evaluation and Development: The Institutional Dimension*, New Brunswick and London: Transaction Publishers (for the World Bank).

Chowdhry, G. (1995) 'Engendering Development? Women in Development (WID) in International Development Regimes', in M.H. Marchand and J.L. Parpart (eds) *Feminism/Postmodernism/Development*, London and New York: Routledge.

Christen, R.P., Rhyne, E. and Vogel, R. (1994) *Maximizing the Outreach of Microfinance: An Analysis of Successful Microfinance Programs*, Programs and

Operations Assessment Report 10, Washington, D.C.: US Agency for International Development.

CIDA (1993) *Jamaica Export Promotion (CANEXPORT) Project*, Toronto: Canadian International Development Agency.

Ciss'e, N.D. (1994) *The Impact of Performance Contracts on Public Enterprise Performance*, paper presented at a World Bank conference on 'Changing Role of the State: Strategies for Reforming Public Enterprises', Washington, D.C.: World Bank.

Claessens, S., Detragiache, E., Kanbur, R. and Wickham, P. (1997) 'HIPCs' Debt: Review of the Issues', *Journal of African Economies* 6(2): 231~54.

Clarke, W. and Herbst, J. (1997) *Learning from Somalia: The Lessons of Armed Humanitarian Intervention*, Boulder: Westview Press.

Clay, E. and Benson C. (1990) 'Aid for Food: Acquisition of Commodities in Developing Countries for Food Aid in the 1980s, *Food Policy* 15(1): 27~43.

Clay. E., Dhiri, S. and Benson, C. (1996) *Joint Evaluation of European Union Programme Food Aid: Synthesis Report and Summary of Synthesis Report*, study commissioned by the Working Group of Heads of Evaluation Service (Development) of the European Union, London: Overseas Development Institute.

Coate, S. (1995) 'Altruism, the Samaritan's Dilemma, and Government Transfer Policy', *American Economic Review* 85(1): 46~57.

Coate, S. and Morris. S. (1996) *Policy Conditionality*, processed, Department of Economics, University of Pennsylvania.

Cohen, D. (1996) *The Sustainability of African Debt*, World Bank Policy Research Paper 1621, Washington, D.C.: World Bank.

Cohen, M.J. and Pinstrup-Andersen, P. (1998) *Food Security and Conflict*, Washington, D.C.: International Food Policy Research Institute.

Collier, P. (1997) 'The Failure of Conditionality', in C. Gwin and J.M. Nelson (eds) *Perspectives on Aid and Development*, ODC Policy Essay 22. Washington, D.C.: Overseas Development Council.

Collier, P. and Dollar, D. (1999) *Aid Allocation and Poverty Reduction*, Policy Research Working Papers 2041, Washington, D.C.: World Bank.

Collier, P. and Gunning, J.W. (1997) *Explaining African Economic Performance*, Working Paper WPS/97~2.2, Centre for the Study of African Economies, University of Oxford.

Collier, P. Guillaumont, P. Guillaumont, S. and Gunning, J.W. (1997) 'The Future of Lomé: Europe's Role in African Growth', *The World Economy* 20(3):258~305.

Commander, S., Davoodi, H. and Lee, U.J.(1996) *The Causes and Consequences of Government for Growth and Well-being*, background paper for World Development Report 1997, Washington, D.C.: World Bank.

Commonwealth Secretariat (1989) *Engendering Adjustment for the 1990s*, London: Commonwealth Secretariat.

Cooper, R.N. and Sachs, J.D.(1985) 'Borrowing Abroad: The Debtor's Perspective', in G.W. Smith and J.T. Cuddington (eds) *International Debt and the Developing Countries*, Washington, D.C.: World Bank.

Corbo, V. and Fischer, S.(1995) 'Structural Adjustment, Stabilisation and Policy Reform: Domestic and International Finance', in J. Behrman and T.N. Srinivasan (eds) *Handbook of Development Economics*, vol. 3b, Amsterdam: Elsevier.

Corbo, V. Fischer, S. and Webb, S.B. (eds) (1992) *Adjustment Lending Revisited: Policies to Restore Growth*, Washington, D.C.: World Bank.

Corden, W.M. and Neary, P.J. (1982) 'Booming Sector and De-Industrialisation in a Small Open Economy, *Economic Journal* 92(368): 825~48.

Cornia, G., Jolly. R. and Stewart, F. (1987) *Adjustment with a Human Face: Protecting the Vulnerable and Promoting Growth*, Oxford: Clarendon Press.

Cox, A., Healey J., Hoebink, P and Voipio, T. (2000) *European Development Cooperation and the Poor*, Basingstoke: Macmillan.

Cramer, C. and Weeks, J. (1998). 'Conditionality and Conflict Reduction', in F. Stewart, W. Nafziger and R. Vayrynen (eds) Economic Causes of Conflict, Oxford: Oxford University Press.

Crisp, J. (1998) The *'Post-Conflict' Concept: Some Critical Observations*, Geneva: United Nations High Commissioner for Refugees.

Cropper, M. and Griffiths, C. (1994) 'The Interaction of Population Growth and Environmental Quality', *American Economic Review* 84 (2): 250~4.

Curto, S. (1998) Review of Social Policy in Selected Fund Programs, processed, Kiel: Institut für Weltwirtschaft.

Danida (1995) *Review of the Danish PSD Programme*, Copenhagen: Ministry of Foreign Affairs.

_____. (1998a) *Guidelines for Sector Programme Support*, Copenhagen: Ministry of Foreign Affairs.

_____. (1998b) *Support for Rural Financial Services*, Technical Working; Paper, Copenhagen: Ministry of Foreign Affairs.

Dasgupta, P. and Mäler. K.G. (1995) 'Poverty, Institutions and the Environmental Resource Base', in J. Behrman and T.N. Srinivasan (eds) *Handbook of Development Economics*, vol. 3, Amsterdam: Elsevier.

Datta-Mitra, J. (1997) *Fiscal Management in Adjustment Lending*, Operations Evaluation Study, Washington, D.C.: World Bank.

Davidson, B. (1992) *The Black Man's Burden: Africa and the Curse of the Nation State*, New York: Times Books.

Dean, J., Desai, S. and Riedel, J. (1994) *Trade Policy Reform in Developing Countries Since 1985: A Review of the Evidence*, World Bank Discussion Papers 267, Washington, D.C.: World Bank.

de Groot, J. (1991) 'Conceptions and Misconceptions: The Historical and Cultural Context of Discussion on Women and Development', in H. Afshar (ed.) *Women, Development and Survival in the Third World*, London: Longman.

de Janvry, A., Sadoulet, E. and Thorbecke, E. (1993) 'Introduction to State, Market, and Civil Organizations: New Theories, New Practices, and Their Implications for Rural Development', *World Development* 21(4): 565~75.

Demery, L. and Squire, L. (1996) 'Macroeconomic Adjustment and Poverty in Africa: An Emerging Picture', *World Bank Research Observer* 11(1): 39~59.

Demery, L. and Walton, M. (1998) *Are Poverty Reduction and Other 21st Century Social Goals Attainable?*, Washington, D.C: World Bank.

Dervis, K., de Melo, J. and Robinson, S. (1982) *General Equilibrium Models for Developing Countries*, London: Cambridge University Press.

DeSombre, E.R. and Kauffman, J. (1996) 'The Montreal Protocol Multilateral Fund: Partial Success Story', in R.O. Keohane and M.A. Levy (eds) *Institutions for Environmental Aid: Pitfalls and Promise*, Cambridge: MIT Press.

de Soysa, I. and Gleditsch N.P. (1999) *To Cultivate Peace – Agriculture in a World of Conflict*, PRIO Report 1/99, Oslo: International Peace Research Institute.

de Waal, A. (1997) *Famine Crimes: Politics and the Disaster Relief Industry in Africa*, Oxford: James Curry and Bloomington: Indiana University Press (for Africa Rights and the International Africa Institute).

DFID (1997) *Eliminating World Poverty: A Challenge for the 21st Century*, White Paper. London: Department For International Development.

_____. (1999) *Statistics on International Development* 1993/94~1997/98, London: Department For International Development.

Dia, M. (1993) *A Governance Approach to Civil Service Reform in sub-Saharan Africa*, World Bank Technical Paper 225, Washington, D.C.: World Bank.

Diamond, P.A. and Hausman, J.A. (1994) 'Contingent Valuation: Is Some Number Better than No Number? *Journal of Economic Perspectives* 8(4), 45~64.

Diaz-Alejandro, C.F. (1981) 'Southern Core Stabilization Plans'. in W.R. Cline and S. Weintraub (eds) *Economic Stabilization in Developing Countries*, Washington, D.C.: Brookings Institution.

Dichter T.W. (1996) 'Questioning the Future of NGOs in Microfinance', *Journal of International Development* 8(2): 259~69.

Dixon, J.A., Scura, L.F. Carpenter. R.A. and Shernan, P.B. (1994) *Economic Analysis of Environmental Impacts*, London: Earthscan.

Dowling, M. and Hiemenz, U. (1982) *Aid, Savings and Growth in the Asian Region*, Economic Office Report Series 3, Manila: Asian Development Bank.

Duffield, M. (1998) *Aid Policy and Post-Modern Conflict: A Critical Review*, Relief and Rehabilitation Network Newsletter 11, London: Overseas Development Institute.

_____. (1999) *Internal Conflict: Adaptation and Reaction to Globalisation*, Corner House Briefing 12, Sturminster Newton: The Corner House.

Durbarry, R., Gemmell, N. and Greenaway, D. (1998) *New Evidence on the Impact of Foreign Aid on Economic Growth*, CREDIT Research Paper 98/8,

Centre for Research in Economic Development and International Trade, University of Nottingham.

Dziobek, C. and Pazarbasioglu, C. (1997) *Lessons from Systemic Bank Restructuring: A Survey of 24 Countries*, IMF Working Paper WP/97/161, Washington, D.C.: International Monetary Fund.

ECA (1999) *Economic Report on Africa 1999: The Challenges of Poverty Reduction and Sustainability*, Addis Ababa: Economic Commission for Africa (United Nations).

Easterly, W. (1997) *The Ghost of Financing Gap: How the Harrod-Domar Growth Model Still Haunts Development Economics*, processed, Washington, D.C: World Bank.

Easterly, W. and Levine, R. (1997) 'Africa's Growth Tragedy: Policies and Ethnic Divisions', *Quarterly Journal of Economics* 112(4): 1203~50

EBRD (1997) *Transition Report 1997: Enterprise Performance and Growth*, London: European Bank for Reconstruction and Development.

EC (1997) *Long-Term Prospects, Milk, and Meal Markets*, CAP 2000 Working Document, Brussels: European Commission.

Eckstein, A. (1957) 'Investment Criteria for Economic Development and the Theory of Intertemporal Welfare Economics', *Quarterly Journal of Economics* 71(1): 56~85.

EDFI (1998) *Annual Report*, Brussels: European Development Finance Institutions.

Edwards, S. (1998) 'Openness, Productivity and Growth: What Do We Really Know?', *Economic Journal* 108(447): 383~98.

Elbadawi, I. (1998) *External Aid: Help or Hindrance to Export Orientation in Africa*, processed, Nairobi: African Economic Research Consortium.

Elson, D. (1995) 'Gender Awareness in Modelling Structural Adjustment', *World Development* 23(11): 1851~68.

———. (1998) 'Talking to the Boys: Gender and Economic Growth Models', in C. Jackson and R. Jackson (eds) *Feminist Visions of Development: Gender Analysis and policy*, London and New York: Routledge.

Elson, D. and Evers, B. (1996) *Gender Aware Country Economic Reports: Uganda*, Working Paper 2, Gender and Development Economics Unit (GENECON), Graduate School of Social Sciences, University of Manchester.

Engberg, U. and Stubbs, P. (1999) *Social Capital and Integrated Development: A Civil Society Grants Programme in Travnik, Bosnia-Herzegovina*, Developments in Global Social Policy Occasional Paper 2, Globalism and Social Policy (GASPP). National Research and Development Centre for Welfare and Health (STAKES), Helsinki and Centre for Research on Globalization and Social Policy, Department of Sociological Studies, University of Sheffield.

Evenson, R.E. and Westphal, L.E. (1995) 'Technological Change and Technology Strategy', in J. Behrman and T.N. Srinivasan (eds) *Handbook of Development Economics*, vol. 3a, Amsterdam: Elsevier.

Fairman, D. (1996) 'The Global Environment Facility: Haunted by the Shadow of the Flume', in R.O. Keohane and M.A. Levy (eds) *Institution for Environmental Aid: Pitfalls and Promise, Cambridge*: MIT Press.

FAO (various issues) *Food Outlook*, Rome: Food and Agriculture Organization.

FDI (1992) *Private Sector Development: Lessons of Experience and Prospects for the Future: A Survey of Multi Aid Bilateral Aid Agencies Prepared for Danida*, Copenhagen: Federation of Danish Industries.

Fei, J.C.H. and Paauw, D.S. (1965) 'Foreign Assistance and Self-Help: A Reappraisal of Development Finance', *Review of Economics and Statistics* 47(3): 251-67.

Fei, J.C.H. and Ranis, G. (1964) *Development of the Labor Surplus Economy*, Homewood: Irwin.

Ferguson, P.R. and Ferguson, G.J (1988) *Industrial Economics: Issues and Perspectives*, Basingstoke: Macmillan.

Feyzioglu, T., Swaroop, V. and Zhu, M. (1998) 'A Panel Data Analysis of the Fungibility of Foreign Aid', *World Bank Economic Review* 12(1): 29~58.

Fieldhouse, D.K. (1983) *Black Africa 1945~1980: Economic Decolonization and Arrested Development*, London: Allen and Unwin.

Fielding, D. (1997) 'Modelling the Determinants of Government Spending in Sub-Saharan Africa', *Journal of African Economies* 6(3): 377~90.

Fine, J. and Yeo, S. (1997) 'Regional Integration in Sub-Saharan Africa: Dead End or a Fresh Start?', in A. Oyejide, I. Elbadawi and P. Collier (eds) *Regional Integration and Trade Liberalization in Sub-Saharan Africa, vol. 1: Framework, Issues and Methodological Perspectives*, Basingstoke: Macmillan.

Fitzpatrick, J. and Hansch, S. (1990) Food Aid Cost Effectiveness, Rome: Food and Agriculture Organization of the United Nations.

Forss, K., Carlsen, J., Froyland, E., Sitari, T. and Vilby, K (1990) *Evaluation of the Effectiveness of Technical Assistance Personnel Financed by Nordic Countries*, Copenhagen: Ministry of Foreign Affairs.

Fox, K., Sengupta, J.K. and Thorbecke, E. (1972) *The Theory of Quantitative Economic Policies*, Amsterdam: North-Holland.

Franco-Rodriguez, S., Morrissey, O. and McGillivray, M. (1998) 'Aid and the Public Sector in Pakistan: Evidence with Endogenous Aid', *World Development* 26(7): 1241~50.

Franz, W.E. (1996) 'The Scope of Global Environmental Financing: Cases in Context', in R.O. Keohane and M.A. Levy (eds) *Institutions for Environmental Aid: Pitfalls and Promise*, Cambridge: MIT Press.

Fraser, N. (1997) *Justice Interruptus: Critical Reflections on the 'post Socialist' Condition*, London and New York: Routledge.

Frischmuth, C. (1997) *Gender is Not a Sensitive Issue: Institutionalising a Gender-Oriented Participatory Approach in Siavonga, Zambia*, SARL Gatekeeper Series 72. Sustainable Agriculture and Rural Livelihoods Programme, London: International Institute for Environment and Development.

Fry, M. J. (1995) *Money, Interest, and Banking in Economic Development*, Baltimore: Johns Hopkins University Press.

Fukayama, F. (1992) *The End of History and the Last Man*, New York: The Free Press.

Fukuda-Parr, S. (1996) 'Beyond Rethinking Technical Co-operation: Priorities for Capacity Building and Capacity Utilisation in Africa', *International Journal of Technical Co-operation* 2 (2): 14 5~7.

Galenson, W. and Leibenstein, H. (1955) 'Investment Criteria, Productivity and Economic Development', *Quarterly Journal of Economics* 69(3): 343~70.

Gallagher, M. (1994) 'Government Spending in Africa: A Retrospective of the 1980s', *Journal of African Economies* 3(1): 62~92.

Gang, I.N. and Khan, H.A. (1991) 'Foreign Aid, Taxes, and Public Investment', *Journal of Development Economics* 34(1~2): 355~69.

Garson, J. (1996) *Microfinance: A Donor Perspective*, United Nations Capital Development Fund, New York: United Nations Development Programme.

GATT (1993) *An Analysis of the Proposed UruguayRound Agreement with Particular Emphasis on Aspects of Interest to Developing Countries*, Geneva: General Agreement on Tariffs and Trade Secretariat.

Gelb, A. and P. Honohan (1991) 'Financial Sector Reform', in V. Thomas, A. Chhibber, M. Dailami and J. de Melo (eds) *Restructuring Economies in Distress: Policy Reform and the World Bank*, New York: Oxford University Press (for the World Bank).

German, T. and Randel. J. (1998) 'Targeting the End of Absolute Poverty; Trends in Development Co-operation', in J. Randel and T. German (eds) *The Reality of Aid 1998/1999: An Independent Review of Poverty Reduction and Development Assistance*, London: Earthscan Publications for Eurostep (European Solidarity Towards Equal Participation of People) and ICVA (International Council of Voluntary Agencies).

Ghate, P.B. (1992) 'Interaction Between the Formal and Informal Financial Sectors: The Asian Experience', *World Development* 20(6): 859~72.

Gibbon, P., Havnevik, K. and Hermele, K. (1993) *A Blighted Harvest: The World Bank and African Agriculture in the 1980s*, London: James Currey and Trenton: Africa World Press.

Gillis, M., Perkins, D.H., Roemer, M. and Snodgrass, D.R. (1996) *Economics of Development*, New York: W.W. Norton & Company.

Gilpin, R. (1987) *The Political Economy of International Relations*, Princeton: Princeton University Press.

Glewwe, R and van der Gaag, J. (1990) 'Identifying the Poor in Developing Countries: Do Different Definitions Matter?', *World Development* 18(6): 803~14.

Goetz, A.M. (1996) *Local Heroes: Patterns of Field Worker Discretion in Implementing GAD Policy in Bangladesh*, IDS Discussion Paper 358, Institute of Development Studies, University of Sussex.

_____. (ed.) (1997) *Getting Institutions Right for Women in Development*, London and New York: Zed Books.

Goldstein, M. and Turner, P. (1996) *Banking Crises in Emerging Economies: Origins and Policy Options*, Economic Papers 46, Basle: Bank for International Settlements.

Goodhand, J. and Hulme, D. (1997) *NGOs and Peace Building in Complex Political Emergencies: An Introduction*, NGOs and Complex Political Emergencies Working Paper 1, Oxford: International NGO Training and Research Centre.

Goodland, R. (1996) *What is Environmental Sustainability in the Energy Sector? The Big Dams Debate*, paper presented at a conference at the Agricultural University of Sweden, Uppsala, June 1996.

Gordon, A.A. (1996) *Transforming Capitalism and Patriarchy*, Boulder and London: Lynne Rienner.

Gould, J., Takala, T. and Nokkala, M. (1998) *How Sectoral Programs Work: An Analysis of Education and Agriculture Sector Programs in Zambia, Ethiopia, Mozambique and Nepal*, Policy Papers 1/1998, Institute of Development Studies, University of Helsinki.

Gourevitch, P. (1998a) *We Wish to Inform You That Tomorrow We be Killed with Our Families: Stories from Rwanda*, New York: Farrar, Straus and Giroux.

_____. (1998b) 'The Genocide Fax', *The New Yorker* (May 11): 42~6.

Grabher, G. (ed.) (1993) *The Embedded Firm: On the Socioeconomics of Industrial Networks*, London and New York: Routledge.

Graham, C. and O'Hanlon, M. (1997) 'Making Foreign Aid Work', *Foreign Affairs* 76(4): 8~14.

Grant, J.P. (1990) *The State of the World's Children 1990*, Oxford: Oxford University Press (for Unicef).

Grant, R. and Nijman, J. (eds) (1998) *The Global Crisis In Foreign Aid*, Syracuse: Syracuse University Press.

Gray, J. (1998) *False Dawn: The Delusions of Global Capitalism*, London: Granta Books.

Greenaway, D. (1993) 'Liberalizing Foreign Through Rose-Tinted Glasses', *Economic Journal* 103(416): 208~22.

_____. (1999) Multilateralism, Minilateralism and Trade Expansion, processed, background paper for Asian Development Bank Study of Asia's Exports.

Greenaway, D. and Morrissey, O. (1993) 'Structural Adjustment and Liberalisation in Developing Countries: What Lessons Have We Learned?', *Kyklos* 46(2): 241~61.

_____. (1994) 'Trade Liberalisation and Economic Growth in Developing Countries', in S.M. Murshed and K. Raffer (eds) *Trade Transfers and Development*, London: Edward Elgar.

Greenaway, D., Morgan, C.W. and Wright, P. (1998) 'Trade Reform, Adjustment and Growth: What Does the Evidence Tell Us?', *Economic*

Journal 108(450): 1547~61.

Greene, J.E. and Khan, M.S. (1990) *The African Debt Crisis*, AERC Special Paper 3, Nairobi: African Economic Research Consortium.

Greene, J.E. and Villanueva, D. (1990) *Private Investment in Developing Countries: An Empirical Analysis*, IMF Working Paper WP/90/40, Washington, D.C.: International Monetary Fund.

Griffin, K.B (1970) 'Foreign Capital, Domestic Savings and Economic Development', *Bulletin of the Oxford University Institute of Economics and Statistics* 32(2): 99~112.

Griffin, K.B. and Enos, J.L. (1970) 'Foreign Assistance: Objectives and Consequences', *Economic Development and Cultural Change* 18(3): 313~27.

Grindle, M.S. and Hilderbrand, M.E. (1995) 'Building Sustainable Capacity in the   Public Sector: What Can Be Done?', *Public Administration and Development* 15(5):441~63.

Grootaert, C. and Kanbur, R. (1995) 'The Lucky Few amidst Economic Decline: Distributional Change in Côte d'Ivoire as Seen Through Panel Data Sets, 1985~88', *Journal of Development Studies* 31(4): 603~19.

Grossman, G.M. and Krueger, A.B. (1995) 'Economic Growth and the Environment', *Quarterly Journal of Economics* 110(2): 353~77.

Groth, C. (1990) *Noter til økonomisk v œkst* (Notes on Economic Growth). vol. 1~2, Memo 14 and 27, Institute of Economics, University of Copenhagen(in Danish).

Guillamont, P. and Chauvet, L. (1999) *Aid and Performance: A Reassessment*, Working Paper 9910, Clermont-Ferrand: Centre d'Etudes et de Recherches sur le Developpement International (CERDI), Universite d'Auvergne.

Gupta, K.L. (1970) 'Foreign Capital and Domestic Savings: A Test of Haavelmo's Hypothesis with Cross-Country Data: A Comment', *Review of Economics and Statistics* 52(2): 214~6.

_____. (1975) 'Foreign Capital Inflows, Dependency Burden, and Saving Rates in Developing Countries: A Simultaneous Equation Model', *Kyklos* 28(2): 358~74.

Gupta, K.L. and Islam, M.A. (1983) *Foreign Capital, Savings and Growth – An International Cross-Section Study*, Dordrecht: Reidel Publishing Company.

Gupta, P.S. (1975) *Imperialism and the British Labour Movement 1914~64*, Basingstoke: Macmillan.

Gwin, C. and Nelson, J.M. (eds) (1997) *Perspectives on Aid and Development*, ODC Policy Essay 22, Washington, D.C.: Overseas Development Council.

Hadjimichael, M.T. and Ghura, D. (1995) *Public Policies and Private Investment in Sub Saharan Africa: An Empirical Investigation*, IMF Working Paper WP/95/19,   Washington, D.C.: International Monetary Fund.

Hadjimichael, M.T., Ghura, D., Mühleisen, M., Nord, R. and Uçer, E.M. (1995) *Sub-Saharan Africa: Growth, Savings, and Investment*, 1986~93, Occasional Papers 118, Washington, D.C.: International Monetary Fund.

Haggard, S., Lee, C.H. and Maxfield, S. (eds) (1993) *The Politics of Finance in Developing Countries*, Ithaca: Cornell University Press.

Halevi, N. (1976) 'The Effects on Investment and Consumption of Import Surpluses of Developing Countries', *Economic Journal* 86(344): 853~8.

Hanmer, L., Pyatt, G. and White, H. (1996) *Poverty in Sub-Saharan Africa: What can we Learn from the World Bank's Poverty Assessments?*, The Hague: Institute of Social Studies.

Hansen, H. and Tarp, F. (1999) *The Effectiveness of Foreign Aid*, processed, Development Economics Research Group, Institute of Economics, University of Copenhagen.

Hansen, S. (1989) 'Debt for Nature Swaps: Overview and Discussion of Key Issues', *Ecological Economics* 1(1): 77~93.

Hardiman, M. and Midgley, J. (1982) *The Social Dimensions of Development*, London: Wiley.

Harris, J.R. and Todaro, M.P. (1970) 'Migration, Unemployment and Development: A Two-Sector Analysis', *American Economic Review* 60(1): 126~42.

Harrold, P. (1995) *The Broad Sector Approach to Investment Lending: Sector Investment Programs*, World Bank Discussion Papers 302, Washington, D.C.: World Bank.

Hayter, T. and Watson, C. (1985) *Aid: Rhetoric and Reality*, London: Pluto Press.

Heiberg, A.N. (1998) *The Humanitarian Challenge in a world of conflict: The Plight of Land-mine Victims*, Fridtjof Nansen Memorial Lecture 1998, Tokyo: United Nations University.

Heller, P.S. (1975) 'A Model of Public Fiscal Behavior in Developing Countries: Aid, Investment, and Taxation', *American Economic Review* 65(3): 429~45.

Heltberg, R. (1995) 'Biologisk mangfoldighed og udvikling' (Development and Biological Diversity), *NationalØkonomisk Tidsskrift* 133(3): 236~51 (in Danish).

Hemphill, W. (1974) 'The Effects of Foreign Exchange Receipts on Imports of Less Developed Countries', *International Monetary Fund Staff Papers* 21(3): 637~77.

Henderson, D. and Loxley J. (1997) *The African Economic Research Consortium: An Evaluation and Review*, AERC Special Paper 25, Nairobi: African Economic Research Consortium.

Herbst, J. (1998) 'African Armies and Regional Peacekeeping: Are There African Solutions to African Problems?', in R. Rotberg and G. Mills (eds) *War and Peace in Southern Africa*, Washington, D.C.: Brookings Institution Press and the World Peace Foundation.

Hernandez-Cata, E. (1988) *Issues in the Design of Growth Exercises*, IMF Working Paper WP/88/65, Washington, D.C.: International Monetary Fund.

Hill, C.B. (1991) 'Managing Commodity Booms in Botswana', *World Development* 19(9): 1185~96.

Hirshman, A.O. (1958) *The Strategy of Economic Development*, New Haven: Yale University Press.

Hirshman, M. (1995) 'Women and Development: A Critique', in M.H. Marchand and J.L. Parpart (eds) *Feminism/Postmodernism/Development*, London and New York: Routledge.

Hjertholm, P. (1997a) *An Inquiry Into the Fiscal Dimension of External Debt: The Case of Sub-Saharan Africa*, Ph.D. Thesis, Red Series 43, Institute of Economics, University of Copenhagen.

_____. (1997b) *Den private og offentlige sektor i u-landenes økonomiske udvikling* (The Private and Public Sector in the Economic Development of Developing Countries), background paper prepared for the Danish Ministry of Foreign Affairs (Danida), Institute of Economics, University of Copenhagen (in Danish).

Hjertholm, P. and White, H. (2000) *Survey of Foreign Aid: History, Trends and Allocation*, Discussion Papers 00~04, Institute of Economics, University of Copenhagen.

Hjertholm, P., Laursen, J. and White, H. (2000) *Macroeconomic Issues in Foreign Aid*, Discussion Papers 00~05, Institute of Economics, University of Copenhagen.

Hodgson, D. and Watkins, S.C. (1997) 'Feminists and Neo-Malthusians: Past and Present Alliances', *Population and Development Review* 23(3): 469~523.

Hoffman, S. (1999) *World Disorders: Troubled Peace in the Post-Cold War Era*, Lanham: Rowman and Littlefield.

Holden, S.T., Shiferaw, B. and Wik, M. (1998) 'Poverty, Market Imperfections and Time Preferences: Of Relevance for Environmental Policy?', *Environment and Development Economics* 3(1): 105~30.

Hopkins, R.F. (1995) 'Anomie, System Reform, and Challenges to the UN System', in M.J Esman and S. Telhami (eds) *International organizations and Ethnic Conflict*, Ithaca: Cornell University Press.

Hulme, D. and Edwards M. (1997) *NGOs, States and Donors: Too Close for Comfort?*, New York: St. Martin's Press.

Humphrey, J. and Schmitz, H (1995) *Principles for Promoting Clusters and Networks of SMEs*, Vienna: United Nations Industrial Development Organization.

Hunt, K. (1999) 'Bosnian Women's Initiative: Making a Difference', *The Forced Migration Monitor* 27(January): 1~6.

Huther, J., Roberts, S. and Shah, A. (1998) *Public Expenditure Reform under Adjustment Lending: Lessons from World Bank Experience*, World Bank Discussion Papers 382, Washington, D.C.: World Bank.

IFC (1998) *Annual Report*, Washington, D.C.: International Finance Corporation.

IFPRI (1998) 'The Changing Outlook for Food Aid', *News and Views*

(November: 1~6), 2020 Vision Initiative, Washington, D.C.: International Food Policy Research Institute.

IFU (1998) *Annual Report*, Copenhagen: Industrialization Fund for Developing Countries.

_____. (1999) *30 Years Report*, Copenhagen: Industrialization Fund for Developing Countries.

Ignatieff, M. (1998) *The Warrior's Honor: Ethnic War and the Modern Conscience*, London: Chatto and Windus.

IIC (1998) *Annual Report*, Washington, D.C.: Inter-American Investment Corporation.

ILO (1973) *Employment, Income and Equality: A Strategy for increasing Productive Employment in Kenya*, Geneva: International Labour Organization.

IMAC (1996), *Accountability and Financial Management Issues in Sectoral Assistance Programmes*, presentation notes, Washington, D.C.: Institute for Management and Accounting.

IMF (1998) *The IMF's Response to the Asian Crisis*, Factsheet, April 1998, External Relations Department, Washington, D.C.: International Monetary Fund.

Iqbal, Z. and Kanbur, R. (eds) (1997) *External Finance in Low-Income Countries*, Washington, D.C.: International Monetary Fund.

Jackson, C. (1998) 'Rescuing Gender from the Poverty Trap', in C. Jackson and R. Pearson (eds) *Feminist Visions of Development: Gender, Analysis and Policy*, London and New York: Routledge.

Jahan, R. (1995) *The Elusive Agenda: Mainstreaming Women in Development*, London and New York: Zed Books.

_____. (1997) 'Mainstreaming Women in Development: Four Agency Approaches', in K.A. Staudt (ed.) *Women, International Development, and Politics*: The Bureaucratic Mire, Philadelphia: Temple University Press.

Jakobeit, C. (1996) 'Nonstate Acotrs Leading the Way: Debt-for-Nature Swaps', in R.O. Keohane and M.A. Levy (eds) *Institutions for Environmental Aid: Pitfalls and Promise*, Cambridge: MIT Press.

Jansson, T. and Wenner, M.D. (1997) *Financial Regulationand its Significance for Microfinance in Latin America and the Caribbean*, Washington, D.C.: Inter-American Development Bank.

Jaquette, J.S. and Staudt, K.A. (1985) 'Women as "At Risk" Reproducers: Biology, Science, and Population In us Foreign Policy', in V. Sapiro (ed.) *Women, Biology, and Public Policy*, Beverly Hills: Sage Publications.

Jayarajah, C.A.B. and Branson, W.H. (1995) *Structural and Sectoral Adjustment: World Bank Experience, 1980~92*, Operations Evaluation Study, Washington, D.C.: World Bank.

Jaycox, E.V.K.,(1993) *Capacity Building: The Missing Link in African Development*, address to the African-American Institute Conference, May 20 1993.

Jodha, N.S. (1989) 'Social Science Research on Rural Change: Some Gaps', in

P.Bardhan (ed.) *Conversations Between Economists andAnthropologists: Methodological Issues in Measuring Economic Change in Rural India*, New Delhi: Oxford University Press.

Johnston, B.F. and Kilby, P.(1975) *Agriculture and Structural Transformation*, London: Oxford University Press.

Jones, S. (1997) *Sector Investment Programmes in Sub-Saharan Africa: Review of Issues and Experience*, Oxford: Oxford Policy Management.

Kabeer, N. (1997) *Reversed Realities: Gender Hierarchies in Development Thought*, London and New York: Verso.

Kahler, M. (1990) 'Orthodoxy and its Alternatives: Explaining Approaches to Stabilization and Adjustment', in J. Nelson (ed.) *Economic Crisis and Policy Choice: The Politics of Economic Adjustment in the Third World*, Princeton: Princeton University Press.

Kahn, A.E. (1951) 'Investment Criteria in Development Programs', *Quarterly Journal of Economics* 65(February): 38~61.

Kahn, H.A. and Hoshino, E. (1992) 'Impact of Foreign Aid on the Fiscal Behaviour of LDC Governments', *World Development* 20(10): 1481~8.

Kahn, O. (1999) *Bangladesh Floods 1998 and Food Security*, paper prepared for Harvard University Conference on Natural Disasters in Asia, May 1999, Cambridge.

Kanbur, R. (1995) 'Welfare Economics, Political Economy, and Policy Reform in Ghana', *African Development Review* 7(1): 35~49.

_____. (1998) *A Framework for Thinking Through Reduced Aid Dependence*, paper presented to the Overseas Development Council/AERC Collaborative Research Workshop on Transition to Less Aid Dependence in Africa, Nairobi: African Economic Research Consortium.

_____. (1999) 'Prospective and Retrospective Conditionality: Practicalities and Fundamentals', in P. Collier and C. Pattillo (eds) *Investment and Risk in Africa*, forthcoming, Basingstoke: Macmillan.

Kapur, D. (1998) *A Critique of the 1997 World Development Report*, processed, Harvard University.

Kardam, N. (1997) 'The Adaptability of International Development Agencies: The Response of the World Bank to Women in Development', in K.A. Staudt (ed.) *Women, International Development, and Politics: The Bureaucratic Mire*, Philadelphia: Temple University Press.

Karl, M. (1995) *Women and Empowerment: Participation and Decision Making*, London and New York: Zed Books.

Katona-Apte, J. (1986) A Commodity-Appropriateness Evaluation of Four WFP Projects: A Brief Exposition', in M.J. Forman (ed.) *Nutritional Aspects of Project Food Aid*, Geneva: United Nations Administrative Committee on Co-ordination, Sub-Committee on Nutrition.

_____. (1993) 'Issue in Food Aid and Nutrition', in *Nutritional Issues in Food Aid*, ACC/SCN Nutrition Policy Papers 12, Geneva: United Nations

Administrative Committee on Co-ordination, Sub-Committee on Nutrition.

Kayizzi-Mugerwa, S. (1990) 'Zambia: A Note on the Macroeconomic Impacts of Copper Prices', *Eastern African Economic Review* 6(2): 143~7.

Keohane, R. (1998) 'International Institutions: Can Interdependence Work', *Foreign Policy* 110(Spring):82~96.

Kharas, H. (1981) *The Analysis of Long-Run Creditworthiness: Theory and Practice*, World Bank Domestic Finance Study 73, Washington, D.C.: World Bank.

Killick, T. (1995) 'Conditionality and the Adjustment-Development Connection', *Pakistan Journal of Applied Economics* 11(1~2): 17~36.

_____. (1998a) *Aid and the Political Economy of Policy Reform*, London and New York: Routledge.

_____. (1998b) *Adjustment, Income Distribution and Poverty in Africa: A Research Guide*, processed, Nairobi: Africa Economic Research Consortium.

Kim, J.I. and Lau, L.J. (1994) 'The Sources of Economic Growth of East-Asian Newly Industrialized Countries', *Journal of the Japanese and International Economies* 8(3): 235~71.

Klitgaard, R. (1997) 'Cleaning up and Invigorating the Civil Service', *Public Administration and Development* 17(5): 487~509.

Knudsen, C. (1991) *Økonomisk metodologi, vol. 1: Videnskabsidealer & forklaringstyper*, Copenhagen: DJØF Publishing (in Danish).

Korten, F.F. (1994) 'Questioning the Call for Environmental Loans: A Critical Examination of Forestry Lending in the Philippines', *World Development* 22(7): 971~81.

Krugman, P.R. (1993) 'Regionalism versus Multilateralism: Analytical Notes', in J. de Melo and A. Panagariya (eds) *New Dimensions in Regional Integration*, Cambridge: Cambridge University Press (for the Centre for Economic Policy Research).

_____. (1994) 'The Myth of Asia's Miracle', *Foreign Affairs* 73(6): 62~78.

Kumar, K.(1998) 'Postconflict Elections and International Assistance', in K. Kumar(ed.) *Postconflict Elections, Democratization and International Assistance*, Boulder and London: Lynne Rienner.

Kuyvenhoven, A. (1978) *Planning with a Semi-input-output Method*, processed, Liden.

Kuznets, S. (1958) 'Underdevelopment Countries and the Pre-Industrial Phase in the Advanced Economies', in A.N. Agarwala, and S.P. Singh (eds) *The Economics of Underdevelopment*, Bombay: Oxford University Press.

_____. (1966) *Modern Economic Growth*, New Haven: Yale University Press.

Lafay, j-D. and Lecaillon, J. (1993) *The Political Dimension of Economic Adjustment*, OECD Development Centre Studies, Paris: Organisation for Economic Co-operation and Development.

Lall, S. (1993) 'Technological Development, Technology Impacts and Industrial Strategy: A Review of the Issues', *Industry and Development* 34: 1~36.

Lancaster, C. (1999) *Foreign Aid and Development in Africa*, Chicago: Universityof

Chicago Press.

Landell-Mills, P. (1981) 'Structural Adjustment Lending: An Overview', *Finance and Development* 18(1): 17~21.

Landes, D.S. (1998) *The Wealth and Poverty of Nations: Why Some Are So Rich and Some So Poor*, New York and London: W.W. Norton & Company.

Larsen, A.F. (1989) *Usambara: Afrika's Grönne Magnet*, Copenhagen: MS Press (in Swedish).

Larsson, K.A. (1994) *Structural Adjustment, Aid and Development*, Stockholm: SIDA.

Leamer, E.E. (1985) 'Sensitivity Analysis Would Help', *American Economic Review* 75(3): 308~13.

Lee, H. and Roland-Holst, D. (1997) 'The Environment and Welfare implications of Trade and Tax Policy', *Journal of Development Economic* 52(1): 65~82.

Lefebvre, J.A. (1991) *Arms for the Horn: US Security Policy in Ethiopia and Somalia, 1953~1991*, Pittsburgh: University of Pittsburgh Press.

Leibenstein, H. (1957) *Economic Backwardness and Economic Growth*, New York: Wiley.

Lele, U. (ed.) (1991) *Aid to African Agriculture: Lessons From Two Decades of Donors' Experience*, Baltimore: Johns Hopkins University Press (for the World Bank).

Lensink, R. (1996) *Structural Adjustment in Sub-Saharan Africa*, London: Longman.

Levy, V. (1987) 'Dose Concessionary Aid Lead to Higher Investment Rates in Low-income Countries?', *Review of Economic and statistics* 69(1): 152~6.

_____. (1988) 'Aid and Growth in Sub-Saharan Africa: The Recent Experience;, *European Economic Review* 32(9): 1777~95.

Lewis, W.A. (1954) 'Economic Development with Unlimited Supplies of Labour', *The Manchester School* 22(2): 139~91.

Lienert, I. and Modi, J.R. (1997) *A Decade of Civil Service Reform in Sub-Saharan Africa*, IMF Working Paper WP/97/179, Washington, D.C.: International Monetary Fund.

Lindauer, D.L. and Nunberg, B. (eds) (1994) *Rehabilitating Government: Pay and Employment Reform in Africa*, Washington, D.C.: World Bank.

Little, I.M.D. and Mirrlees, J. (1974) *Project Appraisal and Planning for Developing Countries*, New York: Basic Books.

Longwe, S.H. (1991) 'Gender Awareness: The Missing Element in the Third World Development Project', in T. Wallace and C. March (eds) *Changing Perceptions: Writings on Gender and Development*, Oxford: Oxfam.

Lucas, R.E. (1988) 'On the Mechanics of Economic Development', *Journal of Monetary Economics* 22(1): 3~42.

Lummis, C.D. (1993) 'Equality', in W. Sachs (ed.) *The Development Dictionary: A Guide to Knowledge as Power*, Johannesburg: Witwatersrand university

참고문헌 677

Press.

Lumsdaine, D. (1993) *Moral Vision in International Politics: The Foreign Aid Regime, 1949~1989*, Princeton: Princeton University Press.

Luttwak, E. (1999) 'Give War a Chance', *Foreign Affairs* 78(4): 36~44.

Lyakurwa, W., Mckay, A. Ng'eno, N. and Kennes, W. (1997) 'Regional Integration in Sub-Saharan Africa: A Review of Experiences and Issues', in A. Oyejide, I. Elbadawi and P. Collier (eds) *Regional Integration and Trade Liberalization in Sub-Saharan Africa, vol. 1: Framework, Issues and Methodological Perspectives*, London: Macmillan.

McDonald, D.C. (1982) 'Debt Capacity and Developing Country Borrowing: A Survey of the Literature', *International Monetary Fund Staff Papers* 29(4): 603~46.

McGillivray, M. (1999) 'Aid and Public Sector Fiscal Behaviour in Developing Countries', *Review of Development Economics* 4(2).

McGillivray, M. and Morrissey, O. (1998) *What Do We Know About the Impact of Aid on Economic Growth*, paper prepared for the CREDIT 10th Anniversary Confernce, 17 September 1998, Centre for Research in Economic Development and International Trade, University of Nottingham.

_____. (1999a) *The New Macroeconomic of Aid: A Review of Recent Theories and Empirical Evidence*, provisional draft paper prepared for session of the Aid Policy and Performance Working Group at the 9th General Conference of the European Association of Development Research and Training Institutes (EADI) entitled 'Europe and the South in the 21st Century: Challenges for Renewed Co-operation', 22~25 September 1999, Paris.

_____. (eds) (1999b) *Evaluating Economic Liberalization*, Basingstoke: Macmillan.

_____. (2000) 'Aid Fungibility', in *Assessing Aid:* Red Herring or True Concern?, *Journal of International Development* 12(3): 413~28.

McGillivray, M. and White, H. (1993a) *Explanatory Studies of Aid Allocation Among Developing Countries:* A Critical Survey, ISS Working Paper 148. The Hague: Institute of Social Studies.

_____. (1993b) *Developmental Criteria for the Allocation of Aid and Assessment of Donor Performance*, processed, Deakin University, Geelong and Institute of Social Studies, the Hague.

_____. (1993c) *Aid Principles and Policy: An Operational Basis for the Assessment of Donor Performance*, processed, Deakin University, Geelong and Institute of Social Studies, the Hague.

McKay, A. (1997) 'Poverty Reduction Through Economic Growth: Some Issues', *Journal of International Development* 9(4): 665~73.

McKay, A., Morrissey, O. and Vaillant, C. (1997) 'Trade Liberalisation and Agricultural Supply Response: Issues and some Lessons', *European Journal of Development Research* 9(2): 129~47.

McKean, C. and Fox, J. (1994) *Export and Investment Promotion Services: Do They Work?*, Report no. Pn-AAx-279, Washington, D.C.: US Agency for

International Development.

Madsen, B. (1998) *Rural Water supply rehabilitation, Sustainable Maintenance and Sanitation in Cuddalore and Villupuram District of the State of Tamil Nadu, India: Measurement, Assessment and Reporting of Qualitative Aspects of Participartion and Empowerment in Project Activities*, Copenhagen: Ministry of Foreign Affairs.

Majd, M.G. (1989) 'The Oil Boom and Agricultural Development: A Reconsideration of Agricultural Policy in Iran', *Journal of Energy and Development* 15(1): 125~40.

Mankiw, N.G., Romer, D. and Weil, D.N. (1992) 'A Contribution to the Empirics of Economic Growth', *Quarterly Journal of Economic* 107(2): 407~37.

Manne, A.S. (1974) 'Multi-Sector Models for Development Planning, A Survey', *Journal of Development Economics* 1(1): 43~69.

Marchand, M.H. (1995) 'Latin American Women Speak on Development: Are We Listening Yet?', in M.H. Marchand and J.L. Parpart (eds) *Feminism/Postmodernism/Development*, London and New York: Routledge.

Maren, M. (1997) *The Road to Hell: The Ravaging Effects of Foreign Aid and International Charity*, New York: The Free Press.

Marshall, K. (1998) *From War and Resettlement to Peace Development: Some Lessons From Mozambique and UNHCR and World Bank Collaboration*, HIID Development Discussion Paper 633, Harvard Institute for International Development, Harvard University.

Martin, W. and Winters, A. (1996) *The Uruguay Round and the Developing Countries*, Cambridge: Cambridge University Press.

Massell, B.F., Pearson, S.R. and Fitch, J.B. (1972) 'Foreign Exchange and Economic Development: An Empirical Study of Selected Latin American Countries', *Review of Economics and Statics* 54(2): 208~12.

Masson, P.R., Bayoumi, T. and Samiei, H. (1998) 'international Evidence on the Determinants of Private Saving', *World Bank Economic Review* 12(3): 483~501.

Masters, W.A., Bedlngar, T. and Oehmke, J.F. (1998) 'The Impact of Agricultural Research in Africa: Aggregate and Case Study Evidence', *Agriculture Economics* 19(1~2): 81~6.

Matthews, A. (1998) *International Development Assistance and Food Security*, Trinity Economic Papers, Policy Papers 98~2, Dublin: Trinity College.

Maxwell, S.J. (1996) 'Apples, Pears and Poverty Reduction: An Assessment of British Bilateral Aid', *IDS Bulletin* 27(1): 109~21.

Maxwell, S.J. and Singer, H.W. (1979) 'Food Aid to Developing Countries: A Survey', *World Development* 7(3): 225~47.

Mäler, K.G. (1990) 'International Environmental Problems', *Oxford Review of Economic Policy* 6(1): 80~108.

Mehta, M. (1991) 'Gender, Development and Culture', in T. Wallace and M. Candida (eds) *Changing perception: Writing on Gender and Development*, Oxford:

Oxfam.

Meier, P., Munasinghe, M. and Siyambalapitiya, T. (1996) 'Energy Sector Policy and the Environment: A Case Study of Sri Lanka', in M. Munasinghe (ed.) *Environmental Impact of Macroeconomic and Sectoral Policies*, Washington, D.C.: World Bank.

Michaety, M. (1981) 'Foreign Aid, Economic Structure, and Dependence', *Journal of Development Economics* 9(3): 313~30.

Michalopoulos, C. and Sukhatme, V. (1989) The Impact of Development Assistance: A Review of the Quantitative Evidence', in A.O. Krueger (ed.) *Aid and Development*, Baltimore: Johns Hopkins University Press.

Mikesell, R.F. and Williams, L. (1992) *International Banks and the Environment: From Growth to Sustainability — An Unfinished Agenda*, San Francisco: Sierra Club Books.

Milner, C. and Morrissey, O. (1999) 'Measuring Trade Liberalization', in M. McGillivray and O. Morrissey (eds) *Evaluating Economic Liberalization*, Basingstoke: Macmillan.

Mittelman, J.H. and Johnston, R. (1999) 'The Globalization of Organized Crime, the Courtesan State, and the Corruption of Civil Society', *Global Governance* 5(1): 103~26

Mkandawire, T. (1998) *Notes on Consultancy and Research in Africa*, CDR Working Papers 98.13, Copenhagen: Centre for Development Research.

Mohanad, M.B. (1995) Statement at the United Nations Summit for Social Development, Copenhagen, March.

Mohanty, C.T. (1991) 'Introduction: Cartographies of Struggle: Third World Women and the Politics of Feminism', in C.T. Mohanty, A. Russo and L. Torres (eds) *Third World Women and The Politics of Feminism*, Bloomington: Indiana University Press.

Moïsi, D. (1999) 'Dreaming of Europe, *Foreign Policy* 115(Summer): 44~59.

Molyneux, M. (1985) 'Mobilization Without Emancipation? Women's Interests, the State, and Revolution in Nicaragua', *Feminist Studies* 11(2): 227~54.

Montagnon, P. (1998) *Credit Where Credit is due: Bringing Microfinance into the Mainstream*, Series Monograph 30, London: Centre for the Study of Financial Innovation.

Moore, M. (1997) *Aid and Tax Effort in Developing Countries*, processed, Institute of Development Studies, University of Sussex.

Moran, C. (19891 'imports under a foreign Exchange Constraint', *World Bank Economic Review* 3(1): 279~95.

Morra, L. and Thurmm, U. (1997) *1995 Evaluation Results*, vol. 1~2. Washington, D.C.: World Bank.

Morris, C.T. and Adelman, I. (1988) *Comparative Patterns of Economic Development, 1850~1914*, Johns Hopkins Studies in Development Series, Baltimore and London: Johns Hopkins University Press.

_____. (1989) 'Nineteenth-Century Development Experience and Lessons for

Today', *World Development* 17(9): 1417~32.

Morrissey, O. (1996) 'Politics and Economic Policy Reform: Trade Liberalization in Sub-Saharan Africa', *Journal of International Development* 7(4): 599~618.

Morrissey, O. and White, H. (1996) 'Evaluating the Concessionality of Tied Aid', *Manchester School of Economic and Social Studies* 64(2): 208~26.

Moser, C.O.N. (1989) 'Gender Planning in the Third World: Meeting Practical and Strategic Gender Needs', *World Development* 17(I1): 1799~1825

_____. (1993) Gender Planning and Development: Theory, Practice and Training, London and New York: Rutledge.

Mosley, P. (1980) 'Aid, Savings and Growth Revisited', *Oxford Bulletin of Economic and Statistics* 42(2): 27~95.

_____. (1987) *Overseas Aid: Its Defence and Reform*, Brighton; Wheatsheaf Books.

_____. (1996) The Failure of Aid and Adjustment Policies in Sub-Saharan Africa: Counter-Examples and Policy Proposals', *Journal of African Economies* 5(3):406~43.

_____. (1998) *Globalization, Economic Policy and Convergence*, Paper prepared for Group of 24, to be published by UNCTAD.

Mosley, P. and Hudson, J. (1998) *Has Aid Effectiveness Increased?*, processed, International Development Centre, University of Reading and University of Bath.

Mosley, P., Hudson, J. and Horrell, S. (1987) 'Aid, the Public Sector and the Market in Less Developed Countries', *Economic Journal* 97(387): 616~41.

_____. (1992) 'Aid, the Public Sector and the Market in Less Developed Countries: A Return to the Scene of the Crime', *Journal of International Development* 4(2):139~50.

Mosley, P., Harrigan, J. and Toye, J. (1995a) *Aid and Power: the World Bank and Policy-Based Lending*, vol. 1~2, London and New York: Routledge.

Mosley, R., Subasat, T. and Weeks, J. (1995b) 'Assessing Adjustment in Africa', *World Development* 23(9): 1459~73.

Mueller, D.C. (1997) *Perspectives on Public Choice: A handbook*, New York: Cambridge University Press.

Munasinehe, M., Cruz, W. and Warford, J.J. (1996) The Environmental Impact of Economywide Policies: Some Recent Evidence', in M. Munasinghe (ed.) *Environmental Impacts of Macroeconomic and Sectoral Policies*, Washington, D.C.: World Bank.

Musonda, F.M. and Luvanda, E. (1991) 'The Consequences of the 1976~77 Coffee Boom on the Tanzanian Economy: A Test of the Dutch Disease Model', *Eastern Africa Economic Review* 7(2): 1~16.

Nabli, M.K. and Nugent, J.B. (1989) 'The New Institutional Economics and its Applicability to Development', *World Development* 17(9): 1333~47.

Nalo, D.S.O. (1993) 'Constraints to Growth in Developing Countries and the Three-Gap Model', *Eastern Africa Economic Review* 9(2): 247~64.

Naudet, J.D. (forthcoming) *Trouver des Problems anx Solutions:* Vingt Ans d'Aide an: sahel, Processed.

Ndulu, B.J. (1991) 'Growth and Adjustment in Sub-Saharan Africa', in A. Chhibber and S. Rscher (eds) *Economic Reform m Sat-Saharan Africa*, Washington, D.C.: World Bank.

Nellis, J.R. (1988) *Contract-Plans and Public Enterprise Performance*, Policy, Planning, and Research Working Papers 118, Washington D.C: World Bank.

Nellis, J.R. and Kikeri, S. (1989) 'Public Enterprise Reform: Privatization and the World Bank', *World Development* 17(5): 659~72.

Nelson, J.M. (ed.) (1990) *Economic Crisis and Policy Choices: ThePolitics of Economic Adjustment in the Third World*, Princeton: Princeton University Press.

Nelson, J.M. and Eglinton, S.J. (1993) *Global Goals, Contentions Means: Issues of Multiple Aid Conditionality*, Washington, D.C.: Overseas Development Council.

Nelson, R. and Winter, S. (1982) *An Evolutionary Theory of Economic Change*, Cambridge: Harvard University Press (Belknap).

Newlyn, W.T. (1973) 'The Effect of Aid and Other Resource Transfers, on Savings and Growth in Less Developed Countries: A Comment', *Economic Journal* 83(331):867~69.

New York Times (1999) 'Debt-Relief Plan Is Flawed, 5 Nations Say', April 24th.

Noel, A. and Therien, j-P. (1995) 'From Domestic to International justice: The Welfare State and foreign Aid', *International Organization* 49(3): 523~53.

North, D.C (1990) *Institutions, Institutional Change and Economic Performance*, The Political Economy of institutions and Decisions Series, New York: Cambridge University Press.

_____. (1998) 'Economic Performance Through Time', in C.K. Eicher and J.M. Staatz (eds) *International Agricultural Development*, Baltimore: Johns Hopkins University Press.

Nunberg, B. (1994) 'Experience with Civil Service Pay and Employment Reform: An Overview', in D.L. Lindauer and B. Nunberg (eds) *Rehabilitating Government: Pay and Employment Reform in Africa*, Washington, D.C.: World Bank.

_____. (1997) *Re-Thinking Civil Service Reform: An Agenda for Smart Government*, processed, Poverty and Social Policy Department, Washington, D.C.: World Bank.

Nurkse. R. (1953) *Problems of Capital Formation in Underdeveloped Countries*, New York: University Press.

Nyatepe-Coo, A.A. (1994) 'Dutch Disease, Government Policy and Import Demand in Nigeria', *Applied Economics* 26(4); 327~36.

Nye, J.S. (1999) 'Redefining the National Interest', *Foreign Affairs* 78(4); 22~35.

Nyoni, T.S. (1998) Foreign Aid and Economic Performance in Tanzania', *World*

Development 26(7); 1235~40.

ODI (1998) *The State of the International Humanitarian System*, ODI Briefing Paper1998 (1), London: Overseas Development Institute.

ODM (1975) *More Aid for the Poorest*, White Paper, London: Overseas Development Ministry.

OECD(1985) *Twenty-five Years of Development Co-operation: A Review-Development Assistance Committee 1985 Report*, Paris: Organization for Economic Co-operation and Development.

_____. (1991) *Principles for New Orientations in Technical Co-operation*, Paris, Organization for Economic Co-operation and Development.

_____. (1992a) *Development Assistance Manual: DAC Principles for Effective Aid*, Paris: Organization for Economic Co-operation and Development.

_____. (1992b) *Guidelines for Aid Agencies on Global Environmental Problems*, DAC Guidelines on Aid and Environment 4, Paris: Organisation for Economic Co-operation and Development.

_____. (1994) *Development Co-operation — Development Assistance Committee 1993 Report*, Paris: Organisation for Economic Co-operation and Development.

_____. (1995) *Private Sertor Development: A Guide to Donor Support*, Paris: Organisation for Economic Co-operation and Development.

_____. (1996a) *Shaping the 21st Century: The Contribution of Development Co-operation*, Paris: Organisation for Economic Co-operation and Development.

_____. (1996b) *Development Co-operation — Development Assistance Committee 1995 Report*, Paris: Organisation for Economic Co-operation and Development.

_____. (1997) *Development Co-operation — Development Assistance Committee 1996 Report*, Paris: Organisation for Economic Co-operation and Development.

_____. (1998a) *Geographical Distribution of Financial Flows to Aid Recipients*, CD-ROM, Paris: Organisation for Economic Co-operation and Development.

_____. (1998b) *Review of the Interactional Aid System in Mali*, Special Meeting on the Mali Aid Review, 2~3 March 1998, Paris: Organisation for Economic Co-operation and Development.

_____. (1998c) *DAC Source Book on Concepts and Approaches Linked to Gender Equality*, Paris: Organisation for Economic Co-operation and Development.

_____. (1998d) *DAC Guidelines for Gender Equality and Women's Empowerment in Development Co-operation*, Paris: Organisation for Economic Co-operation and Development.

_____. (1999a) *DAC On-line Database* (at www.oecd.ors/dac), Paris: Organisation for Economic Co-operation and Development.

_____. (1999b) *DAC Scoping Study of Donor Poverty Reduction Policies and Practice: Synthesis Report*, Paris: Organisation for Economic Co-operation and Development.

Ojo, K.O. and Oshikoya, T.W. (1995) 'Determinants of Long-Term Growth: Some African Results', *Journal of African Economies* 4(2): 163~91.

Olsen, O.E. (1995) *Small Steps Towards Great Changes? Enterprise Development in Aid Supported Technology Transfer Projects*, Norwegian University of Science and Technology, Trondheim.

Onafowora, O. and Owoye, O. (1998) 'Can Trade Liberalization Stimulate Economic Growth in Africa', *World Development* 26(3): 497~506.

Osakwe, P.N. (1998) *Food Aid Delivery, Food Security, and Aggregate Welfare in a Small Open Economy: Theory and Evidence*, Working Paper 98~1. Ottawa: Bank of Canada.

Oshikoya, T.W. (1994) 'Macroeconomic Determinants of Domestic Private Investment in Africa: An Empirical Analysis', *Economic Development and Cultural Change* 42(3): 573~96.

Over, A.M. (1975) 'An Example of the Simultaneous-Equation Problem: A Note on Foreign Assistance: Objectives and Consequences', *Economic Development and Cultural Change* 23(4): 751~6.

Overholt, C., K. Cloud, Anderson, M.B. and Austin, J. (1985) 'Women in Development: A Framework for Project Analysis', in C. Overholt, K. Cloud, M. B. Anderson and J. Austin (eds) *Gender Roles in Development Projects*, West Hartford: Kumarian Press.

Oxfam (1995) *The Oxfam Poverty Report*, Oxford: Oxfam.

_____. (1997) *The Importance of Engagement: A Strategy for Reconstruction in the Great Lakes Region*, Oxford: Oxfam.

Oyejide, A., Elbadawl, I. and Collier, P (eds) (1997) *Regional Integration and Trade Liberalization in Sub-Saharan Africa, Vol.1: Framework, Issues and Methodological Perspectives*, Basingstoke Macmillan.

Pack, H. and Pack, J. R. (1993) 'Foreign Aid and the Question of Fungibility', *Review of Economics and Statistics* 75(2) 258~65.

Panayotou, T. (1994) 'Conservation of Biodiversity and Economic Development: The Concept of transferable Development Rights', *Environment and Resource Economics* 4(1):91~110.

Panayotou, T. and Hupé, K (1996) 'Environmental Impacts of Structural Adjustment Programs: Synthesis and Recommendations', in M. Munasinghe (ed) *Environmental Impact of Macroeconomic and Sectoral Politics*, Washington, D.C.: World Bank.

Pant, P. (1974) 'Perspective of Development: 1961~1976: Implications of Planning for a Minimum Level of Living: A Decade of Development', in T.N. Srinivasan and P.K. Bardhan (eds) *Poverty andIncome Distribution in India*, Calcutta.

Papageorgiou, D., Michaely, M. and ChokSi, A. (1991) *Liberalizing Foreign Trade*, Vol.1~7. Oxford: Basil Blackwell.

Papanek, G.F. (1972) 'The Effect of Aid and Other Resource Transfers on Savings and Growth in Less Developed Countries, *Economic Journal* 82(327): 934~50.

_____. (1973) 'Aid, Foreign Private Investment, Savings, and Growth in Less

Developed Countries', *Journal of Political Economy* 81(1): 120~30.

Parpart, J.L. (1995a) 'Deconstructing the Development "Expert:" Gender, Development and the "Vulnerable Groups"', in M.H Marchand and J. L. Parpart (eds) *Feminism/postmodernism/Development*, London and New York: Routledge.

_____. (1995b) 'Post-Modernism, Gender and Development', in J. Crush (ed.) *Power of Development*, London and New York: Routledge.

Parpart, J.L. and Marchand, M.H. (1995) 'Exploding the Canon: An Introduction/Conclusion', in M.H. Marchand and J. L. Parpart (eds) *Feminism/postmodernism/Development*, London and New York: Routledge.

Parpart, J.L., Rai, S.M. and Staudt, K.A. (eds) (2000) *Rethinking Empowerment and Development in a Global/Local World: Gendered Perspectives*, forthcoming, London and New York: Routledge.

Parsons, A. (1995) *From Cold War to Hot Peace: UN Intervention 1947~1995*, London: Penguin.

Paul, D. (1997) *Aiding and Abetting*, War Report 51, London: Institute for War and Peace Reporting.

Pearce, D. W. and Warford, J.J. (1993) *World Without End: Economic, Environment and Sustainable Development*, New York: Oxford University Press (for the World Bank).

Pedersen, K.R. (1996) 'Aid, Investment and Incentives', *Scandinavian Journal of Economics* 98(3): 423~38.

Pedersen, R.J. (1994) *Servey of Virksomhed-til-Virksomhed Leknologisamarbejdsprogramer mellem små og mellenstore virksomheder i i- og u-lande* (Survey of Business-to-Business Technological Co-operation Programmes Between Small and Medium-Sized Companies in Industrial and Developing Countries), Copenhagen: Danish Federation of Small and Medium-Sized Enterprises (in Danish).

Persson, T. and Tabellini, G. (1990) *Macroeconomic Policy Credibility and Politics*, New York and Melbourne Harwood.

Pfannenschmidt, S., McKay, A. and McNeiII, E. (1997) *Through a Gender Lens: Resources for Population, Health and Nutrition Project*, Washington. D.C.: Family Health International (for US Agency for International Development).

Pinstrup-Andersen, P. (1988) *Food Subsidies in Developing Countries: Cost, Benefit, and Policy Options*, Baltimore: Johns Hopkins University Press (for the International Food Policy Research Institute).

Pinstrup-Andersen, P. Pelletier, D. and Alderman, H. (1995b) 'Enhancing Child Growth and Nutrition: Lessons for Action', in P. Pinstrup-Andersen, D. Pelletier, Growth and Nutrition: Lessens for Action', in P. Pinstrup-Anstrup, D. Proarities and H. Alderman: (eds) *Child Growth and Nutrition on Developing Countries: Priories for Action*, Ithaca: Cornell University Press.

Pinstrup-Andersen, P. and Garrett, J.L. (1996) *Rising food Prices and Falling Grain Stocks: Short-Run Blips or Now Trends?*, 2020 Brief 30, 2020 Vision Initiative, Washington, D.C.: International Food Policy Research Institute.

Pinstrup-Andersen, P. Pandya-Lorch, R. and Rosegrant, M.W. (1997) *The World Food Situation: Recent Development, Emerging Issues, and Long-Term Prospects*, IFPRI Food Policy Report, Washington, D.C.: International Food Policy Research Institute.

Pinstrup-Andersen, R., Lundberg, M. and Garrett, J. L. (1995a) *Foreign Assistance to Agriculture: A Win-Win Proposition*, IFPRI Food Policy Report, Washington, D.C.: International Food Policy Research Institute.

Porter, M.E. (1990) *The Competitive Advantages of Nations*, Basingstoke and New York: Macmillan.

Pradhan, S. (1996) *Evaluating Public Spending: A Framework for Public Expenditure Reviews*, World Bank Discussion Paper 323, Washington, D.C.: World Bank.

Princen, T. and Finger. M. (1994) *Environmental NGOs in World Politics: Linking the Local and the Global*, London and New York: Routledge.

Przeworski, A. and Limongi, F. (1997) 'Modernization: Theories and Facts', *World Politics* 49(2):155~83

Putnam. R. (1988) 'Diplomacy and Domestic Politics: The Logic of Two-Level Games', *International Organization* 42(3): 427~60.

Quisumbing, A.R., Brown, L.R., Feldstein, H.S., Haddad, L. and Peña, C. (1995) Women: The Key to Food Security, IFPRI Food Policy Report, Washington, D.C.: International Food Policy Research Institute.

Radcliffe, S.A. and Westwood, S. (1993) *Viva: Women and Popular Protest in Latin America*, London and New York: Rutledge.

Rahman, A. (1968) 'Foreign Capital and Domestic Savings: A Test of Haavelmo's Hypothesis with Cross-Country Data', *Review of Economic and Statistics* 50(1): 137~8

Ramsbotham, O. and Woodhouse, T. (1996) *Humanitarian Intervention in Contemporary Conflict*, Cambridge: Policy Press

Rathgeber, E.M. (1995) 'Gender and Development in Action', in M.H. Marchand and J. l. Parpart (eds) *Feminism/Postmodernism/Development*, Londonand New York: Rutledge.

Ratts∅, J.and Torvik, R. (1999) The Macroeconomics of Foreign Aid In Sub-Saharan Africa: Dutch Disease Effects Reconsidered', in K.L. Gupta (ed.) *Foreign Aid: New Perspectives*, Boston: Kluwer.

Ray, D. (1998) *Development Economics*, Princeton: Princeton University Press.

RDI (Relief and Development Institute) (1987) *A Study of Triangular Transactions and Local Purchases in Food Aid*, Occasional Paper 11, Rome: World Food Programme.

Reed, D. (1992) *Structural Adjustment and the Environment*, London: Earthscan.

_____. (1996) 'Environmental Impacts of Structural Adjustment: The Social Dimension', in M. Munasinghe (ed.) *Environmental Impacts of Macroeconomic and Sectoral Policies*, Washington, D.C.: World Bank.

Reed, D. and Sheng, F. (1998) *Macroeconomic Policies, Poverty and The*

Environment, Discussion Paper, Macroeconomics for Sustainable Development Program Office (MPO), Washington, D.C.: World Wildlife Fund.

Reilly, B. and Reynolds, A (1999) *Electoral Systems, and Conflict in Divided Societies*, Washington, D.C.: National Academy Press.

Reilly, J.E. (ed.) (1999) *American Public Opinion and US Foreign Policy 1999*, Chicago: Chicago Council on Foreign Relations.

Reisen, H. and van Trotsenburg, A. (1988) *Developing Country Debt: The Budgelary and Transfer Problem*, OECD Development Centre Studies, Paris: Organization for Economic Co-operation and Development.

Reutliger, S. (1984) 'Project Food Aid and Equitable Growth: Income-Transfer Efficiency First', *World Development* 12(9): 901~11

Reutlinger, S. and Katona-Apte, J. (1987) 'The Nutritional Impact of Food Aid:Criterla for the Selection of Cost-Effective Foods', in J.P. Glttinger, J. Leslie and C. Hoisington (eds) *food Policy: Integrating Supply, Distribution, and Consumption*, Baltimore: The Johns Hopkins University Press (for the World Bank)

Richey, L. (2000) 'Demographic "Development" and Feminist Agenda: Depoliticizing Gender in a Tanzanian Family Planning Project', in J.L Parpart, S.M. Raiand K.A. Staudt (eds) *Rethinking Empowerment and Development in a Global/Local World: Gendered Perspectives*, forthcoming, London and New York: Routledge.

Riddell, R. (1987) *Foreign Aid Reconsidered*, London: James Curry.

Robinson, M.S. (1997) *Introducing Saving in Microcredit Institutions: When and How?*, Focus Note 8, Consultative Group to Assist the Poorest — A Micro-Finance Program (CGAP), Washington, D.C.: World Bank.

Robinson, S. (1971) 'Sources of Growth in Less Developed Countries: A Cross-Section Study', *Quarterly Journal of Economics* 85(3): 391~408.

Rock, M. (1993) *Can Export Services Assistance Make a Difference?* The Korean Experience, Report Pn-AAx-264, Washington, D.C.: US Agency for International Development.

Rock, R. and Otero, M. (1997) *From Margin to Mainstream: The Regulation and Super-vision of Microfinance*, Monograph Series 11, Somerville: Accion International,

Rodrik, D. (1990) 'How Should Structural Adjustment Programs Be Designed?', World Development 18(7): 933~47.

_____. (1999) *The New Global Economy and Developing Countries: Making Openness Work*, ODC Policy Essay 24, Washington D.C.: Overseas Development Council.

Romer, P. (1990) 'Endogenous Technological Change', *Journal of Political Economy* 98(5, Part 2):S71~102.

Rosegrant, M.W. Agcaoili-Sombilla, M. and Perez, N.D. (1995) *Global Food Projections to 2020: Implications for Investment*, Food, Agriculture, and the Environment Discussion Paper 5, Washington, D.C.: Interactional Food

Policy Research Institute.

Rosenstein-Rodan, P.N. (1943) 'Problems of Industrialisation of Eastern and South-Eastern Europe', *Economic Journal* 53(210): 202~11

_____. (1961) 'international Aid for Underdeveloped Countries', *Review of Economics and Statistics* 43(2): 107~38.

Rostow, W.W. (1956) 'The Take-Off Into Self-Sustained Growth', *Economic Journal* 66(March): 25~48.

Rowlands, J. (1997) *Questioning Empowerment: Working with Women in Honduras*, Oxford: Oxfam.

Ruttan, V.W. (1996) *United States Development Assistance Policy*, Baltimore: Johns Hopkins University Press.

_____. (1998) 'Does Food Aid Have a Future?', *American journal of Agricultural Economics* 80(3): 566~71.

Sachs, J.D. and Warner, A.M. (1995) 'Economic Reform and the Process of Global Integration', *Brookings Papers on Economic Activity* 1: 1~95.

_____. (1997) 'Sources of Slow Growth in African Economies', *journal of African Economics* 6(3): 335~76.

Sahn, D.E. (1992) 'Public Expenditures in Sub-Saharan Africa During a Period of Economic Reforms', *World Development* 20(5): 673~93.

_____. (1994) 'The Impact of Macroeconomic Adjustment on Incomes, Health and Nutrution: Sub-Saharan Africa in the 1980s', in G.A. Cornia and G.K.(eds) *From Adjustment to Development in Africa: Conflict, Controversy, Convergence, Consensus?*, New York: St. Martin's Press and Basingstoke: Macmillan.

Sahn, D.E., Dorosh, P. and Younger, S. (1996) 'Exchange Rate, Fiscal and Agricultural Policies in Africa: Does Adjustment Hurt the Poor?', *World Development* 24(4):719~47.

Sala-i-Martin, X. (1997) 'I Just Ran Two Million Regressions', *American Economic Review* 87(2): 178~83.

Saran, R. and Konandreas, P. (1991) 'An Additional Resource? A Global Perspective on Food Aid Flows in Relation to Development Assistance', in E. Clay and O.Stokke (eds) *Food Aid Reconsidered*, London: Frank Cass.

Sarel, M. (1996) 'Nonlinear Effects of Inflation on Economic Growth', *International Monetary Fund Staff Papers* 43(1): 199~215.

Schadler, S., Rozwadowski, F., Tiwari, S. and Robinson, D. O. (1993) *Economies Adjustment in Low-Income Countries: Experience Under the Enhanced Structural Adjustment Facility*, Occasional Papers 106, Washington, D.C.: international Monetary Fund.

Schalkwyk, J., Thomas, H. and Beth, W. (1996) *Mainstreaming: A Strategy for Acchieving Equality Betwen Women and Men — A Think Piece*, Stockholm: Swedish International Development Co-operation Agency.

Schraeder, P.J., Hook, S.W. and Taylor, B. (1998) 'Clarifying the Foreign Aid Puzzle: A Comparison of American, japanese, French and Swedish Flows',

World Politics 50(2): 294~323.

Scott, C.V. (1995) *Gender and Development: Rethinking Modernization and Dependency Theory*, Boulder and London: Lynne Rinner.

Seligson, M.A. and Passe-Smith, J. T. (eds) (1998) *Development and Underdevelopment: The Political Economy of Global Inequality*, Boulder: Lynne Rienner.

Sen, G. and Grown, C. (1987) *Development Crises and Alternative Visions: Third World Women's Perspective*, Now York: Monthly Review Press.

Shaaeldin, E. (1988) 'Sources of Industrial Growth in Kenya, Tanzania, Zambia and Zimbabwe', *Eastern Africa Economic Review* 4(2): 21~31.

Shafik, N. and Bandyopadhyay, S. (1992) *Economic Growth and Environmental Quality: Time Series and Cross-Country Evidence*, processed, background paper for World Development Report 1992, Washington, D. C.: World Bank.

Sharpless, J. (1997) 'Population Science, Private Foundations, and Development Aid: The Transformation of Demographic Knowledge in the United States, 1945~1965'. in F. Cooper and R. Packard (eds) *International Development and the Social Sciences*, Berkeley and London: University of California Press.

Shaw, D.J. and Singer, H.W. (1996) 'A Future Food Aid Regime: Implications of the Final Act of the UruguayRound', *Food Policy* 21(4~5): 447~60.

Shirley, M.M. and Nellis, J.R. (1991) *Public Enterprise Reform: The Lessons of Experience*, Economic Development Institute (EDI) Development Study, Washington, D.C.: World Bank.

Shirley, M.M and Xu, L.C. (1997) *Information, Incentives and commitment, An Empirical Analysis of Contracts Between Government and state Enterprise*, Policy Research Working Paper 1769, Washington D. C. : World Bank.

Sida (1995) *Sector Programme Support: Background Document to Sida Strategy*, Stockholm Swedish International Development Co-operation Agency.

_____. (1996) *Aid Dependency: Causes, Symptoms and Remedies*, Stockholm: Swedish International Development Co-operation Agency.

_____. (1997) *Financial Sector Development*, Sida Task Force report, Stockholm: Swedish international Development Co-operation Agency.

Simmons, P. (1997) '"Women in Development:" A Threat to Liberation', in M. Rahnema and V. Bawtree (eds) *The Post-Development Reader*, London and New York: Zed Books.

Simonsen, M. H. (1985) 'The Developing-Country Debt Problem', in G. W. Smith and J. T. Cuddington (eds) *International Debt and the Developing Countries*, Washington, D. C.: World Bank.

Singer, H.W. (1965) 'External Aid: For Plans or Projects?', *Economic Journal* 75 (September): 539~45.

Singer, H.W. and Ansari, J. (1988) *Rich and poor Countries: Consequences of International Disorder*, London: Uwin Hyman.

Singh, R.D. (1985) 'State Intervention, Foreign Economic Aid, Savings and Growth in LDCs: Some Recent Evidence', *Kyklos* 38(2):216~32.

Snyder, D.W. (1990) 'Foreign Aid and Domestic Savings: A Spurious Correlation?', *Economic Development and Cultural Change* 39(1):175~81.

_____. (1993) 'Donor Bias Towards Small Countries: An Overlooked Factor in the Analysis of Fbreign Aid and Economic Growth', *Applied Economics* 25(4): 481~8.

Srinivasan, T.N. (1989) 'Food Aid: A Cause of Development Failure or an Instrument for Success?', *World Bank Economic Review* 3(1): 39~65.

Stamp, P. (1990) *Technology, Gender and Power in Africa*, Ottawa: International Development Research Centre.

Standing, H. (1997) 'Gender and Equity in Health Sector Reform Programmes: A Review', *Health Policy and Planning* 12(1): 1~18.

Staniland, M. (1985) *What in Political Economy? A Study of Social Theory and Underdevelopment*, New Haven: Yale University Press.

Staudt, K.A. (ed.) (1997) *Women, International Developing, and Politics: The Bureaucratic Mire*, Philadelphia: Temple University Press.

_____. (1998) Policy, Politics and Gender: Women Gaining Ground, West Hartford: Kumarian Press.

Stein, J. (1997) *Empowerment and Women's Health: Theory, Method and Practice*, London and New York: Zed Books.

Stewart, F. (1998) 'Food Aid During Conflict: Can One Reconcile Its Humanitarian, Economic, and Political Economy Effects?', *American Journal of Agricultural Economics* 80(3): 560~5

Stiglitz, J.E. (1998) *More Instruments and Broader Goods: Moving Toward the Post-Washington Consensus*, WIDER Annual Lectures 2, Helsinki World institute for Development Economics Research.

Stoneman, C. (1975) 'Foreign Capital and Economic Growth', *World Development* 3(1): 11~26.

Stopford, J.(1998) 'Multinational Corporations', *Foreign Policy* 113(Winter): 12~24.

Stremlau, J. (1994) 'Clinton's Dollar Diplomacy', *Foreign Policy* 97(Winter): 18~35.

Svensson, J. (1997) *When is Foreign Aid Policy Credible?* Aid Dependence and Conditionality, Processed, Washington, D.C.: World Bank.

Swamy, A., Kiiack, S., Young, L. and Azfar, O. (1999) *Gender and Corruption*, Draft IRIS Working Paper, Center for Institutional Reform and the Informal Sector, University of Maryland.

Swedberg, R. (ed.) (1993) *Explanations in Economic Sociology*, New York: Russell Sage Foundation.

Taylor, L. (1983) *Structuralist Macroeconomics*, New York Basic Boots.

_____. (1991) *Foreign Resource Flows and Developing Country Growth*, Research For Action Study 8, Helsinki: World Institute for Development Economics Research.

_____. (ed.) (1993) *The Rocky Road to Reform: Adjustment, income Distribution, and Growth in the Developing World*, Cambridge: MIT Press.

Tendler, J. (1975) *Inside Foreign Aid*, Baltimore: Johns Hopkins University Press.

The Economist (1994) 'Down the Rathole', December 10th.

_____. (1995) 'Aid for Kenya Stop. Go', August 19th.

_____. (1998) 'Making Aid Work', November 14th.

_____. (1999) 'How to Make Aid Work', June 14th.

Thorbecke, E. (ed.) (1969) *The Role of Agriculture in Economic Development*, New York: Columbia University Press.

_____. (1991) 'Adjustment, Growth and Income Distribution in Indonesia', *World Development* 19(11): 1595~614.

_____. (1993) 'Impact of State and Civil Institutions on the Operation of Rural Market and Non-Market Configurations', *World Development* 21(4): 591~605.

_____. (1996) *The AERC Research Programme: An Evaluation*, AERC Special Paper 21, Nairobi: African Economic Research Consortium.

Tisdell, C.A. (1991) *Economics of Environmental Conservation: Economics for Environmental and Ecological Management*, Amsterdam: Elsevier.

Tobin, J. (1974) *The New Economics One Decade Order*, The Janeway Lectures on Historical Economics, Princeton: Princeton University Press.

Tong, R. (1989) *Feminist Thought: A comprehensive Introduction*, Boulder: Westview Press.

Toye, J. and Jackson, C. (1996) 'Public Expenditure and Poverty Reduction: Has the World Bank Got It Right?', *IDS Bulletin* 27(1).

Tsikata, T.M. (1998) *Aid Effectiveness: A Survey of the Recent Empirical Literature*, IMF Papers on Policy Analysis and Assessments PPAA/98/1, Washington, D. C.: International Monetary Fund.

UN (1995a) *The Copenhagen Declaration and Programme of Action*, New York: United Nations.

_____. (1995b) *Report of United Nations Fourth World Conference on Women*, New York: United Nations.

UNCTAD (1990) *Agricultural Trade Liberalization in the Uruguay Round: Implications for Developing Countries*, Geneva: United Nations Conference on Trade and Development.

_____. (1995) *Commodity Yearbook 1995*, Geneva: United Nations Conference on Trade and Development.

_____. (1996) *Handbook of International Trade and Development Statistics*, Geneva: United Nations Conference on Trade and Development.

UNDP (1997a) *Capacity Development*, Technical Advisory Paper 2, New York: United Nations Development Programme.

_____. (1997b) *Human Development Report 1997*, New York: United Nations Development Programme.

UNEP (1997) *Global Environment Outlook-1: Global State of the Environment Report*

1997, Nairobi: United Nations Environment Programme.

UNFPA (1998) *Gender, Population and Development Themes in United Nations Conferences 1985~1995*, New York: United Nations Population Fund.

Unicef (1998) *News in Brief* (December), London: United Kingdom Committee for United Nations Childrens Fund.

———. (1999) *News in Brief* (January), London: United Kingdom Committee for United Nations Childrens Fund.

USDA (1995) *Food Aid Needs and Availabilities: Projections for 2005*, Washington, D. C.: United States Department of Agriculture.

Uvin, P. (1998) *Aiding Violence: The Development Enterprise in Rwanda*, West Hartford :Kumarian Press.

van de Walle, N. (1989) 'Privatization in Developing Countries: A Review of the Issues', *World Development* 17(5): 601~15.

———. (1998) *Managing Aid to Africa: The Rise and Decline of the Structural Adjustment Regime*, Paper prepared for AERC Workshop, May 1998, Nairobi: African Economic Research Consortium.

van de Walle, N. and Johnston, T.A. (1996) *Improving Aid Africa*, Policy Essay 2l, Washington, D.C.: Overseas Development Council.

van der Windt, N. (1995) *Strengthening Budget Management in SPA Countries*, Rotterdam: Netherlands Economic Institute.

van Wijnbergen, S. (1985) *Aid, Export Promotion and the Read Exchange Rate: An African Dilemma*, CEPR Discussion Paper 88, London: Centre for Economic Policy Research.

———. (1986) 'Macroeconomic Aspects of the Effectiveness of Foreign Aid; On the Two-Gap Model. Home Goods Disequilibrium and Real Exchange Rate Misalignment', *Journal of International Economics* 21(1~2): 123~36.

Viner, J.N. (1950) *The Customs Union Issue*, New York: Carnegie Endowment For International Peace.

Visvanathan, N. (1997) 'Introduction to Part 1', in N. Vlstanathan, L. Duggan, L. Nisonoff and N. Wiegersma (eds) *The Women, Gender and Development Reader*, London and New York: Zed Books.

Vogel, R.C. (1994) *Other People's, Money: Regulatory Issues Facing Microenterprise Finance Programs*, Processed, Arlington: International Management and Communications Corporation.

Voivodas, C.S. (1973) 'Exports, Foreign Capital Inflow and Economic Growth', *Journal of International Economics* 3(4): 337~49

von Braun, J. and Huddleston, B. (1988) 'Implications of Food Aid for Price Policy in Recipient Countries', in J. W. Mellor and R. Ahmed (eds) *Agricultural Price Policy for Developing Countries*, Baltimore Johns Hopkins University Press (for the International Food Policy Research Institute).

von Braun, J., Teklu, T. and Webb, P. (1991) *Labor-intensive Public Work for Food Security: Experience in Africa*, Working Papers on Food Subsidies 6, Washington, D.C.: International Food Policy Research Institute.

von Stauffenberg, D. (1996) *A Rating Agency for the Microfinance Industry*, paper presented at Establishing a MicroFinance Industry: Proceedings of the 4th MicroFinamce Network Annual Conference, 1996, Toronto.

Wallace, T. (1998) 'Institutionalising Gender in UK NGOs', *Development in Practice* 8(2): 159~71.

Wall, D. (1973) *The Charity of Nations: The Political Economy of Foreign Aid*, New York: Basic Books.

Wallensteen, P. and Sollenberg, M. (1997) 'The End of International War? Armed Conflict 1989~1996', *Journal of Peace Research* 34(3): 339~58.

WCED (1987) *Our Common Future*, Oxford: Oxford University Press (for the World Commission on Energy and Development).

Weeks, J. (1997) 'Analysis of the Demery and Squire "Adjustment and Poverty" Evidence', *Journal of International Development* 9(6): 827~36.

Weiss, T. G. (1999) *Military-Civilian Interactions: Intervening in Humanitarian Crises*, Lanham: Rowman and Littlefield.

Weiss T.G and Gordenker, L. (eds) (1996) *NGOs, the UN, and Global Governance*, Boulder: Lynne Reinner.

Weisskopf, T.E. (1972) 'The Impact of Foreign Capital Inflow on Domestic Savings in Underdeveloped Countries', *Journal of International Economics* 2(1): 25~38

WFP (1998) *1997 Food Aid Flows*, Food Aid Monitor, special issue, Rome: World Food Programme.

White, H. (1992a) 'The Macroeconomic Impact of Development Aid: A Critical Survey', *Journal of Development Studies* 28(2): 163~240.

_____. (1992b) 'What Do We Know About Aid's Macroeconomic impact? An Overview of the Aid Effectiveness Debate', *Journal of International Development* 4(2): 121~37.

_____. (1993) 'Aid and Government: A Dynamic Model of Aid, Income and Fiscal Behaviour', *Journal of International Development* 5(3): 305~12.

_____. (1994) 'Foreign Aid, Taxes and Public investment: A Further Comment', *Journal of International Development* 45(1): 155~63.

_____. (1998) *Aid and Macroeconomic Performance*, Basingstoke: Macmillan.

_____. (1999a) *Swedish Programme Aid: An Evaluation*, Stockholm: Swedish International Development Co-operation Agency.

_____. (1999b) 'Aid and Economic Reform', in S. Kayizzi-Mugerwa (ed.) *The African Economy*, London and New York: Routledge.

White H. and McGillivray, M. (1995) How Well is Aid Allocated? Descriptive Measures of Aid Allocation: A Survey of Methodology and Results', *Development and Change* 26(1): 163~83.

White, H. and Wignaraja, G. (1992) 'Exchange Rates, Trade Liberalization and Aid: The Sri Lankan Experience', *World Development* 20(10): 1471~80.

White, H. and Woestman, L. (1994) 'The Quality of Aid Measuring Trends in Donor Performance', *Development and Change* 25(3): 527~54.

White, J. A. (1974) *The Politics of Foreign Aid*, New York, St. Martin's Press.

White, O. C. and Bhatia, A. (1998) *Privatization in Africa*, Washington, D.C.: World Bank.

Wiggins, S. (1985) Planning and Management of Integrated Rural Development in Drylands: Lessons from Kenya's Arid and Semi-Arid Lands Programmes', *Public Administration and Development* 5(2): 91~108.

Wilensky, H. and Lebaux, C. (1965) *Industrial Society and Social Welfare*, New York: Free Press.

Williams, M. (1991) *Evaluation of National Technical Co-operation Assessment and Programmes (NatCAP)*, volume 1, New York: United Nations Development Programme.

Williamson, J. (1993) 'Democracy and the "Washington Consensus"', *World Development* 21(8) 1329~36

Willlamson, O. (1991) *Comparative Economic Organization: The Analysis of Discrete Structural Alternatives*, working paper, Washington D.C.: Institute for Policy Reform.

_____. (1994) 'The Institutions of Governance of Economic Development and Reform' in M. Bruno and B. Pleskovic (eds) *Proceeding of the World Bank Annual Conference on Development Economics*, 1994, Supplement to The World Bank Economic Review and The World Bank Research Observer (1995): 171~97.

Wintrobe, R. (1998) *The Political Economy of Dictatorship*, Cambridge: Cambridge University Press.

Wood, A. (1997) 'Openness and Wage Inequality in Developing Countries: The Latin American Challenge to East Asian Conventional Wisdom', *World Bank Economic Review*, 11(1):33~57

Wood, R,E. (1986) *From Marshall Plan to Debt Crisis: Foreign Aid Development Choices in the World Economy*, Berkeley: University of California Press.

World Bank (1981) *Accelerated Development in Sub-Saharan Africa: An Agenda for Action*, Washington, D.C.: World Bank

_____. (1988) *Adjustment Lending: An Evaluation of Ten Years Experience*, Washington, D.C.: World Bank.

_____. (1989) *World Development Report 1989*, New York: Oxford University Press (for the World Bank)

_____. (1990a) *World Development Report 1990*, New York: Oxford University Press (for the World Bank)

_____. (1990b) *Adjustment Lending: Policies for Sustainable Growth*, Washington, D.C.: World Bank.

_____. (1991a) *World Development Report 1991*, New York: Oxford University Press (For the World Bank)

_____. (1991b) *Report of the Technical Assistance Review Task Force*, Washington, D. C.: World Bank.

_____. (1992a) *Adjustment Lending and Mobilization of Public and Private Resource*

for Growth, Washington, D.C.: World Bank.

_____. (1992b) *World Development Report 1992*, New York: Oxford University Press (for the World Bank)

_____. (1992c) *World Bank Structural and Sectoral Adjustment Operation: The Second OED Review*, Operations Evaluation Department Report 10870, Washington, D.C.: World Bank.

_____. (1993a) *The East Asian Miracle*, Washington, D.C.: World Bank

_____. (1993b) *Putting the Private Sector on Track*, Findings 9, Africa Region, Washington, D.C.: World Bank.

_____. (1994a) *Adjustment in Africa: Reforms, Result, and the Road Ahead*, Oxford: Oxford University Press (for the World Bank).

_____. (1994b) *World Bank Assistance to Privatization in Developing Countries*, Operations Evaluation Study, Washington, D.C.: World Bank.

_____. (1995) *Bureaucrats in Business: The Economic and Politics and Government Ownership*, New York: Oxford University Press (for the World Bank).

_____. (1996a) *Taking Action for Poverty Reduction in Sub-Saharan Africa*, Africa Region Task Force report, Washington, D.C.: World Bank.

_____. (1996b) *World Bank Lending for Large Dams: A Preliminary Review of Impact*, Operations Evaluation Study, Report No. 15820, Washington, D.C.: World Bank.

_____. (1996c) *Sustainable Banking with the Poor: A Worldwide Inventory of Microfacturing Institutions*, Washington, D.C.: World Bank.

_____. (1996d) *Sri Lanka: Economic Restructuring Credit and Public Manufacturing Enterprises Adjustment Credit*, Report No. 15820, Washington, D.C.: World Bank.

_____. (1997a) *World Development Report 1997*, New York: Oxford (University Press (for the World Bank)

_____. (1997b) *Special Programme of Assistance for Africa (Phase Four): Building for the 21st Century*, Washington, D.C.: World Bank.

_____. (1997c) *Annual Report 1997*, Washington, D.C.: World Bank

_____. (1997d) *Global Development Finance 1997*, Washington, D.C.: World Bank,

_____. (1998a) *Assessing Aid: What Works, What Doesn't and Why*, Oxford: Oxford University Press (for the World Bank).

_____. (1998b) *World Development Report 1998*, New York: Oxford University Press (for the World Bank).

_____. (1998C) *Independent Evaluation of the SPA as a Mechanism to Promote Adjustment and Development in Sub-Saharan Africa*, Washington, D.C.: World Bank.

_____. (1998d) *The Impact of Public Expenditure Reviews: An Evaluation*, Operations Evaluation Study, Washington, D.C.: World Bank.

_____. (1998e) *Public Expenditure Management Handbook*, Washington, D.C.: World Bank.

_____. (1998f) *Mainstreaming Gender and Development in the World Bank: Progress and Recommendatrings*, Washington, D.C.: World Bank.

_____. (1998g) *Partnerships For Development: Proposes Actions for the World Bank*, Washington, D.C.: World Bank.

_____. (1998h) *Macedonia-Joint Country Assistance Strategy*, Report No. 18162, Washington, D.C.:

_____. (various issues) *Annual Report*, Washington, D.C.: World Bank.

WuytS, M. (1996) 'Foreign Aid, Structural Adjustment and Public Management: The Mozambican Experience', *Development and Change* 27(4): 717~49.

Yaron, J. (1992) *Successful Rural Finance Institution*, World Bank Discussion Paper 150, Washington, D.C: World Bank.

Young, A. (1995) 'The Tyranny of Numbers: Confronting the Statistical Realities of the East-Asian Growth Experience', *Quarterly Journal of Economics* 110(3):641~80.

Younger, S.D. (1992) 'Aid and the Dutch Disease: Macroeconomic Management When Everybody Loves You', *World Development* 20(11): 1587~97.

Young, K. (1997) 'Gender and Development', in N. Visvanathan, L. Duggan, L. Nisonoff and N. Wiegersma (eds) *The Women, Gender and Development Reader*, London and New York: Zed Books.

Zank, N. (1990) 'Privatization and Deregulation in the LDC Financial Sector: An AID Perspective', in D.J. Gayle and J. N. Goodrich (eds) *Privatization and Deregulation in Global Perspective*, London: Pinter.

Zietz, J and Valdes. A (1990) 'International Interactions in Food and Agricultural Policies: Effects of Alternative Polices', in I. Goldin and O. Knudsen (eds) *Agricultural Trade Liberalization: Implications for Developing Countries*, Paris: Organization for Economic Co-operation and Development.

찾아보기

ㄱ

ㄴ

ㅂ

ㅅ

1

2

3

4

5

A

C

D

I

엮은이 핀 타르프 Finn Tarp

덴마크 코펜하겐대학교 경제학부 개발경제학 교수(경제학 박사)
유엔대학-세계개발경제연구소UNU-WIDER 소장

1951년에 출생한 핀 타르프는 코펜하겐대학교에서 경제학 박사학위를 취
득하였고, 현재 같은 대학교 경제학부 개발경제학 교수로 재직 중이다.
또한 코펜하겐에 있는 개발경제연구그룹DERG의 코디네이터이기도 하
다. 그는 30년 넘게 이론과 응용 개발경제학 연구와 강의에 종사해왔다.
스와질란드, 모잠비크 등 아프리카 나라들과 베트남 등 동남아시아의 많
은 개발도상국에서 현장경험을 했다.

공동저자

페테르 예르톨름 Peter Hjertholm 연구 조교수, 경제학연구소, 코펜하겐대
　학교, 덴마크

토니 애디슨 Tony Addison 경제학 강사, 워릭대학교, 영국

이르마 아델만 Irma Adelman 대학원 교수, 캘리포니아대학교 버클리캠퍼스,
　미국

올레 몰가르 안데르센 Ole Molgard Andersen 전 수석 경제 자문위원(개발
　경제학), 덴마크 외무부(덴마크국제개발원조기구Danida), 덴마크

사닝 아른트 Channing Arndt 농업경제학과 조교수, 퍼듀대학교, 미국

엘리오트 J. 베르 Elliot J. Berg 방문교수, 국제개발연구조사센터CERDI, 오
　베르뉴대학교, 프랑스

뵤르그 콜딩 Bjorg Colding 컨설턴트, 국제식량정책연구소IFPRI, 워싱턴
　D.C., 미국

마리온 J. 에익하우트 Marion J. Eeckhout 방문연구원, 세계은행 아프리카지
　역, 전 거시경제부서 책임자, 국제협력DGIS 국장, 외무부, 네덜란드.

헨리크 한센 Henrik Hansen 조교수, 경제천연자원 연구소, 왕립수의학 및
　농업대학교 및 개발경제연구그룹DERG, 경제연구소, 코펜하겐대학교,
　덴마크

존 힐리 John Healey 수석 연구위원, 해외개발연구소ODA, 영국

라스무스 헬트베르 Rasmus Heltberg 연구원, 개발경제연구그룹DERG, 경제
　연구소, 코펜하겐대학교, 덴마크

레이먼드 F. 홉킨스 Raymond F. Hopkins 정치학과 교수, 정치학부, TM마스모어대학교, 미국

라비 칸부르 Ravi Kanbur T.H. Lee 국제문제 교수, 경제학과 교수, 코넬대학교, 미국

토니 킬릭 Tony Killick 수석 연구위원, 해외개발연구소ODI, 영국

옌스 코브스테드 Jens Kovsted 연구위원, 개발경제연구그룹DERG, 코펜하겐대학교, 덴마크

마스 팍쥐 크라그 Mads Vaczy Kragh 경제학자, 덴마크산업협회, 덴마크

윗테 라우르센 Jytte Laursen 기술고문(경제학), 외무부Danida, 덴마크

올리버 모리세이 Oliver Morrissy 국장, 경제개발 국제무역연구센터CREDIT, 경제학부, 노팅엄대학교, 영국

요르헨 비르크 모르텐센 Jorgen Brik Mortensen 조교수, 경제학 연구소, 코펜하겐대학교, 덴마크

폴 모슬리 Paul Mosley 경제학과 교수, 개발연구센터 소장, 셰필드대학교, 영국

우페 닐센 Uffe Niesen 연구원, 개발경제연구그룹DERG, 경제학연구소, 코펜하겐대학교 대학강사, 경제와 천연자원 연구소, 왕립수의학 및 농업대학교, 덴마크

페르 핀스드루프-안데르센 Per Pinstruo-andersen 교수, 사무국장, 국제식량정책연구소IFPRI, 워싱턴D.C., 미국

리사 안 리셰이 Lisa Ann Richey 방문 부교수, 아프리카학 센터, 코펜하겐대학교, 덴마크

셔먼 로빈슨 Sherman Robinson 교수, 소장, 무역 및 거시경제학과, 국제식량정책연구소IFPRI, 워싱턴, 미국

헨리크 샤움부르-뮬레르 Henrik Schaumberg-Muller 조교수, 문화 간 커뮤니케이션 및 관리 부문, 코펜하겐 비즈니스스쿨, 덴마크

함스 페테르 슬렌테 Hans Peter Slente 경제학자, 덴마크산업협회, 덴마크

에릭 토르벡케 Erik Thorbeche H.E.Babcock 교수, 경제 및 식량경제학, 경제학부, 코넬대학교, 미국

하워드 화이트 Howard White 연구원, 개발학연구소IDS, 서식스대학교, 영국

옮긴이 임을출

경남대학교 극동문제연구소 연구 조교수
국회 외교통상통일위원회 정책자문위원
전 KOTRA 통상직, 미국 조지타운대학교 정부학과 객원연구원 등 역임

주요 공저 및 논문으로는 『다자간 개발기구의 체계 및 활동』, 『사회주의
체제전환에 대한 법제도적 비교연구』, 『남북협력기금 평가모델개발(남북
경협사업분야)』, 「경제개혁과 이행조건 그리고 공공거버넌스」, 「개발지
원 방향과 전략: 기술지원과 PRSP의 연계」 등 다수가 있다.

한울아카데미 1141

원조와 개발
교훈과 미래방향

ⓒ 임을출, 2009

엮은이 • 핀 타르프
옮긴이 • 임을출
펴낸이 • 김종수
펴낸곳 • 도서출판 한울
편집책임 • 이교혜
편집 • 임정수
표지디자인 • 정명진

초판 1쇄 인쇄 • 2009년 6월 30일
초판 1쇄 발행 • 2009년 7월 15일

주소(본사) • 413-832 파주시 교하읍 문발리 507-2
주소(서울사무소) • 121-801 서울시 마포구 공덕동 105-90 서울빌딩 3층
전화 • 영업 02-326-0095, 편집 02-336-6183
팩스 • 02-333-7543
홈페이지 • www.hanulbooks.co.kr
등록 • 1980년 3월 13일, 제406-2003-051호

Printed in Korea.
ISBN 978-89-460-5141-6 93340(양장)
ISBN 978-89-460-4080-9 93340(학생판)

* 가격은 겉표지에 표시되어 있습니다.
* 이 도서는 강의를 위한 학생판 교재를 따로 준비하였습니다.
  강의 교재로 사용하실 때에는 본사로 연락해주십시오.